广东科技年鉴

2015

广东省科学技术厅 编

SPM
南方出版传媒
广东人民出版社
·广州·

图书在版编目（CIP）数据

广东科技年鉴．2015年卷/广东省科学技术厅编．— 广州：广东人民出版社，2016.12

ISBN 978-7-218-11455-2

Ⅰ.①广… Ⅱ.①广… Ⅲ.①科学研究事业—广东省—2015—年鉴
Ⅳ.①G322.765-54

中国版本图书馆CIP数据核字（2016）第298952号

GUANG DONG KE JI NIAN JIAN 2015 NIAN JUAN

广东科技年鉴（2015年卷）

广东省科学技术厅　编

出 版 人：肖风华

责任编辑：段太彬
封面设计：李　苹
责任技编：周　杰

出版发行：广东人民出版社
地　　址：广州市大沙头四马路10号（邮政编码：510102）
电　　话：（020）83798714（总编室）
传　　真：（020）83780199
网　　址：www.gdpph.com
印　　刷：广州市快美印务有限公司
开　　本：889mm × 1194mm　1/16
印　　张：26.25　　**插页**：48　　**字数**：930千
印　　数：1000册
版　　次：2016年12月第1版　2016年12月第1次印刷
定　　价：300.00元

《广东科技年鉴》编辑部（广东省科技创新监测研究中心）
地址：广州市连新路171号3号楼5楼508室
电话：（020）83163346　　网址：www.gdstic.cn

编 辑 说 明

一、《广东科技年鉴》是广东省科学技术厅主编的综合性科技年刊和资料性工具书，其编辑部设在广东省科技创新监测研究中心。该年鉴1992年创刊，每年出版一卷，旨在全面、系统、准确地记录广东省的科技工作、科技进步情况，为各级政府制定科学决策、科研企事业单位制定发展战略提供依据和参考，为广大读者了解和研究广东科技事业提供信息资料和数据。

二、《广东科技年鉴》采用分类编辑法，主体内容设篇目、类目、分目、条目四个层次，以条目为基本单元。2015年卷共设10个篇目，32个类目，142个分目。全书条目的标题统一用黑体加【 】表示，个别包含多方面资料的条目则在文内用楷体标题表明各段资料的主题。

三、《广东科技年鉴》（2015年卷）主要记录2014年度广东科技工作的进展，该卷根据科技工作调整情况，在以往框架基础上进行更新、合并、调整：

1. 新增“科技基础研究与条件建设”篇目，下设“基础研究”“科技基础条件”2个类目；

2. 调整“创新载体建设”篇目的下设类目，设置为“创新载体建设”“产学研合作”“企业技术创新”“高等院校科技创新”“科研院所科技创新”等类目，并在“科研院所科技创新”类目中增设刊载了部分新型科研机构的科技发展情况；

3. 新增“产业、行业科技发展”篇目，下设“高新技术产业”“大农业科技”“社会发展科技领域行业科技”等类目；

4. 新增“科技服务与科技产出”篇目，下设“科技金融”“科技服务机构”“科技成果与奖励”类目；

5. 新增“科技社团及科技宣传交流”篇目，下设“科协与科技社团”“科普工作”“科技宣传”“科技交流与合作”类目；

6. 调整“地市科技发展”篇目，根据珠三角、粤东西北的地域分布去刊载21个地级市的科技发展情况。

四、本年鉴统计数据均经撰稿单位与统计部门核对，某些对应指标数据在上卷刊出后作了调整的，以本卷刊出的数据为准；标点符号、数字用法、计量单位和各种专业术语等，均依照国家最新编辑出版规范和行业规定。

五、本年鉴所刊载的内容和资料，由有关省直单位、高等院校、科研院所、企业、各地级以上市科技局、省科技厅机关各处室及厅属各单位提供，并经各级主管部门审核。编辑部得到各有关单位的支持，在此深表谢意。本书疏漏之处，敬请广大读者批评指正。

《广东科技年鉴》编辑部

2016年8月

《广东科技年鉴》（2015年卷）
编辑委员会

编辑部

目 录

综 述

科技政策与投入

科技基础研究与条件建设

科技创新体系建设

产业、行业科技发展

科技服务与科技产出

科技社团及科技宣传交流

地市科技发展

附　录

Table of Contents

Overview

Scientific Policy and Investment

Science and Technology Basic Research and Condition Construction

Science and Technology Innovation System Construction

Industrial and Trade Scientific and Technological Development

Scientific and Technological Service and Output

Scientific Associations, Popularization and Exchanges

City Level Scientific and Technological Development

Appendix

综述

广东科技工作综述

2014年，广东科技工作深入贯彻中央和省委、省政府的决策部署，坚决落实习近平总书记关于实施创新驱动发展战略的系列重要讲话精神，全面深化科技体制改革，坚持一手抓科技业务管理“阳光再造行动”，一手抓创新驱动发展，推动自主创新工作实现新突破，全省科技创新驶入发展“快车道”。

【自主创新能力建设】　2014年，广东区域创新能力综合排名连续7年位居全国第2，稳居第一梯队。全年R&D经费支出达1 627亿元，占GDP比重提高至2.4%。落实企业研发费用税前加计扣除政策预计为企业减免税收超过80亿元，成效显著。技术自给率达71%，接近创新型国家/地区水平。有效发明专利量和PCT国际专利申请量分别达111 878件和13 332件，均保持全国第1，其中PCT国际专利申请量占全国比重超过50%。科技创新有力支撑产业转型升级，高新技术产品产值达5.18万亿元，同比增长15%。全省从事研发人员达52万人年，规模全国第1。广东省获2014年度国家科学技术奖励的成果达46项，创近7年来新高。获得“973计划”首席科学家项目9项，连续6年实现丰收。“加速器驱动嬗变系统研究装置”“强流重离子加速装置”等2个国家重大科技基础设施落户，珠三角大科学工程创新体系加速形成。企业技术创新主体地位加速提升，全省90%以上的研发经费来源于企业，70%以上的省级重大和重点科技计划项目由企业牵头或参与。实施科技业务管理“阳光再造行动”，健全了项目、资金、评价等科技管理制度。

【科技体制改革】

出台创新驱动发展重大政策　省委、省政府高度重视全省创新驱动发展的顶层设计和总体布局。2014年6月，省委、省政府在全国率先出台《关于全面深化科技体制改革 加快创新驱动发展的决定》（粤发〔2014〕12号，以下简称《决定》）。这是全省乃至全国科技界、产业界的一件大事。《决定》明确了新时期、新形势下全省全面深化科技体制改革、加快创新驱动发展的总体要求、目标任务和工作举措，是全省当前和今后一个时期的科技工作发展的纲领性文件。

构建新型科技业务体系　通过整合归并原有16项财政科技专项资金，设立五大财政科技专项资金，确立“511”新型科技计划体系，包括基础与应用基础研究、公益研究与能力建设、前沿与关键技术创新、产业技术创新与科技金融结合、协同创新与平台环境建设等五大科技计划业务，突出实施一批重大科技专项和一批科技专题计划。“511”计划体系提高了财政资金与创新需求的协同增效作用，推动实现产业链、创新链、资金链的三链融合。

深化科技管理制度改革　深入推进省级科技业务管理“阳光再造行动”，转变财政资金投入结构和方式，不断完善稳定性和竞争性支持相协调的投入机制，以案治本建立科技管理权力制衡监督机制，全力打造科技业务管理阳光政务平台。截至2014年年底，初步建立项目决策、执行、评价相对分离，相互监督的权力制衡机制和内外并举的双重监督机制，科技业务管理阳光政务平台正式上线，实现科技业务管理全过程的“痕迹”管理和信息公开，以及监察、审计、财政等多级多部门的协同监督和审查。经过1年的实践检验，“阳光再造行动”成效得以初步体现，得到省委、省政府和科技部的充分肯定以及广大科技企业人员的认可，并在全国科技界和全社会引起较大反响。

加强科技管理制度建设　广东省政府出台

《关于加强广东省省级财政科研项目和资金管理的实施意见》（粤府〔2014〕31号）等省级财政科研项目和资金系列管理制度。省科技厅出台《广东省省级科技计划项目立项工作规程（试行）》等项目管理制度，在项目审批、资金管理、信用管理、监督检查、购买服务、内部审计、绩效评价、内部管理等方面整理完善了一整套管理办法，巩固了党的群众路线教育实践活动成效。

【现代产业体系建设】

高新技术产业　深圳获批成为国家自主创新示范区，成为广东争创国家创新驱动发展排头兵的“新引擎”。河源高新区成功升级为国家级高新区，成为粤东西北地区第1家国家级高新区。汕尾省级高新区获批成立，实现省级高新区在全省地级市全覆盖。2014年，全省23个省级以上高新区实现营业总收入达2.46万亿元，同比增长10.98%。依托高新区，全面推进科技企业孵化器建设，全年新增国家级孵化器9家、创业苗圃（前孵化器）37家，全省孵化器累计233家，其中国家级孵化器43家；全省孵化场地面积累计1 348万平方米，在孵企业近1.5万家，累计毕业企业约5 000家，毕业企业总收入超过3 000亿元。

传统产业转型升级　持续推进专业镇特色产业转型发展，深入实施“一镇一策”行动计划和“一校一镇、一院（所）一镇”产学研特派团联动帮扶计划，加快建设专业镇中小微企业九大公共服务平台，组织开展“重点示范专业镇”行动。2014年，全省383个专业镇实现地区生产总值2.44万亿元，占全省GDP达36%。

战略性新兴产业加快发展　2014年，全省LED产业产值达3 460.06亿元，同比增长23.09%，继续领跑全省战略性新兴产业发展，有力支撑产业转型升级。LED照明标准光组件研发及产业化体系建设初见成效，已发布广东省LED室外产品标杆体系产品目录16批，室内照明产品标杆体系产品目录12批，成立了LED照明标准光组件研发及应用联盟，成员超过200家。加速标杆体系及标准光组件在全国的推广和应用，大力建设国家半导体照明综合标准化示范区，推动LED标杆体系影响力进一步扩大。

新兴科技服务业态　2014年，科技部批准广东省微生物研究所等8家机构为国家技术转移示范机构，全省国家技术转移示范机构增加到34家。全年认定登记技术合同19 150项，合同成交总金额543.14亿元，合同成交额再创新高。

【原始创新能力建设】

培育发展新型研发机构　2014年，省委、省政府召开全省新型研发机构现场会，对培育发展新型研发机构作出全面部署。截至2014年年底，广东拥有各类新型科研机构122家，是2007年的近11倍，服务企业3万多家，拥有一批以深圳光启高等理工研究院、深圳华大基因研究院、东阳光药业研究院等为代表的，从事源头性创新的新型研发机构，以及以深圳清华大学研究院、中科院先进制造技术研究院、东莞华中科技大学制造工程研究院为代表的，以产学研协同创新为特色的新型研发机构，成为全国深化科技体制改革的旗帜和标杆。

实验室体系建设　加强对原始创新能力的财政投入，在高校、科研院所、骨干企业等重点建设一批重大创新平台和基础应用研究平台。截至2014年年底，广东已经形成由21家国家重点实验室、6家省部共建国家重点实验室培育基地、196家省重点实验室、44家省企业重点实验室、18家省公共实验室、32家省重点科研基地组成的较为完整的实验室体系。

引进培养大批高层次人才　深入实施“珠江人才计划”，引进四批91个国内外高水平创新科研团队，集聚人才750多人，吸引各类人才5 000人；推进“扬帆计划”，启动首批省培养高层次人才特殊支持计划。三大人才计划使广东初步形成“引育并举、立体支撑”科技人次工作新局面。

建设珠三角大科学工程创新体系　中国（东莞）散裂中子源、中微子实验室（二期）等大科学工程进展顺利，依托中国（广州）超算中心启动建设“国家大数据科学研究中心”，推动“加速器驱动嬗变系统研究装置”“强流重离子加速装置”等国家重大科技基础设施落户惠州，大科学工程及其应用机构逐步成为广东汇聚人才、技术、资讯、资金和培育发展新兴产业的“新洼地”。

【多主体协同创新】

省部院产学研合作　深化与中国科学院、清华大学、北京大学、中国电子科技集团公司等重大创新机构战略合作，推动“三部两院一省”产学研合作向纵深发展。2014年，省部院产学研合作全年实现产值2 500亿元，利税250亿元；累计实现产值突破1.7万亿元，利税2 200亿元；累计建成各类产学研创新平台1 600多家、产业技术创新联盟100多家。

区域协同创新　加强省市联动与区域发展布局，颁布实施《珠江三角洲地区科技创新一体化行动计划》，加快做大做强珠三角创新核心区；颁布实施《科技创新促进粤东西北地区振兴发展专项实施方案（2014—2020年）》，重点推动一批省级重大创新平台落户粤东西北。充分发挥省科教领导小组的统筹协调作用，着力加强了与省发改、经信、财政、教育、金融、农业、林业、水利、海洋渔业等部门的协同合作，省市联动、部门协同日益深入。2014年12月，省科技、经信、教育等部门再次合作，组织召开第2届全省科技成果与产业对接会，推动大批科技成果、创新人才与企业实现“无缝对接”。

【自主创新环境】

科技金融产业融合　2014年2月，召开全省科技金融工作会议，出台《2014年科技金融产业融合创新发展重点行动》《科技金融支持中小微企业发展专项行动计划》等政策措施，科技金融政策体系进一步完善。各地市陆续出台一系列扶持科技型中小企业发展的科技金融政策措施，形成省市联动共同完善科技金融政策体系的良好局面。推进科技金融投资平台与服务体系建设，调整财政科技经费使用方式，重新设立省财政专项资金12.5亿元，加强对企业技术创新和产业化项目的引导性投入，预计带动风投、创投、信贷、保险等社会和金融资本超过50亿元，杠杆效应显著。2014年，在系列政策措施的推动之下，广东创业风险投资机构超过1 500多家，管理资本规模超过3 000亿元。

科技宣传和科普活动　开展全省科普工作调研，做好省科普创新发展领域专题计划项目管理工作，重点支持国家级和省级青少年科技教育基地建设、青少年科技创新竞赛开展、科普作品创作、设立科普工作站设立、支持广东大学生课外学术科技作品竞赛、大学生科技节开展。成功举办第3届中国创新创业大赛（广东赛区），营造了有利于大众创业、万众创新的氛围。加强科技宣传阵地和载体建设，成功举办第23届全省“科技进步活动月”。广东科学中心发挥科普创新平台作用，全年共接待公众100万人次。

（广东省科技厅办公室　陈锡强）

领　导　讲　话

在全省新型研发机构现场会上的总结讲话

——中共中央政治局委员、广东省委书记　胡春华

（2014年9月28日）

近年来我省新型研发机构不断涌现，开始成为我省科技创新一支新的生力军。这些研发机构，集技术研发与成果转化于一体，有效实现了科技与产业无缝对接，较好解决了长期以来困扰我们的科技与经济“两张皮”问题，展现出生机活力和发展前景。现在全省有新型研发机构120多家，数量占到全省科研机构的1/3左右，去年营业收入达150亿元，占到全省科研机构的46%，累计服务企业超过3万家，成功孵化高新技术企业超过1 000家，效益十分明显。我们今天开会所在的东莞市，原来科技基础薄弱，近年来围绕产业转型升级，扶持发展新型研发机构，推动创新资源和创新成果在东莞集聚、转化和产业化，取得了显著成绩。目前，东莞已与国内高校院所合作组建了21家新型研发机构，并由这些研发机构组建了一批国家级重点实验室、工程中心、检验中心的分支机构。依托这些新型研发机构，东莞集聚了一批高端创新人才和创新团队，形成了一批带动产业发展的创新成果，全市专利申请量、授权量跃居全省第三，有力促进了传统产业转型升级和新兴产业发展。东莞的经验值得各地认真学习借鉴。

当前我省正处于产业转型升级的关键时期，比以往任何时候都需要科技创新支撑。召开这次现场会，就是要通过学习交流，提高认识，动员全省积极行动起来，采取切实措施加快新型研发机构建设与发展。这里，我再强调三点意见。

第一，要高度重视发挥新型研发机构在促进我省产业转型升级中的作用

为什么近年来我省新型研发机构能够得到较快发展？一个根本原因是适应了广东转型发展需要。在产业转型升级中，存在大量的技术创新需求，产业转型实质上是技术的创新升级。新型研发机构紧密结合企业和产业发展需求，提供技术创新、工艺创新、产品创新成果，推动创新成果产业化，推动产品从价值链低端向高端发展。可以说广东产业升级为新型研发机构发展提供了丰厚土壤，而新型研发机构的发展又助推了广东产业转型升级。我们要充分认识新型研发机构和产业转型升级这种相互促进关系，紧紧围绕转型升级大力推动新型研发机构发展。当前我省产业转型升级任务十分艰巨，组成我省经济主体的大量中小企业本身技术创新力量十分薄弱，与我省经济发展对技术创新的需求相比，新型研发机构的发展还不够。我们要高度重视新型研发机构的发展，把新型研发机构在推动我省产业转型升级中的作用发挥出来。要紧紧围绕解决企业的技术难题、突破产业发

展的关键技术、经济发展的实际需要，紧紧围绕改造提升传统产业、大力发展战略性新兴产业、建设现代产业体系，加快建设发展新型研发机构，切实促进我省产业转型升级，把创新驱动发展战略落到实处。

第二，要发挥市场化优势，加快新型研发机构发展

市场化是广东经济发展的优势，也是加快发展新型研发机构的关键。新型研发机构本身就是市场化产物，市场化是新型科研机构发展的活力源泉。我省的科技资源本身并不丰富，必须发挥市场化的优势，推动科技资源向广东集聚，整合科技资源促进科技创新，形成机制加快科技成果向现实生产力转化。新型研发机构的建设和发展，就是要建立这样一种市场运作机制，把市场配置科技资源的作用充分发挥出来。要面向国内外，引进和建立与优秀科研机构的合作平台，解决我省科研力量不足问题；要吸引社会资本参与，建立风险投资和科技金融服务机构，发挥金融创新作用，解决科研资金问题；要采取各种措施，推动新型研发机构与企业合作，从经济社会发展实际需要中确立科研课题；要面向国内外招才引智，引进创新团队和人才，建立起柔性灵活的人才引进使用机制，解决好科研人才问题；要打通科技成果向现实生产力转化的途径，形成创新成果转化的市场化机制，加快科技成果的转化，提高科技应用的价值。总之，要把市场在推动新型研发机构发展中的作用充分发挥出来，运用市场的优势和力量，解决新型研发机构发展面临的问题，更好地推动科技成果的转化和应用。

第三，要把政府在推动新型研发机构发展中的作用充分发挥出来

推动新型研发机构发展，既要发挥市场化优势，还要注意发挥好政府的支持引导作用。目前，我省新型研发机构发展还处在起始阶段，发展中还面临不少困难和问题，政府支持十分重要，政府的推动十分关键。各级政府要负起应负责任，把政府“有形之手”作用与市场“无形之手”紧密结合起来，在推动新型研发机构发展中形成合力。一要搞好平台建设，依托高新区、产业集群、创新园区和科研院所，建设新型研发平台，培育新型研发机构。二要加强政策支持，学习借鉴国内外先进经验，结合我省实际制定鼓励发展新型研发机构的政策措施，在市场准入、政策扶持、科技服务、资金支持等方面为新型研发机构的发展创造条件。三要努力营造环境，突出加大知识产权保护力度，坚决打击各类侵犯知识产权的违法行为，有效保护各领域各行业科技创新活动，在全社会形成尊重知识、促进创新的良好氛围。四要帮助解决突出问题，各级党委政府和有关部门要主动服务，协调解决好有关项目审批、建设用地、投资融资等问题，为新型研发机构排忧解难。

同志们，发展新型研发机构，对于推动我省产业转型升级意义重大。我们要发挥优势，主动作为，加快推进新型研发机构发展，更好地促进我省产业转型升级。

在广东省重大科技专项推进会上的讲话

——中共广东省委副书记、广东省省长　朱小丹

（2014年11月14日）

同志们：

今天，我们在这里召开省重大科技专项推进会，主要是认真贯彻落实中央关于深入实施创新驱动发展战略的决策部署，按照省委、省政府《关于全面深化科技体制改革 加快创新驱动发展的决定》要求，对全面推进省重大科技专项工作进行部署。刚才，宁生同志介绍了省重大科技专项总体实施方案，省市有关部门和单位签订了一批联合推进省重大科技专项工作协议，我们还为省重大科技专项专家组代表颁发了聘书。希望全省各地、各有关部门和单位按照《实施方案》的要求，改革创新，狠抓落实，早见成效，为实施创新驱动发展战略提供有力支撑。下面，我讲三点意见。

一、近年来我省实施重大科技专项成效显著

重大科技专项是科技工作的标志性、集成性项目，对于突破关键核心技术，提升我省产业核心竞争力具有重要作用。近年来，省委、省政府坚持把重大科技专项列入“四重一化”作为推动经济社会转型升级的重要抓手，按照主动跟进、重点突破、加速赶超的方针深化协同创新和开放创新，推动重大新药创制、低碳技术创新与示范等省重大科技专项取得显著成效，有力提升了全省自主创新能力。

*一是承担国家重大科技项目能力显著增强，区域创新能力稳步提高。*中国散裂中子源、中微子实验室、国家基因库、超级计算中心等重大科学工程先后落户我省。在超材料、中微子、基因组、超级计算、干细胞等重大创新领域跻身国际领先水平，带动我省区域创新能力稳步提高。自2008年起，我省区域创新能力连续6年位居全国第2。

*二是科技创新平台日益健全，有力促进科技成果产业化。*充分运用省部院产学研合作机制，广泛集聚国内外创新资源，各类产学研创新平台和新型研发机构等达1 600家，其中重大创新平台超过30家，有力推动了重大科技项目的组织实施和重大创新成果入粤转化与产业化。

*三是高层次创新人才加快集聚，创新创业环境不断优化。*近年来，我省在国家重大科技专项以及“863”、“973计划”等各类重大专项的带动下，创新人才呈现加速集聚的可喜局面。仅在2013年，我省新增“两院”院士、国家“973计划”首席科学家、长江学者、国家杰青等高层次人才就达100多人。同时，创新科研团队和领军人才引进计划进展顺利，今年上半年第4批“珠江人才计划”成功引进34个创新创业团队，累计达到91个团队，引进高层次创新人才超过700人，为我省推进创新驱动发展提供了重要的智力支撑。

*四是市场导向机制加快形成，企业技术创新主体地位日益突出。*通过实施重大科技专项，既加快了新技术、新产品的研发和产出，也提升了企业的技术创新主体地位。2013年，企业研发支出占全省研发支出比重达85.7%，来自企业的有效发明专利占全省有效发明专利总量的55%，企业间技术交易金额占全省技术交易总额的85%。

但我们也要清醒地看到，我省在组织实施重大专项工作中还存在一些问题：一是在组织方式上，一些项目资源的整合与集中攻关力度不够，项目进展缓慢，未能充分体现集中力量办大事的优势；二是在具体部署上，“重大专”的特点体现不够，“散小全”现象突出，碎片化特征明显，承担单位多，与全省发展战略和产业发展需求结合不够紧密；三是项目管理上，多元投入机制和法人责任尚未完全落实，管理体制机制创新不足，政府服务水平有待提高等。对这些问题，各级、各部门要认真研究，找准原因，提出对策，切实为重大科技专项的组织实施扫清障碍。

二、坚定信心，攻坚克难，全面推进省重大科技专项取得实效

当前，重大科技专项已成为世界各国培育发展新兴产业、抢占国际竞争制高点的重要支撑。，如美国的信息高速公路工程、欧洲的空中客车专项、日本超大规模集成电路计划等，都是典型例子。在国内，“两弹一星”、载人航天与探月工程、高速铁路、大型飞机等国家重大科技专项的实施，使我国在这些关键领域迅速取得突破，走在世界前列。党的十八大明确提出要实施创新驱动发展战略。今年8月18日，习近平总书记在中央财经领导小组第七次会议上强调，要抓紧出台实施创新驱动发展的政策和部署，明确科技创新主攻方向和突破口，抓紧实施国家重大科技专项，再选择一批体现国家战略意图的重大科技项目和重大工程，集中力量、，协同攻关。11月9日，习近平总书记在亚太经合组织（APEC）工商领导人峰会上首次系统阐述了“新常态”，指出中国经济“新常态”呈现出从高速增长转为中高速增长、经济结构调整不断优化、从要素驱动投资驱动转向创新驱动等主要特点。这些重要论述为我省实施重大科技专项、加快创新驱动发展指明了方向，增强了动力。在新常态下，我省必须更加突出经济社会发展的转型升级，必须更加注重经济发展的质量效益，必须更加坚定地把创新驱动作为经济社会发展的核心战略，大力推进重大科技专项，集中力量在核心关键技术领域下好先手棋，打好主动仗，努力争当全国创新驱动发展排头兵，加快打造广东经济“升级版”。

当前和今后一段时期，全面推进省重大科技专项的实施，要深入贯彻落实中央和省关于深化科技体制改革、加快创新驱动发展的战略决策，按照《实施方案》的部署要求，以深化科技体制改革为动力，以占领国际高新技术产业和战略性新兴产业的技术制高点为总目标，充分发挥市场对创新资源配置的决定性作用，强化政府对重大科技专项的统筹和引导，着力突破一批关键核心技术，推动重大科技成果转化应用。力争到2018年，每年组织实施重大科技专项项目50～100项，新增发明专利约2 300项，推动重大科技专项累计实现新增产值约3 000亿元，形成40个左右具有较强国际竞争力的新兴产业集群，建成一批高水平的研发及应用重大创新平台，为经济社会转型升级提供有力的支撑引领。

推进实施重大科技专项，要按照“瞄准前沿、精心选择、突破重点、努力赶超”的总体思路扎实推进。瞄准前沿，就是要瞄准世界科技最前沿、最高端的领域，特别是产业发展的高端、核心领域和技术。精心选择，就是要有所为，有所不为，充分发挥广东的优势和长处，选择有可能率先突破的关键领域作为主攻方向，扬长避短，有的放矢。突破重点，就是要科学聚焦，合理瘦身，切实解决重大科技专项目标、任务、资源、力量分散问题，集中各方面力量寻求重点突破。努力赶超，就是要着力攻克一批关键核心技术，努力缩小关键领域差距，加速赶超以至引领步伐。具体实施过程中，要重点抓好以下几方面工作：

（一）充分发挥企业的技术创新主体作用。《实施方案》提出省重大科技专项的计算与通信集成芯片、移动互联关键技术与器件等九大重点领域，基本都是应用性的、涉及我省产业结构调整、产业高端化发展的关键核心技术，而且很多都是建立在企业已有创新成果之上。如广东新岸线在智能终端芯片、超高速无线局域网等方面已掌握一定核心技术，因此我们才将计算与通信集成芯片作

为重大科技专项之一。要通过实施重大科技专项，进一步理顺政府、企业、市场的关系，明确重大科技专项面向产业化、服务经济建设主战场的定位，切实将企业作为重大科技专项决策、投入、实施和成果应用的主体。在研发方向、路线选择、经费使用、项目评审以及成果评价和应用等各个环节，凡是市场和企业能做的都交给市场和企业，科技行政管理部门要最大限度地减少对具体项目、技术和产品的直接干预。要根据企业的创新进程及其成果，面向企业开展竞争性的重大科技专项招投标，切实把更多的创新资源配置到有实力、有基础的创新型企业中去，形成以政府为引领、市场为导向、企业为主体，项目、资金、人才优化配置、充满活力的技术创新新格局。

（二）大力促进产学研紧密结合。重大科技专项的重要特点，就是集成创新、协同创新和集群发展，这迫切需要进一步完善产学研用体制机制。一是深化省部产学研合作。完善省部、省院会商机制，加强与国家科技专项的对接。如新岸线的超高速无线局域网标准，已通过两轮国家重大专项、三次国家评审，并由工信部和科技部同时发文确认为标准牵头制定单位。对这些已进入国家重大专项的项目，要积极与国家有关部委沟通对接，用好国家资源，整合省部院力量重点突破。二是积极推进产业创新联盟建设。有关企业、高校和科研机构要把重大科技专项作为连接点，整合资源、要素，通过建设产业技术创新联盟推动协同创新。培育壮大一批创新型龙头骨干企业，带动上下游配套中小企业集聚发展，打造一批具有较强国际竞争力的新兴产业集群，形成协同创新、集群发展的良好态势。三是大力培育新型研发机构。充分发挥新型研发机构的多元化组建模式、企业化管理运行机制、紧密跟踪市场需求服务产业发展等特点和优势，鼓励引导新型研发机构参与组织实施重大科技专项，带动整个产业的联动发展和技术进步。四是构建科技成果高效转化应用机制。这是深化产学研合作的重点和难点。过去由于科技成果转化的流程不顺畅、体制机制不完善，许多创新成果得不到及时、有效的转化应用。要探索构建一套市场化的科技成果高效转化机制，边出成果边应用，以科技成果的广泛应用带动生产力的高端发展。

（三）深化科技管理体制改革。去年以来，中央和省出台了一系列关于深化科技体制改革的政策措施。习近平总书记强调，要在一些省区系统推进全面创新改革试验，形成几个具有创新示范和带动作用的区域性创新平台。我们要以组织实施重大科技专项为契机，精心设计和大力推进科技体制改革，进一步激发科学家、科技人员、企业家的创新激情，让机构、人才、装置、资金和项目都充分活跃起来，形成推进科技创新发展的强大合力。近期特别是要落实好国家关于深化中央财政科技计划（专项、基金等）管理改革的方案，尽快制定我省相应的财政科技计划管理改革方案，加强科技发展优先领域、重点任务、重大项目等的统筹协调，推动科技资源高效合理配置。要围绕产业链部署创新链、围绕创新链完善资金链，努力形成创新链条完整、资金链条匹配、监管链条健全的业务管理体系。同时，要加强项目、资金监管，严格经费审计和绩效评价，切实提高资金使用效益。

（四）广泛集聚高层次创新人才。创新驱动实质上是智力驱动、人才驱动。重大科技专项要取得突破，关键在人才。组织实施重大科技专项是创新人才培养模式的试验田，也是选拔人才、培育团队的加速器。要通过组织实施重大科技专项，把广东建设成为高层次创新人才的集聚地。一是要大力引进创新科研团队和领军人才，舍得开出优厚条件，加大资金投入，把海内外领军人才、拔尖人才吸引到广东来，参与到专项组织实施的各个环节。二是要坚持将人才培养与实施重大科技专项相结合，在九大重点领域的创新实践中发现人才、培养人才、凝聚人才，不断提高广东创新队伍的素质和创新能力。三是要培育一大批中小型科技企业和上规模的孵化器，扶持有潜力、有发展前途的中小型科技企业加快发展，使企业成为人才聚集的主体。四是要完善各类人才管理服务体系和考核评价机制，建立以科研能力和成果转化为导向的科技人才评价标准，使科研人员的付出和成果体现应有价值、获得合理回报，最大限度支持和帮助科技人员创新创业，加快形成一支规模宏大、富有创新精神、敢于承担风险、勇于攻城拔寨的创新型人才队伍。

（五）全方位加强国内外科技合作。科学技术是世界性的、时代性的，发展科技必须具有全球视野。要坚持“引进来”和“走出去”相结合，积极融入全球创新网络。充分利用省部院产学研合作平台、省部科技工作会商机制等，加强与科技部、教育部、工信部及中国科学院、工程院等的沟通对接，争取更多适合广东发展需求的国家重大科技项目落户广东，着力提升我省在全国创新体系中的地位和影响力。同时，要进一步拓展与欧美、亚太、俄罗斯、以色列等国家和地区的科技合作，创新合作机制，学习和借鉴欧洲“地平线2020”等先进科技计划的组织实施经验，借助外脑的力量提升重大科技专项的项目管理和技术创新水平。

三、加强组织领导，确保省重大科技专项顺利推进

全面推进省重大科技专项的实施，是事关我省深入实施创新驱动发展战略、加快推动转型升级的一件大事。各地、各有关部门要从大局出发，加强组织领导，提升服务水平，为省重大科技专项的顺利推进创造良好条件。

一是强化统筹协调。充分发挥省科教领导小组的统筹协调作用，建立完善国家、省、市多方联动机制，主动加强与国家科技重大专项的对接与配套。省科技厅要牵头做好重大科技专项的组织实施，省直各有关部门要积极做好协调配合，从政策、资金、人才等多方面加大对重大科技专项的支持。各地市要根据自身产业基础和发展需要，做好对接配套工作，积极承接重大科技专项的落地实施。要建立健全重大科技专项专家决策咨询机制，通过专家论证和编制技术路线图，提高民主决策、科学决策水平。

二是抓好上下游衔接。要加强重大科技专项产业链、创新链上下游的衔接。去年底，省科技厅、经信委建立了科技成果产业化合作机制，推动科技资源、重大项目、重大平台等信息交流互通和共享，取得初步成效。下来要继续完善各部门之间的合作机制，统筹做好核心技术攻关、科技成果转化、示范应用推广、技术标准制定、产业基地建设等工作。注重及时汇总项目科技成果，召开成果转化对接会，鼓励依托单位通过企业并购重组等方式获取知识产权，加快成果转化应用。同时，要把重大科技专项落实到相关地市、高新区、专业镇和产业基地等，形成全省上下共同推进重大专项的强大合力。

三是广泛吸引社会资本投入。要进一步改革创新资金支持方式，拓宽投入渠道和投入主体，充分调动资本市场、企业的投资积极性，促进科技、金融和产业深度融合。大力培育发展创业投资、风险投资和私募股权投资，引导金融资本进入重大科技专项的组织实施，通过市场机制来培育和筛选好的项目。建立健全以政府投入为引导、企业投入为主体、社会资本以及风险资本积极参与的多元化重大科技专项投入体系。

四是营造良好环境。加快制定省重大科技专项的相关管理办法，明确组织实施的工作流程、规范。创新科技专项组织实施模式，将部分工作委托具有资质和能力的社会中介机构负责。强化重大科技专项新兴产业发展的监测和统计工作。加强宣传发动，及时报道重大科技专项实施情况和成效，形成人人关心、了解、支持重大科技专项的良好社会氛围。

谢谢大家。

在全省科技金融工作会议上的讲话

——广东省副省长　陈云贤

（2014年2月10日）

同志们：

今天，我们在这里召开全省科技金融工作会议，主要任务是贯彻落实党的十八届三中全会、全国科技工作会议和省委十一届三次全会精神，总结交流全省科技金融工作经验，查找问题，并对下一阶段工作进行部署。刚才，宁生同志作了全省科技金融工作报告，文通同志作了专题发言，佛山市和粤科金融集团的同志介绍了各自推进科技金融结合的措施和思路，大家都讲得很好，我完全赞成。下面，我讲三点意见。

一、充分认识当前加快推进科技金融工作的重要性

近年来，省委、省政府高度重视科技与金融的融合发展，把它作为提高自主创新能力、加快转型升级的重要抓手来抓。省政府出台了《关于促进科技和金融结合的实施意见》，着力推动科技创新链条与金融创新链条有机结合，促进科技成果转化。全省科技金融系统大胆探索，先行先试，不断完善科技金融政策体系，积极开展区域试点示范，建立健全科技金融服务平台，推动了全省科技创新综合能力全面提升。2013年，全省R&D经费占GDP比重提升到2.25%，技术自给率提高到69.8%。小微企业贷款余额达1.35万亿元、同比增长13%。目前，我省9个国家级高新区中已有6个设立了小额贷款公司，5个设立了融资性担保公司。全省共有242家企业在中小板、创业板上市；前海股权交易中心、广州股权交易中心和广东金融高新区股权交易中心等区域产权交易平台建设成效明显，累计挂牌企业数量近4 000家，初步形成科技与金融互促共进的良好局面，有力促进了全省经济社会持续健康发展，为实现全省生产总值和进出口总额“两个万亿美元”新突破作出做出了突出贡献。在此，我谨代表省政府向关心支持我省科技金融事业发展的企业家、金融机构和社会各界人士表示衷心的感谢！

科技金融是促进科技开发、成果转化和高新技术发展的金融制度、金融政策、金融工具、金融服务的系统性、创新性安排。党中央、国务院高度重视科技金融的融合发展。习近平总书记视察北京中关村时指出，要通过深化改革，围绕产业链部署创新链，围绕创新链完善资金链，消除科技创新中的“孤岛现象”，进一步打通科技和经济社会发展之间的通道，让市场真正成为配置创新资源的力量，让企业真正成为技术创新的主体。李克强总理、刘延东副总理近期分别对科技创新工作提出新的要求，强调加快推动科技体制改革，充分发挥市场在配置创新资源中的主导作用。这为我们做好科技金融工作进一步指明了方向，也提出了新的更高要求。

当前，我省正处于经济社会转型升级爬坡越坎关键阶段。加快推动科技金融融合发展，既是当前深化科技体制改革、扶持科技企业发展壮大、全面实施创新驱动战略的内在要求，也是金融改革创新、拓展金融服务功能、建设金融强省的现实需要，对于加快转变经济发展方式至关重要。我们要深刻认识到，一方面，促进科技和金融紧密结合，是培育扶持科技型企业、建设创新型省份的重

要保障。目前，政府投入在引导市场发挥配置创新资源的基础性作用方面尚未建立起长效机制，成果转化、创业和产业培育所需要的资金链还未形成，必须从科技和金融结合入手，深化科技体制改革，牢牢抓住资源配置这条主线，完善财政科技资金投入机制，引导社会资本投入科技创新，建立有效的科技金融服务机制，开发形成针对科技型企业不同阶段不同需求的科技金融产品，发展多元化、多层次科技金融支持体系，才能解决科技型企业融资难问题，破除制约科技成果转移扩散的障碍，切实加快科技企业和新兴产业的孕育成长。另一方面，促进科技和金融紧密结合，是金融服务实体经济、助推经济转型升级的有效途径。金融作为现代经济的核心，已经渗透到国民经济的各个领域，涉及方方面面，其最大的功能不仅在于自身实现科学健康发展，关键要看金融对实体经济和社会民生的支持力度和服务水平。由于科技创新活动往往前期投入大、不确定性较高，因此，必须充分发挥金融杠杆作用，撬动财政资金、私募股权资本和社会资本，才能为各类创新活动提供最大限度的资金支持。近两年来，全国第四次金融工作会议、“金十条”以及《中共中央关于全面深化改革若干重大问题的决定》等一系列重大会议和文件，都将坚持金融服务实体经济摆在重要位置。广东是第一经济大省，同时也是科技大省和金融大省，在金融如何更好地服务实体经济问题上，理应争当排头兵，加快推动金融、科技、产业融合创新发展。

总之，全省各地、各部门要充分认识做好新形势下科技金融工作的重大战略意义，切实增强工作责任感、紧迫感、使命感，把科技金融这张关系新一轮发展主动权的“王牌”牢牢抓在手上，以科技金融创新融合发展促进转型升级，不断提高经济发展质量和效益。

二、切实抓紧抓好科技金融重点工作

当前和今后一段时期，科技金融工作的总体要求是：全面贯彻落实党的十八大、十八届三中全会和省委十一届三次全会精神，创新科技和金融结合体制机制，深化科技体制改革，健全技术创新市场导向机制，构建技术成果交易平台，构建多层次、多渠道、多元化科技投融资体系，着力释放科技创新潜力和金融资本倍增力，形成科技与金融创新协同效应，促进技术、资本、人才等要素向科技型企业集聚，发展高新技术产业、培育战略性新兴产业，为实施创新驱动发展战略、建设创新型广东提供有力支撑。这次大会印发了《2014年科技·金融·产业融合创新发展重点行动》，希望各地、各有关部门切实抓好贯彻落实。这里，我重点强调以下六个方面工作：

（一）构建有利于科技金融结合的科技管理体制

十八届三中全会明确提出，要“使市场在资源配置中起决定性作用”，并强调要“健全技术创新市场导向机制”，这必须贯穿于科技管理体制改革始终，让政府资金更多地按照市场需求配置，技术创新更多由企业来实施。要改革政府扶持创新的方式，在研发方向、资源配置和经费使用、项目评审以及成果评价和应用等各个环节，凡是市场和企业能做的都交给市场和企业，科技行政管理要减少对具体项目、技术和产品的参与和干预。对基础研究、公共服务平台、创新环境、公益性科技事业等，采用政府计划、无偿资助为主的支持方式。对企业的一般性技术创新活动、产业化活动，全面引入市场化的支持方式。

（二）健全财政资金与社会资本投向科技产业的联动机制

围绕创新链全面整合归并科技专项资金，大力调整科技专项资金的投入方式。要改变以往“事前评审立项并无偿拨款资助”的单一科技经费投入模式，加强对企业的技术创新和产业化项目以科技金融为主的引导性投入，设立引导基金、融资风险补偿、融资补贴等专项资金，利用市场化机制筛选项目、评价技术、转化成果，带动风投、创投、信贷、保险等社会和金融资本共同投入科技产业，建立健全财政资金与社会资本投向科技产业的联动机制。

（三）实施支持科技型中小微企业专项行动

科技型中小微企业是科技创新的主体，是培育和发展战略性新兴产业的重要载体。要尽快制定出台我省《科技金融支持科技型中小微企业发展专项行动计划》，采取有针对性的政策措施，发挥财政投入的杠杆作用，调动社会资本支持种子期、初创期、成长期等不同阶段的科技型中小微企业发展。要加快建设科技创新“前孵化器”，引导和鼓励各地市、高校、科研院所、高新技术产业园区、民营科技园等共同设立科技孵化基金，全面强化科技企业孵化器的抚育能力。要优化科技金融服务方式，进一步加大创业投资基金投入，推进科技小额贷款和科技担保业务，加强知识产权投融资服务，创新科技保险服务模式，打通科技型中小微企业的融资渠道，全面支持我省科技型中小微企业发展壮大。

（四）鼓励扶持面向科技型企业的金融创新

金融机构要转变观念，研究科技创新创业规律，制定新的金融政策、标准，开发新的金融工具与产品。要在研究、解决科技金融问题的过程中，引导和鼓励金融机构找到新的盈利模式、获得新的盈利空间、储备潜在的优质客户，从而开拓出服务创新驱动发展的新天地，这样才能保证金融机构在掌控风险的同时，更好地为科技型企业提供各项服务，开发出更多的适合科技型中小企业的新产品。从近两年的实践来看，科技银行、科技支行就是银行业服务科技企业的一种创新，既满足了科技企业的融资需求，又给银行找到了新的客户群和利润。担保、租赁、保险其他金融机构都应该探索适合、有效的科技金融创新产品。与此同时，要广泛整合民间资本，促进土地资本、金融资本和产业资本“三资融合”，加快民营科技园区建设。

（五）大力发展多层次资本市场

各地要建立科技型企业上市后备资源库，推动符合条件的科技型企业在主板、中小板及创业板上市，鼓励已上市的科技企业通过增发股份、兼并重组做强做大。加快发展场外交易（OTC）市场，重点引导和支持民营科技型中小企业挂牌交易。全面推动国家级高新区“新三板”市场建设，为园区企业改制、“新三板”挂牌及上市提供支持和服务。鼓励科技型企业发行区域集优融资模式下的中小企业集合票据，加大债券市场产品创新力度。建立健全技术产权交易市场，依托中国（华南）国际技术产权交易中心和南方联合产权交易中心等平台，创新产权评估机制，积极开展专利技术评估、交易和管理保护等业务。支持佛山市建设“金融·科技·产业”融合创新综合试验区，为促进科技、金融、产业紧密结合提供经验。

（六）建设全省科技金融服务体系

要真正解决科技企业的投融资问题，必须建立和完善科技金融服务网络，形成面向科技创新创业全过程的金融服务链。要依托粤科金融集团等机构，在省内国家级高新区、省级高新区、专业镇设立子公司，与当地政府合作，吸引社会资本，构建科技小额贷款和科技担保业务等服务网络。整合广东金融学院等科研力量，建立科技金融服务信息数据库、科技企业信用评估系统等平台，为全面促进科技和金融结合提供信息化支撑。各地要积极依托生产力促进中心、商会、行业协会、投融资促进会等机构，组建科技型中小企业融资服务中心，推动创业投资、银行信贷、科技企业改制等服务，建成全面促进科技创新创业，具有广东特色的科技金融服务体系。

三、强化全省科技金融工作的组织保障

科技金融工作是一项复杂的系统工程，需要多方协作，共同推进，必须加强组织领导，为科技金融融合发展提供坚强保障。

（一）加强组织领导与协调配合

要建立省促进科技金融结合工作协调机制，加强对全省科技金融工作的统筹协调和宏观指导。

各地要把促进科技和金融结合作为加快转变经济发展方式的重要抓手，列入重要议事日程。省、市、县、镇各级要加强协作，在科技企业投融资的风险分担和费用补贴等方面形成联动机制。省科技厅牵头做好规划和政策的制定、落实，金融、财政、知识产权及“一行三局”等部门要密切配合，整合各类资金、人才、平台等资源，加强协调，形成合力，共同推进科技金融工作。

（二）强化政策措施保障

省科技厅会同有关部门要围绕省委、省政府实施创新驱动战略和建设金融强省的战略部署，加强对全省科技金融工作的统筹部署，开展科技金融特派员计划，制定操作性强的制度和措施。各地要建立相应的工作机制，明确责任部门，制定相应的财政、人才等支持政策和配套措施，重点发挥金融资本对科技创新的带动作用，形成多元化、多层次的科技金融的投融资体系。

（三）大力培养和引进专业人才

要探索与发达国家及港澳台地区建立科技金融人才交流培养机制，加大科技金融人才培养和引进力度。鼓励高等院校建立科技金融教育、培训和研究基地，加强科技金融相关学科建设，提高科技金融人才培养水平。继续举办好“珠江天使杯”科技创新创业大赛，充分调动包括投融资金融机构、技术交易市场等在内的社会各界的积极性，共同为中小企业、创业团队、高端人才提供服务。

（四）做好监测分析与评估

建立科技金融发展监测评估体系。运用统计监测指标，定期总结与评估，做好科技金融工作的跟踪分析、综合评价和各项工作的检查督促。同时，要抓好促进科技和金融结合宣传工作，促进有关扶持政策落实，总结推广先进经验，形成有利于创新创业的良好氛围。

同志们，推动科技金融融合发展，意义重大，任务艰巨。希望全省各地、各有关部门切实按照省委、省政府的部署和要求，坚定信心，开拓进取，真抓实干，努力开创全省科技金融工作新局面，为建设创新型广东、金融强省，早日实现“三个定位、两个率先”总目标作出做出新贡献！

重大会议和重大科技活动

全省科技金融工作会议

2月10日，省科技厅会同省金融办和“一行三局”，组织召开了全省科技金融工作会议，陈云贤副省长出席了会议。会议由省政府副秘书长李捍东主持，广东省科技厅厅长黄宁生作全省科技金融工作报告，广东省金融办主任刘文通作科技金融专题发言。

会议出台了《2014年科技·金融·产业融合创新发展重点行动》（粤科函规划字〔2014〕198号）和《科技金融支持中小微企业发展专项行动计划》（粤科规划字〔2014〕28号），提出了包括健全财政资金与社会资本投向科技产业的联动机制、积极支持粤科金融集团建成省级科技金融大平台、构建全省科技金融服务体系等一系列科技金融服务中小企业的政策措施。会议对广东省科技金融工作取得的进展和存在不足进行了总结，对当前及下一阶段科技金融工作作部署。

陈云贤副省长强调，促进科技和金融紧密结合，是培育扶持科技型企业、建设创新型省份的重要保障，是金融服务实体经济、助推经济转型升级的有效途径。要切实抓紧抓好科技金融重点工作，构建有利于科技金融结合的科技管理体制，健全财政资金与社会资本投向科技产业的联动机制，实施支持科技型中小微企业专项行动，鼓励扶持面向科技型企业的金融创新，大力发展多层次资本市场。同时，要强化全省科技金融工作的组织保障，加强组织领导与协调配合，强化政策措施保障，大力培养和引进专业人才，做好监测分析与评估。

会上，佛山市政府和粤科金融集团分别介绍推进科技金融工作的做法与经验。同期举行佛山市南海区金融、科技、产业融合创新综合试验区授牌仪式。全国中小企业股份转让系统有限责任公司与省金融办签署战略合作备忘录。省科技厅与广东金融学院签署共建科技金融实验室和科技金融融资信息平台协议。会议还出台了《2014年科技·金融·产业融合创新发展重点行动》和《科技金融支持中小微企业发展专项行动计划》，提出一系列科技金融服务中小企业的措施，包括改革科技经费使用方式，健全财政资金与社会资本投向科技产业的联动机制等20条重点行动。

（广东省科技厅规划财务处）

广东省科学技术奖励大会暨全省科技创新大会

4月29日，省委、省政府在广州召开广东省科学技术奖励大会暨全省科技创新大会。中共中央政治局委员、广东省委书记胡春华，省长朱小丹，省委副书记马兴瑞，省委常委、常务副省长徐少华，省人大常委会副主任周天鸿，省政协副主席梁伟发出席会议并为“2013年度广东省科学技术奖”获奖代表颁奖。朱小丹在会上讲话。徐少华主持会议并作全省科技工作报告。省科学技术奖评审委员会主任、省科技厅厅长黄宁生作《2013年度广东省科学技术奖评审工作报告》。

朱小丹代表省委、省政府向获奖单位和个人表示祝贺，对去年全省科技工作所取得的成绩给予充分肯定。朱小丹指出，本省正处于经济社会转型升级爬坡越坎的关键阶段，转型升级越是艰难，越要坚持把提高自主创新能力作为转方式调结构的首要任务，越要把创新驱动发展作为转型升级的核心战略。全省必须紧紧抓住和用好世界新一轮科技革命和产业变革的机遇，深入实施创新驱动发展战略，以深化科技体制改革为动力，充分发挥市场对各类创新要素配置的决定性作用，加速创新链与产业链、资金链有机融合，加快推进知识创新、技术创新、协同创新，以更大力度推进引领产业转型升级的核心关键技术攻关，全面提升我省科技创新能力与产业竞争力，加快建设创新型广东。

朱小丹要求，具体工作中要坚持改革创新、协同推进、重点突破、开放融合，重点抓好五个方面的工作。一是抓科技体制改革，努力在健全技术创新市场导向机制上实现新突破。强化企业技术创新主体地位，推动创新资源向企业聚集，积极探索建立主要由市场决定技术创新项目和经费分配、评价成果的机制，完善科技创新服务体系，加快科技成果产业化。二是抓多主体协同创新，努力在提升自主创新能力上实现新跨越。加强省部产学研合作、部门协同和省市联动，推进协同创新平台建设。三是抓核心技术攻关，努力在服务经济社会发展上取得新进展。组织实施一批重大科技专项，加强产业核心技术和共性技术攻关，加快社会民生领域科技攻关。四是抓创新环境优化，努力在激发全社会创新活力上呈现新气象。完善科技创新法规政策体系，推进科技、产业、金融深度融合发展，加快形成高层次创新人才集聚机制，凝聚全社会创新力量。五是抓政府职能转变，努力在提高科技服务管理水平上取得新成绩。加强宏观引领与统筹服务，推进科研项目和资金管理改革，切实改进工作作风。

中国科学院院士、中山大学教授计亮年获省科学技术突出贡献奖。“交直流并联大电网关键技术研究及工程实践”项目、“深圳市南山区科技服务体系建设及运行模式的创新与实践”项目获2013年度省科学技术奖特等奖，颁发了一等奖30项、二等奖78项、三等奖151项，涵盖电子信息、装备制造、生物医药、新材料、新能源、环保等本省经济社会发展的重点领域。

省科教领导小组成员，省科技奖评审委员会委员，2013年度省科技奖获得者代表；各地级以上市委书记或市长、分管科技工作的副市长和科技局（委）主要负责同志，顺德区区委书记或区长，分管副区长和经济促进局主要负责同志；省委有关部委、省直有关单位、人民团体、中直驻粤有关单位主要负责同志，国家级和省级高新区管委会主要负责同志，广州地区部分科研院所及高等院校主要负责同志参加了会议。

（广东省科技厅科技服务与管理处　王雅文）

首届全国科普讲解大赛

全国科普讲解大赛是2014年全国科技活动周的重大示范活动，也是我国科普行业具有权威性的技能大赛。此次大赛由全国科技活动周组委会办公室、广州市科技和信息化局联合主办，广州科普基地联盟和广东科学中心承办，来自北京、上海、天津、重庆、广州、大连、长沙、郑州、乌鲁木齐等25个城市的88名选手参加比赛，其他省区市以及香港、澳门科普场馆近400名代表观摩比赛。

大赛分预赛和决赛两个阶段。预赛由各直辖市、计划单列市、副省级城市、省会城市（自治区首府）科技主管部门自行组织，推荐参加决赛的人选。大赛决赛于2014年5月23—25日在广东科学中心举行。决赛分淘汰赛和总决赛两个部分。总决赛特别邀请了中国自然科学博物馆协会名誉理事长、联合国教科文组织“卡林加奖”获得者李象益教授等来自全国各地的9名专家评委进行现场打分，同时设置监督组，对大赛评选工作全程监督。经过淘汰赛的激烈角逐，最终30位选手入围总决赛，10位选手夺得首届全国科普讲解大赛一等奖，被授予“科普十佳使者”称号。

本次大赛以“科学生活　创新圆梦”为主题，旨在全社会广泛弘扬科学精神、普及科学知识、传播科学思想、倡导科学方法。它既是全国各省市（区）科普场馆之间加强交流、提升能力、增进友谊、谋求发展的一次大聚会，又是各馆对展教水平、讲解员和科普志愿者风采的一次大检阅、大展示。它的举办既为全国科普传播人员搭建了一个学习交流平台，又进一步加强了全国各省市（区）科普场馆之间的来往，提升各城市的展教水平和科普传播能力，是深入实施《中华人民共和国科学技术普及法》、加强国家科普能力建设的有力举措，有利于在全社会营造崇尚科学的氛围，进一步提高全民科学文化素养，推动我国科普事业的持续健康发展。

（广东科学中心　周　静）

国家食品安全（横琴）创新工程专题会商会议

2014年6月10日，科技部、广东省政府在北京召开国家食品安全（横琴）创新工程专题会商会议。全国政协副主席、科技部部长万钢，广东省省长朱小丹出席会议并讲话。省科技厅厅长黄宁生、珠海市市长何宁卡等参加活动。

国家食品安全（横琴）创新工程方案（以下简称“横琴创新工程”）由科技部、广东省、珠海市三方共建，按照政府引导、企业参与、市场运作的模式建设和管理。该项目将建设“两中心、两平台、一园区”，包括国家食品安全科技创新中心、第三方检验检测中心，食品安全云服务平台、金融服务平台和食品安全电子商务园。

会议认为，科技部和广东省政府合作共建横琴创新工程是贯彻落实习近平总书记关于加强食品安全工作和“加强实施创新驱动发展战略的顶层设计”讲话精神的重要举措，对提高食品安全的科技支撑能力，保障食品安全具有重要的战略意义和现实意义。

朱小丹对科技部长期以来给予广东经济社会发展的关心和支持表示感谢。朱小丹表示，广东省将全力支持并按照高标准规划、高水平建设、高效率运行的要求建设好横琴创新工程，突出创新性、信息化、国际性和综合体的特色。他建议通过建立部省市联合协调机制，将横琴工程列入国家重点创新工程以及国家食品安全科技创新示范区建设，在资金、人才、平台建设等方面给予优先支持，并表示广东将在省内建立协调机制，加强省内相关资源的统筹配置，制定相应的配套政策措施，推动项目尽快落地、加快发展。

万钢感谢广东省政府对科技部工作的支持。万钢说，这次会议意义很特别，是省部第1次进行专题会商，主要针对食品安全创新驱动问题。

万钢指出，广东是香港、澳门重要的食品供应基地，横琴新区是国务院批准的国家级新区，选择横琴新区建设食品安全创新工程，率先打造我国食品安全的“绿洲”，利用科技创新手段提升食品安全产业的服务和监管水平，不仅对提升我国食品安全科技支撑能力，而且对保障港澳地区社会稳定和经济发展，均具有十分重要的意义。

会上，省部国家食品安全（横琴）创新工程指导小组正式成立，科技部副部长张来武和广东省副省长陈云贤担任组长。

（摘自《科技日报》）

2014年广东省新型研发机构建设现场会

2014年9月28日，2014年广东省新型研发机构建设现场会在东莞召开，中共中央政治局委员、广东省委书记胡春华，广东省省长朱小丹出席会议并讲话。会议强调，要深入贯彻落实党中央、国务院关于全面深化科技体制改革、加快创新驱动发展的决策部署，学习借鉴东莞市的经验，发挥优势、主动作为，加快推进新型研发机构发展，更好地促进广东省产业转型升级。

胡春华充分肯定了广东省新型研发机构发展情况。他指出，近年来广东省新型研发机构不断涌现，开始成为广东省科技创新一支新的生力军。现在全省有新型研发机构120多家，累计服务企业超过3万家，成功孵化高新技术企业超过千家。当前，广东省正处于产业转型升级的关键时期，比以往任何时候都更加需要科技创新支撑。全省要积极行动起来，采取切实措施推进新型研发机构发展。

胡春华对加快发展新型研发机构提出三点要求。一要高度重视发挥新型研发机构在促进广东省产业转型升级中的作用。要充分认识新型研发机构和产业转型升级相互促进的作用，紧紧围绕解决企业的技术难题、突破产业发展的关键技术、经济发展的实际需要，紧紧围绕改造提升传统产业、大力发展战略性新兴产业、建设现代产业体系，加快建设发展新型研发机构。二要发挥市场化优势，加快新型研发机构发展。要把市场配置科技资源的作用充分发挥出来，引进和建立与优秀科研机构合作的平台，推动新型研发机构与企业合作，建立风险投资和科技金融服务机制，打通科技成果向现实生产力转化的途径，更好地推动科技成果的转化和应用。三要把政府在推动新型研发机构发展中的作用充分发挥出来。各级政府要发挥好支持引导作用，把政府“有形之手”作用与市场“无形之手”紧密结合起来，形成合力。要依托高新区、产业集群、创新园区、科研院所建设新型研发平台，结合实际加强政策支持，帮助新型研发机构解决有关项目审批、建设用地、投资融资等突出问题，加大知识产权保护力度，营造促进创新的良好环境。

朱小丹指出，新型研发机构已成为广东省破解科技与经济发展“两张皮”的新探索、加快产业转型升级的新动力、聚集高端创新资源的新平台。总结其中的成功经验和做法，最关键、最核心的就是坚持了市场化的改革取向，遵循了市场规律与科技创新规律。全省必须乘势而上巩固壮大其良好发展势头，以深化改革引领新型研发机构发展，加强新型研发机构的核心技术攻关能力、成果转化和产业化能力、创新服务能力建设，加快出台和落实相关扶持政策，切实加强组织领导，推动新型研发机构健康快速发展。他强调，要以新型研发机构建设为重要抓手，全面深化科技体制改革，完善开放型区域创新体系，加快提升自主创新能力和产业竞争力，不断优化自主创新环境，推进广东省创新驱动发展战略的深入实施。

会上，副省长陈云贤通报了全省新型研发机构培育、建设和发展情况，东莞市政府、东莞华中科技大学制造工程研究院、深圳光启高等理工研究院代表分别发言。省领导马兴瑞、林木声，广州市市长陈建华，深圳市市长许勤，中山大学党委书记郑德涛，各地级以上市及顺德区主要负责人、分管科技相关负责人，省直有关单位、新型研发机构、省外高校和科研机构有关负责人参加会议并赴松山湖高新区参观了全省新型研发机构成果展及华南设计创新院、东莞华中科技大学制造工程研究院。

（广东省科技厅产学研结合处　叶超贤）
（东莞市科学技术局　王少波）

广东省重大科技专项推进会

11月14日，广东省重大科技专项推进会在广州召开。省长朱小丹、副省长陈云贤等领导出席会议并讲话。

朱小丹充分肯定了近年来广东省实施重大科技专项所取得的显著成效，指出重大科技专项是科技工作的标志性、集成性项目，对于突破关键核心技术，提升广东省产业核心竞争力具有重要作用。在经济新常态下，广东省必须更加突出经济社会发展的转型升级，必须更加注重经济发展的质量效益，必须更加坚定地把创新驱动作为经济社会发展的核心战略，大力推进重大科技专项，集中力量在核心关键技术领域下好先手棋、打好主动仗，努力争当全国创新驱动发展排头兵，加快打造广东经济“升级版”。

朱小丹强调，全面推进省重大科技专项的实施，要深入贯彻落实中央和省关于深化科技体制改革、加快创新驱动发展的战略决策，按照《广东省重大科技专项总体实施方案（2014—2018）》的部署要求，按照“瞄准前沿、精心选择、突破重点、努力赶超”的总体思路扎实推进，力争到2018年，每年组织实施重大科技专项项目50～100项，新增发明专利约2 300项，推动重大科技专项累计实现新增产值约3 000亿元，形成40个左右具有较强国际竞争力的新兴产业集群，建成一批高水平的研发及应用重大创新平台，为经济社会转型升级提供有力的支撑引领。

从2014年4月开始，省科技厅牵头开展省重大科技专项的系统谋划和遴选凝练工作，经过广泛征集建议，深入调研、反复论证，最终遴选出9个重大科技专项，包括计算与通信集成芯片、移动互联关键技术与器件、云计算与大数据管理技术、新型印刷显示技术与材料、可见光通信技术及标准光组件、智能机器人、新能源汽车电池与动力系统、干细胞与组织工程、增材制造（3D打印）技术等。通过组织实施省重大科技专项，将着力突破掌握一批核心关键技术，研发推广一批重大战略产品，培育壮大一批创新型产业集群和骨干企业，培养和凝聚一批高水平的科技队伍，建设重大科研基地和平台，推动重大科技成果转化，构建一个支撑和引领产业持续发展的技术创新体系，辐射带动千亿级的相关产业发展，为经济社会全面转型升级提供强有力的支撑引领。本轮重大科技专项实施周期为5年，从2014年到2018年，分为策划启动、重点推进和总结推广3个阶段。根据总体实施方案，省科技厅会同省财政厅编制和发布了2014年度重大科技专项申报指南。同时，在2014年度的省自然科学基金、省创新科研团队引进、产学研合作等项目申报指南中，都把9个重大科技专项作为重点支持的领域，全方位推进专项的组织实施工作。

会上印发了《广东省重大科技专项总体实施方案（2014—2018）》（以下简称《方案》）和2014年度省重大科技专项项目申报指南。省市有关部门和单位签订了一批省重大科技专项联合推进工作协议。省科技厅联合省发改委重点推进新能源汽车电池与动力系统、3D打印共性关键技术两个重大专项，联合省经信委重点推进云计算与大数据管理技术重大专项，联合省质监局和国际电工委员会电子元器件质量评定体系（IECQ）中国国家监督检查机构开展重大科技专项的技术标准研制和推广工作。广州市、深圳市等市发挥各自的优势和特色，选择重点领域和重大项目，与省科技厅签署联合推进重大科技专项工作协议。粤科金融集团和汕头市、惠州市、东莞市、江门市、揭阳市中德金属生态城分别达成了共同设立粤科华汕新型印刷显示与材料、云计算及大数据管理技术、智能机器人、电子信息等创业、产业投资基金的协议。

（广东省科技厅规划财务处）

第16届中国国际高新技术成果交易会

2014年11月16—21日，第16届中国国际高新技术成果交易会（以下简称“高交会”）在广东省深圳市举行。中共中央政治局委员、国务院副总理刘延东，中共中央政治局委员、广东省委书记胡春华，全国政协副主席、科技部部长万刚等出席开幕式。

本届高交会以“坚持创新驱动，加快绿色发展”为主题，设有高新技术成果交易、高新技术专业产品展、中国高新技术论坛、super-SUPER专题活动、高新技术人才与智力交流会、不落幕的交易会等6大板块，总展览面积达11.5万平方米，共有包括37个外国团组在内的3 016家展商参展，带来的高新技术项目与产品数达3 593项，涵盖了节能环保、新一代信息技术、生物、高端装备制造、新能源、新材料、新能源汽车和现代农业等领域。

同时，高交会推出了“网上高交会”，搭建常年交易平台，提供在线配对撮合和项目推荐服务，截至本届高交会闭幕，累计入库项目已达16 533个。

本届高交会吸引了包括来自83个国家和地区、123个代表团在内的54.6万人次参会。其中，共有3 628位投资商参展参会；专业观众人气指数达到235（即平均每天每个展位共接待235位专业观众）。

本届高交会上举办的各类活动205场，其中，技术性论坛55场，聚焦于新一代信息技术、新能源、智能装备等高科技领域以及投融资等方面的分享与探讨；super-SUPER专题活动22场，增进了中外团组、高层人士之间的对接和交流；组委办组织的信息发布活动37场，涉及战略性新兴产业7大领域，来自4个国家的46家发布单位推介了50余项技术或产品。

为加强创业与投资服务，支持小微企业发展，高交会设立科技创业型小微企业展区、个人技术创新展区，全新设立了大学生创新创业专区，举办了项目配对洽谈合计60多场次；组织了项目路演会，共有222家企业报名参加，35个项目进行了路演，178家投资商参会。

本届高交会紧扣创新驱动，重点展示科技创新在推动“三个转变”中取得的积极成效，突出绿色低碳，集中反映生态文明建设的最新成果。充分发挥高交会作为我国高新技术领域对外开放的重要窗口和平台作用，聚焦优质创新资源，突出重点国家与地区特别是丝绸之路经济带和21世纪海上丝绸之路沿线国家与地区，加强国际科技交流合作，更好地服务于国家“一带一路”战略，并积极顺应互联网时代“草根创新”“全民创新”的新趋势，努力为小微企业、海内外创客、青年学生创新拓展新空间、提供新平台，进一步激发大众创业、万众创新的巨大正能量。

（摘自中国国际高新技术成果交易会官网）

国家“数控一代”机械产品创新应用示范工程工作交流会议

2014年12月2日，国家“数控一代”机械产品创新应用示范工程工作交流会议在东莞市召开。科技部副部长曹健林、中国工程院院长周济、广东省副省长陈云贤、省科技厅厅长黄宁生等出席会议。

曹健林副部长高度肯定了广东省“数控一代”示范工程。他指出，“数控一代”工程实施以来，在全国10个区域及5个行业取得了明显成效，促进了传统产业转型升级、引领了行业区域经济发展，要求从实施创新发展战略的高度，进一步深刻理解开展“数控一代”示范工程的重大意义，按照改革的新思路、新要求，继续组织实施好“数控一代”示范工程。

周济院长指出，在新一轮工业革命与中国加快转变经济发展方式的历史交汇期，要牢牢把握创新驱动发展战略，要紧紧抓住制造业数字化网络化智能化等核心技术，并将“数控一代”创新工程作为创新驱动、转型升级的突破口。

陈云贤副省长代表省政府向科技部和中国工程院长期以来对广东省的大力支持表示感谢。他指出，通过“数控一代”示范工程的实施，本省机械装备数控化技术攻关、数控人才集聚、数控企业成长、服务体系建设等方面取得明显成效，拥有在国内占较大市场份额的优势企业、处于领先地位的主导产品和相对完善的技术研发与服务体系，形成了以珠三角为核心、以东西两翼为辅助的数控装备产业发展格局。国家实施数控一代示范工程，并将本省列为试点省，既是对广东的充分肯定，也给广东的转型发展带来了新机遇。广东省将认真贯彻落实国家的有关部署和要求，发挥好自身优势和特色，争取尽快打造成万亿元规模的珠江西岸先进装备制造产业带，他同时也期望各位领导和专家对广东机械装备产业发展和科技创新工作多提意见、多作指导，一如既往地支持广东经济社会的建设和发展。

湖北省等16个示范省市、东莞市人民政府、省科技厅、华中科技大学代表，国家及省市数控一代专家组等150余人参加了会议。

（广东省科技厅高新技术发展及产业化处　张相年　黄　攀）

2014中国（东莞）国际科技合作周

由科技部与广东省政府共同主办，科技部国际合作司、东莞市人民政府和广东省科技厅承办的2014中国（东莞）国际科技合作周暨招才引智活动于12月2—5日在东莞市厚街现代国际展览中心举行。

广东省省长朱小丹在合作周开幕式上充分肯定了国际科技合作周的举办对广东加大国际科技交流合作，加快转型升级的积极作用，同时对广东近年来依靠创新驱动加快转型升级的所取得的成就进行了介绍，强调广东要努力争当全国创新驱动发展的排头兵。科技部副部长曹健林也为与会领导嘉宾介绍了改革开放以来中国依靠科技创新所取得的成就，强调未来中国会继续坚持创新驱动的发展战略，不断扩大科技合作交流的步伐。东莞市委书记徐建华在致辞中强调，“科技没有国界，合作大有可为”，东莞通过举办合作周已经取得了瞩目的成绩，未来希望通过合作周的举办为广东整合更多的国际国内科技资源，提升创新驱动发展能力，为实现经济转型升级做出新的贡献。

本届国际科技合作周会期为12月2—5日，以“智慧城市、智能制造”为主题，共设有“科技展览、高峰论坛、项目洽谈、授牌签约”四大专题，30多项子活动。合作周突出物联网、云计算、移动互联、大数据、数控一代、机器人、智能装备、3D打印的新技术，结合科技、金融、人才与产业融合发展的新趋势，拓展科技合作与招才引智的新渠道，采用全新O2O（线上到线下）技术成果对接的新方法，充分发挥国际科技合作的新优势，全面集聚项目、技术、资金、人才、载体等创新要素，着力推动企业的技术创新和产业优化升级。

较往届相比，本届合作周更加充分体现国际科技交流合作的新趋势，国际化程度更高。合作周设有2万平方米专业展区，吸引了韩国、独联体、北美、意大利等来自世界23个国家和地区的嘉宾，带着各自的技术来东莞寻求对接合作，来宾们可以通过智慧城市专题展、机器人产业综合展、数控一代成果展、招才引智专题展、新型研发机构成果展、科技金融和创投机构综合展、国内外知名企业展、民营企业转型升级成果展等纵览东莞科技创新的最新成果。

中国（东莞）国际科技合作周始于2004年，迄今为止已成功举办了10届，与20多个国家和地区建立了合作关系，累计吸引观众超过45万人次，促成各类科技和人才项目合作近2 000项，成为立足东莞、服务全省乃至全国的对外科技合作交流平台，有力推动了东莞和广东科技成果产业化、国际化进程，加快了东莞产业转型升级和创新型广东建设的步伐，得到了社会各界的高度赞誉。自2013年起合作周升格为国家级科技交流合作活动，由科技部与广东省人民政府共同主办，科技部国际合作司、广东省科技厅和东莞市人民政府承办。

（广东省科技厅科技交流合作处　李　荷）

（光明网　雷　寒）

广东省科技成果与产业对接会

2014年12月16日，省科技厅、省经济和信息化委、省教育厅在佛山联合举办2014年广东省科技成果与产业对接会。广东省省长朱小丹出席会议并讲话。此次对接会包括科技成果展示与对接、人才团队对接、智能装备相关专业高校毕业生就业对接、《广东省高端装备制造产业标准体系规划和路线图》发布等内容，重点面向省内外在先进装备制造领域具有技术和人才培养优势的高校、科研院所与广东省先进装备制造业企业，特别是面向珠江西岸先进装备制造产业带“六市一区”的企业。

朱小丹在对接会启动仪式讲话中指出，广东省作为全国改革开放先行省份，率先进入经济发展新常态，必须坚持以提高经济发展质量和效益为中心，更加坚定地把创新驱动发展作为核心战略来抓。推动科技成果与产业对接，切实解决科技与经济“两张皮”问题，促进科技成果产业化，是广东省主动适应新常态、推进创新驱动发展核心战略的必然要求。

朱小丹强调，省委、省政府坚持把科技成果与产业对接作为深化产学研合作、促进科技成果转化的重要抓手。在去年成功举办第一次对接活动的基础上，今年开展第二次科技成果与产业对接活动，将对加速科技成果产业化起到重要的桥梁作用，也将对推动珠江西岸先进装备制造产业带加快发展产生积极促进作用。参加对接会的各地、各部门、各单位要坚持“政府引导、市场主导、协同创新、平等互利”原则，深化产学研合作，强化重大科技专项成果运用，突出企业的技术创新主体地位，完善科技成果转化服务体系，广泛集聚创新创业人才，努力扩大对接合作成果。他还强调，做好科技与产业对接，促进科技成果转化，涉及面广、任务繁重，需要各级各部门、高校科研院所和广大企业共同努力，强化协作。全省各级政府要进一步提高办事效率，提升服务质量，努力为广大企业在粤创新发展营造良好环境，提供更加广阔的空间。

此次对接会共征集、筛选了300余项具有产业化前景的技术成果、170多家企业200余项技术需求，通过对接50多项重大科技成果现场签约。省直有关单位，佛山、中山、珠海、江门、肇庆、阳江及顺德区，53个省内外高校、科研院所、创新平台有关负责同志200多人参加对接会。省内13所高校500多名智能制造相关专业毕业生参与此次对接。

（广东省科技厅产学研结合处　张志彤）

2014年度创新创业系列大赛

2014年，省科技厅承办的由科技部组织的全国创新创业大赛（广东赛区）暨首届珠江天使杯科技创新创业大赛，在全省范围组织动员了超过1 000家科技企业和团队参赛。省粤科集团发起成立了广东天使创业投资联盟，并设立“粤穗天使基金”，首期投入1亿元，成为连接广东省科技创业者与天使投资的对接平台，与近30家企业与创投机构达成了投资意向，投资金额达7 000多万元。

5月28日，第3届中国创新创业大赛（广东赛区、港澳台赛区）暨第2届“珠江天使杯”科技创新创业大赛正式启动，在全省各地市及广州市各区县开展大赛推介会17场，参加人数逾3 000人次。2014年新设立的港澳台赛区依托中山大学、中国技术交易所等单位和机构宣传推广，经国家赛事统计，广东赛区注册报名参赛企业共877家，团队共359家，参赛企业数、团队数均居全国第3位。港澳台赛区总报名数量76项。共有69家科技型企业和27家创新创业团队进入国赛决赛。第3届中国创新创业大赛广东赛区暨第2届“珠江天使杯”科技创新创业大赛设立东莞、佛山、惠州、顺德和综合赛区共5个分赛区，共739家参赛企业和274组创业团队历经网评初赛、复赛、半决赛、总决赛，共10家晋级总决赛，广东合微集成电路技术有限公司和万锦创业团队脱颖而出，分别获得企业组一等奖和团队组一等奖。

2月10日，广东赛区总决赛大赛在惠州仲恺高新区圆满落幕，在现场，科技部火炬中心、广东省科技厅等部门的领导嘉宾共同启动了“广东省创新创业大赛常态化工作平台”。从2015年起，创新创业大赛在广东将采用常态化赛制，通过“创新创业大赛”服务平台，开展多层次的投融资培训和定制化科技金融服务，按照“以赛促建”的方式持续推动广东省形成创新创业热潮。

（广东省科技厅规划财务处　田何志）

科技政策与投入

科技政策法规及软科学计划

2014年，省委、省政府要求，以改革创新精神，制定完善企业研发准备金、科技企业孵化器、科技成果转化等牵一发而动全身、在全国先行先试的重大创新政策，撬动科技发展。广东省陆续出台了一系列政策，强化全省科技体制改革的顶层设计，加快构建覆盖自主创新全过程的“1+N”政策体系。

2014年度省软科学研究主要围绕贯彻落实党的十八届三中全会精神，聚焦全面深化科技体制改革、加快实施创新驱动发展战略、科技成果转化立法和“十三五”科技发展规划制定等重大决策需求，兼顾区域创新体系建设、创新创业环境优化等方面的热点难点问题，组织一批立足实践、面向决策的研究项目，为科技支撑引领广东产业转型升级，全面实施创新驱动发展战略，加快建设创新型省份提供科学决策参考。

科技政策法规研究与制定

【《中共广东省委广东省人民政府关于全面深化科技体制改革加快创新驱动发展的决定》】 为贯彻落实党的十八届三中全会和《中共广东省委贯彻落实〈中共中央关于全面深化改革 若干重大问题的决定〉的 意见》（粤发〔2014〕1 号）精神，全面深化科技体制改革，加快实施创新驱动发展战略，6月21日正式出台《中共广东省委广东省人民政府关于全面深化科技体制改革加快创新驱动发展的决定》（以下简称《决定》）。该决定是广东再一次发挥改革试验田作用的又一次探索，是党的十八届三中全会以来，国内省市首次颁布实施的关于深化科技体制改革、实施创新驱动发展战略的顶层设计和纲领性文件。

《决定》以深化科技体制改革为主线，以技术创新市场导向机制和更好发挥政府作用为核心，从知识创新、技术创新、协同创新到转化应用，再到创新创业环境建设，提出了全方位的深化科技体制改革、实施创新驱动发展战略的发展目标、主要任务和政策措施，主要突出了4个方面的考虑。一是落实党的十八届三中全会及广东省委十一届三次会议提出的深化科技体制改革、增创广东创新驱动发展新优势的战略任务。二是以科技体制改革为主线，突出改革创新发展新举措，一般性举措不写，重复性举措不写，纯属发展性举措不写。三是抓住重点，围绕破除束缚创新驱动发展的体制机制障碍，突出关键环节的科技体制改革，提出实施创新驱动发展战略的重点领域。四是时间设计到2020年，按这个时间段提出改革任务和目标。到2020年，开放型区域创新体系和创新型经济形态基本建成，努力实现从要素驱动向创新驱动全面转变，主要创新指标达到或超过中等创新型国家和地区水平。

9月，《广东科技》杂志出版“改革破局 创新谋局”专刊并在全省科技形势分析会上派发。国内主流媒体也纷纷对《决定》进行宣传报道，包括《科技日报》、《南方日报》、省政府网站、南方网、新华网、中国政府网、凤凰网、新浪网、网易、《求是》等。

【《发达国家和地区支持企业科技创新政策与机制研究》】 8月，按照省委深化改革领导小组要求，省科技厅牵头负责开展《发达国家和地区支持企业科技创新政策与机制研究》课题研究。省科技厅组织省技经中心与广东战略研究院组成联合课题组，积极开展课题研究。课题组对发达国家与地区支持企业科技创新的政策与机制进行了全面系统的分析，对省企业政策需求进行了深入解读，提出了完善广东省支持企业科技创新政策法规体系的“十大政策建议”，获得了省委、省政府主要领导的高度评价与充分肯定。

【《广东省人民政府关于加快科技创新的若干政策意见（稿）》及配套实施细则】 根据省委、省政府工作部署，2014年，省科技厅牵头起草了《广东省人民政府关于加快科技创新的若干政策意见（稿）》（以下简称《若干政策意见》稿）。文稿起草过程中，中共中央政治局委员、广东省委书记胡春华，广东省省长朱小丹高度重视、多次过问和听取起草情况，对一些重大问题提出指导意见，为文稿起草指明方向。陈云贤副省长组织创新政策专题调研，召开部门协调会议，对文稿起草工作提出具体指导和部署。省科技厅深入北京、上海、湖北、深圳等地调研，召开科技成果转化、企业研究开发财政补助等10多场专题座谈会，并广泛征求了各地、各部门、高校、科研机构和企业的意见。12月31日，第12届39次省政府常务会议审议并原则通过了《若干政策意见》稿。该文件提出的一些重大改革措施力度在国内各省市中最大、含金量最高，或属于在国内各省市中首次实施。

【落实企业研发费税前加计扣除政策推进工作】

2013年度，全省企业已享受研发费加计扣除额达342.01亿元，受惠企业数达3 434家，研发费加计扣除税收优惠额约达85.50亿元，比2012年增长20.6%。2008年度以来，全省企业研发费加计扣除额累计超过1 140亿元，累计可帮助企业减免税收约285亿元，相当于为企业增加研究开发费约285亿元。

2014年1—2月，省科技厅先后在珠海、湛江、广州、韶关等地开展调研与巡回宣讲活动，组织全省各地市科技局、科技型企业等机构代表以及财税专家近150人参加，同时通过发放问卷资料，全面了解全省企业研发费税前扣除政策落实情况。省科技厅积极加强部门联动，9月后，召集两次省财政、国税、地税等部门参加的工作协调座谈会，就加强该项工作联络、联合制定省级层面指导意见等问题达成共识，调动省财政、国税、地税等部门参与此项工作的积极性。

【《广东省科技成果转化促进条例》】 2013年以来，国家层面积极修订《中华人民共和国科技成果转化法》，各省市也积极出台一系列促进科技成果转化相关政策。在此背景下，广东省积极开展《广东省科技成果转化促进条例》（以下简称《条例》）立法工作。2014年，省科技厅积极牵头开展《条例》起草工作，组织开展多次立法调研、专题座谈等，已起草形成1万多字的《条例》（初稿）及起草说明材料。《条例》已被列为省第12届人大常委会5年立法规划一类项目和省人大常委会2014年立法工作计划预备项目。

（广东省科技厅政策法规处　王富贵）

软科学研究

11月6日，《广东省科技厅、广东省财政厅关于印发〈2014年广东省公益研究与能力建设专项资金申报指南〉的通知》发布，共设置软科学重大项目、软科学重点项目、软科学面上项目和软科学面上青年博士启动项目4个子专题，强调项目研究应坚持理论与应用对策研究相结合，优先支持有政府决策咨询需求的研究项目，强调重大项目承担单位应具备雄厚的研究基础。

2014年度省科技厅支持重大项目3项，资助额度分别为300万元、150万元和100万元；重点项目立项13项，每项资助额度为40万元；面上项目立项66项，每项资助额度为10万元；面上青年博士启动项目立项14项，每项资助额度为10万元。

（广东省科技厅政策法规处
陈　晓　王富贵）

科　技　人　才

2001年，省科技厅完成国家及省重大人才工程遴选评审，推进评审组织工作科学化、专业化；开展“珠江人才计划”引进创新创业团队后期管理与服务工作，推进团队管理工作科学化、规范化；开展高层次科技人才政策培训与投融资对接服务，推进人才服务人性化、多样化；组织省重大人才工程申报评审及资助方式改进研究，推进人才研究工作理论化、常态化。

创新创业团队高层次人才引进和培养

【国家及省重大人才工程遴选】 根据科技部“创新人才推进计划”遴选要求，2014年，广东省共推荐中青年科技创新领军人才25名、科技创新创业人才32名、重点领域创新团队3个、创新人才培养示范基地4个，进入科技部答辩评审的比例较高。顺利开展第4批“珠江人才计划”及首批“扬帆计划”引进创新创业团队评审、合同签订及资金拨付工作；完成第4批“珠江人才计划”32个引进团队合同签订工作（2个团队申请延期），6.66亿省财政经费拨付到位；完成首批“扬帆计划”10个引进团队合同签订工作，4 500万省财政经费拨付到位。截至2014年年底，“珠江人才计划”成功引进4批次共91个海内外优秀创新创业团队，“扬帆计划”成功引进首批10个优秀团队。

【“珠江人才计划”团队管理与服务】 启动首批、第二批团队中期考核，探索建立符合人才发展规律的项目管理评价机制。总体看，团队总体进展较好，截至2013年年底，参与考核的31个团队242名成员中，196名在岗情况符合约定，合同在岗率81%，财政资助资金使用管理总体比较规范。截至2013年年底，广东省前三批引进的57个创新创业团队在粤工作取得明显成效，已发表SCI/EI收录论文1 504篇，多篇论文影响因子超30，领跑国际先进水平；申请发明专利3 343件，PCT专利430件，获授权发明专利426件，PCT专利77件；获软件著作权100项；参与承担制定标准134项；研发出新产品、新装备等413项，实现销售收入共计16.92亿元，带动上下游2 300多家企业实现产值55.14亿元；新增引进人才1 771人，是引进之初的5倍。引进创新创业团队已成为支撑全省产业转型升级、驱动创新发展的新兴力量。

【高层次科技人才政策培训与投融资对接服务】 11月13日，开展省重大人才工程申报宣讲培训及咨询解答，得到近1 000名与会者的高度认可，同时及时整理申报期间热点咨询问题解答1 000多条并挂网，全工作日为申报团队答疑解惑。

为深入实施国家创新人才推进计划，积极发挥市场在技术、人才、资金等资源配置中的决定性作用，提升创新创业人才融资能力，探索解决企业融资问题的途径，帮助科技创新创业企业充分利用资本力量和金融杠杆做大做强，5月7—9日，科技部人才中心与广东省科技厅在华南理工大学联合举办了科技创新创业人才投融资对接集训营珠三角专场活动。该活动由“融资与企业发展”主题培训、导师团个案辅导和现场投融资对接三大板块组成。共有国家和省重大人才工程遴选的科技创业人才及创新创业大赛入选企业创办者、中小企业创新基金项目承担者近200人参加，与会者与国内外一线知名创投机构70余家进行了面对面有效对接。广东省生产力促进中心、广东省粤科金融集团、广东省科技创新监测研究中心、华南理工大学、招商银行作为本次活动协作单位全程为参加集训营活动的企业提供投融资对接服务。

（广东省科技厅政策法规处　张　燕
广东省引进创新创业团队专项办公室　刘佐菁）

高层次专业技术人才队伍建设

截至2014年年底，全省专业技术人才总量达478万人，同比增加22万人，增幅达4.8%；高层次人才总量达31万人，占专业技术人才总量的6.4%，同比增加2.2万人，增幅达8.3%，高层次人才区域分布及结构有所改善。

【粤港澳人才合作示范区】　2014年，广东省加快建设广州南沙、深圳前海、珠海横琴“粤港澳人才合作示范区”。广东省人力资源和社会保障厅（以下简称“省人社厅”）积极落实《推进“粤港澳人才合作示范区”建设总体安排的意见及实施方案》，强化示范区改革窗口作用，推动南沙、前海、横琴加快人才体制机制改革创新。省人力资源和社会保障厅与深圳市人社局、前海管理局签订《共建人才工作改革创新窗口单位备忘录》，积极探索构建粤港澳人才合作联盟，推动建设粤港博士后交流驿站，带动一批科研机构和现代服务业人才到前海集聚发展。支持广州南沙打造国际高端人才载体汇集工程，推动建设香港科技大学霍英东研究院和南沙资讯科技园博士后科研工作站等创新创业载体，促进国际人才交流合作。南沙以地方条例形式明确港澳服务机构和执业人员在南沙开业的办法，成功引进美国认证协会职业评价体系，为开展国际职业评价认定打下基础。横琴加强政企合作，按市场化方向引进中高端管理人才近200名。开设“粤港澳人才合作示范区”网络专区，掌握和发布三地人才需求信息和动态。截至2014年年底，示范区引才聚才效果比较明显，人才总量已经超过16万人。

【积极招揽国际人才】　2014年，广东省推动项目引才，共有7名专家入选中组部第4批“外专千人计划”，入选人数居全国第3位，获批资助金额2 700万元；获国家外专局批准“高端外国专家”项目共20项。组织开展第1批16名领军人才专项考核验收，总结提升引才的效果，下达第4批领军人才专项资金，筹备第5批评审工作。组织广东省大型骨干企业、高校、科研机构及留创园赴澳大利亚和新西兰招聘引进高层次人才。

实施留学人员来粤创业启动支持计划，在全省范围内遴选一批创新能力强、发展潜力大的留学人员创办的企业，在创业的初始启动阶段予以重点支持，2014年精选10个项目每个资助10万元共100万元。

按照小型化、专业化、区域化新要求，10月，由省人力资源和社会保障厅、省外国专家局和珠海市政府共同举办广东省第6届海外专家南粤行活动暨珠海创新创业洽谈会的，主题为“带项目来创业及合作”，32名高层次人才回国参加活动。中山市启动省部共建中国中山留创园建设，积极开展宣传推介和推进留创园建设，举办“2014中国（中山）光华国际科技节”。广东省2014年成功获批留学回国人员资助项目申报资助项目15个，获得资助资金152万元，比往年大幅提高。惠州市实施千名海外高层次人才来惠创业计划，成功引进海外高层次人才212名。

【打造高层次人才品牌工程】　切实发挥引才聚才示范凝聚作用。根据国家部署要求，2014年，共遴选推荐115人作为享受政府特殊津贴人员人选，其中专业技术人才99人、高技能人才16人。10人作为百千万人才工程国家级人选，其中闫晓林、许能贵为“南粤百杰”培养对象。深圳华大基因研究院研究员王俊、广东省人民医院教授吴一龙被推荐为“全国杰出专业技术人才”候选人，均为“南粤百杰”培养对象。肇庆大华农生物药品有限公司、南方医科大学南方医院肾脏病中心为“全国专业技术人才先进集体”候选单位。江门市初步建成全市专业技术人员数据库。中山、潮州两市加强人才交流合作，潮州工艺美术大师在中山设立6个大师工作室，推动长期交流合作。

【高层次专业技术人才培育】

博士后培养　2014年，广东省大力实施博士后培养工程，把研究制定“博士后国际交流计划”作为构建具有国际竞争力的人才制度优势的有力抓手，在省人才工作领导小组的大力支持下，将“计划”列为省委《深化党的建设制度改革实施方案》重要内容。在“扬帆计划”中设立博士后扶持项目，粤东西北地区引进博士后给予每人每年12万元资助，助推粤东西北博士后事业加快发展。强化政府引导作用，深圳市将博士后资助标准由每人每年8万元提高到12万元，增强对青年人才的吸引力。做好年度博士后流动站申报工作，中山大学等7家高校、科研院所获批新设11个博士后科研流动站，全省流动站总数达148个。

专业技术人才知识更新工程　编印2014年广东省知识更新工程培训计划（包括高级研修、急需紧缺人才培训和岗位培训3类项目共453项）并顺利实施。组织面向大型骨干企业专题培训，提升企业人次专业水平，全年累计认定、复核专业技术人员继续教育学时3 240多个。征集并推荐“现代种业与粮食安全”等4个选题入选国家级研修项目计划并全部圆满完成。南方医科大学成功入选第4批国家级专业技术人员继续教育基地。佛山市顺德区启动企业首席人力资源官培育项目，培育一批标杆型企业人力资源管理高端人才，推动企业转型升级。

（广东省人力资源和社会保障厅　冯　岚）

科技干部教育与培训

广东省科技干部学院作为国家级星火培训基地和广东省科技干部、专业技术人员继续教育基地，全年共举办各类培训班27期，培训科技干部、专业技术人员1 512人次，联合省级星火培训基地和星火学校开展重点开展以农村科技创新创业带头人、农业技术推广人员、种养殖大户、专业农民、新型职业农民等为对象的农业科技培训，指导并协助省级星火培训基地和各星火学校举办培训班和讲座80多次，培训8 600多人次。

【专题研修班】　10月8—12日，由省科技厅主办、广东省科技干部学院承办的第一期“深化科技体制改革促进创新驱动发展专题研修班”在广东省科技干部学院举办，来自全省各地级市及顺德区科技局（委）领导共22人参加。省科技厅厅长为研修班讲授“形势、任务与思考”专题，研修班还邀请了广东省技术经济研究发展中心专家和省科技厅有关处室领导为学员授课，主要包括“全面深化科技体制改革加快创新驱动发展的决定解读”“科技计划管理改革与项目管理规程实施”“加强财政科研资金监督管理改革”“加强区域科技创新发展建设”等专题，并组织学员就“地市科技发展重点任务与措施”“科技创新环境建设的经验措施”等主题进行研讨交流，深入探讨地级市科技管理创新的经验与举措。

第2、第3期“深化科技体制改革促进创新驱动发展专题研修班”分别于11月10—14日，11月18—22日在广东省科技干部学院举办。

【新疆喀什地区科技管理业务及少数民族科技骨干综合素质提升培训班】　11月10日，省科技厅主办、省科技干部学院承办的“新疆喀什地区少数民族科技骨干综合素质提升培训班”在省科技干部学院举办，来自新疆喀什地区的20位科技骨干参加培训。培训班邀请了省科技厅相关领导和科研院所、高校的专家教授为学员授课，内容包括“广东科技发展情况介绍”“现代农业科技与特色农业”“科技孵化器建设”“广东专业镇建设实践”“科技业务管理体系与建设”，并组织学员赴珠三角考察调研。研修班的举办支持了新疆喀什地区科技骨干的培养，加强了粤疆两地科技工作交流。新疆喀什地区少数民族科技骨干综合素质能力提升培训班为期2个月，共有14位来自新疆喀什地区的科技骨干人员参加，培训班将安排专题报告、研讨交流、企业参观等内容，并安排学员深入本省农科院、测试所、科学中心、软件园等单位进行6周的顶岗学习。

11月11日，广东科技援疆工作框架协议签约仪式暨新疆喀什地区少数民族科技骨干综合素质能力提升培训班开班典礼在广东省科技干部学院隆重举行。省科技厅厅长与广东省援疆前方指挥部总指挥、喀什地委副书记、广东省政府副秘书长共同签署协议。签约仪式结束后，省科技厅厅长为学员作了题为《广东当前科技工作的形势与任务》的专题报告。

【西藏林芝地区科技管理干部研修班】 12月22—30日，由省科技厅主办，省科技干部学院承办的“西藏林芝地区科技管理干部研修班”在省科技干部学院举办。西藏林芝地区科技管理部门的18位学员参加培训。

研修班邀请广东省农业科学院、广东省微生物所的专家学者为学员授课，主要包括“现代农业科技与特色农业”“食用菌资源开发与种植加工”“花卉园林植物资源开发”“科技业务管理体系与政务平台建设”等专题，组织学员赴深圳、珠海、韶关、东莞等地市参观现代农业示范园、有机农产品、绿色食品生产基地、高新技术产业园区与创新型企业等。研修班的举办支持了西藏林芝地区科技管理干部的培养，加强了粤藏两地科技工作交流。

（广东省科技干部学院　曾煜洲）

（广东省科技厅人事处　罗海波）

科技计划项目

2014年，省科技厅坚决贯彻落实省级科技业务管理阳光再造行动及业务调整优化实施方案，强化综合协调职能，加强科技业务管理体系的顶层设计，积极打造科技业务管理阳光政务平台，努力建立科学高效的财政科技投入管理模式，扎实推进省重大科技专项工作，确定9个项目列为省重大科技专项，各项工作不断取得新突破，保障了广东科技事业健康发展。

科技计划项目管理

【科技计划项目和资金管理制度建设】 2014年，省科技厅积极配合省直有关单位，完善系列科技项目、资金管理制度。4月，省科技厅印发《省级科技业务管理阳光再造行动及业务调整优化实施方案》（粤科规财字〔2014〕61号），与各地市和有关单位做好衔接与配合工作，并牵头与多个地市的座谈与解读工作。6月，省监察厅、省财政厅、省审计厅印发《关于进一步加强科研项目（课题）经费监管的有关规定》（粤监发〔2014〕6号）。同月，《广东省人民政府关于加强广东省省级财政科研项目和资金管理的实施意见》（粤府〔2014〕31号）印发。建立健全项目资金审批管理的议事决策机制。

表2-3-1-1 关于科技计划项目、资金管理的部分部门规范文件

序号	文件名称	颁发时间	颁发部门
1	《广东省科技厅关于省科技计划信用的管理办法（试行）》（粤科监审字〔2014〕118号）	2014年8月	省科技厅
2	《广东省科技厅关于省科技计划项目监督检查的管理办法（试行）》（粤科监审字〔2014〕119号）	2014年8月	省科技厅
3	《广东省科技厅关于省财政科技支出绩效评价的实施细则》（粤科监审字〔2014〕120号）	2014年8月	省科技厅
4	《广东省科技厅关于省科技计划项目结题管理的实施细则（试行）》（粤科监审字〔2014〕121号）	2014年8月	省科技厅
5	《广东省产业技术创新与科技金融结合专项资金管理办法》（粤财工〔2014〕262号）	2014年7月	省财政厅 省科技厅
6	《广东省基础与应用基础研究专项资金（省自然科学基金）管理办法》（粤财教〔2014〕274号）	2014年8月	省财政厅 省科技厅
7	《广东省协同创新与平台环境建设专项资金管理办法》（粤财教〔2014〕280号）	2014年8月	省财政厅 省科技厅
8	《广东省公益研究与能力建设专项资金管理办法》（粤财教〔2014〕275号）	2014年9月	省财政厅 省科技厅

【511科技计划体系】 2014年，按照“围绕产业链部署创新链，围绕创新链完善资金链”的总要求，省科技厅将原有16个专项资金整合归并成1批专项五大类计划，作为科技计划业务的“五大主体计划”，重点保障实施一批“重大科技专项”和一批“科技专题计划”，形成“511”科技计划体系。

围绕“知识创新、技术创新、转化应用、环境建设”等创新链环节，设置“基础与应用基础研究”“公益研究与能力建设”“前沿与关键技术创新”“产业技术创新与科技金融结合”“协同创新与平台环境建设”等五大资金专项。完成制订五大财政资金专项的管理办法。

组织实施9个省级重大科技专项，聚焦计算与通信集成芯片、移动互联关键技术与器件、云计算与大数据管理技术、新型印刷显示材料、可见光通信技术及标准光组件、智能机器人、新能源汽车电池和动力系统、3D 打印、干细胞与组织工程等关键领域，突破一批关键核心技术，研发推广一批重大战略产品，培育发展一批大型骨干企业和新兴产业集群。

【科技业务管理阳光再造行动】 2014年，省科技厅实施“科技业务管理阳光再造行动”，推进科技管理体制改革和内部制度建设，转变财政资金投入结构和方式，强化权力运行制约和监督。

优化科技专项资金投入结构　将原有16 项财政专项资金整合归并为5 项，完善稳定性和竞争性支持相协调的投入机制。其中，对基础性研究、原始创新和公益性科技事业采用无偿资助为主，尤其是对于高水平研究机构及基础性、公益性科研平台，加大稳定性支持的力度。对企业的技术创新和成果转化项目，更多地引入市场机制，发挥市场在资源配置中的决定性作用。

调整科技专项资金投入方式　广东对科技专项资金投入方式进行调整。对于基础性、战略性、前沿性科学研究和共性技术研发项目，仍然采用事前立项、无偿资助的方式，对项目组织和资金拨付方式则进行改革调整。一是对高校、科研院所等公益性单位牵头承担的项目，采用稳定性和竞争性资助相结合的机制，财政资金事前拨付到位。二是对由企业等市场主体牵头承担的项目，全部采用竞争性方式选择资助项目，财政资金在项目验收后拨付（后补助）或分期拨付。三是对面向市场的技术创新和产业化项目，通过科技金融引导性投入方式，带动风投、创投、信贷、保险等社会资本共同投入，更好地发挥财政资金的杠杆效应。

打造科技业务管理阳光政务平台　省科技厅打造建设科技业务管理阳光政务平台。截至2014年年底，实现科技项目资金审核审批的全自动抽取专家、在线评审、异地评审、双盲评审，各级项目主管部门的在线审核，内部审核报批的全程留痕，以及监察、审计、财政等部门的实时在线监控等功能。同时将指南编制、项目申报、评审结果、立项结果、验收情况等关键信息向社会公众公开。该平台还具备在线培训、在线教育和智能统计分析等功能。

【科技专项组织与管理】 省科技厅组织了2014年指南建议的征集和汇总工作，共征集各领域指南建议3 278条。组织编制并发布了“广东省基础与应用基础研究专项资金（省自然科学基金）”等9个批次的申报指南。

（广东省科技厅规划财务处）

重大科技专项

从2014年4月开始，省科技厅牵头开展省重大科技专项的系统谋划和遴选凝练工作。经过广泛征集建议，深入调研、反复论证，最终遴选出9个重大科技专项，包括计算与通信集成芯片、移动互联关键技术与器件、云计算与大数据管理技术、新型印刷显示技术与材料、可见光通信技术及标准光组件、智能机器人、新能源汽车电池与动力系统、干细胞与组织工程、增材制造（3D打印）技术等。

本轮重大科技专项实施周期为5年，2014—2018年，分为策划启动、重点推进和总结推广3个阶段。11月，印发《广东省重大科技专项总体实施方案（2014—2018年）》和《2014年省重大科技专项申报指南》。同时，在2014年度的广东省自然科学基金、广东省创新科研团队引进、产学研合作等项目申报指南中，都把9个重大科技专项作为重点支持的领域，全方位推进专项的组织实施工作。

【“移动互联网关键技术与器件”重大科技专项】 移动互联网产业是利用移动终端通过无线通信方式获取互联网服务的新兴业态，具有小终端、大应用的特点，在即时通讯、社区交往、创意文化等新兴产业以及新闻出版、健康管理、交通等传统行业升级等方面，发展前景广阔。广东省移动互联网用户数量居全国首位，通过核心技术突破、持续创新和应用示范，能够加速推动移动互联技术产业化，带动产业转型升级，为广东省经济和社会发展提供有力的科技支撑。

2014年重点支持4个方面：1. 移动互联网基础平台关键技术研发，包括移动应用开发与运行支撑技术、移动操作系统内核安全增强技术和敏感数据保护技术；2. 新型设备核心技术研发，包括移动智能终端人机交互技术研发与产品化、可穿戴新型设备核心技术研发与产品化；3. 移动互联网行业应用与示范，包括移动互联网政务应用和文化创意行业应用，为移动互联网行业应用树立可推广的创新示范应用方案，带动移动互联网产业发展；4. 移动互联网应用公共服务技术研究，包括移动互联网应用程序安全检测与加固技术、移动互联网产业重点领域发展情况监测技术。

在立项方面，移动互联网关键技术与器件领域分为4个专题，共有31个项目进入第2轮答辩评审，共立项21个，资助金额为7 500万元。

【“云计算与大数据管理技术”重大科技专项】

近年来，云计算与大数据技术在国家安全、科学研究以及产业发展中的重要作用凸显，已经成为提升国家核心竞争力的重要战略手段。国家高度重视云计算与大数据的研究与发展，在政府报告和规划指南中明确提出大力研发云计算与大数据有关核心关键技术。广东作为电子信息产业大省，在云计算与大数据方面具有较好基础，加强云计算与大数据管理共性关键技术和核心产品的研发，推广面向行业（产业）和社会服务的示范应用，对促进产业转型升级、提升产业国际竞争力具有重要意义。

2014年重点支持5个方面。1. 大数据采集、计算和存储产品装备研发：面对结构化、半结构化、非结构化海量数据资源，重点研究和解决大数据采集和融合技术、大数据分布式处理架构、资源动态管理技术、内存和闪存计算技术、大数据组织与存储技术等，研制高速大数据采集设备、大数据计算存储一体机等产品装备。2. 云工程关键技术研究及应用：针对政府、企业各类软件和数据资产，面向云计算环境的大规模迁移、部署和运行，重点研究和解决遗留系统评估、迁移的方法和工具，复杂遗留系统的环境重构、自动迁移和部署技术，云端和本地混合部署技术，面向应用系统的资源动态调度和绿色计算技术。3. 云安全关键技术研究及公共服务平台：针对云计算与大数据平台的服务可靠性和安全需求，重点研究和解决云产品及服务风险识别与分析、访问应用控制和数据安全审计技术、云环境服务质量评测和安全保障体系、领域大数据应用安全策略和技术。4. 面向产业（行业）的大数据分析及示范应用：重点针对电力、电信、互联网服务等产业（行业）和骨干企业的需求，重点研究和解决大数据组织与存储，多形式非结构数据管理与检索技术，大数据智能处理技术，领域知识表示、识别和推理，大数据可视化展示技术等。5. 面向社会服务的大数据开放型公共服务平台：针对交通、医疗、公共安全等领域，重点研究和解决大数据开放标准体系和接口技术，多形式非结构数据管理和检索技术，大数据智能处理技术，领域知识表示、识别和推理，大数据可视化展示技术等。研制面向具体社会服务领域的大数据开放型公共服务平台。

在立项方面，云计算与大数据管理技术领域分为5个专题，共有30个项目进入第2轮答辩评审，共立项19个，资助金额为8 500万元。

【“可见光通信技术及标准光组件”重大科技专项】 可见光通信（VLC）是面向LED照明产业、通信产业、物联网产业等多领域交叉融合、具有广阔市场应用空间和战略发展前景的高新技术。在光通信领域，广东省具有一定产业基础，进一步加大科研投入，有利于继续保持本省相关的产业竞争优势。其次，LED产品的组件化、模块化、集成化，已经成为下一阶段产业发展的必然趋势。以标准化光组件为抓手，大力推动LED产业健康发展，有利于保持广东省战略性新兴产业优势，提升广东省产业国际竞争力。

2014年重点支持4个方面。1．可见光通信关键技术研究：高灵敏度、高速、带通光谱响应可见光探测器及其阵列器件的开发；MIMO/OFDM调制高速可见光通信调制与传输关键技术；新型照明通信共用宽带高效LED器件核心技术研究。2．可见光通信工程化应用关键技术：可见光异构网络融合关键技术及系统开发，实现高准确度定位、隐形广告、单向传输、光线遮挡、抗电磁干扰等技术开发的实际应用工程。3．面向标准光组件精准化与规模化生产关键技术及产业化：直贴式倒装LED芯片、芯片级光源（CSP）关键工艺和技术；基于新型氧化物透明电极结构的倒装集成封装器件关键技术；倒装多芯片集成模组（FCOB）核心技术；基于IC与LED芯片一体化集成设计的带智能控制系统的标准光组件（层级2）；面向微显示及照明的微型LED阵列器件；面向光组件大规模制造的整套关键工艺装备，涵盖自动缺陷前测机、自动在线点胶和测试及补粉一体机、基于机器手的自动在线检测分选与包装装备等整体产线系统研制；标准光组件光色热测量测试仪器仪表及夹具等。4．标准光组件检测评估技术体系：基于全层级标准光组件光学设计要素评估的光学系统设计评价标准体系；面向全层级标准光组件的失效机理研究，研究基于单一失效机理和多失效机理的寿命预计模型；标准光组件检测实验室能力建设及产品品质保障工程；标准光组件体系国际合作。

在立项方面，可见光通信与标准光组件领域分为4个专题，共有25个项目进入第2轮答辩评审，共立项17个，资助金额为7 500万元。

【“新能源汽车电池及动力系统”重大科技专项】　发展新能源汽车是我国从汽车大国迈向汽车强国的必由之路。广东省开展新能源汽车技术研发起步早，仍然面临整车造价高、续航里程短等制约因素，需要从动力电池原材料、生产装备、动力电池制造技术、动力电池与其他电源技术集成以及集成动力模块单元等方面入手，攻克产业化、国产化等技术难关，发展模块集成、高质低价的动力单元系列，促进广东省新能源汽车产业快速发展。

2014年重点支持6个方面。1．高性能低成本动力电池材料关键技术的研发与产业化，包括高容量正极材料、负极材料、新型电解液体系和动力电池专用隔膜关键工艺技术和产业化工程技术，以及提高电池材料性能，延长使用寿命，降低生产成本等关键技术。2．动力电池自动化生产装备与生产线关键技术的研发与产业化，包括制浆技术、涂布技术、组装技术、在线检测技术、单元自动化、流程自动化、制造控制及管理系统一体化、动力电池模组分选、配组与装配自动化等研发、集成和产业化示范。3．新能源汽车电源与控制系统，包括电动汽车电池组和电池管理系统关键技术的研发与产业化、双能源动力集成单元及其控制系统。4．新型驱动电机、控制系统研发与集成，包括电动汽车电机新型功能材料、创新本体设计方法的研发，着重提高电机的效率、可靠性、耐久性和性价比，与电机本体相匹配的模糊控制技术、智能控制技术的研发，形成结构简单、响应快速、抗干扰性强、能与电机本体集成单元模块，在整车应用验证，且通过电动车城市工况法评价节能效果评估。5．新能源汽车新型变速箱及其传动系统研发及产业化，重点支持电动汽车自动变速箱核心技术攻关、核心部件研发和集成动力单元产业化，执行电机、控制器、坡度探测器等核心部件，系列化自动变速箱、变速箱与关键传动部件集成动力单元等产业化。6．新能源汽车动力电池检验检测平台建设，建立动力电池评价体系，全面评价电池材料、单体电池和电池组及电池管理系统的水平。

在立项方面，新能源汽车动力电池及动力系统领域分为6个专题，共有25个项目进入第2轮答辩评审，立项13个，资助金额为6 800万元。

【“增材制造（3D打印）技术”重大科技专项】

近年来，增材制造技术发展进步迅速，对制造业领域影响巨大，受到世界各国的极大关注，被列入广东省战略性新兴产业。围绕增材制造

（3D打印）工艺装备、材料、应用、软件等共性关键技术，结合生物、医疗、模具、家电、汽车、创意设计等产业发展需求，突破一批原创性技术，研发一批专用材料，研制一批高端装备，能够促进广东省增材制造技术走向国际前列，加快产业转型升级步伐。

广东省科技厅牵头成立了增材制造专家组，组织了产业调研，编写了《广东省增材制造（3D打印）技术重大科技专项实施计划（2014—2018年）》，提出了3项重点任务。一是突破3D打印与新型成形核心关键技术。围绕打印技术、控制软件、材料技术、打印装备等关键技术展开攻关，突破“大尺寸、高精度、高性能”打印技术，并实现产业化，为抢占3D打印产业发展先机提供科技支撑。二是积极引导高等院校、工业设计企业、软件企业、3D 打印机及材料研发企业机构、3D 打印服务应用提供商组建产业联盟，共同推动行业标准制定，促进3D打印技术发展的市场公共服务平台建设，促进3D打印产业可持续发展。推动广东省3D打印技术产业化、市场化进程，加快与国际间的对话交流。三是结合广东省特色产业，加强示范应用。在医疗、汽车、模具、家电、动漫文化等领域加强示范应用，建立一批3D打印服务中心的应用示范点中心，使3D打印技术深入服务各有关行业。

2014年重点支持5个方面。1. 高性能3D打印材料：针对生物医疗、工业应用等，研制ABS等塑料非金属3D打印专用材料，研制钛合金、钴铬合金、铝合金、铜合金等金属3D打印专用材料。2. 3D打印软件平台开发与应用：研发多功能的3D打印数据处理软件。3. 精密金属零件3D打印技术装备及产业化：针对金属零件3D打印成型精度和表面质量等技术瓶颈，研发激光选区熔化3D打印装备，实现精度和表面质量接近传统加工水平，为大规模工业应用奠定基础。4. 非金属3D打印工艺装备及产品研发：针对ABS等塑料材料的3D打印装备的技术瓶颈，通过研发可切换喷头熔丝堆积成型、阵列喷头的无模铸造、聚合物熔体喷射堆砌成型等非金属3D打印设备，提高非金属3D打印的尺寸精度、成形效率和稳定性，降低设备成本，达到国际先进水平，实现ABS等非金属3D打印技术装备的市场竞争力的提高和应用范围的拓展。5. 生物医疗3D打印技术和产品研发：针对组织损伤修复、疾病治疗等领域，通过研发生物医疗3D打印技术及装置，开发高端植入式医疗器械产品和个性化医疗器具。

2014年，高性能3D打印材料、3D打印软件平台开发与应用、精密金属零件3D打印技术装备及产业化、非金属3D打印工艺装备及产品研发、生物医疗3D打印技术和产品研发等5个方向共支持了13个项目，安排省级财政资金人民币5 200万元 。

（广东省科技厅高新技术发展及产业化处 文晓芸）

（广东省科技厅规划财务处）

科技基础研究与条件建设

基 础 研 究

2014年，广东省基础研究紧紧围绕本省产业转型升级开展工作，努力为省重大科技专项做好基础支撑。2014年，广东省拥有国家“973计划”（含国家重大科学研究计划）首席科学家9人，新增国家自然科学杰青基金获得者14人，获取国家自然科学基金经费超过15亿元。在2013年世界超级计算机500强公布的最新全球超算排行榜中，部署在广州超算中心的“天河二号”蝉联桂冠，名列“2013年国内十大科技新闻”，它比第2名美国的“泰坦”快将近一倍的速度继续领跑全球，这是继2010年“天河一号”首次夺冠之后，中国超级计算机再次夺冠。

国家自然科学基金委员会（NSFC）—广东联合基金

2014年，NSFC—广东联合基金项目受理214项重点项目，该批申请项目共有93个依托单位申请，分布在20个省、市、自治区。2014年共资助了重点项目32项，资助强度约为241万元，其中广东牵头19项，广东牵头与外地合作8项，省外牵头与广东合作11项。2014年，NSFC—广东联合基金项目吸引了更多省外优秀科研单位与科学家参与，包括中国人民解放军第二军医大学、中国科学院生物物理研究所、中国医学科学院药用植物研究所、天津大学、中国海洋大学等。经过两期合作努力，NSFC—广东联合基金已发展成为国家与地方合作开展基础研究的“品牌基金”。国家自然科学基金委参照NSFC—广东联合基金模式先后成立了NSFC—云南联合基金、NSFC—河南人才培养联合基金、NSFC—新疆联合基金、促进海峡两岸科技合作联合基金等。

（广东省科技厅基础研究与科研条件处 崔洁 邱莹）

国家“973计划”首席科学家项目

2014年，广东省获得的国家“973计划”（含国家重大科学研究计划）项目集中在材料科学、农业科学、资源环境科学、干细胞研究、全球变化研究、纳米研究、重大科学前沿和综合交叉科学等充分体现国家重大需求与重大民生科技领域，开展具有战略性、前瞻性、全局性和带动性的基础研究。

【高效率、低成本有机高分子发光材料研究】 该项目以华南理工大学彭俊彪教授为首席科学家，重点研制低成本高性能的OLED发光材料，前瞻性研究柔性和印刷工艺的OLED显示屏。该项目获得了源头创新的自主材料新体系，突破了批量制备自主研制且有应用潜力的发光材料的关键工艺，显著提升了我国OLED材料的国际地位；研制低成本印刷工艺的彩色OLED显示屏和长寿命彩色柔性OLED显示屏，奠定我国OLED前沿材料与技术基础；培养创新拔尖人才，提高我国OLED显示国际竞争力。

【微生物群体感应通讯系统与病害防控基础研究】 为满足国人的粮食和副食品需求，发展新型绿色安全病害防控措施，减少传统化学农兽药用量，以华南农业大学张炼辉教授为首席科学家的项目组汇集了8个国内微生物群体感应通讯领域的优势研究单位，将从细菌、真菌和跨界通讯

3个层面深入研究小分子化学通讯系统在致病基因表达、病原—寄主互作过程和活性次级代谢产物生物合成中的功能和分子调控机理，阐明微生物群体感应通讯全方位调控模型，可望在微生物通讯前沿科学领域取得原创性的重大突破，为动植物病害防控奠定新的理论和应用基础。项目的实施将对研发创制针对微生物通讯系统的、环境友好的新型农兽药剂做出创新性贡献，大幅提升我国在微生物群体感应和化学通讯这一有广阔应用前景的新兴领域的研究水平和国际竞争力，为国家粮食安全、食品安全和环境安全的战略实施开辟新的理论与应用体系。

（广东省科技厅基础研究与科研条件处 崔洁 邱莹)

国家自然科学基金

2014年，广东省获国家自然科学基金项目数为2 362项，资助经费超过15.19亿元，位居全国第4位。其中，广东省新增国家自然科学基金重点项目34项，新增国家杰出青年基金获得者14人，新增国家自然科学基金优秀青年科学基金获得者19人。全省共获得国家基金重大项目4项，中山大学宋尔卫教授、广州医科大学钟南山教授、深圳大学范滇元教授和香港科技大学深圳研究院唐本忠教授分别获得资助。中国科学院广州生物医药与健康研究院裴端卿教授获得创新研究群体项目资助。中山大学陈小明教授获得重大研究计划项目（集成项目）资助，资助经费1 100万元。此外，中山大学获得国家基金资助经费506项，资助总经费为3.8亿元。

（广东省科技厅基础研究与科研条件处 崔洁 邱莹）

广东省自然科学基金

2014年，按照阳光再造行动对省自然科学基金进行改革探索，使省自然科学基金“更有力、更科学、更规范、更紧密”，发挥管理示范作用。2014年省自然科学基金增设了重大基础研究培育项目和粤东西北创新人才培育，使省自然科学基金层次更加多样化，指向更有针对性。

【省自然科学基金项目管理】 2014年，省自然科学基金受理申报项目8 012项，共有270单位申报，其中研究团队推荐项目93项，杰出青年项目291项，重大基础研究培育项目124项，重点项目362项，自由申请项目4 558项，自由申请（科管研究）项目45项，博士科研启动项目2 414项，粤东西北联合人才培养项目125项。经形式审查，正式受理申报7 991项。项目总经费2.55亿元，资助立项总数1 589项（包括滚动支持），资助率达19.9%，与去年基本相同。

2014年，省自然科学基金项目的资助体系不断完善，在原有项目类别的基础上增加了“重大基础研究培育项目”和“粤东西北创新人才联合培养项目”。通过“重大基础研究培育项目”对广东省重点基础研究发展计划和重大科学研究计划进行布局，通过“粤东西北创新人才联合培养项目”与粤东西北地区高校、科研院所联合开展创新人才培养工作，深入开展粤东西北地区特色基础研究，为粤东西北区域创新体系建设与经济社会发展进行服务。

【重大基础研究成果】 2014年，中山大学颜光美教授课题组在国际期刊《美国国家科学院院刊》（*PNAS*）上发表了天然甲病毒M1具有选择性抗肿瘤作用的最新研究，得到了国内外本研究领域的专家学者和社会大众的肯定和关注。M1病毒是一种从中国海南岛分离得到的非致病性天然病毒。研究组第一次发现该病毒能选择性地感染并杀伤包括肝癌、结直肠癌、膀胱癌、黑色素瘤在内的多种体外培养的癌细胞，而对正常细胞无毒副作用。整体动物实验表明，经尾静脉注射的M1病毒能显著富集在肿瘤组织并抑制肿瘤生长，正常器官则不受影响。除细胞水平及动物实验之外，课题组还使用临床标本离体活组织培养模型进一步证实了上述新型溶瘤病毒的有效性和特异性。更为重要的是，研究工作还证明了M1病毒选择性杀伤作用的分子遗传学机制，即锌指抗病毒蛋白（ZAP）在部分肿瘤中的低表达与M1病毒溶瘤效应相关。这个发现为精准的临床用药和实施个体化疗法提供了可靠的科学依据，也会极大地增加未来临床试验取得成功的机会。该研究成果对阐明新型天然溶瘤病毒M1选择性杀伤肿瘤细胞的机制和研发新型靶向抗肿瘤药物都具有重要意义。

此外，研究组为了应对将来可能出现的溶瘤病毒耐药和扩大适用人群，正在研发能大幅度增强病毒溶瘤效应并减少病毒剂量的增效剂和复燃剂，已成功找到增效1 000倍以上的化合物。同时，为了将来开发具有自主知识产权的、更加高效低毒的溶瘤病毒工程改造株，研究组已经着手进行病毒的cDNA化，为将来研发新一代溶瘤病毒提供理论基础和技术条件。

（广东省科技厅基础研究与科研条件处
崔 洁 邱 莹）

科技基础条件建设

2014年，省科技管理部门多次到科研一线开展调研，召集座谈会，认真研究下步发展改进措施、对策，改变过去重建设、轻运行的现象，重点加强实验室运行激励，以促进省重点实验室良性运行和开放共享。在科技基础条件平台建设上，以发挥市场配置科技资源的决定性作用为原则，通过政府的激励推动省科技资源对外共享与服务，通过市场行为，努力降低省自主创新的研发成本。

重点实验室

广东省重点实验室是广东省科技创新体系的重要组成部分，是本省基础研究、应用基础和应用开发研究的核心力量和骨干平台。2014年，为摸清本省已建实验室的总体情况，按照《广东省科技厅关于省重点实验室建设和运行的管理办法》规定，组织了对全省159家实验室的考核评估工作。经过严格考核评估，决定对25家优秀的省重点实验室和41家良好的省重点实验室给予稳定的开放运行经费支持。

2014年，共受理省重点实验室21项。围绕广东省经济、社会和科技发展战略目标，针对科学前沿和社会发展的重要领域进行布局，省科技厅通过两轮评审，按照专家评审意见，新建2014年省重点实验室11家。截至2014年年底，全省共建有21家国家重点实验室，其中，院校类国家重点实验室12家，省部共建国家重点实验室2家，企业类国家重点实验室7家；广东省重点实验室196家，这些重点实验室在全省科技源头创新中发挥了重要作用。

表3-2-1-1　新建省重点实验室（2014）

序号	名称	依托单位
1	广东省热管理工程与材料重点实验室	清华大学深圳研究生院
2	广东省高密度电子封装关键材料重点实验室	中国科学院深圳先进技术研究院
3	广东省金属强韧化技术与应用重点实验室	广东省工业技术研究院金属加工与成型技术研究所（广州有色金属研究院）
4	广东省光纤传感与通信技术重点实验室	暨南大学
5	广东省磁共振成像与多模系统重点实验室	中国科学院深圳先进技术研究院
6	广东省大数据分析与处理重点实验室	中山大学
7	广东省光机电一体化重点实验室	深圳清华大学研究院
8	广东省肿瘤免疫治疗研究重点实验室	南方医科大学
9	广东省结核病系统生物学与转化医学省重点实验室	佛山中国科学院产业技术研究院
10	广东省生物农药创制与应用重点实验室	华南农业大学
11	广东省脑功能与脑疾病重点实验室	中山大学

（广东省科技厅基础研究与科研条件处　余　亮　张　玮）

实验动物管理

2014年，全省受理43家许可证评审申请，其中，新申请10家，换证（扩项）33家。组织开展现场评审共4批，评审共发证41家，其中，新证9家，换（扩）证32家。

依据《关于印发2014年广东省实验动物监督检查计划的通知》，对广东省内的35个实验动物使用、生产单位和4个实验动物饲料生产单位进行常规监督检查。

针对监督检查过程中发现的实验动物使用违规情况，采取了现场执法、要求整改和现场复查等措施。对广东省生物制品与药物研究所开展了监督执法和持续跟踪，并对相关情况进行了通报，要求改正；对汕头大学医学院违规情况进行通报，要求改正；对佛山双鹤药业有限责任公司、广东省医疗器械质量监督检验所、广东省农业科学院动物卫生研究所、广东出入境检验检疫局检验检疫技术中心、中山大学公共卫生学院和暨南大学实验动物管理中心等6家整改的单位进行了现场复查，大部分单位基本能针对相关违法情况进行有效整改。

（广东省科技厅基础研究与科研条件处 余 亮 张 玮）

大型仪器共享

【大型科学仪器设备总量和原值】 截至2014年年底，广东地区纳入广东省科技基础条件资源调查的114家单位，所拥有的大型科学仪器设备总量为2 771台（套），设备原值总额共计40.523亿元，平均单台（套）原值为146.24万元。其中，中央在粤单位37家，拥有大型科学仪器设备总数1 861台（套），设备原值总额为29.58亿元，平均单台（套）原值为158.95万元。调查的2 771台（套）大型科学仪器按共享模式分：参与内部共享的仪器有1 312台（套），外部共享的仪器有1 214台（套），不共享的设备有245台（套），同意对外发布共享信息的设备1 773台（套），占总调查数的63.98%。

【大型科学仪器设备建账情况】 2014年建账的大型科学仪器设备317台（套），平均单台（套）原值为172.75万元。从应用技术领域看，2014年度新建账的大型科学仪器设备中，数量最多的前4个领域分别是生物和医药、新材料、地球科学以及海洋领域，新增数量分别为73台（套）、64台（套）、27台（套）和27台（套）。

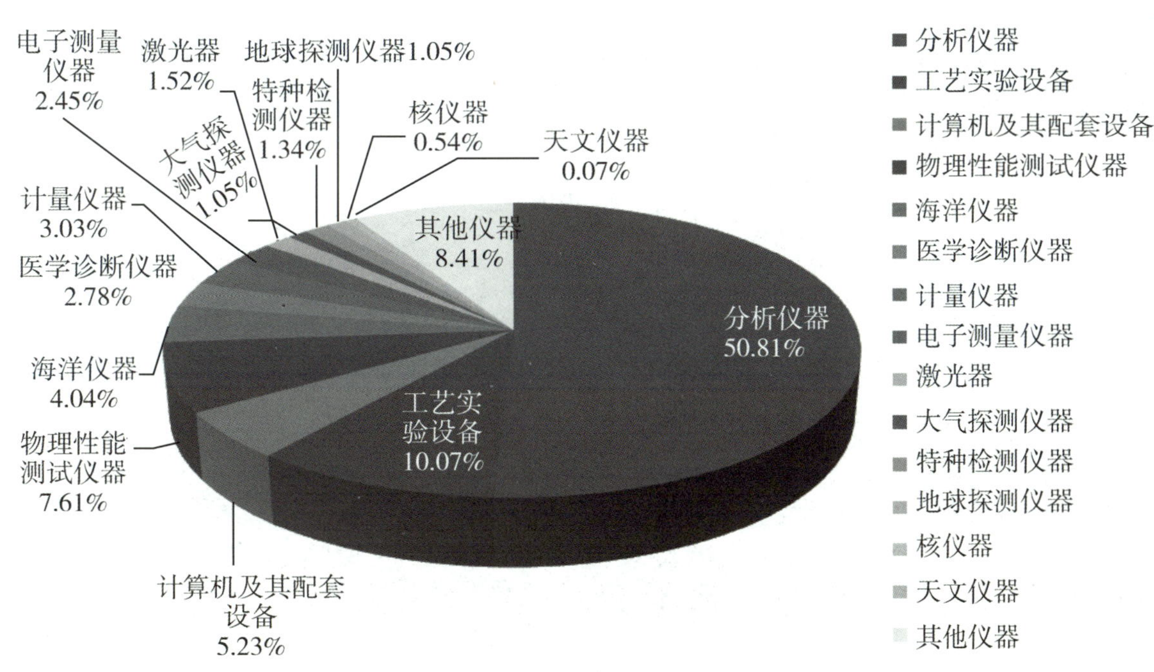

图3-2-3-1 不同类型的大型科学仪器设备数量占比（2014）

【大型科学仪器设备类型分布】　截至2014年年底，按照仪器设备15大类划分（参照固定资产管理中仪器设备的分类），分析仪器总量达1 408台（套），原值合计17.59亿元，占大型科学仪器设备数量和原值的比重分别是50.81%和43.41%（见图3–2–3–1）。

从大型科学仪器设备单台（套）原值分段情况看，广东地区大型科学仪器设备单台（套）原值主要集中在50万元～200万元之间，数量占比达84.99%，与去年基本持平。其中，单台（套）原值在50万元～100万元之间的设备数量占比为60.49%，100万元～200万元数量占比为24.5%（见图3–2–3–2）。按仪器大类划分，单台（套）原值500万元以上的设备数量最多的分别是分析仪器、工艺实验设备和医学诊断仪器，数量分别为18台（套）、15台（套）和11台（套）。

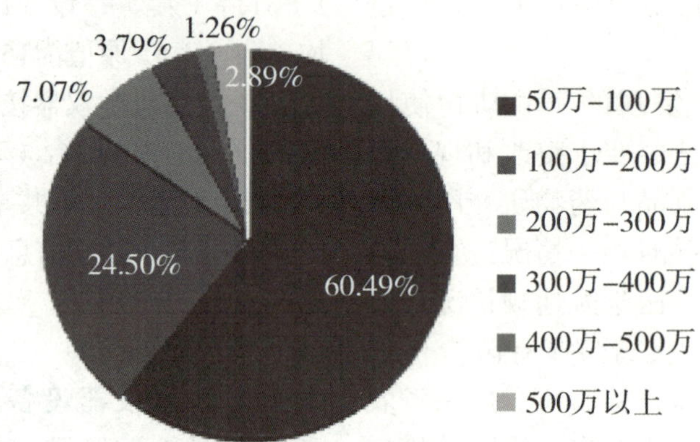

图3–2–3–2　大型科学仪器设备按单台（套）原值区间数量占比情况（2014）

【大型科学仪器设备应用领域分布】　从大型科学仪器设备应用领域看，调查的2 771台（套）大型科学仪器设备主要应用在生物和医药、新材料和地球科学领域。其中生物和医药领域大型科学仪器设备数量和原值分别为共748台（套）和92 401.6万元，占比分别为26.99%和22.80%；新材料领域大型科学仪器设备数量和原值分别为502台（套）和63 257.64万元，占比分别为18.12%和15.61%；地球科学领域的大型科学仪器设备数量和原值分别为241台（套）和48 107.98万元，占比分别为8.70%和11.87%。这三大领域的大型科学仪器数量和原值合计分别占大型仪器总量的一半以上。仪器总量最少的是航空航天、文化创意和遥感技术领域，分别为2台（套）、4台（套）和19台（套）（见图3–2–3–3）。

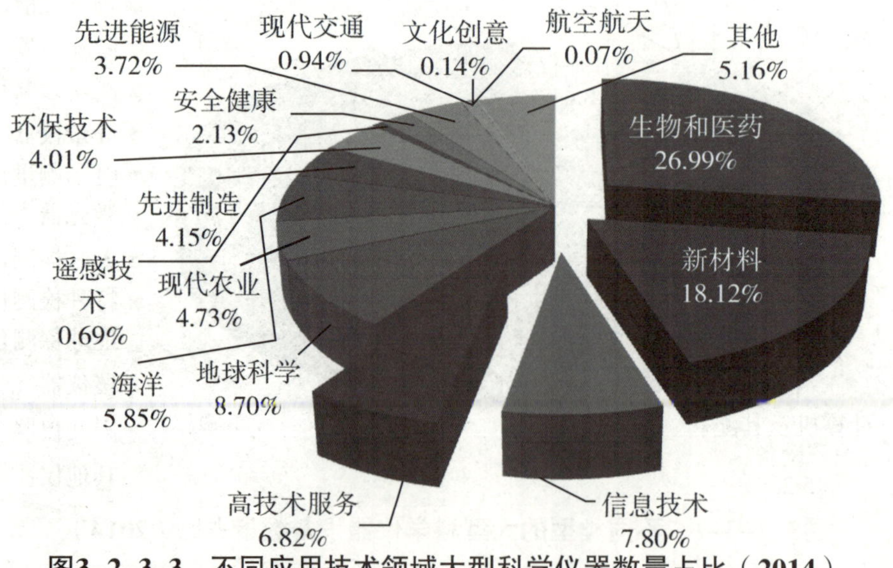

图3–2–3–3　不同应用技术领域大型科学仪器数量占比（2014）

【大型科学仪器设备创新概况】　截至2014年年底，调查的2 771台（套）大型科学仪器设备中，通过购置获得的设备共有2 709台（套），占比97.76%；通过研制获得的设备仅有34台（套），占比1.23%；通过赠送获得的有24台（套），占比0.84%。

大型科学仪器设备平均单台（套）购置成本为145.48万元，而研制成本为227.28万元，比购置成本高56.23%，赠送的大型科学仪器设备平均原值为127.65万元。总体而言，各应用技术领域的大型科学仪器设备自主研制比例不超过6%，自主研制比例最高的是先进能源领域，为5.83%，其次是地球科学领域，占比为3.32%，信息技术和环保技术则分别为1.85%和1.8%。自主研制数量最多的是地球科学和先进能源领域，分别为8台（套）和6台（套）。遥感技术、安全健康、现代交通、文化创意以及航空航天这5个领域的大型科学仪器设备均全部由购置获得。统计数据表明，我国大型科学仪器设备自主研发能力还处于较低水平。

在购置的2 709台（套）大型科学仪器设备中，有2 231台（套）为国（境）外购置所得，进口比例为82.36%，总原值为311 301.33万元。按应用技术领域划分，购置的国产大型科学仪器设备中，排名前三的依次是新材料、信息技术和高技术服务领域，分别为112台（套）、77台（套）和52台（套）。购置的国产大型科学仪器设备中，比例最高的是现代交通领域，共15台（套），占比57.69%；其次是先进制造领域，共48台（套），占比46.6%；排在第三位的是信息技术领域，共77台（套），占比36.84%。生物和医药领域的大型科学仪器设备，总量最大（742台/套），但国产比例仅4.45%，需加大自主研发力度。

【大型科学仪器设备进口特点】　截至2014年年底，从国（境）外进口的设备主要来自美国、德国和日本。从美国进口1 062台（套），占购置总数的47.6%；从德国进口388台（套），占17.39%；从日本进口225台（套），占10.09%。从美国进口的大型科学仪器设备原值为128 566.77万元，占购置总原值的32.62%；从德国进口的原值为64 866.60万元，占16.46%；而日本的进口原值为30 479.36万元，占7.73%。

从大型科学仪器设备应用技术领域看，航天航空、安全健康以及生物和医药领域进口比重最高，分别为100%、96.61%和95.55%。比重最低的是现代交通、先进制造和信息技术，分别为42.31%、53.4%和63.16%。对于每一个技术领域的大型科学仪器设备而言，从美国进口的设备在进口设备中占比均为最高。现代农业、海洋、环保技术、文化创意和安全健康领域从美国进口的大型科学仪器设备数量超过其进口量的半数以上。

从美国、德国和日本进口的大型科学仪器设备，生物和医药的数量均为最多，分别为249台（套）、143台（套）和85台（套），其次均为新材料领域，分别为139台（套）、95台（套）和52台（套）。

从仪器大类上看，从国外进口大型科学仪器设备数量最多的是分析仪器，为1 330台（套），其次是物理性能测试仪器和工艺试验设备仪器，分别为155台（套）和139台（套）。从进口比重上看，核仪器全部依赖进口，其次是医学诊断仪器，进口比重为97.37%，紧跟其后的是地球探测仪器，进口比重为96.55%。进口比重在90%以上的还有分析仪器（95.2%）和激光器（92.68%）。天文仪器全部国产，计算机及其配套设备进口比重为43.88%，除此以外，其余13类大型科学仪器设备的进口比重均在50%以上。

从2009—2014年度从不同国家新购入的大型科学仪器设备占当年购置的比例来看，来自美国进口的设备6年来占比均为最高。从各国购置的原值占当年建账设备原值比例来看，2014年度占比最高的大型仪器设备原产国依次是美国（14 142.52万元）、中国（12 607.95万元）和德国（9 184.58万元）。

（广东省科技厅基础研究与科研条件处　余　亮　张　玮）

（广东省科技基础条件平台中心　蒋玉婷　林　珠）

科技创新体系建设

创新载体建设

截至2014年年底，广东省共有高新区23个、省级以上民营科技园14个、大学科技园8家、认定的专业镇达383个，专业镇的创新服务机构共2 872个。广东省实现了21个地市省级以上高新区的全覆盖，广东省国家高新区正在实现从要素驱动向创新驱动转变，使技术、人才等创新资源成为高新区发展的主要动力。专业镇科技创新载体建设已成规模，创新载体形式多样，形成省市县镇多级创新发展平台体系。科技企业孵化器建设运营模式正呈现政府主办型、政企共建型、民营主导型齐头并进的发展趋势，一批新型创业孵化加速载体在全省各地兴起。

高新技术产业开发区

【高新区的认定】 2014年，广东省高新区共有23家，其中，国家级高新区9家、省级高新区14家，汕尾正式获批省级高新区，实现了21个地市省级以上高新区的全覆盖。深圳高新区被国务院正式批复为深圳国家自主创新示范区，成为我国首个以城市为基本单元的国家自主创新示范区。本省高新区主要指标增速均高于全省平均增速，珠三角9个国家高新区以超前的发展理念，率先推进经济转型升级，保持快速、健康的发展势头，成为引领区域经济发展和升级的火车头。2014年，广东省国家级高新区实现营业总收入2.46万亿元，同比增长10.98%。

【高新区创新资源与产出】 2014年，珠三角国家高新区科技活动经费支出达776.35亿元，比上年增长13.97%；专利申请量达到了4.23万件，发明专利申请量达到2.24万件。截至2014年年底，国家高新区拥有新型研发机构100多家，国家级高新技术企业2 263家，进驻省创新科研团队50多个。广州高新区聚集国家级高新技术企业885家，各类研发机构400多家，其中国家级研发机构17个；有80多家跨国公司在区内设立了研发中心、创新中心等。深圳高新区专利申请1.65万件，其中发明专利申请9 564件。

【汕尾高新技术产业开发区】 广东汕尾高新技术产业开发区（简称“汕尾高新区”）是于2014年5月，经广东省人民政府批准设立的省级高新技术产业开发区，下辖信利工业园、新湖工业园、埔边工业片区和红草园区，园区总规划面积20.02平方公里，主要承担引进电子信息、海洋生物产业、机械装备制造、现代服务业和新能源产业等高端产业。

汕尾高新区按照“高端园区、核心园区、创新园区”三位一体的建设理念，大力实施“1+2+2”产业发展战略，重点发展高端新型电子信息产业，努力提升海洋生物产业和机械装备制造等特色产业，培育发展新能源产业和现代服务业，搭建创新孵化、招商引资、科技金融、人才培养等平台。

（广东省科技厅高新技术及产业化处
钟士岗）

技术创新专业镇

2014年，省科技厅按照省委、省政府重点工作部署，坚持贯彻落实《中共广东省委　广东省人民政府关于依靠科技创新推进专业镇转型升级的决定》（粤发〔2012〕11号）和《广东省人民政府关于加快专业镇中小微企业服务平台建设的意见》（粤府〔2012〕98号）文件精神，通过创新服务体系建设、产学研合作、产业发展和城镇化建设加快推动广东专业镇的转型升级。2014年，广东省专业镇大力实施创新驱动发展战略，加快构建专业镇创新服务体系、协同创新网络体系，在专业镇工作机制体制创新、专业镇产学研合作、专业镇转型升级的调研与政策制定、专业镇交流与研究等方面开展各项工作，稳步推动专业镇创新发展。

【专业镇认定与培育】 2014年，广东省技术创新专业镇建设和转型升级工作进展显著，全年共新增省级技术创新专业镇20家，总数达到383家。全省专业镇产业规模不断扩大、区域经济贡献度稳步提高、综合实力持续增强。2014年，全省专业镇实现地区生产总值（GDP）2.44万亿元，同比增长19.2%，占广东全省GDP总量的比例达36.0%；工农业总产值5.93万亿元，同比增长11.2%；镇均GDP为63.7亿元，工农业总产值超千亿元的专业镇达8个，超百亿元的专业镇达130个。

表4–1–2–1　新认定广东省技术创新专业镇一览表（2014）

序号	申报单位	特色产业分类
1	佛山市南海区狮山镇	医疗设备及器械制造
2	河源市东源县灯塔镇	制造业
3	梅州市大埔县桃源镇	非金属矿物制品
4	梅州市丰顺县小胜镇	种植业（饮料作物）
5	梅州市平远县差干镇	旅游业
6	汕尾市城区红草镇	电气机械及器材制造
7	汕尾市海丰县梅陇镇	工艺品、文教体育用品及其他制造
8	东莞市风岗镇	电子信息设备制造
9	东莞市石排镇	电子信息设备制造
10	东莞市东城区	电子信息
11	东莞市麻涌镇	农副食品加工
12	东莞市高埗镇	工艺品、文教体育用品及其他制造
13	江门市江海区外海街道	电子信息设备制造
14	阳江市高新区平冈镇	金属冶炼及压延加工
15	阳江市阳春市潭水镇	制造业
16	湛江市吴川市海滨街道	食品工业
17	揭阳市蓝城区磐东街道	工艺品、文教体育用品及其他制造
18	揭阳市普宁市高埔镇	种植业（水果、坚果）
19	云浮市郁南县大方镇	中药材
20	云浮市罗定市金鸡镇	非金属矿物制品

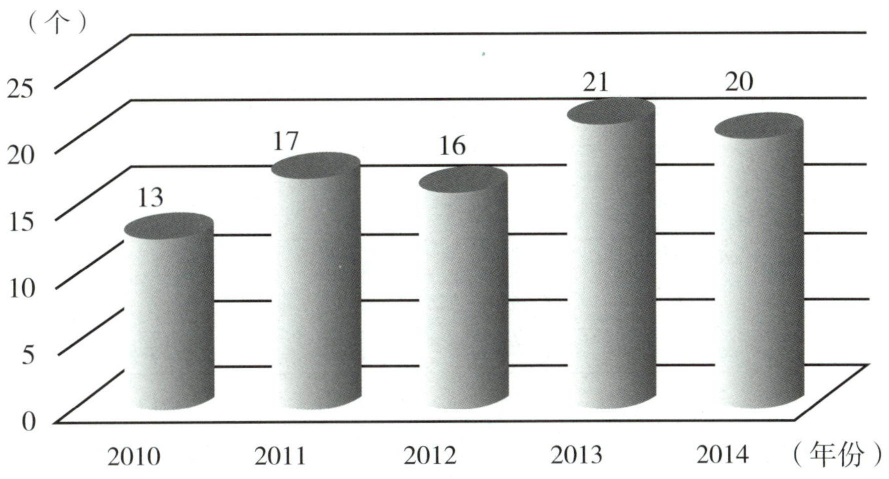

图4-1-2-1　广东省新增省级专业镇数量情况（2010—2014）

表4-1-2-2　广东省专业镇基本情况表（2014）

地区	专业镇（个）	常住人口（人）	GDP（万元）	工业总产值（万元）	出口总额（万元）	企业（家）	高新技术企业（家）	规模以上企业（家）
广州市	6	1 121 459	6 089 810	8 345 855	1 682 841	8 681	36	830
珠海市	6	590 304	4 524 495	11 605 700	6 758 577	3617	93	470
汕头市	27	2 350 820	14 943 804	23 254 325	2 681 331	21 625	86	1 195
佛山市	41	7 342 588	76 700 735	203 152 366	29 134 396	159 703	601	10 320
韶关市	14	510 695	574 656	878 359	30 653	3 816	2	68
河源市	18	660 292	1 828 989	1 488 528	45 828	2 131	5	120
梅州市	38	1 990 657	4 344 995	4 135 351	668 327	16 407	25	710
惠州市	16	1 526 292	9 006 350	30 681 384	7 433 788	13 416	49	938
汕尾市	8	879 915	3 341 275	4 732 899	473 703	5 270	0	146
东莞市	30	8 601 253	52 099 626	124 290 714	63 422 648	145 572	643	6 025
中山市	16	2 242 618	20 200 031	55 621 877	14 652 195	50 958	181	2 332
江门市	21	2 169 892	12 095 639	2 7503 395	5 950 902	31 866	167	1 428
阳江市	14	984 051	5 130 203	10 393 022	889 019	5 303	14	363
湛江市	18	1 173 188	3 535 002	3 899 126	374 961	12 771	18	316
茂名市	16	1 566 456	4 197 357	3 999 339	247 138	40 521	12	254
肇庆市	21	1 386 944	5 449 176	9 526 482	732 241	9 510	42	745
清远市	9	729 340	1 832 972	7 873 266	525 015	1 682	18	188
潮州市	19	1 540 388	5 457 784	10 967 995	1 538 866	18 400	50	679
揭阳市	20	2 408 065	7 787 350	21 719 715	2 008 275	14 951	22	1 137
云浮市	25	1 496 000	4 836 954	7 108 514	698 087	10 694	14	413

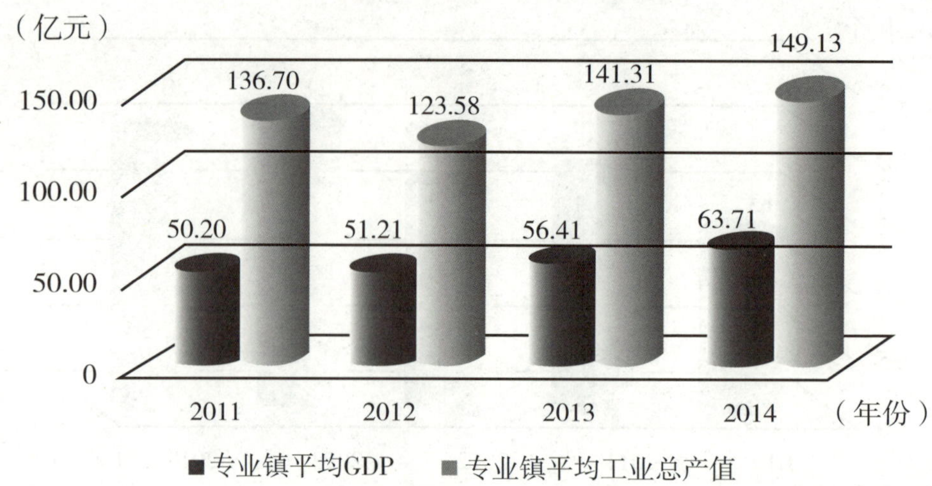

图4-1-2-2　广东省专业镇平均GDP和平均工业总产值情况（2011—2014）

【专业镇经济与社会建设】　“十二五”规划以来，专业镇不仅创造了大量的就业机会，吸纳农业剩余劳动力和众多外来人口，而且培育了一大批新型工人，使农村原有的生活方式和管理方式逐渐被工业社会的生活方式和管理方式所代替，城市生活的主导地位逐渐形成。其中，2014年，全省专业镇职工总数1 615.84万人，同比增长4.0%。广东省专业镇通过强化重点项目支撑、发展实体经济、促进产业集聚，构筑打造产城互动的城镇化发展新格局，大大提高了当地居民的生活水平。同时，专业镇以特色产业集聚化为目标，大力发展新型农业经营体系，带动农业专业镇向城乡统筹、城乡一体、产城互动、节约集约、生态宜居的新型城镇化迈进。

专业镇特色产业规模扩大　截至2014年年底，经认定的专业镇达383个，遍布全省20个地市（除深圳外），地区生产总值达2.44万亿元，占全省（含深圳市）GDP的36.0%，占全省建制有专业镇的20个地级市（深圳除外）GDP的比重已达42.7%。佛山、汕头、东莞的专业镇经济贡献度均超过75%，中山、云浮、潮州、江门等地市的专业镇经济贡献度超过50%。全省专业镇经济贡献度不断提高，总量稳步增长，对居民就业、财政收入和工农业与服务业的贡献明显，成为地方经济发展的重要引擎。

专业镇产业集聚效应显著　2014年，全省专业镇平均企业集聚度达1 518个/镇，珠三角企业平均集聚度达2 733个/镇；全省专业镇名牌名标总数3 138个，集体商标数和原产地商标数265个，共参与制定修订行业标准1 546件；设有研发机构的规模企业数为2 670家，与大学、科研院所共建科技机构数共818个；创新服务平台完成和参与的成果转化项目574项，成果转化项目产值达75.78亿元。广东专业镇形成了电子信息、家电家具、纺织服装等特色优势产业集群基地，涌现出顺德家电、古镇灯饰、虎门女装、澄海玩具等大批区域品牌，推动产业协同创新发展。

专业镇科技创新水平提高　专业镇科研能力明显提高，成为全省科技成果产出的重要基地，更是广东省科技创新的新高地。2014年，全省专业镇的全社会科技投入达350.9亿元，同比增长25.78%；共拥有133.3万名科技活动人员，占专业镇各类产业职工总数的8.3%，其中研究与开发（R&D）人员共29.5万人，每万人口中的研究与开发（R&D）人员数达71人；专利申请量和授权量分别达107 817件和71 679件，同比2014年分别增长38.7%和39.8%；专业镇镇内高新技术企业2 078家，高新技术企业工业总产值达11 327.14亿元。

专业镇科技创新载体规模已成　广东省加强专业镇中小微企业科技服务平台建设，建好专业镇“大数据”平台，推进了专业镇“大数据”工作，为专业镇资源共享、科技金融、产业融合发展打好基础。大力推进科技银行、科技小额贷款、创业投资体系、区域性柜台交易试点等前期探索体系，促进了科技型企业与资本市场对接。同时，以专业镇专项计划、专业镇中小微企业服务平台建设专项等为契机，依托高校、科研院所、产业技术创新联盟、骨干企业以及科技中介机构等，通过产学研合作等方式建立工程技术研发中心、公共检验检测平台、信息咨询平台等创新服务机构，提供以技术创新、商贸会展、检验检测、企业孵化、信息咨询等为主要内容的多元化服务；采取部门与镇区联动的方式，集中优势力量建立和完善了一批技术研发、工业设计等高水平的省市镇级公共创新平台，形成纵横相连、资源共享、协同服务的专业镇创新公共服务体系，有效支撑专业镇中小微企业转型升级。

2014年，专业镇的创新服务机构共2 872个，公共创新服务平台覆盖率达90%以上，共培训人员达21.85万人次，对外服务企业达4.96万家，专业镇创新载体形式多样，形成省市县镇多级创新发展平台体系，成为广东区域创新驱动发展体系的重要组成部分。

【专业镇政策与制度支持】 “十二五”以来，省科技厅通过设立省级专业镇科技计划专项资金，引导专业镇通过技术攻关解决产业发展难题，提升产品竞争力；通过专业镇中小微企业服务平台专项资金建立起社会化、市场化和专业化的公共服务体系；深入实施“校（院）镇合作”“企业科技特派员”等行动计划，组建综合性、专业性的协同创新中心，积极开展产学研合作与协同创新；通过专业镇技术创新试点建设等工作，推动专业镇形成创新优势、品牌优势和产业优势，走出一条科技创新推动广东集群经济发展道路。

业镇管理与制度创新　为规范和推进专业镇认定工作的转移，提高行政效能。2014年3月，《广东省科技厅关于专业镇认定职能转移到广东省专业镇发展促进会的通知》（粤科函产学研字〔2014〕332号）印发，由广东省专业镇发展促进会正式承接省级专业镇认定职能转移。2014年，广东省专业镇发展促进会与各地科技局及相关单位联系，组织省级专业镇认定申报工作。

专业镇“十三五”创新发展规划　2014年9—12月，广东省科技厅联合广东省科技情报研究所、广东省专业镇发展促进会，共同撰写《广东“十三五”创新型产业集群发展子课题（专业镇）研究报告》对广东省专业镇的发展基础与环境、发展思路与目标、“十三五”发展工作重点等内容进行深入分析探讨，并进行实行调研，共同形成研究报告。同时，配合科技厅向全省征集各地市“十二五”专业镇发展情况和“十三五”专业镇发展设想，为2015年专业镇“十三五”规划的编写做准备。

专业镇跨地区深度对接　广东省重视专业镇在协同帮扶与跨区域合作方面的互补，推动东西两翼以及粤北地区加快发展。2014年年初，中山市和潮州市出台了《专业镇对口帮扶工作的意见》。在对接过程中，告别过去政府牵头的做法，改为自由组合，实施双向选择模式。如潮州的钱东镇向中山黄圃镇寻求对接，因两地都属食品专业镇，合作前景广阔。两地首批对接了18个专业镇，涵盖了发展思路、干部交流、行业协会、特色产业、市场开拓、招商引资等八个方面，形成了“一镇一特色，镇镇有亮点”的帮扶计划。两市深度合作走出了一条“中潮结对新路径”，成为全省专业镇对口帮扶的新标杆。全省推进了“中山—潮州”对口协同帮扶为创新示范作用，以共建中小微企业公共服务平台为切入点，促进传统特色产业深度合作，引导跨地区专业镇深度对接，开展“镶嵌式”合作。依托省专业镇发展促进会，探索跨省份、跨地区镇域经济、县域经济常态化交流合作机制，专业镇协同创新水平获得明显提升。

2014年，广东专业镇进一步扩大与其他省份交流镇域经济、县域经济发展经验，推动专业镇经验走出广东，走向全国。一是组织多批次镇域经济考察活动。5—6月，广东省专业镇促进会联合山东省经济学会先后组织两批共50余人的广东专业镇考察学习团赴山东实地考察，学习当地镇域经济发展经验。11月10—14日，促进会再次联合山东省经济学会，组织山东省产业强镇考察团一行38人赴7个专业镇实地考察。利用学习考察的良好契机，促进会与山东省经济学会分别于5月20日在山东省德州市夏津县举办了“鲁·粤”富民强镇暨城镇化建设高峰论坛，11月14日在广州举办了“粤鲁特色产业强镇创新发展论坛”，吸引了来自广东、山东两省多个地市政府、科技系统、特色产业强镇，以及多个科研院所的代表共同探讨镇域经济创新发展策略，得到广泛好评，树立了一定的品牌效应。

（省部院产学研结合协调领导小组办公室）

（广东省专业镇发展促进会　苏　炜）

创新型产业集群

2014年，广东省重点围绕产业集群建设，加大关键技术攻关和专业科技服务载体建设，加速产业集群的建设与升级。2014年，深圳高新区下一代互联网、惠州高新区云计算智能终端、佛山高端装备等产业集群实现营业总收入均超2 000亿元，同比增长20%；广州个体化医疗与生物医药、中山光成像及新一代电子产业集群规模均超500亿元；中山数字医疗、珠海智能配电网装备、江门绿色光源等产业集群规模超200亿元。深圳下一代互联网、惠州云计算智能终端、中山健康科技等3个国家创新型产业集群试点，广州个体化医疗、珠海智能配电网装备等2个国家级创新型产业集群试点（培育）和数个省级试点共同形成了珠三角的多层次创新型产业集群建设体系。

（广东省科技厅高新技术及产业化处　钟士岗）

科技企业孵化器

2014年，科技企业孵化器得到了本省各级政府和社会各界的高度重视，大量资源开始向孵化领域加速集聚。孵化器从中心城市和国家高新区向有条件的县（区）、镇辐射；万科、腾讯等行业龙头企业以及高校、新型研发机构、风险投资机构、社会组织等纷纷建立了各具特色的孵化器，全省孵化器规模与数量呈迅猛发展态势。2014年，全省新获批国家级孵化器8家，省科技厅确定了11家前孵化器、14家国家级孵化器培育单位、5家加速器、9家科技创业孵化链条建设试点单位。仅2013年、2014年新增的国家级孵化器数量接近前10年总和。截止到2014年年底，全省纳入科技部门统计的孵化器233家，其中国家级43家，拥有孵化场地面积超1 300万平方米，在孵企业近1.5万家，累计毕业企业约5 000家。

科技企业孵化器建设运营模式正呈现政府主办型、政企共建型、民营主导型齐头并进的发展趋势，一批新型创业孵化加速载体在全省各地兴起，如本省广州创新谷、等新兴孵化组织和平台，呈现了新的孵化模式和服务业态，逐步形成了依靠市场机制促进科技企业做大做强的新模式。

【常平创意产业园】　常平创意产业园，也称常平科技创新中心，该产业园是常平镇委、镇政府资源整合和“退二进三”改造而成，也是该镇实施“腾笼换鸟”战略的一个典型样板，先后获得“广东省现代服务业集聚区”和“东莞市科技企业孵化器”等荣誉称号，整体规划是打造一个集创意、孵化、服务等功能于一体的现代化园区。该产业园着力建设创业孵化、研发创新、增值服务和融资服务“四大服务体系”。

截至2013年年底，园区已累计孵化企业121家，毕业企业28家，研发投入超7 500万元，累计总产值超4.2亿元，出口创汇650万美元，是常平镇“科技常平”发展战略和“腾笼换鸟”工程的典型样板。

【深圳起点咖啡】　为了向早期创业者提供宽松的创业环境，搭建广泛的交流平台，深圳高科技产业创新中心联合深圳IT界、创投界的精英，创办“起点咖啡”，目的在于构建一个政府搭台、精英参与、资本护航的多方平台，促进创新创业的对接，推动IT产业的发展。“起点咖啡”以咖啡馆为开放式的平台，是早期创业者为孵化对象的新型孵化器。

“起点咖啡”不仅对创业者提供配套齐全的办公环境，还可以依托创新中心的检测平台、闪联国家工程实验室等公共技术平台为创业者提供软件开放环境、检测认证和性能测试等技术服务，从办公的成本、技术支持、创业辅导、资本对接、交流合作等方面，对创业者提供多方面的帮助和扶持。

（广东省科技厅高新技术及产业化处　钟士岗）

民营科技园

2014年，全省共建立了14个省级以上民营科技园，全省14个国家级和省级民营科技园拥有工业企业6 559家，实现工业总产值达到2 168.58亿元。经过多年发展，广东省民营科技园区成为培育、集聚高新技术产业的基地，成为民营科技企业和高新技术企业等创新型企业发展的重要载体。园区科技创新能力明显提高，集聚了一批创新活跃的民营科技企业和高新技术企业，这为全省带来显著的经济效益。如深圳市天安民营科技园，截至2014年年底，园内民营科技企业为1 500家，实现工业总产值达到469亿元，上缴税收达到30亿元，其中高新技术企业200家；拥有发明专利的企业占企业总数的80%，成为支撑当地科技发展的重要力量。

（广东省科技厅高新技术及产业化处 钟士岗）

大学科技园

2014年，广东省共有大学科技园8家，其中：国家级3家（中山大学科技园、华南理工大学科技园、深圳虚拟大学科技园），省级5家（暨南大学科技园、华南农业大学科技园、广州中医药大学科技园、深圳大学科技园、南方医科大学科技园）。同时，还引进了清华大学科技园设立广州番禺创新基地。这些大学科技园对广东省的科技创新、科技成果转化、高科技企业孵化培育、创新创业人才培养等方面发挥了较大的作用，形成了独特的特点和优势。全省大多数大学科技园形成了“一园多区”共享模式。

截至2014年年底，中山大学科技园已基本形成了6个分园区、3个中试基地以及各具不同功能的研发基地，其中主孵化园区、大学城园区、越秀园区以及南校区中试基地、梅州中山大学南药基地已经正常运行。华南理工大学科技园在主园区大力开展技术创新、创新人才培养和企业孵化工作，在各分园有重点地发展特色产业，已建立了5个大学科技园分园、1个IC专业孵化器。南方医科大学科技园在建设好校本部园区的同时，与松山湖管委会合作建设了南方医科大学松山湖实验动物科技园。深圳虚拟大学科技园按照“多校一园、市校共建”的特色模式来建设。虚拟大学园已有50多所国内外名校在园区设立研究院和相关机构，包括清华大学、北京大学、香港大学、加拿大阿尔伯达大学等国内外院校以及中国科学院、中国工程院院士活动基地和中国社会科学院研究生院。

（广东省科技厅高新技术及产业化处 钟士岗）

产学研合作

2014年，产学研合作围绕全面实施自主创新战略，加快构建以企业为主体、市场为导向、产学研结合的开放型区域创新体系，建设创新型广东的总体目标，进一步深化省部院产学研合作，各项重点工作取得显著成效。

产学研合作重大项目

【广东新岸线项目】 为推进广东新岸线切合市场及时调整产业定位，2月，省科技厅、广州市科信局、番禺区政府、广东新岸线公司、北京普及芯公司五方就多用途计算机系统芯片暨通信计算一体化系列芯片等研发与产业化项目重新签署协议。为推进协议落实，省科技厅成立新岸线项目工作小组并多次召开会议研究新岸线项目推进工作，同时多次赴北京新岸线公司及广东新岸线公司就芯片研发及产业化工作进行实地调研。

按照“五方合作协议”、广东新岸线与富士康集团合作协议的任务要求和新岸线公司发展规划，省科技厅还会同省财政厅、省经信委、广州市科信局、番禺区政府等部门多次研究、探讨，分解、细化任务目标，制定完成时间表，逐项推进落实督促新岸线公司完成公司股权变更和总部建设、产业化推广、后续芯片研发等相关时间节点任务，推动广东新岸线加强企业化运营，推进股权结构合理化。同时，为积极营造广东省集成电路产业发展环境，以广东新岸线项目为契机，省科技厅积极营造芯片应用的外部环境，围绕广东省集成电路产业的发展，推动设立广东省集成电路产业重大科技专项，形成芯片产业上下游有效衔接的局面。

省科技厅依托国家集成电路设计产业化广州基地，牵头草拟《广东省集成电路产业创新发展规划》。该规划已经邀请了包括工业和信息化部、国家半导体协会、清华大学、北京大学等高校、科研院所的集成电路领域专家进行了3次论证。同时，按照市场化运营的方式，积极推动粤科金融集团牵头，融合社会资本，采用科技金融扶持方式，探索设立广东省集成电路产业产业基金。实现新岸线专项由项目到产业，由“大树到森林”的跨越，抢占产业发展制高点，推进全省信息产业转型升级。

【热超导材料项目】 根据省领导的指示精神，省科技厅统筹安排，促进北京无极合一新能源科技公司的热超导材料项目落户广东工作。先后协助公司人员到东莞、广州和珠海进行现场调研，召开了3场项目情况介绍会，各地市分别向公司介绍了引进项目以及人员团队落户的各项政策情况，并就推动热超导材料的省级工程中心建设工作和相关事宜与公司进行了认真的研究，加快了该项目落户广东的步伐。

产学研交流对接活动

【与清华大学对接活动】 7月4日，广东省与清华大学在北京签署新一轮战略合作协议。广东省省长朱小丹与清华大学校长陈吉宁出席签约仪式并进行了会见。省校双方明确了合作方向和内容，将联手在全球筛选引进一批优秀创新团队，在集成电路、生物芯片、生物柴油、先进储能资料、无人机等领域开展深度合作，形成一批重大科研成果并实现产业化。

同时，清华大学在高端装备与机器人、节能

环保、新能源、新材料以及科技园建设、科技金融等领域的研究成果也分别在广东省的相关地市进行落地转化。

【STS计划】 STS计划是中科院通过在广东省进行细致的考察，提出的“科技服务网络计划”。2014年，中科院STS计划将从为生态文明建设提出重要决策咨询、逐步建成覆盖全国的专项科技支撑服务网络、支持重点省区经济转型发展、开展有重大影响的技术应用示范等4个方面开展工作，其中，支持重点省区经济转型发展重点任务将在广东等5个省份部署实施。

3月21日，省科技厅与中科院科技促进发展局就中科院STS 计划在广东省落地进行了工作会商，并就首批落地的STS 计划举行了专家论证。截至2014年年底，以制造过程自动化技术为核心的STS计划已经在广东省落地实施，这是省院双方落实《广东省人民政府 中国科学院关于共建创新型广东的合作协议》的重要内容，也是中科院以科技创新成果服务于广东省国民经济和社会发展的重大举措。省科技厅将积极支持STS 计划加盟单元加强应用基础研究、技术转移、战略发展规划等研究和服务能力建设，鼓励和支持加盟单元牵头组建产业技术创新战略联盟，开展产业技术攻关和协同创新。

【地市与省外高校院所对接活动】 为进一步加强与省外重点高校的产学研合作，5月7— 8日，省科技厅组织广州、珠海、佛山、惠州、东莞、中山、肇庆等地市20多家企业的代表，以及科技管理部门有关负责人近30人前往西北工业大学、西安交通大学开展产学研交流对接活动。考察团一行参观了高校相关实验室，与学校的专家教授就有关科技成果转化和企业技术难题进行了座谈交流，对接活动取得了良好的效果。

各地市也积极开展产学研对接活动。6月26日，惠州市开展中国科学院惠州市科技成果与产业对接会，中科院半导体研究所、中科院理化技术研究所、中科院自动化研究所等16家中科院院属科研机构的专家和惠州市50多家企业的代表共100多人参加了对接会。对接会分电子信息、石油化工及综合领域3个分会场进行了项目推介。中科院精选出88项技术成果与企业对接，惠州市的50多家企业提出了100多项技术需求。对接会后，中科院科研单位相关专家到惠州仲恺高新区东江高新技术产业园参观考察，深入企业一线了解技术需求，达成多项合作意向。

为加强广东省与全国高校、科研院所的产学研合作，省科技厅于8月1日在广州召开省部院产学研结合工作座谈会。清华大学、北京大学、上海交通大学、武汉大学、浙江大学、四川大学、西安交通大学、哈尔滨工业大学、华中科技大学、中山大学、华南理工大学等40多所省内外高校、科研院所的代表共70多人参加了会议。

【广东省科技成果及产业对接会】 详见第22页。

省部院工作站建设

【企业科技特派员工作站】 2014年，广东省新建企业科技特派员工作站30家，共获得1 500万专项经费支持，分布地区包括：广州9家、东莞4家、佛山3家、梅州3家、河源3家、惠州3家、揭阳2家、江门1家、清远1家、云浮1家。分布技术领域包括：LED技术、电子设备及元器件、高端装备、计算机及软件技术、节能环保、农业技术、生物医药与医疗器械、网络通信与多媒体技术、先进制造、新材料。参与省部院产学研合作的省内外高校及科研院所达49家。截至2014年年底，通过特派员工作站建设，共引进200余位科技特派员及特派员助理进驻广东省各类科技型企业，共实施70余项产学研结合项目，为企业培养各类科技型人才500余人，完成各类科技成果转化达100余项，实现经济效益超过60亿元。

【院士工作站】 2014年，广东省新建省部院院士工作站20家，共获得2 000万专项经费支持，分布地区包括：深圳5家、广州4家、珠海3家、东莞2家、顺德2家、佛山1家、中山1家、湛江1家、揭阳1家。分布技术领域包括：水产繁育、畜牧、生物工程与检测技术、生物医用材料、中药现代化、生物医药、高分子材料、自动化与智能控制、精细化工、LED、物联网、高效节能关键技术与装备、精密仪器、轨道交通装备、资源综合利用及生态环境保护。共引进院士19名。

2014年，通过院士工作站建设，引进了院士团队核心技术人员180多人一同进驻广东。院士及其团队以院士工作站为平台，不断创新，为企业、地方或行业制定技术及产业规划50来项，突破核心技术240多项，为企业培养各类科技人才900多人，转化各项成果300多项，实现经济效益超过70亿元。

（广东省科技厅产学研结合处）

企业科技创新

2014年，广东省大力推进创新方法推广应用，强化工程技术中心和企技术中心建设，通过创新基金，改善和优化本省中小微企业创新创业环境。2014年，广东规模以上工业企业科技创新投入和能力继续增强，创新质量得到提高，与东部沿海和发达省市相比，其优势得以继续保持。

全省工业企业科技创新

【创新投入】

人力投入　2014年，广东科技创新人力投入仍以工业企业为主体，并持续增长。全省从事R&D活动人员67.5万人，其中工业企业R&D活动人员为54.4万人，比上年增长2.7%。全省R&D人员折合全时当量为50.7万人年，其中工业企业R&D人员折合全时当量为42.5万人年，与上年基本持平。工业企业R&D活动人员占全省R&D活动人员的比重达80.6%。

经费投入　2014年，广东R&D经费内部支出1 605.5亿元，其中工业企业R&D经费内部支出1 375.3亿元，比上年增长11.1%。工业企业R&D经费内部支出占全省R&D经费内部支出比重达到85.7%。

设备投入　2014年，企业当年研发用仪器设备投入力度持续增长。规模以上工业企业当年研发用仪器设备投入为124.3亿元，比上年增长5.1%。

【创新实力】　2014年，广东以工业企业为创新主体的态势得到继续发展，创新主体实力得到增强，更为可喜的是企业研发主体不断向高技术产业企业良性聚集。

2014年，广东工业企业开展R&D项目（课题）4.29万项，比上年增长4.9%。工业科技创新项目中，烟草制品业、皮革、毛皮、羽毛及其制品和制鞋业、造纸和纸制品业研发势头有强劲表现，其R&D项目（课题）数分别比上年增长100%、97.8%、37.2%。

2014年，广东工业企业发明专利申请5.56万件，比上年增长17.8%；广东工业企业共投入新产品产值20 057.0万亿，新产品销售收入达20 313.3万亿，分别比上年增长11.5%和12.7%。

【区域优势】　珠三角地区工业企业科技活动投入水平和科技活动质量在省内继续保持优势。2014年，珠三角地区9市工业企业R&D经费支出1 291.2亿元，占全省工业企业R&D经费的93.9%；开展R&D项目4.00万个，占全省工业企业的93.2%；发明专利申请5.44万件，占全省工业企业的97.8%；新产品产值19 283.4亿元，占全省工业企业的94.9%。

广东工业企业创新投入仍处于全国前列。与东部苏、浙、鲁3个发达省相比，工业企业R&D经费投入总量仅略少于江苏省，R&D经费投入强度排3省之前，R&D人员投入居全国之首。

表4-3-1-1　广东R&D人员情况（2012—2014）

2012年		2013年		2014年	
R&D人员（万人）	R&D人员全时当量（万人年）	R&D人员（万人）	R&D人员全时当量（万人年）	R&D人员（万人）	R&D人员全时当量（万人年）
62.9	49.2	65.2	50.2	67.5	50.7

表4-3-1-2　部分省市工业企业创新投入情况对比

项目	山东	广东	江苏	浙江
R&D经费投入总量　（亿元）	1 304.07	1 605.45	1 652.82	907.85
R&D经费投入强度　（%）	2.19	2.37	2.54	2.26
R&D人员投入　（万人）	43.24	67.52	67.65	11.47

【创新基础建设的存在问题】 2014年，广东工业企业科技创新取得了新的进步，但作为经济和科技发达省份来讲，还存在一些不足。2014年，广东4.1万家规模以上工业企业中，仅有2 908家设有科技研究机构，机构设置率仅为7.1%，多数工业企业有组织的科研活动开展不多。企业对基础研究和应用研究的投入比重连续多年过低，企业研发投入的结构还不合理，影响了企业的核心创新竞争力。

（广东省统计局　王科欣）

创新方法推广运用

2014年，广东省大力推进创新方法推广应用，积极调动企业、高校和科研院所的骨干力量和优势资源，统筹规划，省市协同推进，完善推广应用工作基地平台，加大培训推广力度，加强创新方法人才团队建设，强化企业应用与示范培育，进一步扩大社会对创新方法的认知度，全面深入推进广东省创新方法推广应用工作，加速企业自主创新进程。

【创新方法体系建设】 2014年，广东省依托广东省创新方法研究会、创新方法推广应用研究中心、创新方法与决策管理系统重点实验室以及地市级创新方法推广应用基地为主要支撑的“网络化、全覆盖”的省创新方法推广应用与服务基地，逐步形成了“引·育·导·联”四维工作模式。通过产学研合作、创新导师等工作方式，形成中心与外部优势资源的合作共赢机制，合力推进广东创新方法研究与推广应用工作。

广东省创新方法与决策管理系统重点实验室（培育基地）　2014年，华南理工大学依托重点实验室建设项目，获得2项国家自然科学基金项目、教育部重大课题资金项目和6项省科技计划资金项目，10多项横向项目，为TRIZ的应用推广打下扎实的理论和科研基础；积极开展创新方法和决策管理系统相关理论研究与学术交流活动，完成创新方法相关科研论文10余篇；参与创新方法理论的培训和推广应用，在院内的MBA、EMBA、EDP等培训项目中纳入相关的TRIZ课程，联合EDP召开大型企业培训项目宣讲会，面向500家企业，约800人次定制TRIZ基本方法课程应用推广方案；自主开发的“基于互联网的计算机辅助创新软件V1.0”投入试运行。广东工业大学根据近年来的创新方法教学和推广实践，总结了面向本科生教学和企业推广经验，摸索出一套适合初学者学习掌握的课程体系，编写了相应的教材《技术创新方法——TRIZ理论及应用》，实验室老师积极参加各类国内外学术交流与研讨，积极推动重点实验室各项建设工作。

广东省创新方法研究会　2014年，广东省创新方法研究会持续开展创新方法宣传工作，编印发放《创新与方法》2期，共2 000册；继续加强培训与咨询师资队伍建设，为企业提供创新方法服务；利用广东创新方法网广泛、及时宣传报道广东省创新方法工作情况与成效，并组织本土师资开展创新方法学术研究、参加国内外高水平创新方法学术论坛，竭诚为社会各界提供专业化服务。

广东省创新方法推广应用研究中心　2014年，广东省创新方法推广应用研究中心继续做好科技部和省科技厅下达的创新方法研究与推广应用工作总体任务，合理规划、布局、监督、管理创新方法培训和企业推广应用试点工作；培育创新方法专家团队和服务团队，为推广应用工作提供人才保障；积极推动学校内部开设创新方法本科教学、研究生教学试点，全年共为本科生讲授创新方法基础理论近800人。

【创新方法试点及培训】 2014年，广东省创新方法推广应用研究中心组织本土创新方法师资在广州、佛山、东莞、中山、江门、珠海、肇庆等地为企业开展了创新方法普及培训工作，同时协助创新工程师在企业内部开展创新方法培训，全年累计组织开展创新方法培训70余期，参训人数逾6 000人次。在企业传播创新方法，扩大创新方法的受众群体，有效推进了创新方法的应用。

【创新方法推广成效】 创新方法推广应用工作有效促进了企业的自主创新。2014年通过企业试点示范工作，帮助试点企业应用创新方法解决实际技术难题216项，提交专利280项（其中208项为发明专利），获授权专利78项（其中20项为发明专利）。

如广州无线电集团有限公司系统、持续推进创新方法的应用，成功申报成为国家创新方法推广应用标杆培育企业。在下属企业内部已经形成制度和体系持续推进运用TRIZ创新方法，先后多次获得核心技术领域突破，获得国家专利发明奖，并在ATM机器设备领域已经形成专利布局。广东生益科技股份有限公司的核心产品，其中CCL板材在割边、封边处理过程中，有大量树脂粉掉落飘散到整个车间，在造成质量隐患的同时影响生产环境。技术研发人员通过应用创新方法，找到问题所在并成功解决了问题，截至2014年年底，前新工艺技术已在公司多条生产线使用。广东工业大学通过运用创新方法指导本科生参加学科竞赛，获得了较好的效果。在由中国包装联合会主办的2014中国包装创意大赛上，由成思源、赵荣丽老师指导的作品“定量取出洗衣粉罐包装”获得了大赛一等奖，“藤蔓之梦”获得了大赛二等奖，“福韵茶香茶饼多功能木盒包装”等4项作品获得了大赛三等奖。

（广东省科技厅科技服务与管理处 严军华）

技术创新平台建设

【工程技术研究中心】 截至2014年年底，广东省有国家级工程中心23家，省级工程中心1 425家，其中2014年新认定的省级工程中心337家。

2014年，广东省支持工程中心建设项目85项，资助经费8 500万元。2014年，全省工程中心从事研究开发的技术人员超过26万人，其中高级职称人员1.69万人，占总数的6.5%；中级职称人员6.11万人，占总数的23.5%；设有博士后工作站300家，为企业培训专业技术人员近24.4万人，逐步形成知识、年龄、学历结构较为合理，研发能力较强的行业技术队伍，有效促进了科技与经济的紧密结合。全年全省工程中心承担的科研项目超过22 012项，其中国家级项目约1 725项，承担或参与制订国家标准、行业标准4 045多项。全年全省工程中心的研发投入超过474亿元，受理申请专利39 679件，专利授权30 435件，新产品产值达12 645.9亿元，产生了巨大的经济效益。

【企业技术中心】 截至2014年年底，广东省共认定14批共743家省级企业技术中心（不含深圳市），比上年数量增长23.63%。从行业分布来看，743家省级企业技术中心分布在有色、医药、冶金、石化、轻工、农业、建筑、建材、家电、机械、化工、纺织、电子、船舶以及其他（物流、能源电力、烟草等）等行业。其中，以机械（132家）、轻工（120家，不含家电）、电子（138家）三大行业居多，占全部省级企业技术中心的46.2%。从地域分布来看，珠三角532家，占全省的71.6%；粤东四市96家，占全省的12.9%；粤北及山区五市47家，占全省的6.3%；粤西三市43家，占全省的5.8%；省属企业25家，占全省的3.4%。

（广东省科技厅产学研结合处 梁宇宁）

（广东省经济和信息化委员会技术创新与质量处 黄海丹）

科技型中小企业技术创新

【立项及资金投入情况】 2014年，在科技体制改革的背景下，国家创新基金管理方式发生变化，但在四位一体的工作体系下，广东省科技型中小企业技术创新项目依然取得较好成绩。国家和省资金已成为扶持本省科技型中小微企业技术创新的重要资金，为改善和优化本省中小微企业创新创业环境，发展高新技术产业和培育战略性新兴产业发挥了积极作用，为大众创业、万众创新助力。

2014年，广东省科技型中小企业技术创新项目（不含深圳）立项296项，资助金额9 842万元。2014年全省（含深圳）共获得国家创新基金立项216项，资助金额19 413万元，占全国总量的5.6%，立项项目数和立项金额均居全国第5位。全省共有18个单位设立地方创新基（资）金，年度规模合计超过5亿元，其中省技术创新项目资金1亿元，为本省科技型中小企业发展提供了强大的资金后盾。

16年来，国家和省技术创新项目累计实现销售收入318亿多元，缴税总额26亿元，获得授权专利4 778余件，其中发明专利1 200余件，累计带动就业人数4万人。在创新基金支持和培育下，广东省在电子信息、生物医药、新材料等领域涌现出一批如冠昊生物科技股份有限公司、广东金明精机股份有限公司、蓝盾信息安全技术股份有限公司等创新能力强的科技型中小企业，其中34家获得资助企业成功在主板或创业板上市，同时有更多的企业在新三板挂牌，这些企业已迅速成长为行业龙头企业，创造了显著的经济社会效益同时起到了良好的创新创业示范作用。

【典型案例】

“高效、智能、环保电梯后备电源”项目

该项目由广州市寰宇电子科技有限公司自主研发，项目获得2012年省技术创新项目和2012年国家创新基金立项，采用中央处理器读取电梯检修运行速度、救援移动速度，并根据电梯门区位置，调整电梯抱闸释放时间，采集电池环境温度、自适应调节充电参数，根据抱闸线圈特性开发出电梯智能后备电源。项目产品获得广东省高新技术产品证书，累计实现项目销售收入793.55万元。通过创新基金项目实施，以项目产品为依托，近年来企业成长迅速，企业资产规模达到11 539万元，比立项时增长224%，营业收入达到8 438万元，比立项时增长47%。企业获得了广州市科技创新委员会颁发的“广州市科技小巨人”称号，也通过了高新技术企业认定，在全国电梯配件行业市场占有率达70%。

“高性能汽车发动机罩盖用尼龙材料”项目　该项目由东莞市意普万尼龙科技股份有限公司研发，获得2013年省和国家创新基金立项。项目产品均通过ROHS、REACH、PAHS、PFOS等第三方测试，阻燃产品通过UL-94标准阻燃性能认证，产品广泛应用于汽车、电子电器、机械五金、电动工具、健身器材等领域。通过创新基金项目实施，公司逐步发展壮大，于2014年1月24日正式在新三板挂牌上市。

【培训工作】 2014年，重点发动科技型中小企业集中的国家级高新区所在地市以及孵化器等，进行调研政策宣讲和培训。在广州、佛山、东莞、珠海等8个地市组织8场创新基金项目申报培训会，培训企业、服务机构500余家，参会人数800余人次，取得良好的效果。

【监督管理】 2014年，广东继续加强监理验收工作力度。全省共完成了2013年年报767个项目的监理，其中国家创新基金项目577项，省创新专项资金项目190项，上报率均达到100%，国家项目的监理报表质量及上报率位居全国前列。完成了国家2010年度和2011年度项目的清理，以及部分2012年度国家和省创新专项资金项目的验收工作。全年共完成项目验收358项。

（广东省科技厅高新技术发展及产业化处　张冬蕾）

高等院校科技创新

高校主要科研指标

【科研人力资源】 2014年，全省普通高校从事教学与研究人员总数为98 560人，其中理、工、农、医类（以下简称“科技类”）教学与研究人员数为66 688人，人文社会科学类（以下简称“人文社科类”）教学与研究人员数为31 872人。

2014年，全省普通高校从事教学与研究人员中高级职称人数为32 780人，其中科技类有21 354人，人文社科类有11 426人。博士研究生共19 041人，其中科技类有13 115人，人文社科类有5 926人。

【科研活动经费】 2014年，全省普通高校当年拨入科研经费总额为77.25亿元，其中科技类经费为64.86亿元，占总经费的83.96%；人文社科类经费为12.39亿元，占总经费的16.04%。

全省普通高校当年政府投入的科研经费为49.11亿元，占全省总科研经费的63.57%；其中投入至科技类的经费为42.75亿元，占科技类总经费的65.91%；投入人文社科类经费为6.36亿元，占人文社科类总经费的51.33%。

全省普通高校当年企事业单位拨入的科研经费为19.84亿元，占全省总经费的25.68%；其中拨入科技类经费为16.12亿元，占科技类总经费的24.85%；拨入人文社科类的经费为3.72亿元，占人文社科类总经费的30.02%。

全省普通高校当年其他经费拨入为8.31亿元，占全省总经费的10.76%；其中拨入科技类经费为6.00亿元，占科技类总经费的9.25%；拨入人文社科类的经费为2.31亿元，占人文社科类总经费的18.64%。

【研究机构】 2014年，全省普通高校共拥有上级主管部门批准的研究机构789个。其中科技类机构544个，包括国家级机构40个、省部级机构370个、其他主管部门机构134个；人文社科类机构245个，包括教育部重点研究基地9个、省部共建基地2个、“985工程”创新基地1个、省级基地50个、省级实验室4个、其他179个。

【科研项目】 2014年，全省普通高校拨入项目（课题）经费合计58.16亿元，占全省高校当年拨入科研经费的75.29%。在研课题60 686项，其中当年新立项课题22 567项，当年新立项课题拨入经费34.50亿元。

科技类课题当年拨入经费49.99亿元，在研课题35 229项，其中新立项课题14 845项，新立项课题当年拨入经费28.39亿元。

人文社科类课题当年拨入经费8.16亿元，在研课题25 457项，其中新立项课题7 722项，新立项课题当年拨入经费6.11亿元。

【科研成果】

学术论文发表 2014年，全省普通高校共发表学术论文64 518篇，其中在国外发表学术论文16 491篇。全年发表科技类学术论文44 805篇，其中在国外发表学术论文15 653篇，被三大索引（SCI、EI、ISTP）收录论文18 924篇。发表人文社科类学术论文19 713篇，其中在国外发表学术论文838篇。

图书出版 2014年，全省普通高校出版各类图书2 452部，其中出版科技类图书861部、人文社科类图书1 591部。全省普通高校出版专著811部，其中出版科技类专著183部、人文社科类专著628部。

技术转让 2014年，全省普通高校签订技术

转让合同348项，合同金额21 126.7万元，当年实际收入129 93.2万元。

专利申请与授权 2014年，全省普通高校签订专利申请7 213件，其中发明专利4 444件，占专利申请总数的61.61%；获专利授权4 067件。据报表，截至2014年12月31日，全省高校拥有15 562件专利。

成果奖励 根据各校统计报表汇总，2014年全省普通高校共获得各类成果奖励198项。其中，科技领域获得国家级二等奖以上奖励13项，省部级二等奖以上奖励103项；人文社科领域获得部级奖8项。

项目验收和成果鉴定 2014年，全省普通高校科技项目中共有110项国家级项目验收。其中，“973计划”项目23项，国家科技支撑计划项目14项，“863计划”项目8项，国家基金重点项目47项，军工项目18项。

2014年，全省普通高校科技类成果中共有124项成果进行了鉴定。其中，鉴定结论为国际水平的32项，国内首创的18项，国内先进的67项。

【学术交流】 2014年，全省普通高校在开展科技类学术交流方面，合作研究共派出2 137人次，接受1 544人次；出席国际学术会议7 336人次，交流论文4 238篇；主办国际学术会议133次，国际学术会议特邀报告876篇。

在开展人文社科类学术交流方面，合作研究共派出787人次，接受合作研究615人次；出席国际学术会议2 103人次，提交交流论文888篇；主办国际学术会议56次。

（广东省教育厅　吴宝榆）

中山大学

2014年，中山大学紧紧围绕重点工作部署，科研发展创新驱动，重点领域重点突破，协同搭建创新平台，管理服务紧抓落实，取得科技工作显著成效。

【科研项目与经费】 2014年，中山大学承担重点重大项目能力增强，科技经费保持稳定增长。该校科技到账经费9.98亿元，其中，计划项目科研到账经费8.74亿元，委托项目科研经费1.24亿元。

基础研究方面，获准国家基金重点重大类项目28项；获“973计划”和重大科学研究计划课题6项。应用研究方面，获批千万元以上“863计划”项目2项，国家科技支撑计划项目和农业部科研专项各1项。在卫生公益行业基金方面，也取得新的突破，共获立项3项，获批经费2 000万元。

【科技成果】 中山大学郑利民教授团队获得2014年度国家自然科学奖二等奖；刘奕志教授团队获得2014年度国家科技进步奖二等奖；获得2014年度高等学校科学研究优秀成果奖（科学技术）一等奖1项；2014年度中华医学科技奖一等奖1项、二等奖1项、三等奖1项；2014年度广东省科学技术奖一等奖4项、二等奖1项、三等奖6项。

中山大学2014年度发表学术论文7 021篇，另据中国科学技术信息研究所2014年发布的数据显示，全校2013年度发表SCI收录论文3 365篇，EI收录论文881篇，ISTP收录论文339篇。2014年，中山大学专利申请694项，获专利授权399项。

干细胞治疗角膜疾病研究 该研究证实了调控角膜缘干细胞分化的关键因子WNT7A和PAX6在角膜谱系专向分化中起着重要的作用，首次将皮肤干细胞诱导分化为角膜缘干细胞，并成功修复角膜功能，为治疗角膜疾病指出了一条新策略。研究成果在*Nature*杂志上发表。

肿瘤细胞可塑性与炎症细胞激活状态之间的互动机制研究 该研究阐明了在非可控性炎症微环境中，肿瘤细胞可塑性与炎症细胞激活状态之间的互动机制，为发展针对肿瘤微环境的乳腺癌新型靶向药物提供了实验依据。此外，该研究发现乳腺癌细胞发生EMT时，IL-8、GROs等细胞因子表达升高，这些细胞因子对肿瘤血管形成、粒细胞浸润等肿瘤微环境改变具有重要调控作用，这为乳腺癌转移机制的深入探索和治疗新靶标的发现提供了新思路。该研究的最新成果在国际顶

级肿瘤学杂志*Cancer Cell*上发表。

新型溶瘤病毒M1研究　该研究发现M1病毒能选择性地感染并杀伤包括肝癌、结直肠癌、膀胱癌、黑色素瘤在内的多种体外培养的癌细胞，而对正常细胞无毒副作用。相关研究成果为精准的临床用药和实施个体化疗法提供了可靠的科学依据，可极大地增加未来临床试验取得成功的机会。2014年10月7日，新型溶瘤病毒M1具有选择性抗肿瘤作用的最新研究在国际期刊*PNAS*上发表。

【科研平台建设】　2014年，中山大学获准建设教育部国际联合实验室1个，广东省重点实验室2个，广东省工程技术研究中心11个，广东省科技厅国际科技合作基地1个，广东省教育厅国家级重点培育平台3个，教育厅国际暨港澳台科技创新合作平台1个，教育厅省级重点提升平台1个。

表4-4-2-1　中山大学获准建设科研平台一览表（2014）

序号	类别	名称
1	教育部国际联合实验室	临床与转化医学国际合作联合实验室
2	广东省重点实验室	器官移植与移植免疫
3	广东省重点实验室	恶性肿瘤表观遗传与基因调控
4	广东省工程技术研究中心	分子影像
5	广东省工程技术研究中心	血管疾病诊治
6	广东省工程技术研究中心	周围神经组织
7	广东省工程技术研究中心	强直性脊柱炎综合诊治
8	广东省工程技术研究中心	疾病模式动物
9	广东省工程技术研究中心	广东省高性能有机聚合物光电功能薄膜工程技术研究中心
10	广东省工程技术研究中心	广东省热敏性精细化学品合成与分离工程技术研究中心
11	广东省工程技术研究中心	广东省重大基础设施安全工程技术研究中心
12	广东省工程技术研究中心	广东省第三代半导体GaN 电力电子材料与器件工程技术研究中心
13	广东省工程技术研究中心	广东省水污染控制工程技术研究中心
14	广东省工程技术研究中心	广东省水环境遥感监测工程技术研究中心
15	广东省科技厅国际科技合作基地	中山大学附属第一医院国际科技合作基地
16	广东省教育厅国家级重点培育平台	新药成药性研究国家工程实验室
17	广东省教育厅国家级重点培育平台	热带病防治研究国家重点培育平台
18	广东省教育厅国家级重点培育平台	干细胞与再生医学国家工程中心
19	广东省教育厅国际暨港澳台科技创新合作平台	新型纳米材料在能源方面的应用
20	广东省教育厅省级重点提升平台	恶性肿瘤基因调控与靶向治疗广东省普通高校省级重点提升平台
21	广东省教育厅工程研究中心	城市污水处理工程技术中心

【科技交流与合作】　2014年，中山大学积极搭建各类交流平台，举办了地理模拟与犯罪地理国际研讨会、多源遥感数据融合学习国际研讨会等20场大型国际学术会议，为科研人员的科技交流合作提供有利条件。

中国（广州）国际康复医学论坛　3月20日，本论坛于广州举行，由中山大学主办，中山大学附属第一医院承办，广东省残疾人康复协会、广东省医师协会康复科医师分会、广东省医院管理协会康复专业管理委员会、香港物理治疗师协会协办。本次论坛邀请了国内外知名专家讲解水疗等相关内容，邀请到挪威著名悬吊康复理疗师Frode Skjelvan先生就“悬吊在运动和康复领域的应用”进行了现场演示。本次论坛在我国政府大力推动康复医学迅速发展，本领域面对巨大挑战和机遇的背景下筹备召开，通过国内外康复医学专家和参会者之间的互动，共同探讨康复医学今后发展趋向。

第2届中欧妇科内镜高峰论坛　6月6—9日，本论坛在广州召开，来自海内外800余名妇科内镜及微创技术权威专家、医疗机构代表、妇产科医生教授与会，共议妇科领域相关热点和难点问题。本届妇科内镜学术大会展示了最前沿的学术成果和热点，专家们针对“四级宫腔镜子宫肌瘤切除术的难点与技巧”“子宫内膜癌治疗应关注的几个问题”“腹腔镜下大子宫全切术手术技巧”“腹腔镜广泛宫颈切除术的技巧与思考”等妇科微创手术领域话题进行了多角度详细讲解。

第9届TeV物理工作组会议　5月15—18日，会议在中山大学举办，由国家自然科学基金委员会、清华大学、中国高等科学技术中心、中山大学等单位资助并联合主办。这次会议是在LHC将要开始 14 TeV的运行以及我国正在开始对环形正负电子对撞机（CEPC）与超级质子对撞机（SppC）进行认真研究的情况下召开的，邀请了美国普林斯顿高等研究院、美国密西根大学、香港科技大学、美国密西根州立大学的著名的物理学家参与研讨。会议汇聚了来自美国的普林斯顿高等研究院、中科院高能物理研究所、中科院理论物理研究所、清华大学、北京大学等43所高校和科研院所的130多位专家学者和研究生，交流报告50篇。与会专家学者围绕TeV物理及相关领域诸多的理论与实验的前沿热点问题做了综述和专题报告，就中国高能物理的发展现状、面临的困难及未来发展的方向、重点等问题展开了较为广泛而充分的讨论。此次会议为中国高能物理积极参与国际竞争，进一步健康快速发展奠定了良好基础。

2014全国高性能计算学术年会（HPC China 2014）　11月6—8日，会议在广州召开，由中国计算机学会主办，中山大学与中国计算机学会高性能计算专业委员会、广东工业大学共同承办，来自国内外高性能计算及相关领域的专家学者、业界知名厂商代表和大会嘉宾近900人参会，中山大学100多名本科生、研究生和教师参加了开幕式以及大会论坛。为期3天的会议共开设了3个主论坛和19个分论坛和200余场次的主题报告、讲演等学术交流活动。与会专家学者应邀在大会论坛中作了高性能计算、大数据和云计算等相关主题的学术讲演。中国科学院院士陈国良教授、中国工程院院士李国杰教授分别为本届年会作了《大数据计算理论基础》和《高性能计算的困境和出路》的主题报告。此外，来自中国科学院院软件研究所的姚继锋还公布了2014中国HPCTop100排行榜。本届盛会围绕着高性能计算技术的研究进展与发展趋势、高性能计算的重大应用等主题展开，促进了信息化与工业化的深度融合，为相关领域的学者提供交流合作、发布最前沿科研成果的平台，推动了中国高性能计算的发展。

（中山大学　徐　静）

华南理工大学

2014年，华南理工大学紧密围绕建设高水平研究型大学的目标，以国家、广东省重大科技需求为导向，加大了重大项目、重要奖励、重点基地和高层次人才争取工作的组织策划力度，科技创新能力进一步增强，科研综合实力进一步提高。

【科研项目和经费】　2014年，该校积极开展前瞻性、基础性、应用性研究，推进产学研用结合，新增科研项目超过2 500项，科研经费超过12亿元。

在基础研究方面，该校以首席科学家单位获批国家重点基础研究发展计划（“973计划”）项目1项，这是该校第1次连续两年作为首席科学家单位承担“973项目”，承担“973计划”项目课题4项；获批国家自然科学基金项目222项，资助率达31.05%（高于全国24.36%），经费1.66亿元，其中杰出青年科学基金项目1项，优秀青年基金项目3项，国家自然科学基金重大重点类项目18项（其中重点项目8项，重大研究计划1项，重大项目课题2项，重点国际合作研究项目2项，NSFC—广东联合基金重点项目3项，重大科研仪器研制项目2项），取得历史最好成绩；获批广东省自然基金团队项目4项，杰出青年基金项目7项，重点项目7项，重大培育项目1项。在应用研究方面，获批“863计划”项目课题2项、国家科技支撑计划项目课题2项，国际科技合作项目3项。在横向科技合作方面，承担企事业单位委托项目超过1 100项。

【科技队伍建设】 高水平科技人员规模不断扩大，截至2014年底，学校现有教职工4 522人，其中专任教师2 369人，中国科学院院士4人、中国工程院院士4人，双聘院士28人，国家教学名师4人，长江学者特聘教授22人，“千人计划”入选者（含“青年千人”）17人，“973计划”首席科学家7人，国家杰出青年科学基金获得者30人，国家中青年科技创新领军人才3人，广东省杰青16人，教育部创新团队10个，广东省创新科研团队2个，广东省自然科学基金团队21个。

【科研成果】 2014年，该校获省部级以上科技奖励38项，包括：国家科学技术奖4项，其中作为第一完成单位获得国家技术发明奖二等奖1项，这是学校连续两年以第一完成单位获得国家技术发明奖；获高等学校科学研究优秀成果奖（科学技术）一等奖3项，作为牵头单位获一等奖数量在全国高校排名第13位；获2014年度广东省科学技术奖25项，其中一等奖4项、二等奖9项、三等奖12项、获一等奖数量居全省高校前列；获广州市科学技术奖6项，其中一等奖1项、二等奖3项、三等奖2项。

据2014年中国科学技术信息研究所公布结果，2013年度该校被三大索引收录论文3 797篇次。2013年度发表“表现不俗”SCI收录论文630篇，在全国高等院校中排名22位。其中，在排名前30位的高校中，该校“表现不俗”论文占SCI收录论文总数的比例为41.6%（全国平均比例为33.8%），这一比例在高校中排名居第11位。SCI学科影响因子前1/10的期刊论文280篇，在全国高等院校中排名第16位。在2013年各学科SCI收录论文机构排名中，该校在材料学科排名第14位，在化学学科排名第18位。

表4-4-3-1　2014年度由华南理工大学牵头的部分获奖项目

序号	项目名称	项目负责人	获奖类别
1	高增益玻璃光纤与单频光纤激光器成套制备技术及其应用	杨中民	2014年度国家技术发明奖二等奖
2	实现高效率有机太阳电池的新型聚合物材料及器件结构	曹　镛	2014年度高等学校科学研究优秀成果奖（科学技术）一等奖
3	高分子产品绿色制造技术及装备	瞿金平	2014年度高等学校科学研究优秀成果奖（科学技术）一等奖
4	基于无机膜和吸附剂的分离与反应基础研究	王海辉	2014年度广东省科学技术奖一等奖
5	果汁果酒与水果提取物绿色加工技术与装备	曾新安	2014年度广东省科学技术奖一等奖
6	基于情景感知的视频编解码与传输控制关键技术研究及应用	吴宗泽	2014年度广东省科学技术奖一等奖

【产学研工作】 2014年，该校在电子信息、装备制造、新材料和新能源等广东省战略性新兴产业领域广泛开展科技合作，为企业解决了一大批技术难题，有效增强了区域和企业的技术创新能力。选派50多名优秀科技特派员进驻省内各类企业，为企业提供了科技和人才支撑；继续加强与企业共建产学研服务平台，2014年与立高食品、佛山三技、河北亿利橡塑等大型企业共建联合研发中心平台7个，学校获得科研经费3 000余万元。

2014年，该校与珠海市政府签署战略合作框架协议，双方将在科技成果转化和产业化方面开展密切合作，由珠海市政府提供2亿元建设经费及20公顷土地用于建设省内首个现代产业创新研究院，将研究院建设成为集研究开发、成果转化、企业孵化、聚集高端人才和高新技术企业的平台，为珠海经济建设和社会发展、产业转型升级等提供重要技术支撑和保障。

2014年，该校继续加快推进各区域研究院的建设，广州现代产业技术研究院被科技部认定为国家技术转移示范机构，新建了工业机器人研发中心，新增孵化企业5家，在孵企业累计达到19家。华南协同创新研究院围绕生物医药与医疗器械、高端装备、高端电子信息和新材料与新能源等4个领域，已引进和孵化企业5家。

【知识产权工作】 2014年，该校3项专利获第16届中国专利奖，其中机械与汽车工程学院瞿金平院士完成的专利“基于拉伸流变的高分子材料塑化输运方法及设备”获专利金奖，“天然有色糖品的生产方法”和“城市污水一体化组合工艺处理反应器”获专利优秀奖，获奖数量居全国高校首位，是该校获中国专利奖的历史最好成绩，也是自1997年以来第2次获得金奖。

2014年，该校申请专利2 214件，其中发明专利1 588件，申请国际专利（PCT）40件。授权专利总量1 390件，其中发明专利651件。截至2014年年底，有效发明专利量为2 749件，发明专利授权量和有效发明量均排名全国高校第7位。2014年，该校专利申请量占广州市大专院校总量的42%；授权量占广州市大专院校总量的47%，其中发明专利授权量占广州市大专院校总量的45%。在中国管理科学研究院《中国大学评价》课题组公布的中国大学综合实力排名中，该校2014年专利技术转让指标表现突出，排名全国高校第1位。

【科研平台建设】 2014年，该校新增6个自然科学类科研机构。其中广东省重点实验室2个，广东省工程技术研究中心3个，广东高校工程技术研究中心1个（见表4–4–3–2）。

2014年，该校13个广东省重点实验室经过两轮考核评议及专家组的现场考察，以扎实的基础科研成果和特色鲜明的应用研究方向获得了专家组的高度认可和评价，其中5个实验室被评为优秀，优秀率达39%，远高于全省15%的优秀率。截至2014年年底，该校共有上级主管部门批准建设的自然科学类科研机构94个，其中国家级科研机构总数达到13个，居全国高校前列。

表4–4–3–2　华南理工大学2014年获批组建的科研平台一览表

序号	类别	名称
1	广东省重点实验室	广东省光纤激光材料与应用技术重点实验室
2		广东省能源高效清洁利用重点实验室
3	广东省工程技术研究开发中心	广东省生物酶与工业绿色加工工程技术研究中心
4		广东省航空航天先进材料与结构工程技术研究中心
5		广东省汽车检测工程技术研究中心
6	广东高校工程技术研究中心	广东高校脂类研发与应用工程技术研究中心

【科技交流与合作】 2014年，该校主办或承办了第8届国际氢与能源会议等12次大型国际学术会议，主办或承办了第2届全国神经动力学学术会议等16次全国性大型学术会议。

第8届国际氢与能源会议 2月16—20日，会议在广州召开，由瑞士国家材料科学与技术研究所和华南理工大学共同主办，由广东省先进储能材料重点实验室承办，来自中国、瑞士、德国、丹麦、挪威、冰岛、美国、日本、韩国等国家的60余名学者参会。会议安排了43个口头报告和19个墙报展示，内容涉及氢的制备、储存、运输等专业领域的新理论、新技术、新方法、新材料、新应用等最新成果。会议授予瑞士国家材料科学与技术研究所的Andreas Z・TTEL教授和浙江大学的王启东教授“2014氢与能源科技奖”。

2014年纸张涂布技术及特种纸研讨会 3月31日，研讨会在广州召开，由华南理工大学、制浆造纸工程国家重点实验室与斯泰隆（Styron）全球性材料公司联合举办，来自芬兰、美国、法国、韩国以及中国30家造纸企业的专家代表、学术及行业界的研究人员共107人参加会议。会议围绕纸张涂布技术发展最新动态、帘式涂布、涂布系统运行性能、纸张印刷适应性、粘结基础理论、胶乳介绍及特种纸等主题进行了交流和研讨。

第11届环境—行为研究国际学术研讨会 11月7—9日，研讨会在广州举行，由华南理工大学与中国环境行为学会（EBRA）联合主办、亚热带建筑科学国家重点实验室协办，来自中国大陆、中国香港及台湾地区、美国、英国、日本、荷兰、越南等8个国家或地区的200余名学者参加。会议以“生态与智慧：迈向健康的城乡环境”为主题，就环境拥挤、环境适应、环境压力、生活网络重建等环境心理和环境行为研究领域的11个专题展开学术讨论与交流，收录学术论文163篇。中国科学院院士吴硕贤教授以及来自英国、美国、日本等5位环境行为研究的著名学者在大会上作了主题演讲。

第2届全国神经动力学学术会议 4月11—14日，会议在广州召开，由中国力学学会动力学与控制专业委员会主办、华南理工大学承办，来自全国各地的70多位神经动力学专家参加。会议围绕神经细胞和网络系统的建模与动力学分析、认知神经模型建立与动力学模拟、神经模型的相关生物学实验研究和数据分析方法、神经动力学模型在科学技术中的应用等主题进行了交流和讨论。会议特邀了全国动力学与控制委员会主任、北京航空航天大学徐鉴教授等5位国内外知名专家出席并作报告。

大气复合污染来源、控制与决策研讨会 8月21日，研讨会在广州召开，由华南理工大学、工业聚集区污染控制与生态修复教育部重点实验室和中国清洁空气联盟联合举办，美国环保署、清华大学、浙江大学、台湾大学、广东省环境保护厅、中国环境科学研究院、中国城市规划设计研究院以及省内外40多个环保机关单位100多名专家代表参会。与会专家学者围绕“大气复合污染来源、控制与决策”主题展开讨论，探讨了以PM2.5和臭氧为代表的区域大气复合污染问题，涉及PM2.5和臭氧控制、大气污染源解析和空气质量达标规划等领域的国内外最新研究成果。各专家学者还就当前广东省及各地市的大气污染控制问题的特点及管理经验进行了互动交流和探讨。

第12届全国水处理化学会暨学术研讨会 10月10—12日，研讨会在广州举行，由中国化学会主办，华南理工大学及中国科学院生态环境研究中心联合承办，中国大陆和台湾各高校专家学者以及芬兰、英国、日本等国家和地区的代表共计280余人参加。会议围绕水处理高级氧化、生物电化学、絮凝—膜—树脂、活性污泥—生物处理、吸附、分析检测设备—水处理工艺、给水消毒—内分泌干扰物—藻类—氮磷去除等7个主题进行了分会场学术交流，与会专家与学者共作了103个专题报告，大会共收到论文及摘要188篇，墙报88幅。

全国建筑物检测鉴定与加固改造第12届学术交流会议 12月6日，会议在广州召开，由全国建筑物鉴定与加固标准技术委员会主办，广东省建筑科学研究院、华南理工大学等承办，广东省建设工程质量安全检测和鉴定协会、广东省土木建筑学会建筑物诊治和工程检测专业委员会、南京固强建筑技术有限公司协办，来自清华大学、上海交通大学、同济大学、湖南大学、西安建筑科技大学、国家建筑工程质量监督检验中心、中冶建筑研究总院有限公司等高等院校，科研院所，设计、施工、检测单位的450多位代表参加。会议围绕建筑物检测鉴定与加固改造领域的新成果、新经验和科研新动态，并进一步推动本领域工程建设标准化工作的发展，邀请行业专家作了8个专题学术报告，20多位优秀工程技术人员作了学术论文交流，3位行业规范参编人员做了规范编制情况介绍。华南理工大学苏成教授应邀作了题为“大型复杂结构健康监测系统的建构与工程实践”大会报告。

（华南理工大学科技处　杨　军）

暨南大学

2014年，暨南大学继续围绕“搭大平台、组大团队、拿大项目、出大成果”的发展思路，以“高水平大学建设”为抓手，以服务创新驱动发展战略为导向，通过创新科研管理体制、优化资源配置，扎实推进科研工作，实现多项突破。

【科研经费】 2014年，该校获立项科研项目经费2.83亿元。获国家自然科学基金立项项目122项，获经费6 738万元，其中优秀青年项目2项，国家自然科学基金重点项目（含联合基金）3项；获各级纵向科技计划项目立项88项，获经费3 491万元，其中青年“863计划”课题2项（全国共资助51项，获批数量排全国前三名）；获广州市珠江科技新星专项8项，截至2014年年底，该校珠江科技新星总人数已达32人；获广东省科技厅新药创制重大专项立项6项，立项率达66%，获立项数量和金额均为广东省第1；中央高校基本科研业务费2 460万元；签订横向项目107项，总经费11 648万元。

【平台建设】 2014年，该校做好学科布局，组织建立一批平台，完成对本校各省部级平台（重点实验室、工程研究中心）的中期评估。“广州耐磨蚀及特种功能材料重点实验室”获批100万元。再生医学教育部重点实验室顺利通过验收。水土环境毒害性污染物防治与生物修复广东普通高校重点实验室、产品包装与物流广东普通高校重点实验室等2个重点实验室顺利通过验收。2014年新增1个联合实验室——油料生物炼制与营养联合实验室（暨南大学—加拿大萨斯喀彻温大学）。

与地方政府、知名企业共建多元化研究平台。与珠海市政府签约共建珠海研究院，并成立了“暨南大学城市轨道交通研究院”。与惠州市共建研究院正稳步推进中，该研究院充分发挥学校校友资源，引入企业，三方共建，风险分担，创新了建设模式，得到了惠州市相关部门的肯定。与中山市签订战略合作协议，约定将在科技、文教和人才培训等方面建立长期全面合作关系，共同推进中山市社会经济发展和暨南大学教学科研发展。

【科研团队建设】 该校通过营造团队氛围，整合学科资源，在优势学科领域或方向上，逐步形成具有较强研究特色和研究优势的科研团队。其中，较有代表性的有资源环境团队、创新药物团队、光电信息与传感技术团队、生物材料团队等。廖化新教授领衔“全人源抗体新药研发平台的建设与应用团队”和尹芝南教授领衔的“生物医学转化团队”获得广东省“珠江人才计划”引进创新创业团队3 000万元和1 000万元。新药研发团队继续获得广东省新药创制科技重大专项资助，获2013年度广东省科技厅新药创制重大专项6项，再显该校生物医药领域在全省的领先优势。

该校在科研培育与创新基金中设立了“青年基金”和“杰出人才培育项目”对该类人才进行重点培养，在2014年取得突出的成果：光子技术研究所关柏鸥教授入选科技部创新人才推进计划“中青年科技创新领军人才”，成为该校入选创新人才推进计划的首位学者；获批国家自然科学基金优秀青年基金2项；获青年“863课题”2项（全国共资助51项，获批数量排全国前三名）；获广东省自然科学基金杰出青年基金6项；获广州市珠江科技新星专项8项。

【科技成果及奖励】 2014年，该校高水平论文增长快速，A1类论文377篇，比2013年的358篇增长了5.3%，其中1区93篇，1区第一作者/通讯作者59篇。2014年专利申请量128项，授权113项。

（暨南大学 邢少璟 蔡 琳）

华南师范大学

2014年，华南师范大学以学校省部共建和实施“创新强校工程”为契机，着力推进科技体制改革与创新，积极应对国家和省科技管理改革的新形势与要求，重点推进重点平台、重大科技项目与成果培育，促进科技服务社会和地方发展需求，开拓进取，全校科技工作取得了一定成效。

【科研项目和经费】 2014年，该校获科技项目经费11 543.86万元，连续4年突破亿元大关。其中，科技纵向项目经费9 103.41万元，实到科技横向项目经费2 440.45万元。该校获批国家自然科学基金项目76项，经费3 992.25万元，继续在地方师范院校保持前列；首次获批“863计划”青年科学家专题、“973计划”前期研究专项课题、广东省自然科学基金杰出青年项目和重大基础研究培育项目等重要标志性科技项目，填补了学校历史空白。

【科研成果及奖励】 2014年，该校共以第1单位发表三大索引收录论文1 133篇，其中SCI收录论文623篇，EI收录论文485篇，ISTP收录论文25篇。

该校共获得2014年度广东省科学技术奖二等奖3项，分别为：信息光电子科技学院郭旗教授主持的“空间光孤子传输基础研究”项目；物理与电信工程学院艾保全教授主持的“低维非线性系统中布朗粒子及热的非平衡输运”项目；计算机学院汤庸教授主持的“云计算资源管理与安全保障技术研发及应用”项目。

【知识产权工作】 2014年，该校共提交专利申请239项，其中PCT国际专利4项，国内发明199项，实用新型36项；共获授权专利102项，其中美国专利授权1项，国内发明专利授权72项，实用新型授权29项。专利申请量继续保持20%左右的增速，其中发明专利所占比例不断提高，2014年度超过80%。专利技术创新含量不断提高，首次获得美国专利授权。2014年实施及转让专利合同金额为155万元，比2013年度增长47%。计算机软件著作权登记取得可喜的成绩（共49项），同比增长81.5%。

【产学研合作】

科技入滇 2014年，该校参与国家桥头堡战略科技入滇活动，11月与云南省科技厅签订全面战略科技合作协议，双方计划通过共建华南师范大学云南先进技术研究院，推动学校先进适用技术成果入滇转化，高层次科技人才（团队）到云南创新创业，促进学校与云南共建科研平台。

产学研重大专项 11月10日，广东省印刷显示技术创新联盟在该校成立。该校作为副秘书长单位，主要承担协助联盟开展印刷显示技术的研究及创新成果转化工作，尤其在印刷彩色动态电润湿显示（关键材料和制程工艺）、反射式显示印刷技术（大面积成膜和图形化印刷）、印刷显示透明电极关键共性技术等方面做出贡献。

【科研平台建设】 2014年，该校获批“广东省量子调控工程与材料重点实验室”，立项经费200万元；该校获批新增广东省工程技术研究中心6个（见表4-4-5-1）。截至2014年年底，该校省级重点平台数跃升至18个。

表4-4-5-1　华南师范大学新增广东省工程技术研究中心（2014）

序号	名称
1	光流材料与器件工程技术研究中心
2	动力与储能电池材料工程技术研究中心
3	低碳与新能源材料工程技术研究中心
4	光电功能材料与器件工程技术研究中心
5	智慧国土工程技术研究中心
6	智慧学习工程技术研究中心

广东省量子调控工程与材料重点实验室　该实验室主要研究方向包括固态量子信息工程与材料、量子关联功能材料、人工晶格工程与材料、新能源功能材料等。在基础研究层面，开展在单原子尺度上研究和模拟材料的量子性质的研究，探索对单原子、单电子、单分子等的量子操控并发展相应的量子逻辑处理器件和量子测量技术，开展以超冷原子为基础的量子信息和量子网络的研究；对在信息和能源等领域有重要应用的材料进行量子态调控，构建具有独特性质的新型量子材料。在应用研究层面，以铁电及多铁性材料为基础，发展新型量子信息载体材料，开发低成本高灵敏度的磁电传感器、新型高密度存储、固态阻变存储技术等；以半导体材料为基础，开发具有特定功能的量子器件，如光电转换、热电转换等器件。

广东省量子调控工程与材料重点实验室在两年的执行期间，取得了系列成果，代表成果包括：1．科研奖励取得重大突破："量子几何相位及其相关问题研究"项目获得2013年度国家自然科学奖二等奖；"低维量子受限电子的输运及其光学特性"项目获得2013年度广东省科学技术奖二等奖；"低维非线性系统中布朗粒子及热的非平衡输运"项目获得2014年度广东省科学技术奖二等奖。2．实验室成员承担了系列科研项目：截至2014年年底，新获批或正承担的科研项目50余项，其中包括国家级项目24项、省部级项目19项。发表了署名重点实验室的SCI收录论文共计200余篇，包括以第1单位在*Nature Commun.*和*Phys.Rev.Lett.*发表研究论文各1篇。获得国家发明专利授权10余项。3．学术队伍建设取得重大进展：新增广东省珠江学者特聘教授1名、广东省自然科学基金杰出青年基金获得者1名、珠江科技新星2名。

"广东省光流材料与器件工程技术研究中心"　该中心以华南师范大学华南先进光电子研究院为依托，由周国富教授担任主任，广东省新型平板显示技术创新科研团队负责人Rob Hayes教授、国家"青年千人计划"入选者水玲玲教授和金名亮教授为科研学术带头人，面向国家战略需求，通过对光流领域现阶段的技术特点及自身技术优势，选择技术最成熟、最有产业化发展前景的光流显示和超液晶智能光流材料与器件方向，作为短期攻关的主要方向。

在开展短期攻关项目的同时，中心将针对具有市场爆发潜力的光流技术领域以及开创性光流应用领域进行前瞻性的技术研发，以期通过自主创新衍生新的产业化方向，并进入产业化成果转化周期。中心将持续追踪光流领域研究热点并进行分阶段研发和培育，以期在光流领域拥有尽可能多的知识产权支撑点，应对多变的市场技术革新，确保中心在全国始终处于光流技术、光流产业化成果转化的最前沿。

"广东省光电功能材料与器件工程技术研究中心"　该中心于2014年获广东省科技厅批准建设。工程中心由华南师范大学光电子材料与技术研究所和广州市鸿利光电股份有限公司联合组建，瞄准具有广阔应用前景的光电功能材料与器件的研发和产业化，进一步加强在光电功能材料与器件的合作开发能力和人才培养水平，紧跟国际国内光电功能材料与器件研究动态，不断加强产学研合作，通过人才培养和引进，不断增强工程技术中心的技术开发水平，提升高校和企业的技术开发能力和研究水平。工程中心将大力开展半导体光源与器件关键技术的工程化研究与开发，新型光电子材料与器件关键技术的工程化研究与开发与无机/有机杂合材料与器件的开发。

该工程中心有“光学国家重点学科”，“物理学”博士后科研流动站，“微电子与固体电子学”和“光学”2个博士点，“微电子与固体电子学”“材料物理与化学”“光学工程”3个硕士点等高水平学科和人才培养平台作为支撑。广州市鸿利光电子有限公司是国内为数不多的以LED为主业的上市公司之一，建有“广州市半导体照明封装工程技术研究开发中心”。作为中国白光LED领军者，其研发生产的白光LED在国内生产企业中市场占有率名列前茅。采用最先进的LED自动化生产设备，主要生产中高档COB、HIGH POWER LEDs、SMD LEDs等优质器件，LED器件生产能力超过800KK/月，主要应用范围包括通用照明、背光源、汽车信号/照明、特殊照明、显示屏等领域。

【科技交流与合作】 2014年，该校主办中国心理学会学校心理学专业委员会2014年学术会议、第1届海峡两岸经济学与政策模拟研究学术研讨会暨全国博弈论与实验经济学研究会2014学术年会等大型学术活动。全年共举办7次国际会议、3次双边会议、4次港澳台会议和10场新世纪论坛。

中国心理学会学校心理学专业委员会2014年学术会议 11月22—23日，中国心理学会学校心理学专业委员会2014年学术会议在该校召开，来自全国学校心理学领域的专业人士以及高校心理学教学研究人员、中小学心理健康教育教师、从事心理健康教育的社会工作者等专家、学者近500人出席了会议。本次会议既安排了全国知名专家的学术报告、工作坊，也有一线心理健康教育工作者的经验交流。会议还对2013—2014年度中小学心理健康教育先进个人、先进集体以及优秀论文进行了表彰。

海峡两岸经济学与政策模拟研究学术研讨会 11月15—16日，第1届海峡两岸经济学与政策模拟研究学术研讨会暨全国博弈论与实验经济学研究会2014学术年会在该校召开。来自海峡两岸60余名专家学者和企业界、文化界人士出席本次学术盛会。本次海峡两岸经济学与政策模拟研究学术研讨会是国务院台湾事务办公室重点立项、由中国社会科学院督办的一项重要的两岸学术交流活动。会议涵盖的主要议题Agent-based model（ABM）/Agent-based computational economics（ACE）、实验经济学也是该校经济行为科学重点实验室学术研究的核心领域。因此本次会议不仅是一次“前沿、交叉、本土、实效”特色鲜明两岸学术交流盛会，也对该校经济学学科建设和经济行为科学的发展具有非常重要的意义。

（华南师范大学科技处 张 雯）

华南农业大学

2014年，华南农业大学按照“搭建大平台、承担大项目、产出大成果、服务大行业”的原则，实施“科技强校”战略，团结拼搏、开拓创新，科技创新能力和服务社会的能力进一步增强。

【科研项目和经费】 2014年，该校科研到位经费3.632亿元，其中纵向项目到位经费2.863亿元，占78.8%，横向项目到位经费为0.768 9亿元，占21.2%；自然科学类到位经费3.358亿元，占92.5%，人文社会科学类到位经费为0.274亿元，占7.5%。

新增科技立项项目525项，合同经费26 080.53万元。其中，新增国家自然科学基金项目93项，总经费6 127.50万元，超过2013年同期的资助总额5 994.5万元；新增国家社科基金项目9项（其中重点项目1项），经费195万元。

该校在多个重点重大项目上实现了突破。以“千人计划”张炼辉教授为首席、该校首个作为第一承担单位的“973计划”项目“微生物群体感应通讯系统与病害防控基础研究”获得立项，预算经费3 500万元；首次获批国家优秀青年基金项目1项，经费100万元；获国家自然科学基金重大研究计划项目3项，经费700万元；获联合基金重点项目2项，经费505万元。人文社科方面，时隔6年再次获得国家社科基金重点项目资助；获教育部一般项目立项14项，立项数在全国农业高校中排名第1位。

【科技成果】 2014年，该校共获得各类科技奖励29项，其中李建国教授主持的“荔枝高效生产关键技术创新与应用”获2014年度国家科技进步奖二等奖，该校获2013年度广东省科学技术奖9项（一等奖1项、二等奖6项、三等奖2项），社会力量奖2项（见表4-4-6-1）。廖红教授获第11届中国青年女科学家奖。

人文社科类科研成果的水平不断提高，经济管理学院罗必良教授的论文《合约的不稳定与合约治理——以广东东进农牧股份有限公司的土地承租为例》获得第6届“中国农村发展研究奖”论文奖。谭砚文教授参加的国家自然科学基金委管理科学部主任基金应急研究项目中提出的部分政策建议，被农业部农村经济研究中心采纳，并写进了中央有关文件。谭砚文教授撰写的《抑制我国猪肉市场价格剧烈波动的对策建议》被国家自然科学基金委采纳，以内参形式上报中央和国务院。

2014年，该校发表学术论文3 281篇，其中，被SCI收录论文569篇，EI收录论文328篇，CPCI收录论文51篇；出版科技著作及编著36部。其中，兽医学院陈金顶教授团队在*AUTOPHAGY*（影响因子：11.753）发表论文，生命科学学院庄楚雄教授团队在*NATURE COMMUNICATIONS*（影响因子：11.47）发表论文，园艺学院胡开林教授团队在*PNAS*（影响因子：9.674）发表论文，生命科学学院陶丽珍教授团队在*PLANT CELL*（影响因子：9.338）发表论文。

表4-4-6-1　华南农业大学部分获奖重大成果表（2014）

序号	获奖项目	项目负责人	获奖类别
1	荔枝高效生产关键技术创新与应用	李建国	2014年度国家科学技术奖二等奖
2	高产抗逆大豆新品种选育及配套栽培技术应用	年　海	2013年度广东省科学技术奖一等奖
3	动物源病原菌的喹诺酮类药物耐药机制研究	刘雅红	2013年度广东省科学技术奖二等奖
4	植物精油杀虫剂的研究与应用	徐汉虹	2013年度广东省科学技术奖二等奖
5	森林冰雪灾害损失评估、减灾及次生灾害防控技术研究	陈晓阳	2013年度广东省科学技术奖二等奖
6	奶牛重大疫病检测技术创新与应用	李守军	2013年度广东省科学技术奖二等奖
7	土地数据挖掘方法与应用	胡月明	2013年度广东省科学技术奖二等奖
8	企业研究开发费用税前扣除政策操作实务研究及推广应用	牟小容	2013年度广东省科学技术奖二等奖
9	以地沟油、植物油制备包膜材料及其在包膜控释肥上的应用	谷文祥	2013年度广东省科学技术奖三等奖
10	无籽沙糖橘低成本高效益新技术研究、集成与示范推广	胡桂兵	2013年度广东省科学技术奖三等奖
11	广州数字绿化关键技术研究与应用	胡月明	2014中国地理信息产业协会科技进步奖二等奖（社会力量奖）
12	基于无线传感器网络的养殖水环境空间监测系统	王卫星	2014中国地理信息产业协会科技进步奖二等奖（社会力量奖）

【产学研与科技帮扶工作】 2014年，新增横向科技合同645项，合同经费10 878.27万元，到位经费7 688.53万元，共签订共建平台协议6个。新增广东省企业科技特派员15人，签订新的企业科技特派员派驻协议23个。新增产学研合作项目13项，立项经费1 300万元。

与深圳中望农业科技园有限公司、揭阳市蓝城区人民政府共建华南农业大学辣木特色产业基地。此外，协同公益组织绿行者同盟开展“绿盟·中国美丽乡村”公益计划，联合佛山市南庄镇人民政府和罗元村委，选择罗元村开展了“中国美丽乡村”公益计划的试点工作。此外，华南大还组织专家团队分别前往肇庆高要市蚬岗镇、河源东源县双塔镇开展大型科技下乡活动，组织相关专家团队前往两岸四地文化促进会和梅州市客都金柚专业合作社等企业、专业合作社开展技术指导工作，承接了“富川瑶族自治县新型职业农民培训”任务。

【知识产权工作】 2014年，共申请并获得受理的知识产权221件，其中发明专利申请178件，实用新型专利申请32件，外观设计申请11件；获得知识产权授权148件，其中发明专利授权104件，实用新型专利授权39件，外观设计授权5件。申请软件著作权58件，登记软件著作权46件。通过审定的植物新品种11个，获得植物新品种权1个。签订专利转让合同6项，合同经费100万元。

【科技平台和团队建设】 2014年，该校获批第6个国家级科研平台“国家兽医微生物耐药性风险评估实验室”，新增1个广东省重点实验室、8个省级工程技术研究中心（见表4–4–6–2）。人文社科重点研究基地建设取得新进步，其中，广东农业企业发展研究中心和广东农村经济研究中心顺利通过省教育厅评估，广东农业企业发展研究中心获良好等级。

该校获得科技部“创新人才推进计划”2项，创新人才示范基地1项。罗必良教授带领的教育部创新团队“中国农村基本经营制度”以“优秀”等次通过教育部结项验收，并获教育部“滚动支持计划”。该团队是全国获批的58个创新团队中唯一一个人文社会科学类平台，标志着该校人文社科团队建设水平在全国处于领先水平。

表4–4–6–2 华南农业大学新增省部级以上科研平台名单（2014）

序号	名称	类别
1	国家兽医微生物耐药性风险评估实验室	国家风险评估实验室
2	广东省生物农药创制与应用重点实验室	广东省重点实验室
3	广东省木本饲料工程技术研究中心	广东省工程技术研究中心
4	广东省蚕桑工程技术研究中心	广东省工程技术研究中心
5	广东省土地信息工程技术研究中心	广东省工程技术研究中心
6	广东省草业工程技术研究中心	广东省工程技术研究中心
7	广东省天然活性物工程技术研究中心	广东省工程技术研究中心
8	广东省光学农业工程技术研究中心	广东省工程技术研究中心
9	广东省现代生态农业与循环农业工程技术研究中心	广东省工程技术研究中心
10	广东省昆虫行为调控工程技术研究中心	广东省工程技术研究中心

【科技交流与合作】 2014年，该校共组织了学术活动71场，其中，主办了3场国际学术会议，承办了18场大型学术会议；组织师生参加2014年穗港科技合作交流大数据应用研讨会、珠江科学大讲坛、广东科协论坛等学术活动，拓宽全校师生的学术视野，营造浓厚的学术氛围。参与组织了农业部“农业行业甲基溴淘汰项目交流会”、华南农业大学“水稻生产机械化新技术新机具现场演示会”等。

第1届药剂毒理国际学术研讨会　8月5—7日，研讨会在广州举行。此届研讨会由华南农业大学承办，是我国举办的首届农药药剂毒理的国际学术研讨会。研讨会安排了3个单元的大会报告和6场分组报告，18位国际著名专家以及4位国内专家围绕研究热点作了精彩的大会报告，53位来自国内外的学者，以抗药性机制与治理、细胞毒理、分子毒理、行为毒理、农药/昆虫生理生化、新靶标新农药为主题进行了分组报告，围绕农药药剂毒理领域的研究现状、热点、趋势进行广泛深入研讨。本次会议外国学者提交会议摘要35篇，境内学者提交论文或摘要110篇，来自美国、日本、阿根廷、尼日利亚等10余个国家共24位外国专家学者和国内53所大学、科研院所等单位的215名代表参加了研讨会。

第4届国际精准农业航空学术研讨会　11月15日，研讨会在广州举行。此届研讨会由华南农业大学承办，会议邀请了国内外知名专家、学者，来自美国、澳大利亚及全国多所大学、科研机构、企业代表的百余人参会。来自美国农业部研究服务署（USDA ARS）农业航空应用技术中心、德州A&M大学农业、澳大利亚昆士兰大学的3位专家作了主题报告。各专家的报告详细介绍了国外农业航空发展的历史、现状以及技术发展趋势。会议安排了各院所专题研究报告会和企业相关技术介绍专题会，参会代表对报告会内容和我国精准农业航空发展进行了广泛深入的探讨。

（华南农业大学科技处　毛苑菁）

南方医科大学

2014年，南方医科大学科技工作紧紧围绕科技机制体制改革、科研项目管理、成果申报、平台搭建、协同创新中心培育、学术活动交流等工作，协同各部门、各单位，开拓创新，锐意进取，整体科技综合实力得到进一步提升。

【科技项目和经费】 2014年，该校获立项课题577项，资助经费15 980万元。其中，获国家“973计划”课题1项、国家科技支撑计划课题1项、国家卫计委公益性行业科研专项项目1项；获国家自然科学基金项目146项，资助经费8 465万元，在全省高校排名第3位；获国家自然科学基金重点类项目7项，在电子信息领域获国家自然科学基金—广东联合基金重点项目1项，实现了该校在信息学部重点项目“零”的突破；获广东省自然科学基金145项，资助经费2 810万元，位列省属高校第1位。

【科研平台建设】 2014年，该校承担建设的器官衰竭防治国家重点实验室和国家慢性肾病临床医学研究中心分别召开学术委员会会议，确定了器官衰竭防治国家重点实验室和国家慢性肾病临床医学研究中心2个国家级平台的研究人员和研究成果署名要求，各项研究工作有序开展。该校的器官衰竭防治协同创新中心被省教育厅、省财政厅认定为首批省级协同创新中心，该校的体外诊断协同创新中心作为首批培育建设的省级协同创新中心。

2014年，该校承担的数字化诊断治疗设备教育部工程技术研究中心和应对核化生恐怖医学防护教育部工程技术研究中心顺利通过教育部组织的现场验收检查。该校当年新增省级工程技术研究中心8家。该校SPF级动物实验房建设完工。该实验平台占地面积1 080平方米，设有实验室21间。

表4–4–7–1　南方医科大学获批组建的科研平台（2014）

序号	名称	类别
1	广东省人工器官与组织工程技术研究中心	广东省工程技术研究中心
2	广东省胃肠疾病生物医学工程技术研究中心	广东省工程技术研究中心
3	广东省遗传检测工程技术研究中心	广东省工程技术研究中心
4	广东省应对核化生恐怖医学防护工程技术研究中心	广东省工程技术研究中心
5	广东省保健食品新功能及安全性评价工程技术研究中心	广东省工程技术研究中心
6	广东省骨与软组织生物材料工程技术研究中心	广东省工程技术研究中心
7	广东省恶性肿瘤的分子诊断与临床转化应用工程技术研究中心	广东省工程技术研究中心
8	广东省肝纤维化工程技术研究中心	广东省工程技术研究中心

【科技成果】　该校为第1完成单位的项目“大肠癌早期内镜诊治及发生的临床研究”获2014年度广东省科学技术奖一等奖，慢性乙型肝炎优化抗病毒治疗及影响疗效的因素获2014年度中华医学科技奖二等奖。根据2014年中国科技信息研究所公布的资料，该校2013年度SCI收录论文642篇，较2012年增长101篇，在全国高等学校中名列第67位，较2012年上升8名。该校的《南方医科大学学报》影响因子为1.26，位列全国大学学报（医药卫生类）第1名，2014年蝉联中国科技期刊最高荣誉奖——“百种中国杰出学术期刊”。

【科研管理】　2014年，该校召开了科技工作会议。该校印发了《关于进一步加强科技发展 全面提升科技核心竞争力的若干意见》以及《南方医科大学科技项目管理办法》等8项科技管理办法，为促进科技工作快速发展做好制度保障。该校修订了《南方医科大学科研经费管理办法》，制定了规范科技经费转拨合同签订的管理办法；完成了国家科技部组织的“重大新药创制”和“艾滋病与病毒性肝炎等重大传染病防治”两个国家科技重大专项2008—2013年度立项的14个课题的财务审计工作，审计经费达1.67亿元；完成了省教育厅2013年度下达的37项省级项目的财政专项资金检查工作，检查涉及经费459万元。

【知识产权工作】　2014年，该校申请专利78项，获授权专利34项，当前拥有获授权专利209项，专利储备初具规模。

【科技交流与合作】　2014年，该校承办“转化医学高峰论坛”“南方肾脏病临床研究进展国际研讨会”等大型学术会议13场，举办各类学术讲座36场。

英国华人生命科学学会代表团来访　5月25—28日，受教育部“春晖计划”资助，英国最大规模和最具有影响力的华人生命科学家组织“英国华人生命科学学会”一行10人到访该校，代表团成员包括英国皇家工程院院士，牛津大学、伦敦大学等知名高校教授。代表团参观了该校部分重点实验室，并在生命科学前沿领域与该校专家进行了学术交流。

南方肾脏病临床研究进展国际研讨会　8月8日，该研讨会在广州召开。本次研讨会由南方医院国家肾脏病临床医学研究中心主办，邀请到世界高血压联盟主席等来自全国的肾脏病、高血压、心脑血管疾病、内分泌等领域的临床专家和科研人员300余位参加会议，与会专家和代表对肾脏病临床研究进展和热点问题进行了广泛的讨论交流，并针对国家慢性肾病临床研究网络和临床研究新模式的建设提出了创新性意见。

（南方医科大学科技处　曹　蓓）

广州中医药大学

【科研项目管理】　2014年，广州中医药大学科技开发与产学研合作工作稳步发展，2014年共计承担横向合作项目55项，金额达1 000多万元。该校2014年获得立项的纵向科研项目数共计311项，科研合同经费达7 175.95万元，其中，获得国家科技支撑计划项目1项、“十二五”重大传染病防治重大专项1项、财政部公益性行业科研专项1项、国家自然科学基金资助66项、省科技计划51项、省自然科学基金37项等。

【产学研结合】　2014年，该校共计承担横向合作项目55项，金额达1 000多万元，合作的企事业单位21家。该校周联教授接受无限极（中国）有限公司“无限极复合多糖免疫协同增效试验研究”项目的技术委托，合同金额86万元。该校与扶正堂合作共建“广州中医药大学—扶正堂保健技术中心”合同金额150万元。

【科研平台建设】　2014年，该校的华南中医药协同创新中心和肿瘤中医药防治转化医学研究协同创新发展中心同时被认定为省级协同创新中心。该校承担的广东省中医生殖健康重点实验室通过广东省教育厅组织的专家验收。

12月16日，“广州中医药大学—恩科心血管研究院国际联合实验室”签约暨揭牌仪式在广州举行。美国恩科心血管研究院（简称ACRE）是美国的非营利性学术组织机构，在心血管研究方面具有深厚的学术基础。为加强国际学术合作与交流，实现优势互补，促进中医药防治心血管疾病的基础研究和学术进步，合作共建广州中医药大学—恩科心血管研究院国际联合实验室。该实验室依托广州中医药大学基础医学院，将开展中医药防治心血管疾病的基础研究、中外教师交流、博士生联合培养等一系列工作。

12月，完成了华南针灸研究中心的建设，中心是该校自行建设的首个大型针灸科学研究的公共服务平台，该平台是在该校的广东省中医针灸重点实验室基础上建设而成，针对制约中医针灸学发展的关键共性技术进行重点攻关，建立完善的中医针灸电生理研究平台，搭建国内首个可开展清醒状态下灵长类动物针灸电生理研究的技术平台，填补国内相关领域的空白，突破制约针灸机制研究的瓶颈问题。

2014年，该校科技产业园作为新药临床前研发平台，充分发挥自主研发和公共服务两大功能，为广东省乃至全国医药机构提供专业技术服务，收入突破1 000万元。

【科技成果及专利】　2014年，该校获得省部级及以上科技成果奖励4项。广州中医药大学第二附属医院作为第一承担单位完成的科研成果“中医及中西医结合临床路径共性技术研究与应用”荣获2014年度广东省科学技术奖一等奖。该成果创新形成了中医及中西医结合临床路径共性技术体系，项目成果产出的首批路径在全国41家医院应用，平均减少住院费用2 274元和住院天数2.8天，合计直接节支662万元和减少住院日8 185天。后续指导制订200多个临床路径，在全国二甲以上1 235所中医机构推广（2010年《全国中医药统计摘编》），预计每年可减少医疗费用1 635亿元和住院日2亿天，增加收治1 885万人次。

2014年度，该校共申请专利20项，获授权10项，专利转化1项。

【学术交流与合作】　2014年，该校举行20多场科技学术讲座和学术交流活动，举办3次科技学术沙龙活动，以学校附属医院的临床资源为研究基础，力争打破学校和医院的界限，以学科为整合，联合学校基础医学院、中药学院等基础学科、相关研究所以及科研平台，共同针对学校优势病种进行联合攻关。

珠江科学大讲堂　5月19日，由广州市科技和信息化局、羊城晚报社、广东科学中心三方联合主办，该校科技处、博物馆承办的“珠江科学大讲堂”2014年度第13期在该校大学城校区学术报告厅举行。澳门科技大学校长刘良教授作了题为“中医药与高新技术”的讲座，300余人聆听了讲座。刘良教授在讲座中介绍了高新技术对开展中药药理的研究和研制新药的革命性作用。

珠江论坛　6月20—21日，广州中医药大学第二附属医院和广东省科技厅、广东省中医药局承办的国家中医药发展论坛（“珠江论坛”）第14届学术研讨会在广州召开。论坛以“中药炮制技术传承与创新”为主题，专家学者围绕传统炮制技术传承、炮制技术规范与标准、炮制技术创新与发展议题展开讨论，并提议，构筑传统中药炮制传承平台和传统中药炮制传承人才专项工程两个载体。

广东省中药资源普查试点工作　5月23日，广东省中药资源普查试点工作启动会在该校召开。广东省启动中药资源普查试点工作正式启动。广东省专门成立了广东省中药资源普查试点工作联席会议，组建了广东省中药资源普查技术专家委员会，编写了普查试点工作实施方案，确定了22个普查试点县（市、区），成立了11支普查专业技术队伍。该校全力支持这次中药资源普查工作。截至2014年年底，广东省普查队总共开展了12个县市的资源普查工作，完成240个样地，7 200个样方，发现药用资源1 106种，其中涵盖重点资源69种，采集标本3 000多份，采集药材样品30多种，收集种子及种苗12种。

（广州中医药大学　蔡晓燕　陈冠林）

广东工业大学

2014年，广东工业大学围绕“创新强校工程”建设，准确把握形势，攻坚克难，在科研创新、平台建设、人才培育、地方服务及学术交流等方面取得了多项突破。

【科研项目和经费】　2014年，广东工业大学科研到校经费3.122亿元，其中纵向经费12 677万元。获国家自然科学基金立项57项，立项经费3 385.5万元。首次在同一领域获得国家NSFC—广东联合基金重点支持项目3项，获得国家优秀青年基金项目1项；获得国家社科基金6项，其中国家社科基金艺术学专项1项，是广州地区唯一获得该类项目的院校；获广东省自然科学基金立项41项，其中重大基础研究培育项目2项、广东省杰出青年项目2项、广东省重点基金项目2项。

【科研平台和队伍建设】　2014年，“高端电子制造协同创新中心”获广东省教育厅“广东省国家级2011协同创新中心培育建设规划项目”批准立项建设，“电子制造高端装备集成设计与制造协同创新中心”和“高端应用电子芯片与系统协同创新中心”获广东省教育厅认定为首批广东省协同创新平台培育项目；新增2个广东省工程技术研究中心、3个广东省发展和改革委员会联合工程实验室。“工业设计与技术集成创新实验室”获批“2014年度中央财政支持地方高校发展专项资金项目”。香港浸会大学蔡宗苇教授、日本京都大学Keiji Maruoka教授与该校正式签订协议，成为该校首次引进的2位长江学者讲座教授。

【科研成果及专利】　2014年，广东工业大学科研培育成果实现新的突破。陈新教授主持完成的项目“半导体器件后封装核心装备关键技术与应用”荣获2014年度国家科技进步奖二等奖，实现了该校建校以来以广东工业大学为第一完成单位获得国家科学技术奖“零”的突破。此外，获2014年度广东省科学技术奖6项，其中一等奖1项、二等奖3项、三等奖1项；获广东省哲学社科成果奖6项，其中获得一等奖1项、二等奖5项。全年申请专利640件，授权237件，分别位居全省高校第2、第3位。被三大索引收录论文994篇，其中SCI收录519篇、EI收录462篇。

【产学研工作】　2014年，该校东莞华南设计创新院与粤科金融集团等合作成立总规模1亿元的创新基金，并与东莞市中小企业协会合作共建“机器换人”工程推进中心；佛山广东工业大学数控装备协同创新研究院一期建设投入使用。7月，河源广东工业大学协同创新研究院正式揭牌并成立首届理事会，这是广东工业大学继广州、东莞、佛山后，与地方政府联合建设第4个创新平台。11月，广东工业大学与云南省科技厅签订产学研合作协议，参与“科技入滇”服务国家创新体系建设，成为全国“科技入滇”的30所高校和科研院所之一。

此外，广东工业大学先后组织科技成果参加广东省科技成果对接会、潮州—中山协同创新中心成果对接会等各类成果对接会，带领科研团队走进企业一线开展合作交流，与东莞欧珀、珠海长园、河源新勇艺、潮州新功等龙头企业产学研对接。2014年，该校服务地方合作经费8 043万元，产学研工作获得“中山市产学研合作奖”。

【科技交流与合作】 2014年，广东工业大学先后成立广东工业大学社会科学界联合会（广东省理工类高校首个社科联合会）、大数据战略研究院等人文社科研究平台。谢涤湘副教授撰写的《关于广州市工业遗产保护与再利用的建议》获得广州市市长陈建华的批示。张光宇教授主持的《广东产学研合作政策支撑体系创新研究》研究报告被省政府发展研究中心采纳。

2014年，该校先后承办了NSFC—广东、云南、新疆联合基金评审会、2014年度国家自然科学基金项目申请集中接收工作总结会、全国高性能技术学术年会等学术交流会议。与莫斯科国立工业大学、德国埃斯林根应用科技大学、美国罗格斯大学、以色列理工学院等围绕数控装备、电子信息、新型材料等领域开展国际交流合作，为学校进一步发展开拓新的空间。

（广东工业大学　穆　森　陈　辉）

汕　头　大　学

自2013年9月汕头大学和以色列理工学院签署合作办学备忘录以来，汕头大学在国际化办学方面不断推进。2014年，汕头大学充分借鉴并引入以色列理工学院的办学理念和创新创业精神，大力实施“创新强校工程”，全力推进高水平大学建设工作。

【科研项目与经费】 2014年，汕头大学科研整体实力稳步增长，共获得科研项目391项，科研立项经费总额7 547万元。首次获得广东省杰出青年基金3项，获批创新强校工程国家级重大培育项目3项、国家级重大培育成果项目1项及各类平台和项目42项，获批省部产学研重大专项1项。

【科研平台建设与产学研工作】 汕头大学已建成了布局合理的基础研究、工程技术应用研究以及科技成果转化等高水平研究创新平台。截至2014年年底，拥有教育部重点实验室1个、广东省重点实验室6个、广东省工程技术研究中心3个、广东省国际科技合作基地3个、广东省重点产业科技创新平台1个、广东高校重点实验室3个、广东高校产学研结合示范基地4个、广东高校工程技术研究中心3个、广东高校国际科技合作创新平台4个、广东省培育协同创新平台1个。

2014年，汕头大学立足粤东，积极推进为地方科技服务的工作。该校以汕头轻工装备研究院为重要平台，牵头承担广东省教育部产学研结合重大专项项目“软包装印刷装备产业关键技术研发与产业化”、建设“粤东数控一代创新应用综合服务平台”，同时围绕手机触摸屏制造行业、软包装印刷行业等的重大需求，聚焦集机器视觉与运动控制于一体的智能测控关键技术及设备研发，系列产品已在行业得到成功应用。

表4-4-10-1　汕头大学新增的科研平台（2014）

序号	平台类别	平台名称
1	广东省工程技术研究中心	广东省数字内容管理工程技术研究中心
2	广东省工程技术研究中心	广东省近海环境污染控制工程技术研究中心
3	广东省工程技术研究中心	广东省亚热带海水贝藻养殖工程技术研究中心
4	广东高校国际科技合作创新平台	函数空间与算子理论及应用研究国际合作平台
5	广东省培育协同创新平台	分子诊断和个体化医疗协同创新中心
8	广东省肝纤维化工程技术研究中心	广东省工程技术研究中心

6月7日，该校医学院作为理事单位，联合汕头市多家生物医药、医疗器械产品企业及科研机构成立汕头市生物医药产业技术创新联合会。联合会成立后，将围绕产业技术创新的关键问题，搭建公共技术平台，促进成员单位间的知识产权共享；研究制订并实施联合会技术标准，积极参与行业、国家和国际标准化工作，提高标准话语权；实施技术转移，加速科技成果的商业化运用。同时搭建成员单位之间共享信息、培训、交流、合作的平台，促进产业资源有效利用。

【科研成果】 根据中国科学技术信息研究所发布的数据，2014年汕头大学被科学引文索引扩展版（SCIE）收录论文358篇，2013年发表在*Science*的论文*Infectivity, Transmission, and Pathology of Human-Isolated H7N9 Influenza Virus in Ferrets and Pigs*荣膺2014年度“中国百篇最具影响国际学术论文”。1998—2014年，全国共有68所大学以第一作者单位在国际顶级期刊*Cell*、*Nature*和*Science*发表323篇论文，汕头大学以5篇论文数居全国第13名，广东省第1名；篇均被引次数达255次，排名全国第4，广东省第1。

3月，该校和中国海洋大学历时7年合作培育的龙须菜“2007”通过国家水产新品种审定，该新品种具有生长速度快、产量高、耐高温、琼胶含量高和凝胶强度大等优点。在龙须菜主要养殖区汕头市南澳县，龙须菜“2007”良种当年占有率已经达到40%以上，栽培面积逾万亩，为地方创造了显著的社会、经济和生态效益。

【知识产权工作】 2014年，汕头大学进一步加强知识产权工作，不断提升知识产权创造与保护能力。该校在多年积累的知识产权工作基础上，获批建设“广东省知识产权远程教育平台汕头大学分站”，依托广东省知识产权培训（汕头大学）基地，培训地方支柱产业知识产权业务人员近400人次。2014年，该校共申请专利88件，较上一年度增长120%，获授权专利34件。

【科技交流与合作】 2014年，共有270名境外专家学者莅临汕头大学参与学术会议、学术报告等192场次，有效推动该校的国际学术交流。其中，与以色列理工学院的合作交流日益频繁，以色列理工学院2011年诺贝尔化学奖获得者Dan Shechtman教授为该校师生举办题为“科技创业——世界和平与繁荣的关键”“材料科学与工程面临的挑战”和“准周期晶体——晶体学的范式转变”等学术讲座，并受聘为汕头大学荣誉教授。此外，该校还主办或承办了8场具有国际或区域影响力的学术会议。

2014年耳鼻咽喉科国际新进展汕头研讨会 10月17—18日，汕头大学主办2014年耳鼻咽喉科国际新进展汕头研讨会，来自法国PORTMANN耳科研究所、香港中文大学、香港威尔斯亲王医院、香港基督教联合医院的10位耳鼻咽喉头颈外科学知名专家就耳鼻咽喉科新进展作手术演示和专题报告，全国各地近200名医务人员参加了会议。

海峡两岸医药卫生交流协会风湿病专家委员会成立大会暨强直性脊柱炎与痛风研讨会 2月21—22日，会议在汕头召开。该会议由海峡两岸医药卫生交流协会风湿病专家委员会主办，汕头大学医学院协办，来自中国台湾、香港的专家及加拿大、美国的华裔专家、内地风湿病学专家200余人参加了会议。专家们针对风湿领域，尤其是强直性脊柱炎与痛风的最新进展及近年来的热点、难点问题进行讨论，交流诊治经验，推广新理论、新技术和新方法，大力推动多学科规范化综合治疗的进程。

第12届广东省高校化学化工学术年会 11月28—30日，第12届广东省高校化学化工学术年会在汕头大学召开。该会议由广东省化工学会高等学校化学化工专业委员会主办，汕头大学承办，来自广东省化学化工学会的领导及省内25所高校的同行共140余人参加会议，对广东省化学化工战略规划、化学基础和应用研究、学科建设、人才培养等热点问题展开了广泛交流。会议对推动广东省高校化学化工学科和专业发展、加强同行交流与合作具有积极意义。

（汕头大学科研处　罗英光）

科研院所科技创新

2014年，省科技厅深入贯彻落实党的十八届三中全会和《中共广东省委贯彻落实〈中共中央关于全面深化改革若干重大问题的决定〉的意见》（粤发〔2014〕1号）精神，全面深化科技体制改革，加快实施创新驱动发展战略，围绕产业链部署创新链，围绕创新链完善资金链，在政策先行和顶层设计等方面及时做出了安排，努力增创广东科技创新驱动发展新优势并取得初步成效

科技体制改革

【强化全省科技体制改革的顶层设计】 省科技厅联合省委政研室，推动出台《中共广东省委　广东省人民政府关于全面深化科技体制改革 加快创新驱动发展的决定》（粤发〔2014〕12号），作为本省当前至2020年深化科技体制改革、实施创新驱动发展战略的纲领性文件，充分发挥市场对各类创新要素配置的决定性作用，强化企业创新主体地位。

【落实改革任务工作方案制定】 为深入贯彻落实中央全面深化改革的精神和《中共广东省委贯彻落实〈中共中央关于全面深化改革若干重大问题的决定〉的意见》、《中共广东省委办公厅　广东省人民政府办公厅关于印发〈广东省全面落实中央有关部门深化改革重要举措分工方案的实施意见〉的通知》、《广东省推进改革先行试点的实施方案》等决策部署，省科技厅结合2014年6月23日印发的《中共广东省委　广东省人民政府关于全面深化科技体制改革 加快创新驱动发展的决定》，根据部门职能和工作实际，对牵头负责的改革任务制定了专门实施方案，并于9月4日印发了《广东省科技厅贯彻落实粤办发〔2014〕11号文实施方案》（以下简称《实施方案》）。

《实施方案》旨在加强各项改革任务的沟通协调和跟踪督查，推进省科技厅各责任处室制定形成落实任务的实施方案、管理办法等政策文件，加快构建覆盖自主创新全过程的“1+N”政策体系，全面提升广东省科技创新能力与产业竞争力，为实现“三个定位、两个率先”的目标任务提供坚强有力的科技支撑。此外，为深入贯彻落实粤发〔2014〕12号文的决策部署，全面深化科技体制改革，推进制定形成落实改革任务的实施方案、管理办法等政策文件，加快构建覆盖自主创新全过程的“1+N”政策体系，省科技厅以冠“经省政府同意”印发实施了《〈中共广东省委 广东省人民政府关于全面深化科技体制改革 加快创新驱动发展的决定〉配套政策措施制订工作分工方案》，明确了省直有关部门和各地市制订相关配套政策措施的分工安排。

【省属科研机构改革创新】 10月30日，省科技厅联合省财政厅印发了《2014年广东省公益研究与能力建设专项资金（省属科研机构改革创新领域）申报指南》，组织申报2014年度广东省省属科研机构改革创新专题计划项目，正确处理好省属科研机构（含已转制转企单位）稳定、改革与发展的关系，通过稳定性和竞争性相结合的支持方式，促进省属科研机构提升综合创新能力，加快建立和完善法人治理结构，健全现代科研院所制度，推动应用型科研机构转制改企，为广东省经济社会转型升级提供科技支撑。根据专项资金管理办法，2014年本专题稳定性支持类项目以非项目形式进行管理，全部37个项目100%立项，支

持4 881万元；竞争性支持类项目32项，支持金额为6 800万元。

（广东省科技厅政策法规处 夏兴林 王富贵）

中国科学院广州分院、广东省科学院

【中国科学院广州分院】 中国科学院广州分院作为中国科学院的派出机构，负责协调、联系位于广东省内的中国科学院南海海洋研究所、中国科学院华南植物园、中国科学院广州能源研究所、中国科学院广州地球化学研究所、中国科学院广州生物医药与健康研究院（由中国科学院、广东省人民政府、广州市人民政府共建）、中国科学院深圳先进技术研究院（由中国科学院和深圳市人民政府共建）、中科院广州化学有限公司、中科院广州电子技术有限公司和地处湖南省长沙市的中国科学院亚热带农业生态研究所，以及2011年开始筹建的位于海南省三亚市的中国科学院三亚深海科学与工程研究所（筹）共10个科研院所及技术开发单位。

截至2014年年底，该院有职工4 116人，其中：中国科学院院士1人、中国工程院院士3人、俄罗斯科学院外籍院士1人、国际欧亚科学院院士4人，中组部万人计划2人、中青年科技创新领军人才6人，“千人计划”18人、国家“外专千人计划”6人、“青年千人计划”13人；国家杰出青年科学基金获得者41人（其中2014年入选5名）。共有科研人员3 255人，具有正高专业技术职称451人、副高专业技术职称628人、中级专业技术职称1 120人、初级专业技术职称978人，博士学位1 440人、硕士学位1 146人。

2014年，该院新增省部级重点实验室3个，分别是依托中国科学院华南植物园的“中国科学院华南农业植物分子分析与遗传改良重点实验室”、依托中国科学院广州能源研究所的“中国科学院天然气水合物重点实验室”、依托中国科学院深圳先进技术研究院的“中国科学院人机智能协同系统重点实验室”。新增广东省工程技术研究中心5个，分别为广东省个性化骨科技术工程技术研究中心（中国科学院深圳先进技术研究院）、广东省医用生物活性材料工程技术研究中心（中国科学院深圳先进技术研究院）、广东省基层医疗设备集成技术工程技术研究中心（中国科学院深圳先进技术研究院）、广东省“城镇矿山”清洁利用工程技术研究中心（中国科学院广州能源研究所）、广东省建材功能精细化学品工程技术研究中心（中国科学院广州化学有限公司）。新增广东省工程实验室1个，即依托中国科学院广州电子公司的“广东省增材制造技术及装备工程实验室”。截至2014年年底，依托于该院有关单位建有国家重点实验室4个（其中之一为合建）、国家地方联合工程实验室1个、中国科学院重点实验室13个、国家能源局国家能源研发中心1个、广东省重点实验室11个、广东省工程实验室1个，广东省工程技术研究中心9个，湖南省重点实验室1个。该院有野外科学实验站11个，科学考察船4艘，植物、岩矿、海洋生物标本馆各1个。

2014年，全院有博士点38个，一级学科博士后流动站7个；有学术性硕士点55个，专业性硕士点20个。

2014年，全院在研科研项目3 239项，项目合同总经费41.029 1亿元，当年到位项目经费10.714 2亿元。

2014年，全院取得科技成果115项；在国内外核心期刊发表论文3 047篇，其中SCI收录论文1 795篇；出版专著24种；获授权专利471件，其中发明专利355件。获授权PCT国际专利15件。2014年度，全院获广东省专利金奖、优秀奖各1项，获国家自然科学奖二等奖1项，获国家技术发明奖二等奖1项，广东省科学技术奖一等奖3项、三等奖1项，湖南省技术发明奖一等奖1项。

2014年，该院接待国（境）外的专家和科技人员394批1 097人次；派出科技人员419批759人次；主持的国际（地区）会议16次。

（中国科学院广州分院 郑 新 刘民义）

【广东省科学院】 广东省科学院为广东省人民政府直属科研事业单位，管理广州地理研究所、广东省昆虫研究所、广东省微生物研究所、广东省生态环境与土壤研究所、广东省自动化研究所、广东省科技图书馆、广东省科学院幼儿园共7个机构。

2014年，全院有职工1 038名，其中：俄罗斯外籍院士1人，欧亚科学院院士2人，国家杰青1人、优青1人；具有高级专业技术职称的232人，中级职称222人，初级职称89人；具有博士学位的211人，硕士学位204人。有博士后科研工作站2个。

2014年，全院有省部共建国家重点实验室1个、广东省公共实验室5个、广东省重点实验室5个、广州市重点实验室1个（与市属单位合建）。有广东省重点科研基地2个，广东省种质资源库（标本馆）3个。共有广东省工程技术研发、监测、检测中心等11个，广州市工程技术研发中心3个。全院专属野外工作或观测台站10个。

2014年，全院在研科研项目572项，课题总经费2.807 4亿元，当年到位科研经费1.598 9亿元。

2014年，全院取得科技成果48项；在国内外发表核心期刊论文403篇，其中SCI收录论文157篇；出版专著3种，共31.6万字；获授权的专利56件，其中获授权发明专利44件；获2014年度广东省科学技术奖一等奖2项、二等奖2项、三等奖1项；获国家专利优秀奖1项。

2014年，全院接待国（境）外的专家和科技人员52批98人次；派出科技人员57批128人次。主持召开国际学术交流会议2次。

（广东省科学院　苗　青　周舟宇）

【重点实验室建设】

中国科学院华南农业植物分子分析与遗传改良重点实验室　该重点实验室前身为华南植物园遗传室，后演变为农业与资源植物研究中心和农业植物遗传育种重点实验室（园级），2014年被批准为中科院重点实验室，这也是华南植物园第三个院级重点实验室。该实验室针对华南地区农业生产中对品种的要求，以水稻、功能饮料和花卉为对象，挖掘高产稳产的优良遗传性状及分子机理，改良研发育种技术，选育出高产、优质、抗逆性强、适合华南生产条件的优良品种，并推广应用。

中国科学院天然气水合物重点实验室　该实验室的前身为“中国科学院可再生能源与天然气水合物重点实验室”的一部分，于2001年12月开始建设，并于2014年8月21日正式获批成立，以中国科学院广州能源研究所为依托单位。实验室设置4个研究方向、3个研究团队，现有固定研究人员42人，其中，研究员10人，国家杰青1人，中国科学院百人计划入选者5人；拥有一栋约2 300平方米水合物实验楼作为主要实验和办公场所，设备总值3 900万元以上。实验室立足于国家天然气水合物资源勘探开发利用的实际需求，针对天然气水合物成藏、资源评价、开采和应用等基础理论和关键技术问题，开展水合物基础物性、成藏机制、开采技术（安全控制技术及环境影响评价）、应用技术等4个方向研究，建立天然气水合物基础物性数据库和开采模拟数学模型，探索天然气水合物形成/分解及成藏系统理论，研发天然气开采和应用技术与装备，为我国天然气水合物资源开发和利用提供理论指导和技术支撑，建设成为具有国内领先、国际先进水平的天然气水合物科技创新基地和人才培养基地。

近5年来，实验室面向国家天然气水合物勘探开发战略需求，坚持创新，承担各类科研项目162项；获得省级科技奖励4项，其中一等奖1项、二等奖3项；出版专著5部；发表期刊论文234篇，其中SCI/EI收录论文182篇。实验室先后与德国基尔大学Lebniz海洋研究所、不莱梅大学大陆边缘与海洋研究中心、美国康乃尔大学等国际著名研究机构建立了良好的合作研究关系。

广东省增材制造技术及装备工程实验室　该实验室主要针对增材制造中的SLA、FDM、SLS（SLM）和PCM（PDM）工艺的核心关键技术问题，结合本省的产业优势，以产品设计验证和复杂零件制造应用作为切入点，以SLA、FDM、PCM和SLM装备产业化和增材制造技术工程应用为目标，开展上述多种工艺的增材制造关键技术、核心零部件及装备、材料和制造工艺的研发，包括：变光斑扫描的SLA技术和装备、可切换打印材料的FDM技术和装备、阵列式喷头的PCM技术和装备、SLM工艺和装备、适用于SLA和FDM的智能分层和自动生成支撑的数据预处理软件、SLA光固化树脂材料、FDM成型材料和水溶性支撑材料等。该实验室建立跨行业、跨地区的增材制造技术服务平台，推广增材制造在本省的汽车、家电、电子、机械等支柱产业中的应用，为本省制造业加快转型发展提供助力。

【获奖科研成果、专利选介】

项目名称：热带海洋微生物新型生物酶高效转化软体动物功能肽的关键技术

完成单位：中国科学院南海海洋研究所

主要完成人：张偲、龙丽娟、齐振雄（广东海大集团股份有限公司）、尹浩、田新朋、钱雪桥（广东海大集团股份有限公司）

获奖情况：2014年度国家技术发明奖二等奖

该项目属轻工纺织领域。项目从海洋发掘产酶微生物新属种，创制新型生物酶，发明功能肽的定向酶解技术，研发营养免疫新型功能肽和珍珠角蛋白定向制备及改造技术，创建功能肽评价模型，掘肽类新功能，实现海洋功能肽定向制备技术的工程化应用。项目成果解决了领域内的关键难题，获国内外同行高度评价，技术达到国际领先水平，推进了行业技术升级换代，促使海洋珍珠加工企业达到行业领先，渔用饲料企业销售量占全球第1位。

项目名称：南海与邻近热带区域的海洋联系及动力机制

完成单位：中国科学院南海海洋研究所

主要完成人：王东晓、方国洪（国家海洋局第一海洋研究所）、甘剑平（香港科技大学）、刘钦燕、庄伟

获奖情况：2014年度国家自然科学奖二等奖

该项目属物理海洋学和气候学研究领域。项目的重要发现包括：1. 发现并命名了南海贯穿流，确立了南海与邻近热带区域的海洋联系方式，揭示了南海大尺度环流的开放性“贯通”特征，打破了20世纪90年代以前的“印尼贯穿流是两大洋唯一通道”的大洋环流理论的局限性；2. 阐述了南海贯穿流对南海陆坡环流和中尺度涡旋的调制作用；3. 阐明了南海贯穿流的气候效应。解释了导致珊瑚白化和赤潮频发的1997/1998年南海强暖事件，为我国区域海气耦合业务预报模型的建立与改进提供了新的理论基础。这些成果对南海环流的开放性“贯通”特征及其影响提出了创新性认识，形成了“南海贯穿流”理论。

项目名称：峨眉山地幔柱及其成矿作用

完成单位：中国科学院广州地球化学研究所

主要完成人：徐义刚、何斌、王焰

获奖情况：2014年度广东省科学技术一等奖

该成果通过对我国西南二叠纪峨眉山大火成岩省的综合研究，取得了一系列在国际学术界产生重要影响的开创性成果，为完善地幔柱理论、建立地幔柱成矿系统做出了实质性贡献。该项目共发表论著63篇（部），其中SCI收录论文41篇。主要成果被SCI论文正面他引1 551次，10篇代表性论文被SCI他引863次，最高单篇引用次数为286次，相关成果和研究方法得到了地幔柱学术权威的高度评价，在国际地幔柱大辩论中发挥了积极的作用，显著提升了中国科学家在地幔柱及其成矿作用领域的国际地位，5位申请者中有3人获得国家杰出青年基金，4人进入ISI全球地学科学家引用率排名录。研究团队曾获国家基金委“华南地幔柱”优秀创新群体的支持。9人次在国际主流刊物和国际学术组织任职，并多次在国际会议上做Keynote。应邀在*Episodes Lithos*和*Economic Geology*上主编有关地幔柱、大火成岩省和岩浆铜镍硫化物矿床的专辑3部。

项目名称：有机废弃物厌氧发酵制备生物燃气技术装备及应用

完成单位：中国科学院广州能源研究所、中国科学院成都生物研究所、杭州能源环境工程有限公司、山东民和生物科技有限公司、广东温氏食品集团股份有限公司

主要完成人：袁振宏、孙永明、李东、蔡磊、董泰丽等

获奖情况：2014年度广东省科学技术奖一等奖

该项目开发了有机废弃物厌氧发酵制备生物燃气技术装备，突破了传统生物燃气生产的原料预处理、高浓度厌氧发酵、清洁生产与高值利用等相关技术瓶颈。

项目共获得授权专利21件，其中发明专利13件、实用新型8件，发表文章40余篇，鉴定成果2

项，获得软件著作权1项，形成国家标准1项。综合技术经济指标处于国际先进水平。

项目相关成果自推广应用以来，已建设示范工程30余处，累积产气1.4亿立方米，创造直接产值约3.46亿元，利润8 691万元，减排温室气体9.8万吨，辐射带动产值约10亿元以上。通过产业化示范应用，带动了生物燃气行业向原料多样化、工艺高效化、产品高值化、设计标准化的绿色生产工艺方向发展。

项目名称：包装饮用水微生物污染和消毒副产物溴酸盐控制新技术

完成单位：广东省微生物研究所、广东环凯微生物科技有限公司、中国饮料工业协会、华润怡宝饮料（中国）有限公司、深圳市景田食品饮料有限公司、广东鼎湖山泉有限公司、鹤山市华山泉食品饮料有限公司、珠海市清华源水处理技术开发有限公司

主要完成人：吴清平、张菊梅、郭伟鹏、阙绍辉、康永璞等

获奖情况：2014年度广东省科学技术一等奖

该成果在系统调查全国代表性地区包装饮用水生产和产品中主要致病菌及消毒副产物溴酸盐污染状况的基础上，建立起包装饮用水污染微生物菌种资源库、风险识别数据库和溯源数据库，揭示了包装饮用水中致病菌的分布规律、风险水平、可能污染途径以及主要的基因型，掌握了溴酸盐的形成条件。首次系统研究包装饮用水包装材料双酚A和塑化剂迁移问题，为饮用水中包装材料的安全评估及国家制定相关的标准提供了理论依据。建立了铜绿假单胞菌和粪链球菌的LAMP快速检测新技术，研制出粪链球菌显色培养基，开展了诺如病毒RT-PCR分子检测技术的标准化研究，缩短了检测时间，提高了灵敏度和特异性，实现了大批量水样的快速检测。发现臭氧对矿泉水中致病菌铜绿假单胞菌和粪链球菌的细胞性损伤新机制，攻克了包装饮用水污染微生物控制技术，并研制出回收桶专用清洗剂、消毒剂和自动添加系统，以及消毒剂浓度和残留的快速检测产品，全面实现了清洗消毒剂浓度和残留的在线监测，较好地解决了微生物污染问题。进行溴酸盐控制新技术研究，筛选和制备了可选择性高效去除溴酸盐（BrO_3^-）和溴离子（Br^-）的专用活性炭；通过系统研究UV辐射、二氧化碳投加、多点臭氧投加对溴酸盐形成的影响，研制开发出包装饮用水溴酸盐控制专利技术和装备，建立起针对我国不同水质特点的4条新工艺，实现了微生物污染和溴酸盐残留双达标。

项目名称：热带亚热带微生物资源的发掘、保护和共享利用

完成单位：广东省微生物研究所、华南农业大学

主要完成人：朱红惠、姚青羊、宋贞、王永红、冯广达等

获奖情况：2014年度广东省科学技术一等奖

该成果针对微生物资源研究核心技术缺乏创新、微生物资源拥有量与质量脱节、微生物资源收集保藏与共享利用脱节等问题，通过研究，获得了如下创新成果：

1. 创建了一系列功能微生物的高效快捷分离技术，克服了传统分离技术分离效率不足1%的局限；研究和发明了简单实用草菇低温保藏新技术；发明了双层真空冷冻干燥管，显著提高了难保藏菌种的保藏效果；建立了基于抗性基因探针的拮抗微生物快捷筛选技术，可以缩短2/3的筛选时间。

2. 从极端环境中分离了8 000多株具有应用前景的微生物资源，发现新菌种75个，建成了13个专业微生物菌种库；发现具有很好抗肿瘤和抗菌活性的新代谢产物、发现了新功能基因——独特的糖基转移酶基因，率先建立了榴菌素遗传转化体系；建成了华南地区规模最大、高质量的微生物战略资源库。

3. 创新了公共科技共享服务体系，开发了面向科研、生产、测试等的系统产品，制定了21个微生物菌种描述规范和鉴定、保藏的技术规程，打造了高效的微生物资源共享公益性平台，累计发放率达193.19%，使广东省成为国内乃至国际本领域的重要研发基地。

成果已全面应用到全国各省市，在饲料、肥料、微生态制剂等农业领域获得广泛应用，应用单位有5 000多家，实现新增产值28.7亿元；为社会提供委托保藏、农用产品质量评价等服务

10 000多次，提供微生物操作技能专题培训5 000多人次。

项目名称：镉铅污染农田原位钝化修复与安全生产技术体系创建及应用

完成单位：中国科学院亚热带农业生态研究所、湖南省土壤肥料研究所

主要完成人：黄道友、朱奇宏、刘守龙、罗尊长、刘钦云

获奖情况：2014年度湖南省技术发明一等奖

该项目针对湖南省农田重金属污染问题，以保障农产品质量安全为核心，按照“轻度污染肥料改良—中度污染钝化降活—重度污染断链改制”的总体研究思路，发明了适用于轻中度污染的3种专用功能性新型复混肥、适用于中（重）度污染的4种复合型钝化剂及其生产工艺、筛选并确定了适宜镉铅重度污染农田种植的麻类作物品种31个，创建了4种麻类作物丰产栽培技术体系及其“亚麻—黄（红）麻”高效复种模式。该项目获12项发明专利，已在3家农资生产企业、长株潭等9个地市的农业环保部门推广应用。

项目名称：微生物抗干扰快速检测方法（ZL 200410026794.5）

完成单位：广东省微生物研究所、广州环凯生物技术有限公司

主要完成人：吴清平、张菊梅、吴慧清、郭伟鹏

获奖情况：2014年度中国专利优秀奖

该发明采用抗干扰培养基的方法消除检测样品中食品防腐剂、残留消毒剂和臭氧对微生物数量快速检测前增菌的干扰，摸索出一种适用于各类微生物细胞ATP提取的试剂Ec，建立起ATP生物发光检测食品、药品、饮用水等含干扰因子样品的微生物数量的快速检测方法。该发明大大缩短检测时间，解决了样品中存在的一些防腐剂或残留消毒剂的干扰问题，大幅度提高检测灵敏度，其中生物发光液体大样法可达到10cells/100ml，生物发光最近似数（MPN）法可达到30cells/100ml，比普通生物发光法检测灵敏度最少提高1 000倍，并高于传统培养检测方法的检测限（1cell/ml），解决了抗干扰性差、灵敏度低和速度慢三大问题，进一步提高了其检测灵敏度。

以微生物抗干扰快速检测方法和培养基及试剂为主的系列化产品已推广到包括景田、怡宝、达能、康师傅、乐百氏、农夫山泉等全国著名食品饮料品牌在内的超过3 000家生产企业中应用。自专利技术实施以来至2013年底新增微生物检测试剂盒产量483.7万盒，新增销售额46 316万元，新增利润11 696.8万元，取得了较好的经济效益和社会效益。

【重要学术交流活动】

第7届广州国际干细胞与再生医学论坛　该论坛12月18—19日在广州举行，由中科院广州生物医药与健康研究院承办。论坛围绕多能干细胞、发育与分化、神经发生与中枢神经系统疾病、造血再生与发育、发育和再生中的骨骼肌干细胞、干细胞技术新方法等热点话题，共同探讨干细胞与再生医学领域的研究发展。

论坛邀请了中科院院士、同济大学校长裴钢，诺贝尔奖获得者、英国皇家癌症研究基金会教授Timothy Hunt，中科院院士、香港中文大学教授孔祥复，中科院院士、暨南大学粤港澳中枢神经再生研究院院长苏国辉，瑞典卡罗林斯卡医学院教授Urban Lendahl，德国马普研究所教授Hans Schöler，美国明尼苏达大学教授罗浩，美国堪萨斯州大学医学院安德森癌症研究中心教授余棣华等嘉宾，来自国内外300余位从事干细胞与再生医学研究和应用的专家、代表出席该会议。

自2008年起，论坛每年12月中旬举行1次，至今已连续举办了7届。该论坛和年会由中国细胞生物学学会再生细胞生物学分会、中国科学院广州分院、中国留学人员广州科技交流会组委会等主办，中科院广州生物院承办。论坛已成为干细胞与再生医学领域的国际学术交流平台，大大提升了广州乃至我国在本领域的重要国际学术影响力，为我国干细胞与再生医学研究的纵深发展起到了积极的促进作用。

第5届全国进化生态学与植物繁殖生态学学术研讨会暨培训班　该研讨会10月12—16日在华南植物园召开，180多位来自海外以及全国各地

的同行出席了会议。会议的主题是“植物繁殖生物学、进化生态学、传粉昆虫的多样性及其应用”。

会议期间，将近40个报告分别围绕“传粉与花的演化、繁育系统的演化与性对策、植物与昆虫相互关系的群落生态、植物繁殖生物学新技术”四大专题展开了热烈的讨论。会后，在深圳南澳岛开展了为期两天半的野外培训，Scott Armbruster等7位来自欧美的国际著名繁殖生物学家与国内相关领域的权威学者，分别带领学员进行现场指导、示范开展繁殖生物学选题、实验。该次会议与培训班结合，为年轻学者和广大研究生提供了理论联系实际解决进化生态学与繁殖生物学问题的学习机会，达到了学术交流和提高的目的。

全国进化生态学与植物繁殖生态学学术研讨会暨International Workshop on Plant Reproductive Biology是全国进化生态学与植物繁殖生态学研究者的主要学术交流平台，每两年主办1次。该会议还得到了深圳市兰科植物保护研究中心、深圳大鹏半岛国家地质公园、北京师范大学、华南植物园植物科学研究中心以及相关部门的大力支持。

第3届“环境科学与工程”联合学术年会　该年会11月28—29日在广州召开，由广州地球化学研究所有机地球化学国家重点实验室与香港理工大学建筑与环境学院主办。会议旨在交流过去一年来双方在环境污染研究领域取得的重要研究进展，来自双方的102位老师与学生参加了会议，其中香港理工大学代表31位。会议共安排了21个口头报告、34个展报，评选出刘昕等6个最佳研究生口头报告、李丹等7个研究生最佳展报。

广州地球化学研究所有机地球化学国家重点实验室与香港理工大学建筑工程学院有近20年科研合作历史，成效显著。双方共同承担了包括3项NSFC-RGC联合基金在内的多个科研项目，发表国际SCI合作论文90余篇，共同培养博士研究生10余名。

（广东省科学院　苗　青　周舟宇）

广东省农业科学院

2014年，广东省农业科学院下设水稻研究所、果树研究所、蔬菜研究所、作物研究所、植物保护研究所、动物科学研究所、蚕业与农产品加工研究所、农业资源与环境研究所、动物卫生研究所、农业经济与农村发展研究所、饮用植物研究所（茶叶研究中心）、环境园艺研究所、农业生物基因研究中心、农产品公共监测中心和农业科研试验示范场等15个科研机构。建有博士后科研工作站1个、国家重点实验室1个（畜禽育种国家重点实验室）、省部共建国家重点实验室培育基地1个、农业部专业性（区域性）重点实验室7个、农业科学观测试验站5个、广东省公共实验室3个、广东省重点实验室12个、科技部国际科技合作基地1个、国家种质资源圃5个、省市共建种质资源圃（库）11个。收集保存国内外种质资源近5万份。建有占地133.33公顷的现代农业科技园区——广东广州国家农业科技园区。

截至2014年年底，全院在职职工1 842人，其中：具有高级职称专家343人（正高级166人，副高级177人）；享受国务院政府特殊津贴在职专家24人；入选国家“百千万人才工程”国家级人选4人；入选“全国杰出专业技术人才”和“全国优秀青年科学家”各1人；蒋宗勇入选“百名南粤杰出人才培养工程”培养对象；舒鼎铭入选国家“万人计划”第一批科技创新领军人才计划并荣获第六届“全国优秀科技工作者”称号；曹俊明、朱根发荣获第十二届“广东省丁颖科技奖”；李传国研究员获得广东省“五一”劳动奖章；钟旭华荣获2014年度“国际作物营养奖”（国际肥料工业协会（IFA）Norman Borlaug奖），成为我国第5个获此殊荣的科学家。

【科研项目】　2014年，该院首次承担国家自然科学基金国际合作重大项目“水稻稻瘟病广谱抗性新基因的鉴定及抗性分子机制的研究”，牵头主持农业部公益性行业专项“蚕桑资源高值化利用技术及设备研究与示范”和“三熟区耕地培肥与合理农作制”，承担省级规划领域重大软课题《广东省现代农业发展规划与功能区划（2016—

表4-5-3-1　广东省农业科学院部分获奖科技成果（2014）

序号	项目名称	项目负责人	项目类别
1	超级稻高产栽培关键技术及区域化集成应用	黄　庆	国家科技进步奖二等奖
2	荔枝高效生产关键技术创新与应用	欧良喜	国家科技进步奖二等奖
3	小菜蛾成灾机制研究及抗药性治理技术体系构建与应用	冯　夏	广东省科学技术奖一等奖
4	黄羽肉鸡营养需要与肉质改良营养技术研究	蒋宗勇	广东省科学技术奖一等奖
5	南方谷物方便食品专用配料制备及品质改良关键技术研发	张名位	广东省科学技术奖一等奖

2025年）》等。全年共获批科技项目立项402项，合同总经费2.13亿元，同比增长11.7%和5.9%，其中，国家自然科学基金项目立项29项，同比增长45%。

【科研成果】　2014年，该院共获得各级科技成果奖励35项，其中：国家科技进步二等奖2项，省科学技术奖一等奖3项。全年有59个农作物新品种通过各级品种审定，其中国家品种审定（鉴定）6个。获授权专利72件，其中发明专利57件；获得计算机软件著作权6件；出版科技著作21部，发表科技论文762篇，其中SCI收录论文142篇。

项目名称：荔枝高效生产关键技术创新与应用

获奖情况：国家科技进步奖二等奖

主要完成单位：华南农业大学、广东省农业科学院果树研究所、中国热带农业科学院南亚热带作物研究所、深圳市南山区西丽果场

该项目针对导致我国荔枝产量低且不稳定的成花难和保果难两大难题，集成了“秋养结果母枝，冬控梢促花，春夏适时保果”综合配套栽培技术；筛选了果大和焦核率高的“妃子笑”优良单株进行良种繁育，研发了以花穗处理和幼果期套袋为关键的丰产稳产技术，提高了优质品种覆盖率，优化了离职产业品种结构；针对荔枝过时采后极易变色变质的保鲜难的问题，研发了采前防病、田间预冷、果皮护色和冰温贮运等关键技术，并制定了荔枝冰温贮藏技术标准。

项目实施期间，获省部科技进步一等奖3项，发明专利4件，研制了农业部行业标准2项，出版《荔枝学》等著作24部，在*BMC Genormics*等期刊发表论文286篇（SCI收录36篇），研制了荔枝专用营养调节剂等7个新产品。成果在我国荔枝产区大面积推广应用，近3年累计推广应用106.67公顷，占我国荔枝种植面积的61.5%，对产区农民增产增收和区域经济发展发挥了重要作用。

项目名称：超级稻高产栽培关键技术及区域化集成应用

获奖情况：国家科技进步二等奖

主要完成单位：中国水稻研究所、扬州大学、江西农业大学、湖南农业大学、吉林农科院、广东省农业科学院水稻研究所

该项目由中国水稻研究所牵头并组织我国超级稻典型生态区的科研院校，通过对我国不同稻区、季节和类型的超级稻与普通水稻品种生长特性及产量形成的比较研究，揭示了超级稻品种高产生长特性及超高产形成的共性规律；提出了超级稻的高产生物学基础，明确了超级稻品种高产栽培的氮磷钾需求量和增产途径；研究超级稻不同种植方式的生长特性和产量表现，明确了超级稻品种高产生长模式，并提出基本苗数、成穗率、有效穗数、抽穗期叶面积指数及群体颖花数等高产群体构建的实用指标；提出了“区域差异、品种特色、季节特点、增施穗肥”为特征的超级稻定量施肥方法，创立了超级稻“前期早发够穗苗、中期壮秆扩库容、后期保源促充实”的高产栽培共性关键技术。

该成果建立了我国主要稻区超级稻高产栽培

技术体系，为超级稻大面积推广及水稻高产创建提供了重要技术支撑。在我国华南、西南、长江中下游及北方等主要稻区推广应用，与传统栽培技术比较，超级稻区域化高产栽培技术大面积应用实现增产3.36公斤/公顷～4.88公斤/公顷，平均亩增产8.4%～13.1%。2011—2013年该成果应用面积达792.73万公顷，每公顷增产3.98公斤，增产稻谷640.0万吨，实现增产增效116.5亿元，通过节本增效实现节支20.9亿元，累计增效137.4亿元。为保障国家粮食安全做出了重要贡献。

广东省农业科学院水稻研究所作为该成果在华南稻区的唯一完成单位，主要针对华南双季稻区超级稻品种及生态特点开展了一系列研究和进行技术的组装配套，形成了适合广东不同稻作区的超级稻高产栽培关键技术并集成应用。2011—2013年，该成果在广东省累计示范推广100.2万公顷，每公顷增产稻谷3.98公斤，实现增产增收15.08亿元，节支1.62亿元，累计增效16.70亿元。

【科学研究进展】

种业科技创新　该院选育出一大批农作物新品种，培选出一批具有优良性状的苗头品种（系），如：超级稻品种“五丰优615”“荣优225”，高香型、高抗性乌龙茶“鸿雁13号”，高抗枯萎病香蕉新品种“中蕉6号”，高抗青枯病、锈病的高产花生新品种“航花3号”，富含花青素甘薯新品种“广紫薯8号”，甜玉米新品种“粤甜28号”及冬瓜新品种“铁柱168”等。大花蕙兰2个新品种首次通过广东省农作物新品种审定。

种养配套技术研究　该院研究建立柑橘黄龙病综合防控及快速检测技术体系、水稻白叶枯病综合防治技术体系；协助省农业厅组织了全省柑橘黄龙病防控专项研究；制定了苦瓜、丝瓜安全高效栽培生产技术规程；制定出蔬菜精准灌溉、精确施肥技术方案；构建了华南地区茶园标准化生产技术体系，提出了低海拔地区高香型茶树新品种产业化关键技术；创新集成冷浸田高产综合治理技术；完成了固体有机废弃物快速堆肥技术工艺研究；创新集成了环境园林新技术；研发了副猪嗜血杆菌、鸡球虫病等疫苗，搭建疫苗行业共性关键技术平台；提出黄羽肉鸡低磷排放饲料配制技术、有机微量元素应用技术；动物营养特别是猪利用氮营养素的机制和营养调控研究取得了重要进展。

农产品质量安全技术研究　农产品质量安全检测技术、重金属检测技术研究取得新突破。建立了农产品中不同形态砷、汞同时测定的方法，达到了国际先进水平；研发出农药多残留检测技术和新型农药残留速测技术；建立了多种植物生长调节剂快速检测方法，改变了我国目前植物生长调节剂检测配套方法缺失的现状；构建了85项技术标准组成的农产品质量安全关键技术标准体系，建立了106种污染物风险评价数据库；建成8个农业面源污染地表径流国控监测点，探明全省土壤重金属污染状况和分布特征，并开展长期的污染监测，土壤重金属污染治理、农业面源污染治理等农产品产地环境治理修复技术研究取得新成绩。

农产品精深加工技术研究　构建了荔枝、柑橘、苦瓜等热带亚热带特色果蔬主栽品种加工特性数据库，筛选一批加工专用品种。南方特色果汁及饮料加工关键技术等农产品加工技术研究取得突破，在亚热带果蔬加工、谷物产品加工、畜禽产品加工、蚕桑资源利用等方面研发了10多项新技术或新工艺，开发出系列新产品。蚕桑资源的营养成分和加工特性评价、生物活性与作用机理研究取得新进展。

农业农村宏观规划政策研究　该院组织6个调研组约140名专家，分赴全省20个地级市开展农业科技需求调研，形成调研成果，为制定科技创新目标、优化学科发展方向、提升科技服务效能奠定了良好基础。以更加突出现实需求为导向，强化对农业产业经济与流通、区域布局和规划、农村改革、产业政策等农业经济和农村发展关键问题的研究，为省有关部门、多地政府部门和农业经营主体提供了咨询和决策服务。启动《广东省现代农业发展规划与功能区划（2016—2025年）》和《广东省现代农业“十三五”发展规划》编制工作；启动全省重要农产品监测预警与公共服务平台建设。

【科技创新平台建设】　2014年，广东省人民政府与中国农业科学院以该院为依托联合共建的中国农业科技华南创新中心进入了验收阶段，建成面积3.6万平方米的创新大楼，购置、安装价值1亿多元、具有国际先进水平的科研仪器设备300多台（套），初步建成集细胞生物学、蛋白组学和代谢组学、基因组和生物信息学、种质资源保护库和智能温室等为一体的公共科研服务平台。依托广东广州国家农业科技园区建设的科研试验示范基地入选全国首批100个国家农业科技创新与集成示范基地，广东广州国家农业科技园区成为第1批国家级科技特派员创业基地。引进、收集一大批种质资源，种质资源保护库项目验收和国家种质广州甘薯圃等资源圃扩建筹备工作取得阶段性成果。该院农产品公共监测中心入选为国家首批农残检测方法标准验证单位。

【科技服务】

优良品种和先进技术的推广应用　2014年，该院科技成果转化率达到85%，主要良种良法在省内应用覆盖率保持40%～80%。“鸿雁”英红九号茶叶摘取广东名茶桂冠，入选广东省十大名牌系列农产品。2014年，该院共有77个品种和34项技术入选国家和地方的主导品种和主推技术，其中，入选广东省主导品种48个、主推技术 20项，分别占全省主导品种的51%和主推技术的43%。80多个水稻品种（组合）在全省推广应用，约占全省水稻种植面积的46%，其中“五优308”“五丰优615 ”“金农丝苗”等超级稻品种约占全省超级稻播种面积的77%，“粤晶丝苗2号”“美香占2号”等优质稻雄踞省内主栽品种地位。蔬菜新品种辐射推广面积13万多公顷，冬瓜、节瓜、丝瓜系列品种占全省同类品种种植面积的60%以上。甜玉米、糯玉米、甜糯玉米新品种及其配套技术在省内覆盖率超过35%。粤油系列、航花系列花生品种及其配套技术在全省推广面积约23.3万公顷，省内覆盖率超过60%。广薯系列专用甘薯品种及配套技术在全省推广面积约8万公顷，省内覆盖率超过55%。蚕桑新品种占两广地区市场份额超过80%。岭南黄鸡在全国优质鸡种鸡市场的占有率超过10%。

院地（企）合作与农技推广服务　2014年，该院与茂名、河源、梅州、东莞、揭阳、汕尾等市落实了一批合作项目和示范基地建设，与410多家省内外企业建立固定合作关系。2014年，该院在共建基地推广技术33项，品种（组合）38个，推广成果18个，培训农民2万多人。

【科技交流与合作】　2014年，该院牵头建立中国—东盟重大农业外来有害生物预警与防控平台，形成多国共同行动、合作应对农业外来有害生物的防控机制。参与建立中国—东盟科技协作网并承担协作网秘书处日常工作，被省外事部门列为重点工作。该院下属单位与相关机构签订国际合作协议11份；共派出31批71人次出国访问交流，邀请和接待国外专家学者、官员等31批124人次。

中国—东盟重大农业外来有害生物预警与防控平台建设　4月10日，由广东省农业科学院植物保护研究所牵头，越南农业科学院植物保护研究所，泰国农业部植物保护研究与开发办公室，菲律宾大学农学院作物保护系，缅甸农林牧渔业科学院共同完成的国际科技合作项目“中国—东盟重大农业外来有害生物预警与防控平台”顺利通过验收。该项目构建一个由东盟6国和中国4省区、10单位、100余人参加的中国—东盟重大农业入侵有害生物预警与防控支撑平台，围绕东盟农业有害生物的本底调查、检验鉴定、风险评估、监测预警和应急防控等关键技术环节开展研究。经过6年的前期积累和3年的项目实施，研发的关键技术和产品应用于口岸检疫和境内有害生物应急防控，提高了口岸检疫中东盟有害生物检出率15%～20%，有效地降低了东盟农业有害生物的入侵风险，阻断了番石榴实蝇等4种高风险生物的传入，阻止了椰子织蛾等8种入侵生物的扩散与危害，促成国家质检总局发布6份警示通报，为调节东盟输华农产品市场准入提供技术储备，取得了显著的社会经济效益。

中国—东盟农业科技协作网建设　9月15—6日，在“中国与东盟国家农业科技论坛”上，由科技部国际合作司支持，中国农业科学院、广东省农业科学院等单位共同参与筹建的“中国—东盟农业科技协作网”（China-ASEAN Agricultural Science and Technology Network，CASTNet）正式成立。来自印度尼西亚、马来西亚、泰国、越南、老挝等东盟国家农业科研单位的领导及专家以及中国热带农业科学院、广西、广东、云南、贵州、四川等省区的农业科学院领导及相关科研代表50多人参加会议。广东省农业科学院作为科技部“中国—东盟农业科技协作网建设”项目主持单位和协作网秘书处所在单位，承担负责收集和凝练中国与东盟国家农业科技合作项目、东盟国家青年科学家来华工作计划项目、共建农业科技示范基地项目与联合实验室等工作任务。

（广东省农业科学院　邹文平　赵　毅）

广东省工业技术研究院（广州有色金属研究院）

广东省工业技术研究院（广州有色金属研究院）（以下简称广东省工研院）是广东省工业领域的主体科研机构，是集科学研究、人才培养、产业发展和技术服务为一体的综合性科研单位，设有矿产资源综合利用、现代表面工程技术、稀有金属提取冶金、甘蔗糖业科学与工程等国内领先优势学科和新型稀土材料、材料加工、焊接技术、粉体制备技术、高性能高分子复合材料、分析测试技术、生物育种与生物炼制、医疗器械等新兴学科，下设17个研究所（中心）。该院拥有职工1 375人，其中：中国工程院院士1人，享受政府津贴46人，教授级高级工程师和高工413人，硕博士504人，具有中级职称以上科技人员占全院职工人数的70%。建有科技创新及基础条件平台22个，其中，国家级7个，省部、市级15个。2014年度实现年产值10.66亿元，年销售额9.62亿元，年利税8 779万元；拥有科技产业公司及控股、参股公司10个；直接开发的高新技术产品100多种，已形成规模化的科技产业群，部分新技术、新产品出口多个国家和地区。

【科研项目】　2014年，广东省工研院共实施科研项目549项，其中，纵向科技计划项目408项，企业委托项目141项；新立纵向科技计划项目138项，其中，国家级项目27项，省级项目87项；新签企业委托项目87个，科技总投入2.1亿元。科研项目按进度推进，总体实施效果良好，整体研究开发水平持续提高，全年项目执行率100%，计划完成率97.8%。2014年，广东省工研院共有41项科研项目通过验收，12项科研成果进行了鉴定。

【科技服务】　广东省工研院围绕资源与环境、材料与化工、先进制造、电子信息、生物技术、产业服务六大研究领域开展科技服务工作。科研人员积极参加广东省科技厅组织的“科技入滇”活动和各地市组织的产业、行业产学研对接会等活动，主动面向企业开展横向科技服务、技术推广活动。2014年，实施企业委托科技服务项目141项。

广东省工研院整合国内外金属材料与加工领域的科技、人才等创新资源，在建立广东省金属材料与加工专业镇联合创新公共平台的基础上，通过为广东省中小微企业提供重点领域的个性化技术创新服务，包括为企业提供技术研发和推广服务，配套质量检测与建设、信息及知识产权咨询、人才培训等综合服务，与25个金属材料与加工类专业镇建立了良好的科技合作与服务关系，促进了全省级金属材料专业镇企业的节能降耗、清洁生产和环保等领域关键共性技术研究。

【科研产出】　2014年，广东省工研院共有20项科研成果获得国家、省、市、行业等的奖励，其中：国家科学技术奖二等奖1项；广东省科学技术奖一等奖1项、二等奖2项、三等奖1项；云南省科学技术奖一等奖1项；中国有色金属工业协会科学技术奖一等奖1项、二等奖3项、三等奖4项；广东省农业技术推广奖二等奖2项；其他农业类奖项4项。

2014年，全院共申请专利114件，其中，发明专利94件，实用新型10件，软件著作权10件；获得授权专利51件，其中，发明专利32件，实用新型9件，软件著作权10件。

2014年，广东省工研院制定、修订标准54项，其中国家标准8项，行业标准46项；发表论文351篇，其中中文核心期刊论文200篇，EI、SCI收录论文56篇，国际会议论文14篇，国内会议论文40篇；出版专著5部，翻译专著1部。

表4-5-4-1　广东省工业技术研究院重要获奖成果（2014年度）

序号	项目名称	获奖类型
1	复杂难处理钨矿高效分离关键技术及工业化应用	国家科学技术进步奖二等奖
2	离子源复合真空镀膜成套装备、工艺及应用	中国有色金属工业协会科学技术奖一等奖
3	粤糖99—66等甘蔗新品种配套栽培技术集成与示范	广东省农业技术推广奖二等奖
4	花生专用除草地膜示范与推广应用	广东省农业技术推广奖二等奖

成果名称：复杂难处理钨矿高效分离关键技术及工业化应用

获奖情况：国家科学技术进步奖二等奖

完成单位：广州有色金属研究院、北京矿冶研究总院、湖南柿竹园有色金属有限责任公司等7家单位

主要完成人：孙传尧、邱显扬、李晓东、高玉德、周晓彤、程新朝等

该项目针对当今钨矿资源选矿的难点，创造性地提出黑白钨矿物分流分速、异步选矿分离理论及新技术，取得了多项核心关键技术，总体技术水平达到国际先进，部分达到国际领先，已在国内22家钨选矿厂成功应用，近3年直接经济效益达16.7亿元。该项目技术为我国难选钨矿资源综合利用提供了强大的技术支撑，促进了钨行业的科技进步。

项目名称：离子源复合真空镀膜成套装备、工艺及应用

获奖情况：中国有色金属工业协会科学技术奖一等奖

完成单位：广州有色金属研究院、北京丹普表面技术有限公司

主要完成人：代明江、林松盛、董骐、侯惠君、周克崧、刘　敏、罗蓉平、韦春贝等

该项目属材料科学技术与先进制造多学科交叉，整体技术达到国际先进水平。项目成果应用于机械制造、航空航天、汽车、船舶和五金等行业，开发的整套设备及工艺出口到意大利、新加坡和印度等国家。项目取得了良好经济和社会效益，累计获得直接经济效益产值1.29亿元，利税3 173万元，出口2 154万元；间接经济效益7 208万元，出口566万美元，利税2 515万元。

【科研平台建设】　中国—乌克兰巴顿焊接研究院在平台建设、科研工作、技术推广等方面实施了一系列新举措；梳理了取得的技术成果，按不同行业，分批组织向国内多家代表性企业进行推广，取得良好业绩；与攀钢集团合作进行中厚板钛合金焊接技术研究取得明显成效。2014年，该院共承担了国家、广东省、广州市的重大、重点项目25项，完成出版了《广东省焊接产业技术路线图》等2本专著。2014年9月，中国—乌克兰巴顿焊接研究院的乌方院长弗拉基米尔·郭瑞院士荣获2014年中国政府“友谊奖”。

【科技交流与合作】　2014年，在广东省科技厅的支持下，广东省工研院进一步深化与德国、英国、法国、俄罗斯等国大学和研究机构的合作，与英国伯明翰大学在生物医疗、新材料、先进制造等领域合作，共同开发等离子表面处理、粉末注射成形、搅拌摩擦焊、电火花加工等技术。

中德工业装备联合实验室建设　2013年7月，广东省工研院与德国弗劳恩霍夫协会结构耐久性与系统可靠性研究所签约共建“中德工业装备联合实验室”。2014年，该实验室进入筹备工作阶段，实验室将应用德国先进技术和装备，建设工业装备可靠性检测中心和高铁轮对与汽车车轮试验平台，可加强广东省内乃至全国在工业装备可靠性研究和检测方面的能力，填补广东省内在轨道交通领域轮对可靠性研究和技术服务的空白，可为广东省装备制造产业提供专业的可靠性技术服务。

中俄工业技术研究开发中心建设　7月，广东省工研院与俄罗斯基础研究基金会、俄罗斯科学院激光技术及信息工程研究所签订合作协议，联合共建中俄工业技术交流的平台和国际合作基

地——中俄工业技术研究开发中心，中俄双方围绕材料与化工、资源与环境、先进制造、电子信息、生物医疗、产业服务等领域开展深层次和高水平的技术合作。

中法高性能表面工程研讨会　9月，广东省工研院、广东省现代表面工程技术重点实验室与法国贝尔福—蒙贝利亚科技大学和中国西安交通大学在北京共同承办了“中法高性能表面工程研讨会”。作为“中法建交50周年”系列活动中主要的科技活动，研讨会得到了广东省科技厅、法国驻华领馆、法国驻广州总领事馆、法兰西对外教育交流中心的高度重视和大力支持。

此次会议是自2012年中法双方建立“中法表面工程联合实验室”以来一次重要的学术交流活动，70多名国内外专家与会。研讨会期间，广东省工业技术研究院、西安交通大学和法国University of technology of Belfort-Montbeliard三方就“联合实验室”在政府项目申请和合作、高级技术人员交流互访和学生联合培养等方面加强合作，并共同确定在等离子喷涂—物理气相沉积、真空镀膜等技术方面开展深入的合作研究。

中国海洋工程焊接技术研讨会　12月，中国海洋工程焊接技术研讨会在北京召开。本次会议主由中国工程院化工、冶金与材料工程学部主办，中国—乌克兰巴顿焊接研究院承办。会议对海工关键材料焊接技术专项前期调研结果进行阶段性总结，并邀请乌克兰国家科学院巴顿焊接研究所5名专家和国内多名著名专家作海洋工程焊接的技术报告，对全国梳理分析与海洋工程材料焊接技术现状、存在技术壁垒和今后发展方向等具有重大意义。此次会议参会单位涵盖我国海洋工程关键材料焊接技术的大部分领域，国内外130多名专家学者参加了会议。

（广东省工业技术研究院　王　翔）

深圳光启高等理工研究院

深圳光启高等理工研究院（简称“光启研究院”）成立于2010年，是以超材料创新技术为代表进行一系列源头创新科技研发和产业化的国际化新型创新机构。光启研究院充分融合电子信息领域、数理统计领域等学科的各种先进技术，形成具有高度学科交叉与突破性创新的研究风格，建立了超材料超级计算设计、超材料关键工艺制备和超材料先进测试的技术体系。光启研究院掌握了国际前沿的超材料创新技术、智能光子技术、新型空间技术及相关核心自主知识产权，拥有世界级的创新研发团队，在航空航天工业、新型空间服务、互联网金融和智慧城市等领域持续取得突破。2014年8月，光启的颠覆式空间技术产业在香港交易所主板上市。

【专利和标准化工作】　截至2014年年底，光启累计申请超过2 800件国内外专利，其中，超材料领域的专利占过去10年相关领域专利申请总量的86%。

光启研究院是全国电磁超材料技术及制品标准化技术委员会（简称标委会）的发起单位，标委会的秘书处设在光启研究院。2014年，光启研究院组织专家对超材料领域进行多次调研，结合国内外发表的超材料文献等资料，系统地对超材料和电磁超材料进行定义和规范，起草编写了国家标准《电磁超材料术语》草案。标委会向全体委员发出征求意见稿，随后根据委员提出的意见进行修改完善，形成了该标准的送审稿。这一标准规定了电磁超材料的类别、功能、设计、基材、应用等相关方面的70多个术语和相应的定义，适用于电磁超材料在科研、教学、生产、工程等领域的应用，涉及电磁超材料的其他方面也可参考使用。

【创新平台建设】　光启研究院2011年获批组建了我国第一个超材料技术的国家重点实验室——超材料电磁调制技术国家重点实验室，2014年基本建设完成。截至2014年年底，光启研究院在建省、市级实验室10余个，拥有丰富的创新载体资源和先进的超材料设计、制备、测试技术。光启研究院设有全国首个专注于超材料研发与产业化的企业博士后科研工作站，具备独立招收资格。截至2014年年底，累计招收27人，出站19人。

【科技成果产业化】　光启研究院通过一系列产

业化公司，将最新的研发成果推向市场。光启研究院的超级WiFi无线互联解决方案、智能光子系列产品和颠覆式空间技术平台已经实现技术研发的系列突破，产业化的布局稳步推进。截至2014年年底，超级WiFi已经实现多个商业化应用，如深圳市龙岗低碳城中心展馆、深圳国际创新中心、深圳会展中心、深圳市前海深港现代服务业合作区、深圳地铁等重点项目。

光启研究院已为深圳市软件产业基地、东莞松山湖高新区等多个园区交付了光子门禁系统，承接了中洲讯美大厦智能化工程，中标了深圳市民中心的安防系统门禁一卡通系统升级改造项目。在2014年4月举行的第2届中国电子信息博览会（CITE）上，光启研究院的光子支付解决方案荣获创新产品与应用金奖，光启研究院的光子认证解决方案和光启研究院与华视传媒共同申报的“超级WiFi无线互联解决方案”在公共交通中的应用双双获得创新产品与应用奖。光启研究院还与中兴通讯、华视传媒、深圳市银联金融网络有限公司、淘淘谷、智惠付、深圳电信、南方银谷等7家合作伙伴签署协议，在智慧园区、公共交通无线覆盖、手机光子支付解决方案等多方面建立紧密战略合作伙伴关系。光启研究院分别与平安集团以及中国农业银行深圳分行签署战略合作协议，推动光子支付的应用。10月，光子支付正式上线平安口袋银行。12月，光子支付相关的多平台应用软件、光接收模块等核心技术通过了国家金融行业的权威性检测机构——银行卡检测中心的技术安全检测，证明光子支付的技术指标符合我国金融产品的相关安全规范和标准，光子支付成为首个通过这一国家级安全认证的新兴移动支付方案。

8月，光启研究院的颠覆式空间技术产业在香港主板上市，公司名称为光启科学有限公司，简称光启科学（股票代码：00439.HK）。11月，光启科学与刚果（金）政府签署战略合作协议，计划为其提供通讯广播、矿产勘探、卫星电视、气象监视、灾害救援、森林保护等服务。11月，在中国国家主席习近平和新西兰总理约翰·基见证下，光启科学与合作伙伴签署备忘录，计划2015年在新西兰放飞光启科学研制的中国首个临近空间商用平台“旅行者”号。12月，光启科学分别与全球首款商业个人立式飞行器生产商马丁飞行包和低成本低空绿色运输工具生产商太阳方舟签署投资并购文件，将逐步控股这两家公司。12月，光启科学正式启用阿波罗基地，通过光启1号空间库、新型空间飞行平台“云端”号和一系列研发测试设备，展示颠覆式空间技术的突破性进展。“云端”号升空高度可达数千米，“旅行者”号则将飞行在离地面20公里以上的临近空间。

（深圳光启高等理工研究院　兰小棵）

深圳华大基因研究院

1999年9月9日，随着“国际人类基因组计划1%项目”的正式启动，北京华大基因研究中心在北京正式成立。2007年，北京华大基因研究中心主力南下深圳成立致力于公益性研究的事业单位——深圳华大基因研究院（以下简称“华大基因研究院”）。15年来，秉承着华大基因研究院的学术传统和创新精神，华大基因研究院专注于科研探索，从事有重要科学影响和应用价值的研究，截至2014年年底，已发表论文1 007篇，SCI收录的有950余篇。同时，华大基因研究院建立了世界领先的大规模测序、生物信息、基因检测、农业基因组、蛋白组等技术平台和大型数据处理超级计算中心，并拥有世界一流水平的科研队伍，开展一系列与重要动植物、人类健康、环境与能源等领域相关的组学研究，致力于推动医疗健康、科技应用、农业育种等领域的发展，完成了从参与，到独立完成，最终发起与世界其他顶级研究机构合作、引领生物信息学与基因组学领域研究的过程。在科学、技术、产业三位一体的模式下，华大基因研究院正在跨学科、跨产业、跨地域、跨国界地快速扩展，致力于人类健康、规模化重要物种、重要经济动植物等源头创新研究，大力发展我国的医疗健康产业和现代农业，为中国生物经济的腾飞做好前瞻性、原创性和战略性的工作。

【发展模式】 华大基因研究院坚持“科学发展

才是硬道理”的信念，创造了遵循基因组学发展规律的“三发三带”的创新发展模式，即坚持由基因组为基础的科学发现到技术发明和产业发展的“三发”联动的科学发展观，以国际竞争和大科学项目为引领的，带学科、带产业、带人才的“三带”（以任务带学科、带人才、带产业）发展模式。华大基因研究院顺应科学发展规律，集产学研为一体，以研带产，以产养研，实践育人，实现科学发现、技术发明、产业发展三环互动，为自身的跨越式发展奠定了基石。

在华大基因研究院的发展过程中，大胆探索了科学研究和产业应用联动发展的新思路，促进了前沿科学探索与新型产业发展的结合与互动，加快了科学成果的产业化和社会化的转化，实现了技术支撑、科学原创和产业转化的联动发展。创建了独立的良性保障体系，突破了传统的商业规则和时下最时髦的资本规则，为华大基因研究院独立自主的创新和探索性发展奠定了基础，保障了华大基因研究院创新体系的独立性与自主性。

【科技工作】　2014年，华大基因研究院研发投入累计6.7亿元，同比增长48%，已成为全球最大的基因组学研发中心。

在《自然》杂志发布的科研实力排名中，华大基因研究院连续6年名列中国第5；2014年12月，《自然》杂志发表深圳专题文章评价深圳科研实力，指出深圳成为中国科技发展的奇迹，成为了基因组学、蛋白质组学和生物信息分析领域的领头羊，而华大基因研究院是深圳贡献最大的机构，占了深圳科研指数的44%，名列2015年《自然》全球产业机构合作排名首位。

科研成果　2014年，华大基因研究院单独或联合其他科研机构成功绘制了飞蝗、水牛、半滑舌鳎、达马拉鼹鼠、稻飞虱等重要物种的全基因组序列图谱；破译了绵羊基因组和转录组序列图谱、骆驼科3个物种（双峰驼、单峰驼、羊驼）的基因组序列；解读了芝麻、小兰屿蝴蝶兰、木本棉等重要植物以及猪鞭虫、北极熊等动物物种的基因组；完成了柞蚕、野生大豆W05、稻飞虱等的全基因组测序与分析；发表了迄今为止最具代表性、最高质量、近乎完整的人类肠道微生物参考基因集数据库；在枣基因组测序、高粱重测序、弹涂鱼基因组测序、藏族人高原适应性等项目中取得了重大突破；在《科学》杂志以专刊形式发表鸟类基因组系统演化史研究成果，为国内机构的首次。截至2014年年底，华大基因研究院的科研人员在国际知名学术期刊上发表的论文累计达到952篇，其中2014年发表273篇，其中CNNS文章50篇。

技术平台　华大基因研究院拥有多种测序系统，根据不同的科研需求可选择不同测序技术，具备DNA测序、转录组测序、DNA甲基化、目标区域捕获测序、宏基因组测序等研究技术，这些技术集科研、实践和服务应用为一体，覆盖了基因组科学的各个重点研究领域。

2013年，华大基因研究院完成对美国人类全基因组精准测序上市公司CompleteGenomics的全资收购，为发展完整的生物产业链打下坚实基础。经过两年多的攻关，迅速实现技术转化及再创新，相继推出具有完全自主知识产权、进入国际先进水平的高通量测序系统：6月推出“超级测序仪”—Revolocity™，10月推出桌面化测序系统BGISEQ-500，展现了其生命科学领域高端仪器研发和制造的雄厚实力。这两款测序仪的落地运行将进一步奠定华大基因在生物测序行业的龙头地位，加强其在源头创新领域的领军与示范作用。

战略性合作　2014年，华大基因研究院相继与北京儿童医院、北京天坛医院、第三军医大学西南医院、青岛市市立医院、天津市肿瘤医院等10余所国内知名医院建立战略合作伙伴关系，在科研合作、临床服务、人才培养等领域进行深度合作；与河北医科大学、西安交通大学第一附属医院等共建联合实验室，促进基因组医学在临床方向的转化与应用。同时，在捷克、西班牙、韩国、新加坡、泰国、澳大利亚、印度等国和我国台湾、香港地区搭建联合实验室，与Bioscience Genomics等海外机构签署合作协议，成功实现无创产前基因检测的技术输出，开启了国际合作新篇章。

社会责任　秉承“基因科技造福人类”的使命，为了将更多的基因组学科研成果应用于医学检测领域，华大基因研究院先后开展了基因科技助力罕见病计划之“子琪计划”，免费提供100名粘多糖病患者HLA骨髓配型检测服务；同时联合中国早产儿联盟，在青海省红十字医院共同举行了“春叔计划”“子琪计划”“晓明计划”的推广宣教活动，助力三大计划在青海省的落地。此外，在埃博拉病毒肆虐之际，华大基因研究院通过联合国WHO向西非4个国家捐助3 000份的埃博拉病毒检测试剂盒；成立华大基因研究院抗击埃博拉基因先遣队，派出多名技术人员赴西非援外。

（深圳华大基因研究院　王星雨）

深圳清华大学研究院

深圳清华大学研究院（下称“研究院”）是深圳市政府和清华大学于1996年12月共建的、以企业化方式运作的正局级事业单位，是一个高层次、综合性、开放式的产学研相结合的实体，实行理事会领导下的院长负责制。研究院经过十几年的探索，逐步形成“科技创新孵化器”的经营发展模式，建立了完善的产学研相融合的科技创新孵化体系。研究院的建设，以机制体制创新为核心，以学校与地方相结合、研发与孵化相结合、科技与金融相结合、国内与海外相结合的“四个结合”为手段，以研发平台、创新基地、投资孵化、科技金融、国际合作和人才培养六大板块的建设为基本内容，打造产学研深度融合的立体孵化体系，全方位孵化成果、项目、企业、人才，形成创新价值的循环增值。研究院创造了五个“第一”：中国第一家新型科研机构；第一个提出新型科研机构“四不像”运行管理模式；第一个成立了新型科研机构的创业投资公司；第一个创建了新型科研机构的科技金融平台；在北美成立创新创业中心，是第一个新型科研机构的海外创新创业中心。

截至2014年年底，研究院有员工317名，研发人员284人，汇集了一批教授、博士、高级研究人员和海归学者，研究院现有员工317名，研发人员284人，汇集了一批教授、博士、高级研究人员和海归学者，其中国家海外高层次人才引进计划（千人计划）2人，“973计划”首席科学家2人，深圳高层次人才18人（包括国家级人才4人，地方级6人和后备级8人），广东省创新团队2个，广东省自然科学基金研究团队1个，深圳市海外高层次人才创新创业团队2个。现拥有9个深圳市重点实验室、7个深圳市工程实验室、3个深圳市公共服务平台、1个国家级研发服务中心、2个广东省重点实验室、1个广东省工程中心、1个省部产学研示范基地和2个国家重点实验室（工程实验室）深圳分室，与企业成立联合实验室18家，发起成立各类产学研创新联盟7个，每年投入科研开发和实验室建设费用超过6 000万元。

【科技成果与产业化】 依据广东省及国内外科技、产业发展趋势和企业需求，研究院先后投入6亿元组建研发平台，截至2014年年底，建成了宽带无线通信研究所、电子信息技术研究所、新材料与生物医药研究所、光机电与先进制造研究所、新能源与环保技术研究所等14个实验室和2个研发中心，集聚了由200多名教授、博士、高级研究人员和海归学者组成的科研团队。截至2014年年底，研究院获国家技术发明奖二等奖1项、国家科技进步奖二等奖2项、广东省科学技术奖特等奖1项、深圳市科学技术奖市长奖1项、深圳市科学技术奖一等奖等市级项8项等；申请专利360多项，其中70%以上是发明专利；承担了包括国家“863计划”“973计划”、国家重大专项、科技支撑计划、国家自然科学基金重点项目、广东省教育部产学研重大专项等重点课题；成为深圳市首批、第4批孔雀计划引进团队、广东省第3批引进创新科研团队的承担单位。

在推出大量科研成果的同时，研究院先后与300多家企业签订技术合同，促进了一批科技成果的产业化：组织实施了单晶蓝宝石纤维、高端半导体激光器、盐碱地治理改造、数字电视与多媒体、石英晶体力敏传感器、红外快速体温检测仪、电力线载波通信芯片等300多项科技成果转化。

【高新技术企业孵化与科技金融】 研究院作为创新基地，成功孵化了一批高新技术企业，截至2014年年底，累计孵化高新技术企业1 500多家，孵化投资了达实智能、和而泰、拓邦等上市公司18个。

基于技术与资本结合的成功经验，研究院致力于金融助力的科技成果转化，借力于科技特色的金融体制创新，强化科技与金融的结合。2013年于前海发起设立了力合金融控股公司，形成了以创投公司、基金公司、科技小贷公司、科技担保公司、融资租赁公司为核心的金融产业链，2014年是综合平台运营第1年，科技担保的特色已形成，小贷、租赁、投资等各类业务在运营良好。

【创新基地建设】 研究院以深圳为基地和内核拓展了在珠三角业务空间。截至2014年年底，已建成清华信息港（深圳）、清华科技园（珠海）、力合佛山科技园、东莞创新中心等一系列高新产业园区和创新中心，同时在2014年继续推进力合顺德科技园和力合清溪科技园的建设。

【人才培养】 截至2014年年底，研究院的企业博士后科技工作站，共计招收60多名博士后，已有50多位博士后顺利出站，其中3位被评为深圳市“优秀博士后”。

【国际合作】 研究院坚持走国际化的道路，国内与海外互为支撑，以此形成了“一部四中心”的国际合作网络，致力于国际技术转移、跨境投资并购和海外团队引进三大目标，2014年发起成立了国际创新猎投基金，完成首轮募资工作，不断在国际技术转移领域开拓创新。

2014年，研究院引进的斯坦福大学戴宏杰院士领衔的等离子体纳米金芯片创新团队，研发全球独创的近红外荧光检测平台技术。该技术核心在于采用材料化学的方法，在传统芯片上长出一种特异的纳米金结构，成为一种薄膜，实现了芯片上的避雷针电场放大效应，将检测的灵敏度提高100倍以上，可广泛应用于食品检测、新药研发以及早期的重大疾病的检测。这是国际上突破性的成果，在全世界新型生物芯片领域处于领先地位，可培育超过50亿元/年的市场。该团队已获得深圳市“孔雀计划”立项支持。

【公共技术研发平台建设】

光机电与先进制造研究所 该所下辖两个实验室和一个中心：光机电一体化重点实验室、微纳工程重点实验室和高端半导体技术研究中心，其是从事光机电一体化、传感器技术、LED照明、先进制造、超精细表面加工、半导体激光芯片技术及应用、微机电系统等方向前沿技术、应用基础和应用研究的综合性、开放型研究机构。

2014年，研究所共发表文章32篇，SCI收录论文13篇，取得授权发明专利10篇，申请发明专利14篇，在研国家级重大研究项目7项，并首次获得总装欲研项目。在人才方面，2014年研究所新增千人计划1名，海外专家1名。

电子信息技术研究所 该所成立于2009年7月，由深圳市数字电视系统重点实验室、微电子与智能信息处理实验室、云计算与容灾技术实验室组成。

2014年，数字电视实验室集中力量研发的DTMB移动电视宝正式登陆京东众筹；微电子与智能信息处理实验室继续重点攻关“无线被动式胎心音监测系统”科研项目，并开始“人工关节置换手术无线辅助测量设备项目”的产业化工作；云计算与容灾技术实验室重点推广云存储系统和交互式多媒体云平台技术。

宽带无线通信研究所 该所成立于2012年5月，由电子设计自动化（EDA）和网络技术重点实验室、无线宽带通信实验室、宽带无线网络技术实验室重新组建，主要致力于三大方向的产、学、研，以及自主知识产权的综合发展。研发领域包括无线宽带通信系统的研究与应用开发、片上系统技术、无线通信创新技术等。

2014年，研究所集中力量参与清华大学灵巧通信试验卫星研制项目，该卫星于9月4日发射升空。灵巧通信试验卫星是我国首颗低轨移动通信小卫星，主要功能有卫星电话、数据通信、互联网业务、频谱监测和北斗/GPS定位等。

新材料与生物医药研究所 该所组建于2003年9月，由深圳市骨科康复治疗公共技术服务平台、深圳清华大学研究院分析测试中心、高性能薄膜电容及关键储能薄膜研发中心，以及2014年新设立的等离子体纳米生物芯片研发中心组成。

2014年，实验室的双层人工皮肤项目进入临床试验后期，首款国产椎间盘进入型式检验阶段，虫草素规模化制备获得纯度RP-HPLC99%的中视样品并完成安全性实验，纳米银线透明导电膜技术成熟并可产业化。

新能源与环保技术研究所　该所下辖工业分离与资源化技术实验室、低碳能源与节能技术实验室、生态与环境保护实验室等3个实验室，拥有一支经验丰富的高素质技术研发团队。2014年，研究所以自主创新技术——RPIR快速生化污水处理技术为主核，组建了2个实验室管控的产业化公司，开创了实验室与管控公司联动的实验室运作新模式。新型环保颜料的中试和产业化工作取得进展，在国家、市、区级创新创业大赛中取得优异成绩。

（深圳清华大学研究院　李文波）

广东华中科技大学工业技术研究院

2007年，东莞市政府、广东省科技厅和华中科技大学签约，共建东莞华中科技大学制造工程研究院（以下简称“工研院”）。建院以来，工研院坚持“创新是立足之本、创造是生存之道，创业是发展之路”，在技术研发、技术服务和产业孵化等方面取得了较快的发展，实现了“政府、高校、企业、团队”的协同创新，探索出创新链、产业链、资金链三链融合的创新之路。工研院引进了学校制造学科的6个国家级研究平台在广东建立分中心或者分室，建立了东莞科技平台唯一一家省级重点实验室——广东省装备数字化重点实验室，获批“广东省战略性新兴产业基地——东莞物联网产业基地”。截至2014年年底，已组建了一支600余人的专业化技术团队。

【技术创新】　针对建材、家具、电子制造、模具、纺织、能源等行业的重大需求，工研院自主研发了全自动电脑编织机、高速木材复合加工中心、精密电火花加工装备、LED系列装备、RFID自动封装生产线等几十个系列的行业关键装备。在2014年 1 月召开的2013年度国家科技奖励大会上，工研院作为完成单位之一的技术成果“高性能无线射频识别（RFID）标签制造核心装备”获国家技术发明奖二等奖。

【技术服务】　截至2014年年底，建立了品牌设计服务中心、检测技术服务中心、测量技术服务中心、激光技术服务中心，为7 000多家企业提供了产品设计、产品检测、精密测量、激光加工等集中式高端技术服务。其中，检测技术服务中心检测项目达到579项、检测方法达到714个，获得CNAS、CMA、EPA、CPSC等国内外检测资质认证，累计资质跃居东莞市第1位，检测报告被欧盟、美国、日本等国家和地区所承认。

【产业孵化】　截至2014年年底，孵化100余家企业，其中，自主创办企业27家，3家在新三板挂牌，1家被列为东莞市上市后备企业，培育出东莞科技平台唯一一家规模以上工业企业。工研院孵化企业发展势头良好，思谷产品在华为、劲胜、美的等企业成功运用，易步科技参加2014“赢在东莞”创新创业大赛载誉而归，获得初创企业组一等奖。

2014年5月21日，科技部下发通知公布审核通过享受免税优惠的国家级科技企业孵化器，广东省共5家，其中松湖华科名列其中，是东莞唯一一家获批免税优惠的国家级孵化器，为其有效降低运营成本，增强孵化服务能力，为在孵企业提供更多更好的增值服务提供了有利条件。

【人才培养与引进】　2014年，广东省人力资源和社会保障厅下发了《关于公布广东省第四批博士后创新实践基地的通知》，工研院获批广东省博士后创新实践基地，工研院创新人才培养基地又新增一个载体，对于增强工研院技术研发水平、科技创新能力具有重要意义。

工研院建立了16 000平方米大学生创业苗圃，积极支持东莞市大学生科技创意设计大赛，6月12日，松湖华科独家赞助东莞理工学院第2届“松湖华科杯”大学生创业大赛。

截至2014年年底，工研院已引进香港科技大学李泽湘教授带头的运动控制创新团队（广东省首批12支创新团队之一）及美国乔治亚理工学院李国民教授带头的智能感知创新团队。

【院地合作】　截至2014年年底，工研院与各个镇街开展了一系列的产学研合作工作。与横沥镇政府共建“东莞市横沥模具装备制造创新中心”，长驻数十人团队，推动了注塑机节能改造工程，在5家中标单位中占据60%市场。与石碣镇共建“石碣镇技术创新服务中心”，打造面向石碣电子信息产业具有产学研结合优势的科技创新公共服务平台。与桥头镇合作共建“桥头镇创新发展服务中心”，面向桥头镇企业，提供从技术合作、人才培训、信息中介、管理咨询等方面提供多层次、多渠道、多功能服务的综合性公共服务。与“京九第一镇”常平镇合作，利用物联网技术为其打造智慧物流园区。与清溪镇合作建设华溪城创新产业园，围绕高端电子信息、智能制造装备、先进医疗装备、环保产业及现代服务业等五大主导产业，将建设成集研发、中试、企业孵化、人才培训、科技服务、生活居住综合配套于一体的多功能复合型科技产业园区。与惠州仲恺高新技术产业开发区陈江街道办事处以及镇内企业进行产学研合作，面向镇域“电子”与“灯饰照明”两大支柱与特色产业，构建了电子、灯饰两大产业的低碳共性技术创新及服务平台。与塘厦镇内企业广东志成冠军集团有限公司、东莞市福地电子材料有限公司等企业进行产学研合作，开发全自动LED芯片测试与分选成套装备。与寮步镇科技创新服务中心以及镇内企业东莞市新泽谷机械制造股份有限公司等开展面向光电数码行业的智能化装配系列设备研发。与大朗镇及镇内企业开展产学研合作，针对毛织行业的关键技术进行研究，实现高性能毛织编织机数控装备及关键功能部件的国产化，推动毛织数控装备自主创新。

（广东华中科技大学工业技术研究院）

产业、行业科技发展

高新技术及战略性新兴产业科技

2014年，广东省高新技术企业9 289家，全国排名第2；广东省高新技术产品进出口4 243.1亿美元，仍为全国高新技术产品进出口第1大省。广东高新技术企业在研发人员、科技投入、科技项目研发数、成果转化数、专利产出、高新技术产品产出等指标都在逐年攀升，呈现良好的发展势头，成绩显著。

高新技术企业

【科技人员投入】 高新技术人才是高新技术企业创新发展的保障，近3年广东省高新技术企业大专以上学历的人员在稳定增长。根据2014年统计数据，具有研究开发能力的本科学历人员达到65万人，占从业人数21.09%，其中研究生13.5万人，占从业人数4.4%。户均本科以上科技人员达到108人。

【科技经费投入】 2014年，全省高新技术企业继续加大科技研发力度。据统计，2014年全省高新技术企业共开展科技研发项目71 968项，涉及科技活动经费支出达1 740.78亿元，较上年度增长18.2%，户均投入达1 874.02万元，其中企业内部科技活动经费支出达157 4.81亿元，较上年增长15.5%，户均投入达1 695.35万元。

【科技产出】 2014年，全省高新技术企业共获得发明专利15 865项，户均授权1.7项，全省高新技术企业新产品产值达11 998.79亿元，较上一年度增长12.6%，新产品销售收入达11 777.73亿元，较上一年度增长11.4%，户均销售收入达1.27亿元。全省高企依托科技创新打造企业竞争力，对促进本省企业产业转型升级发挥了重大作用。

（广东省科技厅高新技术发展及产业化处）

高新技术产品

据海关统计，2014年全省高新技术产品进出口4 243.1亿美元，同比下降10.7%，占全省外贸比重39.4%，占全国高新技术产品外贸比重35%，仍为全国高新技术产品进出口第1大省。其中，出口2 310.2亿美元，同比下降9.9%；进口1 932.8亿美元，同比下降11.6%（见表5–1–3–1）。

【高新技术产品进出口贸易方式】 2014年，广东省高新技术产品一般贸易项下进出口、出口、进口额分别为1 251.5亿美元，同比增长20.9%；613.4亿美元，同比增长21.4%；638.1亿美元，同比增长20.4%。加工贸易项下进出口、出口、进口额分别为2 325.2亿、1 418.7亿、906.5亿美元，同比分别下降4.2%、3.0%、6.1%。一般贸易进出口的占比为30.1%，同比提高了8.3个百分点。加工贸易进出口的比重下降为44.7%，同比下降了6.4个百分点（见表5–1–3–2）。

【高新技术产品进出口企业类型】 2014年，外商投资及私营企业高新技术产品进出口虽有下降，但仍是广东省主力军。全年外商投资企业进出口2 704.1亿美元，同比下降3.8%，占全省比重63.7%。私营企业进出口1 143.0亿美元，同比下降26.8%，占全省比重26.9%。国有企业进出口258.3亿美元，同比下降3.5%，占全省比重6.1%。集体企业进出口135.9亿美元，同比增长23.9%，占全省比重3.2%（见表5–1–3–2）。

【高新技术产品主要贸易市场】 2014年，广东省高新技术产品对我国香港、韩国分别进出口1 189.7亿美元、493.5亿美元，同比虽有较大降幅，但两地合计占全省39.7%，是全省高新技术产品主要贸易市场。对欧盟进出口258.3亿美元，同比增长10.9%，其中出口189.3亿美元，同比增长9.1%；进口69.1亿美元，同比增长16.3%。对美国、日本分别出口177.7亿美元、73.8亿美元，同比下降0.9%、9.8%（见表5-1-3-3）。

【高新技术产品进出口产品分布领域】 计算机与通信技术产品占比超五成，计算机集成制造及航空航天技术高速增长。2014年，广东省计算机与通信技术产品进出口2 353.1亿美元，与同期持平，占全省比重55.5%；电子技术产品进出口1 295.4亿美元，同比下降28%，占全省比重30.5%；计算机集成制造技术、航空航天技术及生命科学技术进出口分别增长40.8%、65.9%和16.8%（见表5-1-3-4）。

【高新技术产品进出口主要城市】 以珠三角地区为主，深圳为第一大市。2014年，珠三角九市进出口4 191.9亿美元，同比下降10.9%，占全省比重98.8%。粤东西北地区进出口共51.2亿美元，占全省比重0.12%。深圳市进出口2 476.3亿美元，虽同比下降19.6%，但占全省比重58.4%，仍为全省高新技术产品进出口第一大市。江门、广州、东莞三市进出口保持较快增长，分别为21.2亿美元，同比增长16.3%；287.3亿美元，同比增长14.9%；709.1亿美元，同比增长9.2%（见表5-1-3-5）。

表5-1-3-1　国内主要沿海省市高新技术产品进出口情况（2014）

地区	进出口		出口		进口	
	金额（亿美元）	同比（%）	金额（亿美元）	同比（%）	金额（亿美元）	同比（%）
全国	12 119.5	–0.5	6 605.3	0.1	5 514.1	–1.2
上海	1 709.9	1.8	890.6	0.4	819.2	3.4
江苏	2 186.8	–0.5	1 288.8	1.1	898.0	–2.8
浙江	237.1	8.0	155.1	8.6	82.0	7.0
山东	392.8	19.0	205.9	18.4	186.9	19.6
福建	275.0	–9.1	145.6	–6.2	129.5	–12.2
广东	4 243.1	–10.7	2 310.2	–9.9	1 932.8	–11.6

表5-1-3-2　广东高新技术产品进出口综合情况（2014年)

项目		进出口		出口		进口	
		金额（亿美元）	同比（%）	金额（亿美元）	同比（%）	金额（亿美元）	同比（%）
全省		4 243.1	–10.7	2 310.2	–9.9	1 932.8	–11.6
贸易方式	一般贸易	1 251.5	20.9	613.4	21.4	638.1	20.4
	加工贸易	2 325.2	–4.2	1 418.7	–3.0	906.5	–6.1
	其他贸易	666.4	–48.2	278.1	–53.4	388.3	–43.8

（续上表）

项目		进出口		出口		进口	
		金额（亿美元）	同比（%）	金额（亿美元）	同比（%）	金额（亿美元）	同比（%）
企业性质	国有企业	258.3	-3.5	143.3	2.8	115.0	-10.4
	外商投资企业	2 704.1	-3.8	1 536.5	-3.4	1 167.5	-4.4
	集体企业	135.9	23.9	105.5	21.6	30.4	32.8
	私营企业	1 143.0	-26.8	523.6	-29.9	619.3	-23.9
	其他企业	1.7	36.1	1.2	93.2	0.6	-16.0

表5-1-3-3 广东高新技术产品进出口主要地区情况（2014年）

地区	进出口		出口		进口	
	金额（亿美元）	同比（%）	金额（亿美元）	同比（%）	金额（亿美元）	同比（%）
美国	251.6	-16.1	177.7	-0.9	73.9	-38.7
欧盟	258.3	10.9	189.3	9.1	69.1	16.3
日本	225.3	2.0	73.8	-9.8	151.5	8.9
东盟	435.4	0.6	157.8	13.9	277.6	-5.7
韩国	493.5	-5.3	193.3	2.2	300.1	-9.6
中国香港	1 189.7	-21.6	1 184.5	-21.6	5.2	-9.8
中国台湾	418.5	-21.7	23.4	-16.3	395.1	-22.0

表5-1-3-4 广东各领域高新技术产品进出口情况（2014年）

地区	进出口			出口			进口		
	金额（亿美元）	同比（%）	占比（%）	金额（亿美元）	同比（%）	占比（%）	金额（亿美元）	同比（%）	占比（%）
高新技术产品	4 243.1	-10.7	100.0	2 310.2	-9.9	100.0	1 932.8	-11.6	100.0
生物技术	0.9	-24.4	0.02	0.1	-14.1	0.01	0.7	-26.0	0.04
生命科学技术	48.0	16.8	1.1	20.2	11.9	0.9	27.8	20.6	1.4
光电技术	343.6	-15.2	8.1	135.5	-14.7	5.9	208.1	-15.5	10.8
计算机与通信技术	2 353.1	0.0	55.5	1 820.5	2.5	78.8	532.6	-7.8	27.6
电子技术	1 295.4	-28.0	30.5	280.3	-51.0	12.1	1 015.2	-17.4	52.5
计算机集成制造技术	97.8	40.8	2.3	26.6	16.7	1.2	71.2	52.6	3.7
材料技术	35.1	-7.1	0.8	11.2	-14.3	0.5	23.9	-3.3	1.2
航空航天技术	67.5	65.9	1.6	14.9	411.5	0.6	52.7	39.3	2.7
其他技术	1.7	-20.8	0.04	1.0	-6.0	0.04	0.7	-35.6	0.04

表5-1-3-5　珠三角高新技术产品进出口情况（2014年）

地市	进出口		出口		进口	
	金额（亿美元）	同比（%）	金额（亿美元）	同比（%）	金额（亿美元）	同比（%）
珠三角九市	4 191.9	-10.9	2 279.0	-10.2	1 912.9	-11.8
广州	287.3	14.9	126.6	18.1	160.7	12.5
深圳	2 476.3	-19.6	1 367.4	-19.1	1 108.8	-20.1
珠海	126.4	-7.0	65.7	-4.1	60.7	-9.8
佛山	70.8	-6.0	37.2	0.7	33.6	-12.5
惠州	390.6	-0.01	231.1	6.8	159.5	-8.5
东莞	709.1	9.2	365.2	8.7	343.9	9.8
中山	105.7	3.4	67.8	4.5	37.9	1.5
江门	21.2	16.3	14.4	20.1	6.8	9.0
肇庆	4.4	-27.1	3.4	-26.3	1.1	-29.6

（广东省商务厅　陈云茂）

LED照明产业

【产业规模】　2014年，广东省LED产业总产值达3 460.06亿元，同比增长23.09%，产值继续位居全国首位，产业规模持续扩大。从产业分布看，本省LED产业链发展更为平稳，在衬底材料、外延片、芯片、封装到应用上不断取得突破，“一核一带”产业集群初步形成。全省已有LED企业16 000余家，规模以上企业4 000多家，以LED为主营业务的上市企业17家（占全国的68%），LED产业带动相关就业近300万人。以骨干企业为依托，全省LED产业“1+5”的发展格局进一步夯实，即以深圳国家级LED产业基地为龙头，惠州、东莞、江门、佛山、广州等5个省级LED产业基地为支撑的“一核一带”产业集群是广东省LED产业实施创新驱动的“火车头”。

【推广应用】　2012年5月，省政府决定用3年时间在全省范围内推广使用LED照明产品，2014年是推广应用工作的攻坚年。据统计，截至2014年年底，全省已安装LED室内照明产品超过400万盏、LED路灯（含隧道灯）及景观灯总数超200万盏，应用路段超4万千米，总体节能超过55%，累计节约用电超过17亿千瓦时，应用规模居全国首位。在公共领域推广应用工作的带动下，LED照明产品在商场、酒店、住宅小区、工业园区等非公共照明领域得到广泛运用，LED照明产品的消费市场不断成熟，为LED产业的持续健康发展提供了强劲的内生动力。据广东省半导体照明产业联合创新中心研制的行业预警指数显示，本省LED行业预警指数2014年的平均值为125.30，位于“黄灯”偏热区间，这表明广东省LED产业整体发展势头较为强劲，市场前景比较乐观，推广应用成效显著，产业发展的内生动力不断增强。

【技术研发】　截至2014年年底，全省LED专利授权量已达71 638件，占同期全国LED专利授权量的29.30%，占同期广东全部专利授权量的5.88%，取得了一批拥有自主知识产权的核心技术和重大成果。如广东省中科宏微半导体设备有限公司和广东昭信企业集团有限公司研制的国产MOCVD样机已正式量产，基于氧化锌外延透明电极结构的新型高效大功率LED芯片、氮化镓同质外延技术等取得突破并已正式投产。同时，本省LED企业开始着力新的应用领域。LED“去电源化”大势所趋，成为龙头企业关键技术突破重点。UV-LED、闪光灯成为LED厂家布局新蓝海，鸿利光电、晶科电子、瑞丰光电、聚飞光电开始发力，全面投入该领域。

【标准体系】 “国家半导体照明综合标准化示范区”建设进展顺利，已完成国家标准提案1项，发布地方标准12项，报批地方标准10项，征求意见待审12项，新立项19项。标杆体系在全国范围内顺利推广、影响力进一步扩大，已发布广东省LED室外产品标杆体系产品目录16批、室内照明产品标杆体系产品目录12批，累计推荐广东省LED照明产品标杆体系产品3468个。上海、福建、江苏、湖南等地相继考察学习广东经验，纷纷表示与广东开展合作的强烈意愿。标准光组件研发及产业化体系建设初见成效，已发布33项标准光组件详细规范，雷士、晶科电子、国星光电等蚂标层级贴标产品销售额累计超过6亿元。

【广东LED产业创新发展座谈会】 10月10日，广东LED产业创新发展座谈会在广州召开。座谈会以近期蓝光LED技术获得全球科技界含金量最高的诺贝尔物理学奖为契机，探讨广东LED产业发展情况，研判产业发展新形势。北京大学、省工业技术研究院、TCL半导体光源研究院等相关科研单位和省内外知名专家、行业协会、龙头企业代表20余人参与了此次座谈会。

省科技厅提出三点建议：一是要牢牢抓住衬底材料技术发展，将衬底技术作为LED产业战略支撑点，形成广东特色的LED产业标准体系、专利布局、技术路线；二是要加大广东LED标准光组件在兄弟省份的应用推广力度并充分与国际组织合作，将LED标准光组件由全国推向全世界；三是要加快LED产业与消费类电子、原材料、通讯、光电等相关产业的融合力度，与相关产业界深入合作，抱团发展，培育具有巨大发展潜力的新兴产业和战略增长点。

会上，参会代表就蓝光LED技术获奖及对广东产业下一步发展提出了自己看法，希望通过诺贝尔物理学奖的颁布，政府主管部门应根据新形势科学规划产业发展路径，明确产业发展新方向，推进企业、协会以及科研院所紧密合作，联合攻关，协同创新，提升广东LED产业国际竞争力。

（广东省科技厅高新技术发展及产业化处 钟士岗）

大农业科技

2014年，广东省各部门加强联动，全方位、多层次推进农业、农村科技工作，并取得较好的成效。制定《广东省社会发展与农村科技计划实施方案（2014—2015年）》，进一步加强农村农业领域科技创新。16个国家和省级农业科技园区围绕特色优势农业产业，通过产学研结合的方式，发挥技术集成与产业集聚优势，培养和吸引了一批优秀人才，完善了技术培训与技术服务网络体系。全面开展农村科技特派员科技服务和创业行动，制定《广东省‘三区’人才支持计划科技人员专项计划实施方案》，加强农村科技服务。省级农村公共信息服务平台，在广东农村信息直通车工程已建的省级农村综合信息服务平台基础上进一步夯实。优良品系培育和推广工作硕果累累，知识产权保护和标准化监控管理不断加强。

农业科技计划

【项目申报和立项】 截至2014年11月底，全省共推荐“十二五”国家科技支撑计划第一批项目共51项、科技惠民项目4项。推荐国家级星火计划备选项目93项，90个项目获批，其中10个重点项目获国家财政资金支持500万元。封开县、恩平市、乳源县、清新区、罗定市、电白区等6个国家富民强县项目全部被科技部批准立项，获经费650万元。25个项目获中央财政农业科技成果转化资金项目立项，获经费1500万元。

【公益研究与能力建设专项】 2014年，省科技厅设立了九大类农村科技领域的公益研究与能力建设专项，专项共立项269项，共安排经费7 455万元，其中农业基因工程技术类立项2项，共安排经费200万元；优势特色动植物新品种选育类立项14项，共安排经费1 400万元；动植物重大疫病防控关键技术研究与集成示范类立项3项，共安排经费400万元；海洋生物制品精深加工关键技术研究类立项5项，共安排经费500万元；农产品与食品安全关键技术研究类立项6项，共安排经费600万元；农业生态关键技术研究类立项3项，共安排经费300万元；现代农业装备关键技术研究类立项4项，共安排经费400万元；现代农业新技术研究与示范类立项145项，共安排经费2 900万元；对口科技援助类立项87项，共安排经费755万元。

农业基因工程技术　该专项主要通过对转基因生物反应器、基因组编辑技术的研究，建立一批高活性和高表达量的转基因生物反应器系统，获得生物制剂产品、基因组定点编辑技术、基因组定点编辑后的转化生物体。

优势特色动植物新品种选育　该专项主要通过对水稻新品种、广东优势特色果树新品种、广东优势特色蔬菜新品种选育、广东优势特色林木和茶叶新品种选育、广东优势特色水产新品种、优良地方猪和家禽新品种等选育的研究，获得一批动植物育种共性关键技术，育成一批动植物优良新品种（系），所选育的植物新品种（系）通过品种审定或认定，动物新品种育成专门化品系或者配套系，申请一批新品种保护权，培育一批育种科技创新团队和学术带头人，新品种在一定区域内示范推广后获得良好的社会经济效益。

动植物重大疫病防控关键技术研究与集成示范　该专项主要通过对柑橘黄龙病防控关键技术、草食动物重大疫病综合防控关键技术、安全高效动物疫苗、动植物疫病防控关键技术集成与应用示范等的研究，获得黄龙病快速鉴别技术、

预警技术、大苗防病早结丰产栽培技术、发病柑橘园树势恢复技术及稳产关键技术，研发以黄龙病防控为主的柑橘病、虫、草害综合植保减灾措施，建立黄龙病综合防控技术应用示范基地；掌握草食动物重大疫病流行病学本底，建立一批检测诊断技术，获得综合防控关键技术，制定一批重大疫病防控规程，开发一批重大疫病防控产品，建立一批综合防控技术示范点；获得一批广东省主要养殖品种新型安全高效疫苗研制关键技术，开发出一批获得中试许可或新兽药证书的疫苗产品，形成一批具有自主知识产权的科技成果；通过应用示范获得良好社会经济效益；集成一批先进适用疫病防控技术并在粤东西北地区示范应用。

海洋生物制品精深加工关键技术研究 该专项主要通过对海洋活性蛋白和功能性肽产品关键技术、海洋功能性油脂产品关键技术、海洋生物活性多糖与低聚糖产品关键技术、海洋微生物功能酶产品及应用关键技术、海洋微生物表面活性剂产品开发关键技术等的研究，获得一批海洋生物制品精深加工关键技术，建立关键技术集成示范生产线，研发新设备，开发一批海洋生物精深加工原料中间体和新产品，申请一批发明专利，制定相关产品企业标准，技术示范推广后获得良好的社会经济效益。

农产品与食品安全关键技术研究 该专项主要通过对高效安全食品添加剂开发及绿色生产技术、食品加工过程有害物质控制与消除关键技术、主要农产品安全预警与溯源关键技术等的研究，获得一批食品添加剂绿色生产关键技术和有害物质控制与消除技术；开发出一批安全高效食品添加剂；技术和产品在企业产业化生产并应用示范后获得良好的社会经济效益；在农产品安全风险预测和评价方面突破关键技术，编制农产品安全预警和溯源的相关标准，开发完成主要农产品的质量安全预警系统，开发完成主要农产品溯源平台，并在企业进行示范应用，获得良好的社会经济效益。

农业生态关键技术研究 该专项主要通过对外来入侵植物防控与综合利用技术、典型种植系统化肥面源污染综合控制技术、土地综合整治与利用关键技术的研究，获得一批外来入侵植物防控与综合利用及面源污染综合控制关键技术，获得一批具有广东特色的土地综合整治和利用关键技术；开发出一批综合利用产品，技术成果在一定区域范围内推广应用并获得良好社会经济效益。

现代农业装备关键技术研究 该专项主要通过对水稻生产全程机械化关键技术与装备、高效节能农产品加工机械关键技术与装备的研究，开发出一批水稻生产全程机械化关键技术、高效节能农产品加工机械关键技术；研制出一批新型装备；建立一批农业装备技术示范基地；获得一批具有自主产权的科技成果。

现代农业新技术研究与示范 该专项主要根据广东农业产业和农业科技发展需求，开展先进适用的农业生物技术、动植物新品种选育、现代种养与繁育技术、农产品与食品加工技术、植物保护技术、动物疫病防控技术、生态农业与农业环境保护技术、农业机械化技术与装备、农业信息化技术、安全农业投入品、农产品食品安全生产技术、新农村建设与城镇化技术等研究与应用示范，获得一批现代农业新技术，并在一定区域范围内推广应用后获得良好社会经济效益。

对口科技援助 该类专项主要通过开展科技援藏特色产业技术集成与应用示范、科技援疆特色产业技术集成与应用示范、医疗卫生与疾病防治技术研究、受援地区科技援助平台建设、受援地区科技援助人才培训、东源县科技扶贫产业技术集成与应用示范，集成并应用示范一批援藏援疆等特色产业技术；获得一批适宜新疆地区应用示范的医疗卫生与疾病防治技术；建立一批受援地区科技援助平台；培训一批受援地区科技人才。

【国家农业科技成果转化资金项目】 2014年度，广东省有“绒加工过程高效快速分离技术的应用及示范生产”等25个项目获得科技部农业科技成果转化资金项目立项，经费支持共计1 500万元。2014年，获国家立项的25个项目的实施，预期可吸引地方和社会投资3 792万元，实现销售收入76 506万元，技术性收入478万元，出口创汇322万美元，净利润达17 861万元，缴税总额达2 040万元。

2014年，在粤的国家农业科技成果转化资金项目实施良好，成果转化效果显著，涌现了广东村村通科技有限公司、广东温氏食品集团股份有限公司等一批具有地方特色和符合广东产业发展的农业科技型企业，在创造良好的企业效益之余，还带动了当地农户增收，取得了显著的社会效益。

水产养殖无线测控网络技术集成中试与转化 该项目由广东村村通科技有限公司承担，2012年获得了国家农转资金项目的立项支持。

项目通过对水质环境监测的智能溶氧、pH、水位、水温、ORP传感器的设计与开发，解决了水产养殖水质及环境参数的全天候、数字化、在线采集、存储、传输等问题；通过开发水产养殖无线测控网络系统，实现了水产健康养殖环境信息自动化监测控制；通过对水产养殖疫病防控远程诊治服务平台以及远程诊断专用终端（生物显微镜、数码成像系统）进行技术集成，形成水产养殖疫病防控网络系统，通过远程的病害诊断，在有疫病发生时可以及时做出快速诊断，对症下药，避免出现较大的经济损失。项目在广东建立了10个水产养殖无线测控网络技术示范应用基地，全面促进水产健康养殖技术的应用与推广。

项目研发的新装置（产品）系列智能传感器在技术上具有自识别、自标定、自校正、自动补偿功能和自动采集数据并对数据进行预处理功能，在国内同类产品达到先进水平；水产养殖无线测控网络系统提出了自组织、低功耗无线传感器网络构建方法，攻克了无线传感网络在水产养殖领域应用覆盖范围大、能耗约束强、环境恶劣和维护能力差的难题，实现了智能控制；配合水产养殖疫病防控远程诊治服务平台，采用远程视频诊断病害，实现了水产健康养殖。

项目执行期间，开发了水产养殖监控管理系统平台一套、水产养殖疫病防控远程诊治服务平台一套，并取得软件著作权2项；研制水产养殖无线测控终端设备采集器模具与传感器壳体模具2组；研制出智能水位传感器、智能溶解氧变送器、智能电导率传感器、智能pH变送器、智能能增氧控制器系列智能传感器，申请发明专利6项；制定南美白对虾养殖无线测控网络技术标准一套；在广东各地建立了10个示范应用基地，合计约1 174公顷，在实施过程中培训示范基地养殖专业技术骨干120人。项目成果使得大范围水产养殖水质监控成为可能，改变了传统的养殖管理方式，提升了水产养殖企业的信息化管理水平和水产养殖业的生产效率及产品品质，实现科学化水产健康养殖。广东是水产养殖大省，本项目成果在我省扩大应用将有广泛的市场前景。

新兴矮脚黄鸡健康养殖与肉品加工技术集成与转化 该项目由广东温氏食品集团股份有限公司承担，2012年获国家农转资金项目立项支持。

项目在实施过程中，开展了提高种鸡和肉鸡生产性能的相关研究，建立了新兴矮脚黄鸡的分阶段饲养模式、无公害优质肉鸡饲料配方技术体系、多层次的动物疫病防疫技术管理体系、养殖废弃物处理方法及冰鲜鸡新型保鲜技术，制定了《新兴矮脚黄鸡质量要求》、《肉鸡配合饲料》企业标准。

项目实施期间，肉鸡和种鸡生产性能明显提高，肉鸡公鸡65天龄体重1.8千克，母鸡75天龄体重1.5千克；种鸡35产蛋周入舍母鸡产合格种蛋达143枚，受精率达94.03%，受精蛋孵化率91.06%，入孵蛋孵化率85.63%，健雏率97.99%；通过新营养配方的使用，肉鸡公母平均料肉比低于2.5：1，禽流感、新城疫等重大疾病发病率为0；通过对养殖场禽粪便进行生物发酵，半成品养分在5%以上，有机质在45%以上。各项技术指标均达国内先进水平。

项目在新兴簕竹、非雷、共成建立了3个示范基地，产品生产均执行ISO标准，并达到无公害产品要求；累计生产销售新兴矮脚黄鸡1 666万只，其中冰鲜鸡324万只，累计实现收入32 570.6万元、净利润1 978.8万元、出口创汇1 194.7万美元，带动农户增收总额达2 000万元；获国家发明专利授权4件，实用新型专利3件，发表论文2篇，制定企业标准2项，1项技术通过广东省科技成果鉴定；培训农户及技术人员200余人，带动新就业人数1 000余人。项目的实施，大幅提升了新兴矮脚黄鸡安全生产水平，显著增加了农户及企业的收入，取得了良好的社会和生态效益。项目通过“研究中心＋中试基地＋公司＋养殖户”产业化推广模式进行本项目技术和产品的示范和推广，探索出一条成功的科研成果产业化开发、科研与大规模生产紧密结合的成果转化路子，取得了显著的经济效益。通过全程的生产管理控制，农民工人化和废弃物的集中处理，确保畜禽产品安全，促进农民增收，加快农民素质提高，推进农民生态环境的改善，为解决“三农”问题提供了基础。

（广东省科技厅社会发展与农村科技处 叶毓峰）

农业科技示范与推广

【农业科技园区】 2014年，省科技厅安排1 150万元在河源、清远、揭阳、阳江、珠海等地市建立农业科技园区，推广示范农业科技创新技术及成果，以农业产业为依托，提升不同区域优势特色产业。截至2014年年底，广东省已有广州、深圳、湛江、珠海4个国家农业园区以及梅州、汕尾和韶关等12个省级农业科技园区。广东省16个国家和省级农业科技园区的核心区面积1.03万公顷，示范区面积88.49万公顷，辐射区面积超过25万平方千米。

截至2014年年底，农业科技园区覆盖粤东西北和珠三角主要农业产业区，各园区围绕特色优势农业产业，通过产学研结合的方式支持园区农业龙头企业开展集成创新，发挥技术集成与产业集聚优势，培养和吸引了一批优秀人才，完善了技术培训与技术服务网络体系，促进了优势特色农业产业健康发展。

珠三角地区　珠三角地区依托广州、深圳和珠海3个国家级农业科技园区以及江门省级农业科技园区重点发展特色高端农业产业。

截至2014年年底，广州园区先后建成了科技创新区、农作物种子工程示范区、良种苗木繁育中心、花卉园林中心、良种猪育种中心、动物保健品技术开发中心等重点工程。深圳园区以“建设亚太地区具有重要影响的生物育种创新基地和总部集聚区，培育现代种业，抢占现代农业生物育种制高点”为目标，积极推动生物育种产业，园区已入驻43个生物育种等农业企业（项目），建立了分子设计育种、杂交育种、航天工程育种和生物育种基因测序四大技术创新服务平台，培育了10个国内外知名的拥有生物育种核心技术和自主知识产权的生物育种创新团队。珠海园区以“高端产业、休闲旅游”为目标，重点建设现代特色农业、生态休闲旅游和农产品交易加工物流基地，截至2014年年底，已建成17个生产基地，36个农产品通过国家和广东省无公害农产品、绿色食品、有机食品等产地认证，拥有“白蕉海鲈”、“人禾农业”和“乡意浓有机米”等一批特优农产品知名品牌。珠海园区与“中国杂交水稻之父”袁隆平院士全面合作推行“两分地养一个人”工程，建设袁隆平超级稻核心试验区总面积约93公顷，超级稻一年两造。江门园区重点发展以先进智能温室、机械化、信息化为基础的现代设施农业科技，以信息化、现代物流为基础的现代农业科技服务业，以名优园艺植物（蔬菜、花卉）以及南药等作物种子种苗繁育为基础的现代种子种苗产业科技。截至2014年年底，园区已建设完成智能温室大棚1.8公顷，生产型大棚1公顷，科技培训中心和植物脱毒快繁中心共3 335平方米，标准鱼塘13公顷。

粤东地区　粤东地区重点发展蔬菜种植、茶叶种植、特色水果种植、畜禽养殖等四大农业产业。

汕头和汕尾园区以特色蔬菜种植作为园区主导产业，其中汕头园区按农田“五化”的标准建设蔬菜原种田3公顷、蔬菜良种繁育种田13公顷，开展潮汕特色及优势的蔬菜新品种的改良、培育、繁育、示范及推广，新育成2个品种通过广东省品种审定，6个品种先后被省农业厅列入2011—2013年省农业主推品种，推广蔬菜品种20多个，良种推广种植面积达6万公顷。

潮州和揭阳园区以茶叶种植、岭南特色水果种植作为园区主导产业，截至2014年年底，潮州建成高山无公害、有机茶生产基地400公顷，揭阳建成有机水果种植基地133公顷。汕头和汕尾园区以狮头鹅、蛋鸡等重点品种，发展畜禽养殖主导产业，取得良好成效。

粤西地区　粤西地区重点发展以罗非鱼和对虾为重点品种的水海产品养殖与加工业，以及北运菜种植等农业产业。

湛江园区近年来依托4个水产养殖骨干企

业、2个水产品加工龙头企业共培育新品种14项，获得专利32项，开发和引进新工艺新技术19项，开发新产品13项，取得了显著的经济效益。茂名园区建成了2个罗非鱼、对虾加工出口基地、2个罗非鱼种苗繁育基地、1个对虾种苗繁育基地、2个罗非鱼健康养殖示范基地、1个对虾生态养殖基地和9个蔬菜产业科技示范基地，园区有7个基地11个品种通过国家绿色食品认证，其中，蔬菜品种10个，罗非鱼品种1个。阳江园区现有水产养殖场24家，养殖总面积达2 400公顷，其中对虾养殖场1 937公顷，罗非鱼养殖场460公顷。

粤北地区　粤北地区重点发展以生猪、肉鸡等为重点品种的畜禽养殖与加工业，以及特色水果、油茶、茶叶和蔬菜为主的种植业。

云浮、韶关和清远园区以畜禽养殖与加工业为主导产业，其中云浮园区主体企业广东温氏集团是全国最大的优质肉鸡、生猪生产企业，2013年该集团实现年上市肉猪突破1 000万头，成为全球第二大猪肉生产商，在广东省内该集团肉鸡、肉猪出栏量分别占全省的35.4%和14.5%。

韶关、梅州和河源园区以特色水果、油茶种植和特色蔬菜种植为主导产业。截至2014年年底，韶关园区建立了200公顷连片的有机沙田柚种植示范基地和67公顷有机罗汉果基地，建立了油茶深加工基地3.7公顷，建成了年产2 000吨精炼山茶油生产线并投产使用，还种植菜心、芥蓝等蔬菜200公顷，建立大棚育苗棚6.7公顷。梅州园区充分利用雁洋、松口两个梅县最大的金柚基地，开展金柚优良种苗的脱毒快繁技术和金柚无病原体母种圃的研究，建立授粉试验示范基地，在梅县松口镇梓育村、下坪村建设油茶标准化示范基地，通过产学研合作，开发引进油茶新品种，制定油茶丰产技术标准。河源国家农业科技园区核心区和示范区位于广东省河源市灯塔盆地，园区已初步形成了优质粮油、蔬菜水果、生态养殖、花卉苗木和南方药材五大主导产业，截至2014年年底，入园企业已达90多家。园区建设对保障粤港澳地区的粮食和食品安全，加快建立现代生态农业科技集成应用体系，引领生态文明和产业健康发展，促进粤东西北地区协调发展有着重要意义。

梅州和清远园区以特色茶叶种植为主导产业，梅州园区重点围绕雁南飞、阴那山的天然生态优势引进优质安全茶叶新品种，提升先进种植、加工技术，清远园区建成80公顷的茶叶栽培及加工功能示范区，引进优质茶种3个。

【星火计划】　2014年，广东省共设立国家星火计划项目90个，其中，重点项目7个（见表5-2-2-1），面上项目83个，重点项目共获得国拨经费500万元。

据国家星火重大项目的调研统计，截至2014年年底，通过建立示范基地、示范推广先进技术、带动企业和农民等方式，实现年产值9.9亿元，年利税1.2亿元；项目成果覆盖县（市）169个，覆盖乡镇858个，覆盖农民9.4万人，农民人均增收4 495元；创造就业岗位10 229个，促进劳动力转移10 021人；建立农业专家大院4个，开展

表5-2-2-1　广东省获国家星火计划重点项目（2014）

序号	项目名称	承担单位
1	华南特色蔬菜大棚水浮式育苗及高效栽培产业化应用推广	广东省农业科学院
2	液态鸡蛋安全高效加工及综合利用技术产业化应用示范	广东新供销天业农产品有限公司
3	华南优质高产抗病水稻及其产业化技术集成与示范应用	广东华农大种业有限公司
4	四季茶花新品种在华南区域高效繁育与产业化示范	棕榈园林股份有限公司
5	保存鲜果风味和色泽的半干荔枝或龙眼的制备技术的示范	惠州市四季鲜绿色食品有限公司
6	农民专业合作社农资采购信息管理系统集成及应用推广	广东村村通科技有限公司
7	广东北运蔬菜高效安全关键技术集成示范与应用	电白县正绿菜业有限公司

技术指导和培训，指导培训农民1 258人次；支持和培养农业专业合作组织57个，开展技术培训和技术推广，培训农民25 006人次，推广技术84项；通过“企业+农户”的模式带动农民，支持农业企业184个，覆盖乡镇581个，推广技术409项。2014年，新增培训基地2个，举办培训班144个，编写教材15种，印刷教材15 640册，建立远程教育站点5个，培训农民4 000人，培训科技致富带头人、农村科技服务人员、基层科技管理人员合计1 374人次。

四季茶花新品种在华南区域高效繁育与产业化示范 该项目获得国家星火计划重点项目支持60万元。项目以具有长势快、抗性强、耐旱等特性的四季茶花新品种为主要栽培品种，采用具有自主专利的扦插、嫁接、 基质栽培等配套技术，进行标准化生产，对现有品种通过嫁接进行改良；建立示范基地，并在示范基地建立规范化的高效繁育技术体系，在周边农村进行产业化推广，引导农民利用企业提供的配套技术种植四季茶花新品种并对其进行相关园艺措施培训；依托企业科技创新平台，继续开发优质的园艺新品种及相关栽培技术，为后期产业发展提供更完善技术支持及更多替换的新优品种，保证茶花产业可续性的发展。

2014年，项目实施取得了显著的成效：在肇庆高要回龙镇棕榈谷花园有限公司和英德横石水镇锦桦园艺有限公司新建2个星火示范基地，利用低产的油茶生产扩繁茶花新品种5万株，实现产值400多万元，新增利税80万元。项目不仅带动了周边农民收入，而且同时进行示范培训，编印并发放《四季茶花新品种识别鉴赏指南》《四季茶花新品种标准化栽培技术指导》教材1 500份，在广东省肇庆市高要市回龙镇大田塱村和刘村培训农民工450人次，在清远市英德市横石水镇旱庄村培训农民工150余人次，从而提高农民的生产技能，解决110多个就业岗位。通过本项目的实施，5个茶花新品种通过国家林业局实地审查，并申报茶花新品种5个，通过生产具有知识产权的新品种，提高产品的竞争力，提升企业的科技含量。项目的实施引导农户和小型苗圃进行转型，引导农户和小型苗圃的生产栽培技术水平的升级，由过去小农生产模式转为标准化生产，大大提高产品的品质。新优植物品种代替老品种，避免品种同质化，提高产品的竞争优势和附加值，部分通过培训的农民，并通过企业+农户的形式，由原来传统农业转为现代苗木经营，有效转移劳动力。截至2014年年底，已有20位农民把原有自留地转为苗木生产，原有土地由每亩每年1 000多元的产值，提高到每亩每年10 000元的产值，大大提升土地附加值及产值，并通过辐射带动周边经济。

广东北运蔬菜高效安全关键技术集成示范与应用 该项目获得国家星火计划重点项目支持60万元。项目在广东省北运蔬菜基地，利用所筛选出的优质、高产蔬菜新品种及其与之相配套的栽培技术，通过媒体宣传、送种和优惠供种试种、结合品种的推广进行农民培训、技术咨询和技术服务等，在积极推广新品种的同时，加大力度进行科学施肥技术和科学施药技术的宣传和技术培训，并加强对产品质量的监测，生产符合北运蔬菜市场需求的蔬菜产品。

2014年，项目实施取得了显著的成效：1. 开发12号菜豆、粤秀3号青瓜、汇丰2号辣椒、农夫长茄、超甜金银粟甜玉米、水东芥菜等新品种6个，在茂名市电白区陈村镇、麻岗镇，茂南区金塘镇、公馆镇等地建立新品种北运菜试验基地5个，试验面积87公顷，6个新品种分别比原来品种增产11%、12%、17.8%、12%、11%、9%；2. 制定了无公害露地蔬菜节水灌溉施肥（水肥一体）技术规程，开发水肥一体化专用液体肥配方；开展肥水一体化技术、病虫害综合防治等新技术3项技术示范，示范面积100公顷，实现节水20%～30%，节肥10%～20%；3. 制定了蔬菜的平衡施肥技术方案，提出生态节约型蔬菜高效安全栽培技术规程，应用该技术比传统栽培技术增产10%，蔬菜产品达无公害标准；4. 开展技术培训，培训农民210人次；5. 项目有3个产品通过国家绿色食品认证，申请国家专利实用新型1项，发表论文2篇；6. 项目产值3 100万元，其中新增产值1 100万元，新增利润210万元。

保存鲜果风味和色泽的半干荔枝或龙眼的制备技术的示范 该项目获得国家星火计划重点项目支持160万元。项目以惠州市四季鲜绿色食品有限公司成熟的果蔬深加工实力为基础，立足

开发利用本省丰富的荔枝、龙眼资源，以开发技术培训、技术示范、生产线的示范运行，邀请行内专家为果农进行荔枝、龙眼标准化栽培技术培训、灾后复产培训；采用低温抽湿封闭式的强制循环干燥（热泵干燥）和微波杀菌的生产线；示范推广热泵干燥和微波杀菌工艺；推广半干荔枝和半干龙眼产品。

2014年，项目实施效果显著。项目采用“公司+合作社+科技+农户”产业化经营模式，邀请专家对农户进行免费的技术培训，并跟果农签订订单保底回收，与果农组成产、加、销为一体的产业化股份共同体，开展技术培训2场次，培训人数 402人，发放技术资料1 225份；项目承担单位大力推行“公司+院校”发展模式，与华南理工大学等院校建立了长期的、稳定的技术合作关系，与华南农业大学中国荔枝研究中心合作建立华农四季鲜荔枝研发中心，2014年，有3个社员及果农获得由农业部统一核发的《绿色证书》，为社员收购荔枝、龙眼120 吨，成员户均年增收3 000元，比当地非合作社成员的农户高出28%以上；建立了“原料基地化、生产标准化、经营产业化”的无公害、绿色食品等生产及加工基地2 067公顷。该基地相继被认定为“广东省健康农业科技示范基地”“华南农业大学中国荔枝研究中心科技示范基地”“广东省荔枝龙眼科技协会示范基地”“省市科普示范基地”“广东省农机化加工示范基地”，所生产的“粤农牌”荔枝干分别认定为绿色食品、广东省产品，其商标被评为广东省著名商标、中国驰名商标。公司以产业化共同体的经营新模式常年示范带动7 260多农户，户均增收3 000多元，其中责任订单农户2 533户。

【国家科技富民强县专项】 2014年，广东共有6个县（区）获国家科技富民强县专项立项实施，获得国拨经费650万元资金支持，项目实施期为2年，其中罗定市和电白区为后续奖励实施项目。

【基层农技推广体系建设】 2014年，省农业厅与省财政厅联合实施中央基层农技推广体系改革与建设补助项目，投入资金1.09亿元，完善基层农技推广体系建设。据不完全统计，全省共建设农业科技试验示范基地333个，县级农技推广专家组95个，专家927名，选聘农技技术指导员6 556名，培育农业科技示范户59 513户，辐射带动农户80多万户。

【2014年主导品种和主推技术遴选发布】 从2005年开始，省农业厅建立了农业主导品种和主推技术遴选发布制度，每年聘请各行业专家遴选年度农业主导品种和主推技术，通过新闻发布会和报纸、网络宣传等形式向社会公开推荐。2014年，共遴选推荐农业主导品种94个（次）和主推技术47项（次）。主导品种和主推技术的遴选发布，为农民选择优良品种和先进农业新技术提供了依据，有效地加快了各地优良品种和先进实用技术的推广应用，实现了农业生产的合理布局。同时，加快了农业科技成果转化，提高了良种、良法的覆盖率。2014年年底，全省主要农作物良种覆盖率97%，主要农作物耕种收综合机械化水平44.3%，水稻生产机械化水平66%。

（广东省科技厅社会发展与农村科技处　叶毓峰）

（广东省农业厅　陆　俊）

表5–2–2–2　广东省获国家科技富民强县专项立项项目（2014）

序号	地市	县（区）	国拨经费（万元）	项目名称
1	肇庆市	封开县	160	封开杏花鸡生态养殖与深加工技术示范与产业化
2	江门市	恩平市	95	特色茶规模种植技术及名茶产品示范推广
3	韶关市	乳源县	170	水库生态健康名优鱼产业化养殖
4	清远市	清新区	85	桂花鱼生态高效养殖技术集成与示范
5	云浮市	罗定市	90	罗定肉桂产业化科技开发与示范应用
6	茂名市	电白区	50	南亚热带水产品产业化技术集成与示范推广

农村科技服务

【农村科技特派员】 截至2014年年底，广东省共有农村科技特派员12 186名，农村科技特派员团队209个，法人农村科技特派员254个，农村科技特派员工作站1 121个，已有国家级科技特派员创业链3条，新申报推荐国家级科技特派员创业链9条。全省农村科技特派员与农民建立利益共同体477个，开展试验示范和技术培训7 660次，开展基层科技服务3.9万次，接受基层科技服务的企业有6 845个，推广农业科技成果、新品种、新技术、新工艺1 622个，推广先进农业和农村适用技术3 904项。

【科技下乡】 6月，省科技厅联合民主促进会广东省委员会、省农科院、华南农业大学、仲恺农业工程学院在灯塔镇、骆湖镇开展农业科技和医疗卫生下乡活动，为当地的农民、种养大户、农技人员开展了农业实用技术、农村信息技术、知识产权保护和卫生保健咨询，以及优良畜禽和果树新品种推介、农资产品展销活动，活动组织专家40多人，培训农民500多人；现场派发各类农业实用科技资料1 000多份、优质水稻、蔬菜种子200多包、肥料100多包，并为群众义诊。

2014年，省农业厅在肇庆、云浮、清远、韶关、江门、中山、阳江、河源、梅州、揭阳、汕尾等14个地市，共计38个县（区）、62个乡镇开展农业科技下乡巡展活动。据不完全统计，全年共组织邀请各类专家教授近200人次，宣传推广农业主导品种、主推技术、农产品质量安全知识等200多项；举办主导品种、主推技术等大型图片巡展及现场技术咨询活动62场（次），现场参观及咨询的农民群众达165 000多人（次）；举办各种种养专题技术讲座75场（次），培训农村基层农技推广人员和农民群众近20 000人（次）；免费派发各种农业科技丛书（资料）120 000册（份），种养技术光碟5 000多张。

【科技扶贫】 2014年，按照省委、省政府的要求以及《东源县灯塔镇下围村扶贫开发“双到”工作方案》，省科技厅稳步推进对口扶贫“双到”开发工作。截至2014年年底，共筹集社会资源到位资金604万元（不包含捐赠物资），科技厅到位资金258万元，共计862万元；企业在下围村固定投入约1 100万元。已建设村道8千米，修建了“三面光”水渠15千米，恢复可耕种的农田3.3公顷，改善村卫生环境修建垃圾池20个。利致电业（河源）有限公司进驻下围村开办的电子产品数据线加工厂已经建成运行，可吸纳村劳动力200多人。引进东莞石碣润丰国际蔬菜交易中心入村建立蔬菜专业合作社，按照“公司+专业合作社+基地+标准化”的模式运营，成功流转农民土地20公顷，带动20多户贫困户参与种植，“公司+专业合作社+标准化”种植面积达13公顷。

【科技对口援助】 省科技厅按照国家和广东省的对口援助工作整体规划和部署，加强与厅援疆援藏干部交流，及时掌握和了解派出干部的需求和困难，明确科技对口援助的工作方向，重点实施干部培养工程、粤新丝绸之路经济带人才振兴计划，推进受援地区民生工程建设，打造社会中介组织执业人才服务平台，实地考察广东省科技产业和岗位实习。2014年，举办了2期新疆喀什地区和西藏林芝地区科技管理和专业技术人才培训班，50人得到了相关管理与技术方面的培训。为进一步支撑受援地区产业和民生事业发展，在2014年度项目指南中安排了专门经费重点支持援建干部在受援地开展特色产业技术集成与应用示范、医疗卫生与疾病防治技术研究、建立科技援助平台和培训受援地区科技人才等，科技援助成果将得到进一步巩固和应用推广。

【“三区”科技人才选派和培养】 5月，根据科技部、中组部、财政部、人社部、国务院扶贫办等五部委印发的《边远贫困地区、边疆民族地区和革命老区人才支持计划科技人员专项计划实施方案》的要求，广东省科技厅多次召开了省委组织部、省财政厅、省人力资源与社会保障厅、省扶贫办等部门的联席会议，制定了“广东省‘三区’人才支持计划科技人员专项计划实施方案”，明确了广东省“三区”范围涵盖重点扶贫县、原中央苏区县和民族乡，覆盖全省粤北山区、粤东地区的9个地市、26个县区和6个民族乡，形成以科技部指导，省科技厅、省委组织部、省财政厅、省人力资源与社会保障厅、省扶贫办等五厅局统筹规划和共同管理的格局。成立专项工作小组，联系涉及选派人员的大专院校、科研院所以及提供培训的学校单位，涉及“三区”的9个地市、26个县区、6个乡镇的科技管理部门的组织管理架构，制定了激励选派人员的政策措施以及设立“广东省‘三区’人才计划科技人员专项计划”专项经费，把“三区”人才计划工作与科技特派员、科技人才团队培育、科技扶贫、农村综合信息服务等工作结合起来，统筹规划各方人才资源和资金资源，共同推进计划的实施。

为了规范选派人员的管理，确保选派人员和培训人员的资金，在“2014年广东省协同创新与平台环境建设专项资金”中设立了“广东‘三区’科技人才选派和培养”专题，通过项目组织的形式，引导科技人员把先进的理念、产品、技术汇聚到“三区”。以项目形式支持“三区”人才培训，先后制定了《广东省‘三区’人才计划科技人员专项计划选派人员管理办法》《广东省‘三区’人才计划科技人员专项计划资金管理办法》等规范文件，并把“三区”人才计划科技人员专项计划纳入到省级科技计划体系，嵌入“广东省科技业务管理阳光政务平台”。加强选派人员的信息管理和选派人员项目的跟踪管理，设计了“广东省‘三区’人才计划科技人员专项计划绩效评价体系”。6月，省科技厅向上述“三区”地区发布了《关于开展广东省“三区”人才支持计划科技人员专项计划人员选派和培训需求调研的通知》《关于开展广东省扶贫开发重点县人才支持计划科技人员专项计划的通知》和《关于填报我省“三区”科技人才选派和培养需求计划表的通知》等文件，对选派人员需求进行调研，共收到选派技术需求156个，涵盖农业、工业、医学、农经、信息等领域。在培训需求调研的基础上，制定了《广东省“三区”人才支持计划科技人员培训工作方案》，2014年收到培训人员需求36人次，人员培训需求技术领域涵盖农业、工业、医学、农经和信息等领域。

【产业技术体系创新团队建设】 2009年，根据农业部、财政部《现代农业产业技术体系建设实施方案》和《关于地方开展现代农业产业技术体系建设工作的指导意见》的精神，省农业厅、财政厅联合《印发〈广东省现代农业产业技术体系建设实施方案（试行）〉的通知》（粤农〔2009〕67号），启动了水稻、生猪、岭南水果、花卉和特色蔬菜5个产业创新团队建设，实施了广东省现代农业产业技术体系建设第一个5年计划。5年来，通过建设5个产业创新团队，有效整合了广东省农业科技资源，组建了一支由5位首席专家、57位岗位专家和39个综合示范站长，辐射带动600多人组成的复合型农业科技人才队伍，为全省农业产业快速发展提供有力支撑。

（广东省科技厅社会发展与农村科技处　叶毓峰）

（广东省农业厅　陆俊）

农村信息化

【农业信息与农业经济项目】 2014年，省科技厅投入专项资金220万元，立项“基于数据挖掘的畜禽疫病智能诊疗系统研发与应用”等11个项目支持农业信息与农业经济。

【国家农村信息化示范省建设】 2012年，科技部、中组部、工信部联合下文将广东省列为国家农村信息化示范省建设试点。2013年广东省人民政府关于印发《广东省农村信息化行动计划（2013—2015年）》的通知明确“省科技厅牵头开展‘国家农村信息化示范省’建设”。广东省按照《广东建设“国家农村信息化示范省”实施方案》有序推进，实施了“农村信息服务高速通道”、“省级农村公共信息服务平台”、“农村基层信息服务体系”、“农业电子商务”、“动植物医院”等一批农村信息化重大工程建设，在农村信息基础设施建设、服务网点建设和农业专业应用建设等方面取得一系列重大突破，得到有关部委领导的高度评价和广大农民群众的热烈欢迎。

2014年，广东省在珠江三角洲、粤东、粤西、粤北四大区域推进农业电子商务平台、动植物医院平台，部分区域推进农业物联网技术应用平台、新农医服务平台、农村远程村务管理信息服务平台的示范应用的基础上，大力培育农业信息化市场环境，拉动农业专业信息化市场需求，引导农民专业合作社、涉农企业应用农业专业应用系统，使农民专业合作社、涉农企业和广大农户切实得到更好的经济效益，农民收入增加，对广东农业信息化起到了推动作用。

【省级农村公共信息服务平台建设与运营】 省级农村公共信息服务平台建设工作，是在广东农村信息直通车工程已建的省级农村综合信息服务平台基础上进一步夯实平台，截至2014年年底，已建成并完善了三农信息门户网站、网站群系统、数据中心、五大农村专业应用信息系统（农业电子商务平台、动植物医院公共服务平台、农业物联网技术应用平台、新农医服务平台、农村远程村务管理信息服务平台），基本建成了省级农村公共信息服务平台。具体包括：省级农村公共信息服务平台门户网站“三农直通车”、22个产业信息网站群、18个地方特色信息网站群、1 000个数字乡村信息网站群、示范省三农数据中心、农村专业应用信息系统。

【示范工程建设】

农业电子商务示范工程 “一站式”农业电子商务服务体系为农产品和农资供求信息的发布、撮合、交易、物流配送以及安全追溯等提供一站式商务服务，实现农产品的产销对接，加速农产品流通，降低农产品营销成本，提高农业生产综合效益。截至2014年年底，由广东村村通科技有限公司主办的村村通商城电子商务培训，合计培训了919个农业企业、合作社，共1 295人。

农业电子商务平台经过建设B2C农产品电子商务平台（村村通商城）、B2B农产品电子商务平台（亿农大市场）、乡村旅游电子商务平台（乡游天下）三大专业平台，已建成一个集大宗农产品商贸资讯、区域商城、企业网店为一体可溯源的农业电子商务平台，实现了信息流、资金流、物流的“三流合一”，B2C农业电子商务平台（村村通商城）已有7个地区开通联盟商城，426家涉农企业开通企业网店，供销安全农产品6 000多种，并参与了广东省政府组织的“广货网上行”活动。截至2014年年底，B2B农业电子商务平台（亿农大市场）已有国内农民专业合作社、涉农企业4 590家在线发布企业信息、供求信息。农业电子商务服务覆盖珠江三角洲、粤东、粤西、粤北四大区域，并向“泛珠三角”区域延伸服务，建立了村村通联盟商城—江西分城、云南分城、内蒙古分城。

2014年，继续推进农业电子商务示范工程建设，推进英德市农业、花都市农业、珠海市渔业电子商务平台的建设，打造茶农特色优质农产品电子商务，推广无公害农产品；推进丹霞旅游、花都乡村旅游电商平台建设，开通商城开启三农电商新模式，乡游天下微信公众平台推广“河源柠檬庄园”专题等。完成了安全农产品溯源系统的建设，推广应用安全农产品溯源公共服务平台，有效建立了从农田到餐桌整个过程的监控体系，确保食品质量的安全，维护消费者权益。

动植物医院示范工程 截至2014年年底，以广东省农科院植物保护研究所、动物卫生研究所及珠江水产研究所建成植物、动物、水产3家省级中心医院，基层动植物诊所200多家，基本形成广东省主要农业区域的新型、高效、综合植物病虫害防治、动物与水产疫病防治服务体系。该体系以“医院—平台—诊所—农民”的服务模式，组织列席专家400多名，借助12396语音热线和动植物远程视频诊断为农业合作社、农业专业镇种养大户及个体农户提供技术支持，为全省102家动植物诊所提供动植物病虫害远程诊断与防治技术咨询服务，诊所服务农户达20万人，较好地解决了农业种植、养殖中长期存在的防治难、诊断难、看病难的根本问题，实现了科技信息在广大农村中低成本、高效率传播。

《动植物医院》杂志整合植保、动物、水产疫病防治技术以及新成果、新产品，把高效安全实用的种植养殖技术、病虫害诊断与防控技术、安全用药指导等知识普及到农村基层种养户和农民专业合作社。杂志发行覆盖广东21地市，全省9 000多家农民合作社，4 500多家大型兽药店、农资店等均可收到杂志，逐步辐射到广西、江西、福建等省区。2014年度《动植物医院》单月为养殖专刊，双月为种植专刊，同时采用远程或实地方式指导蔬菜生产。

农业物联网应用示范　截至2014年年底，在广州番禺区、佛山顺德区、中山市、湛江市、清远市等建立了10个水产养殖无线测控网络技术示范应用基地，合计1 173.67公顷。通过水产养殖多参数水质信息、视频信息的全面感知、无线传感网络远程可靠传输以及水产养殖疫病远程诊断的集成，加强了水质环境的监控能力和鱼病防控能力，对确保水质安全和健康养殖，使集约、高效、生态、安全养殖成为可能。通过农业物联网示范工程，有效提升了水产养殖行业现有的单位产量低、效益低的现状。

（广东省科技厅社会发展与农村科技处　叶毓峰）

林业科技

2014年，林业科技工作重点围绕新一轮绿化广东大行动、建设全国绿色生态第一省的总目标，把整合林业科技资源、构建林业科技创新平台、加强林业科技推广应用、提升林业科技创新和支撑能力作为工作重点，全面推进林业科技和林业对外交流合作的各项工作。

【《广东省林业厅 广东省科技厅合作备忘录》】

4月15日，广东省林业厅与广东省科技厅在广州签署了《广东省林业厅　广东省科技厅合作备忘录》。两厅在林业科技发展规划制定、科学研究、创新平台、成果转化与示范基地、创新团队和人才、产学研合作、资源共享七大方面的合作达成了共识，特别是积极推进林业重点领域科技攻关、产学研合作、协同创新联盟构建等方面创新机制，共同推进林业科技改革发展，为兴林富民提供科技支撑。

【科技创新与平台建设】

科技攻关　全省重点推进国家林业公益性行业科研专项、广东省省级林业科技创新专项等林业科研项目实施，在乡土阔叶树种、珍贵树种、油茶、生态恢复与监测、重大有害生物防治及林下经济等领域的攻关研究以及林木优良种质资源的引进方面取得了新的进展。2014年，全省有30项林业科技项目通过验收，项目实施取得了良好成效。在乡土阔叶树种研究方面，选择出红锥优良种源5个、优良家系33个、综合评选优良无性系3个，建立1.5代和2代无性系种子园，优良无性系的平均增益达到16.55%；在珍贵树种研究方面，通过良种和良法有效集成，提高檀香、降香黄檀等多个珍贵树种产量25%以上，缩短培育期3～5年，成功实现人工促进降香黄檀、檀香心材形成、人工促进土沉香结香；在油茶研究方面，高州油茶、广宁红花油茶等良种选育及油茶专用肥、病虫害无公害防治和油茶籽干燥、茶油提取新技术、茶油加工副产物利用与高附加值产品开发等研究取得了新进展，研制了油茶专用肥配方，提出了油茶养分评价方法及养分管理技术方案；在有害生物防治研究方面，利用薇甘菊除治专用选择性内吸型除草剂“薇草灵”防治薇甘菊，取得了良好防控效果。

科技创新平台　继续推进林业生态监测网络建设，重点抓好国家级、省级生态监测定位站基础设施建设和规范管理，启动了广东海丰湿地生态系统国家定位观测研究站的建设和新建樟木头林场省级森林生态站的前期准备工作。广东林木种质资源库建设项目已完成总额投资的90%以上，启动了广东省森林病虫害生物防治重点实验室二期建设，国家林业局林产品质量检验检测中心（广州）、列入省重点项目的南方森林标本馆和林木检验检测基地全面动工。继续推进省级林业科技试验示范基地建设，省级（东江）林业科研试验示范基地开始了桉树试验林的改造，基地各科研项目已进入数据监测和阶段性成果总结阶段，成效初步显现；省级（肇庆北岭山）优良珍贵树种培育试验示范基地已建成檀香、黄花梨、土沉香等八大优良珍贵树种试验示范基地300公顷，广东大南山现代林业试验示范基地初步建成林木种质资源保存基地、科研试验示范林333.3公顷；省高脂马尾松良种繁育基地建设初具规模，具备了年产高脂马尾松及樟树等乡土阔叶树种优质苗木100万株以上的能力。

【科技示范推广】

项目管理及实施　重点抓好中央财政林业科技推广示范项目的实施和管理，验收到期项目10项，对2013年度立项的19个项目开展绩效评价，评价等级均为A级（85分以上）。通过项目实施，2014年共新建樟树、枫香、木荷、火力楠等优良树种推广示范林1 066.7公顷，繁育优质苗木190万株，推广环保型木材防腐剂37.5吨。通过推广示范项目实施，培训林业专业技术人员和林农1 100多人次，发放各类技术宣传资料6 500多份。

科技服务　组织开展以“科技下乡、兴林利民”为主题的科技进步活动月系列活动35场，现场开展科技咨询、科技普及、科技成果与林木优良品种展示等科技服务。组织开展全省林业科技专题调研，重点了解各地林业科技工作现状与问题、林业建设的科技需求，科技试验示范平台、科技推广体系建设等情况，为开展林业科研开发、示范推广、突破科研成果产业化技术瓶颈寻找切入点，更好地促进科技与生产的紧密结合。

【科研成果】

科技成果奖励　全省有7项林业科技成果获2014年度广东省科学技术奖，其中，“红树林快速恢复与重建技术研究”获一等奖，“樟树良种选育及其种苗产业化快繁技术”获二等奖，5项获三等奖。全省有10项成果获2014年度广东省农业技术推广奖，其中，一等奖1项、二等奖5项、三等奖4项。

表5-2-7-1　部分林业获奖成果一览表（2014）

序号	获奖类别	获奖项目名称	第一完成单位
1	2014年度广东省科学技术奖一等奖	红树林快速恢复与重建技术研究	中国林业科学研究院热带林业研究所
2	2014年度广东省科学技术奖二等奖	樟树良种选育及其种苗产业化快繁技术	广东省林业科学研究院
3	2014年度广东省科学技术奖三等奖	高抗性桉树优良无性系选育与生态栽培技术	华南农业大学
4	2014年度广东省科学技术奖三等奖	绿僵菌种质资源创新及高效防治林业主要害虫体系构建与应用	广东省林业科学研究院
5	2014年度广东省科学技术奖三等奖	森林消防立体灭火技术研究与应用	广东省林业科学研究院 华南农业大学 深圳市安云科技有限公司等
6	2014年度广东省科学技术奖三等奖	广东油茶养分高效管理技术	广东省林业科学研究院
7	2014年度广东省科学技术奖三等奖	采石矿山复绿关键技术研究与应用	深圳市万信达生态环境股份有限公司
8	2014年度广东省农业技术推广奖一等奖	樟树良种及其种苗产业化快繁技术推广	广东省林业科学研究院
9	2014年度广东省农业技术推广奖二等奖	松材线虫病持续控制技术推广	广东省林业科学研究院
10	2014年度广东省农业技术推广奖二等奖	广东油茶养分高效管理技术推广	广东省林业科学研究院
11	2014年度广东省农业技术推广奖二等奖	广东森林植被碳汇研究与应用推广	广东省林业调查规划院

（续上表）

序号	获奖类别	获奖项目名称	第一完成单位
12	2014年度广东省农业技术推广奖二等奖	杜鹃红山茶等优良茶花推广	佛山市林业科学研究所
13	2014年度广东省农业技术推广奖二等奖	森林消防立体灭火技术推广	广东省林业科学研究院
14	2014年度广东省农业技术推广奖三等奖	红豆杉栽培技术推广应用	梅州市林业科学研究所
15	2014年度广东省农业技术推广奖三等奖	热带北缘桉树无性系推广	茂名市林业科学研究所
16	2014年度广东省农业技术推广奖三等奖	东莞低效人工林改造升级关键技术及推广应用	东莞市林业科学研究所
17	2014年度广东省农业技术推广奖三等奖	中山市生态风景林景观评价技术研究与推广应用	中山市国有森林资源保护中心

“红树林快速恢复与重建技术研究”首次开展了生态控制互花米草的理论基础及应用技术研究，阐明了互花米草的生态控制机理，攻克了互花米草入侵控制这一国际性难题。首次研制出适用于滩涂育苗造林的红树林菌肥，能使个体平均总生物量提高49.3%～74.5%；出圃率提高10%～30%，在华南沿海滩涂建立了大面积的接菌试验林及推广示范林，造林成活率提高了10%～30%。首次开展了寒害受损红树林生态系统的恢复动态规律、寒害受损红树林的快速恢复技术研究，在2008年特大寒害受损红树林中开展遏制互花米草复燃的生态控制方法研究与示范，筛选出了秋茄、桐花树、无瓣海桑等耐寒适生红树植物，采用耐寒与不耐寒树种混交方式种植于寒害致死的红树林迹地上，4年后林分郁闭，保存率超过了80%，林下出现了乡土红树植物。采用此方法，使2008年珠海因冰冻灾害致死的200公顷红树林得到了全面快速的恢复与重建。制定了红树林消浪效益定量评价指标体系，提出了消浪红树林带的构建技术与林分结构标准。出版专著《中国红树林恢复与重建技术》，为红树林的保护、恢复及发展提供了切实可行的理论依据和技术指导。研究成果已在广东、广西、海南和福建沿海滩涂的红树林恢复重建中推广应用，推广种植的3 200公顷红树林每年创造直接和间接效益7.42亿元，近6年累计产值44.5亿元。

“樟树良种选育及其种苗产业化快繁技术”项目选择收集了广东全分布区及湖南、江西、福建、广西、云南等主产区的樟树种源24个、优树遗传材料400份；通过种源试验和子代测定，系统阐述了樟树主要生长和形质性状的遗传变异规律，筛选出材用樟树优良种源2个、优良家系56个、优良单株63株，材积增益分别达5.7%、39.5%和213.0%以上；优良芳樟醇型无性系3个，鲜叶出油率可达1.8%，芳樟醇含量91.6%；龙脑型无性系2个，鲜叶粗脑得率0.5%，右旋龙脑含量可达66.3%；培育优良家系Cc-001等7个林木良种。突破了樟树无性繁育技术瓶颈，继代培养有效芽增殖率可达4倍，生根率92.6%，移栽成活率90%，组培快繁达产业化水平。创新了樟树生态、材用、油用综合改良技术模式，构建了樟树遗传改良、良种繁育及定向培育一体化的技术支撑体系。揭示了樟树生长和形质性状的遗传变异规律，制定了与广东省不同区域气候相匹配的育种及良种化策略，建立了基本群体、育种群体与生产群体相互独立的多群体改良的樟树高效生态育种体系。良种及其配套技术适宜在广东及广西、福建、江西、湖南和海南等南方省区的低山丘陵与平原地区推广种植。2005年以来，已在全省20市82县（市）推广种苗1.65亿株，合计造林14.9万多公顷。

知识产权保护　进一步加强植物新品种创

造、运用、保护和管理，有6个林木花卉新品种申请植物新品种权，大戟属“闪亮一品红”、野牡丹属“心愿”等22个植物新品种获得授权。

为摸清全省油茶资源情况及利用现状，以推进油茶资源的保护与挖掘利用，加快油茶产业发展，保证国家粮油安全和生态安全，按照国家林业局的要求，省林业厅组织开展并基本完成了全省油茶遗传资源调查编目工作，向国家林业局提交了广东省油茶遗传资源状况报告和相关调查数据。

截至2014年年底，全省共有60个林业植物新品种获得国家林业局植物新品种授权。为了加大打击林业植物新品种侵权假冒案件的执法力度，省林业厅在全省组织开展打击侵犯林业植物新品种权专项行动，通过对已获得授权的单位和个人进行全面调查摸底，了解授权植物新品种的侵权、假冒情况，暂未发现有林业植物新品种权侵权行为。

标准化与产品质量管理　2014年，经广东省质量技术监督局批准发布实施的省地方标准11项；新立项制修订林业行业标准2项。新建全国油茶标准化示范区1个，验收到期省级林业标准化示范区9个。巴洛克木业（中山）有限公司被列为第2批国家林业标准化示范企业。38个林产品获“广东省名牌产品”称号，全省名牌林产品总数达108个。

全国油茶标准化示范区——“广东省揭阳市油茶标准化示范区”属于中央财政林业科技推广示范项目，承担单位为华南农业大学，通过执行油茶苗木质量分级（GB/T 26907-2011）、油茶采穗圃营建技术（LY/T 1936-2011）、油茶丰产栽培技术规程（DB44/T280-2005）、油茶栽培技术规程（LY/T 1328-2006）等技术标准，在广东省揭阳市建立油茶良种核心示范区133.33公顷，其中：油茶良种繁育示范基地3.33公顷、油茶种植示范基地33.33公顷、油茶抚育管护示范基地96.67公顷，开展油茶标准化生产全过程示范。到实施期末，使本地区油茶标准化生产覆盖面达到70%以上；核心示范区Ⅰ、Ⅱ级苗使用率100%，造林成活率提高到95%，保存率提高到90%。示范区建成后，油茶丰产林盛产期时亩产茶油达30千克，按100元/千克计，每公顷年产值达45 000元，并可示范带动林业龙头企业1家，油茶种植专业户300户，辐射推广油茶标准化经营面积达1 333.33公顷。

表5-2-7-2　当年发布实施的广东省林业行业地方标准（2014）

序号	标准编号	标准名称	起草单位
1	DB44/T 1398-2014	生态公益林样地调查技术规程	华南农业大学
2	DB44/T 1399-2014	自然保护区数据库建设技术规范	广东省自然保护区管理办公室
3	DB44/T 1340-2014	桉树人工林经营立地管理技术规范	国家林业局桉树研究开发中心
4	DB44/T 1341-2014	桉树有机—无机复混肥	国家林业局桉树研究开发中心
5	DB44/T 1342-2014	台湾桤木栽培技术规程	广东省林业科学研究院
6	DB44/T 1343-2014	龙船花属植物栽培技术规程	华南农业大学
7	DB44/T 1435-2014	风景林管护技术规程	华南农业大学
8	DB44/T 1436-2014	家具用竹集成材	华南农业大学
9	DB44/T 1437-2014	木荷育苗技术规程	广东省林业科学研究院
10	DB44/T 1438-2014	油茶籽油生产技术规程	华南农业大学
11	DB44/T 1439-2014	樟树组织培养技术规程	广东省林业科学研究院

【科技管理与交流合作】

科技项目管理　广东省林业厅与广东省财政厅联合制定并印发了《广东省林业科技创新（种苗）专项资金管理办法》和《广东省<中央财政林业科技推广示范资金管理暂行办法>实施细则》，进一步规范林业科技项目实施及资金管理，完善林业科技项目实施管理制度。

科技投入　2014年，广东省林业厅共落实国家和省财政林业科研、推广、平台建设经费近7 000万元。其中，国家林业公益性行业科研专项和“948计划”项目各2项，林业行业标准制定项目2项，林业科技条件建设和创新平台运行补助项目7项，生物遗传资源管理、森林认证和林业知识产权试点项目各1项，获经费共876万元；中央财政林业科技推广示范项目19项，获经费1 900万元；省林业科技创新和创新平台建设经费3 000万元；省科技厅立项的林业类科技项目明显增多，2013年度项目合同经费超过1 000万元。

交流合作　2014年，广东省林业厅拓展粤港澳台林业科技交流合作，为港方举办林业技术培训班3期，培训人员40人次，开展有害生物防治技术、森林火灾监测及扑救、郊野公园管理等方面的交流合作；粤方组织10人次参加港方举办的自然保护区宣教培训班。粤澳就生态保护、环境绿化及濒危动植物鉴别交流合作机制等方面进一步探讨合作新领域。粤台合作交流有新举措，广东省林学会首次赴台湾开展海峡两岸森林保育经营交流活动，并参加了海峡两岸自然保护区国家公园建设与标准研讨会。积极开展国际林业科技交流合作，组织8批次林业专业技术和管理人员分赴西班牙、瑞士、奥地利、英国、德国、澳大利亚、印度尼西亚、俄罗斯、波兰、日本等国开展林业交流合作、技术引进、学术研讨和青年交流等活动。

（广东省林业厅科技与交流合作处　伍观娣）

渔　业　科　技

2014年，广东渔业经济总产值达2 350.2亿元，增加值225.3亿元，同比增长9.6%；水产品总产量836.3万吨，渔业产值1 110.6亿元，增加值105.7亿元，同比增长9.5%，渔业产值占农业产量比重为20.6；水产品出口量48.2万吨，水产品出口额32.7亿美元；渔民年均纯收入1.34万元，增加值0.11万元，同比增长8.2%。

【现代渔业建设】

现代渔业园区　积极创建农业部“水产健康养殖示范区”，建成水产健康养殖示范区116个，面积2.5万公顷。2014年，新建农业部水产健康养殖示范场20个、国家级现代种业示范场3个、国家级水产良种场3个、省级良种场7个。

水产健康养殖　2014年，新建深水网箱420个，扶持发展渔业标准化健康养殖项目16个，在全国率先建立省级水产品标准化数据库。省级抽检水产品合格率达97.5%。全省水产养殖产量达667.6万吨，养殖面积56.5万公顷，其中，海水养殖产量294.4万吨，面积19.4万公顷，产值386.6亿元。

内陆淡水渔业　2014年，全省淡水养殖水产品373.2万吨，产值543.6亿元，养殖面积达37.1万公顷。清远市加快发展娃娃鱼、鳜鱼养殖，举办首届“稻鱼节”。梅州、河源等地依托绿色生态环境，大力发展休闲垂钓渔业和乡村旅游渔业。韶关、云浮、肇庆市生态渔业、江河渔业迅速兴起，仅韶关市龟类养殖业产值就达3亿元。

休闲渔业　全省观赏鱼及配套渔具产业迅猛发展，2014年全省观赏鱼产量2.3亿条。广州、深圳、佛山、梅州等地积极发展集垂钓、美食、娱乐、度假、旅游、商务于一体的高层次休闲渔业，梅州、河源等地依托绿色生态环境，大力发展休闲垂钓渔业和乡村旅游渔业。2014年，休闲渔业产值23.2亿元，增加值10.9亿元。

渔船更新改造　2014年，国家和省财政共投入1.26亿元，支持更新改造大型钢质渔船284艘，其中远洋渔船33艘、南沙骨干渔船8艘。湛江在市委、市政府的重视下，开工建造200吨以上大型钢质渔船30艘，茂名市建成钢质渔船75艘。江门市承建钢质渔船104艘。

远洋渔业　截至2014年年底，全省17家远洋渔业企业派出174艘渔船，在泰国、斐济、马绍尔等15个国家和地区生产，执行25个远洋渔业合作项目，广东省远洋渔业落后局面得到改善。尤其是深圳市远洋渔业取得迅猛发展，在外生产远洋渔船达106艘，占全省的60%。2014年，广东远洋捕捞产量6.8万吨，远洋渔业总产值10.6万元。

水产品加工流通 截至2014年年底，全省拥有水产品加工企业1 085个，其中年主营业务收入500万元以上的水产加工企业149个，全省水产品加工能力245.3万吨/年。2014年，全省水产品加工总量达140.9万吨，产值218.9亿元；水产流通产值839.0亿元。

渔港建设 起草《关于进一步加快现代渔港建设的意见》，编制现代渔港建设总体规划和改革试点实施方案。省财政初步同意安排11亿元用于现代渔港建设。截至2014年年底，全省建有渔港19个，其中，沿海中心渔港8个，沿海一级渔港11个。

【科技成果奖励】 2014年度，广东省渔业科技发展成效显著，共获得各类奖项13个，其中，2014年度广东省科学技术奖一等奖1项、二等奖2项、3等奖2项，广东省农业技术推广奖8项。

河蚌有核珍珠高效培育技术研究与应用

该项目由广东绍河珍珠有限公司承担，获2014年度广东省科学技术奖一等奖。项目经深化研究20年，逐步形成了技术体系，诞生了“淡水有核珍珠”“定型无核珍珠”“再生有核珍珠”“附壳造型珍珠”“外套膜造型珍珠”“内脏囊造型珍珠”和“内脏囊大珍珠”“南海大珍珠”八大专利技术成果产品。首创“淡水有核珍珠”，创新点之一是河蚌植核培育新技术，创新点之二在于研发了育珠蚌多核位一体多用和珍珠囊多次高效利用技术，创新点之三是优化集成了植核育珠、养殖系统技术。项目还提倡“生态养殖”和“公益养殖”模式，利用富营养成分的三类水质水域养殖育珠，不施肥、投饵和使用任何药物，实行科学管养调控。该项目的示范推广，带动了全国珍珠产业持续发展，大幅度地提高了珍珠养殖效益。

水产养殖环境的生物脱毒关键技术及其应用 该项目由广东省微生物研究所承担，获2014年度广东省科学技术奖二等奖。该项目创新集成了养殖水体残留药物高效降解功能菌株快速分离选育技术、目标降解酶特异性分步层析、酶活同步测定、基因克隆与表达活性评价方法，构建了养殖水体残留药物降解脱毒菌株、酶和基因等生物活性物质的快速挖掘技术；首次发现了以去苯环途径实现孔雀石绿降解脱毒的气单胞菌DN322和短杆菌AN3，及其降解酶TpmD；通过利用原核和真核表达载体，结合基于特异性分步层析与酶活同步测定相结合的目标降解酶分离鉴定技术，建立了目标降解脱毒酶规模化生产技术；在研究阐明影响水产养殖环境孔雀石绿生物降解脱毒关键因素的基础上，研制了4种方便实用的治理养殖池塘孔雀石绿污染的生物制剂，建立了强化养殖环境孔雀石绿生物降解脱毒的技术体系和操作规程。

草鱼出血病新病原株确证及综合防控技术研究与示范 该项目由中国水产科学研究院珠江水产研究所承担，获2014年度广东省科学技术奖二等奖。该项目首次在广东地区养殖草鱼病鱼体上分离到出血病病毒致病原（GCRV-GD108株），揭示其全部遗传信息、确证其进化地位并证实其为我国南方草鱼出血病新病毒株；确证了南方养殖草鱼出血病存在病毒和嗜水气单胞菌混合感染，为出血病的有效防治提供新的思路与科学依据；筛选了保护性抗原且重组抗原可为受免鱼提供有效免疫保护，具有很好的产业化应用前景；建立草鱼出血病综合防控技术，通过完善广东省草鱼出血病预警预报系统，设立多个草鱼免疫示范区，在全省范围进行草鱼出血病综合防控技术的示范、推广与应用，有效地控制了养殖草鱼病害高发的问题，取得显著的经济、社会和生态效益。

斑节对虾遗传育种研究及新品种推广应用

该项目由中国水产科学研究院南海水产研究所承担，获2014年度广东省农业技术推广奖一等奖。项目建立了斑节对虾育种技术体系，培育出新品种“南海1号”和生长快、抗氨氮性能强等优良性状的新品系1个，建立配套的种虾繁育和健康养殖技术。本项目成果已在斑节对虾养殖中得到广泛应用，取得了显著经济效益。2008—2014年，先后与广东、海南、广西等地的渔业推广部门及企业合作，对斑节对虾“南海1号”新品种进行了推广应用。截至2014年年底，斑节对虾新品种推广和新品系中试面积累计达1.87万公顷，虾苗24.485亿尾，累计新增产值15.79亿元，新增纯收入5.699亿元，取得了显著的经济效益。

人工鱼礁关键技术研究与示范　该项目由中国水产科学研究院南海水产研究所承担，获2014年度广东省农业技术推广奖二等奖。项目建立了人工鱼礁技术研发和工程设计平台，创建了我国第一个生态系统水平的人工鱼礁海洋牧场管理技术平台，集成人工鱼礁技术体系，构建我国首个现代工程技术和生态系统水平管理的大型人工鱼礁示范区。以点带面，辐射带动广东、广西和海南等我国沿海地区人工鱼礁区的建设，仅根据广东省统计，2006—2013年，建成人工鱼礁海洋牧场40多处，礁区和核心调控面积分别达282.48平方千米和748.60平方千米，渔业种类和密度分别增加1.30～3.83倍和6.32～26.6倍，产出投入比2.68～14.95倍；2006年以来，经济效益和生态系统服务价值达165.1亿元，新增利税16.51亿元，取得了巨大的生态、经济和社会效益。

滩涂低盐池塘虾鱼高效生态养殖模式研究与应用　该项目由中国水产科学研究院南海水产研究所承担，获2014年度广东省农业技术推广奖二等奖。项目围绕“生态、高效、低风险”主题开展了滩涂低盐池塘虾——鱼多营养级高效养殖模式研究，优化和创新了“凡纳滨对虾——罗非鱼生态高效养殖模式”“凡纳滨对虾——草鱼生态高效养殖模式”和“凡纳滨对虾——鲻鱼围网分隔混养模式”，建立了适合于华南沿海对虾生产实际的滩涂低盐池塘虾鱼高效生态养殖技术体系，于2010年开始在广州番禺海鸥岛和茂名电白进行中试示范，2012年起扩大推广到珠三角、粤东、粤西、广西北海等主要滩涂对虾养殖区。2012—2014年累计示范面积343.3公顷，推广面积2 068.7公顷，新增产值36 188万元，农民新增收入25 123万元，经济效益和社会生态效益显著。

部分大宗淡水鱼高效繁养殖技术的示范推广　该项目由华南农业大学承担，获2014年度广东省农业技术推广奖二等奖。项目针对鲫、鳙、三角鲤、尖鳍鲤等大宗淡水鱼普遍存在种质退化、良种匮乏、养殖过程污染严重、用药过度等问题，分别提出了针对性解决方案。成果内容不仅丰富了大宗淡水鱼理论研究，也促进了健康水产养殖的发展，经过技术推广，目前广东省内每年改良鲫、尖鳍鲤和三角鲤苗种产量可达到8 000万尾以上，综合养殖面积（包括混养和主养）在1 660公顷以上，新增经济效益16 854万元，总经济效益67 415万元。

【渔业科技创新与推广】　2014年，广东省海洋渔业科技推广专项延续实施，更名为广东省海洋渔业科技与产业发展专项，实施项目82个，投入资金4 050万元。专项围绕科技支撑海洋经济发展、产业转型升级和发展战略研究等目标，在资金安排上突出了海淡水主导经济品种育种、对虾重大病害防治、深水网箱安全、水产品加工保鲜、海洋生物医药创制以及科技战略规划研究等重点领域关键技术研发。

科技平台建设　广东渔业科研力量、科技成果和研发水平居全国前列，已成为我国渔业科技人才、科技创新、高技术成果转化和产业化的重要集聚区。截至2014年年底，广东省拥有涉渔国家省部级渔业重点试验室21个，成为全省渔业科技创新的重要保障。在国家有关部门的大力支持下，2014年省海洋与渔业局向中国水产科学研究院提出共建广东省海洋渔业研究所、广东省淡水渔业研究所的申请，得到中国水产科学研究院相关领导同意并支持。

水产种业发展　截至2014年年底，全省建成5个国家级水产原良种场、16个国家级水产种质资源保护区、国家级水产种质监督检验测试中心和1个国家级水产引种保种中心（设在珠江水产研究所）、64个省级水产良种场。2014年，新建国家级现代种业示范场3个、国家级水产良种场3个、省级水产良种场7个。2014年，全省水产种苗年生产总量达9 000.0亿尾（亿粒），其中：海水鱼苗25.4亿尾，淡水鱼苗8 633.0亿尾，虾类育苗280.0亿尾，贝类育苗59.8亿粒，保障了水产养殖业持续健康发展。

水生动物防疫检疫体系建设　截至2014年年底，全省已有18个地级市、84个县区设立了水生动物防疫检疫站，分别占应建市、县级站的85.7%和80.8%，基本建立起省、市、县三级水生动物防疫体系。有18个地级市建立了包括水生动物病害检测在内的三合一实验室、74个县建立了水生动物防疫检疫实验室。建成基层鱼病诊所18家，配备远程鱼病诊断系统127套。截至2014年年底，全省共有在岗水产苗种产地检疫人员323人，获得水生动物执业兽医师资格人员182名、水生动物助理执业兽医师资格人员115名，有3 809名渔业乡村兽医进行了登记、发证。

水产养殖生产病害防控　近几年在广东省水产养殖生产中先后发生罗非鱼链球菌流行病、罗非鱼慢性链球菌病和对虾早期死亡综合征三种疫病，严重危害对虾和罗非鱼的健康养殖生产和质量安全。对此，省水生动物疫病预防控制中心及时组织力量，开展相关流行病的调查、风险分析、防控技术研发、培训指导等相关措施，并充分发挥中山大学、南海水产研究所等单位的专家优势，研发相关防控技术。2014年，全省共举办了病害防治技术培训班186期，培训11 426人次，发放宣传资料81 300份；发送手机防病短信40万条，在网上发布防病信息700条。

水产技术推广体系完善　截至2014年年底，全省共有水产技术推广机构1 076个（不包括深圳市），其中省级站1个、地市级站20个、县级站102个、区域站30个、乡镇站927个，全省共有水产技术推广人员2 317人。

（广东省海洋与渔业局　陈海丽）

社会发展科技领域行业科技

根据新时期社会发展重点任务及新职能，围绕人口与健康、资源环境、公共安全和区域发展等领域的热点工作，2014年，省科技厅制定《广东省社会发展与农村科技计划实施方案（2014—2015年）》，实施“干细胞与组织工程”重大科技专项，科学制定了包含24个专题计划的2014年社会发展与农村科技领域的科技计划项目指南，充分发挥科技对社会民生的支撑作用。

创新医疗器械产品应用示范工程

按照《广东省创新医疗器械产品应用示范工程实施方案》，继续在粤东西北和珠江三角洲开展基层医院“全覆盖”远程医疗服务试点和创新医疗器械产品示范，科技惠民成效进一步显现。

截至2014年11月底，十百千万工程已在9个县（市、区）的88家医疗机构开展基础医疗器械配置、第三方医学检验服务、远程健康检测服务和母胎监护综合示范应用等，投入资金约6 000万元，覆盖人口约1 000万，直接受益人口约7万人。科技惠民计划项目专项资金共到位1 960万元，引导参与项目实施的企业自筹4 596万元。其中，“数字化X射线机和彩色超声多普勒诊断仪示范应用”已在兴宁市和蕉岭县的10家医院（其中县级3家、乡镇7家）配置了彩超和DR各9台，覆盖人口150万人。“远程医学诊断服务”已完成6个县市（街道）共62个社区卫生服务中心/乡镇卫生院的远程医学技术网络系统，覆盖人口300万人。“远程健康监护服务”已建立由心电采集终端设备、动态血压采集终端、远程健康监护服务平台及医生工作站组成的远程健康监护服务体系，并在20医疗机构示范应用，覆盖人口120万人。

生　物　医　药

2014年，广东省以提高广东省生物医药科技水平为目标，多举措、多方式、多部门开展协同创新。省科技厅继续支持和推进“军事医学科学院华南干细胞与再生医学研究中心”建设，推动广东省科技厅与广东省中医药科学院联合科研专项实施。积极配合省发改委开展全省健康服务业和养老服务业的调研考察活动及《广东省促进健康服务业发展行动计划》编制工作，为发展中医药医疗，促进医药产品、医疗器械的研制和应用，发展第三方服务等相关政策措施提供有针对性、可操作的意见和建议。

【国家中医药发展论坛】　2014年，第十三届、十四届、十五届、十六届国家中医药发展论坛（以下简称“珠江会议”）在广州举行。

第十三届“珠江会议”　该会议于1月21—22日举行。会议以“创新技术方法深化经络研究”为主题，集中探讨了经络研究的成果与经验、各种新技术和方法在经络研究中的应用、经络研究的进展与方向。

第十四届“珠江会议”　该会议于6月20—21日举行。会议以“中药炮制技术传承与创新”为主题，围绕传统炮制技术传承、炮制技术规范与标准、炮制技术创新与产业发展三大议题开展研讨，为中药炮制技术在人才、科研、产业、临床、文化、政策等方面的传承、创新和发展提供决策参考。

第十五届学术研讨会青年专题论坛　该论坛于9月23—24日举行，是国家中医药发展论坛专门组织召开的第一次青年论坛。首次全部邀请青年临床医师代表出席会议，不设论坛主席，创新组织模式，改变了过去青年医师只在台下“听会”的模式，让青年医师成为会议主角。代表围绕“中医临床实践问题及解决思路、中医临床研究问题及解决思路”两个主题，结合临床实践经验和成长过程碰到的问题深入交流和探讨。

第十六届“珠江会议”　该会议于12月18—19日举行。会议以“中医‘治未病’发展战略”为主题。围绕“治未病”服务体系及模式现状和问题、理论及技术研究和效果评价、相关标准与产业发展战略等3个议题展开讨论。

【干细胞与组织工程重大科技专项】　2014年，按照省委、省政府的部署，《中共广东省委　广东省人民政府关于深化科技体制改革加快创新驱动发展的决定》（粤发〔2015〕12号）将干细胞与组织工程列为重点领域关键核心技术。省科技厅出台了《广东省重大科技专项总体实施方案（2014—2018）》，将干细胞与组织工程列为广东省九大重点科技专项之一，制定了专项5年推进计划，开展干细胞与组织工程重大科技攻关方向征集与筛选，凝练申报指南并发布，组织项目申报和评审，重点支持干细胞关键技术研究、临床转化研究、产品研究开发、创新载体建设4个专题的研究，共支持9 300万元资助16个项目立项，力争在干细胞制备的核心关键技术、干细胞临床转化应用、干细胞产品研发、相关技术标准与规范、研发和产业化平台建设等方面实现突破，使广东省干细胞与组织工程研究走在全国前列，为干细胞产业发展营造了良好的发展环境。

重大疫病科技攻关

2014年，针对广东省爆发的禽流感及登革热疫情，为了构建人感染H7N9型禽流感疫情防控体系，构筑登革热疫情防控体系以及为防控埃博拉出血热提供科技支撑，省科技厅启动并定向组织有关重大疫病科技攻关。

攻关围绕H7N9亚型禽流感的流行趋势、快速诊断、临床感染病例救治、禽用疫苗研制等6个课题定向组织了“防治H7N9亚型禽流感科技攻关”，支持经费1 000万元。2014年设置流行病学研究、病原学研究、临床治疗研究、禽用疫苗及抗流感药物研究、诊断方法和综合防控技术研究、中医药在禽流感防治中的应用等6个课题，每个课题资助140万元或180万元，力争基本摸清本省不同物种群中H7N9禽流感病毒的流行特点；建立广东省人感染H7N9禽流感病例数据库并成功应用于临床救治；研制出禽用全病毒灭活疫苗；开发针对H7N9亚型禽流感的核酸检测技术；研制出可应用于H7N9人禽流感预防及治疗的中药颗粒剂。

定向组织“广东省防控登革热近期科技攻关专项”，内容包括广东省登革热应急防控和风险预警研究、登革热早期诊治和重症预警及救治研究2个专题。2014年共支持500万元资助7个项目，每个项目资助70万元或80万元，开展广东省登革热的病原学研究，广东省登革热媒介监测及应急控制效果评价，广东省登革热流行的风险因素及风险预警研究；总结2014年广东省登革热临床救治经验，建立登革热早发现、早诊断、早治疗的诊治流程；探索重症登革热预警指征，在2014年年底总结并制定重症登革热诊疗规范和治疗方案；开展重症登革热的免疫致病机制研究，中医药治疗登革热临床研究以及登革病毒基因分型及特异性抗原诊断试剂研发。另外，在埃博拉出血热科学研判的基础上，形成埃博拉出血热科技预案，提出埃博拉出血热科技攻关方向。

节　能　环　保

2014年公益研究与能力建设专项环保科技领域投入的省级财政经费约占广东省社会发展科技领域总投入的1/3。围绕传统产业转型升级，积极开展水泥、陶瓷、玻璃等重点行业脱硫、脱硝、除尘改造技术升级，炉窑烟气NO_x控制，行业清洁生产关键技术和共性技术的研究与集成示范，挥发性有机物污染治理，饮用水安全保障等方面的核心关键技术攻关。

实施LED、节能环保、新能源等战略性新兴产业发展专项。省财政每年投入超过2亿元支持节能环保、新能源、新能源汽车、LED在内的八大战略性新兴产业开展核心技术攻关，积极推动这些新技术新成果的推广使用。由省科技厅牵头实施的“LED十百千万工程”，支持各地将传统路灯置换为LED灯，有力地降低了资源消耗，大大减少大气污染排放源。

（广东省科技厅社会发展与农村科技处　沈　思）

行业科技进步

2014年，广东省各有关科技管理部门，坚持落实创新驱动发展战略，推动各领域自主创新工作实现新突破，全省各行业科技创新稳健发展。

人口卫生科技

截至2014年年底，全省拥有卫生机构（含村卫生室）48 087个，每千常住人口拥有卫生机构0.45个；全省医疗机构拥有床位40.6万张，占全国总量的6.1%，每千常住人口拥有床位数3.78张；卫生人员73.4万人，约占全国总量的7.2%，其中卫生技术人员58.4万人，包括：执业（助理）医师21.7万人、注册护士23.4万人，每千常住人口拥有执业（助理）医师2.0人、注册护士2.2人。居民期望寿命达到76.1岁（全国74.8岁）。

【科技创新体系建设】 2014年，广东省承担的国家传染病防治重大专项进展顺利，“深圳市宝安区、广州市番禺区结核病防治示范区”等国家“十二五”科技重大专项顺利通过国家中期评估。全省卫生计生系统共获厅市级以上科研立项课题7 336项，资助经费13.15亿元，其中：新增国家新药创制科技重大专项9项，中央资助经费5 255.27亿元；获国家科技支撑计划、“863计划”、“973计划”和国家自然科学基金等重大科研项目878项，资助经费5.3亿元。省医学科研基金受理项目申报1373项，立项资助管理500项，立项非资助管理269项，资助总额300万元。启动基于互联网的广东省医学科研基金信息管理系统的建设工作，基本实现项目申报、评审、公布、结题验收全过程信息化管理。

【科技成果奖励】 广东省卫生系统获2014年度国家科学技术奖2项。全省卫生计生系统获得2014年度广东省科学技术奖26项，其中，一等奖3项、二等奖6项、三等奖17项。

项目名称：白内障复明手术体系的创建及其应用

主要完成单位：中山大学中山眼科中心

获奖情况：国家科学技术进步奖二等奖

白内障是全球排行首位的致盲眼病，也是我国重大的公共卫生问题，手术是唯一的复明手段。传统白内障囊外摘除术，切口大、手术时间长、并发症多、复明效果差。该项目组在国内率先开展了大规模致盲眼病流行病学研究，发现我国“一高三低”白内障盲情，为世界卫生组织制定全球防盲战略提供依据。创立针对晚期白内障的“SLIMCE”式无缝线手法摘除术，将手术复明率由42.1%提高至95.7%，获2008年美国白内障与屈光手术协会年会手术银奖。建立了一套适合国人的原位碎核白内障超声乳化手术体系，首创“三维扭动”新型动力系统下的超声乳化手术体系，被国际誉为“白内障手术发展里程碑”，并被全球180个国家和国内588家单位应用。建立了多层次规范化推广体系，使创新的技术在国内外广泛应用，造福国内外患者。

获奖组织：美国德州大学MD安德森癌症中心

获奖情况：中华人民共和国国际科学技术合作奖

2003年，中山大学肿瘤防治中心加入了MD安德森癌症中心“姐妹医院”网络。经过双方长期合作，中山大学肿瘤防治中心40余名骨干赴美进行培训，提升了该中心的临床治疗和科研水平。2014年，中山大学肿瘤防治中心主办的*Chinese Journal of Cancer*被汤森路透收录成为SCI杂志。双方合作开展了多项临床、转化及基础研究项目，获得专利4项，共同发表高水平学术论文60余篇。在MD安德森癌症中心的支持下，中山大学肿瘤防治中心建成了国内首家抗肿瘤新药临床试验机构，截至2013年年底，已有12项研究成果被多个国际诊疗指南所采纳并在全球推广应用。

【适宜卫生计生技术推广】 根据“安全、有效、经济、成熟及适合基层使用”的原则，广东省安排80万元专项经费对56项技术进行资助推广。

（广东省卫生和计划生育委员会　涂正杰）

金　融　科　技

截至2014年年底，全省P2P平台349家，占全国平台总数1/3，贷款余额267亿元，占全国1/4，平台总数、贷款余额均居全国第1位。银行、保险等传统金融机构积极布局互联网金融。2014年，广东（不含深圳）法人银行科技建设投入资金达34.35亿元，科技人员1 884人，电子交易替代率达44.5%。广发银行在广东金融高新区建成数据中心，各项性能指标达到国际领先水平。

【金融科技管理】 2014年，中国人民银行广州分行发挥广东省银行业信息安全联席会议、风险预警、应急协调等机制的作用，加强信息安全风险提示、梳理和排查，举办首届广东省银行业网络安全宣传周活动，落实2014年“两会”及“亚太经济合作组织（APEC）会议”重要时期信息安全保障工作，组织全省银行业机构落实等级保护工作，不断强化广东省银行业信息安全协作能力和水平，保障金融网络和信息系统安全，营造良好的金融信息运行环境。

2014年，省金融办开展了广东金融产业指数及安全监测信息系统、广东小额贷款公司非现场监管系统等信息系统建设，加强综合统计分析能力和业务监管能力。广东银监局组织建设信息科技风险动态监测系统，实时掌握各金融机构的信息科技风险管控状况和系统运行情况，建立IT运维统一监控平台，被中国银监会信科部评为2014年度信息化建设重点项目。广东保监局与中国保险信息技术管理有限责任公司试点建设保险中介云平台、反欺诈平台、车险信息平台、健康险平台、车险理赔服务标准化平台、保险从业人员信用管理平台等6个行业信息平台，其中中介云平台、反欺诈平台在全国属首创。

【信息系统建设】

人民银行广州分行　2014年，该行加强信息化建设，不断丰富和扩大省级数据中心应用，支持金融改革和创新发展。成功完成ACS系统在广东的推广上线，实现中央银行会计核算数据全国集中，进一步提高央行会计核算业务处理的自动化和规范化水平；组织建设广东省非银信用信息库系统、广东省国库管理辅助系统、国库会计业务辅助系统、国库业务标准化系统、广东省农户信用信息系统等，支持金融管理和服务创新发展；完成广东金融互动平台的全省推广，实现广东省各级人民银行和金融机构之间电子公文、报表数据以及业务信息的快速传递、交互与展示，推动人民银行与各金融机构之间的互动模式变革。

平安银行　2014年，该行在巩固原深圳发展银行和原平安银行整合成果的基础之上，实施了小微企业信贷工厂平台、对公微信系统、数据治理及数据管控平台、信用卡实时审批发卡等科技创新项目，推动客户营销服务、电子银行建设、风险防范、管理信息化等方面创新发展。

招商银行　2014年，该行各项业务快速发展，相继推出网络银行7.0版、手机银行3.0版及“一闪通”、C+账户、公司一卡通、跨境智慧综合服务平台、智慧供应链金融平台等一系列产品。10月27日，招商银行正式发布自主研发的全功能网上托管银行平台，这是国内托管业界推出的首个电子化、自动化和网络化的托管业务及服务平台。招商银行全功能网上托管银行根据各类资产管理人、受托人、监管机构、登记机构以及托管人自身的需求，运用互联网技术，将客户端与托管人端有机整合，实现托管人与管理人业务交互、托管人与服务结算机构数据交互、监管机构之间数据信息交互功能，打造一个集业务处理、客户服务、数据信息交互为一体的综合业务与服务平台。

工商银行广东省分行　2014年，作为互联网金融产品、手机客户端金融产品的创新和探索，该行完成“工银易贷通”项目手机客户端APP应用的研发及投产，推出电子渠道交易抽奖平台、员工福利金管家网上销售系统，开发了影院POS、汽车服务专用POS等特色POS业务系统等；推进大数据技术应用，整合资源研发推出信贷息化系统、高端客户管理与支持系统、法人信贷业务考核系统等；研发投产省高院执行款项目、省工会经费代收系统，推动国土资源土地招拍挂系统、公积金实时联网系统在辖内的全面应用，做好政企和民生金融服务；深化数据挖掘分析应用，主动及时推出关于互联网金融、逸贷、存贷比、存款偏离度等有价值的创新信息产品，强化大数据分析技术和算法运用，建立数据挖掘分析展示平台，服务多专业领域。

农业银行广东省分行　2014年12月，该行联合省财厅完成广东省级财政国库集中支付电子化项目（一期）上线工作，成为省内第1家完成该项目上线的银行，获得省财厅的高度认可。该系统利用现代信息网络技术实现财政资金支付业务完全“无纸化”运行，将传统相对分散的手工处理整合成一个完整的电子化处理链条，有利于降低财政资金支付业务的运营成本。

中国银行广东省分行　2014年，该行在总行指导下利用大数据技术开展了大数据应用项目“e触即发”，通过与排队机、营销管理系统的联动，实现了智能实时决策与渠道之间的协同，初步建立了精准营销的闭环，该技术在同业中处于领先地位。同年，由中国银行网络金融部组织的《互联网金融快速发展下的大数据体系研究与实践》课题论文荣获银监会“2014年度银行业信息科技部风险管理课题”一类成果奖（最高奖），“e触即发”作为中行系统首个大数据应用，成为该课题实践案例，为该课题获得优异成绩提供重要支撑。

建设银行广东省分行　2014年，该行完成“新一代”核心业务系统（一期）推广工程，通过构建高可靠、高效率、高安全的后台以及灵活、多样化、多层次交互的中台，支持未来业务发展。全年自行研发上线了理财产品营销平台、国库集中收付、地市公积金中心互联、地市财政授权支付、预售资金监管管理、报表管家、会议管理、员工动态管理、设备保障与维护商管理等27个市场急需、行内重点关注的新系统，有效地支持了对业务的发展。

交通银行广东省分行　2014年，该行“531”工程在全省同步实现切换上线。“531”工程是交通银行在利率市场化改革提速、科技催生金融创新加快发展、同业竞争日益加剧的环境下，通过科学研判、未雨绸缪而建设的新一代信息系统工程。该工程深度融合了该行现有业务系统，在综合化经营上加强了业务联动，发挥了全集团客户和资源共享的协同效应，在财富管理上贯通对公、对私和同业条线，实现了融合模式的财富管理，通过有效对接经营发展实际，谋求以信息科技优势助推发展，进一步为该行拓展国际化经营助力。该工程覆盖境内外，现已率先在澳门分行、台北分行、离岸业务系统上成功实现上线与运营。

华夏银行广州分行　2014年4月10日，该行上线了“网格化”管理系统，采用ITIL流程和平台工具，划分22个子节点、33项检查表和198个检查要点，将管理维度扩展到计划管理、操作管理、机房值班、网络运维、变更管理、应急演练、合规管理、支持管理、报送材料、案防管理、桌面管理、等级保护等全部科技工作，形成立体式、无盲点、规范性的生产运行管理体系，实现管理模式由“粗放”向“精细”的转变。

民生银行广州分行　2014年，该行客户营销过程管理平台和统一负债人管理平台投产上线。客户营销过程管理平台围绕小微小区“两小”业务模型搭建动态过程管理。借助该平台，营销人员可以全面了解客户的存款和金融资产分析情况，实现精准营销。客户营销过程管理平台入围2014—2015年度广东金融学会重大决策咨询研究课题。统一负债人管理平台加强对大公司、中小、小微、私银交叉授信业务贷前尽职调查、评审和贷后监控等各个环节的管理，防范对同一实际控制人超额授信的业务风险。统一负债人管理平台获得全行2014年第6届公司业务“金案例”创新与推动竞赛金点子奖二等奖。

广东华兴银行　2014年，该行完成工厂式小微信贷融资服务平台“微贷工厂”建设，服务于中小微企业及个人的融资需求，为有融资需求的客户提供快捷简便的资金途径，满足客户融资需求。“微贷工厂”融资服务平台实行小微企业银行部集中作业管理，创新实现信贷工厂模式，满足该行小微业务发展的需要，充分响应中央“扶持小微企业发展推动大众创业万众创新”号召，服务于小微企业发展需要，助力社会经济发展。

广东南粤银行　2014年，该行通过新一代核心系统建设，实现了SOA系统架构的落地，显著提升了全行IT建设水平。新建了会计核心系统、信贷管理系统、数据仓库系统、资金运营系统、网点综合服务系统、二代支付系统、企业信息总线等7大关键基础系统，优化了33个外围系统，涵盖客户服务、产品创新、经营管理和风险控制等银行经营的各个方面，更灵活快速地响应市场变化与业务需求，实现了IT应用水平和服务能力的整体提升。

广州农村商业银行　2014年，该行投产上线智慧银行、二代支付系统、贷记IC卡系统、押品管理系统、代客理财投资系统、二代农信银系统、综合理财系统、非现场审计作业系统、零售评分卡系统、数据仓库平台、数据管控平台、管理驾驶舱、综合绩效系统等重要信息系统，支撑业务拓展创新。

东莞农村商业银行　2014年，该行全力推进流程银行系统、营销系统、风控系统的建设。完成了综合柜面系统暨流程银行平台、新一代信贷系统和统一影像平台建设，对原有的业务流程进行了颠覆性的改造，为业务发展提供了强有力的支持；同步推进电子渠道系统建设，优化电子渠道系统架构，搭建电子渠道整合平台，开发直销银行和新一代网上银行，完成了智能视频银行系统、手机银行系统（二期）、微信银行系统、iPad移动营销服务平台建设，搭建本行网上支付系统实现对第三方支付工具的统一接入管理和实现跨行收单功能；着力风控系统建设，完成了数据中心集中监控系统、桌面安全管理系统建设，完善信息系统专项应急预案的制定并进行了银行卡同城灾备系统、综合业务系统等系统的应急演练，进一步完善了风控体系。

【基础设施建设】

广发银行　2014年，该行南海数据中心投产，与广州同城灾备中心、深圳异地灾备中心形成“两地三中心”架构，满足严格的业务连续性要求和未来15年发展的IT支撑需要。南海数据中心建设项目在中国计算机用户协会机房设备应用分会举办的“2014年度第6届中国数据中心行业颁奖大会”评选活动中，荣获“2014年度中国优秀数据中心”及“2014年度数据中心优秀节能项目”。

农业银行广东省分行　2014年，该行实施了两网融合项目，将生产和办公网络整合成开放平台区、开发测试区、运行管理区、外联区、本地用户接入区、城域/广域接入区等6个功能区，实现全网架构由“办公/生产网”向“服务/用户网”的转变，并建立与之相适应的“纵深立体”的安全防护体系、自动化绿色智能的管理体系和面向应用交付的网络服务体系，适应业务快速发展和多样化监管合规的要求，解决业务应用结构日趋复杂、办公和生产的边界逐渐模糊、交叉访问普遍、横向流量剧增等问题。

广东华兴银行　2014年，该行启动灾备系统二期建设，对灾备系统进行应用级负载均衡改造，增加了手机银行及流程银行的应用级同城灾备建设，确保所有重要信息系统均配备应用级同城灾备系统，保障主中心与灾备中心切换时满足同架构平滑迁移，确保单个系统的切换时间的达到分钟级。

东莞银行　2014年，该行开展同城应用级灾难备份系统的基础框架论证、规划、设计和实施工作，完成关键业务系统的同城应用级灾难备份系统建设，开展同城灾难备份中心网络与业务系统的实战切换演练，成功将同城灾难备份中心升级为具有接管并恢复核心业务能力的同城快速恢复中心。

梅县客家村镇银行　2014年7月25日，该行在梅州市梅县区南口镇锦鸡村启动“流动银行”服务项目，成为广东省首家以车为服务场所的银行。“流动银行”服务项目通过技术创新、服务创新和自主研发，将存取款、转账、汇款等固定营业网点办理的业务压缩至一辆移动厢车之中，为偏远地区群众提供支付结算、三农贷款、金融知识宣传等金融服务。“流动银行”服务项目的建立，改善了农村金融服务环境，缓解了山区地域广袤而金融配套设施不完善的矛盾，增加了金融服务灵活性，扩宽了服务范围，节约了运营成本，为普惠金融提供了一条可参考、可持续的发展之路。截至2014年年底，“流动银行”已先后为20多个偏远山村办理1 500多笔业务。

【支付清算】 2014年，广州银行电子结算中心紧抓“运行服务”和“建设发展”两条工作主线，切实保障支付系统安全稳定运行，推动支付业务创新发展。支付系统、全国支票影像系统、电子商业汇票系统、网上支付跨行清算系统运行安全率均达到100%，省内各支付清算系统安全稳定运行。各系统业务量稳步增加。现代化支付系统业务量为52 475.30万笔，同比增加37.09%；业务金额为2 688 600.95亿元，同比增加15.84%。同城支付系统业务量为13 149.36万笔，同比增加19.99%；业务金额为81 283.15亿元，同比增加34.50%。票据交换业务量为890.94万笔，同比减少18.60%；业务金额为10 886.88亿元，同比减少12.91%。广东金融结算平台接入全省银行和国库网点6 097个、连接香港银行营业网点228个，新增4家直接参与者，新增银行网点数161个。全年平台业务量10 388.51万笔，同比上升27.69 %；金额76 714.06亿元，同比上升36.62%（以上统计数据不含深圳）。

【金融IC卡和移动金融】 2014年，人民银行广州分行积极组织推动广东省金融IC卡和移动金融持续健康发展，金融IC卡已逐渐成为银行卡的主流产品。金融IC卡受理环境日趋完善、交易安全性明显提高、应用拓展持续深化、交易量增长迅猛，移动金融应用推广也拉开试点帷幕。截至2014年年底，全省45家金融机构累计发行金融IC卡超1.67亿张，其中2014年新增发卡7 866.65万张，在同期银行卡新增发卡量中占比超过90%。全省5.51万台ATM、85.57万台POS完成受理金融IC卡功能改造。全省发卡银行和受理机构关闭了ATM、POS以及线下其他渠道的金融IC卡降级交易，金融IC卡芯片使用率大幅提升。广东省金融IC卡应用已拓展至公共交通等7大类多个领域，电子现金主要应用场所也已渗透到校园、公交、出租车、菜市场等与民生息息相关的应用场景，全省全年完成电子现金消费7 560.2万笔，金额突破3.60亿元，比2013年增长115%（以上统计数据不含深圳）。

人民银行广州分行启动了广东省省级移动金融可信服务管理系统的建设，广发银行、工商银行、建设银行、中信银行通过移动金融安全可信公共服务平台发行了基于安全芯片的账户介质，拓展了有卡在线支付以及O2O等应用场景，实现了手机话费线上充值、医院有卡在线预约以及影院手机订票等应用。

【金融科技活动】

共同推进广东科技金融融合发展对接会 4月3日，人民银行广州分行与广东省科技厅、广东银监局、广东证监局、广东保监局、广东省知识产权局在广州联合举办了“共同推进广东科技金融融合发展对接会”，签署了《共同推进科技金融融合发展合作备忘录》。广东省政府陈云贤副省长、李捍东副秘书长，人民银行广州分行王景武行长，省科技厅黄宁生厅长、省知识产权局马宪民局长以及广东银监局、证监局、保监局，省金融办，广东部分高新区，金融机构，相关企业负责人共同出席了会议。

对接会上，广东金融高新区、东莞松山湖高新区、珠海高新区和相关金融机构签订了战略合作框架协议，广东部分金融机构对科技企业进行了授信，人民银行珠海、东莞、佛山中支和部分地方法人银行签订了《运用支小再贷款支持科技型小微企业创新发展协议》，总签约金额超过580亿元。

金融科技服务创新战略合作工作会议 8月19日，人民银行广州分行与佛山市人民政府在佛山市召开金融科技服务创新战略合作工作会议，启动金融IC卡与移动金融应用创新示范共建项目。广东省副省长陈云贤、人民银行广州分行行长王景武及佛山市委书记刘悦伦出席了本次会议。

陈云贤指出，当前，广东正处于经济社会转型升级爬坡越坎的关键阶段，也正处于由金融大省向金融强省转变的关键阶段，加快实现并深化金融科技服务创新合作，将是显著提高金融服务实体经济水平、科学推进创新驱动发展战略的一个有力抓手。相关单位、部门要进一步加大合作力度，发挥示范带动作用，促进形成优势互补、共建共享的良好局面，为广东建设金融强省、实现“三个定位、两个率先”总体目标做出积极贡献。王景武表示，近年来，为更好地适应金融改革发展的大局，人民银行广州分行不断加大金融科技服务创新工作力度，以信息化、移动化为主要导向，较好地发挥了科技对金融的支撑和引领作用。下一步将进一步完善金融业数据灾备中心、金融系统营运中心、票据综合管理中心等现代化金融产业后援服务基础设施，加快建成移动金融安全可信服务管理系统并全面推广基于安全芯片的各类线上线下创新业务，进一步推动广东金融科技服务创新。

首届广东省银行业网络安全宣传周　11月，人民银行广州分行组织制订《首届“国家网络安全宣传周”广东省银行业工作方案》，指导金融机构印制发放金融网络安全宣传手册，播放网络安全公益短片，开展“网络安全知识进万家”、“网络安全专家大讲堂”等专题活动。

11月29日—12月1日，首届广东省网络安全宣传周“感知身边的网络安全”公众体验展在广州天河体育中心举行。作为主办方之一，人民银行广州分行积极组织工商银行、农业银行、中国银行、建设银行、邮储银行广东省分行、广发银行、广东省农信社、广州银行、广州农商行和广东银联等10家金融单位集体参展。活动现场，银行安全专家应邀与市民分享关于金融网络安全、金融IC卡知识并进行互动，营造了网络安全人人有责、人人参与的良好氛围。

【金融科技成果与奖励】

项目名称：数据中心服务能力成熟度研究

主要完成单位：招商银行

获奖情况：2014年银行科技发展奖一等奖

该项目通过对业界成熟度模型最佳实践的研究，建立了服务能力域模型和评价模型框架，形成了数据中心的成熟度评价标准以及数据中心服务能力评价指标体系，为提升数据中心的服务与管理能力奠定了基础。该项目首次提出“数据中心服务能力成熟度”理念，并建立了配套的能力框架、过程集合、评价模型、评价方法和评价过程指标体系，形成了战略发展能力、持续运行能力和组织治理能力的服务能力域模型，支持数据中心的量化管理，形成了《数据中心服务能力成熟度评价要求》行业标准。

项目名称：招商银行掌上生活系统

主要完成单位：招商银行

获奖情况：2014年银行科技发展奖二等奖

该项目通过搭建招商银行信用卡手机综合服务平台，整合了信用卡核心应用系统、电商系统、营销系统、数据监测等系统，实现了信用卡全生命周期管理及电子商务的手机综合服务，进一步增强了客户关系管理、移动营销与内容经营的服务水平，提高了经营效率和经营效益，助力招商银行移动互联网金融发展战略实施。

项目名称：小微企业信贷工厂平台

主要完成单位：平安银行

获奖情况：2014年银行科技发展奖二等奖

该平台是平安银行为支持小企业业务的可持续发展而搭建的国内首家真正实现大规模集中处理的平台，以标准化、专业化、流程化、集约化为基本建设原则，利用IT及风险量化技术，对销售、审批、放款、贷后等业务环节进行流程再造，形成的流程统一、作业标准、流水式作业的集中处理模式。在边组建边作业的情况下，信贷工厂一年来已完成100多人的引进，其中应届毕业生占比超过50%，服务全国3 600多个商圈内的77万个小微客户，累计审批发放小微企业贷款超过1 400亿元，余额达到380亿元，贷款客户数突破16万个，不良率仅为0.26%；70%的业务都在1天内审批完毕，移动展业渠道上报业务在1天内处理完毕的占比接近90%。为小微企业客户提供标准、快速、便捷的金融服务，实现对风险、效率和成本的有效控制，为平安银行小微企业金融业务的可持续发展提供强有力的支持，对促进国民经济发展，增加社会就业，拉动社会内需都起到积极的推动作用。

项目名称：对公微信系统

主要完成单位：平安银行

获奖情况：2014年银行科技发展奖二等奖

该系统作为国内首家对公微信银行，是建立公司业务的沟通平台，打通客户、客户经理、产品经理和银行客服的便捷沟通渠道，为客户提供通知、互动、信息推送、产品营销和业务查询及办理等一体化综合信息服务。系统借助微信公众平台，应用动态二维码等技术手段，安全便捷的将客户关联到微信账号上进而提供各种服务。系统针对微信和银行业务特点，将对公开户、票据预审等传统长流程业务搬到微信上，极大地方便了客户，也降低了银行成本。系统自2013年8月投产以来，历经数次优化，广泛受到客户好评和同业的关注。截至2014年11月底，累计关注客户超过12万个，认证客户超过7万个，成功办理的对公开户数接近3万个。

（中国人民银行广州分行　刘正喜）

（广东省人民政府金融工作办公室　余　波）

公　安　科　技

2014年，全省公安科技信息化部门以“金盾工程”二期建设为抓手，认真贯彻落实“科技强警”战略，深入推进科技信息化建设和应用，积极参与和服务实战，为公安业务工作提供了有力的支撑。

【科研管理】

科研立项　为推动全省公安科研工作，广东省公安厅积极组织全省公安机关申报公安部科技计划项目。2014年，经公安部和省科技厅批准立项科研项目15项。其中，省科技计划项目1项，公安部技术研究计划项目2项、应用创新计划项目2项、公安理论及软科学研究计划项目4项、科技强警基础工作专项3项、科技成果推广引导计划项目3项。2014年度在全省公安机关征集并向公安部推荐科技成果推广引导计划项目共7项，其中3个项目被公安部列入2014年度公安科技成果推广引导计划项目。

科技奖励与项目验收　2014年度，全省公安系统获国家科学技术进步奖二等奖1项，广东省科学技术奖三等奖1项，公安部科学技术奖三等奖3项，第4届全国公安基层技术革新奖一等奖1项、二等奖4项、三等奖2项。广东省公安厅全年共组织完成了15个省、部级公安科研项目的验收工作并进行成果登记。其中，“广东公安CDS系统”项目荣获国家科学技术进步奖二等奖。

标准化工作　广东省公安厅积极组织全省公安机关开展标准制修订和申报工作，2014年向公安部申报了6个公共安全行业标准，向省政法信息网工程建设办公室申报了8个标准项目立项并获批准。

【社会治安视频监控系统建设】

社会视频监控网络建设　2014年，广东省公安机关坚决贯彻落实广东省综治委、广东省委政法委“全省深化社会治安视频监控系统建设应用工作会议”和公安部“全国公安机关视频监控建设与应用工作会议”精神，全力推进全省视频监控系统的建设和应用，实现了建设和应用成效的双丰收。截至2014年年底，全省已累计新建、改建一、二类图像采集点共计约177万个，已形成一张全省视频监控网络，基本覆盖社会治安复杂区域和主要路段，其中，公安机关可直接调控的一类图像采集点17万余个，联网高清治安卡口约1 800个。全省公安机关应用社会治安视频监控系统累计破获各类案件17.3万余起，抓获违法犯罪嫌疑人14.5万余名。

SVAC国家标准推广应用　2014年，全省公安机关根据省委、省政府关于广东省成为全国SVAC国家标准先行示范省、全面推行SVAC国家标准的工作部署，大力推进全省SVAC国家标准的推广应用工作。省公安厅、省综治办、省经济信息化委联合发布了《关于在全省社会治安视频监控系统建设中推广应用SVAC国家标准的通知》。省公安厅发布了《〈安全防范监控数字视音频编解码技术要求〉技术指引（试行）》，还协调组织SVAC国家标准在全省的宣贯和应用培训工作，开展SVAC标准的政产学研技术应用合作项目和星光中国芯工程的应用科技攻关，促进本省安防企业转型发展，并对全省各地公安机关的视频监控系统建设加强指导，从严把关。

【信息化建设和应用】

“金盾工程”二期建设　省公安厅“金盾工程”二期（以下简称“金盾二期”）是省政法信息网工程二期的重要组成部分，共规划建设49个项目。截至2014年年底，省公安厅金盾二期共有45个项目递交启动申请及实施方案，占比91.84%；有31个项目（含子项目）完成启动手续办理，占比63.27%。

公安通信网络升级改造　省公安厅组织全省各级公安机关大力开展公安通信网络升级改造工作。截至2014年年底，省到市的公安二级网带宽全面升级到2.5G，市到县的公安三级网带宽超过1 000M，全省公安基层所队100%实现以专线方式接入公安网，网络速度得到大幅提升；公安网与政法网完成互为备份的改造，一家网络一旦中断，可实时绕道另一家网络，无缝连接，确保业务不中断，实现了公安网双线路、双运营商、双路由的“三双”容错保障。

警用地理信息系统建设　省公安厅部署了“一个平台软件”、构建“两个支撑环境”、搭建“3个数据库”和开发“多个系统应用”的任务，省公安厅及21个地市均完成平台建设；完成了公安部要求的各项任务，实现“统一框架、强化采集、集成服务、关联共享、管理创新”五大建设目标，实现全省公安地理信息资源“一张图、一门户、一框架”的大整合大共享。2014年，全省公安机关共采集公安辖区数据23 681条，街路巷52.02万条，标准地址1 134万条，已建人口管理、视频监控、卡口管理、情报应用等应用242个。

移动警务系统建设　2014年，省公安厅完成了移动警务系统3套无线接入平台建设，支持移动、联通、电信三家运营商的网络接入。广州、深圳、珠海、佛山、惠州、中山、江门、清远、顺德九市（区）公安机关自建了平台，全省共开通移动警务用户16 543个。全省公安机关使用人员信息采集、综合查询、巡警专用模块、社区民警专用模块、警种通用模块、科技安保人员核查系统等应用348.38万人次，为警务实战化提供强有力的手段支撑。

“警民通”便民服务平台建设　为提高公安机关便民服务水平，省公安厅大力开展“警民通”便民服务平台建设。截至2014年年底，全省共有广州、佛山、惠州、梅州4个地市公安局和厅出入境、交通管理局两个警种建有“警民通”平台，其中：佛山“警民通”开发实时路况、交通违法查询、在线签注、网上预受理等功能，共被下载12.1万次；惠州“警民通”依托“网上公安局”，开发出入境续签、户口迁移、机动车驾照补办、驾驶人变更信息等功能，注册用户31万名，日均访问量3 100多次；梅州“警民通”以“积分换服务”的思路，开发一键报警、一指服务、信息采集、全民治安防控等功能，用户量达15万名。省公安厅出入境管理局“警民通”开发出入境续签、港澳通行证办理等功能的出入境连线应用，取得良好的应用成效。省公安厅交通管理局“警民通”推出广东交警微信服务号，开发交通违章查询、春运快讯、高速路况5大类12项功能，共有用户5万多名，日增粉丝2 000多个。

人像平台建设　为提高人像比对技术服务公安实战工作效能，广东省各级公安机关大力开展人像平台建设应用。截至2014年年底，全省共有13个地市公安机关完成市级平台建设，整合市级人像资源2.1亿条；2014年，全省人像平台共提供比对服务137.9万次，采集比对犯罪嫌疑人相片超过56.6万张，甄别犯罪嫌疑人15万人。

安全审计平台建设　2014年，为提高公安网络和信息系统安全水平，省公安厅在全省大力开展安全审计平台建设和推广应用。省公安厅完成了省级安全审计平台建设，实现部省两级平台的联动并与省内多个重点应用系统实现对接审计，截至2014年年底，已接入日志数据9 000多万条，通过审计发现56条可疑操作，发布了审计报告，为广东省各地公安机关以及安徽等兄弟省市公安机关信息安全案件的侦查提供了有效线索。

（广东省公安厅　李先全）

环 保 科 技

【高水平课题新进展】 北京大学、中国科学院广州地球化学研究所、中国科学院大气物理研究所、广东省环境监测中心（4个主要牵头单位）以及广东省环境科学研究院等单位联合开展的《珠三角区域大气污染联防联控支撑技术研发与应用》获科技部科技支撑项目重大课题。省环境监测中心的“珠三角区域空气质量达标管理关键支撑技术研究”获环保部公益项目立项，“生态环境‘星—机—地’遥感监测技术的应用需求凝练与应用示范实施”获“863计划”等立项。省环境科学研究院成功申报“基于全生命周期的城市绿地碳源汇特征与管理调控研究”等国家自然科学基金课题2项（面上项目和青年基金各1项）、广东省自然科学基金课题1项，“基于工艺模拟的南方地区污水处理厂升级改造应用技术”获得广东省科技计划“对外科技合作专项”立项，“基于荧光光谱技术的污水处理优化系统的合作开发”获得广州市科技计划2014年产学研协同创新重大专项课题立项，“广东省清洁空气管理评估（2014年）”“珠三角清洁空气报告（2010—2014）”分别获得美国能源基金会及亚洲清洁空气中心资助。

珠三角区域大气污染联防联控支撑技术研发与应用 通过项目实施，预期搭建两大平台——多尺度全耦合空气质量立体监测预警决策业务化系统与平台和集非线性总量控制、多维效应联合评估、多目标综合决策为一体的精细化空气质量管理平台，建成典型行业VOCs控制和燃煤电站烟气超洁净排放两大示范工程，研制出动态源清单、立体监测预警和联防联控管理等三大工具包，为珠三角大气污染联防联控和空气质量精细化管理提供平台和技术支撑。

【科技成果奖励】 2014年，省环保厅向环保部推荐的13个项目中有5个项目分别获得2014年度环境保护科学技术奖二、三等奖，其中，省环境信息中心的“环境地理信息服务平台”获二等奖，番禺高勋染整设备制造有限公司的“超低浴比高温高压纱线染色机——重大高效节能节水低碳环保染色技术”，深圳清华大学研究院的“RPIR快速生化污水处理技术”，中山市优威印刷设备有限公司、广东新优威印刷装备科技有限公司的“VOC零排放、高效节能绿色凹版印刷机研发及产业化”项目，华南理工大学、广州市佳境水处理技术工程有限公司、中山市环境保护技术中心的“印染废水回用及污泥减量利用技术”等4个项目获三等奖。

省环保厅向科技厅推荐的8个项目中有5个项目分获2014年度广东省科学技术奖二、三等奖。其中“工业有机废气强化吸收净化成套技术研究与应用”获二等奖，“污水处理厂剩余污泥深度处理及生物炭综合利用技术”“佛山市水环境保护修复与建设集成研究”“区域空气质量集成展示与实况发布技术研究及应用”“东江流域毒害化学品使用风险和污染监测预警技术体系构建示范研究”获三等奖。

省环境科学研究院承担的“广州市低碳社区标准与控制性详细规划指引研究”获得2012—2013年度广东省优秀工程咨询成果二等奖，国际履约项目“修/造船厂清洁生产示范与推广（涂装工序）”获UNDP和环保部高度评价。

“工业有机废气强化吸收净化成套技术研究与应用”项目针对复杂工业有机废气（以挥发性有机物为主，并含无机物、粘粒等成分）的污染控制问题，研究开发了强化吸收净化成套技术（利用复合吸收剂在高效吸收塔中与有机废气接触反应，使废气中的污染物得到净化的技术）。项目组从2004年开始，经过理论与实验室研究、中试及示范工程等阶段，历经近10年的研发及自主创新，突破了传统吸收法净化有机废气效率低的瓶颈，研发了成套技术并推广应用。项目成果含多项原始创新和集成创新，发现了1个科学规律，研发了5项技术，研制了1种设备，开发了1套控制系统，完成了技术集成与工程示范，形成了成套技术；核心技术拥有自主知识产权，获发明专利5项、实用新型专利1项，发表学术论文20篇。项目技术已经在电子电器、五金金属、化工、塑料、家具喷涂等多个行业有机废气治理工程上获得推广应用，有效地减少了VOCs的排放，保护了大气环境产生了很好的环境和社会效益。

【环境空气质量预警预报】 为满足公众的环境知情权，保障公众健康，落实国家大气污染防治行动计划、广东省大气污染防治行动方案，从2014年12月29日起，广东省环境保护厅与广东省气象局合作，联合向公众发布珠江三角洲区域空气质量预报。当日起，公众可在广东省环境保护厅公众网（http：//www.gdepb.gov.cn）和广东省气象局公众网（http：//www.gdmo.cn）查阅到未来1～3日内珠三角区域空气质量预报信息。与广州、佛山、深圳三市分别发布的预报主要以城市为范围不同，省环保与气象部门发布的空气质量预报是以珠三角整个区域和珠三角内各片区为范围，内容主要包括第二天区域总体和各片区的空气质量指数等级范围及首要污染物名称等，同时将发布未来3天区域空气质量的变化趋势。

珠三角区域空气质量预报，主要基于省部合作“863计划”的重点城市群大气复合污染综合防治技术与集成示范项目。经过6年研发，目前珠三角地区已建成世界上第三个、也是目前我国唯一一个区域大气联防联控技术示范区。该示范区研制出世界上首个区域空气质量多模式集合预报业务化系统，早在2010年，就实现了亚运会开幕式空气质量的7天预测预警，而在示范区内成立的珠三角区域空气质量预报预警中心也已挂牌。该系统已可以达到短期的3天内预报、长期的7天趋势性空气质量预报的能力，其中短期预报准确率可达七八成。及时发布全省环境空气质量实况和粤港珠三角区域空气质量日报，可为实施大气污染行动计划、地方政府空气质量管理提供技术支持。

【清洁生产】 2014年，广东省通过清洁生产评估验收的企业共537家，提出清洁生产方案17 993个，其中，中/高费方案2 685个，实施清洁生产方案16 017个，合计投入资金约19亿元，取得了良好的环境效益。此外，继续会同省经信委、香港环保署共同推进“粤港清洁生产伙伴标志”计划，根据“大气十条”考核细则对清洁生产的要求，推进全省5个重点工业行业清洁生产工作，组织开展了制革、印染和家具等 3 个行业清洁生产审核技术指南的编制，以及制革行业（牛皮蓝湿皮）、木质家具制造行业清洁生产评价指标体系等的编制起草工作。

（广东省环境保护厅环境监测与科技标准处　赵　扬）

能　源　科　技

2014年是完成“十二五”规划目标的关键一年，也是广东节能工作局面颇为被动的一年。前三个季度，受经济增速下滑和电力消费居高不下的影响，全省单位GDP能耗下降率均没有达到下降3.40%的年初计划目标，节能降耗形势极为严峻。进入四季度后，全省进一步加大节能降耗工作力度，全力遏制电力消费过快增长，部分地市采取关停落后企业，限制高耗能行业发展的针对措施，能源消费总量增速逐步回落，节能降耗形势趋于好转。初步核算，2014年广东单位GDP能耗下降3.56%，完成全省节能降耗年度目标任务。

在“十二五”能耗累计指标完成方面，2011—2013年，广东单位GDP能耗累计下降13.10%，完成了“十二五”前三年计划进度的118%。在此基础上，2014年广东单位GDP能耗继续下降3.56%，“十二五”前四年累计下降幅度将达到16.19%，与“十二五”期间广东单位GDP能耗下降18%的总目标只相差2个百分点左右，为收官之年圆满完成国家下达的“十二五”节能降耗总任务奠定了良好基础。

【科技成果及奖励】 2014年，广东省注重能源方面科技开发工作，取得一批科技成果，一批科研成果获2014年度广东省科学技术奖，其中一等奖2项、二等奖3项（见表5-4-5-1）、三等奖8项，大大地推动了广东省能源的开发与利用。

表5-4-5-1　广东省能源领域获2014年度广东省科学技术奖部分成果

序号	获奖项目	承担单位	获奖级别
1	有机废弃物厌氧发酵制备生物燃气技术装备及应用	中国科学院广州能源研究所 中国科学院成都生物研究所 杭州能源环境工程有限公司 山东民和生物科技有限公司 广东温氏食品集团股份有限公司	一等奖
2	建筑废弃物资源化利用关键技术及应用	深圳大学 深圳市华威环保建材有限公司 香港理工大学 南方科技大学建设办公室	一等奖
3	铸造行业综合节能减排的技术应用与示范	华南理工大学 佛山市顺德区中天创展球铁有限公司 广东省韶铸集团有限公司 广州大学 沈阳铸造研究所 广东省机械工程学会	二等奖
4	10万吨/年乙酸仲丁酯工业化生产技术	惠州中创化工有限责任公司	二等奖
5	聚合物动力型锂离子电池的研发和产业化	东莞市迈科科技有限公司 天津大学	二等奖

【节能减排】

政策法规建设　10月11日，广东省人民政府印发了《广东省2014—2015年节能减排低碳发展行动方案》。该方案制定了工作目标：2014—2015年，单位GDP能耗两年分别下降3.4%、2.32%，单位GDP二氧化碳排放量逐年下降3.5%以上；到2015年，化学需氧量、氨氮、二氧化硫、氮氧化物排放量分别控制在170.1万吨、20.39万吨、71.5万吨、109.9万吨以内。

5月9日，为进一步推进电机能效提升工作，广东省财政厅、广东省经济和信息化委员会根据《广东省电机能效提升（2013—2015）及注塑机节能改造工作实施方案》（粤经信节能函〔2013〕3016号）要求，制定了《广东省电机能效提升补贴实施细则》。

碳排放研究与管理　第一，积极参与碳交易市场服务工作，深入总结碳交易相关理论问题。2014年，广东省进入实质性碳交易试点，中国科学院广州能源研究所积极跟踪试点效果，本着实践反作用理论的指导思想，本年度加大了碳交易的理论研究提炼工作，主要表现在：1. 构建了动态CGE模型，利用该模型对广东省能源、经济、环境的动态关系进行了模拟，分析了不同情景下广东省碳交易实施对广东宏观经济指标的产出影响，有力地推动了广东省主管部门的宏观决策；2. 利用数据包网络模型提出了碳交易体系的效率、宏观稳定性指标体系，横向比较了现有试点地区的整体运行效率，指出了广东省系统需改进的要素；3. 结合社会学、管理学、金融学等交叉学科知识，深入分析评估了广东省碳交易体系存在的问题并提出解决方案，同时，在低碳经济与政策研究方面不断深入。第二，低碳经济与政策研究不断深入。开展低碳发展规划编制方法学研究，形成编制模板和方法学并组织推广到其他省份采用。组织开展应对气候变化相关的能力建设，扩展并加深国际交流和合作。开展低碳能源技术评估工作，着重对低碳技术及低碳发展政策的减排潜力和经济分析，建立低碳政策综合评价模型，开展能源总量与排放总量的现状与预测分析。第三，能源战略基础理论研究进一步推进。一方面，开展能源系统分析与模型研究，探索能源系统运行规律和机理，总结省级尺度能源战略研究理论和方法体系，进一步完善了能源经济模型、能源技术评价模型，开展能源流动过程及其效应分析；另一方面，在资源潜力、技术的能源—经济—环境全生命周期评价、技术扩散和转移规律、产业化等问题研究基础上，不断完善可持续能源技术综合评价方法，制定切实可行的、动态的能源科技和产业发展的路线图。

3月11日，由广东省发展和改革委组织的“水泥、钢铁、石化行业能评对标和碳排放量化方法研究”项目验收会在广州召开。该项目由广州能源所牵头，与广东省水泥行业协会、广东省石油和化学工业协会、广东省钢铁工业协会一起四家单位共同承担。

新能源汽车工作　1月10—12日，2014中国工程院学术活动“探索革命性的中国发展新能源汽车之路”在广州召开。论坛由中国工程院能源与矿业工程学部主办，中国科学院广州能源研究所承办，中国科学院广州分院、广州汽车集团股份有限公司、中国科学院深圳先进技术研究院协办，来自各研究院、大学、企业的专家代表共约100人参加论坛。本次论坛以“如何让新能源汽车大量跑起来”为主题，采取“产学研用”相结合的学术交流模式，深入研讨制约新能源汽车产业发展的电池技术、电机电控技术、整车技术以及配套基础设施等核心问题。论坛寻求新能源汽车产业发展的技术路线以及支撑策略，以期推动我国新能源汽车产业跨越式的发展。论坛围绕整车技术、动力电池、电机电控和基础设施4个专题展开热烈讨论。

3月26日，国务院副总理马凯自2014年以来第二次考察深圳新能源汽车企业，并以前所未有的高度对过去5年新能源汽车发展的障碍做了分析。

工业节能与综合利用　2014年，广东省在工业节能与综合利用领域取得了一系列科研进展：

1．工业节能集成技术：重点开展工业节能领域的共性技术研发、关键设备的研发，典型工业行业节能减排技术集成与应用。2014年度完成了“节能生态智能建筑及园区关键技术研究与工程示范”“燃煤锅炉烟气同时脱硫脱硝关键技术研发与应用”以及“染整资源综合利用与中水回用关键技术的研发与工程示范”项目验收工作。其中，“佛山新城绿色低碳城区建设技术集成与示范”开展了佛山新城区100千克/日餐厨垃圾就地资源化和园林废弃物资源化利用示范研究，华侨糖厂基于ZIGBEE无线通讯技术的能源监测和管理系统等项目，开展了地沟油和广州市垃圾分类收集云监管平台的预研，为今后的推广应用打下了良好的基础。

2．有机固体废弃物能源化资源化清洁利用：以有机固体废弃物为研究对象，以热化学、生物法等方法为手段，致力于有机固废资源化与能源化清洁高效利用理论研究及技术开发，形成多个具有示范效应的工程雏形。针对我国可燃固体废物组分高水分、组分复杂、热值多变的特点，研究热化学、机械、干化、不同成分配比调质等源头调质模式，分析预处理工艺的系统节能以及多形态高值化产物的二次污染排放问题，探索低能耗、低排放、高值化转化的方法和途径。开展了我国原生固体废弃物中各种物质的综合毒性排放特征、环境功能、污染物源头富集表征以及与其他污染源之间的联系和交互影响规律，建立各类形态下高值化产物的净化调质方法，研究可燃固体废弃物多形态高值化产物中污染物的富集表征和交互影响规律，从而探索出可燃固体废弃物的源头控污机制，为近零排放能源化利用提供支撑。同时，针对生活垃圾处置过程中渗滤液污染的问题，开展微生物燃料电池处置渗滤液研究，将COD等污染物转化为清洁的电能。在应用研究方面，研究污泥制备生物炭关键技术，包括印染污泥制备生物炭的中温水热碳化新技术及应用、印染污泥制备生物炭高值气耦合联产关键技术与示范、污泥有机碳快速稳定关键技术研究及示范、农林废弃物制备生物颗粒燃料、农林废弃物热解气化制备可燃气。在城市生活垃圾分类方面，积极与企业合作，承担城市生活垃圾自动分选横向课题，目前示范工程正在推广中。在生物颗粒燃料制备推广方面，与广西相关企业以及绿壳集团开展合作，相关工作正在进一步开展中。在战略研究方面，主要针对城镇矿山的资源化与能源化清洁利用开展工作。

3．无机固废资源化综合利用：主要针对工

矿渣土、钢渣、粉煤灰、煤化工炉渣、建筑垃圾、风化砂、污泥、城市生活垃圾处理后灰、渣等“城市矿产”的综合开发与资源化利用，生产各种生态环保的建筑材料。2014年，重点开展与中国联合装备集团安阳机械公司合作研发和生产生态建材方面工作。垃圾焚烧发电飞灰固化中试和电厂扩建研究项目正按计划如期进行。

4．纳米能源与节能环保装备技术集成：主要开展纳米能源与高效节能节水换热设备基础理论和关键技术研究，涉及节能节水高效换热设备等应用研究。2014年侧重开展了“2013年扬帆计划引进创新创业团队——高效传热与节能减排集成技术团队”和“锅炉烟气高效回收节能减排技术的实施”项目工作，与江联重工合作在韶钢发电分厂25MW电站应用“烟气高效回收节能减排技术”，节能30%～40%，体积下降60%～70%，总质量下降30%～40%，获得一项国际先进水平的鉴定成果。同时，与TCL空调器（中山）有限公司共同实施“中山市科技强企支撑计划项目”，取得了显著成果：申请6项专利，“中山市科技强企支撑计划项目”预期2015年召开鉴定会。

【新能源和可再生能源技术研发与应用】

太阳能　2014年，广东在太阳能利用方面取得了一系列进展。VO2热色智能玻璃研究方面取得了重要的进展，完成了VO2热色智能玻璃磁控溅射监控系统调试与运行，所配套镀膜玻璃真空退火炉中试整体运行稳定。已结合产业化生产工艺路线开展基于镀膜工艺监控、真空环境退火工艺、不同环境退火方式以及膜层结构和钢化应力损耗等方面的研究工作，并制备出符合建筑用安全玻璃的400mm×300mm的VO2热色智能玻璃。通过不同时间、不同的工艺范围都制备出重复性良好的热色智能玻璃样品，达到了400mm×300mm尺寸智能玻璃的稳定控制。期间获得如下两方面重要技术突破：1．钢化应力损耗：主要通过膜层结构的优化设计大幅降低红外退火的时间，获得符合安全玻璃国家标准要求的样品（400mm×300mm）；2．大气环境下快速退火技术：实现在大气环境条件退火数秒内获得了具有良好光热学性能的热色智能玻璃样品，太阳能调节率达到18%以上，基本可以比拟真空气氛环境条件退火效果。

非重力热管式太阳能真空集热器产业化关键技术，属于太阳能直接利用功能材料及关键技术，2014年已经搭建完生产线，所有的设备包括板芯自动化焊接设备，玻璃管加工设备、金属玻璃熔封设备、排气设备、烤消设备、检漏仪全部安装在三水基地。

地热能　“地热资源综合梯级利用集成技术研究”取得了多项阶段性成果，研制开发了300千瓦地热制冷机组、300千瓦高温热泵机组以及地热干燥装置，性能指标均超过任务书制定的指标；示范工程已建设完成，系统制冷机组、干燥房、热泵机组已现场安装调试完成。全系统运行测试正在进行中。

“地热发电机组模块化关键技术与示范性研究”进展顺利，进行了降膜换热实验研究，实验结果表明，降膜方式换热系数高，工质充注量小，值得推广；开发的300千瓦有机工质发电机组调试效果良好，各个部件的性能达到了设计要求，为下一步系统的优化设计奠定了坚实的基础；目前正在积极设计加工另一台300千瓦模块化机组。

“中高温太阳能冷热联供关键装备研发及系统集成示范”取得阶段性成果，目前已完成槽式集热器及跟踪器的优化设计，并完成2 m^2采光面积的小型槽式集热器样机及高温双效吸收式溴化锂制冷机组的研制，示范工程建设已接近完成，制冷机组机房和总采光面积670 m^2的单轴太阳能跟踪式集热器矩阵建设完成。

“汽车余热吸附空调关键技术研究及样机开发”开展了3个方面的研究：1．吸附制冷，制冷量5千瓦的吸附制冷样机已经设计完毕，正在加工中；2．积极开展“汽车余热扩散吸收制冷理论和实验研究”的研究，开发出了一台制冷量2千瓦的样机；3．汽车余热驱动的有机朗肯—蒸汽压缩制冷系统实验研究，目前样机已经加工完毕，正待性能测试。

“夏热冬暖地区居住建筑节能设计及节能星级评估标准研究”通过技术攻关，研究一套适用于地区建筑的节能设计及评估体系，用于指导地区建筑的节能设计标准；针对地区的特征年气候数据、居民生活方式和行为、建筑物结构和材料热物理特征进行节能技术研究，建立地区建筑的节能星级评估平台；针对地区建筑能耗现状，选择典型建筑，开发适合地区的建筑节能标准工具，制定建筑围护结构节能设计标准；通过建立的节能设计标准，对不同气候区域建立一套建筑节能星级评估体系。

"基于动态稳定性控制的主动式能源管理系统研究与示范"2014年已完成对公共建筑围护结构模型构建，建立公共建筑动态能耗模拟平台，根据建筑能源设计结果对建筑空调系统进行模拟，分析公共建筑建筑空调系统节能潜力。

生物质能　依托中科院广州能源研究所建立的"国家能源生物燃料研发中心"自批复以来加紧建设。非粮液体燃料、纤维素液体燃料、生物柴油、生物燃气以及成型燃料5个研发的基础设施和实验平台已初具雏形，示范装置已取得初步成果。

由中国科学院广州能源研究所承担的国家"863计划""生物质水相催化合成生物航空燃油"课题取得了重要进展。国际上生物航空燃油几乎全由油脂原料制取，然而由于成本高昂，除各大航空公司进行试飞或局部航线示范飞行外，尚未进入商业化应用。生物质水相催化合成航空燃油技术在国际上还处于研发阶段，尚未建设工业示范装置。课题组人员以秸秆等木质纤维素类生物质及木薯等非粮生物质为原料，研发出了生物质高效水热解聚–水相化学催化合成生物航空燃油新技术，设计建成了国际上首座生物质水相催化合成生物航空燃油中试装置，生产的生物航空燃油经国家油品质量监督检验中心检测，达到了国际生物航空燃油ASTM7566标准，具备了应用于航空飞行的质量可行性。研发团队突破核心技术，研制了高水热稳定的水相化学催化材料及水相合成反应器，形成了拥有自主知识产权的生物质水相化学催化合成生物航空燃油成套技术及装置，成果已获得多项国内外发明专利授权。中试结果表明，8吨～10吨秸秆类生物质原料可生产1吨生物航空燃油产品，生产成本约为8 000～10 000元/吨，通过进一步优化及提高催化效率，生产成本可再降低。我国在这一技术领域率先取得突破，有望成为率先掌握纤维素生物航空燃油生产技术的国家。我国航空燃油的年需求量约为2 500万吨，预计到2025年将达到5 000万吨/年。而我国每年农林废弃生物质资源量约折合7亿吨标准煤，其中秸秆年产量约6亿吨，林业生产和木材加工废弃物约3亿吨，再加上木薯等非粮生物质，资源丰富。该课题研发的生物质水相催化合成技术，可满足我国民航业对航空燃油的需求。

其他能源　2014年，海洋能、天然气水合物在研究方面取得了较大进展。

海洋能方面，在波浪能转换装置的自治液压控制器研究方面取得进展。为实现漂浮式波浪能液压转换装置小浪条件下间断发电，大浪条件下连续发电，提出一种利用液压系统自身压力作为判断是否发电，和执行主阀开、闭动作的液压自治控制器。该控制器主要由主蓄能器、空气弹簧、液压缸、一套执行阀和部分管路组成。详细描述控制器的组成与连接方式，分析其工作原理，介绍其具体的工作过程，并以实例说明设计过程中如何确定控制器的几个重要参数。对实型液压自治控制器进行试验，试验测得该控制器有较高的执行精度，完全可满足波浪能液压转换系统主油路开闭的控制，目前该控制器已应用到10千瓦漂浮鹰式波浪能装置的液压控制系统中，并稳定运行。

天然气水合物方面，在烃类水合物导热特性的分子动力学模拟取得新进展。采用分子动力学模拟方法Green–Kubo理论计算了263.15 K、3 MPa，sⅠ乙烷水合物、乙烯水合物的导热，给出密度和热导率值。从主客体分子和晶体结构（致密性、规整程度）对导热的影响等角度研究了烃类水合物（甲烷水合物、乙烷水合物、乙烯水合物）导热的特性。结果显示化学性质相似、分子量相差不大的烃类形成的水合物，其导热具有相似的温度压力依赖关系和晶体结构相关关系。对于sⅠ型水合物，水分子对水合物导热的影响远远超过客体分子对导热的影响。水合物的分子量越大，水合物密度越大，热导率越大。水合物晶体越致密、晶格越规整，热导率越大。

（中国科学院广州能源研究所
白　羽　张丽娟）

交通科技

2014年，全省交通运输行业围绕“四个交通”建设以及交通运输改革发展的重点任务，加强交通运输标准化工作、加强核心技术创新研究，推动科技成果转化。通过全面实施科技强交战略，围绕交通运输建设、管理的共性和核心技术，更新理念，攻克难题，搭建创新平台，健全创新体系，提高自主创新能力和行业竞争力，为转变发展方式、加快发展现代交通运输业，建设畅通高效、安全绿色交通运输体系提供重要支撑。

截至2014年年底，全省公路通车总里程达20.5万千米，其中，高速公路通车里程6 285千米，新增582千米。航道通航总里程1.2万千米，其中等级航道4 667千米。港口码头泊位2 975个，其中万吨级泊位278个，新增港口货物年通过能力6 000万吨。全省公路水路客运量、旅客周转量、货运量、货物周转量分别达到16亿人、1 652亿人千米、34亿吨、14 422亿吨千米，同比分别增长10.8%、12.3%、10.8%、23.3%。港口货物、集装箱年吞吐量分别达16.4亿吨、5 248万标准箱，同比增长6%和6%。全省交通基本建设完成投资1 000亿元。其中，高速公路完成投资685亿元，国省道80亿元，地方公路149亿元，公路客货站场5亿元，港口建设60亿元，航道建设5亿元。

【地方行业标准】 根据《广东省交通运输行业地方标准体系建设实施方案》（粤交科〔2011〕1644号）和《关于成立广东省交通运输厅标准化专家委员会的通知》（粤交科函〔2012〕1641号），省交通运输厅发布了《广东省高液限土路基修筑技术指南》（GDJTG/T E01-2014）和《钢筋混凝土灌注桩钢筋笼长度检测技术指南》（GDJTG/T G01-2014），起草《广东省公路水文勘测设计与检定地方规定》并开展了征求意见工作。

【公路安全与应急保障技术及装备行业研发中心】 省交通运输厅组织本省交通运输行业龙头企业——广东省交通集团有限公司以“公路交通安全与应急保障技术与装备”作为研发方向，向交通运输部提出了行业研发中心认定申请，于2013年年底获得了交通运输部的认定，公路安全与应急保障技术及装备行业研发中心为交通运输部在全国范围内认定的7家行业研发中心之一。为更好地推进研发中心发展，省交通运输厅于2014年7月组织召开了研发中心管理委员会议，检查了研发中心的筹建运行情况，研究讨论了研发中心的定位、重点研发内容、组织管理架构及未来5年发展规划等，审议了公路交通安全与应急保障技术及装备行业研发中心现场汇报评审材料，并将有关情况报交通运输部。

【科技成果奖励】 在2014年度省科学技术奖方面，“组合桥梁理论与桁式组合桥梁新结构新技术及应用”项目获二等奖，“珠三角地区高速公路改扩建关键技术研究”等5个项目获三等奖。在2014年度中国公路学会科学技术奖方面，“广东省刚柔复合路面结构的关键技术研究”项目获一等奖，“基于GTM的重载交通沥青混合料设计与施工技术研究”项目获二等奖，“5U北美岩沥青改性沥青混合料应用技术研究”等2个项目获三等奖。“广州绕城公路东段（珠江黄埔大桥）”项目获第十二届中国土木工程詹天佑奖。

广州绕城公路东段（珠江黄埔大桥）项目针对复杂条件大跨度斜拉桥、悬索桥、移动模架法施工梁式桥和双洞八车道高速公路隧道等工程设计、施工、制造、控制及管理，系统开展了复杂条件大跨度公路桥隧工程建设与管理关键技术研究，取得了多项创新性成果。整体成果在珠江黄埔大桥项目建设中得到成功应用，并已推广至国内多项重大工程的建设实践。

【城市轨道交通】

科研项目管理　2014年，广州地下铁道总公司（以下简称“地铁总公司”）共开展科研项目33项，主要包括新工法应用、地铁下穿武广高铁专题、各线路土建施工技术总结等土建类项目以及新产品研制、节能研究等机电类项目。2014年，地铁总公司承担的国家“863计划”计划项目课题、国家科技支撑计划课题和广州市产学研重大专项通过验收。

地铁总公司牵头开展的“863计划”项目“城市轨道列车在途监测与安全预警关键技术”于2014年7月通过科技部验收，项目成果覆盖二、八号线各三站两区间，14列车，一座数据中心，并接入赤沙车辆段DCC进行示范应用，其安全保障作用已经在运营管理中初步显现。基于此项目成果申报的《轨道交通列车安全服役状态辨识与隐患挖掘关键技术研发及应用》项目荣获“2014年度中国产学研合作创新成果奖”。

由地铁总公司牵头的科技支撑计划课题“城轨交通列车运行状态全息检测与故障诊断技术及装备研制”，以及地铁总公司参与的“城轨交通路网运营安全保障关键技术与系统研制”“城轨交通基础设施全息化移动检测与运维关键技术及系统研制”等课题，于2014年6月通过科技部验收，其成果已接入安监平台和西朗车辆段DCC，发挥重要作用。

由地铁总公司牵头联合8家单位共同完成的“城市轨道交通安全保障与节能降耗关键技术研究及示范”项目于2014年11月通过广州市科信局验收。项目涉及新线土建施工、车站设备升级改造、列车节能改造、运营隧道巡检等，完成节能改造示范车站1座，节能改造示范车1列，项目成果达到了预期目标。

科技成果转化　地铁总公司把握城市轨道交通需求，紧紧围绕“安全、效率、节能”主题，以产品化为目标，开展了12项科技成果向产品转化研究，均取得良好的阶段成果。

“城轨道岔服役状态监测与评估系统”通过与英国伯明翰大学、香港科技大学的技术合作，采用激光检测技术及时获取尖轨动作过程数据，全面掌握地铁道岔钢轨、尖轨、转辙机及连杆机构的实时状态。该项目成果的应用，将显著减少道岔故障率，满足运营一线的迫切需求。

“车辆轮对尺寸在线动态检测装置”项目采用国际先进的激光检测技术，开发高可靠、高精度的列车轮对尺寸在线检测装置，可实现轮对直径、轮缘厚度等尺寸的自动检测与分析，精度达0.2mm，大幅提高工作效率，满足运营一线迫切需求。截至2014年年底，该装置已列入广州地铁新线设计的标准配置。

“AFC闸机扇门及其驱动机构”项目是针对现有AFC闸机诸多弊端自主研发的闸机关键模块。该新型扇门及驱动机构采用扇门水平移动设计，运行平稳，防夹人夹物，显著提高安全性。同时，还具有维护简单，运营成本低等优点，满足运营一线的迫切需求。

“TOKEN清洗机”项目研究开发了一套集储币、清洗、表面干燥、定量分装于一体的自动清洗装置。清洗及分装处理速度达到1万张/小时，可显著提高工作效率，提高运营服务水平。

“列车车门与屏蔽门障碍物自动检测报警装置”项目采用视频图像分析技术，直线站台检测距离可达180米，异物检测时间≤2秒。实现屏蔽门（包括曲线站台屏蔽门）与车门之间障碍物的快速、自动检测和异物告警功能，弥补人为误判的不足，满足运营站台安全需求。

“全断面隧道限界与轮廓异常形变检测装置”项目基于激光扫描技术研发的自动检测系统，可以实现超过270度扫描范围，测量精度±5mm。该检测装置可安装于列车或工程车上，实现隧道三维净空的连续检测，检测速度快、效率高，满足运营隧道限界与变形检测的需要。

另外，道岔转辙机培训及操作能力评估系统、地铁隧道结构调查管理系统及手持记录仪、桥梁局部变形、沉降、振动等状态监测装置等，都是可以满足建设运营一线需求的具有市场化前景的产品，目前都正处于产品研制阶段。

科研条件　2014年，地铁总公司已经邀请到行业科技领军专家卢耀如、周福霖、丁荣军3位院士共建院士工作站。院士工作站以地铁安全需求为导向，将院士及团队重大科研成果进行推广应用，主要在研发列车中央控制系统、应用地下工程灾害源超前监测、构建上盖建构筑物抗（隔）震体系等方面开展研究。

7月，与株洲南车时代电气股份有限公司签署《广州地铁和南车时代电气科技合作战略框架协议》。该协议的签订进一步加强了公司与广州地铁之间的战略同盟，通过充分利用广州地铁的运营和行业优势与公司的技术和制造优势，加强深化合作，推动科技创新，共享技术开发成果并实施产业化，实现打造竞争力强的城市轨道交通高端装备的科研和修造平台，并择机向轨道交通外的领域拓展战略目标。

地铁总公司与英国伯明翰大学的科技合作不断深入，5月，双方正式签署了《广州市地下铁道总公司与英国伯明翰大学科技合作框架备忘录》，本次科技合作框架备忘录的签署，标志着双方在广州城市轨道交通建设的节能、安全、环保以及效率等领域，以及合作申报国家、省市级科研项目上的进一步合作。截至2014年年底，与该大学正实施广州市对外合作项目2个，后续科技合作前景广阔。同时，地铁总公司与白俄罗斯、香港科技大学等的技术合作也正在商讨之中。

科技奖励 地铁总公司共有5项科研成果获得2014年度广州市科学技术奖励，“城市轨道交通自主知识产权直线电机车辆研制”科研成果获2014年度广州市科学技术进步奖一等奖，“具有完全自主知识产权的地铁列车控制系统（CBTC）技术研发”“轨道交通工程线路拆解及延长关键技术研究与应用”“多维度货币识别技术研究与轨道交通自助售票设备研制”“河口三角洲地区集约型绿色基坑支护技术研究与应用”等4项科研成果均获得2014年度广州市科学技术进步奖二等奖。

专利申请与授权 2014年，地铁总公司共完成国家专利申请30项，获得授权17项。截至2014年年底，地铁总公司申请专利累计191项，获得专利授权累计131项，其中发明专利授权20项，广州地铁专利申请从数量到质量都有了较大提升。

【铁路】 2014年，广东省境内铁路营业里程4 027千米，其中国营铁路629千米、合资铁路3 115千米、地方铁路283千米。高铁运营里程1 088千米，比上年增加171千米。全年完成旅客发送量1.96亿人次，货物发送量8 123万吨。广州铁路（集团）公司2014年科研开发项目55项，小型技术措施项目4项，延续项目2项。

科技成果评价及奖励 2014年，通过广州铁路（集团）公司科学技术委员会科技成果评价项目22个，其中9个获得技术审查证书，13个获得技术评审证书。2014年，经广州铁路（集团）公司科学技术委员会评审，30项科技成果获得科学技术进步奖，其中，一等奖4项（表5-4-6-1）、二等奖14项、三等奖12项。3个项目获2013年度中国铁道学会科学技术奖（表5-4-6-2）。

表5-4-6-1 2014年广州铁路（集团）公司科学技术进步奖一等奖项目名单

序号	项目名称	主要完成单位
1	安全生产过程控制平台	1. 广州铁路（集团）公司安全监察室 2. 湖南联创技术发展中心
2	车站行车安全预警系统（编组站版）	1. 广州铁路（集团）公司运输处 2. 广深铁路股份有限公司江村车站 3. 广州北羊信息技术有限公司
3	电气化铁路接触网实时智能检测分析系统	1. 广州铁路（集团）公司供电处 2. 北京华慧高新科技开发有限公司
4	货运设备设施可视化信息系统	1. 广州铁路（集团）公司货运处 2. 北方交通大学 3. 广州铁路（集团）公司信息技术所

表5-4-6-2　2013年度广铁集团公司获中国铁道学会科学技术奖项目表

序号	项目名称	获奖等级	获奖单位
1	超浅埋偏压暗挖隧道设计及施工技术研究	二等奖	1. 广珠铁路有限责任公司 2. 中铁三局集团有限公司 3. 中南大学 4. 中铁第四勘察设计院集团有限公司
2	铁路工程建设安全生产事故预警与卡控研究	二等奖	1. 铁道部工程质量安全监督总站广州监督站 2. 广州铁路（集团）公司建设管理处
3	广铁（集团）公司货运设备设施可视化信息系统	三等奖	1. 广州铁路（集团）公司货运处 2. 北京交通大学交通运输学院 3. 广州铁路（集团）公司信息技术所

项目名称：超浅埋偏压暗挖隧道设计及施工技术研究

获奖等级：中国铁道学会科学技术奖二等奖

该项目依托的广珠铁路江门隧道于2012年3月建成，隧道DK111+115-210段下穿玉龙湖泄洪道，并穿越VI级围岩，洞顶最小埋深3米，且处于玉龙湖泄洪道下方，存在富水浅埋偏压等不利于隧道围岩稳定的特征，由于上方玉龙湖泄洪通道水源补给充足，难以采用常规设计及施工技术来实现本工程，因此，通过进行富地表水、偏压条件下超浅埋暗挖隧道设计及施工技术研究，确保安全保质，按期完成该段隧道建设，对促进我国隧道建设科技进步具有一定意义。该课题针对该段隧道穿越VI级围岩、洞顶最小埋深3米、富水浅埋偏压等特点，采用调研、数值模拟分析和实验验证等方法，提出针对性的止水措施、围岩预加固、隧道开挖、支护结构等设计方案和具体参数并被设计采纳实施；进行隧道围岩变形和钢支撑内力的现场测试，在此基础上进一步研究富地表水条件下超浅埋偏压隧道围岩稳定性与支护结构力学特性，并与初步数值模拟进行对比验证隧道现场施工方法的合理性，为施工技术及工法的应用提供依据；针对该段工程的难点，开展隧道施工风险评价，方法符合规范要求，对工程施工过程的风险控制起到良好的指导作用。该研究成果达到国内领先水平。

项目名称：铁路工程建设安全生产事故预警与卡控研究

获奖等级：中国铁道学会科学技术奖二等奖

该课题以84个铁路建设工程典型安全事故为研究对象，运用墨菲定律和海恩法则，通过数理分析和案例研究，深入研究和剖析安全事故发生原因和规律，创新性提出铁路营业线、隧道、桥梁、路基、轨道和站房工程安全事故的预防及卡控要点，系统制定铁路建设工程易发安全事故预警卡。该课题研究成果创建一种全新的自下而上的安全卡控模式，针对性强，主要以现场作业和管理人员为应用对象，突出现场作业易发安全风险源，实现安全预警与卡控落实到现场、岗位和作业过程的目标，突破安全工序检查管理的难题。安全事故警示、预防和卡控作用显著，有利于实现铁路工程建设安全管理标准化和安全零事故目标。研究成果填补国内空白，整体水平居国际先进水平。

项目名称：货运设备设施可视化信息系统

获奖等级：中国铁道学会科学技术奖三等奖

该系统将广州铁路（集团）公司管内铁路货场、专用线（专用铁路）货运设备设施及能力、履历数据、属性信息、实景图像等多种信息集成为一体，实现全方位、多层次、图形化管理功能。采用B/S结构，研发铁路货运设施专用绘图工具，建立货运设施图元标准和履历数据标准，运用矢量图技术、虚拟现实平台（VRP）等技术，实现货运设备设施空间位置、属性、作业能力等完整信息的可视化。在货运生产组织过程中提高货运设备设施管理质量，降低管理成本。在全国铁路首次实现对货运设备设施及能力的可视化管理，总体水平居路内领先。关键技术包括：货运吸引区及货运设备地理信息发布与查询；采用B/S信息发布体系，实现信息共享；站场图、货场图的智能绘制；图像矢量化，解决图形输出问题；设备分层绘制，简化维护过程；数据集中管理、分散维护；实景照片直观显示。

科技成果应用　2014年，“既有高（快）速铁路下穿过轨工程线路沉降变形实时自动监测技术研究”在广州市轨道交通九号线广州站下穿京九高铁、京广铁路施工现场投入实际监测应用，使轨道结构和线路沉降、地基土分层沉降、地下水位、接触立柱倾斜等实现实时自动监测，监测技术达到国内领先水平。

“电力机车保护信息显示记录仪”完成样机的设计制作，在怀化机务段装车试验，达到广州铁路（集团）公司设计要求。

“电力机车接触网终端防护装置”在湖南怀化地区推广应用，装车5套，安装标签25套，获广州铁路（集团）公司科技进步三等奖。

“新型传感器自动过分相装置”完成样机设计、制作，在广州机务段装车试验，运行稳定可靠，达到国内领先水平。

“便携式高速铁路接触线测试仪”具备国内领先水平，填补光学测量仪在铁路接触网测量应用空白，并通过广州铁路（集团）公司技术评审，被列为2015年广州铁路（集团）公司新技术示范性推广项目。

“直管站段模式网络职称评审系统”在应用5年后通过广州铁路（集团）公司组织的科技成果评审，成为广州铁路（集团）公司职称评审不可或缺的重要工具。

“CRH3动车组检修要点及重要部件结构模拟作业指导平台”在广州动车段使用，为动车段的检修人员及职工教育提供多媒体式教学指导，实现不同专业模块之间信息相互调用，从多维角度辅助动车检修作业的指导和学习，通过广州铁路（集团）公司科技成果评审。

“防洪巡检系统”推广至通信段和工务防洪使用，新一代的GPS终端更稳定可靠，系统应用范围进一步扩大。

科研项目经营　自动过分相项目于2014年顺利通过国际铁路行业标准IRIS审核并获得认证证书，在CRH1、CRH2、CRH3、CRH5型动车组上安装使用，全年销售950套，同比增长210%。供应株洲、大连、大同电力机车有限公司，北京二七轨道交通装备有限责任公司各种和谐型大功率机车，共销售741台，同比增长136%。动车组与电力机车的控制装置和信号处理器检修、大修业务大幅增长，全年完成动车组三级、四级、五级检修及机车大修850台，同比增长113%。为太原铁路局提供150台机车加装改造设备280套，为多条高铁和客运专线（含杭长线浙江段、贵广高铁、沪昆高铁、哈齐客专、沈丹线、大西线等）加装地面感应器提供设备和材料并进行现场安装指导培训。

（广东省交通运输厅　罗　琪）
（广州市地下铁道总公司　陈　龙）
（广州铁路（集团）公司　梁末妮）

邮政科技

2014年，中国邮政集团广东省分公司（以下简称“广东邮政”）围绕建设世界一流邮政企业的战略目标，持续推进“银行化、电商和管控模式转型”三大战略，坚持推进信息化引领的科技兴邮战略，全省各地地市各专业积极应用新的科技手段和信息化技术，支撑生产经营，优化管控手段，促进流程优化和降本增效，探索移动互联、云计算和自助终端等新应用模式，形成了较为完善的研发体系和各具特色的研发团队，涌现了一批有潜力的创新成果。

【科技奖励】 广东邮政评选表彰2014年度科学技术奖14项，其中电商小包运作监控获特等奖，国际小包胶带分拣系统、代理金融客户营销系统推广获一等奖。推荐申报中国邮政集团公司科学技术奖20项，其中新型农村养老保险系统、产品损益核算模型、国际小包业务处理系统、中心局调度管理系统等4个项目获2014年度中国邮政集团公司科学技术奖三等奖。

【科技进步月】 2014年6月，广东邮政举办了以“移动互联网与邮政创新”为主题的科技进步月活动。活动期间评选表彰了2014年度广东邮政科学技术奖；6月26－27日，举办了全省科技管理培训班和专家论坛，邀请外部专家进行微营销讲座，邀请各分公司开展了包裹快递、电商业务进行了经验交流并对科技管理办法进行了培训，出版了科技成果汇编和广东邮政报科技进步专版。

【科技研发和成果推广】 2014年，广东邮政立项研发科技项目26项，重点开展了金融风险模型分析、小包客户应用集群、网销产业园、微邮局、云平台规划、投递路径规划、全网全环节损益核算等项目研发；组织鉴定了广州国际小包分拣系统、深圳微信平台等地市分公司自主科研成果；推广了珠海小包条码热敏标签打印软件、梅州员工积分系统等地市成果。积极探索移动互联网应用，组织建立了移动应用开发平台，制定了统一的接入、开发和安全规范，推出了“自邮一族”“微邮局”“微邮筒”等微信服务。

【信息化建设】 2014年，广东邮政完成了中国邮政集团公司投递系统二期、综合业务数据下载平台、国际业务综合处理平台、邮储国际业务等系统的推广上线；省内完善了关键指标监控系统，推广使用了服务质量管控系统；调整了代理金融客户营销管理系统，开发推广了代理金融风险信息管理系统；推广了代办车险系统，完善了综合服务平台功能；完成了8个地市的视频监控系统升级改造。实施了省中心服务器整合、存储整合工程，部署了网络节点管控和3G无线接入平台，完成了入侵检测和漏洞扫描、数据文档安全管控和数据分析平台等工程；确保了全年信息网的安全稳定运行，全年无重大责任事故。

【特色项目选介】

电商小包生产运作动态监控系统　项目按照“关键指标实时监控”的管控模式，建设了邮政电商小包生产运作动态监控系统，实现了业务全环节实时监控及跨部门协同管理，实现了电商小包业务的“监控组织扁平化、监控指标系统化、监控手段信息化、监控流程动态化”。该项目的监控模式为国内邮政首创，得到中国邮政集团公司高度认可并在全国推广应用。该系统的应用为广东邮政电商小包业务的迅猛发展提供了有力的支撑，也是实践“管控模式转型”战略的成功探索。

国际小包胶带分拣机系统　项目是广州邮政研发建设的一套以信息系统为核心、以机械化生产线为基础的“双环、双层”国际小包胶带分拣系统。其中，信息系统实现了与客户系统对接、邮件批量导入、生成分拣格口代码和邮件监控等功能，机械化生产线采用“收寄区双层胶带机+分拣区环形胶带机+封发区L型胶带机”的模式进行建设，实现了邮件从接收、开拆、安检、收寄、分拣、封发及发运等环节不落地、流水线作业。

智能包裹柜　广州邮政应用网络通讯、自动识别、自动控制和视频监控等技术，在住宅小区、写字楼、高校、商厦等人流量密集的场所广泛布放智能包裹柜。按照“系统智能化、操作傻瓜化、前端个性化、后台标准化、业务原子化、流程配置化”的建设思路，研发了一套集“前端交互＋后台管理＋智能运营”于一体的智能包裹柜信息系统，实现了取件、预约、短信推送、远程监控、智能运营等功能。

广东邮政“微邮局”　项目是广东邮政打造的省级微信公众号，具有“亲和、互动、便利、开放”特征的邮政服务新平台。“微邮局”突破时间和空间的限制，打造“7×24小时”永不关门的邮政营业厅，向公众开放了报刊订阅、集邮品、邮件查询、邮编查询、车主服务、微活动等功能，其中“邮政订报刊”成功进驻微信的“城市服务”，成为腾讯智慧城市建设的一项价值服务。

“微邮筒”平台　项目是广州邮政与腾讯微信官方合作打造的“以社会关系网为传播纽带、以明信片等实物为载体”的沟通互动平台。同时，广州邮政在腾讯微信总部TIT创意园建设实体“微信邮局”，设置专属邮政编码510433。“微邮筒DIY明信片”，用户可以随时、随地、随心地手机上传照片，添加语音、特色纪念戳和地理经纬度坐标戳，制作成个性化明信片，通过邮政渠道将实物寄递到收件人手中，现已被列入微信官方的“城市服务”板块。

微信公众服务平台　项目是深圳邮政依托微信公众平台账号，基于邮政业务平台，建立与邮政客户互动沟通平台的互通，实现手机微信客户应用服务的接入功能，提供一套完整的邮政行业微信公众平台信息化服务解决方案。平台实现应用服务的处理逻辑功能，通过消息接口实现手机端与服务端的信息交互，主要实现了定时任务管理、公众号管理、消息管理、微网站、微投票、网上客服、万能表单、投诉建议等功能。平台将营销宣传与客户服务有机结合，增加企业与客户间的黏度和忠诚度。

代理金融风险信息管理系统　项目是围绕广东代理金融案件防控机制的构建，建设的一个集汇集、处理、分析、管控各类风险信息于一体的综合平台，实现对代理金融风险进行全过程的信息化管控。系统涵盖稽查管理、现场检查、人力资源管理、外防风险管控、履职尽责举报、积分管理、风险评价、制度管理、报表管理等工程模块。系统的应用促进了代理金融案防手段向风险数据模型排查转变，风险评价模式向全程趋势定量分析转变，监测方式向立体监测预警体系转变。

金融免填单系统　项目是广东邮政为提高网点业务办理效率，增强客户体验，解决手工填写纸质单的繁杂手续开发的，能将金融网点在用的单式由原来手工填写改为套打的辅助系统。系统支持柜面、微信、WEB、自助终端等多个受理渠道，实现了储蓄个人开户、短信服务、存款、大额取款、挂失等10多种业务申请单的免填。系统能有效节省客户时间，以储蓄开户为例，以往办理需要8分钟～10分钟，现只需1分钟～2分钟，提高了客户体验，且单据填写规范，管理便捷。

（中国邮政集团公司广东省分公司　李汪洋）

气　象　科　技

【气象业务现代化】　全省自2014年4月1日起正式开展精细化数字网格气象预报业务，24小时晴雨预报准确率为83.1%，台风路径24小时预报误差为86千米，突发灾害性天气预警提前量54分钟。400万亿次高性能计算机投入使用，GRAPES区域数值天气模式分辨率提高到9千米（台风）和3千米（精细化），并基于GRAPES建立了环境气象预报模式和海洋气象预报模式。建立了华南区域环境气象预报预警业务平台，与省环境监测中心联合开展珠三角区域空气质量预报。

【气象服务社会化】　截至2014年年底，广东省完成了省气象突发事件预警信息发布系统与国家发布系统的对接，已为10个部门提供接口服务。省气象局与住建、海事、海洋与渔业局、三防等部门深化合作，为36个联动部门量身定做气象决策服务网页。完善省—市—县一体化农业气象服务业务系统，为种养殖大户开展直通式气象服务。全省建设了801个乡镇气象服务站，茂名率先实现乡镇气象服务站全覆盖，揭阳引进社会资金建设应急气象预警信息电子显示屏。推进“三农”专项试点县建设，韶关、茂名共10个乡镇被中国气象局认定为标准化气象灾害防御乡镇。开展了全省交通、77个县山洪地质气象灾害风险普查，确定了灾害点致灾临界雨量。广州、深圳建立了大城市气象灾害风险预警服务体系。

【科研基础条件建设】　广州野外雷电试验基地、番禺大气成分实验基地、茂名博贺海洋气象试验基地成为国内外高等院校、科研机构联合试验共享平台。2014年12月26日，佛山市气象局与中国科学院大气物理研究所签署了共建“强风暴与龙卷风联合实验室”合作协议（网上报道为2015年1月12日，没有写具体日期，只写“日前”）。珠澳合作共建双偏振雷达投入使用，清远（连州）新一代天气雷达完成吊装。建成了省—市—县高清视频气象会商系统。气象应急3G/4G快播系统在台风服务过程中取得良好效果。粤港澳气象合作纳入到粤港、粤澳政府间合作框架协议。

广州野外雷电试验基地　该基地位于广州市从化，是集雷电试验、业务和科研于一体的基础性、开放型大气电学综合试验基地，已经建成从化人工引雷试验场、从化气象局雷电观测站和高建筑物雷电观测站，具备开展人工引雷和自然闪电综合观测试验能力。通过人工触发闪电技术，开展闪电放电物理过程观测和雷电防护测试和机理研究。针对广州城区高建筑物群上发生的雷击过程开展观测和分析，获取闪电通道发生、发展的特征，并揭示高建筑物对雷电物理过程的影响。2006—2014年，发射火箭约231枚，成功引雷74次，积累了大量自然闪电和触发闪电资料，在雷电物理研究和雷电防护应用研究领域取得丰硕的成果。

强风暴与龙卷风联合实验室　（时间），广东省佛山市气象局与中国科学院云降水物理与强风暴重点实验室（LACS）在京签署了共建“强风暴与龙卷风联合实验室”合作协议。广东省气象局局长许永锞、中国科学院大气物理研究所所长朱江出席。

佛山是广东省龙卷风等强对流多发地区，中科院云降水物理与强风暴重点实验室与佛山局共建联合实验室意义重大。协议双方一致决定，在全国领先的国家级科研机构和特大发达城市的业务单位之间建立双向共赢机制，重点在强风暴和龙卷风等重大科学项目外场试验、科技开发应用和人才联合培养等方面的工作，为中小尺度灾害性天气的防灾减灾提供科技支撑，促进佛山市龙卷风研究中心在龙卷风及强风暴相关领域的科学研究工作，使佛山在强风暴预警及防灾减灾领域的业务达到国内领先水平。（来源：实验室行业导航）

珠澳共建双偏振雷达　该项目为珠海、澳门合作共建天气雷达项目，是广东推进气象现代化试点省建设的重要行动之一，填补了珠江口西岸雷达监测的空白，将有效提升珠三角地区城市群的气象预警预报和服务能力，提高南海海洋海域的气象观测能力。该雷达是广东第1台双偏振天气雷达，也是国内最先进的天气雷达之一，具有更高的探测灵敏度，距离分辨率和探测精度、能够精确分析每个地方的降水类型和降水量。雷达已经建成投入业务试运行，由珠澳双方共同维护，共享数据资源。

【科研创新能力】　开展核心技术“有突破”攻关，2014年，全省气象部门新增国家科研项目15项，省部级科研项目18项，全年新增科研项目经费2 400多万元。被SCI（SCIE）、EI等收录科技论文18篇。“气象应急预警短信息发布关键技术的推广应用”等7个项目获得2014年度广东省农业技术推广奖。中国气象局广州热带海洋气象研究所承担的“华南雷暴大风线状对流系统的数值天气预报关键技术研究”获2014年科技部公益性（气象）行业专项支持。广东省区域数值天气预报重点实验室“广东省短时强降水数值预报关键技术研究”项目获得省科技厅立项支持。广东省气象台、广东省气候中心联合开展台风暴雨专项研究获得省财政专项经费支持。省气象局协调华南区域中心科技经费，组织实施区域科技攻关项目17项；组织2014年省气象局科技研发项目55项；开展省气象局6个科技创新团队期满考核，各团队圆满完成了研究任务；组织了科技部公益性行业专项、中国气象局气候变化专项等57个项目验收工作。“特征物理量在强对流天气中的应用”“广东省气象信息显示屏分级管理平台”“南海区域海浪数值模式v1.0”通过广东省气象局科研业务准入。

2014年，广东省区域数值天气预报重点实验室在科研与业务预报质量继续保持较高的水平。区域数值预报模式在新的IBM高性能计算机（400T浮点峰值计算）上完成移动嵌套9千米台风模式和3千米Partial Cycle快速同化模式的研发，并投入业务使用；对资料质量控制系统进一步开发，初步建立了多级气象观测资料质量控制流程；开发了数值模式运行与远程业务监控系统；中国南海台风模式准确预报对华南有重大影响的两个台风（“威马逊”和“海鸥”），均提前4天准确预报台风的生成。

【科技交流】　为加强数值预报技术交流，7月3日，在广州组织召开了2014年华南区域暨粤港澳数值天气预报技术交流会、实验室学术年会。12月1日，在广州组织召开了重点实验室2014年学术委员会，以加强重点实验室专家的咨询审议作用。3月，派员参加了欧洲中期天气预报中心（ECMWF）举办的数值模式和同化技术培训班。10月，派员参加美国国家大气研究中心（NCAR）中美GRAPES-WRF数值预报研讨会，以及中国气象学会数值预报专业委员会组织召开的全国数值预报大会。12月，派员出席了世界气象组织（WMO）在香港举行志愿者培训会议。

【学术研究】 广东省气象局印发了《区域数值天气预报重点实验室管理办法》。组织中国气象局广州热带海洋所参与国家级气象现代化重大核心攻关，编写报送了《区域稠密资料快速更新同化与精细数值预报》。编写了《低纬季风区对流性天气机理及数值预报关键技术研究》，并参加了2015年科技部公益性行业（气象）行业专项论证。

（广东省气象局　王桂娟）

地　震　科　技

2014年，是广东省地震局承担的省部共建重点实验室建设的第3年。广东省的地震科技工作继续围绕着贯彻落实全国地震科技大会精神、《国家地震科学技术发展纲要（2007—2020年）》以及《地震工作发展“十二五”规划》的内容，建立健全“监测预报、震灾预防、应急救援和科技创新”的防震减灾“3+1”工作体系。在中国地震局2014年度防震减灾工作评比中，广东省地震局在科技创新与国际合作领域成为表彰对象之一。

【科技项目管理】

科技项目申报立项与组织实施　2014年，按照中国地震局与广东省政府局省合作协议的目标，省地震局在为省部共建任务而设立的项目《珠江口海陆联合三维地震构造探测》招标工作上投入了大量的精力，2014年年底已在网上开始公开招标流程。2014年，广东省地震局多方筹集资金1 000万元，于年底开展了《珠江口区域海陆联合三维地震构造探测》项目招标工作。2014年，广东省地震局共推荐了6个2014年度中国地震局“地震科技星火计划专项”项目，其中2个项目获得立项。

科技项目验收工作　2014年度，完成地震科技星火计划项目验收2项，其中1项被中国地震局评为地震科技星火计划优秀项目。完成省科技厅项目验收工作1项。

5月，省地震监测中心负责的2项地震星火计划项目（青年项目）——“基于建（构）筑物普查数据的挖掘和拓展研究（广东省）”和“公路涵洞的群体地震易损性分析方法研究”通过了地震局按照中国地震局有关星火计划项目要求组织的验收，其中“基于建（构）筑物普查数据的挖掘和拓展研究（广东省）”的项目成果在中国地震局科技司的评审中被评为优秀。

【科技人才培养】 2014年，省地震局新聘正高级职务1人、副高级职务5人、中级职务6人、初级职务7人。新增4人参加在职教育，总人数达10人，其中博士3人、硕士4人。

2014年，为进一步加强广东省地震现场工作队伍建设，培训能适应地震现场工作需要的专业技术人员，满足广东省未来可能发生6级以上地震现场灾害损失调查评估工作需要，省地震局分别在广州、深圳两地举办“地震灾害损失评估培训班”。全省各市县防震减灾工作部门、局机关及下属各单位共230人参加了培训。

【科技交流与合作】 2014年，广东省地震科技界与国内外展开了一系列有益的交流与合作活动。4月25日，地震监测与减灾技术重点实验室邀请香港理工大学博士生导师、亚洲著名的结构健康检测专家罗绍湘教授，澳大利亚西悉尼大学博士生导师朱信群教授作学术报告。6月底，省地震局参加了在葡萄牙波尔图召开的第9届国际结构动力学会会议；10月，省地震局派员赴萨摩亚，对萨摩亚台网进行维护和为当地人员进行地震台网中心数据处理软件系统技术培训。12月，在广州召开了地震监测与减灾技术重点实验室学术委员会第2届全体会议。

12月23日，按照地震监测与减灾技术重点实验室工作安排，在广州召开了重点实验室学术委员会第2届全体会议。重点实验室学术委员会主任高孟谭及全体委员、重点实验室管理委员会主任黄剑涛局长、副主任吕金水副局长以及中国地震局科技司领导、广东省科技厅的领导参加了此次会议。

第6届粤港澳地区地震科技研讨会　3月27—28日，该研讨会在广州召开，来自香港天文台、澳门地球物理暨气象局、香港土木工程拓展署、香港大学、香港科技大学、香港理工大学、香港城市大学、澳门大学、中国科学院南海海洋研究所、防灾科技学院、广东省地震局等单位的专家学者40多人参加了研讨会。与会专家学者就促进三地地震科技合作、共同提高地震科技水平和地震安全服务能力开展积极交流与研讨。会议期间，中国地震局、香港天文台、澳门地球物理暨气象局和广东省地震局召开座谈会，围绕地震应急信息互通机制的建立、粤港澳地震预警台站联网改造项目的推进、珠江口海陆联合三维地震构造探测项目的合作、合作框架协议的更新等问题进行商讨，达成多项共识，为深化合作和推进项目实施奠定良好的基础。

2014防震减灾技术应用与发展高端论坛暨产品博览会　9月24—25日，该论坛暨产品博览会在深圳市举行。本次活动以“科学防震、技术支撑”为主题，集高端论坛、产品展示、采购交易、资讯服务等于一体，是国内防震减灾技术应用领域的首次博览会。论坛上专家和相关企业代表分别就防震减灾技术产业现状、防震减灾新技术新产品，防震减灾主流产品推介等作了专题报告。来自北京、广州、深圳等地的27家企业在会上展示了涵盖地震监测、地震藤、减震隔震、地震安全性评价、地震应急、地理信息系统、GPS、科普教育等领域的产品。地震应急包、地震救援器材、地震演练模拟系统等产品受到了广泛关注。

第199场中国工程科技论坛暨第8届全国防震减灾工程学术研讨会　12月18—20日，该活动在广州成功召开，中国工程院10余位院士、设计院及高校的专家学者约400人出席会议。大会主席周福霖院士作了报告，题目为《终止我国乡镇农村不断重复的地震灾难——我们的使命》，本报告为中国工程院上报国务院的重大咨询意见书。多位院士等分别对南海维权使命及岛礁开发建设思路创新、重大工程抗震防灾若干进展与挑战、群体高层天空城市的设计构想、钢—混凝土混合结构的进展等作了报告。会议进行了换届选举。

【科普宣传】　2014年，广东省地震科普馆（以下简称“科普馆”）在科普方式上下功夫，变被动宣传为主动宣传，效果显著。2014年，科普馆在日常时间共接待社会团体参观约70余批7 000多人次。科普馆在2014年进机关党校1次，进学校16次，进社区5次，进农村1次，受众2万人次以上。

科普展馆升级改造　在“5 · 12”防灾减灾宣传周到来之前，结合最新的震情以及防震减灾工作进展，省地震局里拨款33万元，对科普馆部分展板的展示内容进行了更新。2014年，增加了“地震虚拟仿真逃生训练模型”等设备，可通过选择不同场景的正确位置进行仿真逃生训练，提高了科普馆的互动性、趣味性和知识性。

特色科普活动　自2012年开始，科普馆与黄花岗街道联合开展“暑期青少年社会实践活动”，作为“印象黄花”参观游览活动的定点单位。2014年暑假期间，科普馆共接待社区辖内青少年10余批共1 000多人次。作为“省直机关关心下一代工作活动基地”，科普馆加强与省直各单位关工委的联系，共同推进青少年防震减灾科普教育工作，开创了科普基地与关工委合作的特色宣传模式。2014年暑假期间，科普馆与各单位关工委共同组织为20批1 000多名青少年进行了防震减灾科普宣传。2014年，科普馆接待“南方报业小记者”10余批1 000人次。针对小记者的特点，科普馆设置了“专家访问”以及“小记者报道”环节。该活动既提高了小记者的科学素养和新闻素质，对科普馆也起到很好的宣传效果。

2014年，科普馆被省直机关工委党校评定为“广东省党员实践教育活动基地”，全年共接待各省直单位党支部约10个500余人次。

科普馆于8月9日举办“云南鲁甸6.5级地震”主题开放日活动。活动展出了“云南鲁甸6.5级地震”系列展板，介绍云南鲁甸地震概况以及相关的地震科普知识。

重点时段科普宣传　2014年，科普馆继续在重点时段加大科普宣传力度，采用“请进来”和“走出去”相结合的战略，强化重要时期的防震减灾科普宣传效果。科普馆利用“5 · 12”防灾减灾宣传周、“7 · 28”唐山地震纪念日、全国科普日、全国科技周、全省科技活动月、国际减灾日等重点时段，向社会公众免费开放。期间，接待社会公众约1万人次。

省科普馆加强与科技、教育、宣传、消防等部门的合作，联合开展大型科普宣传活动。5月12日，省减灾委在广州市海珠区举办“2014年广东省暨广州市‘5·12防灾减灾日’公益宣传活动”。科普馆参与了此次活动，通过现场讲解、接受市民咨询、互动体验以及赠送应急包和知识手册等形式，普及防震减灾知识。

9月19日，省科协等单位在广州市第十七中学联合举办“2014年广东省‘全国科普日’活动启动仪式”。省地震科普馆以“地震科普平安行”为主题参与了此次活动，活动采取发放宣传资料、开展现场咨询、展示科普展板和地震应急箱等方式进行。

2014年，科普馆积极开展防震减灾知识“进社区”“进学校”等活动，与黄花岗街道等十个社区或学校签订了科普合作协议，举办地震科普讲座或地震科普展览活动，近万人参与到这些活动中。

科普宣传材料编制 2014年，为配合宣传活动的开展，省地震局制作了一批以云南鲁甸6.5级地震等为主题的流动展板；新编印了《农村盖房必看》5 000本、《家庭防震六步走》10 000本；印刷《地震预警》《城市防震要点》等约30 000份。编制的材料除主要在广东省地震科普馆发放给参观科普馆人员之外，还在5·12防震减灾宣传周公众宣传活动、省科协组织的科普宣传活动中向公众发放。

【重点科研项目选介】

“珠江三角洲及邻区地震预警台网”建设项目 该项目是中国地震局与广东省人民政府签署的“省部共建”重点项目，截至2014年年底，已初步完成“地震预警与超快速报系统”核心处理软件自主研制。该地震预警台网建成后，一旦广东省东部及其近海、珠江口外海发生强震，系统将在震后5～30秒内向珠三角及邻区做出地震预警和地震烈度速报。同时利用该项目建成的密集型地震观测台阵，为下一阶段建立4D的地震构造探测系统、数值地震预测研究等提供服务。该项目的核心处理软件为“地震预警与超快速报系统”，该软件系统是在JOPENS基础上增加“超快速报”处理包实现的。该软件系统已完成了试验和研制，已取得初步测试结果。从2012年6月开始，共记录了40个地震，最小震级为M0.8级，最大震级为M4.8级。预警系统第1报定位结果与广东省台网中心公布的定位结果对比：水平方向的平均偏差约为3.3千米，标准差为3.8；定位深度的平均偏差约为4.4千米，标准差为3.2；震级平均偏差0.34。与编目结果对比：水平偏差在5千米以内的占约80%，而垂直偏差在5千米以内的在60%以上。结果分析呈现：网内较精确，网缘和网外结果差异大的特点。接下来将进一步调试和完善该软件系统。

《重要建设工程强震动监测台阵技术规程》编制 为了规范广东省强震动监测设施的建设和运行维护工作，充分发挥强震动监测设施服务社会的能力，最大限度地减轻和防止重大地震灾害的发生，地震监测与减灾技术重点实验室启动了《重要建设工程强震动监测台阵技术规程》的编制工作，并于2014年获得省质量技术监督局批准立项。这是广东省防震减灾领域的第一个地方标准，对推动广东省地震科技成果转化为具有减灾实效的社会服务产品具有重要意义。标准参编单位包括中山大学、华南理工大学、防灾科技学院和中国地震局地球物理研究所等单位，已完成标准草稿，提交广东省WTO/TBT通报咨询研究中心。

大型桥梁地震安全性在线监测与评估系统建设 该项目是由中国地震局地震监测与减灾技术重点实验室联合暨南大学理工学院和广州中国科学院工业技术研究院于2012年共同申报的广东省重大科技专项高端软件和新兴信息服务专题项目。截至2014年年底，项目已实现3条桥梁、1座水库及3栋大楼的强震动在线传输，建造了实时显示平台，嵌入了部分桥梁健康诊断和抗震性能预测等功能软件，快速桥梁数值仿真系统的嵌入、评估系统集成与可视化技术正在研制中。

广东省地震应急技术研究中心建设 项目建设以地震监测与减灾技术重点实验室为依托，根据广东省地震灾害应急救援的技术需要，在分

析总结我省地震灾害特点及应急救援先进技术和经验的基础上，重点研究适应广东省地震灾害突发事件应急救援方面的应急技术、应急装备和应急管理的对策及建议，创建突发性地震灾害应急技术研究中心，形成以地震监测、预警、灾害评价、应急反应、决策支持等，组建一支从事地震灾害应急技术研究的专家队伍。2014年度进行了地震灾害评估模型、谣言监控机制、灾情收集机制以及震后科普宣传模式的研究，撰写研究报告，同时着手基于GIS软件平台的开发。

GPS在广东地区现今构造变形分析和地震预测的应用研究　该项目是由广东省地震局地震监测预报中心申报的省科技重点项目，2014年获批准立项。

项目主要内容包括：研究广东地区主要块体和断裂带现今地壳运动特征；重点地区加密观测研究；广东地区电离层电子密度异常特征及其与地震活动的关系研究；广东地区水汽含量异常特征及其与地震活动的关系研究；广东地区现今构造变形及新丰江地区地震活动数值模拟研究。

全国统一编目处理系统及相关技术规范体系研制　2014年，由广东省地震局地震监测中心承担的地震行业专项——“全国统一编目处理系统及相关技术规范体系研制”完成了项目的主要工作。该项目将为在全国数字台网数量激增的新形势下，制定新的《地震编目规范》，规范目前的地震台网地震编目工作，制定新的地震目录和地震观测报告格式，扩充地震目录的内容，将震源参数、震源机制、质量评价参数加入地震目录，使地震参数产出更加规范和合理；完成基于波形分析的统一编目系统，充分利用国家台站、区域台网的产出对各省边界地震及全国较大地震进行联合定位，最终产出中国地震台网地震目录及中国地震台网地震报告；建立统一编目数据库，建立统一编目服务平台，方便研究人员快速获取地震目录和地震报告。

（广东省地震局　张　项）

建设科技

2014年，全省建设科技工作围绕城乡建设重点工作，以加强技术攻关、试点示范、成果推广为基础，努力提高建设科技水平。全省建设科技的整体水平达到国内先进水平，部分科研成果达到国际先进甚至国际领先水平。

【科技成果鉴定】　2014年，继续大力推进建设科技成果的推广与转化应用工作，广东省住房和城乡建设厅全年组织完成各类建设科技成果鉴定359项，其中，“盾构密闭始发施工技术”等3项科技成果达到国际领先水平，23项达到国际先进水平，177项达到国内领先水平，138项达到国内先进水平，9项达到省内领先水平，8项达到省内先进水平。同上年比，建筑施工企业更加重视科技创新，项目完成单位不再集中于广州和深圳两地，粤西和粤东地区提交鉴定的项目大幅度增加，尤其粤西地区民营企业的增幅很大；项目的技术水平明显提高；关于绿色施工、节能环保等新型材料、设备的应用增多。完成住房和城乡建设部科技项目验收4项。

【工程建设标准化建设】　2014年，在全省建设系统和相关单位的共同努力下，广东工程建设标准化工作取得了长足的进步，结合对已颁布的工程建设地方标准复审工作，工程建设标准体系进一步健全，为推动全省工程建设标准化工作和建设事业的长足发展奠定了理论基础。

2014年，广东省发布了《建设工程招标投标造价数据标准》等6项广东省工程建设地方标准（见表5-4-10-1）；发布了《广东省绿色建筑评价标准》等15项工程建设地方标准的编制（修订）任务。

表5-4-10-1　广东省新发布的工程建设地方标准（2014）

序号	工程建设地方标准名称	标准编号	发布时间	实施时间
1	建筑施工承插型套扣式钢管脚手架安全技术规程	DBJ 15-98-2014	2014年3月31日	2014年6月1日
2	建设工程招标投标造价数据标准	DBJ/T 15-99-2014	2014年4月1日	2014年9月1日
3	混凝土小型砌块自承重墙体工程技术规程（修订）	DBJ 15-18-2014	2014年7月14日	2014年11月1日
4	建筑种植工程技术规范	DBJ 15-100-2014	2014年9月12日	2014年11月1日
5	建筑结构荷载规范	DBJ 15-101-2014	2014年9月22日	2014年12月1日
6	基桩自平衡静载试验技术规程	DBJ/T 15-103-2014	2014年8月22日	2014年12月1日

根据《住房城乡建设部标准定额司关于开展工程建设地方标准复审工作的通知》（建标实函[2014]18号），组织广东省建设科技与标准化协会（以下简称省标协）、广东省建筑标准设计办公室开展复审工作，复审结果如下：广东省2009年及以前发布的工程建设地方标准共67本，其中复审前已废止12本，复审前正在修订7本；复审后新废止19本，复审后需重新修订或局部修订17本，继续有效12本。在2009年及以前发布，并含强制性条文的广东省标准的工程建设地方标准中，3本标准及其强制性条文可继续有效使用，5本标准及其强制性条文需要修订或局部修订，再按规定重新上报备案，其余强制性条文连同需废止的标准一并取消。通过此次标准复审工作，进一步加强了工程建设标准实施监督工作，推动标准全面有效实施，充分发挥标准在落实国家方针政策、保证工程质量安全、维护人民群众利益等方面的引导约束作用。

【科技奖励】 2014年度，全省建设系统获广东省科学技术奖三等奖4项。获2014年度华夏建设科学技术奖22项，其中，由广东申菱空调设备有限公司等单位完成的“重大地铁站热湿环境调控及‘地铁老线’升级换代通风空调关键技术”等2项获华夏建设科学技术奖一等奖，由广东省城乡规划设计研究院等单位完成的“丹霞山风景名胜区总体规划（2011—2025）”等9项获华夏建设科学技术二等奖，由广州市建筑科学研究院有限公司等单位完成的“广州市绿色建筑设计指南编制研究”等11项获华夏建设科学技术奖三等奖。审核推荐2014年住房和城乡建设部科技计划项目71项，全省共有44个项目被批准列入计划。

大连港海底深水深孔炸礁技术　该项目由中铁港航局集团有限公司完成，获广东省科学技术奖三等奖。该项目依托大连港30万吨级进口原油码头港池疏浚与炸礁工程，针对大连港深水（大于30米）、激流（平均流速大于1.4米/秒）、风浪大（最大浪高5.18米）、潮差、紊流等恶劣海况及海底凹凸不平的地质条件，以自主研发的800吨液压升降式炸礁平台为基础，通过工程实践与技术创新，研究总结形成“大连港海底深水深孔炸礁技术”。该技术实现了经济、快速、安全的水下炸礁作业，不仅适用于深水炸礁、浅水炸礁，适用于江河、湖泊、水库及航道疏浚炸礁工程，也适用于一切水下石方开挖工程，具有广阔的推广应用前景。

丹霞山风景名胜区总体规划（2011—2025）

该项目由广东省城乡规划设计研究院和中山大学规划设计研究院共同完成，获华夏建设科学技术奖二等奖。该项目共包括风景资源评价；分区、结构与规划布局；容量、人口及生态调控；保护培育规划；核心景区规划；风景资源保护利用规划；景观系统规划；风景游赏规划；游览设施规划；基础工程规划；居民社会调控规划；经济发展引导规划；土地利用协调规划；分期发展规划；实施措施与建议；规划环境影响评价等内容。该项目确立的丹霞风景名胜区空间框架结构，具有较强可操作性，所采用的分区布局、生态调控、资源保育等措施成熟、可行，适用范围包括整个丹霞山风景名胜区292平方千米，已成功应用于南门服务基地、夏富服务中心、龙皇坪服务点三片区控制性详细规划的规划设计实践，还将继续向全风景区推广。

（广东省住房和城乡建设厅　刘　映）

电力科技

2014年，广东电网公司认真贯彻落实科技创新领域深化创先工作专项方案，坚持以南方电网中长期发展战略为统领，围绕科技创新深化创先工作目标，着力加强科研能力提升，切实开展机制建设、规划实施、研发攻关、成果管理、平台建设和文化交流，科技创新工作取得良好成效。

【科技投入与技术攻关】　2014年，广东电网公司共牵头承担国家级科技项目4项，南方电网公司重点科技项目6项；建成国内最大规模、供电可靠率高达99.999%的配网自愈示范工程，覆盖配电房与DTU数量均为国内领先；建成国内首个主动配电网示范工程，实现零弃光、低损消纳与消峰填谷等成效；研发大型无人机电力线路巡检系统，实现超视距飞行、全自动巡检，国内首次应用于“海鸥”台风的灾害应急巡检和灾情评估，累计巡检14条线路、总长超过150千米；建成南网首个网、跨省区、地、市多层级的电动汽车充换电运营系统，实现了政府、企业、用户之间的互动协调。

【重点科技项目】

电气设备六氟化硫循环利用与化学诊断关键技术研究及应用　该项目解决了电气设备六氟化硫循环利用和故障诊断的各关键技术难题，取得了集理论、技术、装备与应用示范于一体的系列成果，成果水平在国际上处于领先地位。

该项目主要技术创新点如下：1. 攻克了六氟化硫电气设备故障化学诊断的理论和技术难题，首次应用量子化学理论研究揭示了不同放电类型下六氟化硫各关键分解产物的生成机理，发现了两种新特征分解物CS2和COS，提出了各分解物含量和增长速率与设备故障的关系；建立了化学诊断平台，显著提高了六氟化硫电气设备运行可靠性；2. 突破了六氟化硫成分分析技术瓶颈，发明了“毛细管柱/TCD-FPD气相色谱”定量分析六氟化硫关键分解物的方法，首次建立了成套六氟化硫全组分分析技术，大幅提高了气体成分检测范围、灵敏度和准确性，为设备故障诊断和气体品质控制提供了技术保障；3.攻克了六氟化硫高效循环利用的技术难题，发明了“碱洗—吸附—精馏—固化”的六氟化硫故障气体再生技术和全套装备，建立了全国规模最大的六氟化硫回收处理示范基地和气体循环利用体系，解决了六氟化硫故障气体高品质、大容量和无污染高效再生技术难题，实现了大电网六氟化硫全生命周期管理和六氟化硫温室气体零排放。

该项目成果已在全国电力企业广泛应用，诊断重大设备故障24起，确保了电网安全供电；六氟化硫高效循环利用装备已在全国8家省级电力企业推广应用，国内市场占有率达62%；从广东省21个地区供电局累计回收处理和循环利用六氟化硫37.637吨，等效减排二氧化碳近百万吨；创造直接经济效益1.1亿元。项目已制定现行及报批的国家标准2项、行业标准4项；获授权发明专利1项、授权实用新型专利7项，3项发明专利进入实质审查；发表论文23篇，其中SCI收录论文2篇，EI收录论文14篇。应用项目成果创造的社会经济效益显著，有效促进了绿色可靠电网技术的发展，对保护大气环境、保障安全供电具有重要意义，在整个电力行业的推广应用前景十分广阔。

数字化变电站高可靠性网络化采样继电保护新原理及其架构体系研究　该项目以国际标准的工程化应用为方向，立足保障控制保护系统安全，有效管控风险，系统构建了具备透明网络关键数据传输、智能感知及交换、故障智能分析及自恢复等核心特征的开放的网络数字化变电站架构体系，并以上述重大核心技术突破为基础，提出了基于信息流的定量评估模型与方法体系，研制了具有自主知识产权的智能交换机，开发了数字化站设计、建设、调试、运维、技改的统一的标准规范及配置工具载体，实现了数字化站建设

周期短、全生命周期安全可靠、运维简便高效、便于统一推广应用的目标。

该项目主要创新点如下：1. 首次提出了数字化变电站通信网络系统的信息流计算模型及算法，基于OPNET开发了数字化变电站继电保护信息流动态性能仿真软件；提出了基于信息流的数字化变电站继电保护可靠性和有效度评估模型与方法，为数字化变电站继电保护性能分析与可靠性提升策略提供了依据；2. 首次提出了数字化变电站过程层信息流确定性交换方法，开发了具备业务感知能力的智能交换机，实现了数据交换过程的延时确定、路径确定及流量确定，实现了不依赖于外部时钟的数据同步技术，突破了继电保护系统“网采网跳”的可靠性瓶颈；开发了过程层网络实时监视管理平台，提高了运维效率，为充分发挥数字化变电站信息共享优势与专业融合奠定了基础；3. 提出了基于虚端子标准化的即插即用和基于站域系统的功能迁移实现方法，开发了样机系统，为数字化变电站二次设备的不停电技改和检修创造了条件；4. 开发了数字化变电站全生命周期的SCD文件可视化工具，制定了设备模型文件的规范化技术要求，从规划、设计、调试、运维等层面，全面提升了数字化变电站规范化水平。

该项目成果已在珠海琴韵、茂名文冲口等站应用，保证了广东电网数字化变电站的安全可靠运行，极大提升风险管控能力。相关标准规范及工具载体立足工程实际问题，贴近实际生产，为公司OS2框架下数字化变电站的一体化设计与建设奠定了坚实技术基础。项目成果顺应未来电网发展需求，引领行业技术进步，必将极大促进我国数字化变电站从试点到应用的巨大跨越。

配网自动化信息安全防护技术的研究与应用

该项目首次发现入侵单点控制全面的“前置跳板”重大安全隐患，在密码芯片、防护架构、防护设备等领域取得关键突破，攻克配网开放环境下全面防护、核心密码资源智能保护、海量并发业务高速加解密等难题。

该项目主要创新点如下：1. 研发首款电力国密算法SoC密码芯片，在电力系统率先综合应用高强度国家SM1/2/3密码算法，并提出一套智能抵抗旁信道攻击的密钥防护机制，构建配网安全的芯片级可信支撑平台；2. 首创隐藏隧道边界和密钥的三道防线安全架构，基于密码芯片实现了身份无法伪造、报文无法篡改、核心设备无法入侵的配网纵深安全防护；3. 提出无需操作系统的协议栈优化开发方法，对密码芯片直接编程开发防护设备，避免使用国外操作系统的不可控漏洞风险；4. 提出基于哈希及二叉树算法的海量密文高速摆渡方法，突破传统隔离技术在高并发下的数据处理性能瓶颈，性能提升87.9%，实现隔离装置可高速处理1个配网主站对4万个终端的并发加解密通信。

该成果已在广东电网成功应用，实现覆盖配网主站、传输通道、所有配电终端的全方位安全防护，全面消除现有11类信息安全隐患。通过国家专业测试机构的全面攻击测试，结果表明“现有攻击手段无法入侵加固后的配网自动化系统”安全强度符合国家信息安全等级保护规定。2012—2014年，成果在中山、佛山、珠海等3个供电局连续运行24个月，系统改造部署灵活便捷。一方面消除了系统安全隐患，成功抵御专业机构48次攻击；另一方面实现了无线网络下安全可靠的远方控制、远方修改定值等操作，消除信息安全对配网自动化通信模式的约束。成果推广预计在公司配网安防领域达4亿元市场规模，并可在新能源接入、电动汽车、家庭智能终端等智能电网领域推广应用。项目已参与编制行业标准1项，主持编制企业标准2项，形成专利24项（其中授权3项，实审16项），软件著作权3项，论文11篇，专著1本。

【科技成果及奖励】 2014年，广东电网公司评审出各类科技奖励225项，其中，一等奖27项，二等奖73项，三等奖125项；获得2014年度中国南方电网有限责任公司科技进步奖一等奖3项；2014年度广东省科学技术奖6项；2014年度中国电力科学技术奖7项，其中STATCOM成果项目“基于电压源变流器的±200Mvar静止同步补偿技术开发及应用”获得广东电网公司首个中国电力科学技术进步奖一等奖。

2014年，广东电网公司系统共获得645项专利授权，其中发明专利205项，实用新型专利284项，外观设计专利3项，软件著作权153项。截至2014年12月，广东电网公司共有有权知识产权1793件，其中发明专利346件，实用新型专利824件，外观设计专利16件，软件著作权607件。

【广东南方电力科学研究院】 广东南方电力科学研究院（以下简称“南科院”）成立于2010年，是由广东省科技厅批准成立，集电力科研、技术服务、教育培训、电力客户服务于一体的综合性电力产业服务支撑机构。2014年，南科院拥有员工180人，其中教授级高级职称3人，高级职称8人，中级职称26人，本科以上学历82人，专家库专家100人。另外，有1名技术人员被广东省委网络安全和信息化领导小组聘为专家咨询委员会（信息化发展专业委员会）第一届委员，成为广东省委网络安全和信息化领导小组智囊成员之一。南科院已经成为国家民政部公布的全国19家科技研究类优秀品牌之一。

科技服务　南科院作为背靠电力行业、服务电力行业、因电力行业而设的机构，2014年继续积极参与电力安全生产标准化达标评级现场服务工作，累计承担广州黄埔发电厂、广西百色电力有限公司和桂东电力股份有限公司、海南华能东方发电厂等广东、广西、海南、贵州、云南等五省区数十家发电厂、地方电力企业的电力安全生产标准化规范达标评级现场的辅导或评审工作。2014年，南科院多次组织科技人员和技术业务专家到广东、广西和海南开展“送科技到企业”活动。

南科院受国家能源局南方能源监管局的委托，组织行业专家研究开发编制《南方区域发电厂并网安全性评价标准》（试行），并组织专家团队对十多家发电企业进行现场试点评价；编辑出版发行了《南方区域小型水电站并网运行指导手册》、《南方区域电力建设安全设施参考手册》等。

科技项目交流与合作　2014年，南科院先后和珠海一多监测科技有限公司等十数家高新科技企业开展科技交流与合作，内容涉及电力光纤互感器、电力智能开关、电力在线监测和配网故障诊断、电力计量自动化及远程抄表、高压输电线路直流融冰兼SVC（无功补偿）、SAW声表面波无线无源传感监测、电力应急指挥和救援通信、网络与信息安全、信息系统数据质量维护和北斗卫星通信系统（定位、导航、授时、短报文功能在电力行业的应用）等技术业务，签订合作协议5份。《基于物联网技术的电力客户智能服务平台》和《基于北斗卫星通信和GIS电力应用平台》正在合作研究开发中，北斗授时同步时钟产品正在电力行业推广应用。

基于物联网技术的电力客户智能服务平台系统采用当今各种前沿科学技术，关键技术包括：（1）感知层：射频RFID技术、传感器技术、二维码技术、全球定位系统技术（GPS或北斗卫星通信系统）；（2）传输层：综合数据网络技术、IPv6技术、网关技术、可见光通信技术、RF-Mesh自组网无线通信技术；（3）平台层：数据接入技术、数据存储技术、数据计算技术、数据挖掘分析技术、虚拟化技术、云资源管理技术；（4）应用层：可视化展现、智能决策分析（BI）；（5）安全保障：终端安全、通信安全、数据安全等。

平台系统具备通过互联网，支持电力客户的手机或其他移动终端的移动应用功能。如对应监测状况、管理业务的信息浏览、用电信息分析、事件告警信息提示等。基于物联网技术的电力客户智能服务平台的研究开发，作为电力科技服务的创新之举，项目完成并投入使用后，预计将大大提高电力客户服务效率和服务水平。

“基于北斗卫星通信和GIS电力应用平台”项目是南科院和泰斗微电子科技有限公司根据国家信息安全战略发起的合作研究开发基于北斗系统在电力行业应用的项目。基于北斗卫星通信和GIS电力应用平台的研究开发，目的在于将原来采用美国GPS系统定位和授时功能的电力系统各种生产设备运行和经营管理、电网生产调度自动化、配网自动化业务，逐步迁移到该平台上，确保电力生产和经营安全。项目的研发工作还在进行中。

（广东电网公司　张　飞）

（广东南方电力科学研究院　冯文胜　陈忠义）

水利科技

2014年，按照中央以及省委、省政府关于加快水利改革发展的决策部署，以创建水利强省为目标，广东水利科技工作围绕全省水利中心工作，在推动民生水利科技创新、促进水利科技交流合作等方面取得了一定成效。

【科研项目管理】 2014年，省水利厅与省财政厅共同组织开展了2014年度水利科技创新项目立项评审工作。2014年度省水利科技创新项目受理申报项目68个，共有20个项目获批立项。

2014年，水利部“948计划”项目“河流藻类叶绿素测定仪”顺利通过了水利部的验收。“基于无线通信技术的网络化的水库及险段遥测技术应用研究”等5个广东省水利科技项目通过省水利厅验收，“基于大数据的水利数据中心建设关键技术研究”等7个科研成果通过省水利厅组织的成果鉴定。

2014年，“东江流域水质遥感监测系统技术”列入《2015年度水利先进实用技术重点推广指导目录》，“DIYD基于无线传感器网络的水工安全监测系统”获2015年度水利部科技推广计划培训项目立项。

【科研成果及奖励】 “基于大数据的水利数据中心建设关键技术研究”项目获得2014年度水利部大禹水利科学技术奖一等奖，“核电建设水安全保障及影响技术研究”、“地基沉降计算新方法——非线性变形模量法的研究”获得广东省科学技术奖二等奖，“高温地区碾压混凝土筑坝关键技术研究与应用”获得广东省科学技术奖三等奖，“广东主要作物灌溉高效用水及适宜土壤水分调控技术研究与应用”获得2013年度广东省农业技术推广奖一等奖。

2014年，经广东省水利学会水利科学技术奖评审委员会评审、奖励委员会公示和审定，“挡潮闸通航孔大跨度新型工作闸门—升卧式翻板闸门研究”等2项成果获得2013年度广东省水利学会水利科学技术奖一等奖，“外掺MgO混凝土拌制新技术及应用”等4项成果获得二等奖，“测压管维护清洗技术”等6项成果获得三等奖。

项目名称：基于大数据的水利数据中心建设关键技术研究

主要完成单位：广东省防汛抢险技术保障中心、河海大学

获奖情况：2014年度大禹水利科学技术奖一等奖

该项目对水利数据中心的建设与应用思路、资源集成、应用服务、信息新技术应用、建设管理等方面进行了系统研究与开发，从概念、架构、技术及应用等层面完善了水利数据中心体系，成功建成全国首个省级水利数据中心。作为全国首个建成的省级水利数据中心，为全国各级水利数据中心的建设提供很好的示范。

该成果主要创新点包括：1. 应用大数据、云存储等技术构建了全国首个省级水利数据中心；2. 研究开发了水利数据综合应用平台，实现了水利多业务一体化和多层次移动应用；3. 基于电子产品编码（EPC），首次提出了水利物联网标识编码规则和依据对象标识的数据应用新方法，实现了数据中心数据的唯一标识和应用；4. 系统研究了水利数据中心标准体系，编制了11项技术规范和8项建设管理规定，其中《水利数据中心管理规程》（SL604-2012）已由水利部颁布施行。

项目名称：核电建设水安全保障及影响技术研究

完成单位：广东省水利水电科学研究院、水利部综合事业局（水利部水资源管理中心）

获奖情况：2014年度广东省科学技术奖二等奖

该成果研究了内陆核电与滨海核电取水、用水、耗水、排水的不同特点以及产生的安全影响问题；开展了核电站用水合理性分析及控制性指标研究、内陆核电建设对水资源安全影响及对策研究、内陆核电选址阶段水资源约束条件研究等系列专题的研究，建立选址阶段和可研阶段核电建设项目水资源管理及论证的技术体系，编制了核电建设项目水资源论证技术要求；通过可能最大暴雨和可能最大洪水计算研究，对核电厂的

洪水灾害作科学评估；形成核电建设水安全及影响关键技术并应用于实际，对国家核电项目水安全具有重要的理论和实践意义。成果已成功应用于多个核电水资源论证及评审，为水行政主管部门对核电水资源安全的监管提供了有力的支撑，此外研究成果还指导了海南昌江核电厂、广东陆丰核电厂工程等10余个核电项目的选址、设计、建设和用水管理。经济、社会及生态环境效益显著，推广应用前景广阔。

项目名称：地基沉降计算新方法——非线性变形模量法的研究

主要完成单位：广东省水利水电科学研究院

获奖情况：2014年度广东省科学技术奖二等奖

该项成果提出形成了一套系统的地基沉降计算新方法，并据此提出了正确确定地基承载力的新方法。该成果已推广到桩基和复合地基等各种基础的沉降计算中，并成功应用于解决港珠澳大桥岛隧地基的关键难题和其他多个工程项目，已被武广高铁、胶济客运专线等对沉降要求极高的重大工程应用验证。该成果是土力学及基础工程中沉降计算方面具有原创性的成果，对推动基础设计的发展具有重要意义，具有工程应用价值和推广应用前景。

项目名称：广东主要作物灌溉高效用水及适宜土壤水分调控技术研究与应用

完成单位：广东省水利水电科学研究院

获奖情况：广东省农业技术推广奖一等奖

该项成果针对广东省主要作物（22种作物，涵盖全省85%的作物类型）进行了多年长序列的灌溉试验研究，取得了作物的需水规律、节水灌溉制度、水分控制指标及调控技术和水稻节水灌溉效益指标等系列成果：1. 揭示了涵盖广东省85%主要作物的需水量、需水特性和变化规律并建立了合理的需水量估算模型，揭示了主要作物水分生产率变化规律；2. 提出了水田田间水分控制指标、主要旱作物的适宜土壤含水率指标和调控技术以及主要作物在不同季节的降雨利用率；3. 在分析计算理论与方法方面，改进了以水面蒸发量为指标来计算水稻蒸发蒸腾量的方法，提出了适合本省的水稻水分生产函数模型，改进了一年两熟水稻灌溉增产率的计算方法。

该成果已被广东省水利电力勘测设计研究院、高州水库灌区、青年运河灌区等多个单位和地区广泛采用，累计推广应用面积达到41 977公顷，增产率4%～20%，节水率8%～20%，年均节水量超过2 000万立方米，具有显著的社会、经济和环境效益，为实行最严格水资源管理制度的“三条红线”提供了科学依据。该成果具有广泛的推广前景，并可供其他类似地区参考。

【水利技术标准化】　2014年，地方标准制修订计划项目“人工砂特性及人工砂高性能混凝土研究”通过评审获批立项，广东省水利水电科学研究院作为主编单位之一编制完成的国家标准《海堤工程设计规范》（GB/T51015-2014）、广东省水利水电科学研究院主编的地方标准《广东省用水定额》获批发布实施。

【科技交流与合作】

国际科技交流与合作　11月1日—12月23日，应芬兰水论坛联合体邀请，省水利厅下属单位3位专业技术人员赴芬兰开展为期两个半月的研究合作。双方围绕清远中小河流治理、增城增塘水库及西福河补水工程、英德市东岸排涝水系（湿地公园工程）和练江治理规划等项目建设进行了研究，在防洪排涝，水环境、水生态及水景观等领域开展了合作交流。11月21日，芬兰环境研究所淡水研究中心主任等带队来省水利厅和省水利电力规划勘测设计研究院进行交流。省水利厅建议结合芬兰在水利方面的专长，在河流治理理念、专业人员培训方面加大交流合作力度。双方还就水污染防治、污水处理、水生态修复、河道修复治理、人员交流等进行了深入的探讨。

10月15—22日，广东水利电力职业技术学院组成6人代表团赴澳大利亚霍姆斯格兰政府理工学院和新西兰奥克兰理工大学进行业务交流，学习澳新高等职业教育模式发展与变革、教育理念与成功经验，考察其高等职业教育体系与教学方法。双方就有关职业教育项目的合作进行洽谈，并就合作办学项目的管理进行深入的交流。

11月9—19日，省水利厅在美国举办水生态治理修复技术高级培训班，境外培训时间21天，学员20名。培训地点为美国西部的洛杉矶地区和东部的新泽西、华盛顿地区，通过邀请高校教授讲课，走访有关政府机构、水行业非政府机构和参观水厂、污水处理厂等，学员学习了水生态治理修复技术，了解美国在水生态、水质监测、水处理等方面的现状和发展方向。

12月8—9日，省水利厅与丹麦王国驻华大使馆及驻广州总领事馆共同举办了首届“丹麦—广东水日”活动，双方代表就“可持续的水管理和流域洪水预报”进行主题发言。通过开展水日活动，使广东省进一步了解了丹麦水资源管理的现状和理念及该国在供水管理、水处理方面的技术和产品，同时也让丹麦的有关官员和企业了解了广东省水资源管理现状和对水处理，供水等需求，有利于双方进一步开展合作，达到了预期效果。

粤台水利技术交流 12月18—24日，省水利厅组织了技术交流团赴台湾就水利防灾减灾、水资源管理、水生态建设、河流管理等方面进行了技术交流。11月30日—12月6日，广东水利电力职业技术学院14人赴台开展了合作办学业务交流。

学术论坛活动 8月26日，省水利厅邀请了美国工程院院士、加州大学教授作题为《美国西部水资源问题的经验教训》的专题报告。9月15日，省水利厅邀请了旧金山湾区公共事务管理局流域规划部部长作题为《归于自然的防洪规划和设计——水文水利工程在北加州的应用》的学术报告。

（广东省水利厅　桂江峰　张　婷）

石油化工科技

2014年，中国石油化工股份有限公司广州分公司（以下简称“广州石化”）共有1项科技成果通过中国石化股份公司鉴定，1项成果获得中国石化集团公司科技进步奖三等奖，1项成果获得2014年度广东省环境保护科学技术奖一等奖，较好地完成各项科技创新工作任务。

中国石化集团茂名石油化工公司、中国石化集团资产经营管理有限公司茂名石化分公司（简称“茂名石化分公司”）、中国石油化工股份有限公司茂名分公司（简称“茂名分公司”）统称“茂名石化”。2014年，茂名石化以安全环保隐患全面治理、全面深化改革、管理全面提升为主题，深入开展“从严管理年”“争做最负责任员工”等活动，全面深化安全环保隐患治理；积极推进内部改革，整合热电板块，成立热电分部，主要生产车间全面实行“四班两倒”；深入挖潜增效、降本减费，全面提升企业管理水平和竞争力，效益居中国石化集团公司炼化一体化企业第2、同规模企业第1。

【科技成果与奖励】 2014年，广州石化承担总部科技开发项目16项，其中1项完成并通过总部鉴定，4项完成待验收，其他项目按计划开展工作。“高效FCC再生烟气硫转移剂的开发与应用”科技成果获中国石化集团公司2014年度科学技术进步奖三等奖。“石油化工高浓度废碱液生物处理新技术开发及应用”获2014年度广东省环境保护科学技术奖一等奖。这些技术和成果的成功应用，提升了广州石化相关装置的环保技术水平，取得了明显的经济效益。如轻催装置添加1.9%的RFS09硫转移剂后，再生烟气SO_2从1 000 毫克/立方米左右降低到229毫克/立方米，满足HJ/T125—2003排放标准的要求，SO_2转移率在72%～78%。重催装置添加3.8%的RFS09硫转移剂，SO_2转移率在65%～75%。应用成果表明，高效FCC再生烟气硫转移剂投用后，能大幅度降低了再生烟气SOx排放，降低再生烟气中硫化物对环境的污染。2014年，茂名石化共有“Cr9Mo钢管研制、丁二烯螺杆压缩机国产化研究、LH-W-8金银丝炉管强化吸收纳米涂料在减压炉上的应用、高密度聚乙烯IBC桶用专用料开发及推广应用、高光泽度透明线性低密度聚乙烯薄膜专用料的开发、淤浆加料催化剂（SLC-S）及其加料系统成套技术开发、低温包装用特种聚丙烯树脂开发”7个科研项目通过中国石化的技术鉴定。

2014年12月10—11日，中国石化召开2014年度“十条龙”科技攻关会议，茂名石化与中国石油化工股份有限公司北京化工研究院联合承担的“环保型高刚高韧聚丙烯树脂开发”成功入龙，与北化院联合承担的“低温包装用特种聚丙烯树脂开发”、与石科院和抚研院联合承担的“柴油超深度加氢脱硫（RTS）技术工业应用”顺利出龙。茂名石化参与的中国石化“十条龙”科技攻关项目共有3项，分别是作为组长单位的“20万吨/年环氧乙烷成套技术”“加氢异构脱蜡生产高档基础油成套技术开发及工业应用”2个项目及新入龙的“环保型高刚高韧聚丙烯树脂开发”项目。

2014年，茂名石化油品质量升级改造工程，获2013年度中国石化优质工程奖。该工程投资概算约44亿元，2011年1月19日开工建设，2012年10月30日建成中交，2012年11月—2013年2月先后打通全流程，实现“安全、环保、经济一次开车成功”，并实现满负荷运行。项目投产以来，常减压装置、催化裂化、加氢裂化、硫黄回收等装置，实现了装置安稳长满优运行，实现了增产不增污和降低炼油单位能耗，成为了广东和茂名地区新的经济增长点，对拉动地方经济发展、增加税收发挥了重要作用。

2014年，茂名石化获中国石化科技进步奖3项。其中，“新油种调和高等级道路沥青的研究”和“炼油全流程优化技术开发与推广应用”获中国石化科技进步奖二等奖；“具有复合大孔及超稳纳米Ni晶的催化材料”获中国石化科学技术奖励技术发明三等奖，这是茂名石化首次获技术发明奖项。

【科研项目】 2014年，广州石化接转科技开发项目11项，新立科技开发项目计划4批26项，项目计划经费1 153万元。科技开发围绕公司生产经营工作，在稳定生产、节能减排、安全环保、清洁生产、产品质量升级、新产品开发和新技术、新工艺应用等方面展开。全年完成结题17项，评定成果41项。

广州石化是广东省首批LDAR（泄漏检测与修复）项目试点单位，于2013 年10月启动项目。2014年5月，完成了第1阶段两套装置监测与维修，6月12日通过广东省环境保护厅验收。第1阶段共完成23 803个密封点的泄漏检测，泄漏率分别为1.57%和0.91%，修复成功率分别为81.3%和76.2%。5月启动第2阶段7套装置的LDAR工作，截至2014年年底完成6套装置共33 660个密封点的泄漏检测与修复。两个阶段8套装置全年VOC削减量约50吨，削减率为16.6%。同时制定了《广州石化LDAR项目实施规定》，组建自主检测队伍，2014年下半年开展第3阶段LDAR推广应用工作。

2014年，茂名石化以做大乙烯产量为突破口，通过充分利用2号裂解乙烷炉的富余能力进行丙烷共裂、科学优化炉子检修安排和炉子原料投料类别，全年乙烯平均日产达到3126吨/天，同比上年增加42吨/天，乙烯产量创历史最好水平。1月23日，茂名石化20万（标准）立方米/时煤制氢装置投产成功，至此，茂名石化油品质量升级改造工程全面建成投用。该装置是茂名石化油品质量升级改造工程的重要配套项目，主要包括水煤浆气化装置、合成气净化装置以及配套设施，以煤、炼厂副产的高硫石油焦和纯氧为主要原料，每小时可生产20万标准立方米、纯度为97.5%以上、4.8兆帕的工业氢气。装置投用后，可满足茂名石化汽柴油质量从国Ⅳ升级至国Ⅴ的用氢需求及缓解炼油扩能后氢气资源不足的压力。该装置设备材料国产化率达99%，高98米的吸收塔是国内同类装置最大的设备，低温甲醇洗吸收塔塔体材料首次实现国产化。

5月27日，茂名石化与中国船舶重工集团公司第七一一研究所共同科研开发的“茂名石化2号丁二烯装置丁二烯螺杆压缩机国产化研究项目”通过总部验收，该项目填补了国内同类装置压缩机国产化的空白，结束了丁二烯螺杆压缩机组一直依靠进口的历史。该压缩机正式投用以来，每年可多生产丁二烯产品3.2万吨，年增效3 120万元；机组的关键备件为国内制造，价格为进口备件的40%，可大幅减少备件采购资金，经济效益显著。

8月28日，茂名石化20万吨/年3号聚丙烯装置建成投产。该项目基础设计批复投资8.66亿元，装置建成投产后，茂名石化聚丙烯装置总设计产能提高到67万吨/年，优化产能可达80万吨/年，跃居华南地区之首。

9月30日，茂名石化300万吨/年柴油加氢装置建成中交。该装置总投资6.49亿元，于2013年9月10日开工建设，是公司柴油质量升级改造最主要的二次加工装置，建成投产后，公司柴油产品达到国Ⅳ标准。

10月1日，茂名石化化工10万吨/年MTBE装置建成投产。该装置是茂名石化调优装置结构重点项目，总投资8 131万元，采用中国石化自主开发的筒式外循环加催化精馏技术，由MTBE生产、碳四脱烃两个单元组成。产品MTBE可用于调和国IV高标号汽油；产品醚后碳四可为异壬醇装置提供原料。

12月30日，茂名石化炼油2号催化裂化烟气脱硫脱硝装置开车成功，这是公司第二套投入使用的催化烟气脱硫脱硝装置。总投资1.2亿元，投产后每年减排二氧化硫910吨、氮氧化物350吨、烟尘150吨，有效地改善区域生态环境。

11月5日，茂名石化100万吨/年乙烯改扩建工程通过总部竣工验收。该工程于12月15日开工建设，2006年9月16日投料生产，工程建成投产后，乙烯生产能力从原来的36万吨/年增加到100万吨/年，成为国内首座百万吨乙烯生产基地。该项目建设创造了国内大乙烯建设史上建设工期最短、国产化率最高、投资成本最低等一系列新纪录，其重要设备大量使用国产设备，国产化率达到87.8%，其心脏设备裂解气压缩机是国产化规模最大的乙烯压缩机组。

【新产品开发】 2014年，广州石化按照“稳定和改进现有产品质量、扩大市场份额”的方针开展塑料新产品的开发工作，并尝试开发高端产品。4月和11月两次开发生产高光泽高抗冲聚苯乙烯HG388，产品质量指标合格，测试结果符合用户使用要求；四季度，针对用户需求变化，对聚丙烯吸塑料CJ500AH进行质量改进，用户使用后认可产品质量。聚丙烯管材料PPB1801取得8 760小时静液压试验认证；解决聚丙烯管材料PPR4220挤管时有焦糊味问题；试用低成本助剂配方，聚丙烯管材料PPR4220挤管管材通过1 000小时的静液压试验，每吨产品的助剂成本降低近400元，降幅接近一半。2014年，塑料新产品产量48 604吨，完成总部下达计划的106%，取得经济效益1 876万元。

【专利申请与授权】 2014年，广州石化申报国家专利16件（其中发明专利9件、实用新型专利7件），4件实用新型专利获国家授权，完成总部下达的年度专利工作任务。截至2014年底，广州石化拥有有效授权专利25件，其中10件发明专利，15件实用新型专利，专利均在公司实施应用，取得明显的经济效益。

2014年，茂名石化共申请国内专利31件，申请的数量创历史最高纪录。2014年申报发明专利数量16件，实用新型专利数量15件，发明专利的占有率51.61%，同比公司所有授权专利发明的占有率（43.84%）提高7.77%。截至2014年年底，公司已申请国内专利153件，累计获得专利授权92件。

新产品开发 2014年，茂名石化实施“差异化”战略，全年分别生产合成树脂新产品15.29万吨、专用料 71.66万吨，分别完成总部年度计划的 124.31%、119.63%，新产品及专用料共增效5408万元。全年共开发生产10个新产品，其中总部科技“十条龙”攻关项目即高透明抗冲聚丙烯PPB-M25-S、PPB-MT08-S产品研发已通过总部认证；线性聚乙烯新开发的改性高熔指色母料DFDA-7150/8250产品价格比通用料高500元/吨以上；高密度汽车油箱料HXB4505M首次进入跨国企业（德国考泰斯）供应链。5月成功开发生产了系列化高抗冲透明聚丙烯新产品PPB-MT08-S约600吨、软质聚丙烯新产品PPB-M20-S 150吨，并第三批生产高抗冲透明聚丙烯PPB-MT25-S约600吨。该系列产品为市场高端产品，广泛运用于密封盖、软包装、汽车内饰等领域，属茂名石化与中国石油化工股份有限公司北京化工研究院联合承担的“低温包装用特种聚丙烯树脂开发”中国石化“十条龙”攻关项目牌号产品，均属世界首创。

2014年，茂名石化首次加工包括奥瑞特含硫中间基重质原油、越南鲁比原油低硫中间—石蜡基中质原油、俄罗斯埃斯坡低硫低酸中间基中质原油、玻利维亚低硫凝析油等10种新原油，茂名石化加工原油品种达到50个国家共144种。1月24

表5–4–13–1　广州石化获得国家专利授权情况（2014）

序号	专利名称	专利号	专利类别	授权日期
1	一种可脱气的粉料贮存仓	ZL201320674154.X	实用新型	2014年4月9日
2	一种聚烯烃反应器爆聚物高效切割器	ZL201320822039.2	实用新型	2014年6月18日
3	一种防误操作闭锁装置	ZL201420115295.2	实用新型	2014年6月10日
4	水力除焦设备用的法兰式动密封组件	ZL201420314704.1	实用新型	2014年11月5日

日，国内首套异壬醇生产装置在茂名高新技术产业开发区开工建设。该装置隶属于中国石化与德国巴斯夫双方以50∶50比例建立的合资企业——茂名石化巴斯夫有限公司，是国内首次引进巴斯夫异壬醇专利技术建设的装置。2月28日，茂名石化全密度装置成功生产高开口线性聚乙烯薄膜专用料7042k。3月14日，茂名石化2号聚丙烯装置成功生产低温蒸煮膜聚丙烯专用料PPR-F06-S。

2014年，茂名石化化工新产品和专用料产量达91.81万吨，超年度计划15.5%，有5个化工新产品销量超万吨，多个高端合成树脂新产品进入跨国企业供应链，化工新产品产量占合成树脂比例达10.42%，同比增长3.42个百分点。生产化工新产品和专用料比生产通用料增加效益5 408.01万元。

标准化工作　2014年，茂名石化组织制修订77项原料产品质量指标，首次与销售华南分公司共同商议并对合成树脂过渡料产品质量指标进行界定，转发并执行7个上级产品标准，其中2个国家产品标准（船用燃料油、高闪点喷气燃料）、1个行业标准（5号工业白油）、4个中国石化一级企业标准（石油焦2013版、工业用纯苯2014版、船用轻质燃料油2014版和管材类聚乙烯树脂）。2014年，茂名石化起草的国家标准GB/T 6986–2014《石油产品浊点测定法》、GB/T 7715–2014《工业用乙烯》发布实施。

【原油评价及分析】　2014年，广州石化完成萨杜恩、内姆巴、扎库姆等11个原油的全评价和卡斯蒂利亚、混合进口、阿曼等26个次原油的简单评价，其中萨杜恩、卢拉原油为新油种；完成2个次巴士拉原油的沥青切割评价分析工作。对新油种进行原油破乳剂评选工作，并在评价报告中增加破乳剂评选结果；进行蒸馏（一）原油的评价。

【开展生产服务试验】　广州石化开展一系列科学试验，为生产提供科技服务。汽提（一）原料水及其加酸后的模拟汽提试验；汽提（一）净化水氧化试验；华德码头3号罐混合原油加预处理剂脱水试验；蒸馏（一）减顶水破乳试验；消泡剂和含硫污水破乳剂对水中COD影响试验和对气体净化水影响试验；对污水汽提（四）原料水进行分析试验，完成《污水汽提（四）原料水进碱渣湿式氧化装置处理的可行性探》报告。

（中石化广州分公司　王新忠　邓志伸）

（中国石油化工股份有限公司茂名分公司　韩泉梅）

国土资源科技

【科技项目】　2014年，由深圳市国土资源创新研究中心等单位承担的中国工程院重点咨询项目“新型城镇化进程的土地资源管理工程科技支撑体系研究”，由华南农业大学等单位承担的国土资源公益性行业专项项目“建设用地整治监测与评价关键技术研究与示范”开题；广东省国土资源测绘院承担的“北斗地质灾害监测预警关键技术研发与示范应用”获省产业技术研究与开发专项资金项目立项。2014年，“城乡统一建设用地市场的结构运行机制与管控措施研究”等9个科技项目获广东省国土资源厅立项。

表5-4-14-1 2014年度国土资源（广东）科学技术奖一等奖项目情况

序号	项目名称	承担单位
1	广州市功能片区土地利用总体规划编制技术及应用	广州市国土资源和房屋管理局 广州市土地利用规划编制中心 中山大学 广州市城市规划勘测设计研究院
2	基于云平台“天地图·广东”建设与关键技术的研究	广东省国土资源技术中心
3	广州市金沙洲岩溶地面塌陷、地面沉降地质灾害调查探测与监测	广州市地质调查院
4	湛江市辖区似大地水准面精化项目	广东省国土资源测绘院
5	广州市地价动态监测体系建设及网格点基准地价更新	广州市土地利用发展中心 广东中地土地房地产评估与规划设计有限公司
6	广东省“三旧”改造地块标图建库及技术研究	广东省国土资源技术中心
7	广东省节约集约用地理论与实践研究	广东省土地调查规划院

【科技奖励】 由深圳市房地产评估发展中心承担的《征收地拆迁评估公共平台建设关键技术及示范应用》项目获2014年度国土资源科学技术奖二等奖；由广东省国土资源技术中心、广东省国土资源测绘院、广东省地图院承担《土地利用动态监测技术体系研究及在广东省的应用》项目获2014年度测绘科技进步奖三等奖。广东省土地学会、广东省测绘学会、广东省遥感与地理信息学会、广东省不动产登记与估价专业人员协会、广东省地质灾害防治协会联合开展2014年度国土资源（广东）科学技术奖评选活动，评选出2014年度国土资源（广东）科学技术奖一等奖项目7项、二等奖项目8项（见表5-4-14-1）。

【科普宣传】

科普基地建设 2014年，省国土资源厅命名5个广东省国土资源科普基地，分别为深圳大鹏半岛国家地质公园、广东阳山国家地质公园、丹霞山地质博物馆、肇庆地质科技馆和广州大学资源环境与区域规划实验室。

“世界地球日”活动 4月22日，广东省国土资源厅、广东省博物馆在省博物馆联合举办纪念第45个世界地球日主题宣传活动，向全社会倡导珍惜地球资源，共同保护自然生态空间的理念。活动向学生代表赠送科普书籍，广东岭南现代高级技术学校学生代表宣读“珍惜地球资源，保护自然环境”的倡议书，中山大学环境科学研究所所长吴群河教授作“区域开发与土地使用价值塑造”科普讲座。参加活动的学生、群众参加了科普知识有奖问答，观看了纪念第45个世界地球日专题科普宣传片，参观了“粤山秀水、风物岭南——广东自然资源陈列”展览。

国土资源系列宣传活动 6—7月，省国土资源厅联合团省委，在全省选定13个示范县（市、区），省、市、县、镇、村五级联动，全面开展第24个全国“土地日”国土资源系列宣传活动。通过大学生主题辩论、专家政策解读以及国土知识有奖问答、远程培训、镇村宣传栏大赛、微视频大赛、主题校园活动等富于吸引力和感染力的宣传方式，使广大青年进一步增进对土地资源的了解，引导青年人牢固树立自觉保护、科学利用和节约使用国土资源的意识，更加自觉地爱护国土和保护资源。

全国测绘法宣传日主题宣传活动 8月29日，由广东省国土资源厅主办、汕头市国土资源局承办的，以“发展地理信息产业，地图服务大众生活”为主题的全国测绘法宣传日活动在汕头市举行。

活动现场设有数字城市智慧城市建设成果、地理国情普查与地理国情监测、测绘法和地图管理条例、国家版图意识宣传等宣传展板供参加活动的市民学习；作为赠阅的新出版《汕头市区地图》《汕头中心城区地图》供参加活动的市民索取阅读；设置测绘地理信息灯谜区、儿童拼图区等主题区让参加活动的市民在活动中了解测绘法；省市两级国土资源部门的专家们，在现场与市民“零距离”互动，接受市民的咨询，耐心教孩子们学看地图。活动形式多样、丰富多彩，引发了市民浓厚兴趣。

【信息化管理】 2014年，省“金土工程”建设项目竣工验收，省一市一县业务网和视频会商系统已全省连通并投入使用，网络、软硬件等基础设施已向多类国土资源信息系统提供服务，建成41个专题信息数据库并整合形成国土资源管理“一张图”，在此基础上形成了政务版业务数据应用和信息共享机制。

开展电子政务系统扩展升级项目、基础设施与信息系统技术服务和网络系统升级改造项目等电子政务专项建设，全业务电子政务系统、移动办公系统投入使用，促进了公文流转和业务并联审批，与多个省直部门、地级以上市国土资源部门的应用系统实现对接和数据交换。

按照省政府的要求持续做好厅网上办事窗口服务，36项（其中，30项事项为行政许可及非行政许可审批事项）事项已全部入驻省网上办事大厅并正常运行。

在厅机关、厅属单位全面部署信息安全管理和主机审计软件，进一步提升国土资源信息化应用水平，认真落实厅门户网站和网络运行维护及计算机安全管理工作。

推进国土资源业务网应用，广东省连续运行卫星定位服务（GDCORS）完成了国土资源业务网接入，扩展28个乡镇国土资源业务网节点。

（广东省国土资源厅科技教育处　胡吉进）

地　质　科　技

2014年，广东省地质科技工作以资源与环境并重，多渠道申请科研项目，开展多种形式的科技交流及科普宣传，为广东省地质找矿突破、地质环境治理等工作提供科技的引领和支撑。

【科研项目实施】 2014年，广东省地质局获得国土资源部和广东省财政支持的科研项目共11项，经费投入1 206万元。

矿产资源　开展了广东省稀土、稀有、稀散金属资源战略调查，在省内5个地区开展稀土资源调查,对韶关大宝山多金属矿等5个典型矿床共伴生稀有稀散资源进行调查，提出了合理利用广东省“三稀”金属资源的战略方案与政策建议。启动了《广东省矿产地质志》的研编，对全省矿产地质资料进行了初步清理，初步完成了铁、锰、钛、银、金、钒六类矿产的成矿类型划分与区域成矿规律的综合研究。在广东雪山嶂铜多金属矿整装勘查区、广东河台地区金多金属矿整装勘查区和广东厚婆坳铜锡多金属矿整装勘查区开展关键基础地质研究，为整装勘查区找矿突破提供理论指导。通过国土资源部公益性行业科研专项经费资助，开展了“微细粒钼矿利用新技术研究”及“攀西深部橄辉岩型钒钛磁铁矿利用技术开发”两项矿产资源综合利用研究项目。通过技术攻关，已探索出一种新型捕收剂，可进一步提高微细粒钼矿浮选回收率。

环境地质　通过开展“广东省矿山开发遥感调查与监测”项目，初步查明了广东省矿产资源开发状况及引发的矿山地质环境问题，总结其变化趋势和规律，为区域地质环境保护、矿山地质环境治理等提供基础资料。对广东省重要地质遗迹开展系统调查，查明了广东省重要地质遗迹类型、分布等基本特征与保护现状，建立了地质遗迹数据库，开展地质遗迹资源区划研究，提出地质遗迹保护与合理开发利用建议。

【科技成果与奖励】 广东省地质调查院作为主要完成单位完成的“珠江三角洲经济区农业地质与生态地球化学调查研究”项目获2014年度广东省科学技术奖二等奖；广东省地质调查院参与完成的“数字地质调查理论、技术方法与软件平台”项目获2014年度国土资源科学技术奖一等奖，广东省地质调查院参与完成的“城市地质调查示范支撑”项目获2014年度国土资源科学技术奖二等奖。佛山地质局参与完成的"'全球地质一张图·中国'（One Geology China）开发与建设""多元多尺度全球地质矿产数据管理发布平台研发与应用"两个项目获2014年中国地理信息科技进步奖二等奖。

2014年，广东省地质学会组织了全省的地质科学技术成果奖评奖活动，共评选出地质科学技术奖项目30项，其中一等奖10项、二等奖20项。获奖成果涵盖了矿产地质、基础地质、城市地质、水工环地质（水文地质、工程地质、环境地质）、旅游地质和地质新技术新方法等内容。

华南地区重要地质遗迹调查（广东） 该项目属于中国地质调查局"全国重要地质遗迹调查"的专题之一，项目工作起止年限为2012—2014年。通过3年的工作，项目共完成广东省地质遗迹点调查或地质遗迹资料收集169处，其中，基础地质大类共80处，地貌景观大类共84处，地质灾害大类5处，查明广东省重要地质遗迹类型、分布等基本特征与保护现状，建立了地质遗迹数据库。通过对全省地质遗迹调查成果进行总结及综合研究，分析其成因、演化过程，客观评述其价值，编制了地质遗迹保护名录及重要地质遗迹资源图和区划图，提出了广东省重要地质遗迹保护与合理开发利用建议，为广东省开展地质遗迹保护及开发提供了基地资料。

微细粒钼矿利用新技术研究 该项目属于国土资源公益性行业科研专项经费项目"典型微细粒矿利用新技术研究"的子课题，项目由广东省矿产应用研究所承担，工作起止时间为2012—2014年。在开展微细粒钼矿的工艺矿物学研究基础上，开展浮选选矿试验新技术研究，探索出一种新型捕收剂，通过微细粒钼矿单矿物选矿实验及自然样品全流程试验，新型捕收剂稳定性较好，可以有效地应用于微细粒钼矿的选矿实践中，其浮选指标高于常规捕收剂，达到提高该矿种的回收率和资源利用率的目的，为该类型钼矿的开发利用提供技术支撑。

国产"海马"号无人遥控潜水器研制 根据中国海洋报消息，由中国海洋学会、中国太平洋学会、中国海洋湖沼学会联合组织常务理事、理事、同行领域专家及相关单位，经过广泛推荐、专家评议及投票排序，评选出"2014年度中国海洋十大科技进展"，国产"海马"号无人遥控潜水器（ROV）通过4 500米海试验收位列第1。

"海马"号无人遥控潜水器（ROV）是"十一五"国家"863计划"海洋技术领域重点项目"4 500米级深海作业系统"的主要科研成果。该项目由国土资源部组织实施，广州海洋地质调查局为业主（项目牵头）单位，以"海洋六号"船为作业母船。

2014年2月20日—4月22日，"海马"号无人遥控潜水器（ROV）与其作业母船（"海洋六号"）在南海进行了3个航段的深潜作业试验，共进行了17次下潜作业，3次下潜到南海中央海盆4 500米深处的海底，圆满完成了各项海试任务。4月18日，"海马"号无人遥控潜水器（ROV）在位于南海中央海盆4 502米水深的海底（坐标位置：东经114度36分23秒，北纬13度13分01秒）顺利完成观测网扩展缆的模拟布放、沉积物取样、热流探针测量、OBS布放、作业自拍、标志物布放等多项作业任务，并成功实现与水下升降装置的联合作业。863计划海洋技术领域办公室委派的4500米级深海作业系统海上试验现场验收专家组对海试大纲规定的114项考核指标（其中技术指标91项）进行了现场考核，给予了96.99分的综合评分，一致同意通过验收。

海试考核证明，"海马"号无人遥控潜水器（ROV）不仅具有强作业型ROV的各项常规功能和作业能力，还具有海底观测网扩展缆布放功能，并可根据不同的任务要求进行作业功能的扩展。"海马"号无人遥控潜水器（ROV）在可靠性、稳定性和适应性方面已达到了实用化深海探测作业设备的技术要求，已达到国外同类ROV的技术水平。

"海马"号无人遥控潜水器（ROV）海试成功，标志着我国海洋技术人员全面突破和掌握了深海无人遥控潜水器的设计与制造、系统控制与在线检测、远程高压电力传输与分配、长距离信息传输与实时数据分析处理、大深度水下液压动力源研发、观通导航与多向自动推进控制、大深度浮力材料制造、多功能机械手和作业工具设计制造、大负荷升沉补偿系统制造、系统集成和联调等核心关键技术，具备了大深度无人遥控潜水器的自主制造和应用能力，突破了深海无人遥控潜水器核心技术受控于国外和国内产业配套能力弱的瓶颈，为我国无人遥控潜水器的国产化和产业化奠定了坚实的基础。

“海马”号无人遥控潜水器（ROV）是我国自主研制的首台4500米级深海无人遥控潜水器作业系统，是迄今为止自主研发的下潜深度最大、国产化率最高的无人遥控潜水器系统，国产化率达到90%，是继“蛟龙”号之后我国深海技术装备领域取得的又一标志性成果。

【院士工作站建设】 广东省深圳市地质局地质工程院士工作站于2014年获广东省科技厅批准建立。该院士工作站是以地质局为主体，中国地质科学院为技术支撑单位，双方联合共建的产学研合作院士工作站。工作站围绕深圳市及珠江三角洲经济建设紧密相关的地质问题，对断裂活动性及其灾害效应、海岸带环境地质演变、地面沉降与海水入侵、环境地质及可持续发展等领域开展研究。同时，以院士为核心，以院士团队为支撑，采取多种方式吸引深圳地质局各类人才参与项目研究，加快科技创新型人才培养，培养高层次研究型科技创新人才。双方将通过多渠道申请研究资金进一步深化合作，推动协同创新和学术交流。

【科技交流与合作】 广东水工环地质学术研讨会　6月30日，由广东省地质学会主办，广东省地质局及中山大学协办的“2014年广东水工环地质学术研讨会”在中山大学隆重召开。会议围绕“水工环地质与生态文明建设”主题，邀请大陆及香港知名专家作了水工环地质学术大会专题报告，来自省内地质勘查和科研机构、高等院校等20多个单位的140多位代表参加了会议。与会的香港大学地球科学系教授焦赳赳博士等4位专家进行了珠江三角洲水文地质与水化学特征及其环境效应等4个专题的交流，与会代表分水文地质和环境地质2个专题，围绕地下水、地热勘查评价，环境地质调查评价，地质灾害调查研究及治理，水、土环境调查评价及修复等多方面的学术问题进行了充分研讨。

此次研讨会不仅展示了近年广东水工环地质工作的学术成果，同时也使与会代表了解了国内外水工环地质工作的新动态，开阔了视野，对推动广东水工环地质工作全面发展、提高学术水平具有重要意义。

粤东地区地质找矿研讨会　8月23—24日，由广东省地质局主办的粤东地区地质找矿研讨会在汕头召开。中国工程院院士陈毓川、汕头市相关市领导以及国土资源部、省国土资源厅等单位的10多位专家、领导参加研讨，广东省30多家单位的100多位代表参加了会议。

中国地质科学院矿产资源所等7位专家就华南地区成矿规律和找矿方向、粤东地区成矿地质背景等7个专题作报告交流。与会代表查看了揭阳新寮岽铜矿区、潮安田东锡多金属矿区钻孔岩芯，到新寮岽矿区进行野外现场考察。专家普遍认为，粤东地区处于南岭成矿带、武夷成矿带、东南沿海成矿带的结合部位，构造位置独特，成矿条件优越，铜锡多金属具有巨大的资源潜力，对粤东地区下一步找矿工作部署、主攻矿种、主攻矿床类型、找矿思路、勘查技术方法等方面提出了许多宝贵意见。此次研讨会展示了粤东地区地质找矿的新成果、地质科学研究的新进展和粤东地区地质找矿的新动态，理清了找矿思路，明确了找矿方向，对全面推动粤东整装勘查区的找矿工作，实现粤东地区找矿重大突破具有重要意义。

【科普宣传】 4月20日，广东地学界在深圳市举行了纪念第45个世界地球日宣传活动，活动主题为“珍惜地球资源　转变发展方式——节约集约利用国土资源共同保护自然生态空间”。广东地学界的专家、学生以及各界群众代表共数百人参加了纪念活动。大会邀请了两位资深地学专家作了生动精彩的科普演讲并进行了有奖问答。在活动现场还举办了科普教育咨询活动和“地质灾害防治科普图片展”通过此次活动，增强了民众节约集约利用国土资源、保护生态文明建设、防治城市地灾、构建和谐社会的理念，增强了珍惜地球、保护地球的责任感和使命感。

（广东省地质局　杨　慧　桓曼曼）

（广州海洋地质调查局　陶　军　吴庐山）

海 洋 科 技

2014年广东省积极推进海洋强省建设，全省海洋经济保持持续稳定发展，全年海洋生产总值达1.35万亿元，同比增长13.8%，占全省GDP比重19.9%，连续20年保持全国领先地位。海洋经济第一、二、三产业比例为1.7∶47.1∶51.2，产业结构进一步优化。

【海洋强省建设】 2014年广东省加快推进海洋强省建设，编制完成《广东省海洋主体功能区规划》，江门、潮州、东莞、广州、中山等市海洋功能区划通过专家评审。制定海岛保护规划。总结“十二五”相关规划落实情况，启动“十三五”海洋经济发展战略研究。积极落实广州南沙、珠海横琴、惠州大亚湾等重点区域和港珠澳大桥、通明海大桥、南澳大桥等重点项目用海。全年批复用海项目133宗，用海面积5 340公顷，为全省经济社会发展提供重要空间。

实施以海域海岛为重点的综合管理。出台《关于进一步加强围填海管理的通知》，建立围填海分区选划、分类管理等制度。制定《规范和完善项目用海审查内容和程序》，优化海域使用审核审批流程。在全国率先开展海砂开采海域使用权网上挂牌出让。制订珠江河口海域围填海红线划定方案，实施分区选划、分类管理。开展“海盾”“碧海”、海岛巡查、航空执法专项行动，强化用海项目监管。

广东省海洋生物等战略性新兴产业各领域均取得较快发展，广东海洋高技术产业集聚发展态势初步显现。珠江三角洲地区初步形成了以广州、深圳为核心的海洋医药与生物制品产业集群；珠江口沿岸地区初步形成了以广州、深圳、珠海、中山为中心的海洋装备制造产业带。粤东、粤西沿海地区分别形成了各具特色和优势的海洋生物育种与海水健康养殖产业集群。

【科技成果与奖励】 2014年度，广东省海洋科技发展取得成效，获得国家科学技术奖二等奖2项，广东省科学技术奖一等奖1项、三等奖2项，广东省农业技术推广奖一等奖1项、二等奖1项。

项目名称：热带海洋微生物新型生物酶高效转化软体动物功能肽的关键技术

获奖情况：2014年度国家技术发明奖二等奖

主要完成单位：中国科学院南海海洋研究所、广东海大集团股份有限公司

该项目属轻工纺织领域。项目从海洋发掘产酶微生物新属种；创制新型生物酶；发明功能肽的定向酶解技术；研发营养免疫新型功能肽和珍珠角蛋白定向制备及改造技术；创建功能肽评价模型，发掘肽类新功能；实现海洋功能肽定向制备技术的工程化应用。成果解决了领域内的关键难题，获国内外同行高度评价，技术达到国际领先水平，推进了行业技术升级换代，促使海洋珍珠加工企业达到行业领先，渔用饲料企业销售量占全球第1位。

项目名称：南海与邻近热带区域的海洋联系及动力机制

获奖情况：2014年度国家自然科学奖二等奖

主要完成单位：中国科学院南海海洋研究所、国家海洋局第一海洋研究所、香港科技大学

该项目属物理海洋学和气候学研究领域。项目的重要发现：1. 发现并命名了南海贯穿流，确立了南海与邻近热带区域的海洋联系方式，揭示了南海大尺度环流的开放性“贯通”特征，打破了20世纪90年代以前的“印尼贯穿流是两大洋唯一通道”的大洋环流理论的局限性；2. 阐述了南海贯穿流对南海陆坡环流和中尺度涡旋的调制作用；3. 阐明了南海贯穿流的气候效应。解释了导致珊瑚白化和赤潮频发的1997/1998年南海强暖事件，为我国区域海气耦合业务预报模型的建立与改进提供了新的理论基础。这些成果对南海环流的开放性“贯通”特征及其影响提出了创新性认识，形成了“南海贯穿流”理论。

项目名称：河蚌有核珍珠高效培育技术研究与应用

获奖情况：2014年度广东省科学技术奖一等奖

主要完成单位：广东绍河珍珠有限公司

项目经深化研究20年，逐步形成了技术体系，诞生了“淡水有核珍珠”“定型无核珍

珠”“再生有核珍珠”“附壳造型珍珠”“外套膜造型珍珠”“内脏囊造型珍珠”“内脏囊大珍珠”以及“南海大珍珠”八大专利技术成果产品。首创“淡水有核珍珠”，成功研发河蚌植核培育新技术，研发了育珠蚌多核位一体多用和珍珠囊多次高效利用技术，优化集成了植核育珠、养殖系统技术。项目提倡“生态养殖”和“公益养殖”模式，利用富营养成分的三类水质水域养殖育珠，不施肥、投饵和使用任何药物，实行科学管养调控。该项目带动了全国珍珠产业持续发展，大幅度地提高了珍珠养殖效益。

项目名称：人工鱼礁关键技术研究与示范

获奖情况：2014年度广东省技术推广奖一等奖

主要完成单位：中国水产科学研究院、南海水产研究所

项目建立了人工鱼礁技术研发和工程设计平台，创建了我国第一个生态系统水平的人工鱼礁海洋牧场管理技术平台，集成人工鱼礁技术体系，构建我国首个现代工程技术和生态系统水平管理的大型人工鱼礁示范区。以点带面，辐射带动广东、广西和海南等我国沿海地区人工鱼礁区的建设，仅根据广东省统计，2006—2013年建成人工鱼礁海洋牧场40多处，礁区和核心调控面积分别达282.48平方千米和748.60平方千米，渔业种类和密度分别增加1.30～3.83倍和6.32～26.6倍，产出投入比2.68～14.95倍，2006年以来经济效益和生态系统服务价值达165.1亿元，新增利税16.51亿元，取得了巨大的生态、经济和社会效益。

【重要专利】

专利名称：一种具有防晒功效的蜂毒组合物

专利号：ZL201210562951.9

授权日：2014-10-29

发明人：陈华、孙恢礼、潘剑宇、蔡冰娜、孙小钰

该发明公开了一种具有防晒功效的蜂毒组合物。它包括防晒化妆品基质成分，还含有蜂毒。本发明首次将蜂毒应用于防晒化妆品，能有效阻断紫外线对皮肤损害、缓解因晒伤引起皮肤炎症，保持皮肤湿润、提供养分，促进受损皮肤修复、提高皮肤自身防护能力。同时，该发明还将蜂毒与海藻多糖、Vc磷酸酯镁进行复配，使蜂毒组合物防晒、消炎、晒后修复等功效显著增强。该发明具有防晒功效的蜂毒组合物有膏霜、乳液、水剂、凝胶和啫喱，适用于各类肤质人群。

专利名称：一种石斑鱼虹彩病毒灭活疫苗的制备方法

专利号：ZL 201110110399.5

授权日：2014-02-05

发明人：秦启伟、欧阳征亮、汪沛然、黄晓红、黄友华

该发明涉及一种石斑鱼虹彩病毒灭活疫苗的制备方法，以石斑鱼胚胎细系为病毒的扩增体系，将病毒接种至对数期石斑鱼胚胎细胞上，完全病变后反复冻融离心，所得的病毒液用终浓度为1∶500的β-丙内酯4℃灭活16小时，既得灭活病毒疫苗。将其应用于免疫斜带石斑鱼幼鱼，15天后攻毒结果显示相对保护率在90%以上。该发明的方法操作简便，设备要求简单，重复性好，在高效灭活病毒的前提下保持了病毒良好的免疫原性，免疫保护效果好，可应用于石斑鱼的预防免疫，提高养殖石斑鱼的存活率和养殖效率。

【国家海洋专项实施】

海洋经济创新发展区域示范专项　国家海洋经济创新发展区域示范专项于2012年开始，2013—2014年进入开始全面实施阶段。2014年，利用广东省海洋经济创新发展区域示范专项资金，支持粤东地区的海洋生物医药和制品业、海水淡化示范工程和海洋生物工业化循环水养殖产业的发展，立项包括海洋生物高效健康养殖、海洋生物医药与制品等海洋新兴产业技术研发及成果转化与产业化示范项目4项（富含DHA海洋微藻高效培养产业化、年产200万贴海洋生物质藻酸盐及壳聚糖医用创伤敷料产业化、海水鱼类工业化循环高效养殖产业化示范、年产200吨以上优质石斑鱼工业化循化水养殖化），直接带动产业投资资金约2.2亿元，落实中央财政补贴专项补贴资金约7 000万元。

海洋可再生能源专项　近年来，广东充分发挥本省海洋能资源条件优势，有效整合省内海洋

能科技研发力量，认真组织实施并协作国家海洋局开展了包括“新型高效波浪能发电装置的研发与应用”“适应低能流密度的复合波浪能转换模式及关键技术研究”“南海海岛海洋能独立电力系统示范工程”等5个项目，投入专项资金4 450万元。

海洋新兴产业园区、基地　2014年4月，国家发展改革委、国家海洋局联合下发《关于在广州等8个城市开展国家海洋高技术产业基地试点的通知》，广州、湛江获批开展国家海洋高技术产业基地试点工作。9月，国家海洋局组织专家对广州南沙区科技兴海示范基地申报进行了现场考察，并一致通过专家论证评审，广州南沙获批为国家科技兴海产业示范基地。由此，南沙成为继上海、辽宁大连、江苏大丰、福建漳州、山东青岛等地后的全国第6个“国家科技兴海产业示范基地”。

广州南沙新区科技兴海产业示范基地（下称“基地”）　基地占地54平方千米，截至2014年8月底已初步形成“一核四区”布局——“一核”指的是公共服务核心，“四区”是南沙4个科研集聚区，也是南沙的4大特色海洋产业。基地公共服务核心设在南沙新区“慧谷高新技术产业园区”，面积约23平方千米。基地将定位为“广东省海洋经济综合试验区科技集聚区”。

【海洋科技合作与交流】

创新项目合作平台　广东与国家海洋局减灾中心、环境预报中心、海洋卫星应用中心和省气象局先后签订合作框架协议，建立海洋防灾减灾科技支撑平台。2014年4月29日，省海洋与渔业局与国家海洋减灾中心、国家卫星海洋应用中心、广东省气象局、南海水产研究所、中国电信广东公司在广州签署框架合作协议。10月21日，省海洋渔业局与国家海洋环境预报中心签订战略合作框架协议，双方将从支持广东建设精细化预报业务示范区、推动建立广东海洋预报减灾中心和国家海啸预警南海分中心、共同开展海洋预报减灾业务体系规划研究、开展台风风暴潮漫滩预警系统研制和应用、开发建立三维可视化数值预报模型、完善白海豚保护区观测监测基础设施建设、合作开发海上遇险漂流目标搜救系统、支持广东提高自主研发和科技创新能力、协同提供海洋预警报服务产品、共同开展海上溢油多尺度监测与预警业务、完善台风会商制度、建立完善海洋预警报信息新媒体发布平台、共同举办海洋科技交流和防灾减灾宣传演练活动等12个方面深化合作，进一步提高海洋预报减灾服务水平，促进广东海洋预报减灾事业和海洋经济发展。

对外交流合作　为配合中共中央政治局委员、广东省委书记胡春华2014年4月出访马来西亚和越南等国家，省海洋与渔业局向省商务厅推荐了马来西亚远洋渔业基地建设、马来西亚水产加工厂、中马合作水产养殖示范园区等3个项目参加经贸交流推介活动，安排深圳水湾远洋渔业公司赴马来西亚参加现场签约仪式。在新加坡举办“海洋经济发展”专题研讨班，重点学习新加坡港口管理、航运运营管理、海洋保护等方面先进经验。

信息化工作　广东省海洋与渔业局将现代信息技术与先进的管理理念相融合，整合内外部资源，转变业务流程、传统管理方式和组织形式，打造“六大系统”，即海域动态监管系统、渔业安全生产通信指挥系统、渔业船舶信息管理系统、渔港信息管理系统、渔港高清视频监控系统和网上办事大厅系统。借助“六大系统”，该局实现沟通互联、实时监控、及时预警，即便在办公室内，也能看得见广东的渔港渔船，听得见沿海市县的声音。

2008年“广东省渔业安全生产通信指挥系统”建设工作在该局正式启动。为摸清广东省渔船实际情况，扎实推进渔船基础管理，2014年4月，广东省海洋与渔业局决定以茂名为试点，开展全省海洋渔船实船普查，率先采用移动通信等高科技手段，建设“广东渔业船舶信息管理系统”，进行海洋渔船普查及信息录入工作。

为了满足日常管理，广东省渔港高清视频监控系统于2014年2月开始建设。该系统主要是针对广东省14个沿海市50个二类以上渔港开展实时监控业务，每个渔港安装2个球机和2个枪机，基本实现渔港范围全覆盖。自7月系统投入使用以来，该系统在平时的渔船进出、渔获交易、渔港设施维护等日常管理中作用明显，在防御“海鸥”“威马逊”台风中也发挥了重要作用。

2012年广东省海洋与渔业局网上办事大厅投入使用。2014年12月，网上办事大厅在省直单位网上办事大厅效能测评中被评为五星级，先后被列为全省网上办事标准化试点和跨层级联合审批改革试点单位。

【海洋产业发展】

现代海洋渔业建设　更新改造大型钢质渔船227艘，新建深水网箱420个。组织编制现代渔港建设规划和实施方案。启动新建广州东江仓和珠海高栏、横琴等省属执法基地。1艘1 500吨级海监执法船入列，广州支队300吨级、惠东大队100吨级渔政船交付使用，茂名、汕头濠江、湛江徐闻等地开工建造百吨级渔政船。超额完成省政府下达的“十件民生实事”任务，组织10 056艘渔船和11.27万名渔民参加渔业政策性保险，完成500户渔民安居房建设指标。

海洋能产业基地建设　广东省是我国海洋能研究和示范建设的最为重要基地之一，由中国兴业太阳能技术控股公司在东澳岛投资建设的集太阳能、风能、蓄能和柴油机组为一体的兆瓦级可再生能源智能微电网项目已于2010年年中建成，已投入使用。万山区海上风电项目已纳入广东省海上风电场工程规划，根据省政府部署由南方电网公司牵头，2012年起在桂山海域建设省内首批海上风电示范项目，并把海上风电开发与通过海底电缆联接大陆电网解决海岛供电结合起来。截至2014年年底，项目实施工作正在有序开展。

【海洋环境与资源保护】

海洋环境调查监测　编制下发《2014年广东省海洋与渔业环境监测工作方案》，全省管辖海域环境质量和14个沿海市的海洋环境质量监测和评价工作有序开展。编制《2014年广东省海洋环境状况公报》，由省府新闻办召开新闻发布会向社会发布，定期对监测的入海排污口排污情况进行评价并编制评价简报。推进近岸海域在线监测网络建设，完成了珠江口入海污染物在线监测系统建设项目的报批工作。

强化海洋生态环境保护监督　探索完善海洋工程环境影响评价核准委员会制度和技术审查工作，提高生态脆弱区域的工程准入门槛。以海洋生态保护为本，探索对海洋开发建设活动活跃区域实行限批。坚决执行海洋工程建设项目生态损失赔偿制度，2014年签订补偿协议20份，涉及补偿金额8 000多万元。开展了水东湾、红海湾等海湾的容量研究，为入海排污总量控制制度实施打下基础。

加强自然生态保护　加快地方级自然保护区划建升级，推动海洋公园划建。截至2014年年底，全省已建海洋与渔业自然保护区88个、国家级海洋公园4个、国家级水生野生动植物自然保护区5个，海洋保护区数量和面积位居全国前列。完成惠州针头岩等7个领海基点保护范围选划，为464个海岛树立地名标志，完成1 973个海岛地名普查。

实施生态修复工程　编制美丽海湾建设总体规划，选取3个海湾开展美丽海湾试点建设。全省人工鱼礁建设议案顺利结案，人工鱼礁议案顺利结案，截至2014年年底，建成礁区46个，总面积达286平方千米，建成全国最大规模的人工鱼礁区。建成江门白海豚、连南大鲵等省级自然保护区基地，全面启动保护区数字化建设。海洋牧场示范区建设进展顺利，已完成水东湾、硇洲岛、乌屿海藻种植等工作。

推进生态文明示范区建设　组织划定南澳、徐闻、横琴等3个国家级海洋生态文明示范区红线，筹划省级海洋生态文明示范区的选划及建设，2014 年，广东制定省级海洋生态文明示范区管理办法和评价指标，推动省级生态文明示范区的规划和建设。

稳步开展增殖放流　编报2014年中央渔业资源保护项目计划，顺利实施2013年中央渔业资源保护项目计划，放流各种优质经济海水鱼虾类苗种合计2.4亿多尾、珍稀濒危水生野生动物海龟225只、中国鲎32.5万只、中华鲟500尾，增殖放流效果显著。

【广东海洋大学】　2014年，广东海洋大学利用特色科研优势，有力地助推广东省“海洋强省”、湛江市“科技强市”的战略发展，大力推动地方海洋产业发展并取得突出成绩。

科技投入及平台建设　2014年，广东海洋大学科研经费到账项目509项，经费达1.23亿元，再次突破亿元大关，科研经费增长连续4年保持在16%以上。2014年，广东海洋大学新增各级科研平台7个，其中新增2个省级工程技术研究中心：广东省海洋食品工程技术研究中心、广东省热带作物高效生产工程技术研究中心。

产学研合作　2014年，承担和参与广东省省部产学研合作专项资金项目9项，涉及财政资金1 070万元，其中参与重大专项2项，即“茂名罗非鱼产业链提升关键技术研发及产业化”“湛江对虾加工产业升级关键技术研发及产业化示范”，涉及财政资金600万元。由该校牵头申报广东省第2批国家级科技特派员创业链——广东省对虾产业国家科技特派员创业链成功获批，使粤西地区11个对虾产业龙头企业形成强大发展合力。2014年签订各类企事业单位委托项目合同共181份，合同金额5 753.38万元，较2013年增长 83.2%，其中“钦州港30万吨级进港航道疏浚工程疏浚物临时性海洋倾倒区渔业生态补偿”单份合同金额达2 094.46万元，创历史新高；年内横向项目到账资金共2 851.71万元。加强地校合作，谋划“南方海谷”，助推湛江崛起。

科技成果及专利　2014年，广东海洋大学获各级科技奖励8项，其中，中国专利优秀奖1 项，2013年度广东省科学技术奖三等奖2项（主持1项，参与1项），湛江市科学技术奖一等奖1项、三等奖3项，湛江市专利奖1项；发表学术论文1 225篇，其中三大索引收录论文131篇，CSCD/CSSCI收录论文327篇。2014年，广东海洋大学申请专利134项，获得授权专利96项，其中发明专利24项、实用新型26项、外观设计46项；获得软件著作权登记9项，获得新品种审定5项；2014年广东海洋大学被评为湛江市知识产权工作“先进单位”。为外交部、农业部提供南海渔业资源调查报告，为我国与南海周边国家划界谈判、渔业管理和渔业资源开发提供重要决策依据。

科技交流　2014年，广东海洋大学主办、承办国际、国内学术会议16次，邀请国内外70多名专家学者来校作学术报告，先后有近千人次参加国际、国内学术交流。

（广东省海洋与渔业局　陈海丽）
（中国科学院南海海洋研究所　李丽璇）
（广东海洋大学　吴　勇）

广播电视出版

【出版业】　2014年，全省共有图书出版单位19家，出版图书12 028种，其中新出5 863种，重印6 175种，总印数2.74亿册，定价总金额29.9亿元，发行总码洋25.72亿元，实现销售收入13.36亿元。版权引进项目161种，输出项目159种。2014年，全省共有26家音像电子出版社，出版音像电子出版物2 045种，其中，出版音像制品1 760种，电子出版物285种。版权引进项目422种，输出项目48种。2014年，全省获准互联网出版资质企业新增5家，总数增至57家。全面启动珠三角地区数字农家书屋工程建设工作，珠海、惠州、中山、江门、云浮、顺德等地建成数字农家书屋3 317家。

新闻出版改革发展项目库　2014年，广东省向国家新闻出版广电总局上报14个单位的26个项目申请入新闻出版改革发展项目库项目，其中“现代职业技术教育优质内容资源与平台建设”等11个项目获得批准入库。

数字出版转型示范　3月，广东省分别举办了书、报、刊出版单位数字化转型升级座谈会，整理39个出版单位推进数字化转型升级项目共108个，经评选产生首批数字出版转型示范单位22个。广东省出版集团有限公司开展报刊数字化转型与新媒体平台建设，建立数字内容、出版、服务平台。家庭期刊集团接入中国移动增值及互联网业务平台MDO，成为国内第1家与中国移动形成真正战略品牌合作的传媒集团。广东新华发行集团推出校园书店微信订阅号。

国产网络游戏属地管理试点　2014年，广东省向国家新闻出版广电总局申请开展国产网络游戏属地管理试点工作。现已拟定实施试点工作方案，从办公硬件配置、专家队伍组建、管理制度规范、专项资金保障等方面进行细化和落实，明确了时间表和路线图，为实施属地管理试点工作奠定了良好基础。

【印刷发行业】　2014年，全省有20 900家各类印刷企业，企业数量占全国20%，行业总产出1 850亿元，对外加工产值约500亿元。2014年，全省新增绿色认证印刷企业15家（累计48家）。2014年，全省共有出版物发行单位9 450家，发行网点15 352个，全年营业收入102.67亿元。2014年，全省复制企业共有55家，企业数量占全国67%，总产出30亿元，承接境外只读类光盘加工业务产值约9.5亿，出口可录类光盘12亿片，价值约8亿元。

印刷质检体系建设　2014年，广东省以《进一步扶持印刷业转型升级发展》提案纳入2014年省政协年度专门委员会督办专题提案委为契机，取得专项扶持资金200万元，建成印刷产品印装质量物理特性检测实验室、恒温恒湿试验是和印刷材料绿色环保检测实验室，并通过“计量认证（CMA认证）”评审，获得从事质检活动的资质认定。

第21届华南国际印刷展　3月9日，第21届华南国际印刷展在中国进出口商品交易会展馆开幕，展会规模超过10万平方米，展示广东省具有自主知识产权的数字印刷、包装印刷、绿色印刷的最新印刷前沿技术和设备。在华南国际印刷展中专门设立了“印刷的艺术—印刷创意”展示区，获得首届“十大最具竞争力印刷企业”和“十大诚信印刷企业”的有关创意印刷产品进行了集中展示。

【版权业】　2014年，全省版权登记量为15 782件，同比增长约11.2%；版权合同备案为247件。全省作品登记代办机构增至26家。

软件正版化工作　2014年，广东省推进使用正版软件工作联席会议办公室编制《2014年度全省推进企业使用正版软件工作重点督办名录》，确定165个企业为2014年重点督办单位，先后派出5个批次督查组，各地级以上市共派出36个督查组，分别检查全省86个县（县级市、区），215个政府机关单位，共1 854台计算机；同时，派出两个检查小组分别对16家新闻出版行业的二级企业进行全面检查，共检查二级企业48家，计算机460台；截至2014年年底，全省新闻出版广电版权行业企业所属二级企业全面完成软件正版化。在国家版权局检查组重点抽查中，广东省按时保质保量完成新闻出版行业软件正版化任务受到上级好评。

“版权兴业”工程　2014年，广州市越秀区获“国家版权贸易基地”称号；东莞松山湖高新技术产业开发区被国家版权局授予“全国版权示范园区（基地)”称号；雅昌文化（集团）有限公司、广东咏声文化传播有限公司、东莞市和丰文化传播有限公司、广东雅威生物科技有限公司和揭阳市百分珠宝玉器有限公司等5个单位被授予“广东省版权兴业示范基地”称号，广东省版权兴业示范基地达到76个。

版权服务工作站　第6届中国国际影视动漫版权保护和贸易博览会于8月21—25日在东莞举行。广东省版权局和东莞市版权局继续在漫博会上设立版权服务工作站，期间共受理并完成登记程序的参展作品著作权免费登记 320宗，并在漫博会现场核发《作品登记证书》198个；工作站共接受版权业务咨询160多人次；共派发版权保护笔记本、著作权保护宣传鼠标垫、版权保护宣传笔、版权知识宣传书签4万多本（件）。

版权交流　3月24—26日，省新闻出版广电局（版权局）率广州漫友文化科技股份有限公司等15家单位的代表一行20人赴港以影视动漫为主题进行版权管理与知识产权贸易交流活动，参观了香港电视广播有限公司、香港海关、香港电影资料馆并与香港版权业界进行交流。4月10—12日，省新闻出版广电局（版权局）与香港海关、香港知识产权署携手举办2014粤港两地中学生版权知识和版权保护的交流活动。

知识产权保护　2014年“剑网”专项行动共出动执法人员76 878人次，巡查网络经营单位2 724家，主动监管本地网站800余家，查办案件44宗，行政罚款143.1万元。“4.26”版权保护宣传周活动期间，共出动执法人员8 682人次，检查经营商户4 830家，行动中清理取缔非法出版物地摊96个，查处违法违规经营单位3家，收缴涉嫌侵权盗版出版物59 913张（册）。集中组织销毁了由文化、新闻出版、版权、海关、公安、工商、城管等职能部门查缴的大量违法盗版音像制品共计122.2万多张（盒）。

【广播电视】

中国数字音频广播技术的推广和应用　2014年，广东省广播电视技术中心（以下简称“技术中心”）继续积极开展中国数字音频广播（CDR）覆盖试验，有力推动了中国数字音频广播技术的推广和应用。

2014年，在继续进行广州、深圳两个试点的试验基础上，技术中心会同科讯网世界有限公司在广州成功地举办CDR数字音频广播系统研修班，讲解CDR的有关技术，探讨CDR技术的推广运用，受到了国内广电行业的广泛关注。2014年，技术中心制定了在广州越秀山、信宜大田顶、粤东鸿图嶂、新会圭峰山等发射台建设CDR模数同播广播示范网的技术方案，配合广东广播电视台完成了主体设备的招标采购工作，开启了CDR数模同播大功率广播覆盖网建设的序幕。

中波发射台“两源一线”综合监测管理系统 2014年，技术中心八〇八台自主设计搭建了中波发射台“两源一线”综合监测管理系统，进一步强化了信号源系统、电源系统和天馈线系统三大重要系统的监测预警和有效管控，提高其安全性、可靠性，为确保安全优质播出提供了有力保证。

该“两源一线”综合监测管理系统主要由音频监测模块、变配电监测模块及天馈系统监测模块三大功能模块构成，具有监测、管理信号源系统、电源系统和天馈线系统运行状态的功能。系统的硬件部分，负责音频信号、电源系统、天馈系统监测数据的采集和传输，并将全部数据汇总至上位机服务器的主数据库中；系统的软件部分细分为登陆主界面、音频信号监测界面、高低压变配电监测界面及天馈系统监测界面等，实现监测显示、故障报警、数据查询、数据管理等功能。登陆主界面负责其他界面的调用、用户的登录管理等工作；音频信号监测界面负责各路信号源的电平监测，以柱状图的方式进行实时显示，并提供静音报警；高低压变配电监测界面负责高低压变配电的各参数监测，除可实时查询外，还可以查询历史数据和历史故障；天馈系统监测界面则提供调配室温湿度、大调网络元器件温度、室门开关、天线地阻、天线雷击数据监测并带有越限报警功能。

在设计、搭建“两源一线”综合监测管理系统的过程中，技术人员经过反复试验摸索，设计了一条抗干扰效果良好的监测数据传输链路。该链路通过可靠的接地屏蔽层、多次光电转换隔离等手段，有效地减少了强电磁场对传输信号的干扰并保护设备的正常运行。为提高系统的安全性和可靠性，采用后台数据库加前台人机互动界面的方式进行设计，其中后台数据库具有高可靠性、不易受人为干扰、工作效率高，且易于扩展的特点，而前台人机互动界面则提供了信号实时监测显示、越限信号报警、历史数据查询等功能。

移动电视远程监控系统 为了加强远程移动电视发射基站的日常管理，及时处理设备运行故障，2014年，技术中心的技术人员自行设计构建了一套移动电视远程监控系统。

该系统主要由发射基站监控主机、TeamViewer远程控制软件、3G通讯网及受监控设备（激励器、发射机、GPS、摄像头）等构成，其主要功能具有机房环境监控、设备告警状态监控、激励器状态监控、发射机状态监控及工作参数调整、GPS状态监控以及远程开关机控制等。技术人员可利用该系统，在个人电脑或手机等智能终端上，通过互联网访问各个发射基站的监控主机，并操控监控主机启动相关受监控设备的控制软件，读取或更改相应的工作参数，从而实现对无人值守发射基站的环境及设备远程监控。2014年，该远程监控系统已在白云山、黄埔、番禺等发射基站正式投入使用，运行稳定。

自行设计安装远端机房环境监视系统 2014年，技术中心清远微波站自行设计安装了一套远程环境监视系统，对距离该站10多千米以外的无人值守机房进行远端监控，进一步提升了安防技术水平，为确保微波传输安全提供了保证。

该系统由IP摄像头、E1转IP服务器、NVR视频记录解码器、网络交换机、监看显示终端组成。其特点是，摄像头与监看终端之间走IP信号，减轻了雷击的破坏，同时避免视频信号受到干扰。系统充分利用了微波信道资源，在不影响主信号通路传输的前提下，使用一个空闲的2M业务通道来传输环境监视信号。通过该系统，微波站的值班人员便可在值班监控室实时掌握10多千米以外无人值守微波机房的设备运行状况及治安、消防情况。

远端机房环境监视系统投入使用近一年以

来，运行稳定，操作方便。该系统通用性较强，采用的IP摄像及信号传输设备价格较为便宜，跟一般的视频输出摄像及传输设备相比，安装、更换更为方便，可在地方微波站推广。

（广东省新闻出版广电总局　孙　磊）

（广东省广播电视技术中心　岑　斌）

移 动 通 信

【中国电子科技集团公司第七研究所】

重点科研项目及进展　2014年，电子七所全所共申报国家、广东省、广州市各类科技项目14个。其中所本部成功申报军口“863计划”项目《高超声速飞行器一体化测控通信技术》《临近空间突发电离余迹及其军事应用研究》，TD-LTE宽带数字集群项目获得集团公司产业发展基金500万元。

在某通信系统二期的预先研究工作方面，完成多模智能软基站、宽带多模智能终端技术、战术通信网络态势感知和智能管理技术和战术通信业务管理与资源优化技术等15项研究工作，搭建了系统雏形，参加大系统联试；区域宽带接入系统研制方面突破了宽带高效线性功放技术、LTE宽带传输技术、LTE宽带抗干扰技术等关键技术，研制了基于Android4.2操作系统的LTE宽带移动智能手持机。TD-LTE系统在复杂电磁环境下的军用通信应用、基于光纤承载射频技术的战场超视距无线通信、基于VPX总线的无线集成通信设备技术、中远程自主无线组网、高波段网络电台、动态路由、分组话音、动态频谱接入控制技术等方面，也取得了多项关键性技术突破。

2014年，广州杰赛科技股份有限公司承担各类科技创新项目共58项，取得科技成果共44项，产生经济效益共144 711.68万元；广州市弘宇科技有限公司共承担国家、省、市科研项目15项。全年投入经费1 051万元。

科技成果及专利　2014年，电子七所有2项国防科技成果通过部级成果鉴定，均达到国内领先、国际先进水平。2014年度共获部级以上科技进步奖2项，其中集团科技进步一等奖1项、二等奖1项。

2014年，全所专利年申请量继续保持良好势头，截至2014年年底，全所共申请专利103件，其中发明专利申请85件，实用新型专利申请11件，外观设计专利申请7件。共获专利授权54件，其中发明专利授权22件，实用新型专利授权22件，外观设计专利授权10件。2014年度软件著作权登记共计26件。

2014年，广州杰赛科技股份有限公司共计获得授权专利77项，其中发明专利29项、实用新型35项、外观设计13项；广州市弘宇科技有限公司获得发明专利授权1项。

面向移动互联网的网络优化及测试系统开发及产业化　该项目被纳入信息产业部与财政部联合设立电子发展基金项目，经过近两年的技术攻关已基本完成。2014年，该项目开发出一套专业的WLAN网络测试工具和分析工具，在中国移动等电信运营商中取得商用并获得良好评价，打造出从网络前期规划到工程实施、网络优化、运营维护的WLAN网络全程化服务平台，编辑的《无线局域网设计与优化》被列入“信息与通信网络技术丛书”，由人民邮电出版社出版。

【中国移动通信集团广东有限公司】

2014年，中国移动通信集团广东有限公司（以下简称“广东移动”）的科技工作以顶层设计“科技发展规划”为指导，以“优化完善创新工作机制、强化丰富创新研究能力”为发力点，实现研发项目、科技成果、专利等各项科技工作的全面深化落实。

科技发展规划　2014年，广东移动研究并编制了2015—2017年科技发展规划。规划结合当前广东移动面临的科技发展形势和自身科技发展现状，制定了未来3年科技创新工作整体发展方向和主要目标，确立了科技工作的重点技术领域和主要任务，并制定了分阶段的科技工作重点和保障措施。

科技创新机制建设　2014年，广东移动建立完善了自上而下的研发需求征集决策机制，组织开展了集团级重大、重点研发计划项目20个，省内研发项目83个。截至2014年年底，广东移动公司共提交专利申请58项，其中发明专利54项，实用新型专利4项。截至2014年年底，广东移动公司拥有有效专利授权148项，其中发明专利78项，实用新型专利50项，外观设计20项。开展了科技成果推广后评估研究，建立了成果推广后评估工作机制，加强了对集团级和省内科技成果推广效益的评估，发布集团级科技成果124项，在移动集团内部推广成果42项，引入集团级优秀成果58项。修订了《广东移动科技创新积分规则》，实现了部门科技创新积分与员工个人科技创新积分的关联及发布，有效促进了公司科技工作的良性健康发展。

科技成果及奖励　2014年，广东移动公司奖励了35项科技成果，其中一等奖6项、二等奖12项、三等奖17项。广东移动荣获“2014年度中国移动集团科技创新先进集体第一名”，11项成果获得中国移动集团科技进步与业务服务创新单项奖励，其中一等奖4项、二等奖6项、三等奖1项。广东移动有3项成果获得2014年度中国通信学会科学技术奖励，其中一等奖1项、二等奖1项、三等奖1项。

项目名称：基于客户标签应用的服务营销价值提升实践

项目简介：广东移动在大数据时代从Hadoop分布式大数据平台技术演进过程中，由客服中心对10086热线、电子渠道等海量客户接触关系数据进行管理，不仅关注客户最终订购产品和获取服务的结果，更关注客户在渠道接触行为数据，找出隐含在数据背后的业务意向和服务需求，构建CPC（Customer、Product、Channel）模型中客户与渠道、渠道与业务的量化分析关系，基于客服中心的语音、网上、掌上三大门户渠道，通过标签数据开展精准服务营销，切实提升营销转换率、服务满意度。借助客户标签体系在实际生产中的应用，广东移动客服中心2013年累计产生等效酬金5 528.4万元，节约服务成本1 609万元，合计7 137.4万元。该体系的应用经验可供中国移动集团、各省公司在构建渠道大数据仓库，开展客户超细分，在10086热线和电子渠道开展面向客户的精准服务营销中提供参考。

项目名称：移动通信“伪基站”侦测与追踪系统的研发及应用

项目简介：广东移动成功研发出“伪基站侦测与追踪系统”，可对伪基站进行侦测及对疑似作案人员进行定位和跟踪，利用系统协助执法部门破获多起利用伪基站进行诈骗的案件，取得较好成效。该成果共申报国家发明专利5项，获得软件著作权1项，并通过了权威软件测试。2013年该系统首先在潮州试点使用，1个多月来成功查处了3起伪基站，查获伪基站设备3套，作案车辆3台，作案人员8名，涉案金额42万元，该系统已经在广东、山西、陕西、黑龙江、宁夏、青海、贵州7省推广使用。2014年以来，中央宣传部等9部门在全国开展伪基站整治专项行动，该系统发挥了很大作用，共协助上述7省的各地公安部门查获伪基站400多套。

项目名称：基于路测数据的天线方向图重现方法及天线覆盖分析系统研究

项目简介：该项目通过路测、扫频等数据重构现网天线波束形态，首创性提出一种分区间赋形重建的天线覆盖分析方法，形成了增益故障、波束变形、前后比故障、过覆盖等无线覆盖分析算法，开发支撑系统平台，对落实覆盖优化，提升通话质量，实现网络可持续发展，具有重要的意义。项目在降低投诉数量，节约投诉处理支出，提高工作效率，节约人工支出成本，以及提升网络质量，减少质差掉话收益损失等方面取得了显著的经济效益，截至2014年年底，共节约总成本超3亿元。项目利用全新的天线覆盖评估分析方法对网络进行更加精细化分析，网络优化及质量提升工作向深度区域扩展，无线网络资源得到充分利用，有效缓解无线资源紧张的局面，极大地提升了网络承载能力，明显改善网络的通话质量，有效提升了客户感知。

项目名称：移动互联网端到端客户感知体系的研究与规模化应用

项目简介：该项目创新建立了客户感知的端到端评估体系（MoQ），首次提出了充分挖掘信令时域信息的《“时域联合检测迭代”分析法》，实现对端到端业务质量的有效分析，研发了对该体系进行支撑的《移动互联网端到端客户感知优化平台（MIQ）》并已投产使用，取得良好效果，是移动互联网端到端支撑、保障和优化的重要平台。项目已为广东全省各移动分公司开展移动互联网端到端客户感知分析和优化服务，对客户感知的分析与监测功能已成为广东移动网络性能管理的日常工作，关键性能指标已纳入公司运营考核体系，核心监测能力已成为中国移动全移动互联网的质量保障基础。项目由广东移动自主研发，具有自主知识产权，与同类产品相比节约了150万元的研发经费和1 200万元的建设经费，投产使用后产生的网络效益为1.2亿元。

【中国联通广东省分公司】　2014年，中国联通广东省分公司（以下简称“广东联通”）按集团公司移动宽带领先与一体化创新战略，以5年战略规划为牵引，实施“六个创新引领”，积极构建面向移动互联网的差异化竞争力，聚焦以网络、IT、互联网化运营和大服务为核心的能力构建，各领域运营模式创新在业界处于领先水平，行业影响力达到新高度。

2014年，广东联通共提交专利申请13件，获得专利授权4件，“室内全向吸顶天线及其制造方法”获得美国专利授权，实现中国联通国外专利零突破；广东联通深圳坪山数据中心项目“广东联通深圳坪山微模块数据中心解决方案”开创IDC“轻资产”合作建设模式先河，项目荣获GTB2014国际商业模式创新奖。

广东联通移动通信4G网络建设　2014年3月18日，“汇聚众智与沃共赢”2014中国联通合作伙伴大会在深圳召开，会上发布了4G发展战略、市场策略及多款4G终端，联通4G宣布正式启动商用。6月27日，工信部宣布批准中国联通在广州、深圳等6个重点城市开展TD-LTE/FDDLTE混合组网试验。FDDLTE试验网频率启用暨网络开通标志着广东联通网络正式进入TD-LTE/FDDLTE混合组网的高速先进4G时代。网络频率启用割接后，两地市网络已实现峰值150Mbps的下载速率。

智慧城市建设　1月17日，广东联通与清远市人民政府在联通大厦举行推动“智慧清远”建设战略合作协议签约仪式。至此，广东联通与全省21个地级市政府全部达成推动“智慧城市”建设战略合作。同日，广东联通与广东省数字广东研究院举行战略合作协议签约仪式，共同推进基于物联网技术的“智慧城市”建设。

智慧城市移动互联网公共服务平台是由广东联通建设的全国首个省级智慧城市移动信息化聚合平台。平台被定位为全省智慧城市建设中塑造广东城市特色信息化品牌的重要载体、阵地，是广东省在移动互联网领域组织深度流量经营及信息消费生态圈建设转型的千万级战略平台，也是广东省在智慧城市领域科技创新的重要基础，包含了21个城市名片以及办事易、生活易、出行易等服务模块，细分50个行业，100多项行业产品。智慧城市有五层体系构建——感知层、网络层、平台层（储存、计算）、应用层（应用层分了政务、金融等各种方面）、用户层。智慧城市将是以云计算、物联网、移动互联网为技术支撑，以城市公共信息应用为导向的城市信息消费新市场。

2014年，广东联通聚焦大数据、物联网、云计算、智慧园区、智慧医疗、智慧教育、智慧城管等多个重点领域的战略合作和业务拓展，举办智慧城市合作伙伴大会，汇聚国内350余家智慧城市核心企业，不断深化智慧城市产业领域合作。7月15日，广东联通举办“智慧城市合作共赢”智慧城市专家峰会暨合作伙伴大会，168家合作伙伴、400多位专家学者与行业精英代表参加活动。作为该次峰会的核心部分，广东联通与工信部电信研究院、广东省电信规划设计院有限公司、华为技术有限公司、方正科技集团股份有限公司等8家企业签订合作协议，就智慧城市顶层设计、研发创新、解决方案多方面达成了合作共识。这是广东联通继与广东省人民政府、超过70%的省级政府部门单位、省内所有21个地级市政府、500家著名企业集团签订战略合作协议后，在智慧城市合作建设上再次发力。

截至2014年年底，广东联通已与华为、中兴、工业和信息化部电信研究院等百余家等行业领头企业或机构签订智慧城市战略合作协议，共同参与超过400个智慧城市建设项目，合同金额超50亿元，服务全省行业应用用户超500万户，惠及大众用户近1亿户，在运营商中率先向以“大、物、移、云”为核心的智慧城市蓝海市场转型。

互联网创新产品　6月6日，广东联通携手百度、富国基金发布全球首款深度定制互联网通信理财产品——“沃百富”，开启运营商与互联网金融合作的新模式，成为业界和媒体报道的聚焦点，得到了超过1 000家媒体的跟进报道，在11月27日南方都市报在广州主办的“2014年3C创新传媒大奖”评选中荣膺“移动互联创新奖”。

广东联通在大数据平台及海量数据的基础上，自主研发的大数据产品——“沃·风云榜”。具有自主知识产权的热度计算模型、话题聚类算法、关键字获取摘要算法、首段确认获取摘要算法、关键句获取摘要算法，挖掘了千万级用户的精准区域上网行为习惯变化及事件的热度量化发展趋势，解决了以往用户只能大类分析不能按区域分解、热点事件只能定性评价不能定量计算的问题。

专利成果　2014年，广东联通先后共递交专利申报13项，并获得4项国家专利授权，其中发明专利3项：多输入多输出多址信道吞吐量最大化的方法（专利号：ZL 200710031003.1）、移动通信终端无线收发性能检测方法（专利号：ZL 201110077980）和无线网络测试方法、装置和系统（专利号：ZL 201110071210.6），实用新型专利1项：多信号无源互调测试设备及系统（专利号：ZL 201320194228.5）。

11月11日，广东联通完成的专利“INDOOR CEILING-MOUNT OMNIDIRECTIONAL ANTENNA AND METHOD FOR MANUFACTURING THE SAME”，正式获得美国授权，美国专利号US8884832B2，实现中国联通国外专利零突破，已向涉及欧、美、亚等各大洲的国家递交专利申请，该项成果解决了邻频合路系统隔离频率浪费的问题，在业内首次研发出联通和电信1.8GHz LTE FDD系统无频率隔离的新型邻频合路器、联通DCS和LTE FDD 1MHz隔离的新型合路器等系列产品，统一了联通和电信室分系统共建共享LTE FDD邻频合路工程技术要求和邻频合路模块技术标准，首次创新性地以模块化方式提出邻频合路器技术指标，成果折合节省频率使用费达2.7亿元。

（中国电子科技集团公司第七研究所　沈宗涛）

（中国移动通信集团广东有限公司　陈朝晖）

（中国联通广东省分公司　张　睿）

科技服务与科技产出

科技金融

2014年，广东省出台《2014年科技·金融·产业融合创新发展重点行动》和《科技金融支持中小微企业发展专项行动计划》，进一步完善政策体系。粤科金融集团获国家发改委批准成功发行企业债券10亿元，出资5亿元与南海区政府成立了规模10亿元的创新创业投资母基金。2014年，省财政股权投资委托粤科金融集团管理实施，向社会发布申报指南，有效引导社会资本加大对科技产业的投入。积极推进科技产业与金融服务对接，在高新区等科技企业聚集区广泛动员与发动，助推科技产业加速发展，经济转型升级。“广佛莞地区”和深圳地区获批为首批国家促进科技和金融结合试点。

科技金融服务体系建设

2014年，省科技厅大力推进全省科技金融服务体系建设，依托粤科金融集团、省生产力促进中心和广东金融学院组建覆盖全省的科技金融综合服务网络，搭建广东省科技金融信息综合服务平台，积极实施科技金融特派员行动，通过聚集各地科技金融资源开展相关服务，强化风险投资、融资担保、技术交易、知识产权质押融资等科技金融服务。

【科技金融综合服务中心】 10月9日，广东省科技金融综合服务中心在广州成立，此举标志着即将覆盖广东21个地级市的省级科技金融服务网络建设拉开大幕，科技型中小企业将成为本轮推动科技金融融合发展的第一批受惠者。

广东省科技金融综合服务中心是广东科技金融服务网络的实施牵头单位，是全省科技金融服务网络的中枢。其主要职能是推动科技金融综合服务中心在各地级市、高新区分中心建设，逐步建立起覆盖全省的“线下实体+线上网络”的科技金融服务网络，组织各类科技金融资源，与各地科技金融服务平台上下联动，开展多层次的投融资咨询及对接服务活动。

在省级科技金融综合服务中心的带头示范下，广东各地级市科技主管部门、粤科集团、广东金融学院等单位将全部投入到科技金融服务网络建设工作中来，截至2014年年底，汕头民营科技园、中山高新区、佛山市、江门市、顺德区均设立了科技金融综合服务中心。

【科技金融特派员行动】 10月9日，广东省科技金融综合服务中心在广州成立。在成立仪式上，首批14位科技金融特派员获颁聘书。为贯彻落实《广东省人民政府办公厅关于促进科技和金融结合的实施意见》（粤府办〔2013〕33号），省科技厅组建广东省科技金融特派员队伍，完善全省科技金融服务网络，提升科技金融服务水平，促进全省创新创业发展。科技金融特派员是广东省科技金融综合服务中心的专业服务力量，依托自身专业优势，借助金融、保险、担保、创业投资、投资基金、中介服务等科技金融资源，为全省科技型企业提供科技金融相关服务。省科技厅负责对全省科技金融特派员工作进行指导，制定支持政策。广东省生产力促进中心负责组织实施遴选、聘任、考核等相关管理和服务工作。

（广东省科技厅规划财务处田　何　志）

科技型企业投融资

【省级产业技术创新与科技金融结合专项资金（股权投资项目）】　2014年，省科技厅设立“广东省省级产业技术创新与科技金融结合专项资金”，引导金融机构降低科技型企业融资门槛，分担融资风险，以财政企业撬动金融机构等社会资本投向科技领域。

2014年度的股权投资项目主要围绕省委、省政府确定的8个重大科技专项领域组织实施，通过股权投资方式推动相关领域重点科研成果的产业化，促进企业做大做强，培育形成规模化的新兴产业。重大科技专项领域包括：计算与通信集成芯片、移动互联关键技术与器件、云计算与大数据管理技术、新型印刷显示与材料、可见光通信技术及标准光组件、智能工业机器人、新能源汽车电池与动力系统、干细胞与组织工程等。

股权投资是广东省改革财政资金投入方式的新举措，引入市场化机制选择投资对象（项目企业），实现财政资金的滚动使用。对不同类别的财政资金和投资对象，采取不同的股权投资管理形式：财政资金支持已上市公司的，通过参与定向增发、受托管理机构与上市公司合作发起设立专门的项目公司等形式实施股权投资管理；财政资金支持非上市公司的，由受托管理机构对该公司进行直接投资，也可以通过合作发起设立专门的项目公司形式实施股权投资管理。

财政资金参股项目（或公司）的各方出资、资产等需经具备资质的资产评估等专业机构进行评估，合理确定财政资金参股比例。参股期限一般为3～5年，最长不超过10年，财政资金出资额占被投资企业的股份原则上不超过其总股本的30%（且不为第一大股东）。投资项目必须具备明确的退出条件和方式，达到一定的投资年限或约定投资条件（如一定的增值率、企业上市、未能实现预期盈利目标等），应适时进行股权转让、股票减持、其他股东回购以及清算等，实现财政资金退出。

【科技支行建设】　在省科技厅的推动下，银行等金融机构纷纷重视科技信贷业务的服务与推广，中国银行、交通银行、华夏银行、东莞银行等银行已经表示要加快建设科技支行。

11月3日，中国银行广东省分行与省科技厅共同召开会议，在全省中行系统中推广中行番禺科技支行的建设运营模式，服务科技型中小企业。中行番禺科技支行拥有独立的客户评级和准入机制、独立的拨备制度、独立的信贷审批机制和独立的风险管理措施，按照科技型中小企业发展的不同阶段，为企业提供不同的授信额度。通过“科技支行”和“科技信贷风险资金池”相结合的科技信贷服务模式，天安科技支行在金融服务科技领域取得了较好的成绩和口碑。

【全省高新区科技与金融结合推进会与对接会】　3月25日，在东莞松山湖组织召开全省高新区科技与金融结合推进会与对接会，全省省级以上高新区管委会和近100家高新技术企业与金融机构开展了对接交流，在与粤科金融集团共同设立投担贷机构、破解知识产权融资难题、解决科技企业融资需求等方面，实现“无缝对接”。

（广东省科技厅规划财务处　田何志）

科技风险投资业

【风险投资业发展环境】　2014年，A股IPO重新开闸，多层次资本市场退出渠道基本稳定；国务院坚决实行简政放权改革，鼓励创新创业；新国九条发布；众筹火爆中国，正式进入规范化监管；互联网领域大热，企业赴美上市潮起。在上述形势下，中国股权投资市场募资、投资、退出环节开始逐步复苏并呈现快速发展态势。据清科研究中心统计，截至2014年年底，国内活跃的VC/PE机构超过8 000家，管理资本量超过4万亿元，其中广东省创业风险投资机构超过1 500家，管理资金规模超过3 000亿元。2014年，广东创业风险投资新增投资近500项，投资金额超过400亿元，居全国第3位，投资领域集中于TMT、医疗健康、清洁技术、互联网+等新兴领域。

投资机构加速向早期前移，天使投资愈发活跃。截至2014年年底，创业投资市场中后期项目投资竞争依然激烈，且投资回报水平下降，迫使投资机构将更多资金转投早期项目；同时，新兴行业发展态势及创业公司不断涌现，推动投资机构加大早期投资力度，介入天使及种子阶段的投资，以期挖掘和培养潜在优秀公司。此外，随着股权众筹管理办法的出台，股权众筹迎来了规范化的监管，办法界定了包括股权众筹非公开发行的性质、股权众筹平台的定位、投资者的界定和保护、融资者的义务等，企业融资渠道得到了更多元化的选择。

并购市场持续热潮，并购基金获得释放空间。2014年，国务院正式下发《关于进一步优化企业兼并重组市场环境的意见》，要求充分发挥资本市场的作用，鼓励证券公司开展兼并重组融资业务，各类财务投资主体可以通过设立股权投资基金、创业投资基金、产业投资基金、并购基金等形式参与兼并重组。在并购市场持续热潮的背景下，并购基金逐渐成为并购市场不可替代的重要金融产品。

【广东省粤科金融集团有限公司】 2014年，广东省粤科金融集团有限公司（以下简称“粤科金融集团”）资产总额和管理资金规模突破百亿，净资产、总收入、利润总额、募资金额等多项关键指标创下历史新高，所有业务板块都实现了盈利，公司社会影响力和经济效益得到明显提升。9月，粤科金融集团成为广东鸿图第一大股东和实际控制人，粤科金融集团在利用资本市场推动资产证券化方面迈出了坚实步伐。

6月20日，在第3届中国（广州）国际金融交易·博览会开幕式上，粤科金融集团发起设立的广东省粤科创新创业投资母基金有限公司、广东省粤科财政股权投资有限公司、广东省粤科大学生创新创业投资有限公司获得广东省政府授牌。广东省粤科创新创业投资母基金是由粤科金融集团和南海区人民政府共同发起设立，基金首期10亿元，是广东省当前规模最大的母基金。广东省粤科财政股权投资有限公司是粤科金融集团受托管理广东省战略性新兴产业创业投资引导基金，对省财政经营性资金用于股权投资统一实施管理而专门设立的公司。广东省粤科大学生创新创业投资有限公司由粤科金融集团与团省委共同发起设立，基金规模5亿元，是全国第1家主要通过市场化方式向社会募资并专注于支持大学生创新创业的投资基金。

创业风险投资业　2014年，粤科金融集团充分利用各种有利因素及资源，从“募、投、管、退”四方面统筹各方资源，强化资金募集工作，积极寻求与其他风险投资机构、金融机构以及民间资本合作，谋求更多的融资渠道和投资渠道。

2014年，粤科金融集团新增管理资金48亿元；新增创业风险投资项目40项，新增投资额6.17亿元，华锋电子、江苏赛福天、广东红墙、天波通信等4个项目正在排队等待过会审核，星业科技、广东铂亚、羚光新材料、珠海金鸿等4个项目成功在新三板挂牌；完成唯特偶、建通测绘两个项目退出，收回投资款4 777万元。

2014年，粤科金融集团成功承办第三届中国创新创业大赛（广东赛区）暨第二届“珠江天使杯”科技创新创业大赛、“第三届中国创新创业大赛（港澳台赛区）暨首届两岸四地大学生创新创业大赛”，天使一号基金投资本届大赛参赛项目8个，投资金额2 934万元，与中山大学签署《共建大学生创新创业孵化基地协议书》，有力地促进了产学研合作，加快了孵化育成体系建设，营造了良好的创新创业环境。

科技金融业务　2014年，粤科小贷公司全省布局工作进展迅速，现已设立肇庆、江门、珠海、中山、云浮5家子公司，共为70家科技型中小微企业提供2.7亿元授信额度，为68家企业提供超过2.6亿元的小贷服务。粤科担保全面拓展融资担保业务，针对科技型中小微企业发展特点，积极探索科技金融服务新模式，切实解决中小微企业融资难题，受理科技型中小微企业项目173个，其中高新技术企业101个，涉及融资需求近15.7亿元。粤科租赁公司当年成立，当年实现盈利，获得银行综合授信12.2亿元，完成8个项目共6.1亿元的租赁业务。粤科产业园公司发起设立了粤科产业园基金，成立了广东易孵网络信息有限公司。此外，粤科金融集团还积极配合国家知识产权局、广州市人民政府、省产权交易集团完成了广州知识产权交易中心的发起设立工作。

【广东省风险投资促进会】 截至2014年年底，

广东省风险投资促进会（以下简称“促进会”）在册团体会员为66家，其中投资机构16家，科研院所5家，高新技术企业29家，中介服务机构16家。2014年，促进会围绕风险投资业务主题，在推广风险投资理念、促进行业交流以及促进广东省风险投资事业发展等方面做了大量的工作，取得了较好成效，受到政府主管部门和业界的充分肯定，对推动广东经济社会发展特别是风险投资、创新驱动做出了积极的贡献。

投融资对接互动服务　2014年，促进会承办了中国第三届创新创业大赛（广东地区）暨第二届“珠江天使杯”科技创新创业大赛。4月和11月，分别组织举办创新创业大赛优胜企业项目、其他高新技术企业项目、大学生创新项目等项目路演推介会、交流研判会、投融资对接会2场次；协助有关机构或协会举办项目对接会2场次，加强风投机构与创新企业的沟通交流，有效开展投融资对接互动服务。5月，参与科技部人才中心与省科技厅联办的珠三角投融资人才集训营（广州站）活动。6月，作为承办单位之一参与了第16届中国风险投资论坛的策划筹办工作，并组织会员单位代表40位嘉宾参加了该次论坛。

承接社会职能服务业务　12月，经省发改委推荐，申报“承接广东省创业投资企业备案审核”业务，参与承接2015年政府职能转移项目的竞选（工作进行中）；首次向省民政厅社会组织管理局申报“社会组织承接政府职能转移和购买服务资质申请”；启动向省民政厅社团组织管理局申报“社会团体单位等级评估”的准备工作。

（广东省粤科金融集团有限公司）

科技服务机构

2014年6月，国务院办公厅、科技部科技服务业联合调研组在广州、深圳两地对广东科技服务业发展情况、政策措施、主要问题以及发展科技服务业的政策需求等进行专题调研，调研成果对《国务院关于加快科技服务业发展的若干意见》（国发〔2014〕49号）的出台起到了重要参考作用。同月，根据《广东省全面落实中央有关部门深化改革重要举措分工方案的实施意见》和《广东省推进改革先行试点的实施方案》等改革工作部署，广东省经营性领域技术入股改革工作正式启动。8月，广东省科技厅启动“十三五”广东科技服务业发展研究编写工作。10月，技术交易体系与科技服务网络建设科技计划申报指南面向社会公布，重点围绕科技创新服务基地、科技服务骨干机构培育、科技服务业关键共性技术研发、技术交易体系与知识产权转化运用、创新方法推广应用等五个方面向社会公开申报。2014年，广东省科技厅进一步完善技术交易体系，建设科技创新服务基地，扶持科技服务机构和平台，培育国家技术转移示范机构，推广运用创新方法，深化科技体制改革，促进科技成果资本化和产业化，对加快发展科技服务业，推动科技创新发展起到了重要的支撑作用。

科技服务机构及平台

【生产力促进中心】 截至2014年年底，广东省共有生产力促进中心116家，其中国家级示范中心7家，省级示范中心16家；按服务范围和内容划分，包括综合中心86家，行业中心14家，专业镇中心16家。全省生产力促进中心不断加强自身能力建设，不仅实现了自身的快速发展，成为广东科技中介服务体系的中坚力量，同时也有力地促进了中小企业的创新发展，成为提升区域创新能力的重要支撑。据对78家生产力促进中心的服务数据统计，2014年生产力促进中心从业人员2 949人，服务企业38 185家，为企业提供技术服务超过31万项次，实现总收入15.6亿元，咨询服务近1万项次，实现总收入1亿多元，培训人员超过8.3万人次，培育科技型企业600家，引进国际及港澳台合作项目71项，项目金额超过780万元。

【科技服务机构】 2014年，广东省科技厅依托技术交易体系与科技服务网络建设科技计划，重点支持生产力促进服务、技术转移服务、技术产权交易服务、研发设计服务、检验检测服务、技术咨询服务等科技服务机构发展，支持高校、科研院所、大中型企业搭建各类科技服务机构或平台，创新商业模式，开发新型科技服务产品，形成了一批骨干服务机构，有力提升了科技服务水平，推动了科技服务业进一步发展。2014年，全省纳入科技服务统计调查的科技服务机构数达1 836家，从业人员达到27.49万人，其中从事科技活动人员12.82万人，收入合计1 518.18亿元；发表科技论文21 761篇，其中国外发表6 700篇，出版科技著作407种；专利申请受理数20 805件，其中，发明专利10 095件；专利授权数12 157件，其中，发明专利3 033件，国外授权124件，累计拥有发明专利总数15 994件；承担各级政府项目9 832项，其中，国家级项目1 899项，部级项目1 337项，省级项目2 435项，市级项目3 209项；全年科技服务项目数2 577 827个，全年科技服务项目金额180.85亿元；技术市场成交合同项18 552项，合同成交金额152.73亿元，其中，技术交易金额116.01亿元；获得科技成果奖励数797

个，其中，国家级科技奖励成果37个，省级科技奖励成果348个。

广州产权交易所　广州产权交易所是广州交易所集团全资子公司。2014年，广州产权交易所下设广州技术产权交易中心，作为内设非法人机构，独立业务板块，运用互联网、云计算、大数据构建市场化、专业化、高端化的知识产权交易及服务平台。广州技术产权交易中心围绕服务机制科学化、创新资源市场化、科技成果产业化、科技合作国际化的发展定位，通过“信息共享、数据驱动、模块服务、多层互联”方式，为科技型企业实现知识产权金融化、资本化、证券化提供综合性服务。通过引进期权定价模型，导入权威大数据，计算出相对科学、合理的知识产权市场价值，开发了拥有自主知识产权的知识产权价值分析认定系统。同时，广州技术产权交易中心创新知识产权质押风控体系，整合政府、银行、保险、担保、再保险、再担保、产权、资本平台资源，形成知识产权质押融资新模型，重点解决知识产权质押融资的三大难题：知识产权价值认定、融资风险兜底、坏账资产处置问题，简化了知识产权质押登记流程。

2014年，广州产权交易所按照“立足开发区、开拓海珠区”的思路，通过服务两区的科技创新型企业、高新技术企业、软件企业，共完成技术产权交易86项，技术交易额近1亿元。通过积极与广州市内企业对接，建立技术与资本对接服务平台，根据价值认定分析报告，为科技型企业提供技术入股、协商作价等相关服务工作，举办专场对接会，100多家企业在尝试运用知识产权质押融资模式办理知识产权质押融资业务。

工业和信息化部电子第五研究所　工业和信息化部电子第五研究所又称中国电子产品可靠性与环境试验研究所、中国赛宝实验室，是我国最早进行可靠性研究的研究机构，总部位于广州市。该所可按GB标准、GJB标准、ISO、IEC标准等开展电子信息产品的可靠性、环境适应性、能效、环保、安全、电磁兼容、失效分析等综合质量保障，具备从元器件到设备系统、从硬件到软件的产品检测评价、试验分析以及认证、计量、培训、标准、咨询等技术服务能力，综合实力国内领先，是国内电子信息行业最大的支撑政府和服务行业的共性技术服务机构。

由该所承担的广东省北斗卫星导航产品质量保证与提升技术服务平台具备包括卫星信号模拟器为核心的信号检测服务、ATE测试系统为核心的芯片及模块检测服务、RTK/惯性测量单元为核心的室外测试服务、可靠性试验设备为核心的试验服务等一系列基础条件，可为本省卫星导航产业相关企业机构提供北斗导航产品研发验证、测试、批量测试、可靠性试验、质量提升等一站式解决方案，降低企业外包管理费用，减少中间环节周转周期，缩短服务时间。

技术转移与技术市场

2014年，广东省科技厅大力培育国家技术转移示范机构，依托省内现有技术交易机构（股权交易中心）搭建技术产权交易平台，为技术产权所有人与投资方之间的信息交流、供需对接和委托交易提供场所和服务，开展专利许可、技术转让、技术入股等多种形式的技术产权交易，加速科技成果转化，取得了显著成效。

【国家技术转移示范机构】　2014年，广东省大力扶持国家技术转移示范机构发展，扩大国家技术转移示范机构示范效应和规模效应，经科技部批准认定新增了广东省微生物研究所、东莞深圳清华大学研究院创新中心、中山康方生物医药有限公司、中国科学院广州技术转移中心、东莞中国科学院云计算产业技术创新与育成中心、清华大学深圳研究生院技术转移办公室、深圳市华创科技创新成果产业转化中心、广大·康奈尔中美科技转移中心8家机构为国家技术转移示范机构，广东省国家技术转移示范机构增加到34家。广东省国家技术转移示范机构秉持“专业化、市场化、规模化”的经营理念，在各自专业技术领域取得了良好业绩。

广东省微生物研究所　该所依据自身研究基础和应用特点，形成了具有自身特色的技术转移服务模式，主要包括：

一是根据研究团队的研究领域，依托广东省

生物技术生产力促进中心、广东省微生物学会、广东省食用菌行业协会等平台，联系相关企业与研究团队进行技术合作或技术服务，对研究成果进行推广应用，带动产业发展。

二是通过检测中心对外进行科技服务，主要模式为：（1）以委托检测、委托实验、项目团队进驻企业、关键技术研究等形式为社会及企业提供面向设计开发、生产制造、售后服务全过程的分析、测试、检验、成套解决方案等技术服务；（2）设立服务网站，通过信息网络，向社会开展技术标准、标准法规、行业动态、检测业务等信息资源社会共享，接受社会信息查询；（3）为社会及企业培训分析检测人员及质量控制人员。检测中心经营业务和特色包括：产品微生物检测与污染分析、抗生物性能测试、化学品生态环境安全性测试和评估、农药登记环境毒理试验、菌种鉴定等。

2014年，广东省微生物研究所获得授权专利24项，其中，发明专利23项，实用新型专利1项；7项专利在企业进行许可使用；服务企业5 000多家，解决企业需求180多项；组织技术转移培训60余人次。

东莞深圳清华大学研究院创新中心 东莞深圳清华大学研究院创新中心（简称“清华东莞创新中心”）是根据清华大学与东莞市人民政府签署的框架协议精神，东莞市人民政府与深圳清华大学研究院于2013年5月签订协议共建的、以企业化方式运作的事业单位。

清华东莞创新中心技术转移服务内容和特色包括：一是利用深圳清华大学研究院自主创新孵化体系及运作经验，促进清华大学及国内外的科研成果在东莞产业化；二是利用清华大学在全球的国际技术转移网络，针对性地引进国际科技领军人才、科技创业团队落户东莞，并将具有一定先进性、成熟度高的科技项目及公司转移到东莞，重点关注先进制造、节能环保、新一代信息技术和新材料新能源产业的国际先进技术，帮助东莞本地企业走出国门开拓国际市场，引进国际高端品牌、技术和产品，开展国际知名品牌的收购兼并业务；三是联合东莞市各创新平台、高校、企业、行业协会等，组建东莞国际技术转移联盟，开展多渠道、宽领域、全方位的国际技术转移活动；四是积极建设“东莞国际技术转移联盟”平台，定期编辑出版 “技术转移资讯”并向联盟成员邮寄或推送；五是聘请资深技术转移专家组建国际技术转移中心，与中以科技中心、美中高层次人才协会、硅谷清华企业家协会、硅谷中国天使会、硅谷清华TIPark孵化器、InnoSpring孵化器、中关村瀚海硅谷科技园、Plug&Play孵化器等建立长期合作关系；六是设立清华东莞创新中心驻美国硅谷、新墨西哥州工作站，与清华大学北美中心、英国中心、俄罗斯中心及德国中心加强合作，共同开展国际先进人才及技术引进工作，拓展国际技术转移工作。

2014年，清华东莞创新中心设立了驻美国硅谷、新墨西哥州工作站，开展高科技人才与技术引进及项目投资分析工作；联合清华大学、韩国国土交通科学技术振兴院、韩国明知大学、韩国电信、韩国土地住宅公社等机构，协办“韩国智慧城市综合应用展”；承办中韩“智慧城市”技术对接会，组织东莞市各镇街50多家高新技术企业代表参加了对接会。走访了20多个街镇，对60多家企业进行了多次技术咨询或项目推介服务，与20家企业签订了“技术服务协议”，与寮步镇政府、东城区政府、常平镇政府合作开展技术转移工作；组织东莞市本地企业家参观美国新墨西哥州生物孵化器、重点实验室、新墨西哥大学、硅谷等10多个科技项目，引进了ALD（原子层镀膜）技术团队，在东莞成立纳米技术研究中心，并组建产业化公司。

【技术合同登记】 广东省技术合同认定登记工作自2013年起已下放至地级以上市科技行政管理部门。为做好全省技术合同认定登记的管理工作，切实保障国家有关优惠政策落实，2014年，广东省科技厅制定出台了《广东省科技厅关于下放技术合同认定登记后续监督管理的暂行办法》，并在肇庆市、广州市开展政策宣讲3次，200余名省内基层科技管理人员参加。全省全年认定登记技术合同19 150项，合同成交总金额543.14亿元，合同成交额再创新高，比2013年增长1.39%，其中技术交易额为526.69亿元，比2013年增长2.36%。

【科技会展】　2014年，广东省科技厅共组织全省72家单位的106个项目参加了第11届重庆高交会暨军博会、第10届深圳文博会、第17届北京科博会、第11届中国—东盟博览会、第21届杨凌农高会、第16届深圳高交会等6个由政府举办的大型科技展会。与往年相比，2014年组展主题更突出，企业参与积极性更强，筹备工作更节俭、更务实、更高效。广东省科技厅会展组织工作得到上级领导、展会主办方及参展企业各方的一致好评，在北京科博会、东盟博览会、杨凌农高会上分别获得“优秀组织”“优秀参展项目”“优秀展示”等荣誉奖项。

【经贸洽谈】　按照广东省人民政府要求，2014年广东省科技厅继续组织科技分团参加第10届泛珠三角经贸洽谈会、广东省第8届区域发展经济技术合作洽谈会，积极开展区域科技经贸合作。科技分团按时完成了泛珠洽谈会、区洽会上届签约项目的履约情况跟踪和新签约项目的申报工作；其中，第九届泛珠三角经贸洽谈会合作项目总金额873万元，已全部按进度履约，履约到位总金额9 541万元，2014年新增签约项目金额642.3万元；第七届区域发展经济技术合作洽谈会合作项目总金额10 37万元，已全部按进度履约，履约到位总金额937万元，2014年新增签约项目金额3 462万元。

（广东省科技厅科技服务与管理处　严军华　周　彧）

科　技　评　估

2014年，省科技厅全面实施省级科技业务“阳光再造”行动，大幅调整归并科技业务类别，将以往16个科技专项资金重新整合设置为基础与应用基础研究（自然科学基金）、公益研究与能力建设、前沿与关键技术创新、产业技术创新与科技金融结合以及协同创新与平台环境建设五大专项资金。广东省技术经济研究发展中心根据五大专项资金特点及省科技厅等部门最新工作要求，通过深入改进项目评估评审程序及方式，大力加强科技咨询专家库、项目评估评审规范化建设，圆满完成了2014年度9 073项（次）省级科技计划项目评估评审工作，为省科技厅2014年项目立项决策发挥了重要支撑保障所用。

2014年，该中心作为省级科技计划立项评审主要支撑单位，先后协助省科技厅完成了公益研究与能力建设、前沿与关键技术创新以及协同创新与平台环境建设等几大专项资金项目评估评审工作，累计邀请科技咨询专家1 593人（次），评估评审专项资金项目9 073项（次）。其中，公益研究与能力建设专项累计邀请科技咨询专家848人（次），评估评审专项资金项目6 259项（次）；前沿与关键技术创新专项累计邀请科技咨询专家290人（次），评估评审专项资金项目848项（次）；协同创新与平台环境建设专项累计邀请科技咨询专家455人（次），评估评审专项资金项目1 966项（次）。除此之外，该中心还协助佛山、东莞等部分地方管理部门完成多类科技计划项目评估评审工作，累计邀请科技咨询专家268人（次），评估评审专项资金项目879项（次）。

2014年，该中心一方面，按照“统一条件、集中管理、分类使用”的原则协助规划与财务处等部门整合建立符合统一标准的省科技咨询专家库，促进专家信息管理、专家抽选管理以及专家考核管理等功能模块的集成、融合；另一方面，结合省级科技计划项目立项评审实际需要，协助处室继续向各地区、行业广泛、系统地征集专家资源，使入库专家数量得到不断扩充、结构不断优化。截至2014年年底，入库专家数量已近2万人，其中，省外专家在入库专家中占比将近40%。

此外，该中心顺应国家、广东省深化科技管理体制改革，对科技计划业务体系（专项、基金等）进行优化整合的形势发展需求，积极加强科技计划项目评估评审方法论与标准化方面的研究工作。2014年，该中心提出开展科技计划项目立项评审服务标准研究并得到省直有关部门支持，项目研究预计将对提高广东省科技计划项目立项评审工作的统一性、规范性发挥重要促进作用。

（广东省技术经济研究发展中心）

科技成果与奖励

2014年，全省共有46个项目获得国家科学技术奖，较上年度增加了18项，数量为历年之最，其中，国家自然科学家奖2项、国家技术发明奖12项、国家科技进步奖31项、国际科技合作奖1项。249个项目获2014年度省科学技术奖，其中，特等奖2项、一等奖30项、二等奖65项、三等奖152项。这些获奖项目中，自然科学类项目15项，技术发明类15项，应用技术类219项。全年全省对符合科技成果登记条件的1 748个项目进行了登记。由省科技厅核准登记的457项科技成果中，70.9%的水平达到国内领先以上。全省组织成果鉴定147项，应用技术研究及推广项目是成果鉴定的主体。

科技成果管理与推广

【科技成果登记】 2014年，广东省对符合科技成果登记条件的1 748个项目进行登记。由省科技厅核准登记的457项科技成果中，70.89%的水平达到国内领先以上。

2014年省科技厅核准登记的成果中，应用技术成果419项，占登记总数的91.68%；基础理论成果27项，占登记总数的5.91%；软科学成果11项，占登记总数的2.41%。这些登记的成果中，已授权专利数1 120件，其中755件专利为企业取得，占67.41%。电子信息、软件、光机电一体化、新材料、新能源与高效节能、生物医学、环保等高新技术领域成果276项，占应用技术类成果登记总数的65.87%。

成果完成单位中，企业完成213项，占46.61%；医疗机构完成41项，占8.97%；科研院所、大专院校完成170项，占37.2%；其他项目33项，占7.22%。

由省科技厅核准登记的419项应用技术成果中，312项成果已达到产业化用阶段。对应用技术成果进行经济效益统计显示，净利润165.92亿元，实交利税51.47亿元，出口创汇26.5亿元。

表6-3-1-1 全省已登记重大科技成果基本情况一览表（2013—2014）

项目	2013年		2014年	
	项目数（个）	比重（%）	项目数（个）	比重（%）
一、成果完成单位类型				
1. 独立研究机构	78	16.5	119	26.04
2. 大专院校	95	19.55	51	11.16
3. 企业	229	47.12	213	46.61
4. 医疗机构	38	7.82	41	8.97
5. 其他	46	9.47	33	7.22
合计	486	100	457	100

（续上表）

项目	2013年		2014年	
	项目数（个）	比重（%）	项目数（个）	比重（%）
二、成果类别				
1．应用技术	435	89.51	419	91.68
2．基础理论	42	8.64	27	5.91
3．软科学	9	1.85	11	2.41
合计	486	100	457	100
三、成果水平				
1．国际领先	25	5.14	35	7.66
2．国际先进	119	24.49	106	23.19
3．国内领先	191	39.30	183	40.04
4．国内先进	75	15.43	63	13.79
5．其他	76	15.64	70	15.32
合计	486	100	457	100
四、基本情况				
1．鉴定项目数	406	83.54	349	76.37
2．验收项目数	25	5.14	73	15.97
3．评审项目数	42	8.64	19	4.16
4．行业准入数	1	0.21	3	0.66
5．其他	12	2.47	13	2.84
合计	486	100	457	100

表6-3-1-2　全省已登记重大科技成果应用及经济效益情况一览表（2014）

应用情况		经济效益情况	
项目	合计	项目	合计
产业化应用（项）	312	自我转化效益（项）	89
小批量或小范围应用（项）	84	净利润（万元）	1 659 221
试用后停用（项）	20	实交税金（万元）	514 668
未应用（项）	3	出口创汇（万元）	265 046
已转化（项）	172	节约资金（万元）	412 662

表6-3-1-3 全省重大科技成果登记完成单位情况一览表（2008—2014）

单位：项

项目	2008年	2009年	2010年	2011年	2012年	2013年	2014年
合计	433	504	431	482	573	486	457
企业	166	236	217	238	286	229	213
科研院所	73	71	60	84	83	78	119
大专院校	87	98	88	71	89	95	51
医疗机构	56	51	34	51	53	38	41
其他	51	48	32	38	62	46	33

【科技成果鉴定】 2014年，广东省组织成果鉴定147项，这些成果鉴定项目中，作为第一完成单位的申报单位分类情况如下：企业申报的项目有73项，占49.66%；高等、大专院校申报的项目有23项，占15.65%；科研院所申报的项目有36项，占24.49%；医疗机构申报的项目有11项，占7.48%；其他项目有4项，占2.72%。由上述统计数据可知，企业是申报成果鉴定的主体，同比增长5.48%，其次是科研院所，同比增长3.62%。

成果鉴定的鉴定形式分为函审鉴定和会议鉴定，其中，会议鉴定131项，函审鉴定16项，分别占总数的89.12%和10.88%。由此可见，应用技术研究及推广项目仍是成果鉴定的主体。

科 技 奖 励

【广东省获得国家科学技术奖情况】 2014年度全省共有46个项目获得国家科学技术奖，较上年度增加了18项，数量为历年之最。获奖项目中，以第一完成单位（第一完成人）获奖的项目有19项，较上年度增加了11项。获奖项目包括：国家自然科学家奖2项，国家技术发明奖12项，国家科技进步奖31项，国际科技合作奖1项。

近年来，广东省获国家技术发明奖的数量逐年递增，2014年共获得12项技术发明奖，其中由广东省科学家主导完成的项目3项，分别为：中国科学院南海海洋研究所张偲院士主持完成的“热带海洋微生物新型生物酶高效转化软体动物功能肽的关键技术”；华南理工大学杨中民教授主持完成的“高增益玻璃光纤与单频光纤激光器成套制备技术及其应用”；深圳大学邢锋教授主持完成的“大掺量工业废渣混凝土高性能化活性激发与协同调制关键技术及应用”。

广东省参与获奖的31项科学技术进步奖项目中，广东省为第一完成单位的有10项。由珠海格力电器股份有限公司的“基于掌握核心科技的自主创新工程体系建设”获得“科技进步奖——企业技术创新工程”。

国际科技合作奖由与中山大学肿瘤中心合作的美国德州大学MD安德森癌症中心获得。通过合作，中山大学肿瘤防治中心培养了一大批具有国际视野和国际水准的医疗及科研人才，有效提升了该中心在癌症的治疗和研究领域的整体实力，双方的合作推动了科研成果的产业化进程。

表6-3-2-1 广东省获国家科学技术奖项目名单（2014年度）

序号	项目名称	主要完成人（所属单位）	奖励等级
自然科学奖			
1	南海与邻近热带区域的海洋联系及动力机制	王东晓（中国科学院南海海洋研究所） 方国洪（国家海洋局第一海洋研究所） 甘剑平（香港科技大学） 刘钦燕（中国科学院南海海洋研究所） 庄　伟（中国科学院南海海洋研究所）	二等奖
2	组织免疫微环境促进人肝癌进展的新机制	郑利民（中山大学） 庄诗美（中山大学） 邝栋明（中山大学） 吴　艳（中山大学） 方坚鸿（中山大学）	二等奖
技术发明奖			
1	海水鲆鲽鱼类基因资源发掘及种质创制技术建立与应用	陈松林（中国水产科学研究院黄海水产研究所） 刘金海（中国水产科学研究院北戴河中心实验站） 尤　锋（中国科学院海洋研究所） 王　俊（深圳华大基因研究院） 田永胜（中国水产科学研究院黄海水产研究所） 刘寿堂（海阳市黄海水产有限公司）	二等奖
2	室间隔缺损介入治疗新器械新技术及其临床应用	孔祥清（南京医科大学） 张智伟（广东省人民医院） 张德元（先健科技（深圳）有限公司） 杨　荣（南京医科大学） 盛燕辉（南京医科大学） 王树水（广东省人民医院）	二等奖
3	热带海洋微生物新型生物酶高效转化软体动物功能肽的关键技术	张　偲（中国科学院南海海洋研究所) 龙丽娟（中国科学院南海海洋研究所） 齐振雄（广东海大集团股份有限公司） 尹　浩（中国科学院南海海洋研究所） 田新明（中国科学院南海海洋研究所） 钱雪桥（广东海大集团股份有限公司）	二等奖
4	高增益玻璃光纤与单频光纤激光器成套制备技术及其应用	杨中民（华南理工大学） 徐善辉（华南理工大学） 张勤远（华南理工大学） 张伟南（华南理工大学） 钱　奇（华南理工大学） 姜中宏（华南理工大学）	二等奖

（续上表）

序号	项目名称	主要完成人（所属单位）	奖励等级
5	高性能热电材料快速制备与高效器件集成制造新技术及应用	张清杰（武汉理工大学） 唐新峰（武汉理工大学） 柏胜强（中国科学院上海硅酸盐研究所） 陈立东（中国科学院上海硅酸盐研究所） 曹卫强（广东富信科技股份有限公司） 吴燕青（上海申和热磁电子有限公司）	二等奖
6	冶金特种大功率电源系统关键技术与装备及其应用	罗　安（湖南大学） 张　波（华南理工大学） 马伏军（湖南大学） 陈燕东（湖南大学） 欧阳红林（湖南大学） 李爱武（湖南中科电气股份有限公司）	二等奖
7	标识网络体系及关键技术	张宏科（北京交通大学） 苏　伟（北京交通大学） 吴　强（中兴通讯股份有限公司） 罗洪斌（北京交通大学） 杨　冬（北京交通大学） 董　平（北京交通大学）	二等奖
8	主动对象海量存储系统及关键技术	冯　丹（华中科技大学） 王　芳（华中科技大学） 施　展（华中科技大学） 童　薇（华中科技大学） 叶郁文（中兴通讯股份有限公司） 熊　晖（杭州海康威视数字技术股份有限公司）	二等奖
9	大规模无线局域网与蜂窝网络异构自组织技术	李建东（西安电子科技大学） 盛　敏（西安电子科技大学） 周　元（华为技术有限公司） 张　琰（西安电子科技大学） 赵　阳（华为技术有限公司） 李红艳（西安电子科技大学）	二等奖
10	调控光线行为的三维自由光学曲面构建及其在半导体照明中的应用	罗　毅（清华大学） 钱可元（清华大学） 韩彦军（清华大学） 李旭亮（东莞勤上光电股份有限公司） 李洪涛（清华大学） 祝炳忠（东莞勤上光电股份有限公司）	二等奖

（续上表）

序号	项目名称	主要完成人（所属单位）	奖励等级
11	建筑物移位改造工程新技术及应用	张　鑫（山东建筑大学） 吕西林（同济大学） 贾留东（山东建筑大学） 贾　强（山东建筑大学） 卢明全（大连久鼎特种建筑工程有限公司） 李国雄（广州市鲁班建筑集团有限公司）	二等奖
12	大掺量工业废渣混凝土高性能化活性激发与协同调制关键技术及应用	邢　锋（深圳大学） 蒋正武（同济大学） 张振平（同济大学） 寇世聪（深圳大学） 崔宏志（深圳大学） 白　莉（吉林建筑工程学院）	二等奖

科学技术进步奖

序号	项目名称	主要完成单位	主要完成人	奖励等级
1	我国首次对甲型H1N1流感大流行有效防控及集成创新性研究	中国疾病预防控制中心 首都医科大学附属北京朝阳医院 中国疾病预防控制中心病毒病预防控制所 北京市疾病预防控制中心 浙江大学医学院附属第一医院 中国医学科学院病原生物学研究所 中国科学院微生物研究所 中国检验检疫科学研究院 中国人民解放军军事医学科学院 中国中医科学院	侯云德，王　宇，王　辰，王永炎，李兰娟，赵　铠，李兴旺，杨维中，刘保延，舒跃龙，金　奇，高　福，胡孔新，梁晓峰，钟南山	一等奖
2	超深井超稠油高效化学降粘技术研发与工业应用	中国石油化工股份有限公司西北油田分公司 中国石油化工股份有限公司石油化工科学研究院 中国石油大学（北京） 中国科学院广州地球化学研究所	刘中云，秦　冰，林　涛，王世洁，郭继香，梁尚斌，韩革华，罗咏涛，肖贤明，李本高，赵海洋，李子甲，任　波，杨祖国，雷　斌	一等奖
3	荔枝高效生产关键技术创新与应用	华南农业大学 广东省农业科学院果树研究所 中国热带农业科学院南亚热带作物研究所 深圳市南山区西丽果场	李建国，陈厚彬，黄旭明，欧良喜，谢江辉，吴振先，王惠聪，袁沛元，叶钦海，陈维信	二等奖
4	饲料用酶技术体系创新及重点产品创制	中国农业科学院饲料研究所 青岛蔚蓝生物集团有限公司 广东溢多利生物科技股份有限公司 武汉新华扬生物股份有限公司 北京挑战生物技术有限公司 新希望集团有限公司	姚　斌，罗会颖，黄火清，杨培龙，柏映国，于会民，李阳源，詹志春，刘鲁民，李学军	二等奖

（续上表）

序号	项目名称	主要完成单位	主要完成人	奖励等级
5	基于掌握核心科技的自主创新工程体系建设	珠海格力电器股份有限公司		二等奖
6	房间空气调节器节能关键技术研究及产业化	广东美的制冷设备有限公司 中国家用电器研究院	李金波，李　强，朱良红，张国柱，孙铁军，游　斌，吴文新，郦旭卫，刘　挺，赵　鹏	二等奖
7	新型香精制备与香气品质控制关键技术及应用	上海应用技术学院 中山大学 北京工业大学 漯河双汇生物工程技术有限公司 上海百润香精香料股份有限公司 深圳波顿香料有限公司 青岛花帝食品配料有限公司	肖作兵，纪红兵，佘远斌，牛云蔚，汪晨辉，谢　华，王明凡，刘晓东，张福财，张树林	二等奖
8	高酸重质原油全额高效加工的技术创新及工业应用	中海石油炼化有限责任公司 中海石油炼化有限责任公司惠州炼化分公司 中国石化工程建设有限公司 中海油天津化工研究设计院	董孝利，吴　青，王少飞，陈　淳，袁忠勋，黄梓友，苑少军，郑明光，尤德华，王仲华	二等奖
9	先进短流程高品质特殊钢制造关键技术及其产业化	武汉钢铁（集团）公司 武汉科技大学 钢铁研究总院 广州珠江钢铁有限责任公司	毛新平，张　超，韩　斌，柴毅忠，高吉祥，赵　刚，孙新军，吴健鹏，谭　文，汪水泽	二等奖
10	半导体器件后封装核心装备关键技术与应用	广东工业大学 固高科技（深圳）有限公司 深圳市大族激光科技股份有限公司 广州半导体器件有限公司	陈　新，吴　宏，高　健，高云峰，杨志军，刘冠峰，吴小洪，李克天，陈克胜，程逸良	二等奖
11	大型电站锅炉混煤燃烧理论方法及全过程优化技术	华中科技大学 广东电网公司电力科学研究院 广东红海湾发电有限公司 广东省粤电集团有限公司沙角C电厂 广东省粤电集团有限公司珠海发电厂 中国国电集团公司谏壁发电厂 安徽华电芜湖发电有限公司	陈　刚，向　军，张洪刚，沈跃良，张　成，胡平凡，袁洪涛，陈前明，高　伟，夏　季	二等奖
12	高密度互连混合集成印制电路关键技术及产业化	电子科技大学 珠海方正科技多层电路板有限公司	张怀武，何　为，胡永栓，王守绪，苏新虹，唐晓莉，周国云，陶志华，钟智勇，朱兴华	二等奖

（续上表）

序号	项目名称	主要完成单位	主要完成人	奖励等级
13	虚拟机运行支撑关键技术与应用	上海交通大学 曙光信息产业股份有限公司 中兴通讯股份有限公司 华为技术有限公司 万达信息股份有限公司 复旦大学	管海兵，邵宗有，董振江，顾炯炯，陈海波，戚正伟，李光亚，梁阿磊	二等奖
14	百层高楼结构关键建造技术创新与应用	中国建筑第四工程局有限公司 中建三局第一建设工程有限责任公司 奥雅纳工程咨询（上海）有限公司 华南理工大学建筑设计研究院 中建钢构有限公司 广州市建筑集团有限公司 贵州中建建筑科研设计院有限公司	叶浩文，毛志兵，杨　玮，令狐延，冯乃谦，方小丹，赵　宏，刘　巍，张晶波，向小英	二等奖
15	地铁施工安全风险控制成套技术及应用	华中科技大学 中铁隧道股份有限公司 武汉地铁集团有限公司 深圳市地铁集团有限公司 东北大学 武汉市市政建设集团有限公司 上海天佑工程咨询有限公司	丁烈云，朱宏平，刘玉华，骆汉宾，李勇军，邓庆绪，李小青，刘卡丁，邓利明，周　诚	二等奖
16	混凝土结构耐火关键技术及应用	哈尔滨工业大学 华南理工大学 中冶建筑研究总院有限公司 上海市建筑科学研究院（集团）有限公司 北京建筑大学， 广州市泰堡防火材料有限公司 长沙民德消防工程涂料有限公司	吴　波，郑文忠，惠云玲，王孔藩，查晓雄，王　英，王　帆，侯晓萌，曾令可，刘栋栋	二等奖
17	拆除工程精确爆破理论研究与关键技术应用	广东宏大爆破股份有限公司 中国人民解放军理工大学野战工程学院 河南理工大学 中国铁道科学研究院 中国矿业大学（北京） 中建二局土木工程有限公司	郑炳旭，张英才，张志毅，龙　源，李战军，刘殿书，宋锦泉，蔡宝卷，齐世福，魏晓林	二等奖
18	国家高速公路网运行监管与服务关键技术及应用	交通运输部公路科学研究所 北京交通大学 中山大学 北京市首都公路发展集团有限公司 安徽省交通运输联网管理中心 北京公科飞达交通工程发展有限公司 北京宏德信智源信息技术有限公司	王笑京，杨　琪，李爱民，秦　勇，张　可，董雷宏，李　丁，沈鸿飞，周正兵，张明月	二等奖

（续上表）

序号	项目名称	主要完成单位	主要完成人	奖励等级
19	调肝启枢化浊法防治糖脂代谢紊乱性疾病基础与应用研究	广东药学院 广州白云山和记黄埔中药有限公司 广州中医药大学 中国中医科学院	郭　姣，李楚源，雷　燕，贝伟剑，荣向路，苏政权，王德勤，唐富天，唐春萍，何　伟	二等奖
20	分组传送网（PTN）重大技术攻关、设备研制和应用创新	中国移动通信集团公司 工业和信息化部电信研究院 华为技术有限公司 中兴通讯股份有限公司 武汉邮电科学研究院 上海贝尔股份有限公司	李　晗，李　芳，赵福川，范志文，王　磊，张海懿，敖　立，段晓东，陈　国，赵志鹏	二等奖
21	超宽带新铜线接入技术创新与产业化	华为技术有限公司	胡粤麟，游依勇，周　毅，韩雨发，周　军，张　群，李　东，邓小和，李笑霜，吴华忠	二等奖
22	下一代网络与业务国家试验床创新技术研究及应用	中国人民解放军信息工程大学 中国人民解放军国防科学技术大学 浙江大学 清华大学 浙江工商大学 中兴通讯股份有限公司 工业和信息化部电信研究院	汪斌强，刘勤让，伊　鹏，张风雨，于　婧，黄万伟，王　晶，申　涓，陈一骄，扈红超	二等奖
23	协同高速无线通信系统	中兴通讯股份有限公司	赵先明，张万春，向际鹰，向　阳，柏燕民，邱　刚，辛胜利，马凤国，江　溯，郑新春	二等奖
24	星地融合广域高精度位置服务关键技术	北京邮电大学 中卫星空移动多媒体网络有限公司 中兴通讯股份有限公司 北京首都国际机场股份有限公司 中国科学院国家天文台 四川长虹佳华数字技术有限公司 高德软件有限公司	邓中亮，吕子平，罗圣美，高利佳，施浒立，姜德荣，徐连明，刘　雯，李卫宁，余彦培	二等奖
25	超级稻高产栽培关键技术及区域化集成应用	中国水稻研究所 扬州大学 江西农业大学 湖南农业大学 吉林省农业科学院 广东省农业科学院水稻研究所 四川省农业科学院作物研究所	朱德峰，张洪程，潘晓华，邹应斌，侯立刚，黄　庆，郑家国，吴文革，陈惠哲，霍中洋	二等奖

（续上表）

序号	项目名称	主要完成单位	主要完成人	奖励等级
26	南海及周边地区遥感综合监测与决策支持分析	南京大学 中国科学院地理科学与资源研究所 中国南海研究院 中国科学院南海海洋研究所 国家海洋局第二海洋研究所	李满春，吴士存，苏奋振，刘永学，程　亮，周成虎，赵焕庭，毛志华，沈固朝，李飞雪	二等奖
27	复杂难处理钨矿高效分离关键技术及工业化应用	广东省工业技术研究院（广州有色金属研究院） 北京矿冶研究总院 湖南柿竹园有色金属有限责任公司 湖南有色金属股份有限公司黄沙坪矿业分公司 甘肃新洲矿业有限公司 宁化行洛坑钨矿有限公司 广州粤有研矿物资源科技有限公司	孙传尧，邱显扬，李晓东，高玉德，周晓彤，程新朝，何亚文，林日孝，李爱民，王中明	二等奖
28	提高肝癌外科疗效的关键技术体系的创新和应用	中国人民解放军第二军医大学东方肝胆外科医院 中国人民解放军第二军医大学第二附属医院 中国医学科学院肿瘤医院 复旦大学附属中山医院 福建医科大学附属第一医院 中山大学附属第三医院	沈　锋，谢渭芬，蔡建强，周伟平，吴孟超，叶胜龙，吴　东，周　俭，胡　冰，刘景丰	二等奖
29	白内障复明手术体系的创建及其应用	中山大学中山眼科中心	刘奕志，林顺潮，何明光，李绍珍，陈伟蓉，罗莉霞，程　冰，郑丹莹，黄文勇，吴明星	二等奖
30	保密	广东省公安厅等完成	保密	二等奖
31	保密	哈尔滨工业大学深圳研究院合作完成	保密	二等奖

国际科学技术合作奖

序号	获奖组织名称	广东省合作单位名称
1	美国德州大学MD安德森癌症中心	中山大学肿瘤防治中心

【广东省科学技术奖奖励情况】 2014年度全省共评出省科学技术奖249项，其中，特等奖2项、一等奖30项、二等奖65项、三等奖152项。这些获奖项目中，自然科学类项目15项，技术发明类15项，应用技术类219项。这些科技成果具有以下主要特点：

协同创新结出硕果，创业孵化推动转型　2014年获奖的大部分项目以产业需求为导向，产学研深度融合，有力推动了广东省战略性新兴产业发展和促进传统产业转型升级。这批项目近3年创造新增销售额共7 697亿元，新增利润461亿元，新增税收247亿元，效益显著。

企业成为创新主力，领跑地位日益突出　获得2014年度省科学技术奖的637个单位中，企业独立承担或参与完成的有297家，占获奖单位总数的46.6%。获奖成果中，企业以第一完成单位牵头完成的有124项，占获奖项目总数的49.8%。一批以企业为主体取得的成果，不仅替代了进口产品，甚至达到国际领先水平。

源头创新强力驱动，核心技术打破垄断 2014年度获奖项目中，基础研究项目发表论文951篇，其中，EI、SCI收录论文812篇，正面他引19 560次。获奖项目形成自主知识产权1 785件，其中授权发明专利868项，形成了一批覆盖广东省支柱产业的核心关键技术，抢占了行业制高点。获奖的技术发明类项目有15项（其中一等奖有4项），形成自主知识产权170件，其中授权发明专利145项，占总数的16.7%。

民生科技再现突破，惠民成果接连涌现 2014年度的获奖项目中，有132个获奖成果涉及农业科技、疾病防治、食品安全、环境保护、节能减排、网络安全等领域，占获奖项目总数的53%。

青年才俊崭露头角，勇攀国际科学高峰 2014年省度科学技术奖的获奖人员更进一步呈现出年轻化的趋势。牵头或参与研究的40岁以下科技人才达958人，占总数（2 032人）的47.2%。获一等奖的项目中，完成人的平均年龄为42.3岁。团队平均年龄45岁以下的有21个，占70%。

表6-3-2-2 广东省科学技术奖特等奖、一等奖获奖项目（2014年度）

序号	项目名称	完成单位	主要完成人
特等奖（2项）			
1	新型高效磁阻电机的研发及其在变频压缩机和空调中的应用	珠海格力电器股份有限公司 珠海格力节能环保制冷技术研究中心有限公司	
2	深圳清华大学研究院产学研深度融合的科技创新孵化体系建设	深圳清华大学研究院 清华大学深圳研究生院 深圳力合创业投资有限公司 深圳清研创业投资有限公司 东莞深圳清华大学研究院创新中心 深圳力合信息港投资发展有限公司 珠海清华科技园创业投资有限公司 佛山南海国凯投资有限公司 深圳力合金融控股股份有限公司 深圳清华国际技术转移中心	
一等奖（30项）			
1	峨眉山地幔柱及其成矿作用	中国科学院广州地球化学研究所 香港大学	徐义刚，何　斌，王　焰，周美夫，肖　龙，黄小龙，罗震宇
2	具有重要生理活性的复杂天然产物全合成	北京大学深圳研究生院 北京大学	杨　震，陈家华，李闯创，唐叶峰
3	iPS细胞诱导中的间质—上皮转化过程（MET）研究	中国科学院广州生物医药与健康研究院	裴端卿，陈捷凯，廖宝剑，鲍习琛，李荣辉，梁佳良，刘　晶，韩庆凯
4	恶性肿瘤细胞可塑性的调控机制及靶向治疗的研究	中山大学孙逸仙纪念医院 中国科学技术大学	宋尔卫，姚和瑞，王　均，苏逢锡，龚　畅，于风燕，姚燕丹

（续上表）

序号	项目名称	完成单位	主要完成人
5	基于物理层技术的无线网络性能优化研究	广州市香港科大霍英东研究院	伍楷舜，倪明选，张　黔
6	基于无机膜和吸附剂的分离与反应基础研究	华南理工大学 中国科学院大连化学物理研究所	王海辉，杨维慎，李　忠，朱雪峰，奚红霞，夏启斌，余谟鑫
7	胞质雄性不育技术在辣椒品种创新中的研究与应用	广州市农业科学研究院 广东省农业科学院植物保护研究所 广州乾农农业科技发展有限公司	常绍东，黄　贞，何自福，邹集文，张素平，王佩卿，徐勋志，夏秀娴，郭　爽，佘小漫，郑岩松，李伯寿，林鉴荣，虞　皓
8	防控东盟农业有害生物入侵的技术体系构建与应用	广东省农业科学院植物保护研究所 广东出入境检验检疫局检验检疫技术中心 中国热带农业科学院环境与植物保护研究所 云南省农业科学院农业环境资源研究所 广西壮族自治区农业科学院植物保护研究所	田兴山，吕利华，刘海军，高　燕，胡学难，齐国君，岳茂峰，顾渝娟，蓝国兵，汤亚飞，冯　莉，符悦冠，谌爱东，曾　涛，陈　婷
9	热带亚热带微生物资源的发掘、保护和共享利用	广东省微生物研究所 华南农业大学	朱红惠，姚　青，羊宋贞，王永红，冯广达，邓名荣，陈美标，李良秋，张鲜姣，李燕旋，张秀秀，赵国振，谢小林，段锦梅，陆雪影
10	红树林快速恢复与重建技术研究	中国林业科学研究院热带林业研究所 广东省林业科学研究院 广东珠海淇澳—担杆岛省级自然保护区管理处 电白县红树林保护区管理总站 广西壮族自治区林业科学研究院 海南东寨港国家级自然保护区管理局 海南省林业科学研究所	廖宝文，李　玫，陈玉军，管　伟，田广红，何雪香，安　东，刘　秀，钟才荣，方发之，李华亮，邓智泓，马海宾
11	兽用原料药物和制剂的研制与应用	华南农业大学 上海高科联合生物技术研发有限公司 广东大华农动物保健品股份有限公司 中牧实业股份有限公司	刘雅红，黄青山，方炳虎，付光武，陆婉英，廖晓萍，陈建新，张继恩，陈良柱，吴强三，丁焕中，孙永学，汤有志，孙　坚
12	河蚌有核珍珠高效培育技术研究与应用	广东绍河珍珠有限公司 广东海洋大学	谢绍河，林伟财，王钦贵，梁飞龙，谭楚勤，符　韶，谢　郁，邓岳文，童银洪，杜晓东，林展新，谢为和，谢妙遂，谢少红，张绍宏

（续上表）

序号	项目名称	完成单位	主要完成人
13	果汁果酒与水果提取物绿色加工技术与装备	华南理工大学 广州达桥食品设备有限公司 株洲千金药业股份有限公司 广东祯州集团有限公司 云南茅粮酒业集团有限公司 广州云星科学仪器有限公司	曾新安，孙大文，韩　忠，杨李益，扶　雄，于淑娟，张本山，高文宏，滕　晖，王启军，刘　丹，杨华峰，薛子光，罗文波，李宗城
14	包装饮用水微生物污染和消毒副产物溴酸盐控制新技术	广东省微生物研究所 广东环凯微生物科技有限公司 中国饮料工业协会 华润怡宝饮料（中国）有限公司 深圳市景田食品饮料有限公司 广东鼎湖山泉有限公司 鹤山市华山泉食品饮料有限公司 珠海市清华源水处理技术开发有限公司	吴清平，张菊梅，郭伟鹏，阙绍辉，康永璞，任　莉，郝利年，吴木生，程铭晖，刘　荡，蔡芷荷，邓金花，张健伟，陈　维，蔡淑珍
15	电气设备六氟化硫循环利用与化学诊断关键技术研究及应用	广东电网公司电力科学研究院 武汉大学 河南省日立信股份有限公司 广东科立恩环保科技有限公司	周永言，李　丽，唐　念，陈　俊，陈剑光，周文俊，赫树开，王　宇，胡　慧，郑晓光，黎晓淀，姚唯建，林一峰，陈　敏，王宝山
16	特种计算机关键技术研发与产业化	研祥智能科技股份有限公司 深圳市研祥通软件有限公司	陈志列，庞观士，耿稳强，刘志永，陈　超，沈　航，修惠文，孙　煜，梁艳妮，马先明，刘恩锋，邹建红，王志远，陈敬毅，艾　宇
17	基于情景感知的视频编解码与传输控制关键技术研究及应用	华南理工大学 广东工业大学 中国电信股份有限公司广东研究院	吴宗泽，章　云，龙显军，谢胜利，张　勰，余　荣，邓毅华，杨　灿，陈　珣，郭　英，李卫军，陆　川，向友君，马　涛
18	全数字超大容量实时图像处理及显示系统	广东威创视讯科技股份有限公司 中山大学	刘文军，卢如西，刘伟俭，谷新征，马　庆，刘亚平，景　博，刘先材，曹　捷，蔡志岗，蔡才冠，黄晓东，荆建营，吴　鹏，董友球
19	嵌入式软件安全性检测技术及应用	工业和信息化部电子第五研究所 华南理工大学	杨春晖，宾建伟，刘发贵，刘奕宏，林　军，李　冬，黄茂生，吴　蕾，熊　婧，王　强，陈世航，蒋沛航，姚日煌，黄晓昆，罗　银

（续上表）

序号	项目名称	完成单位	主要完成人
20	难加工脆性碳素零部件的高速精密加工关键技术及应用	广东工业大学 深圳市石金科技有限公司 深圳市昌红科技股份有限公司 深圳市力博刀具技术有限公司 深圳恒佳精密模具注塑有限公司 广东技术师范学院	王成勇，朱佰喜，李文红，李焕昌，周　莉，周玉海，杨　绘，吴建军，吴华钊，秦　哲，宋月贤，翟雨佳，张志勇，王启民，郑李娟
21	车辆及电子工业用铝镁合金等温挤压、压铸与控轧关键技术及产业化	广州有色金属研究院 北京科技大学 中南大学 重庆大学 广东工业大学 广东兴发铝业有限公司 佛山市三水凤铝铝业有限公司 广东豪美铝业股份有限公司 广东鸿图科技股份有限公司 乳源东阳光精箔有限公司	戚文军，李静媛，张新明，刘　敏，谢建新，张百在，池国明，项胜前，龙思远，袁鸽成，唐建国，刘志铭，冷文兵，农　登，常移迁
22	建筑废弃物资源化利用关键技术及应用	深圳大学 深圳市华威环保建材有限公司 香港理工大学 南方科技大学建设办公室	邢　锋，潘智生，寇世聪，李文龙，陈为武，陈澄波，王卫仑，关　宇，杨正松，罗启灵，陈　超，龙武剑，周　晶，董必钦，周英武
23	有机废弃物厌氧发酵制备生物燃气技术装备及应用	中国科学院广州能源研究所 中国科学院成都生物研究所 杭州能源环境工程有限公司 山东民和生物科技有限公司 广东温氏食品集团股份有限公司	袁振宏，孙永明，李　东，蔡　磊，董泰丽，廖劲松，孔晓英，李连华，袁月祥，闫志英，甄　峰，何　炼，李志兵，王　瑶，李　颖
24	鼻咽癌个体化治疗研究与应用	中山大学肿瘤防治中心	马　骏，赵　充，麦海强，张　力，卢泰祥，李宇红，谢方云，胡伟汉，刘孟忠，孙　颖，柳　娜，陈　磊，唐玲珑，毛燕萍，周冠群
25	大肠癌早期内镜诊治及发生的临床研究	南方医科大学 惠州市中心人民医院	姜　泊，龚　伟，王新颖，黄应龙，青海涛，王　菁，黄丽韫，许岸高，李丙生，米变涛，王　霞
26	肺癌个体化微创根治相关技术的系统研究及临床应用推广	广州医科大学附属第一医院 广州呼吸疾病研究所 复旦大学附属中山医院 中山大学附属肿瘤医院 深圳市人民医院 中日友好医院 南方医科大学南方医院	何建行，刘　君，邵文龙，王　群，朱志华，王　炜，刘德若，陈汉章，王　正，殷伟强，董庆龙，戎铁华，李树本，蔡开灿，徐　鑫

（续上表）

序号	项目名称	完成单位	主要完成人
27	主动脉瘤和主动脉夹层的治疗及发病学研究	中山大学附属第一医院	王深明，常光其，李晓曦，叶财盛，陈国锐，林勇杰，胡作军，吕伟明，李松奇，熊　江，王劲松，姚　陈
28	颞下颌关节、颌骨与牙合的生物力学应用研究	中山大学附属口腔医院 中山大学	许　跃，张志光，郑有华，李　彦，麦理想，匡世军，朱　萍，宋　嵘，林　韩，陈缵光
29	中医及中西医结合临床路径共性技术研究与应用	广州中医药大学第二附属医院 北京中医药大学 中山大学	吕玉波，吴大嵘，邹　旭，杨小波，张敏州，刘建平，刘旭生，唐雪春，蔡敬衡，张忠德，范冠杰，程　兰，夏　萍，蔡业峰
30	中高端高性能模块化全自动生化分析系统	深圳迈瑞生物医疗电子股份有限公司	解传芬，王　炜，曾　超，王志红，高再兴，朱星才，邱金宏，杨　霖，张少维，史梁材，张乐平，吴　立，刘奇松，许　智，黄玉玲

【特等奖项目介绍】

项目名称：新型高效磁阻电机的研发及其在变频压缩机和空调中的应用

完成单位：珠海格力电器股份有限公司、珠海格力节能环保制冷技术研究中心有限公司

随着中国变频空调的普及速度加快，稀土消耗量巨大。由于前期的过度开采，中国稀土储量占世界总储量的比例迅速下降，稀土已成为国家战略储备资源，同时稀土在开采、深加工等过程中带来了大量的环境破坏问题。为了解决变频空调高速发展与稀土资源匮乏的矛盾，项目组研究开发了采用无稀土永磁辅助式同步磁阻电机（新型高效磁阻电机）的变频压缩机。核心技术创新点如下：

1．提出了新型磁阻电机及其控制系统的高效化技术，解决了变频压缩机电机由稀土永磁体替换成无稀土永磁体后，永磁材料性能降低导致的压缩机能效下降的难题。与采用国外同系列高效稀土变频压缩机的空调器相比，应用该技术的空调产品全年能源消耗效率APF可提高达7.3%。

2．提出了新型磁阻电机的抗退磁技术，解决了无稀土永磁体抗退磁能力较弱，电机容易发生退磁的难题，抗退磁能力增加41%以上，实现电机材料成本相比稀土电机下降22%以上。

3．提出了采用新型磁阻电机的变频压缩机噪声抑制技术，不仅大幅减小了电机磁阻转矩脉动造成的电磁噪声，有效降低了压缩机高速旋转时的机械不平衡噪声，解决了采用磁阻电机的变频压缩机特有的振动和噪声问题。与采用稀土永磁同步电机的压缩机相比，其噪声总值下降1-3dB。

通过技术创新，格力在国际上首次研发出1-6HP采用新型高效磁阻电机的变频压缩机及房间空调器，解决了变频空调对稀土资源的依赖问题。项目共获得19项发明专利授权，21项实用新型专利授权。该技术的应用推广，促进了我国空调行业的技术进步和产业升级，显著提高了我国空调行业的国际竞争力，大大加快了我国变频空调的普及速度。

项目名称：深圳清华大学研究院产学研深度融合的科技创新孵化体系建设

完成单位：深圳清华大学研究院、清华大学深圳研究生院、深圳力合创业投资有限公司、深圳清研创业投资有限公司、东莞深圳清华大学研究院创新中心、深圳力合信息港投资发展有限公司、珠海清华科技园创业投资有限公司、佛山南海国凯投资有限公司、深圳力合金融控股股份有限公司、深圳清华国际技术转移中心

1996年，在珠三角产业转型升级、亟需科技创新资源支撑的历史背景下，深圳市政府与清华大学合作建立深圳清华大学研究院，希望以此作为连接大学和社会的纽带、沟通科技与经济的桥梁，实现推出一大批拥有自主知识产权、面向市场的科技成果，扶持高科技创业企业的发展和培养高层次人才的目标。

经过十多年的发展，由深圳清华大学研究院领衔，逐步建立了完善的产学研相融合的科技创新孵化体系。清华研究院科技创新孵化体系的建设，始终坚持以机制体制创新为核心，以学校与地方相结合、研发与孵化相结合、科技与金融相结合、国内与海外相结合的“四个结合”为抓手，以研发平台、园区基地、投资孵化、科技金融、国际合作和人才培养六大板块的建设为核心内容，打造产学研融合的立体孵化体系，全方位孵化成果、项目、企业、人才。创新成果如下：

1. 整个体系形成了研发实力雄厚的科技平台，建设了5个国家重点实验室（中心）分室，3个省部级实验室，21个深圳市重点实验室，12个市工程实验室；科技创新公共技术服务平台5个，成为华南地区产业技术研发的重要力量。

2. 整个平台集聚了大批教授、博士、高级研究人员和海归学者，600人专职研发人员，2 700名研究生，合计3 300人研发队伍。其中，“973计划”首席科学家2人，国家“千人计划”专家3人，7个广东省创新团队、孔雀计划团队立项。

3. 整个平台承担国家级、省部级、市区级纵向科研项目696项，累计经费12.3亿元。累计承担包含孵化企业的横向科研课题1 520项，累计经费4.12亿元。申请专利1 111项，获得授权470项。

4. 组织实施了单晶蓝宝石纤维、高端半导体激光器、盐碱地治理改造、数字电视与多媒体、石英晶体力敏传感器、红外快速体温检测仪、电力线载波通信芯片等300多项科技成果转化。

5. 在广东建设了用于孵化高新技术企业的清华信息港（深圳）、清华科技园（珠海）、力合佛山科技园、东莞创新中心等高新产业园区，总面积达70万平方米。

6. 至2014年清华研究院系统累计孵化企业1 508个。在孵企业807个，毕业企业651个，上市公司18个。2013年在孵企业营业收入172.18亿元，全年纳税额6.44亿元，提供就业岗位27 521个。

7. 推动资本与技术，科技与金融相结合，致力于金融助力的科技成果转化，借力于科技特色的金融体制创新，全面构建辐射海内外的科技及产业投资平台。清华研究院体系内可控资产达到70亿元以上。

清华研究院科技创新孵化体系的建设，探索出了一套促进科技成果转化、培育高新技术产业的新机制。这种机制的运行主要是依靠市场，而不是依靠政府的优惠政策，对国内大学与地方政府紧密合作，推进产学研融合，促进科技成果转化，服务地方经济发展起到了示范带动作用。

（广东省科技厅科技服务与管理处　王雅文）

知识产权

在2014年国家知识产权局知识产权发展研究中心发布的《2013年全国知识产权发展状况报告》和《2013年全国专利实力状况报告》中，广东省知识产权综合发展指数、专利综合实力指数、专利运用指数、保护指数、管理指数均位居全国首位。2014年，新增佛山、中山为国家知识产权示范城市，茂名为国家知识产权试点城市，佛山南海被评为国家知识产权局强县工程示范县（区），汕头澄海等6个县（区）被评为国家知识产权强县工程试点（县区）。截至2014年年底，全省在建国家知识产权示范园区2个（广州开发区、深圳高新区）、国家知识产权试点园区1个（肇庆高新区）。省知识产权局与广州、深圳等6个城市获国家知识产权试点示范城市工作先进集体称号，7名个人获先进个人称号。开展广东省专利技术实施计划，立项实施年度计划项目30个，其中，重大项目10个、重点项目20个。全年累计投入3 705万元，扶持了全省488个专利项目实施。

知识产权政策法规

2014年，省知识产权局努力适应全省知识产权工作的新形势和新要求，立足服务经济社会发展大局，积极推进知识产权法制建设，不断提高依法行政能力，为加快建设知识产权强省提供了有力的法制保障。

【完善政策体系】 8月27日，省政府以第202号政府令正式公布《广东省专利奖励办法》，于10月1日起正式实施，首次明确广东专利奖为省政府组织的奖励活动，是本省专利奖励制度在立法方面的重大突破。11月7日，《广东省知识产权局关于广东省专利奖励办法的实施细则》正式印发施行。

1月22日，省政府办公厅转发了省知识产权局起草的《关于促进本省知识产权服务业发展的若干意见》，对促进本省知识产权服务业发展，创建知识产权服务业发展示范省具有积极意义。

【开展政策研究】 省知识产权局积极开展创建“知识产权强国建设先行地”相关研究，在政策层面推动知识产权强国建设，努力为知识产权强国建设探索经验。制定了《关于开展广东省知识产权局强国先行地建设的研究工作方案》，并经局办公会审议通过；联合有关单位，共同对创建“知识产权强国建设先行地”开展专题研究，起草了《广东省建设“知识产权强国先行地”计划与行动纲要（讨论稿）》并形成初步研究报告。结合知识产权软科学研究工作，省知识产权局在课题选题、项目立项、调查研究中，加强与课题研究人员的沟通，将知识产权强国建设等问题纳入研究范畴。积极跟踪知识产权产品纳入国民经济核算体系的国内外动态，省知识产权局联合省统计局等有关单位，共同开展知识产权产品纳入国民经济核算体系专题研究并形成研究报告。

（广东省知识产权局政策法规处）

知识产权高层次战略合作

2014年，国家知识产权局和广东省人民政府围绕“知识产权强国建设先行地、知识产权深化改革试验区、省部知识产权协同发展先导区”三方面，共同推动2014年度合作项目，广东知识产权领域实现创新与发展，各项工作均取得成效，实现了合作预定目标。

【知识产权强国先行地建设】　2014年，在国家知识产权局指导下，广东围绕创建“知识产权强国建设先行地”，组织专家队伍通过半年多的专题调研，完成了《广东省深入实施知识产权战略推动创新驱动发展行动纲要（创建知识产权强国先行地行动纲要）》（征求意见稿）起草工作，提出了产业支撑行动、企业提升行动、转化促进行动、市场净化行动、海外护航行动、服务提质行动等六大专项行动。组织开展了知识产权产品纳入国民经济核算体系专题研究。印发了《关于促进我省知识产权服务业发展的若干意见》，提出了知识产权服务全覆盖、服务品牌、支撑决策、维权援助、商用化、集聚发展、人才建设、强基建设等八大任务，制定了《广东省创建知识产权服务业发展示范省规划》，进一步夯实了广东知识产权事业发展的政策基础。

【知识产权强省建设】　在国家知识产权局的指导支持下，广东以贯彻落实《关于加快建设知识产权强省的决定》为抓手，探索强国建设先行地路径。2014年，汕头、佛山、惠州等8个市制定了实施意见或实施方案。省知识产权局与东莞、揭阳市政府建立了知识产权会商机制。积极筹建广东省知识产权专家咨询委员会。

【知识产权深化改革试验区】

中新（广州）知识城知识产权运用和保护综合改革试点　2014年，国家知识产权局将国家知识产权运用和保护综合改革试点纳入国家知识产权局重点推进工作，双方共同合力推进知识产权运用和保护综合改革试点建设。广州开发区将国家专利审查协作广东中心作为综合改革试点的标志项目全力推进。

专利导航产业　广东围绕珠三角地区的佛山市高端制造装备、东莞市工业机器人、深圳市生物医学工程、中山市海洋工程装备等产业，启动实施产业转型升级专利导航工程。组织开展了广东省重点出口产品专利预警分析计划。广东已建立各类产业专利联盟25个，建成战略性新兴产业专利信息资源开发利用计划专利数据库30个。

知识产权快速维权　2014年，在国家知识产权局的直接领导下，中山古镇知识产权快速维权中心服务模式日益完善，成效日益凸现，专利申请数量和质量实现双提升。中国东莞（家具）知识产权快速维权援助中心转入营运阶段。广东已设立知识产权快速维权中心2家，占全国总数的1/2。

知识产权金融创新试点　2014年，南海区共有51家企业通过质押758件知识产权获得5.74亿元知识产权质押贷款，顺德区10家企业融资额达20.1亿元，全省获得知识产权质押融资贷款46亿元。专利保险方面，广东158家企业641项专利参与“专利执行险”等险种，总保额达138.83万元，最高可获赔3 765.62万元。

知识产权运营交易市场　结合广东省横琴国家新区的特色优势，珠海市政府及珠海金融投资控股有限公司启动“全国知识产权运营公共服务横琴特色分平台”申报及构建工作。该特色平台将依托横琴区位优势，打造知识产权金融创新、跨境知识产权交易两大特色服务。2014年12月，财政部和国家知识产权局下发通知批准设立全国知识产权运营公共服务横琴特色分平台。

省知识产权局组织省产权交易集团牵头构建“广州知识产权交易中心”，经省政府批准，于2014年12月由省知识产权局正式批复设立，注册资本金5 000万元。

积极支持佛山市海科知识产权交易有限公司与银行（投行）、评估等机构建立市场化运作平台，支持广东知识产权（中山灯饰照明）运营中心。省知识产权局与顺德区启动广东省知识产权创新运用试验区建设，以省区镇三级合作方式，共同推进该试验区的运营。截至2014年年底，该试验区建设已完成筹备工作，预计将于2015年年初前正式投入运营。

截至2014年12月10日，由广州市工商联发起筹建的广州汇桔知识产权交易中心项目已获得2.1亿元战略融资。

中兴通讯、腾讯、中彩联等3家企业深化国家专利运营试点工作。围绕关键技术领域，开展专利储备运营，推动专利技术的集成和突破、储备和流转；强化专利综合运用，通过专利交易、专利许可等途径，促进企业专利价值实现和产业链地位提升；以专利综合实力提升为切入点，积极参与标准制订，构建专利联盟，参与国际竞争和全球产业分工，在国际竞争和规则制订中逐渐增强话语权。

深圳市出台了全国首个企业专利运营指南地方标准（SZDB/Z 102-2014）。

专利信息大数据商用服务平台　2014年，在国家知识产权局指导下，广东深化泛珠三角区域专利信息服务（广州）中心服务，积极整合完善数据资源，引进创新服务产品与服务模式，建立以互联网在线服务为主的大数据资源服务体系。广东通过组建广东专利信息协会、引导全国知识产权服务联盟成员入粤服务等措施，构建公益服务和商用服务相融合、线上线下立体服务专利大数据利用新局面。拓展面向小微企业的专利技术信息推送服务，推送专利技术信息7万多条。

【省部知识产权协同发展先导区】

知识产权服务业发展示范省建设　2014年，广东4家知识产权服务机构入选“全国知识产权服务品牌机构培育单位”，5家机构成功挂牌“全国知识产权服务品牌机构”。深圳市福田区和佛山市获批成为国家知识产权服务业集聚发展试验区，东莞松山湖新区、广州市越秀区设立省级知识产权服务业集聚发展试验区，顺德区试点建设“知识产权创新运用试验区”，培育形成了国家、省、市三级知识产权服务业集聚发展区。

“提升专利质量样板区”建设　2014年，省政府出台《广东省专利奖励办法》，将广东专利奖由部门奖上升为省政府奖。研究制定了《关于提升我省专利申请数质量的若干意见》，加大对发明专利授权、发明专利维持、PCT专利申请以及发明专利加速审查等方面的专项支持。

“企业知识产权海外护航优势区”建设　2014年，在国家知识产权局的支持下，广东围绕“21世纪海上丝绸之路”，在展会知识产权保护、行业涉外保护及重点产品专利预警分析三方面开展企业知识产权海外护航优势区建设。展会知识产权保护方面，全年调解会展专利侵权纠纷近1 000件；在跟踪重点国家知识产权保护方面，广东支持了9家行业协会和展会主办单位开展知识产权涉外应对工作。研究制定了《企业应对“337调查”策略方案及操作指引》《海外会展知识产权维权与风险防范指引》等。

企业知识产权管理规范工作推广　2014年，全年企业贯标培训人员达400余人，比亚迪、朗科、白云山制药总厂等50多家企业拟申请国家标准认证。积极开展贯标工作平台建设，截至2014年年底，平台架构已初步建立，将进一步完善平台架构，补充数据。

专利菌种保藏中心建设　国家知识产权局支持广东微生物所建设中国华南专利菌种保藏中心，广东微生物所按照国家知识产权局要求及相关标准，落实了中心建设实体、场地及资金，并就下一步工作安排达成一致意见。

知识产权创造

【专利产出】

专利申请　2014年，广东省专利申请受理量278 351件，同比增长5.33%。其中：发明专利申请受理量为75 148件，同比增长8.93%；实用新型专利申请受理量96 136件，同比增长2.72%；外观设计专利申请受理量107 067件，同比增长5.29%。发明、实用新型和外观设计等3种专利申请占总量的比例为27.00:34.54:38.46。

广东省专利申请中的职务申请数量165 105件，同比增长9.95%，非职务申请数量113 246件，同比下降0.74%，专利申请中职务与非职务比例59.32:40.68。

专利授权　2014年，全省专利授权量179 953件，同比增长5.59%。其中：发明专利授权量22 276件，同比增长10.91%；实用新型专利授权量83 202件，同比增长7.35%；外观设计专利授权量74 475件，同比增长2.24%。发明、实用新型和外观设计等3种专利授权量占专利授权总量的比例为12.38:46.23:41.39，其中，职务授权数量111 045件，非职务授权数量68 908件，职务与非职务的比例为61.71:38.29。

有效专利及专利密度　截至2014年年底，广东省有效发明专利量111 878件，同比增长

17.18%，占全国有效发明专利总量的16.86%。国家知识产权局把每百万人口所拥有的有效发明专利量定义为专利密度，根据国家知识产权局公布的数据，本省的专利密度为1 056.1（件/百万人），是全国专利密度487.5（件/百万人）的2.17倍。

PCT国际专利　2014年，广东省PCT国际专利申请受理量13 332件，占全国受理总量的55.53%，同比增长15.68%。

专利奖励　2014年，广东省获得第16届中国专利金奖4项（见表6–4–3–1），获中国外观设计金奖2项（见表6–4–3–2），省政府对获奖项目给予每项100万元奖励；获中国专利优秀奖64项，中国外观设计优秀奖13项，省政府对获奖项目给予每项50万元奖励。

经广东专利奖评审委员会评审，省知识产权局审核，省政府授予15项专利（见表6–4–3–3）为“2014年广东专利金奖”，给予每项10万元奖励；授予55项专利为“2014年广东专利优秀奖”，给予每项5万元奖励；授予10位发明人“2014年广东发明人奖”（见表6–4–3–4），给予每人2万元奖励。

表6–4–3–1　广东获第16届中国专利金奖情况

序号	专利号	专利名称	专利权人	发明人
1	ZL200810026054.X	基于拉伸流变的高分子材料塑化输运方法及设备	华南理工大学	瞿金平
2	ZL200610162179.6	远端串扰抵消方法、装置及信号发送装置和信号处理系统	华为技术有限公司	方李明
3	ZL201010133008.7	一种单模业务连续性实现方法及单模业务连续性系统	中兴通讯股份有限公司	谢振华 郝振武 陶全军
4	ZL200810241509.X	一种核电机组的事故监控系统及其监控方法	中国广东核电集团有限公司 大亚湾核电运营管理有限责任公司	张锦浙 周创彬 魏艳辉

表6–4–3–2　广东省获第16届中国外观设计金奖情况

序号	专利号	专利名称	专利权人	发明人
1	ZL201230649223.2	电视机（PLY1201）	深圳创维–RGB电子有限公司	彭丽媛
2	ZL201230119818.7	分体落地式空调器室内机（单贯流B）	美的集团股份有限公司	汪海路 李　雯

表6–4–3–3　2014年广东专利金奖获奖情况

序号	项目名称	专利号	申报单位
1	一种一元或多元气凝胶隔热材料及其制备方法	201210038638.5	广东埃力生高新科技有限公司
2	一种水性砂浆改性剂及其制备方法与应用	201210247969.X	中科院广州化学有限公司
3	一种亚硒酸钠生产方法	201010548269.5	广东先导稀材股份有限公司
4	一种汽车用低TVOC聚丙烯组合物及其制备方法	201010266765.1	金发科技股份有限公司
5	电机前轴承及包含该轴承的离心压缩机、制冷设备	201210015294.6	珠海格力电器股份有限公司

（续上表）

序号	项目名称	专利号	申报单位
6	一种登机桥行走机构的控制方法	200510100860.3	深圳中集天达空港设备有限公司
7	一种带专用整流变压器的直流融冰装置及其保护方法	201010140060.5	南方电网科学研究院有限责公司
8	网页浏览方法、WebApp框架、执行JavaScript方法及装置、移动终端	201210132741.6	广州市动景计算机科技有限公司
9	一种射频装置和射频读卡器以及相关通信系统和通信方法	200910250430.8	国民技术股份有限公司
10	一种具有扫描链的集成电路	200910110751.8	炬力集成电路设计有限公司
11	宽频带环状双极化辐射单元及线阵天线	200710031144.3	京信通信系统（中国）有限公司
12	无源光网络用户终端	200610082274.5	华为技术有限公司
13	一种艾普拉唑肠溶片剂及其制备方法	201010610953.1	丽珠医药集团股份有限公司
14	压滤工艺分离人血浆蛋白的方法	200410077693.0	广东双林生物制药有限公司
15	数控皮革切割机（RZCUT-2510）	200930341896.X	广东瑞洲科技有限公司

表6-4-3-4　2014年广东发明人奖获奖情况

序号	发明人	单位
1	瞿金平	华南理工大学
2	梁　捷	广州市动景计算机科技有限公司
3	黄　辉	珠海格力电器股份有限公司
4	成晓华	深圳市朗科科技股份有限公司
5	吴清平	广东省微生物研究所
6	苏薇薇	中山大学
7	梁　柱	腾讯科技（深圳）有限公司
8	卜斌龙	京信通信系统（中国）有限公司
9	陈俊平	广东海利集团有限公司
10	常厚春	广州迪森热能技术股份有限公司

【企业知识产权工作】

贯彻《企业知识产权管理规范》国家标准

一是培养“贯标”专业人员。2014年，省知识产权局共举办全省企业知识产权管理规范培训班5期，培训人员1 000多人并组织了结业考试。组织本省知识产权管理及服务机构人员9人次，参加国家知识产权局举办的“贯标”培训班；组织本省服务机构29人次参加中知（北京）认证有限公司举办的“贯标”体系认证审核员培训班。二是构建“贯标”服务体系。实施2014年度“广东省企业知识产权管理规范推进项目”，扶持10家服务质量高、运营情况好的“贯标”服务机构，按市场化运作原则发动并辅导企业“贯标”。三是发动地市开展“贯标”。部分地市包括中山、东莞、佛山、惠州等出台了“贯标”扶持配套政策，东莞、佛山、揭阳等地都举办了不同规模的“贯标”培训班。四是鼓励企业积极参加“贯标”认证，广州白云山制药股份有限公司广州白云山制药总厂、深圳市朗科科技股份有限公司、国云科技股份有限公司、广州番禺巨大汽车音响设备有限公司、广东纽恩泰新能源科技发展有限公司5家企业通过首批认证。五是出版发布“贯标”指导书籍。组织编写了全国第一部“贯标”工作指导专著《GB/T 29490-2013〈企业知识产权管理规范〉理解及知识产权管理体系审核指南》。

强化企业知识产权工作　2014年，全省培育认定省级知识产权优势企业58家，示范企业20家。截至2014年年底，全省共培育认定省级知识产权优势企业568家，示范企业140家，知识产权优势和示范企业成为全省企业专利创新的中坚力量，有效发挥了模范带动作用。

（广东省知识产权局规划发展处、产业促进处）

知识产权运用

【专利联盟建设】　一是构建以共性关键技术研发为手段、以知识产权利益分享为纽带、以知识产权有效运用为归宿的产学研合作机制，引导有关行业协会和企业建立产业专利联盟、构筑专利池。2014年，培育认定中国彩电知识产权产业联盟、顺德电压力锅专利联盟、佛山市南海区联合广东新光源产业创新中心等3家联盟为广东省专利联盟示范单位。截至2014年年底，全省专利联盟达25家。

二是引导推动专利联盟规范化、实体化发展。12月，《深圳市专利联盟管理办法》印发执行。顺德成立岘德知识产权运营服务有限公司，作为电压力锅专利联盟、家用榨油机专利联盟等联盟的专利运营实体。

三是国家知识产权局立项、广东省知识产权局承担的重点软科学研究项目“战略性新兴产业专利联盟的构建及运作模式研究”于2014年12月在北京顺利通过结题评审。

【产业专利导航及分析预警】

产业专利信息服务平台　截至2014年年底，全省共建成战略性新兴产业专利数据库7个，广东省重点产业专利数据库17个，地方特色产业专利数据库6个，开放给广大企业自由使用。

专利导航产业发展新模式　立项实施“珠江三角洲地区重点产业转型升级专利导航工程。”围绕珠三角地区的佛山市高端制造装备、东莞市工业机器人、深圳市生物医学工程、中山市海洋工程装备4市的4个重点发展的专利密集型产业，分别立项实施“产业转型升级专利导航工程”，开展专利信息的深度开发利用，导航产业的转型升级及创新发展规划制定，各个项目现已启动。经国家知识产权局同意，广州开发区积极探索创建国家专利导航产业发展实验区，广东省知识产权局全力支持广州开发区围绕区内重点产业开展专利导航工作。

广东省重点出口产品专利预警分析计划　推动省内专业服务机构开展专利预警分析，与广东省企业直接对接，服务企业产品“走出去”，并培养广东省专利预警分析机构及人才队伍。施行2014年“广东省重点出口产品专利预警分析计划”项目20个，项目稳步推进。完成2013度该计划15个项目的验收，在项目答辩及专家评审基础上，确定优秀执行项目3个。指导地市开展专利预警工作，广州市进出口专利预警平台上线运行。

重大经济活动知识产权分析评议　形成《广东省重大经济和科技活动知识产权分析评议暂行办法》（送审稿）并提请省政府印发。围绕全省新能源领域某重大产业技术引进项目组织开展专利评议，形成评议报告，有力地支撑了本省对项目的决策工作。广州华进联合专利商标代理有限公司、广州圣理华知识产权代理有限公司、广州恒成智道信息科技有限公司、深圳市中彩联科技有限公司、深圳市标准技术研究院等5家知识产权服务机构入围第2批“全国知识产权分析评议服务示范创建机构”。

【国家知识产权局（广东）专利信息传播利用基地】　2014年，国家知识产权局（广东）专利信息传播利用基地（以下简称“广东基地”）实施国家知识产权局“广东基地专利信息利用促进项目”，开展广东省知识产权局“专利信息服务地市行活动”。制定《广东省中小微企业专利信息推送服务工作方案》和开展专利信息大数据基地服务平台建设，探索出公益化服务和商用化服务融合发展的新路径。继续深入推进广东省战略性新兴产业专利信息资源开发利用计划和专利信息分析及预警工作，为专利信息服务全省经济和产业发展、服务技术创新提供有力支撑。编写《广东省战略性新兴产业知识产权工作动态》《广东省战略性新兴产业专利信息统计简报》《广东省专利统计简报》《广东省推进知识产权战略实施简报》等期刊，为本地区专利工作提供有价值的决策参考，也为广东基地探索和建立情报共享机制提供实践经验。组织参加9月11—12日召开的“2014年中国专利信息年会”，有效宣传广东基地的建设成果和服务特色，提高基地的对外影响力，拉近用户与基地的距离。

【2014年战略性新兴产业专利信息资源开发利用计划】 2011年以来，省知识产权局一直在推进首轮“广东省战略性新兴产业专利信息资源开发利用计划”的11个项目实施。2014年，省知识产权局会同省财政厅启动实施第2轮即2013年“广东省战略性新兴产业专利信息资源开发利用计划”，评审立项实施新一批专利分析及预警项目12个。

截至2014年年底，通过两轮“战略性新兴产业专利信息资源开发利用计划”，已在新一代通信产业、物联网产业、数字家庭产业、新能源汽车产业、半导体照明（LED）产业、有机电致发光器件（OLED）产业、生物医药产业、生物医学工程产业、云计算产业、移动互联网产业、卫星导航及应用产业、智能制造装备产业、高端新型电子元器件产业、环保装备产业、废弃资源再生循环利用产业、高性能高分子材料PVC/PU产业、生物农业主要产业等17个产业领域深度开展专利分析及预警，建成战略性新兴产业专利数据库7个，形成专利分析及预警报告27份，召开系列报告会20场，面向3 600多家企事业单位发布。编辑出版23期《广东省战略性新兴产业知识产权工作动态》。广东省已建立运行战略性新兴产业专利信息实时统计系统，支持产业专利各指标的智能化统计分析，监测产业创新全景。

【知识产权交易】

知识产权交易中心 2014年，省知识产权局组织省产权交易集团牵头构建省级知识产权交易平台“广州知识产权交易中心”。该中心于12月经省政府批准，由省知识产权局正式批复设立，注册资本金5 000万元。12月，省政府还批准珠海市设立“横琴国际知识产权交易中心”，注册资本金1亿元。2014年，广州市工商联牵头，开始由民营资本主导的广东（广州）汇桔知识产权交易中心组建工作；由广东金融高新区股权交易中心牵头，开始佛山华南知识产权交易服务中心组建工作。

活动和展会 11月，省知识产权局举办第八届专利周广东地区活动，营造专利交易环境。本届专利周以“聚焦企业需求，服务创新发展”为主题，以省知识产权局组织开展活动为中心，发动全省各地级以上市，集中统一开展全省专利周活动，努力发挥知识产权服务企业的作用。省知识产权局组织的活动包括举办中国（中山）光华国际科技节知识产权高峰论坛、举办美国知识产权制度巡回研讨活动等10余项。各地市也分别在本地区举办了系列活动，如广州市举办“海珠创业杯”专利创业评选，佛山市举办知识产权财富与创新投资论坛、专利特派员对接等、专利信息挖掘讲座等。

国家专利技术展示交易中心 省知识产权局支持广州、深圳、佛山、东莞4个国家专利技术展示交易中心建设。4个展示交易中心2014年专利技术交易金额1 391万元，自成立以来已推动专利交易累计超过6亿元。

【知识产权质押及投融资】 南海区建设的国家知识产权投融资综合试验区于5月顺利通过验收，进入国家知识产权投融资综合试验区全面建设阶段。截至2014年年底，该试验区累计共有51家次企业通过质押758件知识产权（专利权、商标权）获得5.74亿元质押贷款。顺德区于5月顺利通过国家知识产权投融资服务试点工作验收。截至2014年年底，顺德区10家企业实现多项商标权质押融资，融资额达20.1亿元。

12月，2014中国（广东）知识产权投融资项目对接会在佛山开幕。本届对接会为先进制造业专场，来自全省各地19个优选项目入选对接项目，其中近1/3的项目和机器人相关。先进制造业项目单位、投融资中介服务机构等150余人参加了对接会。本届“中国（广东）知识产权投融资项目对接会”成功撮合7个知识产权项目与社会资本、企业资本的对接，合作金额达8 800万元，取得了预期的成效。

【专利保险】

专利保险试点　2014年，省知识产权局继续支持广州、深圳、东莞、佛山市禅城区开展“全国专利保险试点”。四地依据全国专利保险试点工作总体要求，积极制订工作方案、服务手册及相关政策文件，建立综合服务平台，推动工作有效开展。据不完全统计，截至2014年年底，四地共158家企业641项专利参与“专利执行险”等险种，总保额138.83万元，最高可获赔3 765.62万元。其中，“全国专利保险试点首宗赔付案”诞生于佛山市禅城区。1月，佛山市玉玄宫科技开发有限公司负责人从中国人民财产保险股份有限公司佛山分公司手中，接过了金额为82 173.10元的支票。

省知识产权局承担国家知识产权局“专利保险试点工作”项目，开展专利保险政策宣讲、服务平台搭建，重点支持中山市开展专利保险工作。该市结合古镇灯饰行业实际，积极开展全国首例单一行业专利保险探索，2014年投保企业13家，105件专利，保费9.82万元，最高可获赔800万元。

粤闽地区专利保险理赔工作研讨会　省知识产权局承办国家知识产权局、中国人民财产保险股份有限公司“粤闽地区专利保险理赔工作研讨会”。政府知识产权职能部门、人保财险、企业、服务机构代表逾50人齐聚佛山市禅城区，就专利保险理赔工作进行研讨。

（广东省知识产权局产业促进处）

知识产权保护

2014年，广东省主要行政执法部门共立案查处侵权假冒违法案件涉案金额4.74亿元，移送司法机关案件1 562件，涉案金额3.65亿元；全省公安机关共破获制假售假案件10 334宗，占全国破案数的1/4，打假工作各项数据指标增幅为历年之最；检察机关共起诉侵犯知识产权犯罪案件1 527件2 674人，生产、销售伪劣商品犯罪案件2 593件3 154人；审判机关共审结侵犯知识产权案件和生产、销售假冒伪劣商品案件3 313件4 684人，保持对侵权假冒违法犯罪行为的高压态势。

2014年，广东省各级知识产权局共受理各类专利案件2 555件，结案2 541件。其中：专利纠纷侵权纠纷案件1 811件（含调解展会专利侵权纠纷案件），结案1 796件；调解其他专利纠纷案件5件，结案6件；查处假冒专利案件立案739件，结案739件。广东省受理专利纠纷案件1 816件，位列全国知识产权局系统第2名。

2014年，省知识产权局共进驻第115届广交会、116届广交会等13个展会开展专利保护工作，全省知识产权局共调解展会专利侵权纠纷1 000件左右。省人民政府陈云贤副省长对该局第115届广交会工作做了“有新思路、新举措、新成效；巩固提升，不断完善”的批示。10月23日，国家知识产权局组织相关省市知识产权局在第116届广交会现场进行展会专利执法维权工作考察观摩活动，向全国推广广东的展会知识产权保护工作经验。

2014年，广东省各知识产权维权援助中心共受理维权援助和举报投诉551件。5月22日，全国首个家具知识产权快速维权中心——中国东莞（家具）知识产权快速维权援助中心在东莞厚街镇正式开展运行。

（广东省知识产权局协调与合作处）

知识产权管理与服务

【专利代理管理工作】　截至2014年年底，全省共专利代理机构143家，占全国13%；专利代理人1 171人，占全国11%；共有分支机构138家；专利代理机构从业人员近4 000人；代理机构中，合伙制83家，公司制45家，律师事务所开办专利代理15家。

代理、分支机构的审核工作　2014年，省知识产权局积极配合省政府行政审批制度改革工作，认真执行《关于同意广东省“十二五”时期深化行政审批制度改革先行先试的批复》文件精神，取消对本省机构在省内设立分支机构的审批事项。2014年，省知识产权局共审核上报专利代理机构材料17份，经国家局批准设立19家；批准外省来本省设立分支9家、撤销2家，批准本省机构向外省设立分支机构8家，直接经工商部门注册后报省知识产权局备案的本省机构在省内设立分支机构13家、撤销3家。

专利代理能力建设　2014年，省知识产权局切实加强专利代理能力建设。一是通过专题培训活动，提升代理机构服务能力。省知识产权局积极组织代理机构参加“专利申请文件撰写技能提高培训班”“专利复审与无效专题培训班”“商标法新修改解读及保护实务培训班”“PCT国际专利申请与PPH专利审查高速路培训班”“广东省战略性新兴产业专利分析及预警报告会”“企业知识产权管理规范培训班”“知识产权评估及运营工作培训班”“知识产权资产评估与质押融资培训班”“企业知识产权管理规范推进、专利预警、专利导航座谈会”“粤台知识产权运营合作洽谈活动”“澳大利亚知识产权实务研讨会”“欧洲知识产权制度巡回研讨活动”。二是通过深化“专利代理人实务技能培训”及“专利代理机构业务能力促进工程”，进一步加强代理机构能力建设。5—7月，省知识产权局分别在广州、深圳各举办专利代理人实务技能培训班、专利代理机构业务能力促进培训，共有来自省内的112家专利代理机构的412名专利代理人参加了实务技能培训，有80家代理机构238名专利代理人参加能力促进培训。该两项培训，3年累计共有1 100多人参加，按国家知识产权局要求修满学分颁发结业证1 004人。

专利代理行业发展试点　3月，国家知识产权局印发了《关于天津市等开展促进专利代理行业加快发展试点工作的通知》，广东省被国家知识产权局确定为促进专利代理行业发展试点工作地区。为切实做好试点工作，省知识产权局成立了试点工作小组，制定试点工作方案，积极组织实施。充分利用试点优惠政策设立代理机构3家（合伙制1家，公司制2家）；落实首批（2013年考生）享受试点扶持政策考生信息核实、及时组织考生参加国家知识产权局组织的培训、考试，共发放本省执业资格证33人。全省专利代理人达到1 155人，超额完成“2014年底前全省专利代理人达到1 100人”的试点目标任务。

专利代理的规范管理　2014年，省知识产权局充分发挥广东专利代理协会的积极作用，开展专利代理行业规范管理等推广活动。指导广东专利代理协会印发了《广东省专利代理机构管理和服务规范》《广东省专利代理服务指导价》，统一制作《广东省专利代理服务指导价》匾牌，发放给会员单位，实现指导价上墙。指导协会制定《广东专利代理机构管理规范达标单位评选实施办法》《优秀发明专利申请文件评选规则》，在行业内开展“广东代理机构管理规范达标单位评选活动”“第1届优秀发明专利申请文件评选活动”，推动专利代理机构规范管理，提升专利代理质量。

规范专利代理市场秩序　2014年，省知识产权局进一步加强监管规范专利代理市场秩序。一是举办面向已执业专利代理人的“专利代理职业道德建设”专题讲座，面向新入行专利代理人的“专利代理职业介绍及专利代理人职业道德和执业纪律规范”专题讲座。二是加强对打击非法从事专利代理行为工作适用法律法规、操作规程的研究，赴北京与国家知识产权局、全国专利代理人协会、北京市知识产权局开展专题调研，指导广州市知识产权局开展《打击非法从事专利代理行为配套执法文书和规程》制定工作。三是转发国家知识产权局《关于规范退休党政领导干部在专利代理机构执业等相关事宜的通知》（国知办函法字〔2014〕282号），在全省专利代理机构中开展退休党政领导干部执业情况进行一次梳理、自查，督促相关人员按要求办理相关手续。四是积极认真开展专利代理信访和投诉的调处工作，全年共受理（或收到国家知识产权局转文）6起，办结4起，正在办理2起。

专利代理人资格考试工作　2014年，省知识产权局申请在广州设立全国专利代理人资格考试考点，是全国第三大考点。本次考试，网上总报名人数3 117人，通过审核合格2 950人，比2013年2 562人增长15.1%，实际参考2 285人，参考率为77.4%，参考率居全国首位。通过考试获得资格证书646人，通过率达28.27%，通过人数及通过率均居全国第2，创广州考点历史最高纪录。2014年，省知识产权局进一步加大对专利人才队伍建设支持力度，拨专款、全额支持举办高质量考前培训班。培训班为期7天，由国家知识产权局资深审查员授课，有包括香港、台湾的学员在内的312人参加培训，其中考生有237人，企事业单位、代理服务机构人员从事业专利工作人员75人，在参加培训的237人中，通过考试84人，通率为35.44%。

推动专利代理行业自律发展　2014年，省知识产权局支持、指导广东专利代理协会开展各类针对提升专利代理人执业能力的执业培训10余次（场），6月27—28日，召开了“广东专利代理协会年会暨创新知识产权服务论坛”。“创新知识产权服务论坛”是广东专利协会成立以来首次举办的面向企业及各类知识产权服务机构高端论坛，旨在通过开展论坛，加强学术、产业和宏观政策等多层次的研讨与交流，启迪思想，为学者、企业界、知识产权服务业人士提供高层次、高水平的交流平台，有45家代理机构、32家企业及科研中心、4个地方协会，共 210多人参会。省知识产权局支持、指导代理协会开展对外交流与合作，承办“2014年澳大利亚知识产权实务研讨会”“2014年粤台专利服务高端人才培育专题研修班”，协助会员参加在香港举办的2014年世界商标年会及亚洲知识产权营商论坛。

【“百所千企知识产权服务对接工程”系列活动】　实施“百所千企知识产权服务对接工程”是贯彻落实省委、省政府《关于加快建设知识产权强省的决定》的重要举措。该项活动自2010年启动以来取得了良好成效。广东先后在东莞、中山、佛山市南海区、顺德区、禅城区等5个地区进行试点，再逐步向全省各市推进。

4月14—15日，省知识产权局牵头组织在湛江、茂名两地举行百所千企知识产权服务对接系列活动，共有9家专利代理机构、80多家企业以及多家高校、科研院所代表，市、区知识产权工作负责人160多人参加了活动。此次活动，结合湛江、茂名的产业特点，分别举办了“企业专利信息利用技能”“专利的本质、布局管理与运营”等专题讲座，召开座谈会就企业如何进一步加强知识产权保护进行深入交流，组织代理机构实地走访两地企业。

（广东省知识产权局政策法规处）

科技社团及科技宣传交流

科协与科技社团

2014年，广东省科协系统有省级学会、协会、研究会158个，省、市、县三级科协组织143个，市县级学术团体2 204个，乡镇、街道、企业、学校科协2 223个。2014年，广东健康产业促进会、广东省玩具协会、广东省管理创新和发展研究会和广东省毒理学会等4个社会团体被接纳为省科协团体会员。省科协向中国科协推荐了“省护理学会办事机构职业化改革的研究”等2个项目学会改革发展基础工程项目，并获得资助。截至2014年年底，全省已建立企业科协1380家。截至2014年年底，省科协在全省共建立“院士专家企业工作站”118家，建立“学会科技服务站”171个。深入实施科普惠农兴村计划，2014年，全省有33个先进集体、21名先进个人获国家和省的表彰，共获奖补资金700万元。广东省围绕“创新驱动发展”核心任务及广东科技自主创新主题，通过民间渠道开展的对外科技交流与合作，呈现出良好的发展态势。

学会和产业融合发展工作

2014年，广州、深圳、珠海、佛山、东莞、中山等地市党委、政府纷纷支持当地科协组织实施“千会万企金桥工程”，推动各级学会与企业和产业的融合发展，形成有效化解科技和经济“两张皮”问题的“科协模式”。

【千会万企金桥工程】 9月18日，广东省千会万企金桥工程启动仪式暨佛山市新兴产业发展论坛在佛山市举行。在启动仪式上还举行了“省市金桥工程签约仪式”，广东省食品学会与佛山隐雪食品公司、广东省园林学会与佛山林科所等15对省市合作项目签订了合作协议。

“千会万企金桥工程”是省科协从2014年起在全省范围内组织实施的一项系统工程，计划用4年左右时间，组织和发动1 000家以上学会，与10 000家以上企业开展合作，实现新增产值10 000亿元以上，通过技术合作、成果转化等方式，提升学会发展能力和企业创新能力。通过实施“千会万企金桥工程”，有效地为广大科技工作者提供信息、疏通管道、搭建平台，引导专家学者走向社会、面向市场、深入企业，开展成果转化、科技攻关、项目合作活动，在服务企业技术创新的同时，提升科技工作者和学会的发展能力，激发科协组织的新活力，实现科协事业的新发展。

【服务站点建设】 2014年，省科协继续积极推动广东省院士专家企业工作站和学会科技服务站建设，建立广东企业技术创新联盟等创新平台，深入开展“企会协作”“院士专家企业行”“讲理想、比贡献，奋力实现中国梦”等活动，开展创新方法培训、知识产权巡讲活动和科技创新与质量管理小组成果发表活动，实施科技信息服务企业创新推广应用“一站式”服务项目。截至2014年年底，省科协在全省建立院士专家企业工作站118家，提前完成省科协“十二五”规划的任务，比2013年增加24家；引进了一批院士和1 150名专家；帮助企业解决尖端技术难题1 600多项；118家建站单位于2014年实现产值7 500亿元；建立学会科技服务站171个，比2013年增加44个；为当地政府、企业、医院、农民提供科技服务5 700多次，提供技术攻关和帮助新产品开发520项，帮助企业、专业镇和农民新增经济效益18.6亿元。

育才引智工作

【广东版“海智计划”】　2014年，省科协积极争取中国科协的指导和支持，组织人员赴江苏、浙江、安徽三省进行海智工作专题学习考察，到广州、深圳、东莞、中山、佛山、顺德等地市开展调研，总结和推广深圳市科协在招才引智和推动民办体制、国际化形态新型科研机构的做法和经验。向省委、省政府有关部门提交了《关于全面推进省科协“海智计划”工作的报告》，制定了《广东省科协实施中国科协“海外智力为国服务行动计划”五年工作规划（2014—2018年）》。推进海外合作计划的实施，分别在芬兰、丹麦和我国香港建立了海智工作站。支持地方政府开展海外招才引智工作，联合湛江市政府、省粤港澳合作促进会共同主办“2014年湛江—香港招才引智洽谈会”。支持和指导广州、湛江、中山等地申报建立中国科协海智基地。省科协实施“海智计划”工作得到中国科协的充分肯定，在2014年中国科协海智工作会议上作经验介绍。

广东省科协海智基地（香港）联络处成立

6月23日，“广东省科协海智基地（香港）联络处”揭牌，省科协与香港科技协进会共同签署了在香港科技协进会设立广东省科协海智基地（香港）联络处合作备忘录。广东省科协海智基地（香港）联络处是继广东省科协海智基地（丹麦）、（芬兰）工作站之后，广东省科协在境外设立的第3个海智工作站（联络处）。

2014年湛江—香港招才引智洽谈会举行　11月1日，由广东省湛江市政府、省科协、省粤港澳合作促进会共同主办，湛江市科协、香港科技协进会、香港科学工作者协会承办的2014年湛江—香港招才引智洽谈会在湛江启动。这是广东省科协系统“海智计划”工作的一项重大活动，同时也是湛江市向海外招才引智打开的一扇新窗口。活动吸引了香港代表团30多名科技界专家齐聚港城，共谋合作共赢，助力湛江科技创新发展。会上，香港科技协进会、香港科学工作者协会和香港部分专家分别与湛江市科协、广东海洋大学、广东医学院附属医院、湛江中心人民医院等单位签订技术合作协议。活动期间，香港代表团专家还到东海岛、海东新区进行实地考察，并与湛江市各对接单位进行技术、经贸合作交流。

【学术交流活动】　2014年，省科协承办了第10届中国科技期刊发展论坛，举办第12届广东省科协学术活动周和7期的广东科协论坛、7场的广东院士讲坛。

11月26日，省科协主办的第12届广东省科协学术活动周正式启动。本届活动周的主题是“创新驱动与产业转型升级”，420项学术年会、论坛、研讨会、报告会、讲座、科技学术成果展示展览等各种类型的学术活动在全省全面有序开展。

8月，为营造学术氛围，提高自主创新能力，促进人才成长，省科协开展第4届南粤科技创新优秀学术论文评选。根据《广东省科协关于开展第四届南粤科技创新优秀学术论文评选活动的通知》要求，各省级学会和各地级以上市科协共推荐符合要求论文约150篇，经第4届南粤科技创新优秀学术论文评审委员会评审，评选出南粤科技创新优秀学术论文一等奖5篇、二等奖20篇、三等奖55篇。

【广东省中学生英才计划】　2014年3月，为更好地开展中学英才计划，省科协联合中山大学、华南师范大学附属中学、广东实验中学和广州市教育局，完成了面向中学师生、家长和面向高校导师的两阶段调研，举行4场座谈会，收回问卷70多份，通过调研进一步明确了活动方向，理清了工作思路。

7月，经层层选拔，广东省3名参加中学生英才计划的学生在全国500多名竞选学生中脱颖而出，入选中国代表团参加暑假举办的两项高端国际科技交流活动。其中，广东广雅中学的王子凡和广州市番禺区仲元中学的林感参加了日本科学技术振兴机构举办的中日青少年科技交流计划——“与诺贝尔奖科学家交流”活动；广州市第一中学的赵瑞婷入选参加在以色列希伯来大学举办的世界科学大会，与全球优秀青少年一起同20多名诺贝尔奖得主以及来自全世界著名科学家进行对话和讨论。

11月20日，全国政协副主席、中国科协主席韩启德到中山大学调研中学生英才计划实施工作情况，检查指导广东中学生科技创新工作。韩启德对广东实施中学生英才计划的成效给予充分肯定，勉励广东进一步总结经验，为提升中学生科学素质、创新科技人才培养做出更大努力。

（广东省科学技术协会　刘泽周）

科　普　工　作

2014年度省科普创新发展领域项目分5个专题申报，分别是科普场馆能力建设与主题展览、科技政策宣讲活动、青少年科技教育基地建设、校园科技主题科普活动和优秀科普作品创作。2014年度该领域立项支持73项，安排资金960万元。其中：科普场馆能力建设与主题展览项目13项，每项支持30万元；科技政策宣讲活动项目10项，每项支持20万元；青少年科技教育基地建设项目11项，每项支持10万元；校园科技主题科普活动项目13项，每项支持10万元；优秀科普作品创作项目26项，每项支持5万元。

科普主要活动

2014年，省科协组织开展了“全国防灾减灾日”“全国食品安全周”“全国科普日”“全省文化科技卫生三下乡”等大型活动，被中国科协、教育部、环保部评为主题科普活动先进单位。全省科协系统举办主题科普活动3 100场次、科普展览1 000多场次、科普讲座4 000多场次，参与人员和受益群众2 600多万人次。省科协新创建50所省级科学教育特色学校，广东省青少年的竞赛成绩继续保持全国领先水平。深入实施“社区科普益民计划”，对第一批省级科普示范社区进行全面评估，新创建省级科普示范社区82个。2014年，本省获全国表彰的科普示范社区33个、奖补资金660万元，数量居全国第1。

【2014年广东省文化科技卫生“三下乡”活动暨“千会服务千村”行动】 3月20日，由省科协、省委宣传部、揭阳市人民政府、省纲要办、省科技厅、省农业厅、省卫生计生委、团省委、省妇联、省地震局、省气象局、省公安消防总队、省农科院、羊城晚报社联合举办的2014年广东省文化科技卫生“三下乡”活动暨“千会服务千村”行动在揭阳市惠来县启动。在启动仪式，揭阳市获得全国、广东省“科普惠农兴村计划”表彰的先进单位和科普带头人获颁发奖补资金。主办单位捐赠了一批价值360多万元的各类物资，省科普中心提供价值300万元的就业实训爱心卡，广东科学馆、省科普志愿者协会、广州市海珠区青少年科技教育协会、广弘医药有限公司等单位分别捐赠了科普物资、药品及捐建科普画廊，揭阳市有关部门联合捐赠农资、药品和科普资料等。

活动主会场有农业科技成果展示、大型科普专题展览、科普大篷车互动体验、青少年科技教育宣传、机器人航模表演、球幕影院以及食品安全、用药卫生和自然灾害自救应急预防等科普宣传活动，还有来自中山大学中山眼科中心和广州医科大学附属第二医院的专家们现场进行眼科、儿科、妇产科、中医科、消化科和内科的义诊等。省、市、县（市、区）的有关科研院所、学会、农村专业技术协会、农村科普示范基地、科普教育基地等单位的专家、科普志愿者、干部群众和学生等，约5 000多人参加了“三下乡”主场活动。

【青少年科技创新大赛】 3月28—30日，第29届广东省青少年科技创新大赛在广州市第六中学举行。全省各地参赛师生、家长1 000多人参加开幕式。该届大赛主题为“创新·体验·快乐·成长”，共收到全省23个代表队参赛作品1 273项。经过初评，435名学生的307个创新成果项目以及15项科技辅导员创新成果项目、10项优秀科技实践活动项目和90幅获奖优秀少年儿童科学幻想绘画参加现场终评展示活动。大赛评出一批优秀项目，代表本省参加第29届全国青少年科技创新大赛。

8月21—26日，第29届全国青少年科技创新大赛在北京举行。广东省代表队在大赛中喜获佳绩，总体成绩位居全国前列。其中，青少年创新项目获一等奖3项、二等奖8项、三等奖4项，星光创新思维奖1项，广东科学中心专项奖11项；青少年科技实践活动项目获一等奖6项、二等奖3项、三等奖1项，其中东莞市青少年活动中心的《纸船载人我能行——东莞市青少年报纸船载人竞技赛实践活动》获全国十佳科技实践活动奖；少年儿童科学幻想绘画获一等奖9幅、二等奖15幅、三等奖6幅；在科技辅导员项目上，本省教师获一等奖2项、二等奖4项，辅导员创新奖和中鸣科学奖各1项；广州市第六中学获评全国十佳科技创新学校，汕头市金平区科协、珠海市文园中学、梅州市梅县新城中学和揭阳普宁市兴文中学获基层赛事优秀组织单位称号。

【青少年机器人竞赛】 5月9—11日，第14届广东省青少年机器人竞赛在佛山市南海区南海实验中学举行。该届竞赛由省科协主办，省青少年科技中心、省青少年科技教育协会和南海实验中学承办，全省200多支参赛队800多名师生参加。竞赛分小学、初中和高中组进行综合技能比赛、FLL机器人工程挑战赛、VEX机器人工程挑战赛、机器人足球比赛和创意机器人比赛等五大类比赛，从中选拔各组别的第1名参加第14届中国青少年机器人竞赛。

【全国防灾减灾日科普宣传周】 5月10日，省科协、省教育厅、省地震局、省气象局、省公安消防总队、华南理工大学在广州大学城华南理工大学校区联合举办2014年广东省“全国防灾减灾日”科普宣传周进学校、进社区活动启动仪式，活动主题为“提高防灾减灾意识，建设平安幸福广东”，主承办单位工作人员和学校师生、市民群众等3 000多人参加活动。启动仪式上，领导嘉宾向学校代表赠送防灾减灾科普图书、资料及科普资源包，为华南理工大学科普宣传服务队授旗。

随后一周时间内，活动深入农村、学校和社区，开展了“专题科普讲座、公共安全应急设备展示与体验、科普图片展览和科普大篷车、科技展品互动、政策法规咨询、科普剧表演、爱眼护眼科普知识讲座和眼睛视力测试、大学生创新作品展和社会科普作品创作比赛”等形式多样的活动，为广大群众提供积极有效的防灾减灾社会公共科普服务。

【全国科普日活动】 9月19日，省全民科学素质纲要实施工作办公室、省科协、省环保厅、省卫生计生委、省教育厅、省地震局、省公安消防总队和广州市越秀区人民政府在广州市第十七中学联合举办2014年广东省“全国科普日”活动启动仪式。各主办、承办、协办、支持单位的相关负责同志，企事业单位和科普教育基地代表，省级学会专家、科技工作者、科普志愿者和师生约2 000人参加活动。启动仪式上，主办单位为广东省获得2014年国家“基层科普行动计划”的先进单位代表颁发了奖牌和奖补资金。

活动围绕“创新发展，全民行动”主题，以“创新引领未来、创新改变生活、创新在我身边、创新圆我梦想”为主线，组织安排了公众创新擂台网络赛、青少年科技创新作品展、“消防科普知多少”互动与消防逃生通道体验、地震科普平安行、科普一日游自由行、垃圾分类环保展、爱眼护眼健康宣传、“关爱动物和保护野生动物”标本展、“移动球幕电影”科普展、月球探测车机器人表演及机器人制作实验、青少年航空科技知识展、科普剧表演和省级学会科普专家讲解科普知识、医疗卫生咨询和义诊及健康生活服务等一系列科普服务活动。

【广东省科普剧大赛】 11月22—23日，由省科协、省科技厅、省教育厅、省文化厅联合主办的“第二届广东省科普剧大赛”和颁奖活动在东莞市科技馆举行。大赛以“弘扬科学精神、共筑美丽‘中国梦’”为主题，由科普剧剧本创作赛和科普剧表演赛两部分构成。全省15个地市的15支成人队和25支学生队共40支队伍、409名演员参加“科普剧表演赛”，99个作品参加“科普剧剧本创作赛”。

联合国教科文组织卡林加奖获奖者、原中国科技馆馆长、国际博协执委、中国自然科学博物馆协会名誉理事长李象益和广东话剧院副院长、国家一级演员、“梅花奖”得主杨春荣分别担任表演赛和剧本创作赛评委会主任。经过大赛评委会评审和东莞市公证处公证，评出“科普剧表演赛”一等奖学校组5个和成人组3个、二等奖学校组8个和成人组4个、三等奖学校组11个和成人组5个、优秀辅导员奖8个、优秀组织单位奖7个和特别贡献奖2个单位；评出“科普剧剧本创作赛”一等奖20个、二等奖30个、三等奖39个和鼓励奖10个。

（广东省科学技术协会　刘泽周）

科普基地建设

【省青少年科技教育基地】　省科技厅会同省委宣传部、省教育厅和省科协对2013年度新申报的37家省青少年科技教育基地和2003—2007年、2010—2011年命名的114家省青少年科技教育基地进行了评审和考核，新认定26家基地，考核通过92家基地。根据省政府有关加快转变职能深化行政审批制度改革的部署，积极做好省青少年科技教育基地认定职能转移工作，经过公告招标、专家评审、公示结果和签订承接协议等程序，省青少年科技教育基地认定职能由广东省民营科技企业协会承接，期限至2016年9月。

【国家（省）级科普教育基地】　2014年，省科协加强科普教育基地建设，组织本省国家（省）级科普教育基地开展数字化建设，新命名省级科普教育基地15家，本省省级科普教育基地总数达155家，组织申报国家级科普教育基地43家。惠州、韶关科技馆开展“双进”活动，东莞市积极引导和支持社会机构开展科普活动，河源市科技馆、阳山科学馆获得国家财政资金690万元的支持。

科技馆“双进”活动　惠州、韶关科技馆开展“双进”活动分两个部分进行。一方面依次组织中小学校分批次走进科技体验中心（科技馆）参观体验科技展品；另一方面，针对乡镇中小学校的学生，组织“科普大篷车”（流动科技馆）开进乡村学校的校园。

2014年，惠州科技馆共接待游客20万余人次，其中组织“科技馆双进”活动42批次20 000多人。“科普大篷车”主动加强与市直有关单位和各县区科协的沟通协作，充分发挥“流动科技馆”的作用，积极开展科普进社区、进农村、进校园、进乡村学校少年宫宣传活动，尤其加大了对学校、少年宫及偏远地区的巡展力度。2014年更新“科普大篷车”展品22件、展板2套；分别在各县区设立宣传展点48个布展93天，参展人数约6万多人次，发放科普资料近2万份。

（广东省科学技术协会　刘泽周）

（广东省科技厅政策法规处　夏兴林　王富贵）

广东科学中心

2014年，广东科学中心（以下简称“科学中心”）按照新常态下“稳中求进”的总思路，努力推动各项业务稳步发展，全年共接待公众100多万人次，圆满完成了各项工作任务。由中心主办的“小谷围科学讲坛”项目荣获第14届亚太科学中心协会（ASPAC）年会“创意科学传播奖”，由中心自己研发设计的“用眼看世界——科学观察工具展”项目荣获“创意科学展项奖”，科学中心是唯一同时获得两项奖项的科技馆，先进的科普教育理念及活动成果获得了国际同行的高度认可。科学中心还荣获由国家机关事务管理局、国家发展改革委、财政部联合颁发的“节约型公共机构示范单位”奖项，这在本省科技馆、博物馆界是唯一的，广东科学中心行业地位得到全面提升。

【科教活动全面展开】

首届全国科普讲解大赛　5月23—25日，2014年全国科技活动周重大示范活动——首届全国科普讲解大赛在广东科学中心举行，来自全国25个城市的88名选手参加比赛，包括香港、澳门地区的全国科普场馆近400名代表观摩比赛。全国科技活动周组委会办公室、科技部相关领导出席了大赛并给予了高度评价。科学中心选派的选手杨玉娟、杨帆获得一等奖。此次大赛是科学中心在全国科普界的又一次成功亮相，增强了科学中心在全国业界的影响力。

广东省创意机器人比赛　5月24日—25日，主题为“智能交通”的第3届广东省创意机器人大赛在该中心举行。创意机器人大赛共吸引了全省各地市及香港地区的130所学校、314支队伍、1 500多名师生参赛。本届比赛的参赛规模及创意水平均比上一届有新的突破。赛前共完成4批次共400多人次教师专项培训。比赛形式新颖，组织有序，获得了参赛选手及评委的广泛好评。

省市两大科普场馆平台建设　开展全省科技馆“欢乐科普山区行”活动，组织14家科技馆研究会会员单位深入山区开展科教活动，吸引了当地8 000多名群众参与。4月29日，由广州市科技和信息化局、广州科普基地联盟共同主办的第三届“广州市十佳科普讲解员大赛”总决赛暨首届“中国科普讲解大赛”选拔赛在科学中心举行，来自科普基地联盟34位优秀讲解员参加比赛，吸引近千名观众观摩。科学中心参赛选手杨玉娟、马芸薇分别获得大赛一、二等奖；组织“科普一日游”活动，精选了16个广州科普基地成员单位，共计8条科普游路线免费向公众开放，吸引了2 000名观众参加。

品牌论坛讲坛活动　联合羊城晚报社等举办“珠江科学大讲堂”，邀请了陈勇等6位院士专家主讲，讲堂线上线下同步推广，场场爆满，共吸引了数千名市民参加。全年共举办21期小谷围科学讲坛，邀请欧洲首位女航天员克洛迪·艾涅尔女士、挪威弗拉姆博物馆馆长克拉维先生等国内外的著名研究机构专家主讲，累计听众达3 980人次。此外，讲坛还与广东电视台合作录制了10期权威访谈节目。

【临时展览推陈出新】

“探索北极”主题展　6月6日，在挪威驻广州总领事馆及科学中心共同努力下，挪威弗拉姆博物馆关于“探索北极”的展览在科学中心拉开序幕。挪威驻广州总领事艾思朋、挪威弗拉姆博物馆馆长克乐维在开幕式上致辞，嘉宾还包括其他各国驻穗总领事及领事。具有78年历史的弗拉姆博物馆，是挪威的极地博物馆。广州是该馆2014年在中国巡展的第二站。展览介绍了北极的环境生态和科研，包括北极居民、北极熊和海洋生物，还有石油、天然气及矿产资源、航运，以及气候变化、环境污染等，以罕见的视角展示了北极生态环境及极地探险状况，深受观众喜爱。

生生·不息——野外生态摄影年展　7月22日，由英国自然历史博物馆（NHM）和英国广播公司（BBC）联合举办的“生生·不息——野外生态摄影年展”在科学中心开展。展览通过摄影镜头下的野外生态作品来描述大自然的神奇与美丽，揭示了自然界罕见的精彩瞬间，激发观众了解自然界的多姿多彩及地球生命的多样性和重要性。“野外生态摄影大赛”由英国自然历史博物馆（NHM）和英国广播公司（BBC）联合举办，是全球规模最大的、最有影响的野生生物及野外生态摄影比赛。展览包括难得一见的野外生态和令人叹为观止的自然景观等100幅精美野外生态摄影大赛获奖作品，以及立体画、体感游戏区、AR游戏区和历年大赛作品投影等，在科学中心免费展出3个月。

“科学观察工具展——用眼看世界”临展　由科学中心自主研发的临展“科学观察工具展——用眼看世界”巡展由广东科学中心、深圳宝安科技馆联合主办，从7月15日起免费对公众开放至9月15日。这是该展继在科学中心和四川科技馆、重庆科技馆、辽宁省科技馆、温州科技馆、澳门2014年科技活动周成功展出后，巡展的第7站。

“用眼看世界”科普教育展从了解视觉的奥秘入手，认识观察工具是如何帮助人们克服视觉极限，使人们能够看得更远、看得更小，看见更快与更慢的现象，看见黑暗的世界，看透内部以及“看见”看不见的世界。

【创新科普宣传方式】　科学中心紧跟移动互联网发展趋势，于9月25日推出微信公众号，启动新媒体宣传平台，集微官网、购票、会员、活动、语音讲解导览等多种功能于一体。策划推出“1元玩转科学中心”等科普惠民活动，既扩大了科普惠民范围，让更多公众享受科普大餐，又有效地扩大了中心的社会影响，树立了良好形象，实现双赢。

（广东科学中心　周　静）

广东科学馆

2014年，广东科学馆围绕建设学术交流中心、科普展览中心、科技文化开发中心、科技场馆建设与管理研究中心、科技培训中心、科技工作者活动中心“六个中心”的工作定位，扎实开展“三服务一加强”工作，全馆共承办或承接学术交流、科技会议、科普讲座等活动近2 400场次，受众达40万人次；开展科普专题展览38个专题105场次，受众达36万多人次。

【科技文化服务】

科技文化培训　2014年，广东科学馆以建设成为“培训集散地”“培训中心”为目标，积极引进优质办学机构，开展了上海财大MBA、中山大学MBA、北京大学EMBA等高端培训项目。全年共开展有影响力的培训项目共1 950场次，吸引了全社会32.4万人次前来该馆参加培训，同比增长15.71%。

科技馆学术组织建设　4月22日，广东省科技馆研究会学术专委会在广东科学馆成立。学术专委会的成立提供了一个高水准的平台，对促进广东省科普场馆建设与运营管理的学术发展、构建规范与专业的学术交流平台有着重大的意义。

科技文化展会　12月24日始，由广东科学馆积极策划举办的“广东海上丝绸之路”科技文化展览在广东科学馆展出。该展览采用120幅展板与20多件实物或模型相结合的形式，展出广东海上丝绸之路重要的时间和空间节点中呈现的科技、人文等元素，旨在挖掘和宣传广东海上丝绸之路文化，打造“海上丝绸之路”科技文化品牌。

2014年，广东科学馆还推出“人类文明的源与流”科技文化展览全省巡展活动，上半年先后在汕头科技馆、汕头市金山中学、汕头市林百欣科技中专及澄海职业技术学校巡回展出，参观展览人数5万多人次。6—10月，该展览在广东科学馆展出，2万多人次参观展览。

2014年，在广东科学馆召开的与科技文化相关的会议25场次，受众1 000人次。

【科普工作】　2014年，广东科学馆共举办科普专题展览38个专题105场次，受众达36万多人次，科普报告会和科普讲座46场次，受众约7 500人次。

“科普大篷车山区行”巡展活动　2014年，广东科学馆积极开展“科普大篷车山区行”“科普大篷车进校园、进社区、进农村”巡展活动和全省科普主题活动，共展出科普展览38个专题105场次，科普讲座3场次，参观人数36万多人次，赠送科普资料、科普小册子32 000多册，赠送科普光碟1 302张，赠送科普展板8套。其中，开展科普大篷车“三进”活动35场次，参观人数达8.8万人次。

完善科普展示资源　2014年，广东科学馆自主设计创作了《安全用药常识》《科学洗手·健康生活》科普主题图展和科普宣传小册子，和广东省青少中心联合设计制作了《第29届广东省青少年科技创新大赛优秀作品展》主题图展，这3套专题科普图片展览已在全省范围内进行巡展。新购置了1套移动球幕影院设备，在巡展过程增加了航模表演。

推进科普资源共享　2014年，广东科学馆与韶关市花城社区建立了“科普资源共建共享基地”，分别向惠来县科协、清新区科协和湛江市科协等单位赠送了8套科普主题展板，向广东省科技图书馆、祥景小学、广东碧桂园学校、广美学校、珠海市图书馆等“科普资源共建共享基地”或科普巡展活动合作单位提供科普图片展板，为其举办科普活动提供资源。据统计，有近2万人次受惠。

【学术交流活动】　2014年，广东科学馆通过采取优惠措施，鼓励各省级学会前来广东科学馆开展学术交流活动，全年共承办或承接学术交流70场次，受众约1.1万人次；科技会议290场次，受众约5.3万人次。广东科协论坛在广东科学馆举办5场次，受众2 000多人次。

（广东科学馆　黄淑华）

科 技 宣 传

2014年，广东省紧紧围绕省委、省政府的中心工作，聚焦广东科技工作的重大事件，重点围绕全省科学技术奖励大会暨全省科技创新大会、全省科技进步活动月、落实《关于全面深化科技体制改革加快创新驱动发展的决定》、创新创业大赛等专题，联合中央和省主流媒体开展了深入宣传报道，打造了一批精品力作，头版头条报道、系列深度报道明显增多。中央和省内主要电视媒体通过专题片形式深入宣传广东科技工作的新做法、新成效，广泛宣传科技工作中的典型人物、典型事件，让科技工作深入民心。

全省科技进步活动月

2014年5月中旬至6月中旬，广东省举办了第23个“科技进步活动月”（以下简称“活动月”）全民科普教育和科技服务活动，部分活动延续开展。“活动月”由省科技厅、省委宣传部和省科协共同牵头举办，根据全国科技活动周和省委、省政府的统一部署，围绕“增创广东创新驱动发展新优势”的主题，开展提升广东自主创新能力、转变经济发展方式、提高全民科学素养以及科技惠及民生等系列活动。主要目的是宣传创新驱动经济社会发展，科技创造美好生活。在内容上，重点展示科技创新的重大成果，加强低碳节能、健康生活、食品安全、空气质量等社会热点问题的科普宣传，组织科技资源向社会开放，开展科技服务企业、青少年、农村的活动，在全省掀起科学技术普及的新高潮。

【科技服务企业】 为进一步提升企业作为技术创新的主体地位，2014年“活动月”更加突出科技服务企业，推动企业技术创新。一是开展“院士专家企业行”“知识产权巡讲”“厂会协作”行动等，把院士、专家等高端人才和技术团队引入企业；二是深入开展企业科技特派员行动、“厂会”协作等活动，提升企业和行业的创新能力，为企业培养一批创新人才；三是在全省组织开展广东省创新工程师培训、广东省技术合同认定登记工作培训班、企业技术创新方法培训活动等培训活动，帮助企业加快提高技术创新水平和效率；四是举办广东青年领军企业科技创新扶持系列活动、珠三角科技创新创业人才投融资对接集训营活动，培育更多高成长性科技型企业，激发本省创新创业活力，提升区域创新能力，推动科技、金融和产业三方有效融合；五是开展扶持企业技术创新的政策宣传活动。组织举办了多场专题宣讲培训，为参会人员免费发放相关政策培训资料，各地市新闻媒体积极参与宣传，共有数家电视和平面媒体参与了报道，构造了强大的舆论宣传声势，扩大了自主创新政策法规的积极影响。

【科技惠民活动】 “活动月”期间，全省各地同步举行了一系列科技惠民、服务“三农”活动。其中，以科技服务民生为重点，通过创新成果展、新技术推广、低成本医疗应用等方式让科技创新的成果走进千家万户；以大型科技下乡为重点，大力推进社会主义新农村建设，促进农民增产增收，提高农民科学素质。

科技服务民生活动 一是以科技服务民生为重点，围绕“低碳节能、科技与环境、食品安全、创新智慧生活、防灾减灾”等内容，省科技厅联合有关单位开展“科技与环境”现场咨询、科技系统公共机构节能宣传周、“让分析检测走进百姓生活”等贴近社会民生的活动，邀请科技企业、高等院校、科研院所等科技企事业单位参与，通过现场展示、咨询解答等方式传播科学知识，并印刷派发相关科普宣传资料，使科学技术更加贴近基层、贴近群众、贴近生活，提高广大群众的科学文化素质，提升全社会“爱科学、学科学、用科学”的良好氛围。二是以科普展览为形式，各地科普场馆开展各类主题科普活动。例如，华南植物园开展“植物科学与人类生活”系列科普活动，帮助公众了解植物对人类生活和发展的重要性，倡导广大市民在日常生活中认识保护植物；广州能源研究所开展“低碳流动展馆进社区活动”，通过展板讲解、模型互动、实物体会等各种方式，将新能源知识宣传，低碳理念、节能意识等传播到公众身边。

科技服务“三农”活动　2014年“活动周（月）”通过开展科技下乡系列活动，推动科技更好地服务“三农”工作。一是由省科技厅联合省农科院、华南农业大学等单位在粤东西北地区，开展2014年“科技进步活动月”送科技下乡活动，重点组织开展粮食春耕、农业科技、医疗卫生科技下乡活动，为农民群众开展农业实用技术、农产品安全及检测技术、农村信息技术和卫生保健咨询活动，并设立科技集市和农业科技新成果展示摊位，现场派发各类农业实用科技资料，为当地的农民朋友、种粮大户、农技人员开展数十场专题技术培训。二是由省科协等单位牵头，动员组织本省3 000多农村专业技术协会、农村科普示范基地和农村科普带头人与镇、村结对组织“千会服务千村”等行动，通过举办农科实用技术培训和科技指导服务活动，开展各种农科专业技能培训，不断推进社会主义新农村建设，促进农民增产增收，提高农民科学素质。

科技资源开放活动　根据全国科技活动周的部署要求，2014年广东省组织有关科研院所、高校等科技资源向社会公众开放。例如，中山大学、华南理工大学、华南师范大学、广东药学院等高校分别组织开展了国家重点实验室开放月活动、生物博物馆开放活动、中药科普园开放活动等，让公众特别是广大青少年亲身体验科技魅力；省昆虫研究所、南海海洋研究所标本馆等科研院所和科普场馆组织开展科普公众免费日活动，以展览展示、科普讲座、科技实践、互动体验、现场咨询等免费向公众宣传科普知识。

【公众科普教育】　科普活动是每年“活动周（月）”的重头戏之一。全省各单位重点聚焦青少年群体，通过开展科普进社区、进企业、进校园、创新竞赛等活动，进一步推动本省科技成果普及，促进科普事业发展。一是以科普展览的形式，举办“广东海上丝绸之路——科技文化展览”“海洋科技创新与全球变化——海洋科普展”等活动；二是以创新大赛的形式，举办首届“全国科普讲解大赛”决赛、第3届广东省创意机器人大赛、首届广东省青少年科技模型大赛等活动；三是开展全省科普工作调研，做好省科普创新发展领域专题计划项目管理工作，重点支持国家级和省级青少年科技教育基地建设、青少年科技创新竞赛开展、科普作品创作、设立科普工作站，支持广东大学生课外学术科技作品竞赛、大学生科技节。

大型科技宣传活动

【创新政策专题宣传】

省自然学基金项目申报政策巡回宣讲活动　8月5—15日，省科技厅开展2014年省自然学基金项目申报政策巡回宣讲活动，先后在广州、深圳、东莞、汕头、湛江开展5场专题宣讲，来自全省相关高校、科研院所、医院、企业及地市科技局等单位2 000多名代表参加了巡回宣讲活动。

该次巡回宣讲全面介绍了科技阳光再造行动背景、指导思想、目标原则、主体内容、创新措施及2014年省自然科学基金项目申报政策新动向，通过发放宣传读本及面对面的宣讲，有针对性地回答申报单位科管人员、申报人、评审专家、地市科技局干部提出的热点、难点问题。与会人员普遍反映，宣讲深入浅出，通俗易懂，让与会者对科技阳光再造行动及2014年省自然科学基金项目申报政策有了更为准确、系统、深刻的了解和把握。参会的申报单位及科技局的代表纷纷表示将以本次巡回宣讲内容为素材，认真制订组织方案，做好本单位本地区宣讲工作，努力扩大科技阳光再造行动及2014年省自然科学基金项目申报政策宣讲活动覆盖面和影响力。

企业研究开发税收优惠宣讲活动　1—2月，省科技厅先后在珠海、湛江、广州、韶关等地开展调研与巡回宣讲活动，组织全省各地市科技局、科技型企业等机构代表以及财税专家近150人参加，通过发放问卷资料，全面了解全省企业研发费税前扣除政策落实情况。

【专题科技宣传】

全省科技奖励大会专题　4月29日，省委、省政府在广州召开广东省科学技术奖励大会暨全省科技创新大会。会前，省科技厅召开新闻吹风会，安排领导专访，实地采访地方政府、大学、科研单位、企业、2014年省科学技术奖部分获奖项目等；组织《南方日报》《科技日报》走访部分国家、省科技奖获奖项目，并推出专题版面；在南方网开辟“2014年广东省科学技术奖励大会暨全省科技创新大会”专题，系统报道广东科技的整体工作情况。会后，组织有关媒体对涉及社会民生的部分获奖项目进行深入的采访宣传，进一步提高公众对科技创新成果的关注度。

《关于全面深化科技体制改革加快创新驱动发展的决定》专题　6月，《中共广东省委　广东省人民政府关于全面深化科技体制改革　加快创新驱动发展的决定》（粤发〔2014〕12号）正式印发，围绕省委、省政府出台的《关于全面深化科技体制改革加快创新驱动发展的决定》，省厅召集主要媒体进行座谈交流，共同策划、讨论贯彻落实《决定》的宣传方案，刊登了一系列的文章，其中《科技日报》头版刊登了《广东省委省政府出台决定——深化科技体制改革与加快创新驱动发展》、评论员文章《高瞻远瞩　谋定而动》，以及《深化改革 创新驱动　跨越发展——科技部党组成员、科技日报社社长王志学与广东省省长朱小丹的对话》访谈文章，社会反响热烈。同时，在省科技厅大堂推出专题宣传展板，涵盖了高层访谈、媒体聚焦、政策解读、落实情况等板块。

创新创业大赛专题　5—12月，第3届中国创新创业大赛（广东赛区）暨第2届“珠江天使杯”科技创新创业大赛、“第3届中国创新创业大赛（港澳台赛区）暨第1届两岸四地大学生创新创业大赛”在广东举办。整个大赛分为东莞、佛山、惠州、顺德和综合赛区5个分赛区同时进行。每个分赛区的所属地市都出台了相应的支持政策和配套措施，特别是包括信贷补偿、贷款贴息、银行跟投、风投跟投、专利融资、产权服务、券商辅导、孵化服务、综合性的科技和金融服务等多种科技金融“组合拳”，全过程为参赛企业和团体提供支撑服务。为加强宣传效果，5月28日，省科技厅举办了新闻发布会和动员推介会，邀请科技部火炬高技术产业开发中心相关负责同志参加。初赛、复赛和决赛期间，省科技厅分别组织中央驻粤媒体、省内主流媒体、地方媒体对大赛进行全过程的宣传报道，采取专题、专栏、专访、消息、通讯等形式，宣传报道参赛获奖企业和团队，以及全省推动创新创业的新举措、新亮点。

2014年广东省“全国食品安全宣传周”　6月，省科协组织动员各级科协组织、学会和我省全国科普示范县（市、区）及科普教育基地等，扎实开展2014年广东省“全国食品安全宣传周”活动。围绕“尚德守法，提升食品安全治理能力”的主题，以“食品安全关乎你我他”宣教进农村、进企业、进校园、进社区为重点，深入基层开展食品安全科普展览、科普讲座、科普咨询等科普活动600多场次，向公众普及食品安全科普知识。充分发挥和利用广东省科协岭南科普网、广东科技报和各级科协网站、媒体平台作用，广泛宣传食品安全科普知识。调动社会力量开发集成科普资源，免费向基层下发食品安全科普挂图、海报、音像制品等，为基层提供食品安全宣传活动资源，提高全省食品安全宣传活动效果，让“舌尖上的安全”深入人心。

（广东省科技厅办公室　陈锡强）

（广东省科学技术协会　刘泽周）

科技交流与合作

2014年，广东省强化国合专项、省对外科技合作项目的管理工作，积极开拓与创新型国家和地区交流合作关系，与英国、意大利、以色列、荷兰、芬兰、俄罗斯等国的有关机构进行了交流，达成了新的合作意向。在省委、省政府的正确领导，省港澳办、科技部台港澳办等有关部门的大力支持下，省科技厅与香港创新科技署、澳门科技委员会、香港科学园以及香港、澳门两地大学等相关机构积极沟通协商，组织实施《粤港合作框架协议》《粤澳合作框架协议》中有关科技重点工作，全面贯彻落实“粤港高新技术合作专责小组”年度工作计划，不断加强粤港澳在科技方面的合作与交流，取得重要进展和显著成效。2014年，粤港联合创新领域项目立项30项，获资助5 000万元。

国际科技交流与合作

【国合专项组织管理】 2014年，广东省共组织申报科技部国合专项及政府间项目共计59项，其中：自主项目3项，对R专项5项，港澳台项目8项，援外项目3项，中小企业发展专项资金中欧国际合作项目5项，政府间项目35项。经两轮专家评审后，本省国合项目共计11项，其中，自主项目3项，对R专项2项，港澳台项目3项，政府间项目3项。根据科技部国际合作司部署，2014年省科技厅共完成科技部委托验收国合专项共计11项。

【交流活动】 2014年，省科技厅共组织出访（包括港澳台）37批，共计119人。其中，出国18批，44人次；出访港澳17批，41人次，赴台4批，34人次。接待来访7批，共计33人次。组织大型国际性会展及研讨会5次，参会人员达到12万人次。在承担科技部国际科技合作培训任务方面，共组织2个培训班45人次。在组织人员出国培训方面，共组织省科技厅系统7人次参加科技部及省直相关机构组织的培训。

【合作模式创新】

广东—以色列产业研发合作项目　为贯彻落实广东省人民政府与以色列政府于2013年度签署的产业研发双边合作协议精神，推动广东与以色列企业间技术创新合作，2014年1月8日、9日，省科技厅分别在佛山、惠州两地与两地市科技局联合组织召开“广东—以色列产业研发合作项目推介会”。会议旨在双边协议框架下，宣传推广广东—以色列产业研发合作项目征集计划，通过以会代训形式，帮助省内企业了解相关申报流程与信息，引导和带动两地企业积极参与项目合作。会议通过申报流程培训、情况介绍、现场答疑等形式，使佛、惠两地企业家深度掌握相关政策、申报流程及合作渠道，为推动广东—以色列双边合作协议转化为具体实际成果奠定坚实基础。

中英兰卡斯特中国企业催化项目　9月10日，由省科技厅和英国兰卡斯特大学共同主办，省对外科技交流中心承办的兰卡斯特中国企业催化项目专题研讨暨技术对接会在广州成功举行。省科技厅领导表示，此举标志着双方的科技合作关系发展到了一个新阶段，希望能以“兰卡斯特中国企业催化项目”实施为契机，积极推动中英面向产业创新合作，促进中英科技园区的对接，支持两国企业，特别是中小企业的技术进步。在研讨会中，兰卡斯特中国企业催化项目总监倪克介绍了该项目的最新进展并希望更多的广东企业参与到该项目中来，共同推动中英技术交流与合作。中国科学院广州能源研究所介绍了能源所与国际接轨、合作进行技术研发创新的经验。对接会上，来自英国的15家企业代表与中方包括广州汽车集团股份有限公司汽车工程研究院、金发科技股份有限公司、广东讯飞启明科技发展有限公司、广州三川控制系统工程设备有限公司、中科院地球化学研究所、华南理工大学在内的50多家企业以及科研机构代表进行了3个多小时的“一对一”技术洽谈。现场气氛热烈，多家英国企业的项目受到中方机构的欢迎。对接活动结束后，英国企业代表还受邀参观了广州中新知识城和马瑞利汽车电子（广州）有限公司等。

【合作渠道建设】

中荷合作　11月20日，荷兰代尔夫特理工大学（TU Delft）副校长Peter Wieringa以及科技事务和创新高级项目经理Lily Li一行来访省科技厅，主要就建设联合研发中心、开展国际合作与交流等内容进行初步商讨。双方针对加强荷兰相关大学、企业与广东省开展科技合作达成初步共识，对于代尔夫特理工大学与华南理工大学2012年联合成立的“城市系统与环境”联合中心给予积极支持与协助。

中英合作　2月18日，省科技厅与英国兰卡斯特大学签订合作谅解备忘录，就联合开展面向中小企业的“催化剂计划”达成共识。已与英方开展该计划的全流程设计和准备工作。

中意合作　为落实中共中央政治局委员、广东省委书记胡春华访问意大利成果，3月，省科技厅组织工作团队专程访问意大利，在中国驻意大利大使馆科技组的支持下，已与意方就合作开展技术转移达成共识。

中以合作　5月，省科技厅组织的访以科技代表团取得积极成果，促成广州广电运通金融电子股份有限公司、广东迅通科技股份有限公司2家企业，与在以色列访问的Briefcam安防技术和产品公司达成合作意向。

中俄、中芬合作　6月，省科技厅组织的访芬兰、俄罗斯科技代表团取得成果，与俄罗斯基础研究基金会、俄罗斯科学院激光技术及信息工程研究所签署了合作共建《“中俄工业技术研究开发中心”备忘录》，就该中心建设相关工作进行了详细磋商。访问芬兰期间，代表团与广东省引进的“工业设计集成创新科研团队”核心成员进行了详细交流，并就创新团队未来如何进一步拓展工作，更好地服务广东产业升级、与当地设计团队合作等交换了看法。

【合作平台建设】　省科技厅推荐本省2家机构申报科技部国合基地，其中示范型国合基地1家，联合研究中心1家。组织评审、认定了省级国合基地6家。

2014年，国际合作基地建设专题项目立项10个，获资助1 500万元。重点国别及区域合作项目立项64项，获资助3 510万元。

（广东省科技厅科技交流合作处　李　荷）

港澳台科技交流与合作

【粤港澳合作】

粤港联合创新资助项目　2013年，广东省共出售粤港共性技术招标项目文件212份，各企业和事业单位实际投标与购买标书的比率为68.39%，粤港共同确定智能制造装备及制造业信息化、汽车零部件技术等5个招标专题。广东省的评审工作延至2014年5月进行，共有145项申报项目进入书面及现场答辩两轮评审。2014年12月，广东省最终共有28项获立项，总资助经费7 000万元。联合资助行动的成功实施，不仅攻克了一批关键领域核心技术，有力提升了广东的原始创新能力，提高了企业的核心竞争力。同时，引入香港在工业设计以及公共服务上的先进理念，建设公共服务平台，优化专业镇技术创新服务平台，为广东省制造业的转型升级做出巨大贡献。粤港联合招标项目工作的持续开展，还对广东省实施的一系列人才计划起到了巨大的促进和推动作用，企业与高校、科研机构等各类创新主体之间得到了极大的融合与互补。

2014年，经省政府同意并征得相关部门一致意见，“粤港关键领域重点突破项目招标”工作正式更名为“粤港联合创新资助项目”，由省科技厅负责组织实施，列入省科技厅统一省级科技计划项目体系。12月9日，经与港方协商正式对外发布申报指南，粤方以广东省前沿与关键技术创新专项资金项目组织实施，港方以创新及科技基金、创新及科技支援计划组织实施，争取2015年上半年完成立项工作。

粤港高新技术合作专责小组第十一次全体会议　8月，省科技厅相关领导带领省教育厅、商务厅、中医药局、科学院等粤方高新技术合作专责小组成员赴香港，与香港特区政府商务及经济发展局、创新科技署等港方专责小组召开了“粤港高新技术合作专责小组第十一次全体会议”。会议总结了上一年度的粤港高新技术领域的工作，并且通过了专责小组下一阶段的工作计划报告，双方一致同意下阶段合作重点应继续透过粤港科技合作资助计划推动两地的科研合作、继续建设与稳固两地的科技合作创新平台、强化技术转移机制建设，推动科研成果产业化；继续推动广东高新园区与香港科研机构合作，促进新兴产业与特色园区的发展。

科技创新平台建设　粤港双方继续实施《粤港共建科技创新平台协议》和《粤港产学研合作框架协议》，共同构建科技创新平台。香港的大学和研发中心，积极与广东省的科研机构和科技企业合作进行科研与开发。

超精密加工技术国家重点实验室（香港理工大学伙伴实验室）团队与广东工业大学在广东建立纳米数控装备及纳米加工技术研发基地，组成广东省纳米数控装备与纳米加工技术创新团队，为期5年，获得3 000万元的项目资金。香港科技大学牵头组建松山湖国际机器人协同创新研究院于4月在东莞松山湖高新区揭牌并开始运作，围绕机器人产业的核心技术，重点培育运动控制与高端装备企业群、工业与服务机器人企业群和高端消费产品企业群，推动机器人产业的全面发展。通过“广东高校国际科技合作创新平台项目”的实施，广东省高校分别与香港大学、香港科技大学、香港理工大学、香港浸会大学等多家单位共建粤港科技合作创新平台，深入开展科技创新合作，粤港高校科技合作平台建设对两地科研合作起到积极推动作用，正逐渐向高水平和国际化趋势发展。

佛山市与香港科技大学在新光源产业（LED）领域开展产业战略合作而共同组建佛山市香港科技大学LED-FPD工程技术研究开发中心，以该中心作为双方的联合实验室、工程技术中心、人才培养中心，深化产学研合作平台。由南海区人民政府建设的科技产业园，鼓励香港科学园的科技企业向内地拓展；同时，鼓励南海企业“走出去”，在香港科学园建立分支机构，产业园内的粤港绿色科技示范大楼建设顺利。经南海区相关部门与香港科技园公司联合组建评的审小组甄选，第一批3个香港科技园推荐的绿色科技示范项目已确定引进产业园。另一方面，香港科技园公司1月与广东佛山市顺德区人民政府签订策略合作协议，设立“粤港创新中心”，吸引顺德企业在香港科学园第3期进行研发及产品设计。

科研人员交流与引进　广东鼓励省内科研人员赴港学习，省科技对外交流中心已与香港生产力促进局就共同围绕培训领域进行探讨，已达成可操作性合作方案，争取2015年实施。从2010年1月开始，由省委组织部与省科技厅联合实施的广东省引进科研创新创业团队，已有9个香港团队通过该计划，获邀到广东建立研发基地。2014年第四批新加入的包括群达模具（深圳）有限公司引进的香港科技大学化工学系讲座教授高福荣所带领的高分子成型过程及系统团队，以及中国科学院深圳先进技术研究院引进的香港城市大学应用物理与材料科学系讲座教授李振声所带领的先进功能薄膜材料及其产业化应用团队，于2014年3月与广东省方面完成项目合同签订工作。同时，两个团队获选为广东省“珠江人才计划”第4批创新创业团队。

医药领域战略合作　香港城市大学于2014年初与广州医药集团有限公司签订战略合作框架协议，在新药及诊疗技术研发，以及医药保健管理人才培训等领域开展全面合作，包括合作筹建生物医药联合研究中心。

广州中医药大学与香港科技大学、澳门科技大学联合申报的“粤港澳岭南中药综合开发研究”项目被列入科技部2014年港澳台专项；与香港理工大学合作的国家自然科学基金重大专项“面向人类健康的体外诊察信息感知与计算方法研究”，2014年启动以来进展顺利。

南方医科大学与香港浸会大学合作开展国

家自然科学基金项目“新型毒品依赖形成过程中CNS和非神经系统相关性miRNAs的表达特征及中药干预的新机制”的研究。

东莞广州中医药大学中医药数理工程研究院联合香港科技大学、澳门科技大学国家重点实验室（伙伴实验室）合作的“粤港澳岭南中药综合开发研究”项目，已列入2014年度科技部港澳台合作专项，获经费支持234万元。项目进展良好，拟建立岭南中药质量标准及育种栽培技术，以适应粤港澳地区中药进出口的需要。

10月，澳门中联办经济部、粤澳中医药科技产业园等一行访问了广州中医药大学，就粤澳中医药合作进行深入探讨，邀请广州中医药大学尽快组织人员赴横琴粤澳中医药科技产业园时行实地调研，开展实质性进园合作。广州中医药大学与粤澳中医药科技产业园已达成框架友好合作协议，明确双方共同在产业园进行人员培训、科研及产业化合作。12月，省科技厅相关领导与澳门特区政府贸易投资促进局执行委员、澳门投资发展股份有限公司董事、粤澳中医药科技产业园开发有限公司董事长进行了工作会谈，为下一步推动粤澳中医药科技合作目标步骤达成共识。

【粤台科技交流与合作】 2014年，省科技厅共组织4批34人次赴台湾进行科技服务、创新管理及产业科技管理等的交流活动，重点就台湾地区科技中介服务机构如何提升中小企业创新能力、促进产业转型升级与发展等公共服务、科技型中小企业创新发展、企业科技创新与活力、现代服务业发展模式、科技服务与创新管理、服务平台建设等相关专题与台湾地区相关专业机构及人员进行交流和研讨。6月，省科技厅1人次参加广东省海峡两岸交流促进会组织的赴台团组进行交流学习。

（广东省科技厅科技交流合作处　李　荷）

国内区域科技合作

【泛珠三角科技交流与合作】 4月，省科技厅与澳门科技委员会工作协调会议在广州召开，商议泛珠年度工作安排。完成与葡语系国家洽谈配对科技项目征集工作，其中，广东7项，四川3项、海南2项、广西1项、贵州2项、湖南5项、江西1项、香港2项。完成对省内单位征集泛珠区域科技合作10年工作回顾和前瞻文集材料收集工作，共收到17家单位投稿回函。

11月25—27日，第十二次“泛珠三角”区域科技合作联席会议在澳门召开。会上，海南省科技厅对第十一届“泛珠三角”区域科技合作一年来的具体情况作总结；第十二次泛珠三角区域科技合作轮值主席单位、澳门科技委员会就澳门特区近年来科技发展与合作情况作介绍，并就新一届“泛珠三角”区域科技合作工作建议作说明；各省区代表就本省（区）参与泛珠科技合作的情况作了简要说明，并结合自身科技发展特点围绕大会主题就“如何在新的起点上促进泛珠区域科技合作建立更加务实紧密的联系”建言献策；会议明确第十三次联席会议将于2015年下半年在广州召开，具体由广东省科技厅轮值承办。

【粤蒙科技交流与合作】 6月9—13日，省科技厅相关领导率合作处调研组赴内蒙古自治区呼包鄂地区调研粤蒙科技合作项目进展情况。省科技厅与内蒙古自治区科技厅深入交流粤蒙科技合作项目进展情况、发展成效、存在问题及下一步合作设想，并参加粤蒙科技合作重点平台“内蒙古自治区人民医院钟南山院士专家工作站”揭牌仪式。

8月18—20日，广东省科技代表团出席“第二届内蒙古‘草原英才’高层次人才合作交流会”，就进一步推动粤蒙科技合作事宜与内蒙古自治区科技厅等部门进行了对接和调研活动。两省区科技厅厅长共同主持召开了深化粤蒙科技合作专题座谈会。随后，省科技厅就稀土产业与陶瓷产业的两省区合作与内蒙古科技厅和相关机构紧密联系，接待了来自鄂尔多斯市和赤峰市科技考察团，专程考察佛山、中山产业园和中医药大学、广东省生产力促进中心等。

【科技援青和科技入滇工作】 8月25日，省科技厅与青海省科技厅就粤青科技合作有关问题达成共识，省科技厅密切配合青海省科技厅开展对接活动和考察工作，提供了40多项援青项目，成为科技部组织的援青工作中提供项目最多的省份。

9月21日，省科技厅与云南省科技厅就第二届"科技入滇"活动达成共识。省科技厅积极组织各部门开展对接活动，共组织了140多个项目参加当年的"科技入滇"活动。11月25日，广东省共有7家科研机构及企业参加了"科技入滇"签约仪式。

（广东省科技厅科技交流合作处　李　荷）

民间科技交流与合作

【国际科技交流合作】　据统计，在政府间国际（地区）科技合作框架下，2014年广东省内由民间组织或承办的重要国际科技交流活动有40多场次，其中包含来粤开展的国际科技交流合作活动（见表7-4-4-1）和赴境外开展的科技交流合作活动（见表7-4-4-2）。

表7-4-4-1　来粤开展的重要国际科技交流活动一览表（2014）

序号	活动名称	时间地点	参加人员	活动目的与作用
1	广东——以色列产业研发合作计划推介会	1月8—9日 佛山、惠州	佛山、惠州两地近200家科技型企业	贯彻落实省政府与以色列政府签署的产业研发双边合作协议精神，推动广东与以色列企业间技术创新合作。
2	圣彼得堡－广东企业论坛	1月13日 广州	圣彼得堡企业家代表团共15家大型企业和公司	100个大型重点项目来粤寻求合作。两地企业家增进互相了解，深化科技交流与投资贸易合作。
3	"日本亚洲青年科技交流计划"宣传推介会	1月16日 广州	日本科技振兴机构（JST）的项目负责人与广东省16家高校代表	就"日本亚洲青年科技交流计划"展开交流讨论，促进中日青少年学生间文化、科教方面的相互了解与人才交流。
4	韩国驻华大使馆参赞一行考察中韩产业技术合作	2月28日 广州	韩国驻华使馆金荣三公使衔参赞、中国科技交流中心王艳副主任一行	参观考察广东省与韩国产业技术合作项目。在中韩两国签订的科技合作协定框架下，增进双方政府间和民间的科技交流合作。
5	2014亚太经合组织研究与技术研讨会	3月3—7日 广州	12个APEC经济体及其他国际组织代表共80余人	研讨主题为"科技创新战略执行"，为推动亚太区域科技创新开展政策对话。"中国专场"宣传了中国科技创新的成就与经验，增进相互了解。
6	中日区域合作与可持续发展学术研讨会暨环境政策与区域可持续发展论坛	3月16日 广州	暨南大学、兵库县立大学、中国科学院、广东省社科院、广东省节能监察中心以及兵库县农政环境部10多位代表	通过学术机构间互动交流，为广东省和兵库县在环境保护、节能减排、低碳及可持续发展领域的合作奠定基础。
7	产业科技发展与低碳、绿色、创新学术研讨会暨2014'沿海区域产业科技管理研讨会	4月12日 广州	60多家高校、政府部门、科研院所、企业集团160多位专家学者行业人士	探讨低碳、绿色、创新与产业科技发展及管理领域相关问题及发展之路。进一步推动海峡两岸对话与合作，交流低碳经济、绿色经济与产业科技创新发展。

（续上表）

序号	活动名称	时间地点	参加人员	活动目的与作用
8	广东科学中心与法国国家科学中心签署战略合作协议	4月16日 广州	法国国家科学中心主席克洛迪·艾涅尔一行	法国国家科学中心主席一行到访广东科学中心，并出席了小谷围讲坛，与400多位观众探讨“科技知识与创新”话题。双方签署战略合作备忘录，共同致力于提高公众科技意识，普及和共享科技知识，促进创新与科学传播。
9	“21世纪制造科学、技术及产业发展的对策研究”座谈会	4月16日 佛山	中国科学院、工程院12位院士以及高校、科研院所、企业与政府100多位代表	为全国和佛山的制造科学研究、制造技术水平提升和发展方向规划、制造产业的转型升级等方面建言献策。
10	第4届IEEE信息科学与技术国际会议	4月27日 深圳	来自美国、加拿大、英国、日本、印度、香港等多个国家和地区的200多名专家学者	为信息和机器人研究技术领域科学家、工程技术人员及教育工作者提供国际学术交流平台，推进中国信息产业与国际接轨。
11	2014中国留美经济学会国际学术研讨会	6月14日 广州	来自美、加、英、法、荷、澳、韩、日和中国香港、台湾等地的300余位经济学界专家学者及企业代表	围绕国际资本流动、经济政策与国家发展、经济增长和城市化对代际收入的影响、公共养老金等问题展开学术交流与论辩。
12	中—法高性能表面工程研讨会	9月23—24日 广州	广东省科技厅、法国驻华使馆、法国驻广总领馆、广东省工业技术研究院、法国贝尔福—蒙贝利亚科技大学等相关领导和学生共70多人	就当前先进表面工程的发展与应用进行深入研讨，促进技术合作、技术人员交流互访和学生联合培养等方面的研究合作。
13	第12届全国水处理化学会暨学术研讨会	10月10—12日 广州	中国大陆和台湾各高校专家学者以及芬兰、英国、日本等国家和地区的代表共计280余人	展示我国水处理技术成果的最新进展，加强高校、政府和企业的广大水处理工作者间交流与合作。

表7-4-4-2　赴境外重要科技交流活动一览表（2014）

序号	活动名称	时间地点	参加人员	活动目的与作用
1	中国—加拿大（安大略省）技术转移与研发合作论坛	5月11—15日 加拿大	广东省内科研院所、高新技术企业及高新区科技管理人员组成代表团	围绕双边技术转移合作、知识产权保护等方面开展专题研讨与对接活动，就生物医药、能源环保共11项高新技术达成项目合作意向。
2	广东省专业镇技术创新服务培训班	第1期： 5月18—22日 中国香港 第2期： 5月25—29日 中国香港	两期共101人参加培训。主要为省级专业镇管理人员、技术创新平台、专业镇商（协）会、科技企业负责人。	培训课程贴合广东省专业镇技术创新服务方面现实需求，学习香港科技服务机构做法与经验以促进专业镇产业转型升级。

（续上表）

序号	活动名称	时间地点	参加人员	活动目的与作用
3	广州—白俄罗斯高层次人才交流座谈会	8月4日 白俄罗斯明斯克	白俄罗斯国立工业大学、白俄罗斯国立技术大学、白俄罗斯国家纳米工业协会、明斯克创新企业支持中心、明斯克城市科技园等60余名专家学者参会。	“广州—明斯克高层次人才交流中心”揭牌，引进俄罗斯、乌克兰、白俄罗斯、哈萨克斯坦等国家创新成果和高端人才团队，致力于联合研发、联合试验验证、技术成果转让、共建联合研发中心和分所等。

【科技合作基地建设】

广东省国际科技合作基地　6月12日，广东省对外科技交流中心正式获得“广东省国际科技合作基地”称号。在“项目—人才—基地”相结合的国际科技合作模式下，以广东省科技创新国际资源服务平台为基础，交流中心积极拓展合作领域，建设高水平的国际科技合作服务示范基地，提供高时效性的国际技术供需资讯与高效率的技术对接渠道，针对性地组织推广相关专项对接活动，引导创新资源满足产业研发需求，并以此为抓手，不断开拓科技中介服务新模式。

惠州—白俄罗斯电子信息（集成电路）联合研发中心　6月23日，惠州—白俄罗斯电子信息（集成电路）联合研发中心在惠州揭牌成立。研发中心利用惠州完善的电子信息产业体系优势，引进白俄罗斯电子信息新材料和新能源等领域技术，满足惠州当地产业技术需求，实现双方在该领域的“强强联合”，升级当地科技产品，提高国际竞争力。中心研究方向为汽车电子、LED智能照明系统、通讯和信息传输设备部件、工业自动化设备、智能驾驶系统、汽车智能系统等，同时进行基础技术研究、研发创新型产品、根据企业订单完成科研和试验开发工作、人才培养、组织培训与专家互访，并建立联合创新生产、创新投资。

粤港澳青少年科技创新活动基地　2014年，广东发明协会与香港、澳门发明协会联合签署了战略合作协议，进一步推进粤港澳三地青少年科技教育工作开展，并依托广东科学中心成立“粤港澳青少年科技创新活动基地”，开展三地青少年的科技创新和交流活动。7月12日，基地正式挂牌成立。科学中心整合资源，充分挖掘和开发适合青少年的教育资源和活动形式，使基地成为开展科普教育活动和科技交流的大本营。

【国际科技展览】　2014年，由广东省对外科技交流中心主办的国际性专业科技展览面积达18.6万平方米，来自全球24个国家2 730家企业参展，接待观众130 000多人次；同期举办了超150场专题技术研讨会与学术论坛，约有90多个国家和地区的9 000多专业人士与会（见表7-4-4-3），有效推进科技成果产业化、市场化步伐。

表7-4-4-3　交流中心主办的国际性专业科技展览一览表（2014）

序号	展会名称	举办时间	参加人员	活动概况
1	第19届华南国际口腔医疗器材展览会暨技术研讨会	3月6—9日	中国大陆和港台地区，德、美、意、法、日、韩等国家的821家展商	会议集中展示最新牙科制造技术和世界顶尖牙科品牌、企业产品，展会同期举办127场高技术研讨会，160多位国内外专家交流医学研究成果、临床治疗技术、先进设备应用经验等。来自全球90多个国家的45 000多名口腔医疗专业人士参展参会。

（续上表）

序号	展会名称	举办时间	参加人员	活动概况
2	第12届中国（广州）国际专业音响灯光展览会暨技术研讨会	2月24—27日	20个国家及地区1 138家企业	展会搭建集行业交流、推广及教育于一体的服务平台，展示世界前沿高新技术及产品，展会期间超80 000人次进场参观；同期举办的高端论坛、研讨会，针对行业未来发展方向与市场信息进行深入交流，促进项目技术对接。
3	第11届中国（广州）国际乐器展览会暨技术研讨会	2月24—27日	世界多国及地区逾450家展商	发挥广东省乐器产业基地优势，集聚展示乐器技术、产品信息、行业动态，同期举办15场音乐教育科研报告会、学术讲座和专题研讨会等。共计30 000多名专业观众及音乐爱好者参加。

（广东省科技合作研究促进中心　吴汉荣　张　郁）

地市科技发展

珠三角地区

广州市

2014年，广州市按照市委、市政府工作部署，抓好创新驱动发展战略的落实，全力推进科技与产业、平台、金融、知识产权、人才、民生和国际合作相结合，较好地完成了全年工作任务，取得明显成效。广州在“福布斯2014年中国大陆最具创新力的25个城市”中排名第9位，较2013年上升10位；在《自然》期刊“中国十大科技领先城市排名”中名列第9；在中国城市竞争力研究会中国城市科技竞争力排行榜中，排名第4；荣获第4届中国城市信息化50强第2名；成功入选首批“宽带中国”示范城市。全市有8家企业上榜中国最佳创新50强，天河二号超级计算机连续四次蝉联世界500强第1名。

【科技政策环境】 2014年，广州市委、市政府领导提出了实现千年商都与科技创新的两翼齐飞，将科技创新作为全市产业转型升级的核心战略的要求。副市长主持召开全市科技创新工作座谈会广泛听取意见建议，并带队赴北京、天津、苏州、南京、武汉、成都、重庆、西安等地开展科技创新专题调研，系统分析了广州市科技创新工作的症结和短板所在，厘清科技创新的工作思路，为全市科技创新工作指明方向。

《广州市科技创新促进条例》的出台和落实 结合各区、市直各有关单位职能，分解任务，督促配套措施落地。围绕调整市科技奖励结构，加大奖励力度，修订《广州市科学技术奖励办法》及其实施细则。围绕推动企业成为科技创新和研发投入的主体，出台《广州市企业研发经费投入后补助实施方案》，通过普惠制方式推动企业加大研发投入；围绕构建覆盖企业成长各阶段的全链条孵化服务体系，出台《关于促进科技企业孵化器发展的实施意见》和《广州市科技企业孵化器倍增计划实施方案》。做好企业服务和创新政策落实，截至2014年年底，全市高新技术企业达到1 656家，技术先进型服务企业达到46家。2013年度企业研发费税前加计扣除抵扣应纳税额43.55亿元，同比增长20.57%。

科技计划管理“阳光化”改革 按照“顶层设计、流程再造、分权制衡、功能优化、权责统一、公开透明”的思路，对科技项目管理进行重构和流程再造：优化科技计划体系，将原来的24个专项调整为4个板块共10个专项；通过“以案治本”，改变业务处室“一竿到底”的科技项目管理状况，形成相互监督、相互制约的管理机制；完善专家库管理制度，加强专家入库审核，提高专家质量，充分尊重和依靠专家，将专家评审分数作为项目立项的主要依据，实行量化评分制，从高到低排列分数，根据事先规定的立项数目确定入围的企业，最大限度减少自由裁量权；在全国率先对项目申报指南、项目受理信息、形式审查结果、评审专家名单、评审结果、立项情况、中期检查结果、验收结果等各环节，实行全流程公开公示；实行廉洁审核制度，在下达项目经费前统一查询项目承担单位和负责人行贿犯罪档案，对有行贿犯罪记录的停止拨付经费；建立科技计划项目管理信息平台，实现科技项目全过程的信息化管理，自动记录、留痕，可查询、可追溯，强化了管理责任追究机制；推动科技信用管理制度建设。该项改革获得全国政协副主席、科技部部长万钢同志肯定。

财政科技经费管理和统筹 加大财政科技投入，研究制订全市财政科技经费倍增计划实施方案，计划到2017年，全市财政科技经费增加到100亿元以上，引导全社会R&D经费支出增加到

590亿元以上，占GDP的比重达到2.7%。起草全市财政科技经费统筹管理方案，加强对政府各部门科技经费支出的统筹，建立科学的财政科技投入机制；制订科技计划项目经费管理办法，提高科技经费使用绩效。加强财政科技经费的监督管理，督促整改审计中发现的问题，收回多核拨经费。

地方性法规和创新政策起草　修改《广州市科学技术普及条例》修订稿，经市政府常务会议审议通过，报市人大审议。研究起草《中共广州市委 广州市人民政府关于加快实施创新驱动发展战略的决定》，针对广州市科技创新工作症结和短板，以“1+N”形式研究起草系列政策文件。梳理国家自主创新示范区和国内先进城市的政策，提出广州创建国家自主创新示范区政策建议及形成完善广州市创新政策体系建议报市政府。

【民营科技】

民营高新技术企业　2014年，全市新认定高新技术企业592家，其中民营高新技术企业511家，占86.3%；复审通过高新技术企业151家，其中民营高新技术企业141家，占93.4%。截至2014年年底，全市共拥有高新技术企业1 656家，其中，民营高新技术企业1 477家，占89.2%，创历年新高。从区域看，天河区拥有高新技术企业最多，共470家，其中民营科技企业425家，占90.4%；其次是萝岗区，拥有高新技术企业401家，其中民营科技企业376家，占93.8%，是民营高新技术企业占全区比例最高的区域。从技术领域看，在电子信息技术、新材料技术、新能源及节能技术、资源与环境技术领域的高新技术企业中，民营科技企业的占比最高，均超过了90%。

12月，美国商业杂志《快公司》中文版评选出2014年中国最佳创新公司50强，其中，广州亿航智能技术有限公司、广州巨杉软件开发有限公司、广州尚品宅配家居股份有限公司、广州酷漫居动漫科技有限公司、YOU+青年公寓、广州爱拍网络科技有限公司、广东芬尼克兹节能设备有限公司、铂涛集团8家广州市民营科技和创新企业入选。广东威创视讯科技股份有限公司获2014年度广东省科学技术奖一等奖，晶科电子（广州）有限公司、广州禾信分析仪器有限公司等7家民营科技企业获2014年度广东省科学技术奖二等奖；广州市动景计算机科技有限公司获2014年广州市科学技术市长奖（新设立），佳都新太科技股份有限公司等5家民营科技企业获2014年广州市科学技术进步奖一等奖。

截至2014年年底，广州市共有36家企业在新三板挂牌，其中包括益善生物技术股份有限公司、广州天锐科技有限公司、广东轩辕网络科技股份有限公司、广州熵能创新材料股份有限公司、广州创尔生物技术股份有限公司、广州尚恩科技有限公司等30家民营科技企业，占83.3%。

民营科技园　2014年，民营科技园“一核四园”（即：民科园核心区、居家用品园、白云工业园、神山工业园）营业总收入408.9亿元，同比增长10.4%（绝对值增长27.6%），其中规模以上工业总产值340亿元，同比增长9.6%（绝对值增长10%）；税收9.7亿元，同比增长13.5%；固定资产投资14.1亿元，同比增长24.7%。新增“四上”企业（即：规模以上工业企业、资质等级建筑业企业、限额以上批零住餐企业、规模以上服务业企业）18家，新增入库税收3 230万元、营业收入7.83亿元。

【产学研合作】

产学研协同创新重大专项　2014年，发布《2015年广州市产学研协同创新重大专项申报指南》，围绕产业发展和城市发展的需求，鼓励开展产业技术研究项目研究，以推动科技成果的产业化。本专题包括产业关键共性技术研究项目和面向产业链的协同创新项目两个类别，市科技支持经费分别为200万元/项和500万元/项。该专题合计立项、入库项目86项，经费预算1.87亿元。安排2014年立项17项，经费预算4 000万元；安排2015年入库项目69项，入库项目经费预算1.47亿元，其中，2015年需安排支出预算8 820万元（按入库经费60%计）；2016年需安排支出预算5 880万元（按入库经费40%计）。已完成产学研协同创新专项86个项目的合同审核、签订，共计下拨经费1.28亿元。

产学研协同创新联盟　充分发挥广州校地协同创新联盟的平台作用，加强重大科技成果凝练和需求对接，积极探索各种协同创新合作模式，征集项目280个，覆盖汽车、新材料、新能源等多个产业领域；在健康医疗、工业机器人、生物3D打印等重点行业领域组建（在建）12个协同创新联盟（中心）。大力推进广州市健康医疗协同创新重大专项，从2014年起，市财政连续5年每年投入1亿元支持健康医疗领域协同创新和成果转化；成立重大专项工作委员会和专家组，组织召开广州市健康医疗重大专项启动大会，首期4个重大专题已启动实施并取得阶段性成果，二期项目已完成项目征集、评估、公示及入库。重大专项工作委员会及专家组制定了《广州市健康医疗协同创新重大专项管理办法》《广州市健康医疗协同创新重大专项资金管理办法》等一批规章制度及实施首席科学家负责制。

【技术创新工程】 2014年，广州市新增各级工程中心173家，其中包括广州珠江数码集团有限公司组建的“广东省互动电视工程技术研究中心”等省级工程中心139家，广州市久邦数码科技有限公司组建的“广州市移动互联网及业务应用研发工程技术研究开发中心”等市级工程中心34家。截至2014年年底，全市拥有各级工程中心650家，其中，国家级工程中心18家，省级工程中心385家，市级工程中心247家；已立项的市企业研究院建设试点项目3个。广州市市级工程中心覆盖电子信息、机械装备、生物医药、光机电一体化、新材料、轻工、新能源与高效节能、农业现代化、软件、建筑等领域。

2014年，广州市认定创新型企业20家，财政扶持创新型企业专项资金4 000万元。新增省创新型企业27家、省创新型试点企业9家。截至2014年年底，广州地区被认定的国家创新型企业8家、国家创新型试点企业6家、省级创新型企业80家、省级创新型试点企业28家、市级创新型企业140家、市级创新型试点企业102家。

【科技服务体系】 2014年，全市科技服务业呈稳步发展态势，据对全市381家科技服务机构调查，全市科技服务业实现总收入601.1亿元，同比增长7.7%。其中：政府（部门）服务收入62.4亿元，同比减少4.6%；技术咨询与推广、培训等科技中介服务收入36.6亿元，同比增长134.8%；产品与服务的经营性服务收入450.2亿元，占全市总收入的74.9%。

创新服务能力　全市科技服务机构承担各级政府科技项目6 071项，同比减少0.13%；取得政府科技项目拨款23.8亿元，同比增长14.3%；发表科技论文10 385篇，同比增长9.4%；专利申请受理与授权分别为6 432件、2 968件，同比分别增长40.9%和6.1%；发明专利申请受理与授权分别为3 003件、1 066件，同比分别增长20.7%和7.6%；开发新产品1 521个，同比增长51%。

科技服务从业人员结构　全市共有8.7万从业人员，同比增长4.8%，其中：从事科技活动人员4.2万人，占全部从业人员的48.3%，与2013年持平；从事生产经营人员3.39万人，占全部从业人员的38.9%，同比增长18.9%；从事其他服务人员1.11万人，占全部从业人员的12.8%，同比减少1.1%。

科技服务业机构区域分布　全市科技服务业发展呈两极分化局面，天河、越秀、萝岗、海珠4区科技服务机构数量较多，占全市的56.7%，科技服务收入占全市的64.3%，发表科技论文占全市的76.2%，累计拥有发明专利占全市的78.3%，开发新产品数量占全市的92%；增城、从化、黄埔（合并前）、荔湾4区科技服务机构数仅占全市的11%，科技服务收入仅占全市的13.3%，发表科技论文仅占全市的8%，累计拥有发明专利占全市的5.9%，开发新产品数量占全市的2.2%。

技术市场服务　一是新增南沙区、花都区两个技术合同认定登记点，扩大登记覆盖面；组织市内技术合同认定登记从业人员，参加全国技术合同认定登记培训，提升基层服务人员的政策解读、政策宣传、个性化技术交易服务能力。二是对科技型企业、科技中介服务机构的科技管理、财务、咨询服务等人员，开展科技管理、保密知识、科技税收政策及办理流程等内容培训，提升基层信息服务人才的服务水平。三是推进筹建广州知识产权交易中心，为知识产权与技术及其服务买卖双方、委托代理经纪等提供公共交易服务，建立科技创业投资进入与退出通道。

科技公共资源库　制定《广州市专家库管理办法》及其操作流程，规范科技专家库的建设、共享、使用，提升专家的管理能力和使用效率；对原入库的专家信息进行核实更新，确保专家信息的准确性。筹建市科技创新专家咨询委员会，推选48名由院士、学术带头人、港澳及驻穗外籍专家组成的首届专家委员会，对广州市科技发展战略、中长期发展规划、方针政策等提供决策意见建议。首次编制《广州科技创新资源地图》，概述了广州市“十二五”以来科技创新资源的存量和增减变化情况，以及其行业分布、地区分布、资源层次水平、应用共享情况等。

【科技计划项目管理与实施】 2014年，市本级技术研究开发资金归口管理的经费9.86亿元，全年共立项支持创新平台及研发项目1 379项，重点扶持电子信息、生物技术、医疗卫生与健康、生物医药、农业、新能源、新材料、环保等技术领域。2014年，主要安排了创新平台专项共1.58亿元，其中，企业工程中心（含企业研究院建设）1 940万元，重点实验室2 500万元，民营科技园5 000万元等；安排产学研协同创新重大专项1.78亿元，创新型企业与科技小巨人专项共1.13亿元，科技型中小企业创新资金专项4 110万元，科技惠民与智慧城市专项7 540万元，科普与软科学专项2 277万元等。

【科技成果奖励与技术市场】 2014年度国家科学技术奖励项目中，广州地区共23项科技成果获奖，其中，国家自然科学奖二等奖2项；国家技术发明奖二等奖5项；国家科学技术进步奖16项，其中一等奖1项、二等奖15项。与2013年度相比，获奖项目数增加了53%。2014年度广东省科学技术奖励项目中，广州地区共160项科技成果获科学技术进步奖，占全省获奖项目249项的64.26%。其中一等奖25项、二等奖49项、三等奖86项。

5月20日，市政府重新修订发布了《广州市科学技术奖励办法》（市政府令第103号），配套制订了相应的实施细则，新设立广州市科学技术市长奖，奖励经费从650万元增加到2 200万元。2014年获广州市科学技术市长奖1人，由广州市动景计算机科技有限公司何小鹏获得。2014年获广州市科学技术进步奖的项目共100项，其中，“钢琴音质和音板振动模态分析技术”等12个项目获一等奖，“32 000吨运木散货船设计与建造”等40个项目获二等奖，“复杂巨型总段水上合拢技术”等48个项目获三等奖。

2014年，全市科技成果登记312项，其中应用技术300项，占登记总量的96%。300项应用技术成果中，220项成果实现了产业化应用，产业化应用率达71%。受理科技成果鉴定申请72项，达到国际领先水平的2项、国际先进水平的22项、国内领先水平的39项、国内先进水平的7项，合计占总数的97%。2014年，全市认定登记技术合同7 902份，成交额246.86亿元。2014年，广州知识产权交易中心获省政府批复同意筹建。

【高新技术及战略性新兴产业】 2014年，全市规模以上工业企业实现高新技术产品产值8 001.36亿元，同比增长9.1%，占规模以上工业总产值比重达44%。全市认定高新技术企业总数达1 656家，全市高新技术企业的销售规模占全市高新技术产品产值的1/3。

生物与健康产业　2014年，生物与健康产业发展势头良好，增加值近千亿元，主营业务收入超过2 000亿元。产业仍持续“三优一特”发展势态，其中生物医药优势凸显、生物制造特色鲜明、健康和生物技术服务亮点纷呈。通过生物产业重大专项、创新型企业等多种途径的大力扶持，逐步确立了以广州医药集团有限公司为产业龙头企业，带动成长了一大批专、新、特、精的骨干创新型企业，形成了集群式发展局面。2014年，广州医药集团有限公司研制的白云山“金戈”成为中国首个“伟哥”，打破了我国治疗勃起障碍疾病全部由进口药品治疗的局面。广州铭康生物工程有限公司自主研发的国内首个可单次给药的溶血栓生物新药铭复乐，获得国家食品药品监督管理总局批准上市。广州铭康生物工程有限公司成为国内首批、省内首家接受注册生产现场和GMP认证合并检查的企业。广州市科技和信息化局组织开展了广州市生物与健康产业发展情况调研，率先开展生物与健康产业统计指标体系研究。

节能环保和新材料产业　2014年，广州市通过产学研协同创新重大专项、创新平台专项、科学研究专项、创新型企业与科技小巨人专项、珠江科技新星专项、科技型中小企业创新资金专项、科普与软科学专项等7个专项助推节能环保和新材料产业发展，总支持资金达3 218万元。由广州市地下铁道总公司承担及组织实施的《城市轨道交通安全保障与节能降耗关键技术研究及示范项目》，推进城市轨道交通车辆及综合节能技术研究与推广应用，大幅降低了轨道交通运营成本，促进了城市轨道交通行业节能降耗工作，项目研究期间，示范车站机电设备节能15.15%，节能型城市轨道交通车辆节能达到10.2%。

【农业科技】 2014年，广州市重点支持优势动植物新品种选育及产业化示范、主要农产品标准化生产关键技术研究示范、农产品保鲜与精深加工技术研究、高效环保生物制剂研究及产业化技术研究、农产品安全检测技术及产业化研究，共立项35项，支持财政资金1 500万元。

开展了具有自主知识产权的优质、高效、抗病、抗逆性强的动植物新品种研发，开展快速繁育技术和高效种养技术研究，推进动植物产业化技术示范推广。针对广州市农业主导产业水稻、蔬菜、水果、畜禽、水产、花卉等生产技术问题，支持开展规模化生产条件下农产品优质、高效、安全生产关键技术研究，研制农产品标准化生产技术并进行产业化示范，提升产业技术水平。针对改善农业生态环境，研究开发高效、环保型生物制剂技术，包括生物农药、生物肥料、生物饲料、动物疫苗等，并进行产业化开发。开展农产品有害物质快速检测技术及设备开发，农产品生产加工过程中非法添加物的检测技术及其标准研究等。

【科技金融】 2014年，广州市不断优化科技金融政策环境，创新财政科技投入方式，推动科技金融融合创新，促进科技企业做大做强。出台实施《广州市创业投资引导基金管理办法》等10余项促进科技和金融结合政策，制定了《广州市人民政府关于促进科技、金融与产业融合发展的实施意见》，从整体上统筹广州市开展科技金融工作的思路和方向，为全市科技型中小微企业提供有力支持。筹建广州市科技金融服务中心，建立科技金融特派员队伍，为科技企业提供“一站式”服务。

科技信贷发展 8月，与中国银行广东省分行签订科技金融战略合作协议，在番禺区挂牌成立全省首家科技支行——中国银行番禺天安科技支行。10月与12月，相继成立招商银行广州开发区科技支行和平安银行科学城科技支行，为广州科技企业提供“降低贷款门槛、提高信用额度、简化贷款流程”的专业融资服务。截至2014年年底，广州地区银行机构获批3家科技支行，创新科技信贷产品30余种，为约300家企业提供银行授信80亿元，实际贷款31.19亿元。打造“广州模式”，科技信贷领跑全省发展。

11月4日，省科技厅与中国银行广东省分行在广州联合召开全省科技信贷服务模式总结推广会，将广州率先建立科技支行特色服务模式在全省范围内复制推广，努力打造具有广州、广东乃至全国特色的科技金融结合发展新路子。

创新财政科技投入 启动科技金融结合专项（科技投融资项目），建立“科技信贷风险补偿金”机制。计划由省、市、区三级联动共建首期4亿元“风险池”，预计该项目启动后，未来3年财政投入资金超6亿元，银行机构通过财政放大杠杆，为广州市科技企业直接放贷超80亿元。加快推进科技保险，在广州开发区创新试点，启动5大类15种试点险种。近两年来，累计近100家科技企业购保500万元，市区两级财政补贴金额超过200万元，在保金额高达120多亿元。

股权投资培育 实施科技金融创投联动计划，建立健全财政资金与社会资本投向科技产业的联动机制。统筹开展天使投资、科技信贷、风险补偿等业务，引导社会资本投向科技创新领域。截至2014年年底，广州市创业投资引导基金通过承诺出资2亿元成立4只子基金，建立超15亿元规模的创业投资资金落户广州，投资科技企业34家，涉及投资金额7.58亿元，其中市政府引导基金出资9 570万元，带动社会创业投资50.74亿元。实施创投联动，鼓励初创期、早中期科技企业积极引入创业投资，促进科技成果转化和产业化。

科技企业进入资本市场 实施“科技企业上市路线图”计划，大力促进科技企业改制上市。2011年以来，全市新增上市科技企业26家，占全市上市企业86%，近百家科技企业进入上市企业后备资源库，正积极筹备上市的企业共有48家。全力推进新三板和广州股权交易中心的挂牌工作，2014年进入新三板上市培育库的企业有110家，成功挂牌的企业有36家。近3年来，全市共有19家科技企业发行公司债券，筹资超过70亿元。

【科技基础条件】 2014年，广州市科研条件建设经费共3 378万元。支持重点实验室建设项目22项，经费支出2 200万元；省市共建生物种质资源库建设项目7项，经费支出300万元；市属科研机构创新能力建设9项，经费支出700万元；资源共享平台2项，经费支出178万元。

国家超级计算广州中心　11月17日，国际TOP 500组织在美国新奥尔良举办的2014超级计算年会上发布了世界超级计算机500强排行榜，广州超算中心主机系统“天河二号”超级计算机以每秒33.86千万亿次的浮点运算速度又一次折桂，这是“天河二号”继2013年6月17日、11月18日和2014年6月23日连续三次蝉联全球超级计算机TOP 500排名第1之后再度夺魁，荣获“四连冠”。

自2014年4月试运行以来，广州超算中心先后为超过250个用户提供计算服务，其中高等院校用户168个，科研单位用户46个，企业用户34个，个人小微企业用户4个。高等院校与科研单位用户数占总用户数的83.6%，企业潜在用户量存在巨大增长空间。用户覆盖国内18个省、直辖市以及中国香港地区。其中广东省、广州市用户110个，占用户总数的43%。截至2014年年底，共与35家单位签订超算资源使用协议，与12个单位签署战略合作协议。应用覆盖生命科学、材料科学、大气科学、地球物理、能源科学、宇宙科学、经济学等领域。

广州超算中心先后与北京大学、清华大学、中国科学院等高等院校和科研院所建立了合作关系，并已在相关领域开展具体科研合作。5月27日，与英国哈瑞超级计算中心签署《战略合作备忘录》。12月4日，与乌克兰国家科学院控制学研究所就实时图像处理等应用技术达成意向合作协议。11月15日，举办学术论坛，与来自美国能源部先进科学计算研究部、美国阿贡国家实验室、瑞士国家超级计算中心、日本筑波大学科学计算中心等的世界级专家进行深入交流。“天河二号”向参加2014年ASC世界大学生超级计算竞赛的16支决赛队伍开放，这是首次当年世界TOP 500排名第1的超级计算机向大学生竞赛开放。

重点实验室　截至2014年年底，全市共有国家重点实验室17家，省重点实验室196家，市级（培育）重点实验室101家，市级（培育）重点实验室基本覆盖了信息与通信，先进制造，新能源与节能，生物、医药与健康，新材料，资源与环境，现代农业等市战略性主导产业领域，实现了地方重点实验室与国家、省重点实验室的有机衔接，实现了从基础研究、应用基础研究到应用开发研究的全覆盖。

2014年，市级（培育）重点实验室共获得国家级奖励31项，省部级奖励424项，市级奖励523项，发表论文4 911篇，其中国外发表论文1 860篇，被SCI和EI检索收录论文375篇。市级（培育）重点实验室吸引和培养科技创新优秀人才162人，其中中央“千人计划”10人，省部级各类人才计划92人，市“创新创业领军人才百人计划”5人，市珠江科技新星50人。

【新型研发机构】 广州市新型研发机构共21家（按照全省新型研发机构建设现场会公布的数据），其中14家为广州市重点支持推进的共建研发机构。截至2014年年底，已与广州市建立共建关系的新型研发机构共16家，计划投资额逾80亿元。中国科学院网络中心（物联网标识中心）、浪潮集团华南总部及云计算中心、北大冠昊干细胞与再生医学研究院等项目在积极推进中。

人才聚集与创新能力　2014年，广州的新型研发机构人才聚集效应初步显现，创新能力不断增强。中乌巴顿焊接研究院引入中国工程院和乌克兰国家科学院院士各1名，广州中国科学院工业技术研究院科研人员已达400多人，多家共建单位已形成了固定的研发团队或正在组织团队入驻、人才招聘等工作。截至2014年年底，广州中科院工业技术研究院已建和在建15个高新技术研发中心，广东华南新药创制中心搭建了24个各类新药创新平台，积极承担国家、省、市重点科研项目，取得了一批发明或实用新型专利。

技术推广与成果转化　广州中国科学院工业技术研究院、中乌巴顿焊接研究院与60多家企业合作进行技术推广。创维广州研究院、广州市数字视频编解码技术国家工程实验室研究开发与产业化中心、中国科学院广州生物医药与健康研究院、广东华南新药创制中心等一大批研发成果实现产业转化，为全市产业转型升级提供了有力支撑，为广州市实施创新驱动发展战略注入了强大动力。中科院广州生物医药与健康研究院“iPS细胞诱导中的间质—上皮转化过程（MET）研究”项目获得2013年度广州市科学技术奖一等奖，2014年广东省科学技术奖一等奖。2014年，该院共促成并签订重大转移转化项目合同3项，总合同金额5 480万元。截至2014年年底，华南新药创制中心共建成9个“共建技术服务平台”，共47家生物医药企业入驻加速器服务基地，在研项目45项，其中新药合作项目43项；技术服务项目2项。多个合作研发新药项目取得重大进展：2个1类新药申报临床；1个1类新药获得CFDA的II/III期临床批件；2个新药合作项目成功实现转化；1个一类新药项目申请上市；正式启动了3个单抗项目自主研发工作。军事医学科学院华南干细胞与再生医学研究中心已完成国际先进的公共仪器平台、深低温细胞或组织储存库、规模化制备的细胞工厂、干细胞检测平台以及研发平台等重大建设任务。

调研与政策建议　按照省和市统一工作部署，在广泛调研和征求意见的基础上，广州起草了《市共建科研机构建设情况调研报告》及《关于促进新型研发机构建设发展的意见（送审稿）》。主要内容是支持以多种形式灵活组建新型研发机构，明确在符合新型研发机构定位特点的前提下，可以按民办非企业机构、事业单位或企业等多种形式注册组建新型研发机构，分别享受相应的优惠政策；鼓励新型研发机构体制机制创新，探索在高端人才引进、人员薪酬和奖励制度、科研成果处置等方面赋予其充分的自主权；分阶段多方式扶持新型研发机构建设发展，明确新型研发机构建设启动期一般不超过5年，在建设启动期内，无偿给予启动资金支持，建设启动期后，通过金融手段给予后续支持；加大市财政资金对新型研发机构建设发展扶持力度，原则上安排不少于2亿元资金，用于支持研发机构的启动建设和持续发展。按照确定的时间节点，对新型研发机构进行阶段性绩效评估，评估结果作为市财政资金分期投入和后续支持措施的重要依据。

【技术创新专业镇】　2014年，市财政支持专业镇专项项目3个，合计经费240万元，分别为狮岭皮革皮具产业人才培训服务平台、沙湾珠宝产业质量监测服务平台建设和牛仔产业综合创新服务平台建设（增城）。截至2014年年底，广州市拥有狮岭镇皮革皮具专业镇、同德街鞋服专业镇、新塘镇牛仔纺织服装专业镇、花东镇空港物流专业镇、沙湾镇珠宝专业镇、同和街生物医药专业镇6个省级专业镇。

【特色产业基地】　2014年，广州国际生物岛实现总收入4 270万元，同比增长242%；物业出租面积新增4.34万平方米，同比增长103.50%，园区出租率达49%；获批进驻生物岛项目累计97家，总投资额约42亿元，全年新获批项目17家；实现总资产达18.77亿元，同比增长25%；全年投资参股项目11个，投资总额达7.87亿元。积极开展国际合作，11月，成功举办第5届“中英桥”活动。12月22日，中以生命科技园挂牌投入使用。12月，组织中以生物产业创业投资基金系列活动。

第5届“中英生物科技之桥”项目对接会

11月17—21日，以“移动和电子医疗技术在老龄化方面的应用”为主题的第5届“中英生物科技之桥”项目对接会在广州国际生物岛举行。本次活动重点关注“移动和电子医疗技术在老龄化方面的应用”，包括：远程医疗、诊断技术；可穿戴的基于健康监测的传感器技术；基于应用程序的可数字化再生技术；慢性病监测护理支持；康复支持数字技术（如心血管、摔倒）；数字化再生技术；数字移动、数据挖掘技术在家庭护理、养老院和医院设置等方面的应用等。历时5天的对接会，前后参会人员超过200人次，中英双方最终成功配对并现场签署了合作备忘。

中以生物产业创业投资基金系列活动　12月21—25日，以色列前工贸部首席科学家苏格·基莱特曼博士率其团队来访广州国际生物岛，经会谈，中以双方就广州中以生物产业创业投资基金合作达成一致意见。12月25日，由广州基金、生物岛公司与苏格博士团队三方共同签署《广州中以生物产业创业投资基金合作备忘录》。中以生物产业基金将由广州产业投资基金、广州国际生物岛公司与苏格·基莱特曼博士团队共同发起，吸引社会资本联合设立。由广州基金在广州产业转型升级引导基金中每年出资5 000万元，连续3年共安排1.5亿元，广州开发区管委会首期出资5 000万元，并吸纳其他社会资本，基金规模不低于6亿元集中投向广州开发区的生物企业。

【知识产权工作】　以下事件被评为2014年度广州市知识产权十大事件：广州知识产权法院成立；《广州市人民政府关于加强专利创造工作的意见》颁布；广州首建知识产权普法基地；中新（广州）知识城申报国家知识产权运用和保护综合改革试点；最高人民法院知识产权审判“三合一”改革试点工作座谈会在广州召开，广州法院试点工作经验为全国提供样板；“潘高寿”商标被认定为中国驰名商标；广州海关公开知识产权行政处罚案件信息，有效增强执法监督透明度；广州开发区成为广州市首家国家知识产权示范园区；广州开发区成功举办知识产权国际论坛；广东中策知识产权研究院在穗落户。

政策法规体系建设与环境营造　广州市政府常务会议1月13日审议通过了《广州市人民政府关于加强专利创造工作的意见》，将广州打造成为专利创造强市。《广州市人民政府关于加强专利创造工作的意见》提出：全面增强知识产权战略意识，建立健全政府引导、市场主导、企业为主体的专利创造体系，有效整合各级各类创新资源，政策激励和投入力度明显加强，加快提高专利创造主体的创新能力与产出水平；计划到第十二个五年计划期间，全市专利申请量年均增长22%以上，发明专利申请量年均增长25%以上，每百万人口发明专利拥有量年均增长25%以上，国（境）外专利申请和PCT专利量大幅提升，企业、高校、科研院所专利申请量占全市总量的比重达到70%；专利创造能力与全国标杆城市的差距明显缩小，专利综合竞争力居全国城市前列，形成科学发展的“广州创造”新格局。“建设知识产权枢纽城市”被纳入2014年度广州市《政府工作报告》的重要工作内容。

市知识产权局会同市财政局研究起草《广州市专利工作专项资金管理办法》，大幅提高专利工作专项资金额度。7月，出台国内地方政府第1部规范专利行政执法的政府规章《广州市专利行政执法办法》，积极推动专利行政执法规范化，营造公平有序的执法环境。4月，制定《广州市知识产权局全面深化知识产权体制改革工作方案》，启动知识产权体制改革工作。8月，市知识产权局与广州海关、黄埔海关联手推动成立全国首个地区性行业协会知识产权边境保护联盟。知识产权普法基地建设工作是市知识产权局2014年的普法工作重点，国家知识产权局专利局专利审查协作广东中心以其丰富的行业信息资源和高端人才队伍优势在申报单位中脱颖而出，11月被广州市知识产权局认定为首批广州市知识产权普法基地，成为全国首个知识产权普法基地，为常态化开展普法工作开拓新的渠道。

10月23日，首次组织召开高规格全市知识产权工作会议，广州市市长在会上全面总结了近年来的工作情况，对广州市下一步知识产权发展定位和目标做出总体部署，同时为获得第2届“广州市保护知识产权市长奖”的单位颁奖。

重大知识产权项目建设　1月，在广州市召开的第14届99次市府常务审核通过萝岗区制定的《关于在中新广州知识城开展国家知识产权保护和服务综合改革试点的总体方案》，试点通过深化知识产权行政服务体系的综合改革，强化司法保护，实现知识产权产业化、商品化、资本化，建设立足华南、辐射全国的知识产权保护和服务业高地。

6月，中新广州知识城管委会与广州仲裁委合作签约仪式，标志着广州知识产权仲裁院入驻萝岗知识城。广州仲裁委员会是中国裁决案件最多的仲裁机构之一，在知识产权仲裁方面积累了成功经验。引进仲裁机构入驻萝岗，对提高萝岗知识产权保护能力，完善知识产权服务业态，优化开发区营商环境具有重要作用。

12月，广州知识产权法院挂牌运作。根据11月3日起正式施行的《最高人民法院关于北京、上海、广州知识产权法院案件管辖的规定》，广州和上海的知识产权法院以审理专利等民事侵权案件为主，以行政处罚类知识产权行政案件为辅，不审理专利商标行政授权确权案件。知识产权法院按照审级设置，既是初审法院，又是上诉法院。广州知识产权法院将实行跨区域管辖。首先对广东省内其他地市的部分案件享有一审管辖权。具体包括专利、植物新品种、集成电路布图设计、技术秘密、计算机软件民事和行政案件，涉及驰名商标认定的民事案件。广东省内其他中级人民法院、各基层人民法院对上述类型案件不再受理。当事人对广东省内基层人民法院作出的第一审著作权、商标、技术合同、不正当竞争等知识产权民事和行政判决、裁定提起的上诉案件，由广州知识产权法院享有上诉案件二审管辖权。

专利创造与运用 全年专利申请46 330件，同比增长16.6%，在全国19个副省级以上城市中增速最快，其中发明申请14 589件，同比增长20.0%；专利授权28 137件，同比增长7.6%，其中发明授权4 590件，同比增长13.2%；PCT国际申请554件，同比增长19.7%。改革专利产业化项目立项办法，按照市场认可和后补助的原则遴选项目，提高资金使用绩效，减少项目的各种风险。共有20家企业利用专利权质押获得7.23亿元贷款，5家中介代理机构与保险公司签约合作，全市新增投保专利共60件，完成首单广州地区专利保险理赔工作。

知识产权保护 全市共立案处理专利纠纷178件，同比增长31.9%；立案查处假冒专利案件251件，同比增长78.0%。实施“市区共建、多方联动、重心下移”的执法工作思路，全市区县局办理专利侵权假冒案件约占全市总量的70%。

试点示范培育工程 广州开发区获“国家知识产权示范园区”称号，海珠区、番禺区成为国家第3批知识产权强县工程试点区，越秀区获批设立省知识产权服务业集聚发展试验区，12家企业被认定为广东省知识产权示范企业或优势企业，8家学校被评选为市级知识产权教育试点学校。

【科技交流与合作】 2014年，广州市支持对外科技合作项目22项，支持经费达2 015万元，其中支持对外合作平台8个，支持资金315万元。2014年组织对外科技合作入库项目44项，预算支持金额1.24亿元。2011—2014年，广州市支持的国际技术合作平台达40个，支持经费总额达2 202万元，带动社会总投入9 157万元。

政府协调与专题研究 2014年，广州市科技和信息化局与广州市人民政府台湾事务办公室共同拟定《广州市支持台资企业科技创新资金安排方案》并经市政府批复同意实施；草拟了《广州市人民政府与中国工程院战略合作框架协议（征求意见稿）》，并已书面征求市委组织部等9家单位的意见；编撰了《关于企业海外孵化器的调研报告》《北京武汉大连等地开展海外孵化建设经验对我市的启示及建议》《广州市科技招商工作方案》等。

穗英合作 广州地铁与英国伯明翰大学签署了科技合作框架备忘录，标志着双方将扩大在广州城市轨道交通节能、安全、环保和效率等领域的合作，并为推进建设科技创新中心打下基础。召开“2014年英中智能电网研讨会”，旨在加强学术界和工业界的协同合作，促进新兴智能电网技术的研发，推动中英联合研发中心和知识转移基地的建立。

穗独联体合作 截至2014年年底，独联体国际科技合作资源数据库已收集项目1 353项，专家266人，机构375个。2014年度累计向企业开展各类项目推介活动12次，累计推介项目86项。12月5日，在广州举办了“广州—乌克兰科技合作重大项目推介会”。依托广东独联体科技合作联盟共组织了3批8人次的乌克兰专家来穗进行交流对接和项目指导。

12月，《广州市人民政府与广东省工业技术研究院关于加大力度支持中国—乌克兰巴顿焊接研究院建设的框架协议》获市政府常务会议原则通过。中乌研究院“Ti-Al-Si-Zr系粉末高温钛合金的联合研发”等5个与乌克兰国家科学院合作的项目入库；“燃气轮机表面处理和修复项目”作为市政府支持中乌研究院的重大项目，获立项通过，财政支持经费5 000万元。研究院的现代焊接装备与工艺研究等5个具有国际一流水平的核心技术平台的建设已初具规模，已有固定研究人员64人，其中中国工程院院士1名、乌克兰国家科学院院士1人。

穗港合作　2014年，广州市与香港科技大学科技合作签约项目16项，9项通过评审。7月，组织代表团赴香港科大交流，实地了解香港科大科技资源、科技创新能力和科技项目情况，并对2015年度广州市协同创新重大专项对外科技合作项目申报指南作详细介绍。10月，广州市科技和信息化局马正勇局长与香港科大李行伟副校长会晤，双方达成多项共识。

【科普工作】　2014年，广州市稳步推进广州科学馆筹建准备工作，落实用地规划红线，组建广州科学馆专家咨询委员会，完成展教大纲编制。以“科学智慧生活、创新创业圆梦”为主题组织策划2014年广州科技活动周，开展科普基地“三进”系列活动、珠江科学大讲堂、广州科普精品一日游等五大类共100项重点活动。新认定14家科普基地，举办第3届“广州市十佳科普讲解员大赛”，承办2014年全国科技活动周重大示范活动全国首届“科普讲解大赛”。与羊城晚报社、广东科学中心合作，继续举办珠江科学大讲堂系列活动，邀请国内高层次人才普及前沿科技发展知识，全年共举办了6期。将已出版的广州高新技术科普丛书（第2辑）8本发放到市各有关单位、区县科技行政部门和部分学校。启动第3辑丛书共6本的编写工作。

科普法规和政策建设　推进科普条例修订工作，修改《广州市科学技术普及条例》修订稿，提交市政府审议。围绕下一步贯彻落实《科普条例》的规定，启动科普基地认定办法修改相关工作。

科普基地建设　2014年，新认定14家科普基地。广州科普基地联盟组织开展了广州地区科普“三进”活动，通过联合展览或专题展览、科普讲座、课外兴趣小组、科普剧表演、科普实验等形式为校园师生送去科普大餐。5月，“两岸四地科普工作交流会”在广州举行，来自内地、香港、澳门、台湾等地的科普同行共200余人参加了交流会。收集和更新科普基地宣传资料，通过微信平台、广州科普网等平台向市民推送。继续推进科普游活动，对市科普基地按内容进行整合，形成系列线路，委托旅行社开展亲子科普游，对报名参加的家庭给予交通补助。

科技活动周　5月17日，由广州市科技和信息化局、广州市委宣传部、广州市教育局、广州市科学技术协会、萝岗区人民政府共同主办的2014年广州科技活动周开幕式暨科普基地“三进”系列活动在萝岗区玉岩中学隆重举行。

2014年广州科技活动周以“科学智慧生活，创新创业圆梦”为主题。开幕式上，科技企业代表宣读了“科技开放日”倡议书，领导嘉宾为广州市青少年科技创意大赛获奖者颁奖。开幕式现场还举办了创新创业成果展示和体验、青少年科技创新成果展、科普基地联盟展品展示等主题活动，通过大型科普博览和体验的形式向市民展示科技产业最新科技成果，倡导科学智慧文明的生活习惯，展示科技和信息化在支撑经济转型升级的作用。

5月17—25日，广州科技活动周围绕环境保护、防震减灾、科技下乡、卫生保健等主题，广州市直部门、各区、县、科普基地等将组织举办各类科普活动100多项，有45家高校、科研机构和企业对市民和中小学生开放，既有高精尖重大科技成果，也有贴近市民日常生活和热点问题的展品，从食品制造到昆虫科学，遍布多个领域；既有科普讲座、论坛，又有基地进校园和科技推广活动，为广大市民呈现精彩纷呈的科普大餐。

本届广州科技周开幕式及其主题活动呈现四大精彩亮点：一是开展科普基地“三进”系列活动，组织10余家科普基地在现场进行科普基地展品展示，现场展示的科普大篷车20个互动科普展品、5D 科普电影体验车为参加开幕式的公众带来了丰富的科普体验。二是以成果展的方式呈现科技成果。创新创业成果展，主要展示企业的创业发展历程、现代产业发展的新趋势，主要产品的新应用，并提供展品互动。青少年科技创新成果展，通过展板展示了第29届广州市青少年科技创新大赛推荐参加省科技创新大赛的主要成果，有效地启迪了孩子们的创新思维，激发了孩子们的创新灵感。三是举办科技企业开放日体验游。组织200名市民分四条线路参观科技企业，包括金发科技、广电运通、视睿电子、香雪制药、益海粮油等高科技企业，使市民了解高新技术在工业中的新应用以及现代产业发展的新趋势。四是邀请院士开讲珠江科学大讲堂。以海洋保护为主题，邀请中科院南海海洋研究所张偲院士主讲，为青少年学生更多了解海洋知识，树立保护海洋资源及维护国家海疆的意识，营造良好的科技创新氛围。

【防震减灾】 2014年度广州市防震减灾工作在中国地震局考核中获评为“综合考核先进单位”，在广东省地震局考核中获评为“先进单位”以及“防震减灾工作保障先进单位”。荔湾区被认定为首个省级防震减灾示范区；番禺区地震办在中国地震局、省地震局考核中，均获评为县级防震减灾工作“先进单位”；海珠区地震办在省地震局考核中获评为“优秀单位”。

地震监测 依托地震台网实现震情监测、测报并及时组织应对。快速、准确、高效应对新疆于田M7.0级地震、河源M3.8级地震及M4.2级地震等震情。

地震安全示范工程 2014年，广州市建成地震安全示范社区15个，其中7个社区获评为“省级示范社区”。截至2014年年底，广州市累计有示范社区25个，国家级社区3个，省级社区12个。

地震应急救援和防震减灾宣传 开展地震应急演练活动超过20场，举办防震减灾科普知识讲座20多场。举办“广州市2014年防震减灾志愿者培训”活动；组织全市地震部门开展“2014年广州市地震系统地震应急桌面演练”。结合“5·12”全国防灾减灾日开展“防震减灾科普宣传和政策咨询活动”；开发具有特色的科普产品，打造科普视频、动漫游戏等。

（广州市科技创新委员会 刘时良）

深 圳 市

2014年，深圳市科技创新工作紧紧围绕“三个定位、两个率先”的总目标，紧扣“三化一平台”改革主攻方向，坚持质量引领、创新驱动，积极推进国家创新型城市建设，努力建设国家自主创新示范区，全力构建综合创新生态体系，大力打造创新型经济，充分发挥科技创新在经济发展进入新常态下的支撑和引领作用。2014年，深圳全社会研发投入占GDP比重达到4.02%，提前完成“十二五”规划目标，PCT国际专利申请量连续11年稳居全国首位。深圳在福布斯中文版发布的“2014中国大陆城市创新力”排行榜中居榜首。

【科技政策法规】 5月，国务院批准深圳建设国家自主创新示范区，这是首个以城市为单元的示范区，其后，深圳在搭建组织架构、编制发展规划、法规政策创新、科技体制改革等方面取得了阶段性成效，通过战略布局、顶层设计，高起点、高标准、高质量地加快示范区建设。部际协调小组成立并在深圳召开第一次会议，成立国家自主创新示范区领导小组，为示范区建设提供国家层面的组织保障。市科技创新委会同相关部门完成《深圳国家自主创新示范区发展规划纲要（2015—2020年）》和《深圳国家自主创新示范区空间布局规划（2015—2020年）》的起草工作。市科技创新委全面梳理政策，与法制办等部门共同完成《深圳经济特区国家自主创新示范区条例》起草工作并报市政府审议。

【科技体制改革】 2014年，深圳市率先全国启动科技体制改革，主动承接国家、省6项重点改革任务，在全国新一轮科技体制改革中赢得了主动权。在改革中，始终将市场化和法治化贯穿于全过程，努力使“市场发挥决定性作用和更好发挥政府作用”在科技创新领域得到率先体现。

投入方式改革 2013年12月出台了全国首个科技研发资金投入方式改革方案——《深圳市科技研发资金投入方式改革方案》，利用财政资金引导、放大和激励作用，全面撬动资本要素投向科技创新，2014年实施初见成效，使深圳成为国家引导社会资本进入科技创新领域的先行区。其中，通过银政企合作贴息，政府以5 000万元成功撬动了近20亿元银行资金投向科技中小微企业，财政资金被放大了近40倍，为有效解决中小微企业融资难、融资贵问题提供了新路径；通过股权有偿资助，将以往的政府无偿资助改为阶段性持

有股权，有效实现财政科技资金的保值增值。

管理模式创新　率先在全国构建了市、区统一的科技管理信息化系统，推进科技管理的公正、公平、公开、规范和高效。截至2014年年底，100多亿元科技经费项目实现了网上征集、申报、受理、专家评审、现场考察、合同签订以及资金拨付“一站式”服务。

评审机制改革　率先全国实行项目专员终身责任制，继续完善专家评审评估决策参考机制，优化专家评审体系，健全听证公示、社会咨询、专家论证和效果评估制度，提高决策的科学化、民主化水平。

【科技型企业】　深圳市科技型企业超过3万家，其中销售额超千亿元的3家，超百亿元的17家，超十亿元的157家，超亿元的1 203家。截至2014年年底，经认定在有效期内的国家级高新技术企业4 742家，同比增长23.62%，市级高新技术企业1 820家。深圳企业在技术创新中处于主体地位，呈现出“4个90%”的鲜明特征，即90%的研发人员、研发机构、科研投入和专利产出均来自企业。

深圳市以需求为导向，以应用促发展，发挥企业在技术创新决策、研发投入、科研组织和成果转化的主体作用，积极为企业提供“定制式”的贴身服务。2014年，在企业布局创新载体累计近600个，占全市创新载体总数60%以上。全市1 574家企业享受到了研发费用加计扣除优惠政策，加计扣除额228.15亿元、减免税收57.03亿元，近1万份企业技术合同享受到了登记服务，技术交易金额255亿元、减免税收近15亿元；3 836家国家高新技术企业享受到减免企业所得税优惠政策，减免企业所得税共62.57亿元。高成长性的创新型中小企业不断涌现，深圳超多维光电子有限公司是国内规模最大的裸眼3D技术提供商，深圳市大疆创新科技有限公司无人直升机占领全球50%以上的市场份额。

【产学研结合】　2014年，深圳市进一步强化，积极开展特派员行动计划、特派员工作站、院士工作站、产学研示范基地、产学研创新平台等工作建设。2014年，新增科技特派员13个，组织申报省部省院产学研结合项目57项，项目涵盖了新能源、电子信息、软件、新材料、生物医药、先进制造以及环保等领域，涉及全市近47家企业以及5所高等院校和科研院所。

【创新能力建设】　深圳原始创新能力不断加强。近两年，深圳获国家技术发明一等奖、国家科技进步一等奖等19个国家科技大奖。腾讯、比亚迪等4项发明获2013年度中国专利金奖，占全国1/5。在2014年陈嘉庚青年科学奖5名得主中，2人来自深圳。在福布斯中文版首次发布的2014“中美创新人物”中国10人名单中，深圳占5席。

核心技术攻关能力显著增强　2014年，市科创委推荐深圳市机构383个项目承担国家、省各类科技计划，申请资金约35亿元，已核拨约15亿元。新增国家自然科学基金项目398项，累计2 002项；新增省自然科学基金项目131项。2014年，全市支持重大技术攻关项目147项，投入资金6亿元。4G技术、基因测序分析、超材料、新能源汽车、3D显示等领域核心技术自主创新能力位居世界前列。

创新载体建设稳步推进　2014年，国家、省、市级重点实验室、工程实验室、工程（技术）研究中心和企业技术中心等创新载体累计达到1 107家，比“十二五”规划初期净增700多家，覆盖了国民经济社会发展主要领域。

创新人才高地逐步构筑　2014年，深圳市全市人才资源总量约400万人，累计“海归”5万人，全职院士12人，“千人计划”人才103人，广东省领军人才12人，广东省南粤百杰人才7人。2014年，新引进“孔雀计划”团队14个，累计59个，其中广东省创新科研团队24个，约占全省的26%，在全省各市排名第1。

【科技服务体系】　2014年，深圳继续完善科技服务体系建设，全面落实《国务院关于加快科技服务业发展的若干意见》，设立技术服务专项资金，培育和壮大科技服务市场主体，鼓励和引导开展各类科技服务，逐步形成了涵盖研发设计、技术转移、检验检测认证、创投孵化、知识产权等在内的科技服务体系。2014年，深圳科技服务业总产出超过800亿元，增速超过25%，成为国家首批科技服务体系建设试点城市和“中国创新驿站”首批试点地区。根据技术合同登记统计，2014年，深圳技术交易规模256亿元，同比下降了7.2%，占广东省48%，连续多年居计划单列市第1。全年深圳市技术合同共输出到其他国家和地区404项，同比上升5.5%，技术交易金额16亿元，技术输出到全球多个国家和地区。

11月25日，由科技部和深圳市政府共同建设的国家技术转移南方中心揭牌成立，标志着科技部提出的“2+N”全国技术转移体系完成了初步布局。科技部副部长曹健林、深圳市市长许勤共同为国家技术转移南方中心揭牌，这是继北京、郑州之后，我国布局建设的第3个国家级技术转移中心。南方中心将发挥深圳高新技术企业众多、创新活动活跃、市场体制机制完善等方面的优势，探索服务全国的技术转移和转化新机制、新途径，为深入实施创新驱动发展战略，加快建设创新型国家发挥更加积极的作用。

深圳将组织实施建设集聚空间、设立科技成果转化联合基金、建设国际化技术转移体系、推动高校科研机构技术转移体制机制创新、加快知识产权商业化发展、建立新型研究机构、构建公共服务平台和完善技术转移政策体系等八大工程，促进国家技术转移南方中心建设。

【科技成果与奖励】 2014年度，由深圳高校、科研机构及企业主持或参与完成的17个项目获国家科技大奖，其中包括国家技术发明奖6项、国家科学技术进步奖11项。其中，“大掺量工业废渣混凝土高性能化活性激发与协同调制关键技术及应用”等6个项目获得国家技术发明奖；由华为技术有限公司主持完成的“超宽带新铜线接入技术创新与产业化”、中兴通讯股份有限公司主持完成的“协同高速无线通信系统”等11个项目，获得国家科学技术进步奖。

获奖项目呈现3个特点：一是含金量高，2014年有6个项目获国家技术发明奖，占获奖项目28.3%，高出国家25%的平均水平。二是企业创新成果丰富，深圳优势通信产业项目继续保持优势，获奖项目中有8个项目与通信产业相关，约占获奖项目的一半。同时，中兴通讯股份有限公司斩获7个国家科技奖，华为技术有限公司连续8年获得国家科学技术奖，凸显这两家企业自主创新的“活性”十足。三是产学研合作成果落地效果明显，除了传统优势领域，深圳获奖项目还覆盖化学、农业、生物医药、医疗器械、先进制造、轨道交通、建筑等领域，获奖项目凸显国内高校与深圳企业协同创新、科研成果在深圳企业落地效果明显。

【高新技术与战略性新兴产业】 2014年，全市实现高新技术产业产值15 560.07亿元，同比增长9.89%。其中：电子信息产业产值13 689.76亿元，同比增长10.02%；先进制造产业产值728.50亿元，同比增长8.34%；新能源产业产值498.38亿元，同比增长7.09%；生物医药产业产值337.59亿元，同比增长8.78%；新材料产业产值226.50亿元，同比增长11.30%；其他高技术产业产值79.34亿元，同比增长22.34%。

深圳市前瞻地布局了生命健康、海洋经济、航空航天和机器人、可穿戴设备、智能装备等未来产业，着力培育创新型经济新的增长点。2014年，深圳的战略性新兴产业总规模接近1.9万亿元，年均增长20%以上，为同期GDP增速的2倍；增加值占GDP比重达35%。其中，生命健康产业规模力争在2020年达到1 500亿元，建成全球重要的生命健康产业基地、国际领先的生命信息和高端医疗服务中心、国内知名的健康管理和养生休闲服务中心，已形成华大基因、北科生物、源正细胞、倍泰健康、先健科技、赛百诺、健康元、第一健康等一批特色骨干企业；航空航天产业规模力争在2020年达到1 500亿元，初步建成细分领域优势突出、国际知名国内领先的航空航天产业基地和区域创新中心，打造成为中国航空航天产业名城，已形成光启研究院、太空科技南方中心、大疆创新、一电科技、东方红海特、华信天线、南航电子、多尼卡、中集天达等一批特色骨干企业或机构。

【深圳高新区】 2014年，深圳高新区园区实现工业总产值4 920.13亿元，营业收入4 674.39亿元，上缴税收309.9亿元，高新区内年产值超亿元企业429家。推动科技金融融合，成立高新区科技金融联盟，联盟现有成员203家。拓宽孵化载体政策领域，2014年经认定或资助的科技企业孵化载体76家，其中国家级孵化器12家，省级孵化育成体系试点单位6家；拥有孵化场地面积约150万平方米，在孵企业近4 000家，毕业企业近2 400家。在科技部组织的全国国家级高新区综合评定中，深圳高新区排名第2位。

【科技金融】　2012年12月7日，深圳市科技金融服务中心牵头成立了“深圳市科技金融联盟”（以下简称“联盟”），联盟分设5家区级科技金融联盟服务中心，7个科技金融联盟工作站。联盟成立以来，多次举办了“科技金融讲座”“科技金融创新产品推介会”“科技金融政策解读会”等活动，有效地促进了科技金融结合工作。2014年3月、5月、6月、8月，联盟分别在光明新区、福田区、龙华区、宝安区分别设立区级“科技金融联盟服务中心”，进一步推动了科技金融的市区联动，带动各区（新区）提升投融资服务水平，有效解决中小微科技企业融资难、融资贵的问题。截至2014年年底，联盟成员203家，分别来自银行、交易所、证券、创投、小额贷款、担保、保险和高科技企业。

【知识产权工作】　2014年，深圳市以建设知识产权示范城市为主线，坚持服务产业转型升级、创新驱动发展大局，开拓创新，知识产权工作取得显著成效。

知识产权产出　2014年，深圳国内专利申请量为82 254件，同比增加1.98%；其中发明专利申请31 077件，同比减少3.51%。国内专利授权53 687件，同比增长7.90%；其中发明专利授权12 040件，同比增长9.58%。截至2014年年底，深圳累计专利申请561 662件，累计专利授权330 657件；有效发明专利达到70 870件，居全国各大中城市的第2位；每万人口发明专利拥有量达到了65.75件，居全国各大中城市的首位，是全国平均水平（4.9件）的13.4倍。PCT国际专利申请量11 639件，同比增长了15.82%，占国内企业和个人申请总量的48.48%（不含国外企业和个人在我国的申请），连续11年居全国大中城市第1。

2014年，深圳商标注册核准量全年共计57 250件，同比增长44.84%。截至2014年年底，深圳商标有效注册量达到291 908件，深圳商标核准量、有效注册量均居全国各大中城市的第4位；新增驰名商标16件，截至2014年年底，深圳累计拥有驰名商标143件，居全国副省级城市的首位。2014年，深圳市软件著作权登记量为23 002件，同比增长54.02%，占全国申请总量的10.51%，位居全国大中城市第2位。

第16届中国专利奖评选中，深圳企业共夺得4项金奖，与2013年持平，其中3项发明专利金奖（全国共20项），1项外观设计金奖（全国共5项）。广东省2013年度专利奖评选中，深圳获4项专利金奖（全省共15项），5项专利优秀奖（全省共55项）。2014年共评选深圳市专利奖25项。

知识产权运用　2014年，根据《深圳市促进知识产权质押融资若干措施》，建立了知识产权质押融资协作机制，开展专题培训和对接活动，各区开展知识产权质押融资的积极性得到提升。南山区设立知识产权质押融资专项资金，在全市率先推出“知识产权质押融资贷款项目”；福田区出台了知识产权质押融资激励措施；南山区、福田区知识产权质押融资额达到2.575亿元。

2014年，深圳市专利展示交易平台共完成知识产权交易232件，交易额达553.32万元。交易平台自开始运行至今可交易专利项目达7 956项，覆盖了电子机械、农林牧渔等近30个技术领域，已完成549件专利的交易，交易额累计达到4 400多万元。

知识产权保护　2014年，深圳市食品药品监督管理局与深圳市市场监督管理局合并，成立深圳市市场和质量监督管理委员会，“大市场、大监管、大标准、大质量”的大知识产权保护体系进一步完善。

2014年，深圳市市场监督管理局（知识产权局）开展了打击网络侵权盗版“剑网2014”等专项行动，全年共办理商标案件1 160宗，案值1 334万元，罚没334.63万元，移送司法机关60宗；办理专利案件299件，行政处罚金额20.03万元，调解赔偿金额19.9万元；办理版权案件91宗，罚款超过2.6亿元；查处了深圳市快播科技有限公司侵权案等反响强烈的大案要案。深圳市文体旅游局立案调查案件658宗，收缴罚没款约144.5万元。深圳海关开展了保护2014年世界杯足球赛知识产权“绿茵行动”、粤港海关保护知识产权联合执法行动。

深圳市公安机关充分发挥打击假冒伪劣犯罪专项行动工作质量考评体系导向作用，建立打击侵犯知识产权犯罪标准化质量管理体系，打击知识产权刑事犯罪工作得到质的提升，全年共破获各类假冒伪劣犯罪案件1 326宗，逮捕852人。深圳市检察机关加大督促刑事案件移送力度，共批捕侵犯知识产权犯罪案件399宗758人；起诉428宗714人。深圳市各级人民法院继续推进和完善知识产权“三合一”审判体制改革，着力深化“深圳模式”，全方位迈进改革步伐，完全实现知识产权民事、刑事、行政三类案件在全体法官中随机分配审理，全年受理知识产权案宗11 528宗，结案10 355宗。

知识产权管理和服务体系　2014年，深圳市财政委员会和深圳市市场和质量监督管理委员会联合修订了《深圳市知识产权专项资金管理办法》，加强对知识产权重大专项、知识产权运营机构等的资助力度。深圳市市场和质量监督管理委员会制定了《深圳市专利联盟管理办法》，为规范、激励专利联盟发展提供了指南和政策依据；制定了《深圳市重大科技与经济活动知识产权评议管理办法》，为政府投资、引进重大项目开展知识产权风险评估提供了政策依据；出台了《深圳企业知识产权行为规范指引》《企业海外知识产权协作指引》，引导企业建立知识产权管理制度，指导企业海外知识产权维权。

2014年，共组织《企业知识产权管理规范》培训4场，参训企业超过200家，参训贯标辅导机构40家，企业贯标积极性大幅提升，共有30家企业完成贯标工作流程，其中朗科公司通过标准认证。

截至2014年年底，深圳市拥有专利代理机构81家，拥有专利代理资格人数571人，从业人员数量超过2 500人。专利信息查询系统、专利资助在线申报系统、知识产权工作网站等服务平台建设不断加强，深圳市知识产权工作网站于11月正式上线。

知识产权宣传培训　4月，深圳市知识产权局在知识产权宣传月期间举办了主题为“发展知识产权，支撑创新转型”的知识产权文化宣传月活动，开展了多场关于企业知识产权维权、诉讼及运营的高端论坛与专题培训活动；在《深圳特区报》专版发布了“深圳知识产权的八项‘第一’系列报道”，对深圳知识产权工作所取得的成绩进行了多角度的报道；推动知识产权走入深圳“市民文化大讲堂”，拉近了知识产权与市民之间的距离；承办国家知识产权局“知识产权走基层，服务经济万里行”深圳站大型知识产权公益服务活动。深圳市人民检察院遴选近两年来全市检察机关办理的16个侵犯知识产权犯罪典型案例，在媒体上发布，向企业和市民介绍侵犯知识产权犯罪典型案例的办理情况。深圳市中级人民法院发布了《深圳法院知识产权保护状况白皮书（2013.5—2014.4）》、公布了“深圳法院2014年十宗知识产权典型案例”。

2014年开展知识产权专题培训50多场，受训人数近万人。引进国家知识产权师资力量举办专利分析实战培训班两期，效果良好。2014年是深圳市在全省率先开展知识产权专业技术资格评审试点工作的第6年，全市申报人员全部通过了评审。

【科技交流与合作】　2014年，深圳市深化与以色列、比利时、匈牙利、加拿大等国的科技交流合作，推动英国、美国、澳大利亚等国家在深圳设立研发机构或技术转移机构。深圳国际科技商务平台累计引进了34个国家和地区的56家境外科技机构入驻，与国外104家技术转移机构建立联系，签署合作协议2家，共引进技术253项。

推进深港创新圈建设，发挥两地政府创新合作协调机制，加强在科技、民生、教育、文化等领域合作。自2007年起，深港两地联合资助深港合作项目累计57项，深圳单方资助深港合作项目227项，双方共投入资金超过3.5亿元；香港在深设立各类科研机构43家，累计研发项目超过400个，注册企业16家；在南山云谷建成首个深港青年创新创业基地，为深港两地青年搭建科技交流合作平台。

【科普工作】　深圳市科协以自主创新大讲堂、

青少年科技创新大赛、青少年高校科学营等科普活动为抓手推动全市科普工作。2014年全年共举办“自主创新大讲堂”132期，期中，干部学习专场12期，创新型城市类论坛20期，科学技术类论坛24期，系列科普讲座76期。共邀请演讲嘉宾130人次，共26个学会协会、民非、高校等机构承办，参与听众26 000人次以上。在8月举行的第29届全国青少年科技创新大赛中，深圳代表队学生和老师作品各获得1个二等奖、2个专项奖。

（深圳市科技创新委员会　程　山）

（深圳市知识产权联席会议　深圳市知识产权局）

珠　海　市

【科技政策环境】　2014年，珠海市颁布实施《中共珠海市委 珠海市人民政府关于实施创新驱动发展战略 建设创新型城市的意见》和3年行动计划，加快创新型城市步伐；出台《珠海市企业研究开发费用税前加计扣除管理办法》，完成1 343个企业研发项目鉴定，帮助企业享受研发费税前加计扣除政策减免所得税额达2.8亿元，安排市财政资金5 000万元对企业研发费给予补贴，激发企业自主创新投入热情；制定《珠海市引进创新创业团队管理暂行办法》，对入选的市级创新创业团队可予以最高2 000的无偿资助，于2014年8月正式出台；2014年12月，制订《推进珠海市新型研发机构发展工作方案》，重点推进清华创新中心、中美食品安全研究中心和世界食品中心等新型研发机构落地和建设；制订实施《2014年珠海市知识产权战略实施推进计划》，加快国家知识产权试点市建设。

【科技计划项目】　2014年，珠海市与广东省科技厅签订《广东省重大科技专项联合推进工作框架协议》，组织实施市本级重大科技专项，安排市级财政资金4 800万元对22个项目市级重大项目给予无偿资助，安排5 000万元扶优扶强资金对承担市级重大项目的企业给予贷款贴息。

【产学研结合】　2014年，鼓励企业和高校、科研院所在先进装备制造、战略性新兴产业领域开展共性技术和关键核心技术攻关。加快落实与清华大学、华南理工、中科院广州分院等高校院所签订的合作协议，加速集聚高端创新资源。依托珠海大学园区高校、国家重点实验室分支机构、科技企业孵化器、产学研示范基地、技术创新专业镇等载体。落实孵化器倍增计划，打造覆盖研发、孵化、平台、生产的完整产业链，推动“产学研”和“政孵投”六位一体的大孵化体系建设。

支持平台项目15项，新增省级科技企业孵化器2家，25个项目获省产学研合作专项经费支持。推进“中国科学院广州技术转移中心珠海中心”的组建工作，组织软件、电子信息、生物医药等企业赴广州、深圳等地科研院所、高校进行产学研合作交流，为企业寻找优质科研资源创造良好的条件，促成企业与相关科研院所的产学研合作。

【高新技术及战略新兴产业】　2014年，该市新增高新技术企业40家，5家企业入选国家火炬计划重点高新技术企业该市高企认定通过率达93%。截至2014年年底，全市高新技术企业总数达346家。2014年，炬力集成电路设计有限公司等6家企业获省创新型企业称号，珠海全志科技股份有限公司等6家企业被认定为省创新型试点企业。截至2014年年底，珠海市共有省战略性新兴产业骨干企业10家，省战略性新兴产业培育企业16家，广东省战略性新兴产业基地6家。全年共有290项产品获省高新技术产品认定。

高新区　2月28日，科技创新海岸（北围及TOD）项目正式启动市政道路二期工程，标志着“产城融合，生态宜居”的高新区科教新城序幕全面拉开。科技创新海岸（北围及TOD）项目是唐家湾滨海科技新城的重要组成部分。

中国海洋石油珠海深水工程装备制造基地

6月，我国首个深水装备制造基地一期工程基本完工——中国海洋石油珠海深水工程装备制造基地在珠海建成。该基地一期工程建成设计楼、切割车间、110米码头、滑道186米，最大承受能力35 000吨，具备4万吨的组块建造能力。当年底，启动二期工程建设。

国机（珠海）机器人科技园　5月14日，珠海市与ABB集团、国机（珠海）机器人科技园有限公司签署战略合作框架协议。根据协议，中国机械工业集团旗下中汽工业工程有限公司等将在珠海高新区投资建设国机（珠海）机器人科技园，引入ABB机器人研发设计、制造销售等公司入驻，打造珠海高端智能装备产业基地。协议的签署标志着ABB机器人项目落户珠海取得突破性进展，将有力地促进珠海“三高一特”产业集群发展。

【创新能力建设】

创新载体建设　全社会R&D经费投入预计超过45亿元，占GDP比重达2.6%。科技创新公共实验室13家。有国家级工程研究中心4家、省级80家、市级56家；国家级企业技术中心2个、省级45个、市级重点企业技术中心139个。国家重点实验室分支机构5家，省重点实验室1家，省重点实验室产学研培育基地1家，县及县级以上国有研究与开发机构、科技情报和文献机构6个。

创新人才队伍建设　广东省第四批领军人才引进计划中，广东博观科技有限公司董事长李迪博士入选，成为全省唯一入选自主创业类的领军人才。

孵化体系建设　加快珠海信息港、清华科技园二期等孵化载体建设，加大力度引进社会资本共同建设孵化器，以南方软件园、哈工大新经济港、大洲科技园、珠海信息港、清华科技园等为主的“大孵化体系”正不断完善。

2月28日，将集聚入园孵化企业及各类服务机构超过200家的珠海大洲科技园正式开园，这是由珠海高新区管委会与民营资本共同打造的科技企业孵化器，也是孵化器“倍增计划”的重要组成部分。

6月底，珠海首家以咖啡厅为载体的开放式创业孵化平台——创业咖啡正式开门迎客，这是高新区南方软件园为早期创业者搭建的一个具有共享办公、人才交流、技术分享、市场拓展、项目对接等一站式服务的创新型创业孵化平台。

2月28日，珠海信息港项目举行奠基仪式。珠海信息港建成后将成为以互联网、移动互联网、物联网、大数据、人工智能及高端电子信息产业等为代表的战略性新兴产业孵化基地。

【科技成果与奖励】　2014年，珠海市登记科技成果85项，技术合同577项，技术合同成交额22.5亿元。珠海格力电器股份有限公司“基于掌握核心科技的自主创新工程体系建设”、广东粤电集团有限公司珠海发电厂合作完成的“大型电站锅炉混煤燃烧理论方法及全过程优化技术”、珠海方正科技多层电路板有限公司与高校共同完成的“高密度互联混合集成印制电路关键技术及产业化”等3个项目获2014年度国家科技进步奖二等奖，是珠海市获得国家科技进步奖项目数量最多的一年。

珠海市有13个项目获2014年度广东省科学技术奖。珠海格力电器股份有限公司与珠海格力节能环保制冷技术研究中心有限公司共同完成的“新型高效磁阻电机的研发及其在变频压缩机和空调中的应用”、珠海清华科技园创业投资有限公司合作完成的“深圳清华大学研究院产学研深度融合的科技创新孵化体系建设”2个项目获省科学技术奖特等奖；广东珠海淇澳—担杆岛省级自然保护区管理处合作完成的“红树林快速恢复与重建技术研究”、珠海市清华源水处理技术开发有限公司合作完成的“包装饮用水微生物污染和消毒副产物溴酸盐控制新技术”2个项目获省科学技术奖一等奖。另有4个项目获省科学技术奖二等奖，5个项目获省科学技术奖三等奖。

珠海格力电器股份有限公司“双级高效永磁同步变频离心式冷水机组”、珠海亿胜生物制药有限公司“重组牛碱性成纤维细胞生长因子眼用制剂”2个项目获得2014年度珠海市科技突出贡献奖，25个项目获得2014年度珠海市科学技术进步奖，17个项目获得2014年度珠海市自主创新促进奖。

【科技金融】　7月2日，《珠海市人民政府关于促进科技金融发展的实施意见》出台，提出了珠海市到2017年科技金融工作的具体目标、工作原则，认为促进科技金融发展，有利于发挥横琴通关制度创新和金融创新先行先试，以及高新区科技创新资源相对集中的优势，聚合珠三角的资源、产业、科技优势，吸引国外和港澳的人才、资金等优质资源，推进粤港澳融合发展，并通过高新技术的转移、扩散和外溢效应，促进珠三角和内地传统产业的技术改造和优化升级。

9月26日，珠海高新区科技金融广场投用，“珠海市投融资增信平台”网站同时上线。科技金融广场是珠海市首个科技金融综合服务平台，类似一个金融产品的集市，银行、投资机构、中介机构都可以在这里“摆摊设点”，有融资需求的企业可以直接与金融机构面对面洽谈。已有45家金融机构入驻该广场。珠海高新区科技金融广场主要建设了科技金融集市、“创业咖啡”“创业苗圃”“菁牛汇”科技培训平台和科技资源共享电子图书室，每个月将举办两场“金融集市”，此外，该广场还为企业提供资金融通、资产管理、融资中介、融资配套、上市辅导、政策性资金申报等专业服务。

【知识产权工作】　2014年，珠海市修订《珠海市进一步加强专利工作的若干措施》，印发《珠海市创建国家知识产权试点城市工作方案》和《2014年珠海市知识产权战略实施推进计划》，加快国家知识产权试点市建设。当年，有10家企业通过市知识产权优势企业认定，24家企业通过市知识产权优势企业考核，累计共有市知识产权优势企业70家；资助发明专利456件，其中国内发明专利428件，国外发明专利28件。9月26日，珠海市知识产权保护协会成立大会暨第1次会员大会成功召开，珠海有了专门从事知识产权保护的社团组织。

专利产出　2014年，珠海市专利申请8 998件，比上年增长12.24%，其中发明专利申请3 172件，比上年增长16.23%；实用新型申请4162件；外观设计申请1 664件。专利授权6 258件，其中发明专利授权608件，实用新型授权4 230件，外观设计授权1 420件，年末有效发明专利2 445件。2014年，珠海市每百万人均发明专利申请量1 975件，比上年增长15.67%，排名全省第2位。珠海市每万人口所拥有的有效发明专利量15.2件，增长26.79%，排名全省第2位。PCT国际专利申请量193件，增长141.0%。

专利奖励　珠海格力电器股份有限公司、珠海亿胜生物制药有限公司、珠海万通化工有限公司、珠海罗西尼表业有限公司等6项专利获第十六届中国专利奖，珠海格力电器股份有限公司、炬力集成电路设计有限公司、丽珠医药集团股份有限公司、珠海全志科技股份有限公司、东信和平科技股份有限公司等11项专利获2014年广东专利奖。

执法维权　2014年，制定并印发《2014年知识产权执法维权“护航”专项行动实施方案》，全年受理专利纠纷和涉嫌假冒专利案件8件，结案8件，结案率100%。

3月7日，珠海市知识产权局联合市工商局开展执法检查行动，在前山片区大型超市检查商品约200种。4月29日，珠海市知识产权局联合香洲区知识产权局开展知识产权宣传周联合执法检查行动。此次检查对象是药品类，执法人员检查药品约400件。5月22日，珠海市知识产权局、市工商局联合金湾区知识产权局和金湾区工商分局开展执法检查行动，共出动执法人员13人，检查商品约300种，对其中涉嫌商标侵权和专利侵权的电插座、电动玩具、雨伞等商品进行登记排查。

宣传培训　2014年，组织开展系列专利宣传与培训活动12场，培训1 000人次，派发资料8 000份；通过特区报等媒体进行宣传，营造尊重和保护知识产权的浓厚氛围。

3月10日，珠海市知识产权局联合珠海市软件行业协会举办了“美国知识产权诉讼风险、预防措施及应对方式”讲座，25家企业近60位代表参会。4月25日，珠海市知识产权局联合珠海市耗材行业协会、珠海市南屏科技工业园管委会举办了“国内外专利商标申请策略、技巧及精华案例分享”讲座。参加培训活动的企业代表、局副科级以上干部及各区知识产权工作人员约150多人。10月16日，珠海市知识产权局举办了“澳大利亚知识产权实务”专题讲座。讲座从澳大利亚的专利、商标、知识产权诉讼方面，介绍了与中国的专利、商标及知识产权诉讼的区别之处，以及对珠海的企业如何走出去，申请澳大利亚的知识产权保护策略，给出建议。

4月27日，市普法办联合市知识产权局、高新区知识产权检察室、高新区知识产权法庭、市版权局等单位在柠溪文化广场开展宣传咨询活动。市相关部门工作人员向市民派发了《专利法》《不可不看的知识产权故事》等宣传资料，并耐心讲解知识产权保护相关法律知识和政策。

【防震减灾】 2014年，珠海市推动广东省防震减灾示范城市创建工作，推进省局合作项目——《珠海市（香洲主城区）震害预测与防御对策系统建设》和《珠海市西江断裂与吉大断裂探测》的落实，并开展前期工作；积极开展珠江三角洲地震预警台网建设，已完成4个海岛台、2个陆地台的台站基建工作。印发实施《珠海市建设工程抗震设防要求审核监督实施方案》，将建设工程抗震设防要求审核监督纳入建设工程审批流程。完成《珠海市地震应急预案》修订工作。加强防震减灾宣传，提高民众应对地震灾害的能力，举办3场地震、避震、自救与互救基本知识专场讲座，编辑、印刷《防震减灾基本知识手册》3万册、《面对灾害 科学避震》宣传海报3 000份，制作移动宣传板报5套（一套13块）分发到珠海市各区及大、中、小学和社区。

（珠海市科技和工业信息化局 黄元阔）

佛 山 市

【科技政策环境】

科技创新政策 2014年，佛山市科技局陆续出台了《关于加强和改进财政科技资金使用管理的实施意见》《佛山市创建国家创新型城市专项资金管理办法》《佛山市科技型中小企业信贷风险补偿基金设立方案》《关于加快科技服务业发展的实施意见（试行）》《佛山市科学技术局关于市工程技术研究中心建设的管理办法》等文件，进一步形成了创新导向的政策合力。在建设国家创新型城市过程中，加快建立健全各项政策体系，充分发挥政策的引领作用。

税收优惠政策 佛山市科技局联合市财政局、市国税局、市地税局建立“佛山市落实科技创新税收优惠政策联席会议制度”，统筹协调税收优惠政策落实工作中的问题，研究制定政策落实激励措施。2013年度，顺德市（不含顺德）79家企业申报了400个项目；其中394个项目（79家企业）通过技术鉴定，累计投入研发费7.82亿元，减免税收9 800万元。

科技创新宣传 2014年，佛山市科技局与《科技日报》《南方日报》《佛山日报》开展战略合作，全年共推出11个专版；全年运用新媒体，在新浪微博“佛山科技”上发布信息450条，为佛山市科技创新工作营造良好的舆论氛围和社会环境。

【产学研结合】

新型研发平台建设 广东顺德西安交通大学研究院引进“生物前沿即时诊断技术研发创新团队”等2个团队，另有3个创新团队初步敲定入驻；累计开展产学研合作项目58个，累计获科技成果近20项；累计招收硕士研究生177名、本科生91名；投入注册资金1 000万元成立投资管理公司，加快成果产业化步伐。广东顺德中山大学卡内基梅隆大学国际联合研究院建筑面积约4万平方米，截至2014年年底，已累计投入2.5亿元，引进创新团队3个，开展产学研合作项目14个，累计获专利40项、科技成果82项；获批成立省博士后创新实践基地、中山大学本科实习教学基地，共招收博、硕士研究生184名。截至2014年年底，佛山市南海区广工大数控装备协同创新研究院已入驻团队18个，均已注册成立公司并开展工作，工作人员数量已超过200人。截至2014年年底，上述团队与佛山市企业开展产学研合作15项，形成专利57项、科技成果30项；已招收本科生82人，另招收硕士研究生45人。广东三水合肥工业大学研究院已确定办公场地并开展装修工作，与13个科研团队达成初步入驻意向，其中2个获2014年度市级创新团队立项支持。

院市合作平台建设 截至2014年年底，院市合作形成佛山中科院产业技术研究院（育成中心）+7个专业技术中心、33个创新平台、若干个产业园区的创新体系，引入中科院创新团队89个，其中省级创新团队1个、市级创新创业团队5个，总人数达671人，其中院士8人、“千人计划”2人、“百人计划”15人，副研究员及以上187人，博士学位的266人、硕士学位以上的456人。院市双方开展项目合作近1 100项，形成新产品300多项，近百个项目实现产业化，带动产值超500亿元，产生了良好的经济和社会效益。

截至2014年年底，组织企业承担省市重大科技创新项目，市科技计划项目共受理有效申报项目388项，其中申报科技创新团队项目79个、科技创新平台建设项目130个、院市合作载体及项目154个、专利战略项目25个，最终拟立项扶持项目119项，资助经费总额达18 610万元。

通过院士工作室、科技特派员等工作引进人才。截至2014年年底，全市企事业单位建立各级院士工作室32个，引进材料、机械装备、生物医药等领域两院院士31人。全市累计引进省企业科技特派员767人次，涉及科研院所116家，惠及企业400多家，共为企业培养各类工程技术人才近3 000人，一批专业基础好、研发能力强、业务素质高的科技人才在合作中迅速成长，为众多企业打造出高水平的本土科技创新队伍。

【科技服务体系建设】 8月，佛山市出台《关于加快佛山市科技服务业发展的实施意见（试行）》，计划到2016年，全市科技服务业从业单位达到2 000家，规划建设1～2个特色鲜明、结构合理、配套完善的省级科技服务业集聚区，以及一批创新能力较强、服务水平较高、市场影响较大的科技服务骨干企业和平台，全面推进佛山市科技服务机构数量和质量的双提升，创新推动佛山市第三产业大发展、加快构建现代产业体系，为国家创新型城市建设提供强有力的支撑。智能化服务平台、新媒体科技服务超市、中科院佛山中心“STS”网络服务平台和知识产权交易中心4个重点项目入选佛山市提升第三产业改革发展重点工程项目和重点工作项目，项目进展情况良好。

【科技计划项目管理与实施】 2月，佛山市政府印发了《关于加强和改进财政科技资金使用管理的实施意见》，提出改变现有单一财政资助的支持方式，逐渐推动财政资金使用从单一无偿向多元结合、从分散支持向集聚使用、从注重项目资助向支持平台建设转变。为了改变科技项目重立项、轻管理的局面，加强科技项目过程管理，提高财政资金使用效益，根据2014年印发的《佛山市创建国家创新型城市专项资金管理办法》规定，佛山市科技局在2014年首次启动了重大科技项目中期评估工作，对23个立项资金超过100万元的2013年科技创新项目进行中期评估，经过审核评估材料、现场考察等环节，最终有18个项目顺利通过中期评估，其中创新团队项目7个，院市合作项目6个，重大科技项目5个；另外5个项目因资金使用进度滞后等原因延期至2015年上半年开展中期评估工作。

2014年，佛山市科技计划项目共受理有效申报项目388项，其中科技创新团队项目79个、科技创新平台建设项目130个、院市合作载体及项目154个、专利战略项目25个，最终确定拟立项扶持项目119项，资助经费总额达18 610万元。

2014年度，佛山市受理国家创新基金项目申报126项，17项立项，资助金额776万元；受理省创新资金项目申报141项，43项获得立项，资助金额1 290万元。2014年，佛山市科技型中小企业技术创新资金项目共受理有效申报项目296项，89项获得立项，资助金额2 820万元。

【科技成果奖励与技术市场】 该市获得2014年度国家级科技奖励2个，省级科技奖励27个（其中，特等奖1个、一等奖1个、二等奖5个、三等奖20个），市级科技奖励116个。其中，佛山南海国凯投资有限公司参与完成的“深圳清华大学研究院产学研深度融合的科技创新孵化体系建设”获得2014广东省级科学技术奖励特等奖，广东兴发铝业有限公司、佛山市三水凤铝铝业有限公司、广东豪美铝业股份有限公司三家企业参与完成的“车辆及电子工业用铝镁合金等温挤压、压铸与控扎关键技术及产业化”获得2014广东省科学技术奖励一等奖。2014年，佛山市科技局共受理技术合同登记235项，合同成交金额3.59亿元，其中技术交易额2.95亿元。

房间空气调节器节能关键技术研究及产业化

该项目由广东美的制冷设备有限公司作为第一完成单位完成，获得2014年度国家科学技术进步奖二等奖。该项目立足于空调器节能关键技术的研究与应用，在核心部件、控制系统、制冷系统三方面取得重大创新和突破，其中智能功率模块自制，结束了我国家电行业智能功率模块全部依赖进口的历史，填补了我国该领域的空白。

高性能热电材料快速制备与高效器材集成制造新技术及应用　该项目由广东富信科技股份有限公司与武汉理工大学、中科院上海硅酸盐研究所等共同研发的，获得2014年度国家技术发明奖二等奖。项目在热电材料制备技术、热电器件制造技术以及高效热电发电系统方面取得重大创新和突破，其中创造性发明了熔体旋甩集成放电等离子体烧结的快速非平衡制备新技术，解决了高性能热电材料高效批量制备国际性难题，带动了行业技术的升级。

【高新技术产业发展】　截至2014年年底，佛山市新增高新技术企业73家，共有618家，其中国家火炬计划重点高新技术企业38家。技术领域包括电子信息、生物与新医药、新材料、高新技术改造传统产业等，其中，电子信息技术98家，占总数15.86%；生物与新医药技术35家，占总数5.66%；新材料技术152家，占总数24.60%；资源与环境技术28家，占总数4.53%；新能源与节能技术67家；占总数10.84%；高技术服务业17家，占总数2.75%；高新技术改造传统产业技术221家，占总数35.76%。

全市618家高新技术企业中，产值超亿元共有317家，产值超五亿元的高新技术企业115家，产值超十亿元的高新技术企业65家。2014年，全市高新技术企业实现工业总产值2 812.59亿元，营业收入2 871.19亿元，出口总额115.08亿元，净利润185.01亿元，实际上缴税费总额111.48亿元。

【产业支撑载体建设】

高新区　2014年前三季度，佛山高新区新建孵化器1个、签署框架协议拟建孵化器5个、引进人才团队项目落户15个。

佛山科技街建设基本成型，已建成20万平方米产业载体。5月，科技街内的力合（佛山）科技园、南方创智港、慧泉科技产业中心被认定为佛山高新区第一批科技创新产业载体。已引入佛山市南海区广工大数控装备协同创新研究院等重大创新平台，引入国家“千人计划”4人，入驻企业23家，力合科技园也已经进入实质运作阶段。

广东省新光源产业基地核心园区已逐步成型，开发面积约26.67公顷，已有110家LED上下游企业、机构进驻，已引入15家企业。园区已有8个创新项目入孵，并全面投入运营，芯光源孵化器更在7月获评为国家级科技企业孵化器培育单位。

口腔器材产业基地引入国内最专业的牙科投资团队——安信德摩牙科投资团队，合作设立南海区首只金科产融合专业投资基金。基金已成功设立并落户狮山，首期规模1.13亿元。

广东生物医药产业基地由“研发孵化区、生产制造区、物流展贸区、诊疗服务区、综合配套区”5个功能区组成，已进驻孵化30多个项目，引进博士87人，其中中科院“百人计划”4人，“千人计划”1人，南海区高层次人才认定共有14人。产业基地新进驻产业化项目3个、落户孵化项目4个，正在洽谈落户的项目23个。国家火炬创新创业园基础设施建设基本完成，累计入园企业121家，拥有博士、博士后等高层次人才30人，中科院科研精英达280多人。其中2014年1—3季度新入园企业15家。

国家级科技企业孵化器　科技部发布的2014年度认定的104家国家级科技企业孵化器名单中佛山有两家企业入选，分别是禅城的新媒体产业园管理有限公司和顺德的广东同天投资管理有限公司。截至2014年年底，包括佛山火炬创新创业园和南海瀚天科技城，佛山的国家级科技企业孵化器已达4家，建设国家级科技企业孵化器对禅城乃至佛山的产业转型具有重要意义。

作为佛山首个“国家级科技企业孵化器”，瀚天孵化器以创新型企业为切入点，充分利用园区已有的孵化资源，推广全新的孵化经营模式，构筑起“苗圃+孵化器+加速器”三位一体的全程孵化体系。瀚天孵化器直接管理的孵化场地超过3万平方米。

【创新能力建设】

创新企业、平台建设　2014年，佛山市共有44家企业工程中心获省科技厅批准组建，全市省级工程中心增至207家，全市全年申报市级企业工程中心101家，立项52家，同比分别增长了60.32%、85.71%，市级工程中心增至337家。截至2014年年底，佛山市新增省创新型企业7家、省创新型企业试点8家，累计拥有国家创新型企业试点2家、省创新型企业31家和省创新型企业试点23家。

创新人才队伍建设　2014年，佛山市实施创新创业人才团队计划。首批引进资助11个科技创新团队落地，资助金额达4 100万元（首批按60%下拨2 460万元），带动上述11个团队2014年度项目投入资金7 400万元。欧普曼迪科技有限责任公司的安昕入选为“千人计划”资助对象，全市入选“千人计划”人数增加至23人。广东希荻微电子有限公司的陶海、佛山市埃申特办公配件有限公司的刘江入选科技部“创新创业人才计划”。截至2014年年底，全市共有省级创新团队5个、市级创新团队29个、区级创新团队100多个。2014年，继续开展市创新创业团队扶持项目，收到有效申报79个，共扶持13个项目，扶持金额近7 000万元。

【科技金融】

科技型中小企业信贷风险补偿基金　2014年，针对科技型中小企业重技术、轻资产的特点，佛山市出台了《佛山市科技型中小企业信贷风险补偿基金设立方案》，设立规模2亿～3亿元的科技型中小企业信贷风险补偿基金。一、二期投入1.2亿元已经到位，通过对100多家企业的走访和宣讲，已促成银行与30多家科技型中小企业达成贷款授信意向。广东希荻微电子有限公司成功获得佛山农商行划拨的300万元贷款，成为风险补偿基金成立以来首家受惠企业。

科技金融服务　7月22日，广东省科技厅、佛山市人民政府共建广东省科技金融服务体系试验区签约仪式暨佛山市科技型中小企业信贷风险补偿基金宣讲会、佛山科技金融综合服务中心揭牌仪式在佛山火炬园举行。佛山市信用担保行业协会是佛山市科技金融综合服务中心的运营单位。佛山科技金融综合服务中心的七大服务项目：一是政策速递；二是科技型企业认定；三是融资服务对接；四是信用增值服务；五是专项申报协助；六是专项培训；七是科技企业会员管理。

金融·科技·产业融合创新综合试验区　2月10日，广东省科技金融工作会议上，佛山市南海区正式获省政府批准建设全省首个金融·科技·产业融合创新综合试验区。南海区将以试验区建设为契机，在体制机制创新方面先行先试，在全省率先探索出一条金融·科技·产业融合创新发展的新路径。

截至2014年年底，完成地区生产总值2 373亿元，同比增长8.7%；地方公共财政收入166.6亿元，增长14%；固定资产投资总额792亿元，增长15.6%，综合实力在全国百强市辖区排名第2位。新引进了广东金融电子结算中心、广东省农信社后台服务基地、粤科母基金（10亿元）等54个项目，投资及募集资金规模90多亿元，并新增互联网金融与电子商务类、服务外包类等多个高端项目。金融高新区累计进驻企业达到216家，投资及募集资金总额约507亿元。全区银行业机构本外币各项存款余额4 062.8亿元，多年位居同级地区第1，本外币各项贷款余额达2 317.4亿元；私募创投基金105家，募集资金额达252亿元；信用担保注册资金规模达到8.45亿元，融资租赁注册资金规模达到17.32亿元。先后打造了广东都市型产业基地、广东新光源产业基地、广东新材料产业基地、广东新能源汽车核心零部件产业基地，中国医卫用非织造产品示范基地（九江）、中欧科技合作产业园、大金智地联东U谷、力合（佛山）科技园等一批高品质产业园区，成为广东省智能制造示范基地和珠江西岸装备制造产业创新基地，先进制造业集聚发展态势不断加强，形成了汽车及零部件、高端装备制造、光电、新材料、智能家电、生物医药等产业集群。2014年，南海规模以上工业增加值1 087亿元，其中先进制造业和高技术制造业增加值占45%。

【知识产权工作】

2014年，佛山市知识产权工作取得新的突破，获得了“国家知识产权示范城市”和“国家知识产权服务业集聚发展试验区”两个国家级荣誉， 新增省知识产权示范企业1家，省知识产权优势企业6家。

专利产出　2014年，佛山市依托“鲲鹏计划”和“繁星计划”，发展一批专利数量和质量领先的龙头企业，培育一批实施知识产权战略的中小企业。全年全市专利申请量25 577件，同比增长5.97%，其中发明专利申请量5 629件，增长率高达47.59%，发明专利申请量占专利申请量总比为22.01%，比上一年度提高约5%。发明专利申请量跃至全省第3位，百万人口发明专利申请量和万人有效专利申请量均居全省前列，实现数量和质量实现双提升。

2014年，佛山市专利授权量19 756件，同比增长10.96%，其中发明专利授权量1 000件，同比增5.71%，有效发明专利5 244件。获第16届中国专利奖外观设计金奖1项，专利优秀奖3项，外观设计优秀奖4项。

知识产权质押融资 国家知识产权投融资综合试验区（南海）和国家知识产权投融资服务试点区（顺德）均通过了国家知识产权局专家组验收。2014年，禅城区专利投保470件，同比增长24.01%，保费32.59万元，总保额达967.8万元。新增16个知识产权质押融资项目，共74件知识产权获得2.89亿元的贷款，累计知识产权质押贷款项目数51项，758件知识产权参与质押融资，融资总额约7.16亿元。

专利维权执法 全年受理专利案件55件，共开展了16次市、区、镇街联动的专利执法行动，出动执法人员110余人次，检查禅城、南海、三水等3个区的商品共1 700多件。

知识产权培训 2014年，华南地区知识产权贯标培训基地落户佛山。9月10日，该培训基地举办首期培训班，吸引来自佛山、广州、东莞等珠三角城市和长沙等地100多家大中型企业参加。培训班围绕知识产权管理标准文本解读、企业知识产权管理体系建设、体系文件编写、内部审核实施及认证审核基本实务等内容，为企业培养知识产权管理体系内审员。

民办组织活动 4月10日，佛山市知识产权协会联盟暨2013佛山专利富豪榜发布启动仪式在佛山创意产业园举行，这是我国首个由多个知识产权协会组成的协会服务联盟，实现佛山五区知识产权协会全覆盖。同时，佛山市知识产权协会作为主办单位，从“历史累计专利申请量、历史累计专利授权量、历史累计专利荣誉及应用、近三年专利工作成效”4个评价标准进行综合评定，评选出2013年佛山十大专利富豪。

4月24日，佛山市专利代理人协会召开了第1届会员大会，标志着协会的正式成立，协会的成立对提高佛山地区专利代理人的执业和服务水平，加强行业自律，促进佛山市专利代理事业健康发展都有作用。会议通过并发布了《佛山市专利人自律公约》（以下简称《公约》）。《公约》明确了佛山市专利代理行业的行业纪律，杜绝不正当竞争，形成良好的代理工作环境。会议还提出实施“百千计划”，即“佛山市百名专利代理专业人才和千名知识产权管理人才培育计划”。该计划在专利代理机构建设、专利代理人才引进和培育、专利代理的整体服务水平等方面做出努力。

【科技交流与合作】

IEC 61131-3广东培训中心 2014年，PLCopen国际认证培训机构IEC 61131-3广东培训中心在佛山市成立，这是华南地区当前唯一能颁发“IEC 61131-3国际工程师”资格认证的单位。IEC 61131-3是工控编程唯一的全球标准，而佛山的机械产业具有很好的基础，对PLC（可编程逻辑控制器）的使用也非常广泛，对懂得PLC，特别是先进的软PLC编程技术的人才需求非常迫切。该培训中心落户佛山，开展软PLC培训课程，能为机械产业培养更多人才。

德国库卡机器人技术应用与培训基地 7月11日，佛山职业技术学院与德国库卡机器人公司签约共建德国库卡机器人技术应用与培训基地项目，这是德国库卡机器人公司当前唯一一家与高校联合办学模式的机器人应用技术与培训中心。该培训基地将面向社会提供机器人工艺教程、机器人工程技术应用、维护、保养等方面培训课程，为三水乃至佛山地区的机器人产业配套，突破机器人技术人才缺乏的发展瓶颈。

中德工业服务区 2014年，中德工业服务区与国家发改委城市和小城镇改革发展中心、欧洲发展机构协会签订框架性合作协议，与上海临港地区一同成为首批中欧城镇化合作示范区。中德工业服务区成为佛山开放型区域创新体系建设的重要组成部分，牵手德国、意大利等国，将其研发、设计、创新、创意等工业服务领域的优势与佛山制造进行嫁接，推动佛山制造向产业链“微笑曲线”两端进行扩张。

【科普工作】

科普进校园、科普进社区 5月，市科学馆开展“送科普进校园”活动，先后提供玩转思维及三维立体益智展品参与华英中学科技节、禅城区实验高中举办第1届科技节等校园活动；在广宁、清远等地开展“科普山区行”活动，将科普活动推进到贫困地区学校。在普君新城南广场举办的“谱写科普惠民新篇章 建设创新型城市核心区——2014年禅城区‘科技进步月’启动仪式暨大型广场科普活动”，科学馆展出思维益智游戏展项，吸引了大批社区居民、青少年踊跃参与。

“科技进步活动月”活动 5月，联合市委宣传部、市科协，制定了并印发了《2014年佛山市“科技进步活动月”工作安排的意见》。本年度的“科技进步活动月”围绕“深入推进国家创新型城市建设，增强佛山创新驱动发展新活力”这一主题，重点展示科技创新的重大成果，宣传创新驱动经济社会发展，科技创造美好生活，营造良好的创新环境。科技进步活动月期间，共开展大型科技活动和科普活动20多项，全年陆续开展近200场各类科普讲座和各类学术交流活动。

科普活动场所建设及布展工作 佛山市公共文化综合体（科技馆与青少宫）土建工程部分基本完工，2014年已完成球幕影院招标、常规展项招标、立体影院和4D影院招标、布展工程招标；通过开展科普展品社会公众调查，征集市民意见，做好新馆常规展项和影院的深化设计。

（佛山市科学技术局 陈觉敏）

惠 州 市

2014年，惠州市扎实推进“科技进步活动月”“企业服务月”等系列服务活动，加快集聚国内外科技创新资源，创建国家知识产权示范市，着力改善创新环境，以科技服务推动企业转型升级，提升惠州市产业竞争力，全市R&D投入强度达2.3%，每百万人发明专利申请量达709件。

【科技政策环境】 2014年，制订了《惠州市科技计划项目立项工作规程》《科技项目过程管理办法》《市科技项目信息公开制度》等文件，从指南发布、项目申报、审核推荐、项目评审、项目立项、跟踪管理等方面，规范了市级项目的管理。

2014年，惠州市为150多家企业落实和享受研发费加计扣除政策，减免所得税3.8亿元，高新技术企业享受税收优惠减免近10亿元，促进全市R&D占GDP比重从2011年的1.58%上升到2014年的2.3%，增速位居珠三角第1。

【产学研合作】 为进一步推进产学研合作战略，不断拓展和深化与国家重点建设大学、国家级科研机构的产学研合作，惠州市采取“请进来”和“走出去”相结合的方式，与国家重点建设大学、中科院直属科研机构开展产学研合作活动，大力引进企业科技特派员，帮助驻点企业解决技术难题，提升国内外竞争能力。截至2014年年底，该市共有企业科技特派员374名，入驻全市10多家科技型企业，有力地提升了企业解决生产难题的能力和自主研发能力。同时，围绕产业发展需求，大力推进国家重点实验室、国家工程技术研发中心、中科院直属科研机构等国家级创新平台与惠州市企业联合建立分支机构，截至2014年年底，共建6个省部产学研重大创新平台和3个院士工作站。

3月9日，惠州市政府、北京化工大学、惠州学院举行共建惠州研究院签约仪式。惠州研究院选址于惠南高新科技产业园区，计划投资总额约1 800万元。该院的建设任务主要是产出具有自主知识产权的创新成果，为广东省尤其是惠州的企业提供技术支撑和服务，其中技术成果研发方面的任务主要包括生物化工、化工新材料和高端制造、化工资源与环保3个领域，力争3年内实现30项以上科技成果的研发与转化。

5月，组织召开惠州—广东工业大学产学研对接会。7月，惠南高新科技产业园与广工物联网协同创新中心签订合同入驻惠南科技创业中心，惠州市政府投入广工物联网协同创新中心1 000万元，用于中心的日常运作和技术转移、成果转化等支出。

6月26日，由惠州市科技局和中科院广州技术转移中心联合主办的中国科学院惠州市科技成果与产业对接会在惠州举行。此次对接会根据惠州市区企业反馈的技术需求，设置了电子信息、石油化工、电子化学品等三个分会场，中科院院属16家科研单位共推出了87项科研成果，惠州市有50多家企业参加，并提出了100多项技术方面的需求。

6月28日，中科院、广东省共建国家重大科技基础设施“十二五”建设项目“加速器驱动的嬗变研究装置”与“强流重离子加速器”已正式签订协议并落户惠州。

自2003年惠州市与武汉大学开展合作以来，成果丰硕。惠州市与武汉大学合作签订深化合作协议，磋商共建武汉大学惠州研究院，拟联合建立技术转移中心，推动科技成果在惠州转化。

中山大学惠州研究院经过一段时间的运作，已形成一批成果，重点围绕惠州市大亚湾区石油化工及关联产业，研发、转化和推广使用新技术和新工艺，旨在解决产业的重大共性关键技术问题，加速科研成果的产业化。

【专业镇】 2014年，委托省生产力促进中心组织专家对惠阳区创新驿站、铁涌镇创新驿站、吉隆镇创新驿站、梁化镇创新驿站和园洲镇创新驿站5个广东省专业镇技术创新支援中心创新驿站的候选站点依托单位进行了调研考察。委托省生产力促进中心调研组对全市19个专业镇进行了专题调研。

印发了《惠州市科学技术局关于技术创新专业镇管理的暂行办法》。对于已认定的市级专业镇，优先推荐申报省级专业镇；优先支持镇（街道）内企、事业单位申报各类科技项目；优先支持专业镇建设生产力促进中心以及公共技术创新、检验检测、信息、知识产权、电子商务、工业设计、企业融资、人才培训、创业孵化等中小微企业公共服务平台；支持镇（街道）内符合条件的企业、机构申报国家和省市工程技术研究中心、重点实验室。

【科技创新能力建设】 2014年，引进“天鹅计划”科技创新团队10个，领军人才24人，TCL集团“新型显示创新团队”入选科技部创新人才推进计划重点领域创新团队。

2014年，大力支持在企业建立科技研发机构和联合高校院所共建新型研发机构，TCL、德赛、华阳三大集团等分别设立了工业研究院，中山大学、广东工业大学、中国科学院自动化研究所在惠州市建立了协同创新中心，中南大学、武汉大学、暨南大学将在该市建立技术转移中心或研究院。仲恺科技创业服务中心和惠南科技创业服务中心先后获认定为国家级科技企业孵化器，大亚湾区科技创新园、东江高新园已初具规模。探索异地孵化器建设模式和路径，创新招才引智渠道。围绕专业镇特色产业发展，构建了电子、服装、鞋业等领域共11家科技服务平台。

2014年，新认定广东省创新型试点企业2家，另有3家企业通过广东省创新型企业复审。截至2014年年底，惠州市有省级创新型企业24家，省级创新型试点企业9家，国家创新型企业1家，国家创新型试点企业1家。2014年，全年新认定国家级工程技术研发中心1家、省级工程技术研发中心9家，市级11家。截至2014年年底，惠州市企业技术创新平台达210家，其中国家级6家，省级66家。2014年，惠州市有国家级科技企业孵化器2家、省级科技企业孵化器1家。截至2014年年底，全市累计孵化毕业企业128家，其中9家企业在创业板、新三板、天津股权交易所挂牌。

【科技计划项目管理与实施】 2014年，惠州市举办2014年省科技项目管理和科技经费管理培训会和2014年省重大科技专项申报培训会等培训活动。组织申报省关键技术攻关、省级工程技术研究中心组建等项目共78项，76项获得立项。

【科技成果与技术市场】 2014年，全市完成成果鉴定34项，成果登记31项，产业技术研究与开发资金项目384项，科技计划项目结题验收306项，市科研课题阶段性小结131项。完成技术合同认定登记核准7份，合同交易额7 562万元。

该市有7个项目获得2014年度广东省科学技术奖，其中一等奖2项。中海石油炼化有限责任公司惠州炼油分公司“高酸重质原油全额高效加工的技术创新及工业应用”获得2014年度国家科技进步奖二等奖，实现历史性突破。该项目在对高酸重质原油化学组成和性质深入研究的基础上，引进消化10余项国际领先的专利技术，集成创新了高酸原油加工总流程，创新开发防腐体系和高含酸污水处理成套技术，建成世界首套100%加工高酸重质原油的1 200万吨/年炼厂，解决大规模加工100%高酸重质原油的难题。

【高新技术及战略新兴产业】 2014年，全市高新技术产品产值达3 600亿元，占规模以上工业总产值的50%，比重连续3年稳居全省第2位。全市新认定高新技术企业42家，截至2014年年底，惠州市有高新技术企业183家，累计认定高企228家。国家火炬计划重点高新技术企业新增2家，累计达20家。100家企业的175种产品获批高新技术产品认定。

2014年，全市LED路灯改造已全面完成，并请第三方机构分两批对全市LED路灯改造（新建）情况进行了严格的验收，全市累计改造LED路灯83 759盏，新建11 900盏，省政府专项补贴已陆续拨付到位。全市LED产值达508亿元，产值位居全省第2位（仅次于深圳）。惠州市LED产业形成了上中下一体化、三大应用齐全的完整产业链。

【知识产权工作】 2014年，惠州市知识产权局编制了《惠州市汽车电子行业专利预警分析报告》和《惠州市LED行业专利预警分析报告》，提升企业专利信息应用能力，营造良好的知识产权保护环境，出台《惠州市专利权质押融资贴息资助项目操作规程（试行）》。启动市专利资助网上申报管理系统，方便专利申请人在线进行专利资助申报，同时，市与各县区知识产权管理部门进行网上审核，提高了工作效率。2月，由国家知识产权局主办、孝感市知识产权局承办的地级市国家知识产权试点城市工作培训班在湖北省孝感市开班，惠州市科技局局长应邀作“实施知识产权战略 培育知识产权示范城市”工作经验交流发言。

2014年，全市专利申请18 359件，增幅21.04%，增幅连续6年位居珠三角第1。其中，发明专利申请3 347件，同比增长35.73%；专利授权7 396件，其中发明专利授权522件，同比分别增长25.02%、11.78%；有效发明专利达1 608件，万人有效发明专利3.42件，PCT专利申请273件，同比增长77.27%。全市共有3项专利被授予“2014年广东专利优秀奖”。TCL集团的1项专利获得第16届中国专利优秀奖。全年共查处假冒专利违法行为案件100件，同比增长21.7%。广东罗浮山国药股份有限公司等9家单位被认定为惠州市企业知识产权管理规范试点项目单位。

【科技交流】 1月1日，第3届中国惠州物联网·云计算技术应用博览会在惠州会展中心开幕，来自国内外的410多家知名企业参展，首次发布140多项物联网、云计算最新研发产品和应用技术，凸显了“高、精、尖”的科技特色。与前两届相比，本届展会除了参展企业数量更多，国际化程度也比往届更高，亚太云联盟以及以色列、白俄罗斯等地区和国家也有科研院所和企业参展。在本届展会项目对接会及交换合同文本仪式上，共达成35个合作项目，签约金额202.7亿元。

【防震减灾】 2014年，修订了《惠州市地震应急预案》及《惠州市建设工程抗震设防管理实施办法》，制定了防震减灾行政处罚自由裁量权适用规则及自由裁量基准。对分布在全市的测震台、地震强震动台和地震前兆观测台开展专项检查和维护，确保各类地震监测台站平稳运行，及时处置了4月25日河源M3.8级地震对该市的波及影响。完成市投资审批制度改革抗震设防管理事项，完善投资项目网上并联审批和网上办事大厅建设。“5·12”全国防灾减灾日当天，开展现场宣传咨询活动，发放防震减灾法律法规等宣传资料近千份；开通惠州市地震信息门户网站宣传防震减灾知识，使社会公众对防震减灾知识有更方便的认识渠道；印发《惠州市防震减灾科普示范学校认定工作实施方案》，先后到多所学校指导开展防震减灾科普示范学校的创建工作。

（惠州市科学技术局　刘传和）

东莞市

2014年，东莞市紧紧围绕建设全省科技与产业融合发展示范区的目标，深入实施“科技东莞”工程，狠抓重大科技专项，积极培育战略性新兴产业，促进科技金融产业“三融合”，全面实施知识产权战略，建设创新型城市取得了明显成效，为全市实现高水平崛起发挥了重要作用。

【科技政策环境】 东莞市围绕“科技东莞”的各项核心任务，从财税支持、科技金融、成果转化、产业孵化、资产管理等方面制定了一系列政策措施，不断细化操作规则，使更多措施落到实处。2014年，相继出台《东莞市重大科技项目总体实施方案（2015—2018年）》，着力提升重大科技项目对全市产业转型升级的带动地位；出台《东莞市创新财政投入方式促进科技金融产业融合发展工作方案》《东莞市创新创业种子基金实施方案》，通过设立创新创业种子基金、信贷风险补偿金、贷款贴息、风险补助金、科技金融服务体系建设资金等，引导民间社会资本支持科技创新，促进了科技金融产业的深度融合；出台《东莞市加快新型研发机构发展的扶持办法》，从财税支持、科技金融、成果转化、产业孵化、资产管理等方面扶持新型研发机构的建设发展；颁布了《东莞市企业（单位）研发经费投入奖励实施方案》，鼓励全社会加大研发经费投入。

2014年，东莞市共有190家企业享受税前扣除优惠政策，扣除额约19.6亿元，减免所得税约4.9亿元，同比增长100%。7月，颁布了《东莞市企业（单位）研发经费投入奖励实施方案》，对在2013年研发投入填报不为零的746家的企业和单位给予每家3 000元的奖励，对248家符合奖励条件的研发投入超过500万元的企业，分档次共奖励2 108.8万元。通过多项举措，2013年东莞市全社会R&D经费支出达到109.93亿元，占GDP比重2.0%，同比增长了32.41%，R&D经费支出占GDP比重达2%，超额完成当年预期目标任务（1.9%），且比上年度提升0.34个百分点，是东莞市R&D投入强度提升幅度最大的一年。

【高新技术及战略性新兴产业】

高新技术企业及产品 2014年，在国家高新技术企业认定方面，东莞市认定通过235家，通过率达到89%；国家高新技术企业复审通过69家，通过率达到92%，在全省除广州外，位居地级市排名第1。2014年新增国家高新技术企业80家，总数达到755家，位居省内地级市首位。2014年全市高新技术产品产值4 742.72亿元，占规模以上工业总产值39.09%。

产业支撑体系建设 2014年，东莞市有市级科技企业孵化器7个、国家级科技企业孵化器培育单位7个、国家级科技企业孵化器6个。辅导组织符合资格的孵化器申报市、省级、国家级孵化器，受理市级孵化器申报认定的有8个，其中4个获得认定；东莞电子科技大学电子信息工程研究院获认定国家级孵化器培育单位、东莞华中科技大学制造工程研究院等3家单位获前孵化器试点单位、广东东科投资集团有限公司等2家单位获科技创业孵化链条建设试点单位；东莞天安数码城、中科云智获国家级孵化器认定。

常平科技园是全国首个跻身国家级孵化器的村镇级孵化器，由广东东科投资集团有限公司利用“退二进三”及“三旧改造”政策，对原旧厂房、旧宿舍进行升级改造而成的孵化器。常平科技园着力建设创业孵化、研发创新、增值服务和融资服务“四大服务体系”。截至2013年年底，园区已累计孵化企业141家，毕业企业42家，研发投入超5 000万元，累计总产值超5.23亿元，出口创汇1 300万美元，是常平镇“科技常平”发展战略和“腾笼换鸟”工程的典型样板。

2014年，松山湖高新技术产业园区实现地区生产总值239.75亿元，同比增长16.2%；规上工业总产值1 269.77亿元，同比增长81.4%；规上工业增加值186.32亿元，同比增长20.5%；规上工业主营业务收入1 252.56亿元，同比增长76.8%。园区税收总收入42.39亿元，同比增长36%。园区进出口总额达116.69亿美元，同比增长104.4%。获得全国版权示范园区、全国创业投资示范基地、国家新型工业化产业示范基地、国家低碳工业园区试点等荣誉称号。

智能装备产业 8月，出台《推进企业“机器换人”行动计划（2014—2016年）》提出该市

“机器换人”的目标和相关配套项目和支持；出台《关于加快推动工业机器人智能装备产业发展的实施意见》明确了工业机器人智能装备产业的目标和相关扶持政策。出台新政有助于东莞智能装备产业发展。

9月26日，东莞市“机器换人”公共服务平台揭牌。该平台拥有一个线下应用服务展厅1 600平方米、一个“机器换人”院士专家库、一批机器人及智能制造核心企业251家以及一批机器换人的服务机构。平台为企业“机器换人”提供定制改造方案、设备采购、设备租赁、售后外包、人才培训、申报辅导等服务。

11月6日，松山湖国际机器人产业基地（以下简称“机器人基地”）在松山湖总部1号正式揭牌，逸动智能科技（东莞）有限公司等首批创新型机器人企业率先入驻基地。基地分3大部分：松山湖国际机器人协同创新研究院、松山湖国际机器人创新产业孵化基地和松山湖国际机器人产业园。与国内其他同类型基地相比，机器人基地的核心优势在于，有经验丰富的创业导师全程指导，依托东莞完整的制造产业体系，可获得参与单位提供的核心零部件技术，以及清水湾创业基金和红杉资本等提供的天使基金。

LED产业　2014年，东莞市推动LED产业发展，受理50家企业申报584项LED产品检测和认证资助项目，受理1家企业申报4项LED专业技术人才培训资助项目；完成209项2013年市促进LED产业发展项目的受理和评审工作，资助18家企业135个项目，资助金额63万元。继续推广应用LED照明产品，全市39个镇街（单位）累计完成LED路灯改造19.75万盏，超过计划数1.13盏；累计完成LED室内照明产品改造25.9万盏，其中21.84万盏属于公共室内照明产品。

【科技计划项目】　2014年，东莞市共发布了4批市科技项目的申报通知及申报指南，共受理了11类项目，受理有效申报项目20 481项，最终确定立项扶持项目16 020项，资助经费总额66 874万元。组织举办了2次科技项目申报指南宣讲会，共有企事业单位代表400余人参加。组织企业单位申报省科技项目751项，立项扶持项目107项，资助经费13 755万元。例如，广东银禧科技股份有限公司、东莞中镓半导体科技有限公司、广东志成冠军集团有限公司等企业承担的8个重大项目进入产业化阶段，2014年实现销售收入29 676.69万元，出口创汇3 923.31万美元，净利润1 313.95万元，缴税559.34万元。

【创新能力建设】

创新平台建设　12月，东莞市政府发布了最新修订的《东莞市科技创新平台建设资助办法》。新修订的办法重点调整了工程技术研究中心建设、重点实验室建设的资助标准、认定条件及明确了不予以资助的情形，大幅提高资助和贴息标准，其中国家级工程技术研究中心最高可获500万元的资助。2014年，新认定市工程中心11家，市重点实验室5家，省工程技术研究中心18家，广东东阳光药业有限公司组建的“抗感染新药研发国家重点实验室”获批企业国家重点实验室。新建东莞同济大学研究院、东莞前沿技术研究院2家新型研发机构，召开了东莞同济大学研究院、东莞华中科技大学制造工程研究院等平台的理事会，审议了通过了各平台建设的相关发展计划。引导规模以上工业企业建立研发机构，按照《东莞市实施规模以上工业企业研发机构全覆盖计划工作方案》的要求，以有研发人员、研发场所、研发经费、研发设备以及研发项目为基本要求，9月，印发了《关于开展东莞市企业研发机构备案登记的通知》。截至2014年9月底，收到申请备案登记的企业自建研发机构390家。

创新型企业培育　全年认定省级创新型企业和省级创新型试点企业各5家，全市省级创新型企业累计达25家，省级创新型试点企业33家；认定市级创新型企业22家，其中市级创新型龙头企业9家，市级创新型培育企业13家。

创新人才队伍建设　2014年，东莞市成功引进一批省市创新科技团队，共有7个团队项目获得省引进第4批创新科研团队立项和1.25亿元省财政经费资助，在全省排在第3位；8个团队通过市引进第1批创新科研团队项目立项，共获得市财政立项资助6 200万元。上述15个创新科研团队中，共引进了一批包括中共中央组织部“千人计划”入选者郑玉群研究员、教育部长江学者刘俊杰教授等在内的来自美国、英国、新西兰、以色列等国家或地区的83名海内外高层次人才，其中博士和正高职称占90%以上，研究领域涉及高端新型电子信息技术、新能源、新材料、生物医药、节能环保等战略性新兴产业领域。截至2014年年底，东莞市累计引进了4批次共21个处于产业前沿的广东省创新科研团队，占全省引进团队数量近1/4，并获得省财政专项经费资助4.75亿元，排在全省第3位。另经省委组织部批准原南方医科大学原创性抗炎药物研发团队，于2014年3月份将用人单位变更为东莞市南方医大松山湖科技园有限公司，成为了东莞市第22个省创新科研团队。

【专业镇和特色产业基地】 2014年，东莞市对尚未认定为专业镇的10个镇街的特色产业情况进行了摸底调研，并根据具体情况组织了东城、麻涌、高埗、凤岗、石排5个镇街申报省级技术创新专业镇认定并成功获批。截至2014年年底，省级技术创新专业镇达到30个。

该市积极推动横沥模具产业协同创新中心建设，重点建成了模具检测技术中心、模具产业3D打印技术中心、模具装备制造创新中心等，为东莞市模具企业提供相关科技服务，取得良好效果。此外，推动虎门服装协同创新中心建设，设立品牌创意推广中心、服装设计研发中心、服装面料研发与检测中心、服装行业电子商务研发中心、服装供应链创新研发中心、服装企业及人才培育中心6个分中心，为虎门服装产业转型升级和可持续发展提供知识与技术服务。充分利用省知识产权研究与发展中心的专利信息资源，依托8个专业镇创新平台，为东莞市中小微企业开展专利信息推送服务，推动专利信息分析利用能力建设。

【对外科技交流】 2014年，东莞市一方面“走出去”拓展国际科技合作渠道，先后赴瑞典、丹麦、芬兰、俄罗斯、白俄罗斯等国开展国际人才团队引进以及生物医药、纳米技术等方面的技术合作对接；另一方面“请进来”促进国际科技合作对接，累计组织近100家企业参加东莞—白俄罗斯科技交流合作对接会、由李嘉诚基金会主办的广东省“科技夹子”活动以及香港科技园公司“软着陆计划”等活动，推动了市企业与独联体焊接材料、以色列水处理技术、欧美消费电子产品等高端技术项目进行对接，促成20多家企业与有关机构达成初步合作意向。

【产学研结合】 2014年，东莞市大力开展产学研合作，推进公共科技创新平台成果转化，组织了多场产学研对接会，探索平台与行业协会、企业对接的创新机制，达成包括北京大学东莞光电研究院氮化镓功率器件等项目在内的合作意向33项。

2014年，该市推荐申报2014年广东省协同创新与平台环境建设专项资金（产学研合作项目）共62项，获得立项资助20项。

【科技金融】 5月，东莞市获得省政府批准成为省金融、科技、产业融合创新综合实验区。

科技金融产业融合政策　6月，《东莞市创新财政投入方式促进科技金融产业融合发展工作方案》出台。该方案针对市场对企业创新链前端支持的“缺位”与“失灵”，市财政设立首期5 000万元的“东莞市创新创业种子基金”。通过设立创新创业种子基金、贷款风险补偿金、贷款贴息、风头补偿金等方式，引导创业投资机构和商业银行进行金融创新，建立科技创新和产业进步项目“拨投联动”“拨贷联动”“拨贴联动”支持机制。

8月，制订了《东莞市建设金融科技产业融合创新综合实验区实施方案》。

2014年，新增引入农业银行和广发银行开展专利质押融资业务，全年共发放7笔贷款，金额达到1 990万元。9月23日，东莞科技金融产业融合发展工作启动仪式在东莞松山湖举行，东莞市财政局分别与东莞银行、浦发银行东莞支行签订了科技金融产业融合发展合作协议，首批签约的20家中小企业共获得1.8亿元授信。

科技金融服务　推动东莞深圳清华大学研究院创新中心联合科技银行、股权投资机构、科技担保公司、上市公司、上市后备企业和其他科技金融中介服务机构组建成立东莞市科技创业投资联合会，加速科技、金融、产业领域的资源对接，提供培训交流、上市辅导、联合投资、政企沟通等服务；规划建设的科技、金融与产业信息共享交流平台已全面启动，知识产权交易服务平台正在进行专家评审。

科技保险　东莞以松山湖为试点，正式启动科技保险推广工作。在9月12日的启动仪式上，东莞市科技局邀请保险专家给科技企业负责人讲解科技保险业务如何办理。该市政府和松山湖高新区设立科技保险专项经费，对参保企业保费按1∶1的比例进行补贴。试点时间从2014年8月1日至2015年12月31日，待条件成熟后，再推向全市。通过竞标，中国人保财险、中国平安保险成功成为东莞市科技保险承保公司，全年共承保3家企业，保费19.88万元，保额达5.96亿元。保险产品共有13种。该市实施科技保险对高新技术企业的创新创业发挥分散风险、支持保障的作用，同时，有利于鼓励高新技术企业的技术创新和研发活动，有助于产业转型升级和建设创新型城市。

【知识产权工作】　2014年，东莞市成立了由市主要领导挂帅的工作小组，统筹协调全市知识产权工作的实施开展；完成了《东莞市建设国家知识产权示范城市工作方案》，明确了到2016年东莞市知识产权工作目标和重点，对各项知识产权工作提出了更高要求，指明了新的努力方向。松山湖获批建设省知识产权服务业集聚发展试验区。6月16日，广东省知识产权局、东莞市人民政府2014年知识产权合作会商工作会议暨东莞市2014年全市专利工作会议召开。

专利产出　启动了“2014年东莞市发明专利申请促进行动”，开展“百所千企知识产权服务对接工程”，加强对镇街（园区）发明专利申请促进工作的督导，同时继续做好专利资助、电子申请、优势企业认定等工作。2014年，全市发明专利申请量达6 913件，同比增长7.11%，占专利申请总量的比例为24.31%，在全省排名第4位；发明专利授权量为1 624件，同比增长8.63%，在全省排名第3位；PCT专利申请量为299件，在全省排名第3位；截至2014年年底，全市有效发明专利量为5 426件，比2013年年底新增有效发明专利1 198件，新增有效发明专利量排名全省第3位。全市共有5个项目获得第16届中国专利奖，获奖数量为历年之最。

执法与维权援助　2014年，全年共立案受理专利侵权纠纷案件10宗，结案9宗；查处假冒专利案件5宗；进驻4家展会驻会维权，处理专利纠纷案件36宗，派出知识产权专家54人次，接收各类咨询632次，派发宣传资料1 100余份；对樟木头镇、凤岗镇等镇街的大型卖场开展了执法检查。3月，中国东莞（家具）知识产权快速维权中心授牌，并于5月正式启动运行；中心成立以来，建立了《处理专利纠纷工作制度》等10多项规章制度，为中心有效运作提供了强有力的制度保障；创新维权模式，制定了《家具商场知识产权（专利）纠纷处理办法》等，协助家具卖场成功调解专利侵权投诉纠纷16宗。

重点项目　6月，东莞市政府颁布实施《东莞市推进企业机器换人行动计划（2014—2016年）》，东莞进入“机器换人”的新时代。以专利导航引导工业机器人产业的产业布局与发展，同样被提上了议事日程。

11月，“东莞市工业机器人产业转型升级专利导航工程项目”正式获得省知识产权局“珠江三角洲地区重点产业转型升级专利导航工程项目”的立项支持。该项目实施时间从2014年11月到2015年10月。计划通过对国内外工业机器人的核心技术进行分析汇总，掌握行业技术发展的最新动态，为政府决策和企业技术开发提供参考。在此基础上进行专利布局策略，有目的、有计划地实现专利布局。与此同时，该项目实施过程中，还将引导东莞市创新主体构筑专利联盟，推动企业开展协同创新及专利运营。

【重要科技活动】

全省新型研发机构建设现场会　见第18页。

第3届中国创新创业大赛（广东·东莞赛区）暨2014年天安数码城杯赢在东莞科技创新创业大赛　该大赛由东莞市科技局主办，广东粤科风险投资管理有限公司和东莞市电子计算中心承办，东莞市天安数码城有限公司总冠名，分为初赛网络评审、复赛集中答辩与现场考察、半决赛电视录播和总决赛电视录播4个环节。经过多轮激烈角逐，最终创新创业组广东合微集成电路技术有限公司、创新资金组东莞市丰邦新能源科技有限公司获得大赛特等奖。

2014年，东莞市共有173家企业报名参加中国创新创业大赛，参赛企业数量占总数的1/4，位居全省地级市第1；共有22家企业被推荐进入国家行业赛，其数量占总数的1/3，也位居全省第1。

本次大赛在原有优惠措施的基础上，新增了法律服务、宣传服务和环保服务三大支持政策以及10多家支持单位，形成包含风投跟投、银行跟贷、券商辅导、入园孵化等15项科技服务内容，荟萃了中小企业发展过程中所需的各项创新要素，是对东莞市科技资源的一次大整合。在5月举行的2013年大赛优惠政策对接会上，10个获奖企业代表和10家支持单位代表签订了合作协议。大赛的举办加强了中小企业与服务机构的交流和沟通，为其转型升级增添了力量。

大赛实现了科技金融的融合对接。招商银行拿出1亿元的授信额度，广东省粤科风险投资集团有限公司、广东东科创业投资有限公司、广东清大创业投资有限公司各拿出上千万的风投资本，用于对大赛获奖企业实施跟投跟贷。

本次大赛加强了赛事评审的公开程度。本次大赛进一步加强了赛事公开，在复赛集中答辩阶段，评审专家现场打分，参赛企业在答辩完毕后即可签收复赛比赛成绩单；大赛半决赛在天安数码城和松山湖进行电视录播，首次将比赛现场拉到户外，让赛事评审全过程接受社会群众的监督；大赛总决赛和半决赛通过东莞电视台高清频道进行实况录播，让赛事评审全过程有迹可循，确保所选项目能够符合大家的意见。

本次大赛营造了创新创业的社会氛围。本届大赛增加了项目路演活动和半决赛电视录播，加强了媒体宣传效果，让社会各界有更多的机会接触各个参赛企业，亲身感受各位“创业英雄”的风采英姿，有效地宣传了东莞市重视科技创新的政策理念，在社会上营造勇于创新敢于创业的积极氛围，吸引更多全国各地的企业或团队来莞创新创业，为加快社会转型升级提供软助力，塑造东莞创新创业热土的新形象。

【科技成果与技术市场】 东莞市8项科研成果获得2014年度广东省科学技术奖，其中“聚合物动力型锂离子电池的研发和产业化”等2项科研成果获广东省科学技术奖二等奖，“交直流四极磁铁磁场测量系统研制”等6项科研成果获广东省科学技术奖三等奖。75项科研成果获得2014年东莞市科学技术奖，其中，“环境友好型聚酰亚胺薄膜挠性覆铜板关键技术研发及产业化”等12项科研成果荣获东莞市科学技术进步奖一等奖，“活血通络法（活血灵片）预防骨科大手术后深静脉血栓形成的实验及临床研究”等27项科研成果荣获东莞市科学技术进步奖二等奖，“自膨式补片（Kugel补片）前入路腹膜前腹股沟疝修补术的临床研究”等36项科研成果荣获东莞市科学技术进步奖三等奖。

2014年，共组织市级科技成果鉴定100项，推荐科技成果登记100项，成功登记82项；完成技术合同认定177份，合同总交易额约1.12亿元，技术交易额1.03亿元，企业获免税600多万元。

【科普工作】 以科学技术博物馆为主体，以常设展览展示及科技影院为基础，以科学教育活动为抓手，开展了第2届广东省科普剧大赛、科普剧团演出、“新春寻宝·科技同行”活动、科普晚会、“科技梦·飞行梦·少年梦”等科普活动约20大项，举办了各类科技论坛和科普讲座13场次，大型临时展览7场次，全年参观参与人数超过40万人次。

（东莞市科学技术局　王少波）

中　山　市

2014年，中山市贯彻落实国家、省关于科技创新的决策部署，全面实施创新驱动发展战略，大力提升自主创新能力，全市区域创新能力快速提升，根据《中国城市创新报告（2014）》发布的信息，中山城市综合创新能力跻身全国地级市第4位，排名再创新高。2014年，R&D经费占GDP比重提升至2.4%，发明专利申请同比增长37.75%，发明专利授权增长8.84%，百万人发明专利申请量1 055件、万人发明专利拥有量6.2件，高新技术产品产值突破2 600亿元，超额完成

《珠三角规划纲要》“九年大跨越”2014年目标。

【科技计划管理】 2014年，中山市获国家和省科技、知识产权项目立项129项，获经费5 861万元，其中，29个项目获得中央财政2014年中小企业发展专项资金1 580万元，38个项目获得2013、2014年度省科技型中小企业技术创新专项资金1 250万元，24个项目获得2013年度省部产学研合作专项资金1 812万元。中山市科技局全年使用科技发展专项资金和科学事业费5 571.116万元，其中：科技计划项目资金1 593.62万元；LED产业发展专项资金467.38万元；科技创新服务平台专项资金800万元；科技型中小企业技术创新资金780万元；装备制造工业研究院专项资金399万元；专利专项资金799.396万元，安排产业类资金707.38万元，事业类资金92.016万元；科学事业费799.1万元，安排发明专利授权资助149.5万元，医疗卫生研究283.9万元，高校及事业单位创新发展项目365.7万元。

2014年，中山市科技局修订和制定了《中山市科技发展专项资金管理暂行办法》《中山市科学事业费使用办法》《中山市B类科技项目验收监管暂行办法》等政策，重点推进公共创新服务平台建设和企业研发费后补助，试行科技保险、专利保险财政补贴，聚焦重大科技专项和中小企业技术创新，强化立项监管和验收评价，促进加快形成技术创新市场导向机制。

【科技成果与技术市场】 2014年，组织科技成果会议鉴定23项目，国际先进3项，国内领先17项，国内先进3项。

2014年，中山市科技局评定授予中山市2013年度科学技术奖获奖项目89项，其中科技进步奖一等奖17项、二等奖27项、三等奖42项，产学研合作奖3项，奖金共429万元（含省科技奖配套）。该年度58个工农类获奖项目中，有33个项目是来自各个专业镇，占比56.9%，充分展示了专业镇在转型升级中的“火车头”作用。获奖人员中，具有博士学位56人、硕士学位140人、高级职称299人。牵头或参与研究攻关的45岁及以下的中青年科技人员达403人，占总获奖人数的51.9%；获得一等奖的17个项目中，团队平均年龄在45岁及以下的有16个，占94.1%。该年度有40项获奖成果涉及农业科技、重大疾病防治、食品安全、抢险救灾等领域，占比46%，多个获奖项目处于全省乃至全国先进水平。

2014年，市科技局发展公共科技服务平台、生产力促进机构、产学研合作机构、知识产权服务机构、科技金融机构，同时发展壮大科技服务业新兴业态，将科技企业孵化器、科技资源机构和新兴领域科研型企业纳入科技服务范畴。促进科技服务资源有效配置和高效利用，推荐6个单位申报省科技厅“技术交易体系与科技服务网络建设领域”专题项目，推动技术转移工作开展，中山市装备制造业科技研究中心、中山北京理工大学研究院被科技部确定为第5批国家技术转移示范机构。

【科技服务体系建设】 2014年，组织编写《市生产力促进中心服务功能完善方案》，加强生产力促进中心服务体系建设，提出市生产力促进中心完善和发展的总体目标、完善思路和主要举措，列出实现方案需要解决的问题，报市政府获批准。

12月12日，成立中山市生产力促进中心联盟，发挥生产力促进中心助手功能和桥梁纽带作用，完善市镇生产力促进中心服务功能。中山市生产力促进中心联盟由中山市生产力促进中心发起，是全市已注册成立的各生产力促进中心自愿结成的地方性、非营利性业务联盟，共有9家生产力促进中心参加。该联盟为松散型的业务联合组织，通过建立全市生产力促进中心服务平台，形成生产力促进中心服务网络体系，共同开展服务中山市中小企业的各类活动。推进技术合同认定及技术产权交易，共办理技术合同认定登记54项次，合同交易总额4 879万元，技术交易额4 849万元。

【高新技术与战略新兴产业】

高新技术企业及产品 2014年，经省高新技术企业认定工作领导小组评审，全市新认定高新技术企业83家，复审通过23家，全市高新技术企业累计达219家，同比净减少了44家。2014年，全市共有123家企业申报了350个高新技术产品，其中299个通过了认定。

高新区发展　2014年，中山火炬高技术产业开发区（简称“火炬开发区”）实现地区生产总值406.9亿元，比上年增长8.8%；固定资产投资130.1亿元，增长19.2%；人均国内生产总值16.85万元。三次产业比例为0.14：80.33：19.53。

全年，火炬开发区申报各类科技项目286项，获准立项147项，其中国家级14项、省级29项。推动创新平台建设，建设环保型可重复使用的数码打印介质研发创新团队、化学药物研发创新团队、高端光纤激光技术创新科研团队、高端装备核心部件材料表面先进涂层技术研发与应用创新团队4个中山市创新团队，建设测绘遥感信息工程国家重点实验室中山分中心、澳门科技大学—中智药业联合实验室、明阳风电国家企业技术中心3个国家级创新平台，中智药业院士工作站获市立项；博士夏瑜和陈小文获评为国家创新创业人才。广东长宝信息科技有限公司、广东易山重工股份有限公司、中山康方生物医药有限公司、广东美味鲜调味食品有限公司获准成为广东省博士后创新实践基地。

全年企业专利申请3 220件，其中发明专利1 481件；专利授权1 589项，其中发明专利授权149件。全年有26家企业及团队参加第3届中国创新创业大赛，7家企业晋级省复赛，3家企业晋级国家行业赛，其中2家在国家行业总决赛中获优秀企业奖。中国中山留学人员创业园升级为国家级留创园。健康基地健康医疗孵化器获广东省科技厅批准为国家级孵化器培育单位。工业开发有限公司与张家边企业集团有限公司合作建设的“光成像与光电子信息产业集群”获批准成为广东省创新型产业集群建设试点。中山港社区申报广东省科普示范社区并成功入选。

战略新兴产业发展　2014年，中山市建设新能源汽车、风电装备、光电装备、海洋工程装备等省级战略性新兴产业基地。组织光电子产业链智能制造基地和电梯特色产业制造基地申报省市共建战略性新兴产业基地（即广东省智能制造示范基地）。推进北斗物联网产业基地建设，中山市北斗卫星导航及位置服务产业发展规划和中山航天北斗物联网产业基地概念性规划通过专家评审。引进广东埃彼咨管道技术有限公司、中山市五心智能科技有限公司、中山市云星信息科技有限公司、中山航天飞邻测控技术有限公司等11家企业。推进北斗智慧城市运营中心、卫星遥感数据中心、亿阳节能监管平台、重庆政通中山便民服务信息港等20多个项目进驻中山市。

2014年，中山市抢抓LED产业发展的战略机遇，通过组织编制了《中山市LED产业发展规划（2014—2020年）》、推进省市共建LED领域重大科技专项、加快LED产品的推广应用等措施，努力形成LED产业发展新优势。《中山市LED产业发展规划（2014—2020年）》已由市政府发布实施，规划立足于中山市LED产业和传统照明产业实际，分析了LED产业发展的机遇与挑战，提出LED产业发展指导思想、思路与目标，明确了空间布局、主要任务和保障措施，为中山市今后6年的LED产业发展指明了方向、提供了政策依据。2014年，LED路灯照明示范工程已基本完成，分2批次组织专家对34项“绿色照明示范城市项目”补贴进行评审，下达省市补贴资金1 500多万元。2014年，全市累计改造（安装）LED路灯126 587盏，LED路灯总里程约1 000千米，总功率超过1 300万瓦，发放省市补贴2 500多万元，已安装LED路灯的道路照明光照度普遍提高，节能减排效益巨大。据初步统计，总体节能率达到55%以上。

【专业镇】　2014年，中山市专业镇生产总值2 133.2亿元，占全市75.57%，税收占56.56%，工农业总产值超500亿元的专业镇1个（小榄），300亿元以上500亿元以下4个（南头、黄圃、东凤、东升），200亿元以上300亿元以下2个（三角、南朗），专业镇经济贡献度超72%。专业镇中，高新技术企业、省级工程中心、市级工程中心分别占总量的58%、66%和69%。截至2014年，专业镇内规上工业企业2 112家（全市2 960家），高新技术企业152家（全市220家）。全市专业镇新产品产值和高新技术企业总产值分别为404.16亿元和431.65亿元，占全省专业镇对应指标总量的比重仅次于佛山，在全省位居第2位。近5年各镇区共获得省、市科技财政支持1.14亿元（其中省级5 615万，市级5 810万）。小榄、南头、古镇、大涌等4个镇区已形成架构完整、功能完善、服务能力较强和充分市场化的服务运作体系。

【创新能力建设】

创新型企业　2014年，龙源电力集团股份有限公司、广东乐心医疗电子股份有限公司等5家创新型试点企业被认定为“广东省创新型试点企业”，6家试点企业也全部被认定为“广东省创新型企业”，通过率全省第1。截至2014年年底，全市已有省级创新型试点企业13家、省级创新型企业18家。

技术创新平台　2014年，中山市新增2家国家级创新平台分支机构，分别是中山市金马科技娱乐设备有限公司与武汉大学共建的测绘遥感信息工程国家重点实验室金马科技中山研究中心、中山市中智药业集团有限公司与澳门科技大学共建的中药质量研究国家重点实验室分支机构。新增1家院士工作站，该站由中山市中智药业集团有限公司与遗传药理学学术带头人、中南大学周宏灏院士联合共建。截至2014年年底，全市院士工作站增至4家、国家级创新平台及分支机构增至8家。

挖掘院校优势资源，提升中山市“1+4”公共创新平台体系的产业创新效能，在游艇与船舶制造、海洋工程新材料、面向灯饰行业的3D打印快速成型技术应用和新一代大画幅高清成像镜头等领域的关键技术研制与成果应用取得新突破。

龙头企业的创新平台建设在运作模式、建设规模和合作层次等方面整体呈现“高端对接、国际接轨”的可喜势头。

中山市电力电子（明阳龙源）工程技术研究中心依托广东明阳龙源电力电子有限公司的发展，以项目开发为研究基础，致力于为客户提供风力发电、太阳能发电、分布式发电、节能减排及电能质量系统整体解决方案。其中，中心研制成功的静止无功补偿装置（SVG）产品，已在全国推广应用，在国电酒泉风电项目投运的容量为57Mvar的SVG装置，是目前国内用于新能源领域最大的SVG装置，用户反映良好。该项目获得2014年中山市科技进步奖一等奖、广东省科学技术奖三等奖。

2014年，广东美味鲜调味食品有限公司建设的微生物技术国家重点实验室美味鲜中山联合实验室与山东大学建立了博士后创新实践基地，在“广式酱油多菌种复配发酵技术”“富肽酱油的制备”“多菌种协同发酵生产高盐稀态酱油的方法”等方面进行研究和关键技术联合攻关，同时联合华南理工大学开展“调味品用新型变性淀粉创制关键技术”研究并申报市重大科技专项。实验室在2014年培养引进技术人员25名，申请相关专利4项，发表相关论文4篇，制定企业标准13项，参与起草行业标准两项，开发出了“厨邦原晒鲜”酱油，获得中山市科技进步奖一等奖1项。

中山市中智药业集团有限公司联合澳门科技大学中药质量研究国家重点实验室建设的澳门科技大学中药质量研究国家重点实验室——中智药业集团中药质量研究联合实验室在2014年与中山大学、中南大学临床药理研究所和中国中医科学院中药研究所分别就中药破壁饮片的安全性、药代动力学示范性和DNA条形码鉴定开展合作研究，完成天山雪莲等5个品种破壁饮片－破壁粉体－原药材的指纹图谱研究并建立其标准指纹图谱，完成钩藤、甘草、山楂原药材指纹图谱研究并拟定标准草案，完成破壁食品标准备案8个。新申请发明专利11项，其中台湾地区申请6项，启动了企业面向台湾的知识产权保护工作；获得授权发明专利10项，发表论文6篇，间接促进企业销售收入较2013年增长20%以上。

创新人才队伍　2014年，修订完善创新团队引进、国家级创新平台及其分支机构建设和院士工作站建设等政策性文件，出台《关于印发〈中山市引进创新科研团队实施意见〉〈中山市创建引进国家级创新平台实施意见〉和〈中山市院士工作站管理实施意见〉的通知》，优化评审流程，增强高层次人才政策的适用性和可操作性。

2014年，全市共有9个团队申报市级创新科研团队，涉及制药、新材料、光机电、新能源等4个领域，最终有3个团队获批引进，分别是：广东高璐美数码科技有限公司引进的环保型可重复使用的数码打印介质研发创新团队；广东和博制药有限公司引进的化学药物研发创新团队；广东正德材料表面科技有限公司引进的高端装备核心部件材料表面先进涂层技术研发与应用创新团队。

创新政策落实 2014年，中山市科技局开展企业研发项目专家审查工作，规范研发费税前扣除政策的办理流程。全市共有349个项目申请项目鉴定，最终有278个项目通过鉴定，通过率为79.7%，经税收部门核定，全年研发费用加计扣除额近4.08亿元，企业享受税收优惠额6 121.65万元。认真落实国家创新财税政策，全年为高新技术企业减免税收近5.1亿元。技术合同认定及技术产权交易稳步推进，共办理技术合同认定登记54项次，合同交易总额超4 879万元，技术交易额为4 849万元。

【产学研结合】 深入开展“走出去、请进来”产学研交流对接活动，2014年，组织中山市企业与武汉理工大学、北京理工大学、华南理工大学、西安交通大学、深圳清华大学研究院等校企技术对接6场，参与企业186家，合计281人次，初步达成合作意向企业超50家，开展企业技术需求征集活动，共征集需求信息近百件，并通过武汉大学、武汉理工大学等高校信息平台征集需求解决方案。

加强产学研创新联盟建设，组织咀香园健康食品（中山）有限公司牵头成立的广东省焙烤食品产业技术创新联盟申报省级产学研技术创新联盟，积极筹建由中山北京理工大学研究院牵头的光电产业产学研创新联盟。

广东先进水泥基材料产业技术创新联盟 该联盟在2014年通过整合联盟内高校和科研院所的研发力量，开发关键技术，研制新型水泥基材料，先后开展了高强、高韧性和高耐久性水泥基材料、固体废弃物在水泥基材料中的合理有效应用、新型水泥基材料添加剂、深远海工程的先进水泥基材料等课题的研究，推动混凝土制品制造和建设工程行业企业的技术升级和转型，有效解决了当前面临的高资源消耗、高能源消耗、高劳动成本等问题。联盟成员单位在2014年申报专利30余项，其中发明专利20项；服务省内相关企业20多家，科技成果产业化新增产值达5亿元，新增税收5 000多万元。此外，2014年联盟还积极开展产学研交流合作和平台建设，先后举办了“新型海洋建筑与材料论坛”“创新联盟创新发展论坛”等活动，并建成了中铁大桥局九公司—武汉理工大学海工混凝土联合实验室，成为海洋先进材料研发的重要平台。

游戏游艺产业产学研创新联盟 该联盟旨在通过产学研的紧密合作，促进区域特色产业持续快速健康发展，打造成为国家级游戏游艺产业研发与生产基地，提高游戏游艺产业国际竞争能力。成员单位在2014年共申请专利48项，其中，发明专利8项、实用新型专利4项；联盟内企业与高校共同开展创新研发课题10多项，其中，中山市读书郎电子有限公司的“基于多点触控技术的智能平板学习系统”项目获中山市科技进步奖三等奖。

广东省风力发电技术产学研创新联盟 该联盟通过SCD6.0/6.5MW大型风机设计关键技术攻关和高原型超低风速MY2.0MW-118风机研发，并于2014年11月和12月在江苏龙源试验风场和云南基地成功将风机样机吊装，相关技术达到国际领先水平。同时，广东省第1个海上风电场示范项目——珠海桂山20万千瓦海上风电场开始建设。2014年，联盟申请专利121项，授权专利124项，其中，授权发明专利9项、授权实用新型专利114项、授权外观设计专利1项。

【科技服务业】 2014年，中山市增强力度发展公共科技服务平台、生产力促进机构、产学研合作机构、知识产权服务机构、科技金融机构，同时发展壮大科技服务业新兴业态，将科技企业孵化器、科技资源机构和新兴领域科研型企业纳入科技服务范畴。促进科技服务资源有效配置和高效利用，推荐了6个单位申报省科技厅“技术交易体系与科技服务网络建设领域”专题项目，其中4个单位获得立项，共得财政支持270万元。中山市装备制造业科技研究中心、中山北京理工大学研究院被科技部确定为第5批国家技术转移示范机构。

2014年，为加强生产力促进中心服务体系建设，中山市科技局组织编写了《中山市生产力促进中心服务功能完善方案》，提出了市生产力促进中心完善和发展的总体目标、完善思路和主要举措，列出了实现方案需要解决的问题，并获得了市政府批准。

为进一步发挥生产力促进中心助手功能和桥梁纽带作用，完善市镇生产力促进中心服务功能，12月12日，中山市生产力促进中心联盟正式成立。中山市生产力促进中心联盟是在中山市科技局的领导下，由中山市生产力促进中心发起，全市已注册成立的各生产力促进中心自愿结成的地方性、非营利性的业务联盟。该联盟为松散型的业务联合组织，通过建立全市生产力促进中心服务平台，形成生产力促进中心服务网络体系，共同开展服务该市中小企业的各类活动。截至2014年年底，共有9家生产力促进中心参与该联盟。

【科技金融】 2014年，中山市出台了《中山市关于促进科技和金融结合的工作方案》《中山市科技金融服务中小企业创新发展行动计划（2014—2016）》。该工作方案主要是建立健全以“市场为导向、产业为支撑、政产学研金紧密合作”的科技金融服务体系，通过开展科技金融试点示范工作，全市逐步建立促进科技和金融结合工作机制，科技投融资环境不断优化，科技金融服务业规模不断发展壮大，形成一支高素质科技金融人才队伍，科技金融产品创新取得显著进展。该行动计划通过加大科技金融服务中小企业的力度，科技金融服务方式，创新中小企业融资模式，提高中小企业融资能力，促进中小企业做强做大，行动计划主要有：种子期科技型中小企业孵化行动计划；初创期科技型中小企业育苗行动计划；成长期科技型中小企业造林行动计划。

10月24日，广东省科技金融综合服务中心中山火炬高新区分中心在2014年中国（中山）光华国际科技节开幕式上举行了揭牌仪式。作为全省第2家省级科技金融服务中心，全省第1个设在国家级高新区的科技金融服务中心，中山高新区分中心按照“政府引导、市场运作、整合资源、服务企业、注重实效”的原则，以对接融企供需，促进企业融资为目的，通过线上线下方式为企业，尤其是处于创业期、成长期的科技型中小微企业提供政策咨询、上市辅导、创业投资、科创信贷等全方位金融服务。

继续推广专利保险、知识产权质押贷款等科技金融新模式，全年有20家企业105件购买专利保险，保额690万元。

【知识产权工作】 2014年，中山市创建国家知识产权示范城市工作取得重大突破，国家知识产权局已认定中山市具备国家知识产权示范城市资格。截至2014年年底，全市有国家知识产权优势企业3家，省知识产权示范单位9家，省知识产权优势单位31家，市知识产权示范单位22家，试点企业79家。

专利申请与授权 2014年，中山市专利申请总量24 618件，同比增长12.85%，其中发明专利申请量3 350件，同比增长37.75%；专利授权量15 048件，同比增长5.84%。发明专利授权505件，同比增长8.84%，其中百万人发明专利申请1 055件，万人发明专利拥有量6.2件。全年仅市级资助专利申请2 024件，资助金额达620.5万元，同比增长29.5%。

专业化的知识产权交易平台构建 10月22日，第14届中国古镇国际灯饰博览会在中山市古镇盛大开幕。开幕式上举行了“广东（灯饰照明）知识产权运营中心”的授牌仪式，标志着广东省首家知识产权运营中心正式运作。该中心通过整个资源鼓励并采取有效措施推动高等院校、国内外灯饰创新设计团体向中山市照明中小微企业授权许可使用其专利等知识产权，为各类知识产权成果提供一个多样化的展示交易平台以及一个多层次的融资平台，拓展知识产权运营市场，营造利于知识产权转化和交易的环境，提高中小微企业知识产权运用的能力。

专利信息服务 继续依托高端系统服务平台提供专利信息分析利用服务，全年利用汤姆森专利信息平台为全市战略新兴产业提供专利信息深度服务，编制11期行业专利简报，开展12期专利检索服务。运用国家局特别提供的“中国外观设计专利智能检索系统”和世界灯具专利数据库，为企业提供检索服务，使知识产权信息服务贯穿于产品的整个生命周期，全年共为130家企业提供了807次检索服务。依托中山市装备制造业科技研究中心和生产力促进中心开展“中山市海洋工程装备产业转型升级专利导航工程项目”，深度开发利用专利信息资源，加快产业转型升级，为

提升全市区域产业整体竞争力提供强有力的支撑。

专利保险试点工作 2014年，全市共13家企业105件专利购买了专利执行险。积极开展知识产权质押贷款，全年共4家企业9个项目36件专利进行质押登记，贷款金额6 400万元。

知识产权行政执法 2014年，中山市不断加大知识产权保护力度，全市专利纠纷案件立案259宗，办结204宗，结案率为78.8%，出动执法人员922人次，检查各类门市、工厂280家次；涉及专利侵权调解金额43万元。全年全市行政执法案件共立案2 035宗，出动执法人员34 066人次，检查企业、单位10 924家，涉案金额12 433.05万元。

在古镇的中国中山（灯饰）知识产权快速维权中心设立广州仲裁委员会中山商事调解中心，引入知识产权侵权纠纷仲裁机制，构建灯饰行业多元化的知识产权保护体系。依托中国中山（灯饰）知识产权快速维权中心接受中山市中级人民法院委托调解42宗灯饰专利纠纷案件，调解金额11.5万元；维权中心调解不成移送法院处理27宗。协调维权中心在春秋两季中国·古镇国际灯饰博览会设置了知识产权工作站，联合组委会等相关部门现场开展知识产权执法维权工作，期间共接收了4宗涉嫌侵犯外观设计专利权利的10个产品。

探索电子商务领域专利保护工作，制定《中山市电子商务领域专利执法维权专项行动工作方案》，在全市范围协助权利人开展电子商务领域专利侵权投诉共90宗，提交国家知识产权局协助处理电子商务领域专利侵权案件3宗。继续加强打击侵犯知识产权和制售假冒伪劣商品工作。

【科技交流】 在风电装备、节能环保和纯电动汽车驱动系统研制等领域，中国明阳风电集团有限公司、明阳电器、中山大洋电机股份有限公司等区域龙头企业在丹麦、德国、英国、澳大利亚、美国等国设立研发机构，开展项目技术攻关；在灯饰照明、移动通讯、新材料、生物制药等领域，中山市琪朗灯饰厂有限公司、广东通宇通讯股份有限公司、中山博锐斯新材料股份有限公司、中智药业集团等骨干企业与港澳科技资源进行深度对接，开展项目合作；在公共创新服务、平台共建等方面，小榄生产力促进中心与香港生产力促进局建立了稳定的合作机制。

首届中国（中山）光华国际科技节 10月24—26日，首届中国（中山）光华国际科技节举行。这是中山市举办的首次科技盛会，是贯彻落实国家创新驱动战略、探索科技人才交流合作的具体实践和有益尝试。本届科技节的举办，通过光华基金会的平台，将国内外先进项目与中山当地企业进行有效对接，为促进中山市经济转型升级，企业创新创业，提升青少年科学素养发挥了积极的作用。

在本届科技节对接专场活动中，根据项目领域划分为健康医药、节能环保、软件及多领域合作3场技术对接专场，来自英国、德国、意大利、西班牙、罗马尼亚等10余个国家的25位企业及创新园区负责人参加专场并进行项目推介，320余家来自全国各地的企业参加专场对接。开展了项目推介，一对一对接洽谈，以及实地企业考察等活动，为企业参与进一步的国际科技合作搭建了一个好的平台。在创新人才合作专场中，中山火炬开发区留创园向国际嘉宾进行了园区推介，详细介绍了中山留创园的人才和科技政策，欢迎国际企业来落户中山。

在10月25日上午举办的知识产权高峰论坛上，来自日本Astamuse公司、广东交易所集团、中国技术交易所、高智中国投资、小米公司等高管及专家参加论坛，围绕知识产权运营及知识产权证券化做主旨演，近160位观众参加论坛。下午，科技金融高峰论坛成功举办，150余位企业代表参加论坛。来自北京中金浩资产评估有限公司、中国光电与创新科技产业基金、北京启迪银杏天使投资、北京艺融民生投资管理有限公司等的专家参加论坛，围绕知识产权融资、资本市场投资环境以及如何获得天使投资展开讲解。

科技节期间组织国际科技成果展、国内科技成果展及中山科技产业成就展3个展示单元，共展出来自国际18个国家，国内及本地的近150项科技成果及项目，吸引了众多企业的参观。同时，围绕“低碳我先行”科普活动、“航天员是怎样炼成的”科普讲座，组织中国航天科普展及全国青少年太空画比赛优秀作品展览，宣传普及科学知识，提高全民科普素质。

【科普工作】　截至2014年年底，中山市有市级以上科普教育基地31个，其中，全国科普教育基地2个、省级科普教育基地10个；市级青少年科普教育示范学校57所，其中，省级青少年科学教育特色学校9所；企业科协57个；国家级科普示范社区3个，省级科普示范社区14个。全年，中山市科学技术协会（简称“市科协”）组织科普“三下乡”活动（指到农村宣传普及文化、科技、卫生知识内容）145场。联合相关部门开展科普教育“进社区、进学校、进农村、进企业”、科普进“修身学堂”等基层宣传活动。组织100名专家组成科普讲师团，编印15个类别50项主题的科普讲座提纲，由基层单位和群众“按需点单”举办讲座，实施“菜单式”科普服务。以图片展览、专家授课、咨询解答等形式在21个镇区开展主题科普教育活动180场。

2014年，市科协以科技教师培训为动力，推动青少年科学素质发展。举办中小学教师科学教育研修班和机器人竞赛活动组织工作者及教练员裁判员培训班，组织开展第2期青少年航空航海模型竞赛活动组织工作者及教练员80人参加培训班。加强科普阵地建设，完善科普教育网络体系，年内，中山市595消防科普教育基地成功创建为中山市科普教育基地，神湾镇中心小学、南区北台小学、民众镇浪网小学和三角镇三角小学4所学校创建为市级青少年科普教育示范学校，新月城、咀香园2个科普基地申报成为广东省科普教育基地。6月，东区花苑社区通过验收工作，获中国科学技术协会、财政部评为全国科普示范社区。联合市农业局、市财政局实施科普惠农兴村计划，其中小榄镇菊花文化促进会、三角镇全福水产养殖场、三乡镇德强农场和沙溪镇丰盛铁皮石斛专业合作社4个单位被评为2014年中山市科普惠农兴村计划先进集体，小榄镇东区村罗信标、三角镇三角村郭文标获评为2014年中山市科普惠农兴村计划带头人。

【防震减灾】　2014年，市住建局地震办完成“中山市创建广东省防震减灾示范城市专项规划”及“中山市建（构）筑物抗震性能普查”项目验收，推进“西江断裂（中山段）探测与地震危险性评价”课题研究工作。全市7个社区被评为“广东省地震安全示范社区”，石岐区东港湾社区、火炬开发区中山港社区2个社区被认定为“全国地震安全示范社区”。联合市教育和体育局开展“中山市防震减灾科普示范学校”的申报评审工作，16所学校被评为“中山市防震减灾科普示范学校”。建设中山市地震应急指挥中心，配备视频会议系统、地震信息速报终端、震害预测系统，与广东省地震局联网对接。开通“中山防震减灾”微信公众号，该公众号能够将地震发生的时间、地点、震级、震源深度、烈度分布图等信息实时推送到微信用户手机。5月，组织开展“2014年防震减灾科普宣传月”活动，在城区组织放映《飞跃地心》防震减灾故事片6场，印刷地震科普宣传单张5万份给各镇区、市科协等部门用于开展防震减灾科普进社区、进学校等活动，到全市学校、社区、机关单位举办防震减灾知识科普讲座。

（中山市科技局　蔡　蕊）

江　门　市

【科技政策与环境营造】

政策法规的制定与落实　1月，江门市人民政府印发了《江门市科学技术局关于促进科技服务业发展的实施方案》。3月，印发《江门市科学技术局关于江门市工程技术研究中心建设的管理办法》，自2014年4月1日起施行。6月，印发《江门市科学技术局　江门市财政局　江门市人民政府金融工作局关于江门市级科技金融扶持资金操作细则（试行）》，帮扶解决科技型中小企业融资困境。

2014年，共组织企业研发费用税前加计扣除项目专家评审3批，完成项目评审301项，涉及项目研发费用总计9.92亿元，为江门市企业运用研发费用税前加计扣除政策直接减免超税收1.24亿元。

科技业务培训　2014年，江门市科技局举办了中小企业创新基金、高新技术企业申报与复审、知识产权、科技统计等面向企业的业务培训会20多场次，面向企业宣传各种各类科技政策法规、科技业务申报办理知识等，帮助企业学好用好政策，切实扶持企业自主创新。江门市科技局深入基层科技部门、科技型企业调研120多次，实地指导企业科技创新工作，规范科研项目申报与管理，引导企业加强和改善技术创新方法，提高科技管理水平。

科技信息宣传　3月，印发《江门市科技局关于印发进一步加强全市科技信息宣传工作的意见的通知》。新建LED彩色显示广告屏，展播江门市科技工作动态视频图片，升级改造科技政务网，新增重点领域信息公开专栏。办好《江门科技工作动态》，在《南方日报》《江门日报》、江门电视台及广播电台等媒体发布科技新闻20多篇，向江门市委、江门市政府、省科技厅等单位报送信息90多篇。其中，《江门市着力打造新型科技金融服务体系推动科技与金融深度结合》被市委办公室以《江门信息》上报省委办公厅，《江门市大力推进科技创新工作成效显著》被省政府《粤府信息》采用，获得市领导肯定；《深化科技体制改革提升自主创新能力》被《江门改革工作简报》刊登，积极有效地宣传了江门市科技工作的经验和特色。

江门市科技创新创业大赛　本次大赛由江门市科技局和江门市金融局主办。在总结2013年经验和学习外地做法的基础上，改革2014年江门市“科技杯”创新创业大赛的组织方式及赛程等，通过政府主导、整合资源、强化广泛宣传、市场化运作、大众参与方式，探索公平、公正、公开配制科技资源的有效途径，显著提高大赛的影响力、企业和民众的参与度。

大赛自5月12日启动以来，经历了组织发动、初赛、复赛、半决赛和决赛等环节，历时4个月，共吸引了包括黑龙江等地区在内的逾100家企业和团队参与报名，企业和团队的报名数量比上年增长超过1倍，企业组的报名数量比上年增长近1.5倍。参赛队伍的创新创业项目主要涉及新材料、电子信息和机械制造领域，产品设计理念以节能环保为主，并与日常工作和生活紧密结合。

9月10日，江门市“科技杯”创新创业大赛在江门五邑大学举办决赛，10家企业和团队进行了激烈角逐。在创新团队组，惠农科技团队的“基于物联网技术的智慧农场监控系统”项目获得总分第1名，翼博团队和江门绿能电气团队分获总分第2、第3名。在创新企业组，江门市优巨新材料有限公司凭“高流动性聚亚苯基醚砜酮树脂及其工业化合成方法”项目获得企业组金奖及100万元扶持资金，江门市奇德工程塑料科技有限公司获得银奖，鹤山市木森木制品有限公司和江门市阪桥电子材料有限公司获得铜奖。本次大赛有力地提升了社会对科技工作的关注和认可度，较好地推进了地区的科技创新创业。此外还有利于更好地促进科技和金融结合，吸引更多的资金投向科技型企业，加快江门高新技术产业的发展。

在办好市创新创业大赛的同时，江门市企业积极参加第3届中国创新创业大赛及第3届中国创新创业大赛（广东赛区）暨第2届“珠江天使杯”科技创新创业大赛，江门市2家企业入围全国前50强，被授予了“全国创新创业大赛优秀企业”的荣誉。广东省有7家企业获此殊荣，江门市占约30%，这是江门市组织企业参赛以来获得的最好成绩。江门市科技局被第3届中国创新创业大赛（广东赛区）暨第2届“珠江天使杯”科技创新创业大赛组委会授予“优秀组织奖”。

【产学研结合】　2014年，江门市进一步强化了政府引导和市场运作机制相结合的模式，突出市场的主体地位，注重有的放矢，大力推动产学研结合，积极开展协同创新。

校院地合作　2014年，市科技局加强与高校科研院所的对接交流，走访了中国技术交易所、科易网、中国科学院金属研究所、中国科技大学、中南大学、天津大学、广东省农科院等高校院所，与中南大学、中科院金属研究所等达成了全面合作意向。邀请了中科院金属研究所的杨柯教授和中南大学资源循环学院的郭学益教授来江门市，分别开展了“抗菌不锈钢关键技术研究与应用展望”和“典型电子废弃物循环利用关键技术研究与产业化”重大科技成果的科技对接与交流活动。

2014年，新引进20名省部科技特派员入驻企业（截至2014年年底，累计引进省部科技特派员180名），直接参与了约400个项目的研发工作，年新增产值超15亿元。组织五邑大学、江门职院的专家推动江门市21个省级专业镇、13个市级专业镇的转型升级工作。引进中科院金属研究所的“抗菌不锈钢”“冷精锻铸”等多项技术成果到新会区司前镇，推动院企达成合作加快成果产业化。引进了高校、农科院所的130名农业科技特派员到基层开展科研服务工作。

产学研创新联盟　截至2014年年底，全市产学研创新联盟达3家。华南理工大学、四川大学、东莞上海大学纳米技术研究院、嘉宝莉化工集团股份有限公司等联合组建“广东省水性涂料产业技术创新及知识产权保护战略联盟”，江门市长优实业有限公司等龙头企业与中南大学等高校院所联合组建“电子废弃物循环利用产业技术创新联盟”，推动涂料产业和电子废弃物循环利用产业技术创新环保发展。“广东省水性涂料产业化技术创新及知识产权保护战略联盟”未来3年至5年内的重点任务是建立“联盟技术开发基金”，集成创新典型涂料关键技术；在国家科技部等相关部门的大力支持下，争取承担“十二五”国家重大精细化工、涂料等产业化技术项目；在现有成员科技平台的基础上，建立联盟的木器、建筑、皮革、塑料、汽车、工程机械的水性涂料的技术研发共享实验室和技术交流平台；尽快形成一批行业技术标准等。

省重大科技专项和协同创新平台建设　2014年，市科技局深入产业园区及企业调研，建设全市科技创新重大重点项目库，组织凝练了重大重点平台建设项目30项，向省科技厅申报争取省市联动共同发展。2014年，全市共获得省产学研类科技立项项目18项，获得立项资金2 200万元，本年度公示拟下达项目资金1 840万元。

【科技创新能力建设】　全市现有国家级重点实验室和企业技术中心6家，专业镇科技创新服务机构52家。蓬江区计划建设“江门智谷”，新会区与中国科技开发院合作筹建新会创新服务业基地。江门中微子实验站正式动工建设。

工程技术研究中心　2014年新增培育市级工程技术研究中心20家。2014年共推荐江门市16家企业申报创建省级工程中心，7家获得认定。截至2014年年底，全市累计省级工程技术研究中心数达62家，市级工程技术研究中心数达181家。

科技“孵化器”与创新平台　2014年，江门市大学生创业孵化基地被认定为江门市科技企业孵化器，截至2014年年底，江门市科技企业孵化器达7个，孵化器面积超过18万平方米，在孵科技企业230多家。2014年，受理科技创新平台类科技计划项目19个（不含市级工程中心项目），其中，“孵化器及公共服务平台建设”项目5个，“行业技术创新平台建设”项目10个，“科技服务能力平台建设”项目4个。根据专家评审意见并结合项目实际情况进行综合考虑，11个项目给予立项，安排725万元资金支持。

创新人才队伍　江门市组织申报2014年创新人才推进计划，共推荐团队1个，领军人才1个，创业人才3个；推荐2014年广东省“珠江人才计划”创新团队2个；推荐5个项目申报广东省“特支计划”项目。广东道氏技术股份有限公司张翼入选2014年“广东特支计划”科技创新青年拔尖人才。2014年初，科技部公布了广东普加福光电科技有限公司的李阳入选2013年国家创新人才推进计划，这是江门市首次获此殊荣。

【科技计划项目管理与实施】　2014年，江门市组织申报国家创新基金项目33项、省级创新基金项目34项、省产业技术创新与科技金融项目6个，省关键技术领域重大科技专项34项、省协同创新及平台环境建设项目30项、省农业科技项目7项，其中5项获得国家创新基金立项，支持金额共431万元；6项获得省创新基金立项，支持金额共177万元。2014年，国家和省下达江门市2013年度科技计划项目54项，共获得扶持资金2 526万元。江门市科技局联合市财政局制定了《2014年度江门市产业与技术开发资金项目组织工作方案》，以完善创新链为目标，以科技金融结合、重大科技工程、重大创新平台、企业研发机构等为抓手，做到重点投入、优化投入和合理投入。当年组织申报以上各类科技计划项目500多项，其中立项54项安排科技资金2 045万元。

省重大科技专项项目　11月，江门市人民政府与广东省科技厅签订工作框架协议，按照“密切协同、优势互补、资源整合”的原则，共同推动可见光通信技术及标准光组件、智能工业机器人、新能源汽车电池及动力系统、增材制造（3D打印）4个重大科技专项实施，推动一批重大成果转化和产业化，建设一批社会服务平台，推动一批行业（产业）应用示范，建设一批产业集群和产业基地，促进江门市产业升级发展。

科技型中小企业科技项目　2014年度江门市科技型中小企业技术创新资金项目的申请、考察、后续跟踪与市科技创新创业大赛参赛项目对接，实现两个科技专项的联动，收到企业项目申报材料92项。根据大赛获奖和专家评审结果，从高到低依次考虑，有18个项目获得立项，合共支持经费300万元；推荐30家企业申报2014年度中小企业发展专项资金科技创新、科技服务项目，3家企业申报2014年度科技型中小企业创业投资引导基金项目，其中5项获得国家立项支持，支持金额共431万元；推荐34家企业申报2014年度省级前沿与关键技术创新专项资金科技型中小企业技术创新项目；完成22项国家创新基金项目、20项省创新专项资金项目、79项市创新资金项目监理；完成1项国家创新基金项目、9项省创新专项资金项目、4项市创新资金项目验收。

【科技成果奖励与技术市场】

科技成果与奖励　2014年，全市有50项科技成果通过市级以上鉴定，其中，无限极（中国）有限公司的“中草药活性多糖快速筛选、制备关键技术及产业化应用”、江门佳利华实业有限公司的“自动高效节能环保中餐燃气炒菜灶开发及其产业化”、李锦记（新会）食品有限公司的“酱油企业新型能源的利用与综合‘节能减碳’模式示范”3个项目通过省级鉴定。

2014年，江门市8个项目获2014年度广东省科技进步奖，其中，一等奖1项（第7完成单位）、二等奖2项（第1完成单位和第5完成单位）、三等奖5项（第1完成单位），为历年获奖数量和质量之最。80项成果获2014年度江门市科学技术奖，其中，特等奖1项、一等奖5项、二等奖23项、三等奖51项。此批获奖项目经济效益良好，其中项目销售收入超过1亿元达10多项，累计新增利润超过6亿元。在市一等奖项目中，2项为已上市科技型企业，2项为后备上市科技型企业，占一等奖拟奖项目数的66.7%，体现了江门市积极扶持科技型企业上市，推动金融资源向科技领域配置，符合了江门市促进科技和金融相结合，加快科技成果转化的发展思路。此批获奖项目中，新材料、新能源、电子信息、生物医药和节能环保等战略性新兴产业和先进装备制造业项目达50项，占项目总数的62.5%，累计新增利润约8.5亿元，新增税收约5亿元，占据了重要经济地位；通过各种形式进行产学研合作的项目有30多项，占工农业拟奖项目总数的70%，解决企业发展的关键核心技术40多项，直接或间接为企业创造效益4.5亿元，充分体现了产学研相结合的协同创新在经济发展中取得的重要成果；农业、医疗卫生、节能环保和社会公共安全类项目共45项，占拟奖项目总数的56.3%，社会效益非常显著。

技术市场　2014年，全市受理技术合同登记81项，技术合同登记交易额10 703.7万元，为企业减免税535.2万元。6月10日，由江门市科技局、中国技术交易所有限公司共同建设，由江门市高新技术产业促进会筹建并运营的江门市技术交易中心正式成立，同时该中心还被中国技术交易所授权为中国技术交易所江门工作站，成为中国技术交易所在华南地区建立的第1家技术交易工作站。江门市技术交易中心作为一个政府设立的公共技术交易平台，通过这个平台开展技术交易及科技金融服务业务，推动金融与科技创新资源的结合，逐步形成区域性技术交易及科技成果转化中心、科技金融服务中心等，以促进各类科技创新资源的区域集聚与融合、演化、产业化，加快发展全市的战略性新兴产业和高新技术产业，发挥科技对经济发展的跨越、支撑及引领作用。

【高新技术及战略性新兴产业】

高新技术企业及产品　2014年，广东江粉磁材股份有限公司等41家企业申报国家级高新技术企业，江门市长优实业有限公司和广东道氏技术股份有限公司等2家企业申报2014年国家火炬计划重点高新技术企业，308个产品申报2014年广东省高新技术产品，两批共22家企业进行国家高新技术企业复审，受理申请2014年度市级高新技术企业认定22家、复审33家。截至2014年年底，全市新认定国家级高新技术企业31家，复审通过

18家；新认定市级高新技术企业14家、通过复审28家。累计全市的国家级高新技术企业数达173家，市级高新技术企业数达96家。

全市高新技术产品产值超过1 050亿元，占规模以上工业总产值比重28.9%，高新区（江海区）高新技术产品产值占规模以上工业总产值比重41%。广东金莱特电器股份有限公司、广东台城制药股份有限公司、江门市地尔汉宇电器股份有限公司、广东道氏技术股份有限公司4家高新技术企业成功在深交所“中小板”或“创业板”上市，广东松本绿色新材股份有限公司、广东聚科照明股份有限公司等高新技术企业在“新三板”或“天交所”挂牌，广东嘉士利食品集团有限公司在香港上市。

高新区　5月，制定了《江门市贯彻<关于推广三资融合建设模式促进我省民营科技园发展的意见>工作方案》，扶持在高新区以“三资融合”模式建设总部科技园。持续推进高新区实施“一区多园”管理模式，先进制造业江沙示范园区、鹤山工业城、龙湾工业园3个园区纳入“一区多园”管理，辐射带动分园区加快发展。组织高新区开展实施科技创新环境建设项目调研与政策引导，推动高新区加强科技创新环境建设，提升科技创新能力。

LED产业　LED产业以江门高新技术产业开发区为核心园区，辐射蓬江区荷塘灯饰产业园、鹤山共和工业区和台山工业园等区域，通过部、省、市三级共建的方式，逐步打造成为国内外有影响力的半导体照明产业基地。2014年，江门半导体照明特色产业基地的工业总产值达271.75亿元，增速19.5%，近3年保持近20%左右的增长速度。全市从事半导体照明特色产业生产的企业已超过1 000家，形成了从外延——芯片——封装——应用的由上游到下游一条龙的完备产业链。在研发方面，建立了国家半导体光电产品检测重点实验室以及华南半导体研究院等研究机构；在销售方面，在建全球最大的绿色光源专业交易市场——中国江门绿色光源国际博览交易中心，预入驻商家约4 000家，集LED照明产品展示交易、研究开发、分析测试认证、资源共享、成果转化、人才培训等功能，建成后将是全球以LED为概念的单体面积最大的市场。

【农业科技发展】　2014年，江门市围绕粮食与食品安全、生态安全、农业增效、农民增收的重大科技需求，以构建资源节约型、环境友好型的农业发展方式为目标，突出江门特色和优势，合理配置科技要素，大力提高土地产出率、资源利用率和劳动生产率，不断增强农业产业国内外市场竞争力和可持续发展能力，提高农业科技创新和科技服务整体水平，为建设社会主义新农村和农业现代化提供科技支撑。

省市级农业项目　2014年，该市共组织实施市级农业攻关项目13项，扶持资金共150万元，主要支持江门市企业在生物农业、粮食储备安全、海洋经济、健康农业技术的科技攻关与示范推广，支持特色农业品种的复壮提纯及农业技术的示范推广，推动江门市农业科技发展。恩平市“特色茶规模种植技术及名茶产品示范推广”项目申报国家农业富民强县计划并获得立项，获资金95万元。

农业科技创新载体　截至2014年年底，江门市拥有农业领域的科研基地1个、省级工程中心5个。无限极（中国）有限公司联合华南理工大学、南方医科大学、中国农业大学、华南农业大学等高校及科研院所组建省部院产学研结合研发基地，已经培育了3个省级农业科技园区：现代农业综合示范基地、新会银湖湾农业科技创新基地、江门市浩伦生态农业科普示范基地；组建省级工程研究开发中心——广东省中草药健康产品技术研究开发中心。江门市杰士植物营养有限公司、江门市鲜美种业有限公司等新兴产业公司组建了省部院企业科技特派员工作站、市级工程技术研究开发中心。

科技下乡扶贫　3月，华南农业大学、省农科院、市农科所在恩平市恩城顶冲村举办了“农业春耕科技下乡扶贫活动”。活动现场进行了“凉粉草高效安全生产示范基地”揭牌仪式，并向顶冲村村委会赠送了有机化肥、《凉粉草高效安全种植小册子》、优良蔬菜种子。截至2014年年底，全市已经建立了农村信息直通车行动示范点（服务站）500多个，构建了覆盖三区四市功能强大、内容丰富的农村信息网络平台。引进了高校、农科院所的130名农业科技特派员到基层开展科研服务工作。

【科技金融】 2014年，江门市充分发挥政府导向作用，引导各类创新要素向企业这个创新主体集聚，探索创新工作形式，建立科技金融协调机制。创新服务平台，广东省首个中小企业信用体系实验区2014年被人民银行总行列为全省唯一的全国小微企业信用体系建设试验区。多措并举，着力推动三链（产业链、资金链、创新链）融合，完善科技金融创新服务体系，拓展科技型小微企业融资渠道、降低融资成本。

科技金融协调机制建立　6月，印发《江门市科学技术局　江门市财政局　江门市人民政府金融工作局关于江门市科技金融专项扶持资金操作细则（试行）》，设立江门市科技金融扶持资金800万元，专项用于推动科技和金融结合工作的实施，充分利用财政资金的杠杆效应，放大科技资金使用效益，撬动和引导金融机构集中优势金融资源，加大对优质科技型企业的扶持力度，提升综合金融服务水平。

7月，根据《关于促进科技和金融结合的实施意见》，由市科技局牵头，联合市财政局、市金融局、中国人民银行江门市中心支行、江门银监分局等部门共同推进科技金融工作，建立沟通协调和联合推动机制。领导小组办公室设在市科技局，负责具体推进科技金融发展事宜。

科技金融与创新创业大赛　江门市把创业创新作为科技与金融融合的最佳结合点，把科技金融与市创新创业大赛结合，将科技金融签约与科技金融论坛等活动融合到2014年市创新创业大赛活动中，拓宽科技企业融资渠道，促进科技金融工作的开展。通过举办市创新创业大赛，筛选出了一批技术含量高、创新能力强的项目和企业，引导风投机构提供总额超过1亿元的风险投资资金，3家获奖企业申请省风投基金的股权投资，预计可获批5 000万元。省粤科小额贷款公司也计划对大赛获奖的16家企业每家提供50万元～200万元的无抵押贷款，规模约2亿元。

科技金融扶持资金贷款贴息　2014年，共受理江门市级科技金融扶持资金贷款贴息项目备案申请项目56项，涉及项目资金12.4亿元，科技贷款7.5亿元。经组织专家评审，确定了2批共52个项目为2014年江门市科技金融扶持资金贷款贴息备案项目，通过备案的贷款规模为4.7亿元。经结算，对21家符合条件的企业进行科技贷款利息补贴的总金额为310万元，可拉动项目总投入超过5.6亿元，新增销售额11.2亿元，利润达2.49亿元。

科技创业风投基金　按照“政府引导、多元出资、专业化管理、市场化运作”的模式，积极推进“江门市科技风险投资基金”的运作，初期基金人民币2亿元已全部到位。2014年，新增调研项目近50项，确定投资项目5项，总投资额约10 510万元。现正进行二期基金的募集，资金规模计划预计超过1亿元人民币。

广东省科技金融服务中心江门分中心　9月，江门市在省科技厅的支持下成立了广东省科技金融服务中心江门分中心，推动科技服务资源的整合和集聚，构建江门市多层次、多渠道、多元化科技投融资体系，建设具有自身特色的科技金融服务中心，强化科技服务、金融服务及中介服务各项功能，促进科技服务业不断向规范化、科学化、高效化发展。

【专业镇及特色产业基地】 2014年，江海区外海街道办事处被认定为广东省半导体照明科技创新专业镇。截至2014年年底，全市共有21个省级专业镇、13个市级专业镇。组织五邑大学、江门职业技术学院的专家推动江门市各级专业镇的转型升级工作。2014年设立了专业镇转型升级示范专项科技计划，重点推动蓬江区、司前镇等示范性专业镇的转型升级发展，以此带动全市专业镇的转型升级。引进中科院金属研究所的“抗菌不锈钢”“冷精锻铸”等多项技术成果到新会区司前镇，推动院企达成合作加快成果产业化。

截至2014年年底，全市共有3个国家产业化基地和3个省级产业化基地，分别是：国家火炬计划江门半导体照明特色产业基地；国家火炬计划江门新材料产业基地；国家火炬计划江门纺织化纤产业基地；广东省火炬计划纺织新材料特色产业基地；广东省火炬计划麦克风特色产业基地；广东省火炬计划光机电特色产业基地。12月，国家火炬计划江门半导体照明特色产业基地通过了第6批国家火炬特色产业基地复核。

【知识产权工作】 2014年，江门市以建设国家知识产权试点城市的工作要求为导向，全面推进、重点突破，较好地完成了各项工作任务。全市专利申请量8 345件，授权5 534件，每百万人发明专利申请量425件，发明专利拥有量2.8件/万人，完成了省对江门市“珠三角纲要”“九年大跨越”专利产出考核目标任务。全年共办理假冒专利案件6件，专利侵权纠纷案件20件。

试点示范　2014年，共认定江门市知识产权示范企业10家、广东省省知识产权优势企业2家。截至2014年年底，全市有省知识产权示范企业1家、省知识产权优势企业22家、市级知识产权示范企业106家。地尔汉宇、广明源等2家企业开展贯彻企业知识产权管理规范试点工作，发挥贯标对促进企业实施专利战略的作用。2家企业成功实现专利质押贷款共1 200万元。江门市电声专利联盟与粤高专利代理公司合作申报的“重点出口产品专利预警分析项目”得到了省局的立项。

培训与普及　2014年，江门市开始将知识产权科目纳入公务员初任培训内容，推进领导干部知识产权培训常态化。5月26日，市知识产权局联合市人社局和市委党校对100多名市直机关新录用公务员进行了为期半天的知识产权专题培训，邀请省知识产权局相关领导授课。该次培训是江门市把知识产权列入公务员培训计划后的首次培训。

8月21日，市政府十四届61次常务会议组织了《中华人民共和国专利法》专题学习。本次专题学习体现了市委、市政府对依法行政和知识产权工作的高度重视，是优化领导干部知识结构、增强业务素质、加强执政能力建设的重要举措，有助于增强领导干部法治观念和知识产权意识，推动法治江门、创新江门建设和知识产权国家试点工作。

2014年，江门市范罗岗小学和开平市世界谭氏中学被认定江门市中小学知识产权教育试点学校。在市科协、市教育局、市科技局联合组织的第30届江门市青少年科技创新大赛中，市科技局举办了“青少年科技创新作品专利资助评选”活动，对评选出前5名的学生科技创新作品，全额资助作品创作学生申请专利。

【科技交流与合作】　江门高新区继续推进与香港生产力促进局合作，提升“江门高新区光机电一体化产业升级公共服务平台”项目合作深度。2014年与香港生产促进局就该项目开展了一系列活动：一是与香港生产力促进局签订了《江门高新区光机电一体化产业升级公共服务平台建设》项目合作协议书，双方成立工作小组，召开项目碰头会议，制定工作分工表，项目建议书。二是完成了光机电平台建设的前期工作准备、平台服务需求及市场情况调研。三是对调研内容进行需求分析及市场情况调研分析，制定光机电平台建设方案。主要工作包括：对调研情况及数据进行SWOT分析及机会挖掘，对江门高新区光机电一体化产业链的平台支撑服务链进行梳理及布局；对江门高新区光机电核心平台进行定位及制定发展策略；对平台的核心服务内容进行设计，包括安全性及功能性等；策划平台建设框架方案，包括人财物法；平台建设、合作模式及运营模式。

【科普工作】　2014年，江门市科普工作围绕党委政府的工作大局，举办了低碳节能、健康生活、食品安全、空气质量等社会热点问题的科普宣传，开展了科技服务企业、青少年、社区和农村的系列活动，为江门市“加快转型升级、建设幸福侨乡”做出了积极贡献。

科技进步活动月系列活动　4月，在东湖广场举办了“4·26”世界知识产权日大型宣传活动，5—6月组织开展了科技下乡、科普进社区等大型科普活动20多场。7月，首次联合各市区科技部门举办了2014年江门市科技金融签约暨科技杯创新创业大赛与科技成果展。8月21日，开展市政府常务会议《专利法》专题学习。

学术交流活动　江门市科协以及所属各市级学会、协会举办各类学术交流28场次，其中省级以上的学术交流5场次，科技工作者参加活动近万人次。

市级学会、协会和科协组织开展学术交流十分活跃。以江门医学会为例，其放射学、肾脏学、糖尿病、心血管等诸多专科分会积极开展学术交流活动，将江门医学论坛办得有声有色。5月24日，江门市医学会心血管病学分会联合广东省医学会开展“省医学学术直通车——心血管病学江门行”活动。5月24日，新会人员医院主办

“2014年粤港澳微创外科技术高峰论坛”，来自省内微创外科的20多位专家出席了会议，来自粤港澳各地的学员约有400人参加了学习。

6月6日，江门市科协、中山市科协、珠海市科协联合于中山市举办第4届珠中江科协论坛暨生态文明与经济发展交流会。

学会科技站 截至2014年年底，江门市科协依托相关学会已建立的26个学会科技服务站（其中3个为省级），引导和组织科技工作者开展一系列科技服务行动。7月2日，江门市动物疫病预防控制中心、江门市畜牧兽医学会、鹤山市农业局、鹤城镇政府联合举办了一期生猪健康养殖技术培训班。市农学会在新会、开平、恩平开展了农业技术培训、技术推广、技术咨询、生产疑难解答等科技服务。市医学会在蓬江、新会、恩平、开平、台山、鹤山等地基层卫生院展开了技术指导、专业培训和医疗会诊等科技服务。市病媒生物防制协会分别在蓬江、新会、开平、鹤山、台山等5个站开展服务，派遣科技人员举办“病媒生物控制国家新标准”等内容的专业培训，提供除四害管理工作方案，指导开展除四害爱国卫生活动。

主题科普活动 江门市科协积极落实《江门市全民科学素质行动计划纲要实施方案（2011—2015年）》和配合党委政府开展的巩固全国文明城市成果活动等，牵头组织举办了多场大型主题科普集市活动。

3月24日，联合江海区科协，组织市水利学会、市气象学会、市防痨协会以及相关单位，在江海区礼乐街道礼堂广场举办2014年纪念世界水日、世界气象日、世界防治结核病日科普进社区活动，当地居民群众近2 000人参加。

5月16日，市科协联合市农业局，围绕“节约能源资源、保护生态环境、保障安全健康、建设幸福侨乡”主题，在新会区三江镇举办江门市科技卫生文化“三下乡”大型科普集市活动，组织参加单位22个、科技专家和科普志愿者120多人，参与的群众近3 000人次。

6月19日，市科协联合蓬江区科协组织市区学会和相关单位18个，在蓬江区堤东街美景社区市民健身广场举办科普进社区集市活动，向2 000多名社区群众宣传“科学生活、创新驱动”的科学理念。

9月20日，联合新会区委宣传部、区科协、区教育局等有关单位，在新会区现代农业基地举办“全国科普日”活动启动仪式暨科普游园活动，让公众尽享科普大餐。此外，各市区科协相应举办了科技卫生文化“三下乡”科普活动。

健康讲堂 江门市科协围绕“树立正确健康观念，提升全民健康素养”主题，充分发挥科技团体的社会组织主力军作用，按照“设计有序、内容完善、突出实效”的要求，组织市医学会、市中医药学会、市预防医学会、市心理卫生协会等医疗卫生单位的专家人才的师资力量，开展江门市2014年“科普进社区——健康讲堂”巡讲活动。举办了有“中医药的养生与保健”“老年人饮食与健康”“高血压的中医药防治”“好睡眠，好健康”“四季养生”“饮用水卫生安全知识”“高血压防治方法”“中医体质辨识及饮食适宜”等28项内容。相关市级学会联合蓬江、江海、新会区科协举办了健康讲堂67场，近3 300名社区群众参加了讲座现场聆听，广受好评。

青少年科技教育活动 江门市科协联合教育、科技等相关部门开展多种形式的科普活动和社会实践。据统计，2014年，全市开展青少年科技教育活动80多场次，在校师生3万多人次参与。3月17—21日，市科协邀请了中国科学院8名老科学家，联合各市区科协、教育局在江门市中小学开展“大手拉小手——科普报告希望行”活动，共举办科普讲座58场，参与学生1.5万人次。

9—11月，市科协联合广东科学馆和各市、区科协开展“科普大篷车进校园”巡展活动，为10所中小学在校师生提供了一个亲近科学、体验科学、学习科学的平台。

第14届广东省青少年机器人竞赛在佛山市南海实验中学举行，开平市吴汉良理工学校、江门市紫茶小学等组织的三支学生代表队14人参赛获得多项奖。其中，开平市吴汉良理工学校代表队获得“机器人创意比赛”2等奖，江门市紫茶小学二队、一队分获“VEX机器人工程挑战赛”2等奖和3等奖，江门市紫茶小学一队获得“博思创新”专项奖。

市科协联合江门日报社举办江门市“假如我是科学家”小学生科普征文大赛，3位同学的作品获得了一等奖，8位同学的作品获得二等奖，10位同学的作品获得三等奖，15位同学的作品获得优秀奖。

此外，蓬江区紫茶小学、白沙小学，江门市第一中学、开平市吴汉良理工学校和恩平市冯如纪念中学等省市级科普示范学校，积极开展校园科技文化节。新会（广东）桥梁博物馆、新会区青少年宫和新会现代农业基地等全国、省级科普教育基地也利用儿童节的契机，举办青少年科普知识宣传和科普课程培训。

【防震减灾】　2014年，江门市地震监测中心及其监测系统基本建成，机房的监测设施等也投入使用。1月，江门市地震局深入各市区的地震监测和观测站点，开展地震监测设施及观测环境巡查保护工作。7月，江门市人民政府印发了新修订的《江门市地震应急预案》。江门市“三网一员”网络已延伸至行政村，人数已超2 100人。江门市被评为2014年度广东省市县防震减灾工作年度考核先进市。

2014年珠江三角洲地区防震减灾工作联席会议　10月14—15日，江门市地震局举办2014年珠江三角洲地区防震减灾工作联席会议，会议邀请了省地震局分管领导、珠三角防震减灾联席会议成员单位以及省地震预报研究中心、河源市地震局、广州地震台、深圳地震台等相关专家领导，分别就2014年度防震减灾工作方面进行经验交流和对“2015年度珠江三角洲地区地震趋势”进行会商并形成会商意见。

地震应急演练　7月，组织了全市地震应急通讯模拟演练。12月，江门市地震局联合江门市民政局、江门市卫生和计划生育局、江门职业技术学院、江门市公安消防局和江门市义工联等5个单位举办了江门市地震应急救援综合演练。

示范工程建设　蓬江区环市街道篁庄社区、蓬江区白沙街道岭梅社区、江海区滘头街道仁美社区和新会区会城街道七堡社区等4个社区被授予“广东省地震安全示范社区”称号，其中，江门市蓬江区白沙街道岭梅社区被授予“国家地震安全示范社区”称号。

科普宣传　5月7日，江门市数字地震科普馆通过验收并投入使用。5月17日，江门市地震局联合新会区科技局、新会地震台等单位举办了“新会地震台公众开放日”活动。9月，江门市地震局完成制作地震科普知识宣传长廊。

（江门市科技局　黄京华）

肇　庆　市

2014年，肇庆市在中国科协开展的2013—2014年度“讲理想，比贡献”活动中，四会互感器厂有限公司、大华农生物药品有限公司（院士专家工作站）分别获得先进集体和创新团队称号。其中，肇庆大华农生物药品有限公司在活动中促进乳化系统改造，获得6项实用新型专利，获得2项发明专利和肇庆市科技进步奖一等奖。同时，肇庆市还获得全国“基层科普行动计划”先进集体2个，先进个人2名，省级“基层科普行动计划”先进集体2个；新创建院士专家企业工作站4家、学会科技服务站2家、科普教育基地3个。

【科技政策环境】　2014年4月，肇庆市出台《肇庆市拔尖人才选拔管理制度》，实施人才强市战略，创造有利于人才成长社会环境，激励人才多出、快出优秀成果，促进全市经济又快又好发展。12月，《肇庆市加快科技金融产业融合发展工作实施方案》出台，创新体制机制，搭建对接平台，形成创新协同效应，以肇庆高新区和端州区作为首批试验区，促进资本要素向科技型企业集聚，破解高新技术企业和战略性新兴产业金融服务瓶颈，优化科技投资融资环境，解决民营科技型中小企业融资难问题；引导金融资源向高新技术产业领域配置，促进科技、金融、产业融合发展。

【民营科技】　2014年，四会市民营科技园园区规模以上企业工业总产值450亿元，比上年增长0.8%。其中民营科技企业工业总产值150.5亿元，增长0.5%；高新技术产品产值100.3亿元，增长1.1%。引导和扶持13家企业增资扩产，增资总额2.11亿元。区内引进了四会市高豪淀粉有限公司和广东四会市庆美铝业有限公司，实施“腾笼换鸟”。园区内企业当年获各级科学技术奖15项，占全市同类奖项数的37%；3家企业顺利通过2014年高新技术企业认定与复审；6家企业承担的项目获2014年省科技计划项目立项。

【产学研结合】 2014年3月，肇庆市完成“省部产学研结合示范市”项目验收结题，经过三年建设，各项指标达到合同要求。建设“产学研结合示范市”，优化了全市产学研合作环境和氛围，共建一批引领和支撑产业发展的创新平台，引进一批高层次科技创新人才，形成有利于产学研合作深入发展的新模式和新机制。

科技特派员工作　肇庆市向企业派驻科技特派员工作形成常规化，全年接纳科技特派员12名，其中，签订特派员合作协议8名，来自华南理工大学、广东工业大学、仲恺农业工程学院和哈尔滨工业大学等。

产学研合作创新示范基地　11月，在第8届中国产学研合作创新大会上，四会市被认定为2014年中国产学研合作创新示范基地，是全国11个示范基地之一，也是全省唯一列入示范基地的县级市。四会市近年来先后出台《四会市产学研合作专项资金管理暂行办法》《四会市鼓励企业自主创新品牌带动奖励办法》《四会市特殊津贴人才评选管理办法》《四会市专利申请费用补助办法》《四会市科技示范企业认定和管理办法》等10多个政策性文件，推动产学研工作的实施。并投入大量资金，促进产学研工作的开展，其中，2011—2013年共计投入19 087万元。在这3年间，四会市产学研合作项目860项，其中，国家级项目4项、省级项目15项。国家专利也获得320项，科学技术奖项达76项。

【创新能力建设】 截至2014年年底，肇庆有国家重点实验室等创新平台5个，建立省级工程研究开发中心42个、省级企业重点实验室2个、市级工程研究开发中心37个。

工程中心　2014年，全市19家企业申报2014年度广东省工程技术研究中心认定，其中16家被认定为省级工程技术研究中心。

创新型企业　2014年，肇庆市的肇庆大华农生物药品有限公司、广东鸿图科技股份有限公司、广东鸿特精密技术股份有限公司等3家企业通过“广东省创新型企业”复审。截至2014年年底，全市的省级创新型企业（含试点）增至9家。

创新人才队伍　4月，肇庆市出台《肇庆市拔尖人才选拔管理制度》，实施人才强市战略，创造有利于人才成长社会环境，激励人才多出、快出优秀成果，促进全市经济又快又好发展。李显平入选“2014年‘广东特支计划’科技创业领军人才”，获得省“科技创业领军人才”项目资助，专项经费80万元。

【科技服务体系】 2014年，肇庆市实施电子信息产品专业检测服务平台和铝合金压铸产品质量检测服务平台项目建设，为肇庆乃至整个粤西地区电子信息及铝合金压铸产业提供产品检测服务。其中，电子信息产品专业检测服务平台的38类产品、300多个检测技术参数全部转为常规项目，并对外推广应用，共为肇庆及周边地区50多家企业提供检测服务，实现业务销售100万元。

肇庆高新区和端州区建立省科技金融综合服务中心分中心，发展科技金融中介服务平台，合作开展促进创业投资、银行信贷、科技企业改制服务、融资路演、数据增值服务、科技项目管理、人才引进等，为科技企业提供投资融资解决方案。

【科技计划项目管理与实施】 2014年，肇庆市实施市级科技计划项目106项，支持项目资金2 036万元，其中产业技术研究与开发方向共支持11项，资金250万元，产学研结合协同创新方向共支持11项，资金160万元，技术创新平台建设方向共支持3项，资金150万元，支持市级工程技术研究中心认定12家，资金380万元。全市获省级以上科技项目69个，其中国家1个，省重大专项10个，中央和省财政落实科技资金4 048万元。

该市强化了对科技项目及资金使用的监督管理。改革申报环节，将市级科技计划项目申报时间从15天延长至30天，并拓宽宣传渠道，增设公示环节。改革评审环节，规范专家遴选方法，增设市外及省级专家，评审项目的专家由监督小组委托第三方机构从专家库中随机抽取，实行项目立项推荐与专家评审分离；加强评审过程的全程监管，增加项目评审时间，提高专家评审费用，落实专家评审责任制，通过优化评审环境，减少外部干扰，提高评审效率和质量。把好项目结题验收关，对项目实施中期检查和绩效验收常态化管理。对2012年立项的近120个在研市级科技计划项目进行了年度中期实地检查，配合省有关审计机构对该市2010—2013年的省级科技项目开展第三方绩效评价工作。

【科技成果与技术市场】　2014年，肇庆市共有60项科研成果通过省、市科技成果鉴定，其中省级成果鉴定4项。办理科技成果登记60项，其中省级科技成果登记4项。肇庆市获得2014年度广东省科学技术奖4项，其中二等奖1项、三等奖3项。

2014年，肇庆登记点认定登记技术合同2宗，涉及技术交易额180万元。8月7日，省科技厅相关业务处室到该市指导开展技术合同认定登记工作，宣传国家技术合同认定登记优惠政策，帮助参会人员提高对技术合同认定登记工作的认识，对推动企业技术创新、促进科技成果转化，提升企业技术竞争力发挥了积极的作用。

【高新技术及战略性新兴产业】

高新技术企业产品　2014年，肇庆市有27家企业被新认定为高新技术企业，另有18家高新技术企业通过复审。至2014年年底，全市共拥有高新技术企业117家，总产值390.8亿元，营业收入392.27亿元，缴税总额14.94亿元，净利润9.27亿元，出口创汇7.56亿美元，从业人员4万人，获省高新技术产品121个。全年高新技术产品产值预计可达1 055.27亿元，占规模以上工业总产值的27.15%，同比增长17.6%。

高新区　2014年，肇庆高新区全区专利申请和授权均保持稳步增长，专利申请396件，同比增长7.32%；专利授权365件。肇庆高新区实现固定资产投资127.4亿元，同比增长21.4%；实现外贸进出口10.61亿美元，同比增长10.6%。

2014年，肇庆高新区获科技部“火炬统计工作先进单位”称号，连续第3年获此殊荣。2014年10月29日，该高新区创业服务中心举办了“科技创新知识服务平台”培训会，该平台旨在为区内各单位科技创新提供深层次的专业知识服务，促进科技资源共享，节约企业创新创业成本。4月25日，该高新区举办“肇庆高新区企业知识产权管理规范培训班”，培训班以“4·26世界知识产权日”为宣传主题，以企业知识产权管理规范贯标为切入点，旨在引导和支持企业推行实施《企业知识产权管理规范》GB/T 29490-2013国家标准，全面提升区内企业知识产权管理能力，区内的20多家相关企业的知识产权管理人员参加了该次培训。

2014年，长春理工大学国家大学科技园重点建设项目华南光电技术公共实验室开始筹建，高新区微生物所的“工业生物技术转移中心”项目完成工商注册登记、土地招拍挂等。推进实施《肇庆高新区推进“一区多园”工作方案》，端州、高要、四会、怀集、广宁、德庆、封开和肇庆学院大学科技园等8个分园，基本确定管理机构依托单位及人员，以及产业载体、物理空间和产业方向。

1月11日，总投资达12亿元的皇威集团肇庆登骏数码城在高新区举行奠基典礼。登骏数码城由皇威集团投资建设，整个项目由高新科技孵化园、科技总部综合园以及高科技产业园3个园区组成。数码城计划打造成示范性科技创新服务产业基地和国内一流的高新产业集群，项目最终建成后将有各类高科技企业400家入园发展，为园区科技创新和转型升级注入了更多的动力。

LED照明产品推广应用　2014年，端州区根据《端州区推广使用LED照明产品实施方案》要求，完成了对城区2.3万盏路灯LED改造，在原能耗的基础上可节能50 %以上，LED路灯改造是端州区将科技应用于城市建设的一个尝试。

【农业科技】　2014年，肇庆市以农业技术攻关和农业良种良法推广为重点，建设农业科技创新工程。肇庆学院、市农科所、市林科所和市水科所等农业研究机构加强农业科技攻关，开展罗非鱼越冬关键技术、冬种马铃薯霜害防治技术、灌木花卉乔木化生产关键技术等研究。龙头农业企业、农民专业合作社围绕粮食、生猪、柑橘、蔬菜、家禽等产业，在育种、生产、加工等环节开展农业良种良法研究和示范推广，逐步形成以农业龙头企业、农民专业合作社为核心的农业科技创新体系。

2014年，肇庆市封开县的“封开杏花鸡生态养殖与深加工技术示范与产业化”项目，获得国家科技部科技富民强县专项行动计划专项资金160万元支持。该计划将封开县地方优质品种资源——杏花鸡转化为商品优势、经济优势，实现杏花鸡养殖与深加工产业化、规模化、标准化、生态化经营，预计用2年时间即到2016年，杏花鸡年饲养量2 400万只，实现产值12亿元，带动该县发展杏花鸡养殖专业户2 000户，其中养殖优质杏花鸡大户1 300户，每户年饲养优质杏花鸡5 000只以上，把封开杏花鸡打造成为优质名牌农产品，使杏花鸡生产成为促进农业增效、农民增收、区域经济发展新的支撑点，促进封开县农村社会经济全面发展。

【科技金融】 12月，肇庆市出台《肇庆市加快科技金融产业融合发展工作实施方案》，创新体制机制，搭建对接平台，形成创新协同效应，以肇庆高新区和端州区作为首批试验区，促进资本要素向科技型企业集聚，破解高新技术企业和战略性新兴产业金融服务瓶颈，优化科技投资融资环境，解决民营科技型中小企业融资难问题；引导金融资源向高新技术产业领域配置，促进科技、金融、产业融合发展。

该市支持各银行业金融机构设立科技金融服务部门，配备专业团队和人员为科技型中小微企业提供专业服务。推动银行业金融机构通过新设或改造部分网点设立科技支行，在客户准入标准、信贷审批、风险控制、业务协同、人员配置和专项拨备等方面向科技型中小微企业提供服务。中国建设银行肇庆市分行与肇庆高新区达成合作方案，并向建设银行广东省分行报批。

鼓励设立科技小额贷款公司，按“小额、分散”原则向科技型中小微企业提供贷款服务，6月，肇庆市粤科科技小额贷款股份有限公司完成登记注册，在肇庆市高新区城中工业园成立并开展服务。

【专业镇及特色产业基地】 西番莲种植基地由德庆县芭茜农业发展有限公司投资建设，通过公司+基地+合作社+农户的形式，建设标准化种植示范基地，引导农户种植，并与合作社或农户直接签约，保底回收种植户的全部产品，使签约种植户零风险种植，提高农户收入。截至2014年年底，已建设6.7公顷标准示范基地，成立了“德庆县彭杨百果香农民专业合作社”，培育30万株西番莲苗，第一批西番莲果已经采摘，西番莲取浆生产线及饮料生产线正在安装调试。

【知识产权工作】 2014年，肇庆市实施知识产权战略，推进“国家知识产权试点城市”建设，加强行政管理，完善制度建设，规范执法行为，知识产权创造、运用、保护和管理能力明显提升，肇庆市通过“2013年度国家知识产权试点城市”考核并获“优秀”等次。

专利产出　2014年，肇庆市专利申请量1 781件。其中，发明专利申请量为402件，同比增长36.27%；专利授权量1 449件。其中，发明专利授权量为146件，同比增长25.86%；PCT国际专利申请6件。发明专利申请量及授权量增幅排在全省和珠三角地区前列，平均万人发明专利拥有量1.29件，超额完成“九年大跨越考核”指标。

试点示范　2014年是肇庆市开展“国家知识产权试点城市”建设的第2年。5月，市政府印发《肇庆市国家知识产权试点城市建设工作方案》。建立《肇庆市国家知识产权试点城市建设工作台账》，完成责任分工和任务分解，建立工作督办机制，制订工作目标、重点任务和保障措施，及时跟踪和督查限时完成的工作内容，确保按时推进。有序推进“试点”，在专利创造、执法队伍建设、专利人才培养、知识产权管理和宣传培训等有新进展。

宣传与培训　2014年，肇庆市知识产权培训工作体现“力度大、成效好、有创新”等特点。8月，市知识产权局举办“肇庆市2014年度企业知识产权培训班”，参加培训人员超过2 000人次。新增10名通过国家知识产权局专利行政执法考试的执法人员，壮大专利行政执法队伍。

2014年，肇庆市先后主办和参与“2014年肇庆市‘科技进步活动月’启动仪式暨大型科普集市活动”“‘正版正货承诺’公益宣传活动”“专利知识巡回咨询服务活动”“2014年美国知识产权制度巡回研讨会（肇庆站）”等活动，现场参与活动人数超过5 000人次。配合《中国知识产权报》做好“肇庆市知识产权工作专版报道”，突破多数在省市内组织宣传界限，首次在《中国知识产权报》进行整版的宣传报道。

行政执法　肇庆市派出执法人员参加粤桂琼三省（区）联合查处“带有过滤功能的花洒”假冒专利行动、第115及116届“广交会”驻会知识产权执法维权、“中秋”“国庆”应节商品联合执法检查、通信器材专项打假和儿童用品专项检查等专项行动，在“广交会”驻会执法中，办理专利投诉案件29件。2014年，肇庆市首个知识产权维权援助服务工作站在高要市挂牌，举报投诉平台建设与维权援助渠道得到完善。受理专利侵权案件4件，调处专利侵权纠纷1宗，查处假冒专利案件2件。市知识产权局成为“12345”肇庆统一举报投诉平台首批上线单位。

【科普工作】　2014年，肇庆市科技中心展厅发挥科普主阵地作用，利用展示形式多样的科普展品，向社会传播科普知识。该科技中心全年接待学校、社会团体、社会公众共6 368人，其中免费接待学校、社会团体27批次及社会公众共4 187人。多次参与或主办科普进山区、学校、社区等活动，丰富群众和学生的科学知识。如7月12日举办了“绿色社区环保家庭”社区活动，设置环保知识问答、环保知识抢答及环保知识展览等内容，向参与者介绍在日常生活中如何践行环保、如何低碳生活。

2014年，肇庆市在“科技进步活动月”期间，先后举办大型科普集市、送科技下乡、开展科普宣传、举办科技报告会等活动95场次；举办各类实用技术培训班、科普讲座30多期；组织科技专家进社区、进农村、进企业开展科技服务60多次；组织科普进校园活动、科技活动竞赛20多场（次）；科普大篷车展示宣传、科普图片展览60多场次；累计组织科技专家、科普志愿者服务3 000多人次；派发各种科技资料约10万份；全市通过电台、电视台收听收看科普节目、参加活动、接受科普教育的干部群众、青少年学生超过100多万人次。

5月，四会市举办了首届青少年科技创新小发明设计大赛，涌现出一大批发明创造小能手。比赛期间，该市共征集到63件参赛作品，其中32件入围，评选出一等奖2名、二等奖5名，三等奖10名、优秀奖15名。参赛作品形式各异、创意十足，当中有多款实用性强、科技含量较高。

【防震减灾】　2014年，肇庆市以防震减灾“3+1”体系建设为重点，落实《中国地震局 广东省人民政府共同推进珠江三角洲地区防震减灾工作合作项目实施方案》，创建“防震减灾示范城市”。及时处置“10·23”怀集县地震；认定第2批17所市级防震减灾科普示范学校，建设5个“广东省地震安全示范社区”；在端州区和鼎湖区各建设1个地震烈度观测站，成为全省首个建立地震烈度观测站的地级市；完成市地震应急指挥中心视频会议功能建设；举办市地震应急救援志愿者骨干培训班；重新印发《肇庆市地震应急预案》；积极运用网络、电台、学校、邮政等平台，防震减灾宣传实现全覆盖。该市获“2014年度全省市县防震减灾工作年度考核优秀单位”称号。

9月4日，省地震局组织了题为《为了更加美好的明天——构建科学治理体系，提高应对地震能力》的防震减灾知识专题讲座，肇庆市直机关党员干部500多人出席了讲座。讲座的开展，对于提升了肇庆市市直机关党员干部的防震减灾知识，强化防震减灾的忧患意识起到十分重要的作用。

（肇庆市科技局　麦伟男）

粤 北 地 区

韶 关 市

【科技政策环境营造】 2014年，经前期调研和充分研究论证，并在广泛征求意见的基础上，韶关市出台了《韶关市贯彻落实〈中共广东省委、广东省人民政府关于全面深化科技体制改革加快创新驱动发展的决定〉的实施意见》。该文件是指导韶关当前和今后一个时期科技创新的纲领性文件，主旨精神是突出市场化和企业主体，体现由市场配置创新资源的改革精神；突出探索多主体协同创新；突出促进“三链融合”在该市的实践；突出凝练重大科技专项，注重发挥科技支撑引领作用。

【产学研结合】 2014年，韶关市科技局邀请中国设备管理协会、北京大学东莞光电研究院、省农科院桑业与农产品加工研究所等高校、科研院所专家教授赴该市授课，邀请省农科院、仲恺农业工程学院、华南农大等单位专家到始兴古塘、乐昌梅花百臻、广东雪印等企业调研指导。武汉科技大学与宝钢集团广东韶关钢铁有限公司对接，针对本地企业开展计算机科学技术、软件工程、机械工程、化学工程、工业管理、项目管理和物流工程等7个专业方向工程硕士在职研究生培养。3月，市科技局会同市委组织部、市人社局等单位赴南雄精细化工园、富然农科、东阳光铝、昆仑科技、翁源信达、广东金友等企业调研企业人才情况，指导企业引进创新创业团队，组建博士后科研工作站、博士后创新实践基地等。

2014年，全市新增省部企业科技特派员9名。武汉科技大学湛从昌教授及其团队进驻韶关液压件厂有限公司以来，校企双方积极开展产学研协同创新，双方合作的项目有10多项获得国家、省、市科技项目立项支持，项目组已获得国家发明专利授权11项，软件著作权登记2项，实用新型专利授权17项。

广东紧固件技术创新联盟　11月19日，在省科技厅倡导和推动下，由广东石西紧固件科技有限公司、广东南方紧固件研究所、中国广州分析测试中心、广东省粤科金融集团发起成立的“广东紧固件技术创新联盟”，在广州宣布成立。

联盟成立仪式上同时宣布，由广东省粤科金融集团发起组建的省内首支科技创新领域产业园投资基金，将与广东紧固件技术创新联盟合作共同投资建设韶关紧固件产业园。该园区将落户东莞（韶关）产业转移工业园内，首期占地25.8公顷，将充分发挥韶关市在原材料、物流、能源方面的优势，引进全产业链各环节的优秀企业、金融机构、研发机构、测试服务机构入驻，打造符合本产业特点的产业金融模式，以全新的产业链合作模式推动行业发展，高效低耗生产具有国际领先水平的紧固件产品。项目首期总投资将超过18亿元，设计产能每年55万吨，产值超过70亿元，预计达产后每年贡献税收10亿元，将成为全国最大的紧固件产业基地。

广东紧固件技术创新联盟的成立，对推动全省紧固件产业转型升级具有标志性意义。广东紧固件技术创新联盟联手粤科金融集团在韶关共建广东省首家紧固件产业园对发展韶关经济、完善韶关装备制造业产业配套具有重要意义，符合省委省政府加快粤东西北地区发展的整体战略部署。

油液监测在装备制造业应用讲座　为进一步提升该市装备制造企业的机械加工或相关设备的维护保养水平，提高设备作业率，延长设备使用寿命，5月27日，市科学技术局与广州分析测试中心联合举办了“油液监测在装备制造业应用讲座”，邀请了国务院特殊津贴专家、教授级高工、中国设备管理协会首席润滑专家周洪澍授课。此次讲座重点讲授现代设备润滑技术与管理、设备润滑与磨损、状态监测和油品分析技术等相关知识，全市相关装备制造企业30多人参加了讲座。通过讲座，企业开阔了眼界，获得了先进技术信息，为设备维护提供可靠的科学依据，促进了科研机构的研究成果在该市企业的应用。

【创新能力建设】　韶关市科技局依托中国广州分析测试中心搭建“特种材料分析检测中心”，实施机械装备故障预警服务平台项目，开创了以科技创新支撑产业发展新模式。2014年，该市有3家企业组建市级工程技术研究开发中心，新增省级工程技术研发中心2家，截至2014年年底，全市共有工程技术研究开发中心41家，涉及光机电一体化、新材料、生物技术、医药等行业。

2014年，全市共建有生产力促进中心7家，新型科技服务载体建设加快。韶关市华工高新技术产业研究院与韶关市伟光液压油缸有限公司联合承担“钢丝缠绕式超高压重型液压缸研究与开发”项目；7月25日，暨南大学韶关研究院与韶关迈科信息技术公司签署全面战略合作协议。韶关市科技企业创业园（孵化器）新引进天鼎思科、立展密封圈技术、光桦医疗3个项目，2014年园区所有企业产品销售额7 100多万元。

【科技计划管理与实施】　全年全市争取到2014年度国家中小企业发展专项资金科技创新、科技服务和引导基金项目4项，国家农业科技成果转化基金1项，国家2014年科技富民强县专项行动计划项目1项，2014年度国家星火计划1项；获2013年度省级科技项目立项30多项，为该市承担单位争取到科技经费4 000多万元。组织实施2014年度市级科技计划项目35项，涉及产学研结合引导及与中科院合作交流专项、专利技术实施计划项目、科技企业创业园专项及科技创新资金项目，共下拨经费341万元。

【科技成果与技术市场】　韶关市有3个项目荣获2014年度省科学技术奖，其中乳源东阳光精箔有限公司参与完成的“车辆及电子工业用铝镁合金等温挤压、压铸与控轧关键技术及产业化”项目荣获一等奖。

“车辆及电子工业用铝镁合金等温挤压、压铸与控轧关键技术及产业化”项目针对我国铝、镁加工产业转型升级中亟待解决的若干技术问题，在高品质汽车钎焊箔热控轧方面形成核心技术和装备，并实现产业化。项目整体生产技术达到国际先进水平，提高了我国钎焊箔产品的制造水平和民族企业的自主创新能力，项目成果可辐射、移植到高档印刷版基、5000系深冲铝板等其他高精尖铝板带箔产品上。

7月29日，韶关市委、市政府召开全市科技工作会议，总结部署全市科技工作。会议表彰了76项获得2013年度韶关市科技进步奖的项目，其中一等奖10项、二等奖24项、三等奖42项，达到国际先进和国内领先水平的有15项，达到国内先进水平的有38项。获奖的工农业项目新增产值15亿多元，新增利税3亿多元，节支2亿元；其中23个工业项目，2013年度新增产值8亿多元，新增利税2亿多元，增收节支7 000万元；农业21个项目，2013年度新增产值6亿元，新增利税1亿多元，增收节支1亿多元。

【高新技术及战略新兴产业】

高新技术企业及产品　2014年，全市高新技术产品新增21件，装备制造业引领高新技术产品生产。2014年，市科技局共组织15家企业申请高新技术企业认定（复审），其中12家通过认定（复审）。自2008年以来，全市共有44家高新技术企业通过认定。截至2014年年底，全市高新技术企业存量为29家。2014年，新增国家火炬计划重点高新技术企业1家——韶关东南轴承有限公司。

LED照明产品推广应用　截至2014年年底，全市已完成近90%的公共照明领域LED照明产品的改造任务，约安装LED照明产品4.1万盏（套）。室内公共照明LED推广应用逐步推进，全市机关事业单位、餐饮旅游业、大型商场、住宅小区、国有企业等共推广应用LED室内照明产品约4.5万盏（套）。其中市府办、市科技局、市编办、市教育局、市外事侨务局、市法制局、市供电局、市信息中心、仁化县地税局以及北江中学、市一中、田家炳中学、中医院和平分院等部分机关、事业单位改造安装了LED室内照明产品1万多盏，节电率超过50%，示范效果良好。

【农业科技发展】 2014年，全市组织申报国家科技富民强县专项1项、国家农业科技成果转化项目1项、国家星火计划项目2项、省级专业镇和农业领域项目申报各2项、市级农业领域创新资金项目14项，获得立项10项。全市共有8项涉农项目获得2014年度韶关市科技计划项目立项。

2014年，市科技局积极做好国家农业科技园区培育工作。围绕专业化的产业园区、集群式的功能组团、示范型的现代农业，以“一线两带、两组团、四板块”框架布局，利用106国道两侧的农业与林业用地，分布于曲江区、浈江区和仁化县二区一县9个乡镇69个村委会，涵盖种植业、养殖业、农业科研、农产品加工、物流等现代大农业的主要链节，截至2014年年底，共有企业共33家，其中，种植业11家、养殖业9家、农产品加工业5家、综合型企业4家、科研企业4家。

【科技金融】 11月，由韶关市科技局联合韶关市政府金融工作局共同组织，由韶关市普杰信息技术有限公司联合韶关市粤商科技创新园有限公司组建了韶关市科技金融综合服务中心，同年12月获得省科技厅批准设立“广东省科技金融综合服务中心韶关分中心”，同时获得省科技计划项目立项支持。

该中心采取“政府引导与市场化运作相结合、公益服务与增值服务相促进”的运作模式，为各类科技型中小微企业提供融资、股权投资、科技项目咨询与申报、产权交易、战略发展决策咨询等多层次、全方位、专业化金融服务的核心机构。

【专业镇及特色产业基地】 韶关市液压油缸、铝箔、有色金属材料3个广东省韶关火炬计划特色产业基地建设稳步发展，2014年总产值111亿元，与去年持平。

专业镇建设加快，截至2014年年底，全市省级专业镇有14个，其中农业专业镇11个、旅游专业镇1个和工业专业镇2个。2014年全市省级专业镇的工业总产值约87.84亿元，农业总产值约41.00亿元，特色产业总产值约65.77亿元。特色产业涵盖畜牧业、油粘米、银杏、兰花、蔬菜、油茶、水果、蚕桑、黄烟、旅游、茶叶、工程机械与装备制造、精细化工等。兰花专业镇创新平台助力翁源（江尾镇）成为“中国兰花第一县”和全国最大国兰生产基地。

【知识产权工作】

专利产出 2014年，市科技局提出各县（市、区）年度专利申请量建议指标，适时公布专利申请和授权情况；对年度专利工作取得明显成效的县（市、区）知识产权管理部门，给予表彰。全市专利申请的数量和质量明显提升，结构进一步优化，充分发挥专利制度激励和保护创新的作用，有力的支撑韶关市创新驱动发展。全年专利申请2 354件，比增4%；授权量1 584件，比增10%。2014年，乳源东阳光金箔有限公司的“一种电解电容器高压阳极用铝箔的制造方法”项目获得省专利技术实施计划重点项目。韶关金苹果饲料有限公司的“具有提高免疫力和除臭效果的饲料添加剂在仔猪料中的应用”项目、金悦通电子（翁源）有限公司的“万能塞孔底板的研究与应用”项目、新丰杰力电工材料有限公司的“热剥离丙烯酸酯压敏胶粘带产业化”项目获得市专利技术实施计划重点项目。乳源东阳光公司专利获第16届中国专利优秀奖。

宣传培训 4月22日，市政府知识产权办公会议办公室牵头，市知识产权局、工商局、文广新局联合在市知识产权局会议室召开保护知识产权宣传周活动工作会议。会议研究部署了全市知识产权宣传周活动相关工作，确定了宣传周活动“保护、运用、发展”的活动主题。2014年，全市共举办3期知识产权管理及实务等内容的培训班。培训对象为全市企事业单位代表、各县（市、区）知识产权管理部门等有关人员，培训人数230多人。培训班邀请省有关知识产权专家授课，结合生动的案例为大家讲解了专利申请、企业专利运用、企业应对知识产权纠纷等方面的知识，深受大家的欢迎。在“4·26”知识产权宣传周活动期间，利用韶关电台、电视台、韶关日报、韶关家园网等媒体大力宣传知识产权保护，对执法专项活动进行跟踪报道，及时报道打击成果和典型案件，累计报道20多次，向社会展示专利保护的重大成果。

行政执法　通过“4·26”世界知识产权日专项行动，联合市工商局、文广新局、公安局、质监局、药监局等有关部门在市区广场开展侵犯知识产权和制售假冒伪劣商品专项宣传活动，达到对公众进行专利标识、出版物的鉴定、商标使用的宣传教育的目的，提高公众的知识产权保护意识。8月22日，市知识产权局会同市公安局经侦支队执法人员，在市区开展了查处“带过滤功能的花洒”假冒专利案件专项执法行动。执法人员对市区卫浴经营商家进行了执法检查，在武江区某经营单位发现了销售“带过滤功能的花洒”假冒专利产品的违法行为，执法人员现场暂扣了相关涉嫌假冒专利商品，督促其进行整改，并对经营商家进行了保护知识产权的宣传教育。

试点示范　2014年，武江区被列为“国家知识产权强县工程试点区”，金悦通电子（翁源）有限公司被列为广东省知识产权优势企业。截至2014年年底，全市拥有国家级知识产权试点县（区）2个、省级知识产权试点县（区）4个、省级知识产权优势企业11家、省级知识产权试点事业单位2个、省级中小学知识产权教育试点（示范）学校10所、省知识产权战略试点企业1家、广东省知识产权示范企业及全国企事业知识产权试点单位1家。

【科普工作】　围绕“广东省科技进步月”活动开展“科技馆进百校”活动。5月15日—6月19日，先后前往仁化县长江中学、仁化县闻韶镇泰小学、武江区城区幼儿园等10余所学校，展出科普图片4种共130幅，举办“鸡蛋撞地球”实验活动、“疯狂的空气”表演活动以及以“放飞心愿，励志成才”为主题的励志课，现场动手示范操作益智玩具，营造“信科学、爱科学、学科学、用科学”的良好社会氛围，累计有7 000多人次参加。11月21—23日，省科协、省科技厅、省教育厅、省文化厅在东莞联合举办的广东省第2届科普剧大赛，韶关市科协创作的科普剧“黄鼠狼给鸡拜年”获得第2届广东省科普剧剧本创作大赛一等奖和第2届广东省科普剧大赛表演赛成人组三等奖。

【防震减灾】　2014年，韶关市积极创建地震安全示范社区，市科技局（地震局）专门邀请省地震局领导和专家就如何开展创建工作进行专门授课和指导，在工作经费紧张的情况下，投入经费18.7万元支持创建工作。11月10日，浈江区启明北社区、武江区新华南社区、始兴县城东社区怡园小区、乐昌市大昌社区、仁化县水南社区富凯小区、新丰县回龙社区共6个社区被省地震局认定为“广东省地震安全示范社区”。浈江区启明北社区、武江区新华南社区、始兴县城东社区怡园小区等3个社区荣获中国地震局授予的“国家地震安全示范社区”称号。

群测群防工作富有成效，已建成中山公园、西河全民健身广场、启明路全民健身广场、韶关学院等4个市级地震应急避难场所，全市共108个镇（街）、1 421个行政村均配有防震减灾助理员。5月7日，应96 318部队的邀请，结合“5·12防灾减灾日”和防灾减灾宣传周系列活动，在防震减灾宣传工作“进学校、进社区、进企业、进农村、进机关”，“五进”的基础上拓展到“六进”，即“进军营”，同时，邀请了省地震局副局长来到现场为部队官兵作防震减灾科普知识专题讲座和训练指导。5月10日，在市电视台新闻综合频道《科技正能量》栏目播放题为《从河源地震说开去》的防震减灾科普知识宣传专题片15分钟。5月12日，市科技局（地震局）在市中山公园开展防灾减灾集中宣传活动，向公众发放防震减灾宣传资料2 000多份，展出防灾减灾宣传图片50幅等。5月17日，市电视台新闻综合频道《科技正能量》栏目播放“防灾减灾宣传周”系列宣传活动专题节目。2014年，市科技局（地震局）累计在韶关日报、韶关电视台、省地震局官网、市政府信息网、局信息网等媒体投送新闻稿件和拍摄新闻视频33次，其中一些节目入选《2014年第三届平安中国防灾宣导千城大行动集锦》。市科技局（地震局）积极组织参与“第三届平安中国防灾宣导千城大行动”活动，协调“平安中国”防灾系列公益活动组委会在市一中初中部、市五中、曲江区马坝中学、乐昌市职业高级中学、启明路、西河全民健身广场等地播放防震减灾故事片《飞跃地心》共6场，受到学生和群众的热烈欢迎，被组委会授予“优秀组织奖”。

（韶关市科学技术局　刘锡禧）

河　源　市

【科技政策环境】 2014年6月24日，河源市召开了全市科技创新大会，对该市进一步深化科技体制改革加快推进实施创新驱动发展战略进行了总动员和总部署。制定了《市科技局逐步建立主要由市场决定技术创新项目和经费分配、评价成果的机制工作方案》《集聚国内外先进科技资源，加快公共创新平台建设工作方案》《关于依法公开侵犯和假冒专利权行政处罚案件信息工作方案》等文件，为该市的科技进步、经济社会发展营造了良好的政策环境。河源市获评“2013年全国县（市）科技进步考核”先进市。

【产学研结合】 2014年，河源市认定产学研结合示范基地（企业）7家，创建了粤东西北地区首家协同创新研究院——河源广工大协同创新研究院，提升了该市产业自主创新能力与产业核心竞争力。2014年，全市共有30多家企业与国内知名高校和科研院所开展了合作，6家企业与广东工业大学、惠州学院等高校建立了入驻专家教授机制，多名博士或教授成为科技特派员入驻该市企业，形成了科技特派员工作的长效机制。2014年度新增特派员27人，截至2014年年底，全市共有特派员71人。

河源广工大协同创新研究院　7月11日，由广东省河源市与广东工业大学合作共建的河源广工大协同创新研究院挂牌成立，成为河源首家协同创新研究院。研究院将依托和发挥广东工业大学学科、人才、技术优势，以该市发展战略和产业结构升级需求为导向，紧密结合该市在新电子、新材料、新能源、新医药和资源开发等领域的技术和人才需要，通过引进聚集技术、人才等，服务企业攻克和掌握相关产业核心技术，推动成果转化和高端人才培养，全方位服务河源的产业转型升级和高水平崛起。该院将为该市支柱和特色产业提供科技、人才等全方位服务，助推河源产业转型升级。

产学研结合示范基地　2014年，广东汉能光伏有限公司以自身为依托创建的河源市薄膜太阳能电池产学研结合示范基地，在2014年取得了良好成效。该公司与南开大学、华南理工大学等高校建立了长期稳定的产学研合作关系，通过对高校高新技术的引进、实施以及对创新成果的应用，太阳能电池的光电性能得到了提高、生产成本降低，推动广东省硅基薄膜太阳能电池产业链的完善及发展。

【创新能力建设】

创新载体　2014年，河源市新组建了省级工程技术研究开发中心1家，市级工程技术研究开发中心6家，首次组建了3家市级公益类工程技术研究中心。新增的广东省国产移互联网智能终端工程技术研究中心（由广东美晨通讯有限公司组建），占地面积2 300平方米，仪器设备装备总值3 138万元，中心的服务方向为技术创新服务、工业设计服务、质量检测服务、人才培训服务，中心致力于在对智能终端低功耗管理、定位管理以及安全管理等技术进行深入研究的基础上，设计具有自主知识产权的移动操作系统环境MyOS，从而提升智能终端整机设计、系统优化、能耗控制和应用适配能力；同时，力争在国内智能家居、智慧城市、物联网、车联网等领域打造自主可控、安全可靠的优良智能移动生态系统。截至2014年年底，全市已有省级以上企业工程技术研究中心16家，市级工程技术研究中心42家，省级创新型企业3家，有力促进了该市自主创新能力的提升和发展方式的转变。截至2014年年底，河源市拥有民营科技企业142家，据不完全统计，民营科技企业产值达162.8亿元，实现税收收入32.6亿元。

人才队伍　河源市与广东工业大学、广东技术师范学院等高等院校签订了全面合作协议，引进高校科研人才为河源市经济社会发展服务。截至2014年年底，河源市共有初级技术人员5万多人，中级技术人员4万多人，高级技术人员近6 000人。

高效柔性不锈钢基材铜铟镓硒太阳能电池组件及封装技术创新团队（下称“太阳能电池创新团队”）和连平县新型节能环保建筑材料人才培养工程入选2014年度“扬帆计划”。

由广东汉能薄膜太阳能有限公司引进的太阳能电池创新团队由南开大学教授孙云为团队带头人，南开大学副教授刘玮、中国科学院物理研究所教授张毅等核心成员组成。该团队拟通过研究CIGS层溅射硒化中硒的活化、不锈钢衬底Na元素掺入的工艺优化、CdS缓冲层溅射工艺优化、改进TCO材料防水特性优化封装工艺以及柔性封装材料优化，解决硒对设备的腐蚀性问题、低温沉积技术问题、钠的掺杂工艺技术问题、太阳能电池封装技术问题，从而达到柔性不锈钢基材CIGS电池的高转换效率。孙云教授课题组完成了大面积CIGS薄膜电池组件各个工艺环节贯通，建立了全部国产化制造大面积CIGS薄膜电池组件工艺技术与装备，包括“多元共蒸发技术”“金属预置层后硒化技术”以及“非真空电化学方法制备CIGS薄膜技术”。可制备玻璃衬底电池组件、柔性不锈钢衬底电池和聚酰亚胺衬底电池，为后续发展奠定了基础。针对复杂的CIGS薄膜太阳电池各层材料与器件，电池材料成分、结构、光学特性与电学特性，以及电池器件的光谱响应等，均可在测试平台中迅速得到可靠结果，是我国比较齐全的CIGS太阳电池测试分析与表征体系，硬件与软件均达到世界先进水平，对全国开放共享。预计通过本项目的实施，将对柔性不锈钢基材铜铟镓硒薄膜太阳能电池及封装关键技术做进一步的完善，并进行批量生产。

服务平台　在河源市高新区创业服务中心大楼建立了高新技术与知识产权服务平台等公共服务平台，引进了广东粤高专利商标代理有限公司等中介服务机构。2014年，该平台取得了初步成效，其中举办了2期关于高企培育及知识产权的培训班，培训企业人才达150人，并有效开展专利服务100多件。通过技术与知识产权服务，有效地推动广东三友酿酒股份有限公司、西可通信技术设备（河源）有限公司、景旺电子科技（龙川）有限公司等企业、河源中光电通讯技术有限公司提高企业的自主创新能力，为企业发展起到了积极作用。

【科技计划项目管理与实施】　2014年，该市共组织申报国家级、省级和市级各类科技项目247项，获得国家级科技项目立项1项、省级科技项目立项19项、市级科技项目立项35项。

河源市灯塔盆地广东省农业科技园区获得省级立项。该园区由河源市科技局牵头，广东中兴绿丰发展有限公司、广东融和生态农业有限公司等7家企业参与。在着力建设完善各项示范园区、示范基地或示范点的配套建设的基础上，园区积极发挥其辐射带动作用，进一步提升了灯塔盆地现代农业标准化、规模化、集约化和产业化发展水平；积极推进以科技、疫病防控和质量安全为重点的公共服务体系建设，为现代农业建设提供强有力的支撑；推进休闲农业发展，打造一批特色农业景观等为主题的农业庄园；全面提升自主创新、服务和生态保障等多种能力，提高了农业综合生产能力，将灯塔盆地打造成河源农业经济发展的引擎，初步建设成了特色鲜明、产业发达、服务城郊、辐射粤东北的现代农业科技示范区。

【科技成果与技术市场】　2014年，河源市共组织4项科技项目进行省级科技成果鉴定，组织7项科技项目进行市级科技成果鉴定。组织41个科技项目进行市级科技进步奖评审，评出2014年度市科学技术进步奖项目32项，其中特等奖2项、一等奖6项、二等奖5项、三等奖19项。

【高新技术及战略性新兴产业】　2014年，河源市共有4家企业获得国家级高新技术企业认定，2家通过复审。截至2014年年底，全市高新技术企业总数达到24家。全市高新技术企业高新技术产品销售收入达682 665万元。

研究落实中央苏区和革命老区发展等政策，主动谋划储备一批新兴产业和基础设施项目对接上级扶持政策。加快推进深圳对口帮扶河源、深莞惠+河源汕尾新型都市区等平台建设，全面融入区域一体化发展。

依托全市“一区六园”，特别是以市高新

区升级为国家级高新区为契机，大力发展园区经济，推动工业园区扩能增效。着力狠抓“四个一批”“三个50”“三个100”和“双百亿”工程建设，加快中兴通讯河源生产研发培训基地等重大产业项目建设。进一步壮大以手机为主的电子信息、以模具为主的机械制造、太阳能光伏三大主导产业，千方百计推动经济稳增长。

【农业科技】 2014年，河源市申报了国家级农业项目1项，立项1项；组织申报省级农业类科技计划项目18项，立项7项；认定了广东优食实业有限公司等5家企业为河源市农业技术创新中心组建单位。截至2014年年底，全市共有省级农业科技创新中心3家，市级农业科技创新中心24家。当年认定龙川县星汇山林开发有限公司等6家单位为河源市生态农业科技示范园区建设单位，截至2014年年底，全市共建设市级生态农业科技创示范园区12个。

“粤北山区蓝莓优良品种繁育及高产栽培技术示范与推广” 项目是由河源市华睿蓝莓实业有限公司承担的2014年度国家农业科技成果转化项目。经过近两年的实施，该企业已选育出适宜河源及粤东西北地区种植的优良蓝莓品种，并建设优质蓝莓苗木繁育基地1个，实现年繁育蓝莓苗木200万株；建设蓝莓高产栽培技术示范基地3个，种植面积达33.33公顷。同时，通过项目示范，带动起当地及周边农户发展蓝莓种植面积近333.33公顷。项目的实施填补了广东蓝莓种植的空白，使我国蓝莓种植界限极大幅度的向南推移，实现蓝莓在中国范畴内的进一步扩大，项目经济社会效益显著。

【专业镇及特色产业基地】 2014年，河源市获认定专业镇转型升级试点5个，专业镇转型升级服务平台2个。截至2014年年底，全市共有18个省级专业镇，38个市级专业镇，专业镇转型升级试点示范10个，专业镇转型升级公共技术创新平台3个。

2014年，河源市大力建设发展稀土产业。全市含稀土面积5 000 多平方千米，离子型稀土矿产资源量超过300万吨。

【知识产权工作】 2014年，河源市组织申报省级专利技术实施计划项目2项，获认定1项；组织申报省级知识产权优势企业1家，获认定1家；认定5家市级知识产权优势企业，截至2014年年底，该市累计有省级知识产权优势企业10家、市级知识产权优势企业15家。有5家企业获得市级专利技术实施计划项目专项资金立项支持。

专利申请和授权 2014年，河源市专利申请总量为853件，同比下降了22.31%，其中发明专利145件，实用新型专利391件，外观设计专利317件。2014年专利授权569量为件，同比增长9.21%，其中：发明专利授权24件，同比增长4.35%；实用新型授权304件，外观设计授权241件。

专利执法 “4·26”期间，河源市知识产权局联合市工商、版权、工商、公安、海关等部门深入市区大型超市进行执法巡查活动，提高商家知识产权保护意识。根据省知识产权局统一部署，8月18—21日，联合市工商、质监、公安等多部门组织专利行政执法。为配合全省启动查处“带有过滤功能的花洒”假冒专利统一行动，加强县区执法人员的执法经验，8月22日下午，联合县区局执法人员，在市区义乌商品城、卫浴洁具市场开展执法巡查，未发现有涉案产品。9月3日，联合区知识产权局在源城区兴源路广晟百货超市查获假冒专利产品“225#鞋”，河源市知识产权局依据《中华人民共和国专利法实施细则》第八十四条规定，给予立案处理。同日下午，联合区知识产权局前往河源市义乌小商品超市 2 楼201格现场执法，在该商行发现标有专利号的木拖鞋，经检索该专利号已经权力终止，河源市知识产权局依据《中华人民共和国专利法实施细则》第八十四条规定，给予立案处理。

【科普工作】 6—7月，河源市开展了科技活动进社区、科技下乡——百香果产业技术培训、2014年“科技进步活动月”送科技下乡活动、“多彩河源，欢乐广场”科技文艺活动等科普工作，营造了良好的氛围。

6月19日，河源市科技局会同省科技厅、民主促进会广东省委员会、省农科院、华南农业大学、仲恺农业工程学院在东源县灯塔镇、骆湖镇开展农业科技和医疗卫生下乡活动。活动根据实际需求，有针对性地开展了两方面的活动：一是围绕骆湖镇的养猪产业，省农业科学院的生猪养殖专家针对性地开展了养猪实用技术培训并解答农户咨询；二是在灯塔镇开展了现场医疗卫生会诊、农业技术普及的活动。

本次下乡活动由参加单位组织专家40多人，面向当地近500多名农民群众开展农业实用技术、农村信息技术、知识产权保护、计划生育和卫生保健咨询，优良畜禽和果树新品种推介、农资产品展销活动，现场派发各类农业实用科技资料1 000多份、优质水稻、蔬菜种子200多包、肥料100多包，并为群众义诊。根据当地农户的技术需求和当地农业产业的实际情况，派出专家在骆湖镇开展生猪养殖技术培训，参加人员总计近100人。

此次送科技下乡活动，推广了先进的农业技术，拓展了广大农民朋友与专家沟通联系的渠道，加强了科技部门与群众的联系，营造了科技促进农村农业发展的良好氛围。

【防震减灾】　2014年，该市新建设3个地震预警台站。积极组织申报国家、省级地震安全示范社区，截至2014年年底，河源市共创建国家级地震安全示范社区2个，省级地震安全示范社区7个。

该市修订了《河源市地震应急预案》，对抗震救灾成员单位相关负责人及分工、河源市地震局应急人员及职责、地震应急救援队伍、全市主要地震应急避难场所、地震应急常用电话等相关部分进行更新，使其更完善、可操作性更强。

及时、妥善处置了7月11日13时43分发生在东源县的4.2级地震。地震发生后，广东省地震局和河源市地震局派出地震现场工作组赶赴震中进行应急处置。河源市地震局及时通过河源广播电视台、《河源日报》《河源晚报》、微博、网站等媒体通报了震情，正确引导舆论，同时通过电信、移动、联通三家公司手机信息发送平台向全市市民发布震情信息，消除了民众的恐慌心理。由于应对积极，处置得当，宣传到位，震区居民生产生活未受影响，社会稳定，全市中小学校师生也应对有序，秩序井然。

开展以“城镇化与减灾”为主题的“5·12”防灾减灾日防震减灾宣传系列活动，切实提高广大群众应对地震灾害的能力。河源市地震局联合河源电视台，在电视台晚间黄金时段循环播放防震减灾公益宣传广告。组织防震减灾志愿者进社区开展志愿服务活动，志愿者通过进社区张贴防震减灾知识挂图及登门上户发放防震减灾宣传资料等形式，向社区居民宣传防震减灾科普知识，助推防震减灾走进千家万户。

（河源市科学技术局　黄　强）

梅　州　市

【产学研结合】　2014年，梅州市新引进9个高校专家进驻企业。截至2014年年底，梅州市有190家企业与高校建立了产学研合作关系，建设有省部产学研示范基地16个；产学研创新联盟5个；科技特派员工作站5个，223名科技特派员与梅州市企业签订了合作协议，产学研合作项目的实施推动了梅州市自主创新的发展。

梅州科技部门组织大埔县陶瓷产业技术创新联盟的主要骨干企业与中山大学、华南理工联合申报2013年产学研重大专项“资源节约型自强化青花瓷关键技术研发与产业化”，2014年底，项目获省科技厅批准立项，下达经费300万元。项目通过引入创新资源及人才团队，以“青花瓷”产业改造升级为切入点，着力抓重大技术难题的联合攻关，以点带面突出示范，为该市陶瓷产业的转型升级提供有效解决途径。

【创新能力建设】

创新平台　2014年，梅州市新增4个省级工程技术研究开发中心，2个市级工程技术研究开发中心。截至2014年年底，该市拥有35个省级工程中心和37家市级工程中心。

人才队伍　4个人才工程项目、2个创新创业团队和一批人才入选2014年度省“扬帆计划”，竞得省级人才工作扶持资金1 137万元，项目及资金数量居粤东西北地区地级市之首。梅州入选2014年度省“扬帆计划”的项目，包括梅州市千名企业家人才培养计划、梅江区农电商产业人才培育工程、兴宁市机电产业人才培育工程、大埔县客家文化生态保护示范区人才培养计划等4个重点人才工程，红豆杉新品种关键技术研发及产业化、基于优质青蒿综合利用的南药开发等2个创新创业团队，以及1名紧缺拔尖人才和97名高技能人才。入选项目都是围绕主导产业、特色产业、优势产业策划实施的重大人才项目。

【科技计划项目管理与实施】 2013年，梅州市科技部门组织4个项目申报“2013年度国家级星火计划重点项目”，于2014年底获得国家星火计划项目立项；2014年，广东银新现代农业股份有限公司、梅州市客都金柚专业合作联合社、梅州金穗生态农业有限公司承担的3个项目申报“2014年度国家级星火计划重点项目”，3个项目都获得国家星火计划项目立项。申报省科技厅2014年度省科技计划项目99项，其中产学研合作项目26项、农村科技领域项目11项、社会发展领域9项、省级科技型中小企业技术创新专项资金项目12项、其他项目41项。截至2014年年底，梅州市结转下达2013年度省级科技项目86项，立项经费3 121万元。

梅州科技部门与市财政局联合完成下达结转“2013年度梅州市科技计划项目（重点科技经费）”，批准“梅州市金科网络改造”等37项，合计250万元列入本年度市级科技专项经费项目。完成2014年梅州市重点科技计划项目指南征集工作，共完成受理49项重点科技经费项目。针对全市医研、科教类自然科学等特定领域的科研工作，完成2014年度市级科技计划项目（医研及科教类）申报书的受理，共受理申报193项，分二批次下达共166 项；2014年，梅州共有6个科技型中小企业技术创新基金项目获省科技厅立项，获得资金120万元。

【科技成果与技术市场】 2014年，梅州市科技部门共组织科技成果鉴定登记42项，其中，国内领先1项，国内先进12项，省内领先16项，省内先进13项。同时组织评审梅州市科学技术奖项目42项，其中一等奖1项、二等奖10项、三等奖31项。获奖项目按行业分：工业14项、农业16项、医疗卫生12项。可直接产生经济效益的项目累计新增产值99 402万元，年新增利税8 350万元。

【高新技术及战略性新兴产业】

高新技术企业产品 2014年，梅州市共有5家获认定为高新技术企业，组织6家企业复审并通过重新认定。截至2014年年底，全市共有高新技术企业49家，领域涵盖国家重点支持的除航空航天技术外的7大领域，其中电子信息、生物与新医药、新材料及高新技术改造传统产业占的比重较大。2014年，梅州市组织申报认定21个高新技术产品，认定成功21个高新技术产品。

LED照明产品推广应用 在创建绿色照明示范城市项目建设和梅州城区推广应用LED照明产品中，梅州市政府明确规定在新建道路或改造道路时要将照明建设工程，纳入道路项目建设中一并实施，使用LED灯作为光源。2011年以来，累计投入建设资金7 300多万元，推广使用LED照明产品（含景观照明）44 280套，使梅城美化亮化成为新亮点。截至2014年年底，全市共安装LED路灯56 134盏，景观灯约95 030盏，完成室内LED灯具改造77 991盏。

【农业科技】 2014年梅州市农业总产值285.87亿元，同比增长4%；农业增加值179.47亿元，同比增长4.3%，增速居广东省第1。

2014年，梅州市共受理99项省科技计划项目的申报工作，其中产学研合作项目26项、农村科技领域项目11项、社会发展领域9项、省级科技型中小企业技术创新专项资金项目12项、其他项目41项。截至2014年年底，梅州市结转下达2013年度省级科技项目86项，立项经费3 121万元，其中：产学研项目18项，经费1 460万元，产学研重大专项1项，经费300万元；结转下达“扬帆计划项目”3项，经费900万元。

【专业镇与特色产业基地】 2014年，梅州市新认定省级专业镇38个，市级专业镇24个。截至2014年年底，全市共有省级专业镇38家，市级专业镇24家。2014年全市38个省级专业镇特色产业产值达244.12亿元，占全市GDP的27.5%

2014年，梅州市建设专业镇中小微企业服务平台27个，科技服务机构316个，承担省级以上研究课题项目70项。18个专业镇与省级专业平台达成了共建中小微企业公共服务平台的战略合作框架协议，为专业镇转型升级和可持续发展打下基础。截至2014年年底，梅州市32家省级专业镇已建设有59个中小微服务平台（含一家以企业为主体建设）。

充分依托省科技建设专项，以梅州市生产力促进中心的“大科技信息网络平台”为基础，集中省、市科技资源，继续建设完善“客都汇”电商信息网络平台，全市11个农业类省级专业镇与广东省村村通科技有限公司、市生产力促进中心合作共建“客都汇”农特产品电子商务平台，截至2014年年底，已有80多家本地农业企业签约并上线经营。

【科技金融】 虽然因财政资金紧张，梅州未设立科技风险抵押金，但为进一步推进该市科技创新和金融创新的结合，市科技局通过与有关银行对接，达成了战略合作关系，以信誉担保的形式，共同推动科技信贷业务发展，扶持一批优质科技企业走上快速发展通道，2014年合作已初见成效。2014年，梅县客家村镇银行科技支行通过知识产权质押融资，发放首批贷款620万元。

【知识产权工作】 2014年梅州市知识产权工作实现新突破，专利申请量和授权量再创新高，增幅均超全省平均数；梅县区被认定为“国家知识产权强县工程试点区”，成为梅州市首个国家知识产权强县工程试点县；成功引进2家专利代理机构；广东嘉元科技股份有限公司的“新能源汽车动力电池用高精度电子铜箔生产关键技术”列入2014年广东省专利技术实施计划项目；广东固特超声股份有限公司被认定为2014年广东省知识产权优势企业。15家企业获得第二批“正版正货”承诺活动的授牌。

专利产出　梅州市专利申请量和授权量连续5年实现平均增长37%以上。2014年，全市专利申请量达2 271件（其中发明174件，实用新型1 316件，外观设计781件），同比增长34.7%，比全省平均增幅高29.37%；专利授权量达1 609件（其中发明81件，实用新型1 074件，外观设计454件），同比增长28%（其中发明授权量同比增长97.56%），比全省平均增幅高22.41%。专利电子申请率达到93%，从全省排名倒数第1，跃居全省地级市前8名。

行政执法　2014年，全市知识产权系统共出动执法人员130多人次，检查生产经营场所200多家，检查商品8 000多件，立案并结案处理假冒专利案件10宗，专利侵权案件结案1宗。

【科普工作】 2014年，梅州市紧紧围绕“增创广东创新驱动发展新优势”这一主题，开展提升自主创新能力、转变经济发展方式、提高全民科学素养与科技惠及民生等一系列科技活动。

第29届梅州市青少年科技创新大赛　梅州市科技局与梅州市科协、市教育局在梅县区中小学联合开展科技创新大赛，此次活动对培养青少年的科技创新意识和动手实践能力，不断提高青少年的科学文化素质，推动广大青少年积极参与科技活动起到了重要的作用。同时，梅州市青少年科普基地在科技活动周和全国科普日向全市学生免费开放，积极开展青少年科技教育活动，累计接待广大学生达10多万人次，年开放时间达300天以上。

科技下乡集市活动　组织有关单位及相关专家在梅州市五华县华城镇开展“践行群众路线，送科技下乡服务民众”大型科技下乡集市活动。活动现场并且组织市人民医院进行义诊等。据统计，活动现场共发放农作物种植和病虫害防治、水产养殖实用技术、常见病防治、健康安全生活、防震减灾、节能减排、环境保护等各类的宣传资料10 000多份，免费向群众赠送珍贵树种红豆杉、黄花梨及楠木苗木300多株、灵芝菌种一批；接受群众咨询700多人次，义诊人数超过300多人次。

“全国科普日”活动　9月，梅州市科技局与梅州市科协、梅县区科协等10多个单位在梅县华侨城广场联合开展2014年“全国科普日”活动。活动现场，科普志愿者和工作人员向市民介绍健康生活方式，讲解柚类病虫害综合防治和公共安全应急防范知识，开展环境保护、养生保健、农村实用技术咨询，为市民义诊，还进行了梅州籍院士风采科普图片展览等一系列科普服务活动，向市民发放《科技知识集萃》《公共安全应急防范》《梅州金柚病虫害综合防治技术》等科普书籍手册宣传资料4 000多份。

【防震抗灾】 加强地震监测预报工作体系建设，截至2014年年底，梅州市共有2个测震台、15个预警台、32个流动重力点和6个前兆观测站，分布广，布局合理，为进行地震预报提供了第一手可靠的观测数据。

5·12防灾减灾日期间，在梅县东山中学举行地震科普知识讲座及地震应急避险演练；8月，市地震局联合市科技局举行科技系统地震应急桌面演练活动。活动以模拟丰顺县八乡发生4.8级地震为背景，演练震情处理、预案启动、应急指挥、协调联动等方面。

建设完善梅州市地震应急指挥中心。在原有指挥中心的基础上，2014年投入30万元装备了“地震信息反馈系统”等，指挥中心现可实时监测台站的工作情况、与省地震局实现视频的互联互通、地震灾害快速评估系统、工作情况的展示等。

（梅州市科学技术局　黎巧君）

清　远　市

2014年，清远科技工作以提升该市自主创新能力为目标，以提高科技服务水平为重点，深化科技体制改革，加快清远科技创新事业发展。清远市科技局在2014年度市五级联述联评联考中取得优秀成绩；清远市4个省知识产权试点区域（清城区、清新区、连州市、清新区太和镇）均通过考核验收，其中清城区获得优秀等次。

【科技创新能力建设】

创新载体建设　2014年全市组织广东贝克洛幕墙门窗系统有限公司等6家企业申报2014年省级工程技术研究开发中心，受理清远海贝生物技术有限公司等11家企业申报2014年市级工程技术研究开发中心。其中3家企业获得省级工程技术研究开发中心认定，9家企业获得市级工程技术研究开发中心认定。

培育新型研发机构，对基础条件较成熟的广东华斓汽车材料研究院、节能系统门窗幕墙研发试验检测综合服务平台、先导先进材料研究院等给予引导和帮扶。

创新人才队伍建设　2014年，组织申报了广东省“扬帆计划”1项，“广东特支计划项目”4项。12月主办了“博士·市长面对面”暨2014年清远博士沙龙活动，共有32名来自企事业单位博士、政府顾问、拔尖人才等高端人才参加了活动，来自各行各业的高端人才围绕行业发展、人才培养引进、就业创业环境、政府执行力等提出了清远市目前的存在问题，也对本市民生服务、公共交通体系完善、基础设施建设、产学研合作推进等方面积极建言献策，对市委市政府和人才工作起到了很好的启发作用。

创新服务平台建设　清远华炬科技企业孵化器有限公司是经清远市政府和清远高新区管委会认定，并共同指导和支持建设的清远市第一家科技企业孵化器，2014年底被广东省科技厅认定为“国家级科技企业孵化器培育单位”。该孵化器有基础公共服务、知识产权、金融服务、管理升级、法律服务、技术创新八大平台，为入孵企业提供政策、管理、法律、财务、融资、技术、市场推广和培训等方面的服务。

【科技成果及奖励】 2014年，清远市组织鉴定科技成果48项，成果登记46项。获2014年度省级科技进步奖1项。

【科技计划项目】 全年申报省级以上科技项目58项，其中获国家级立项5项，获得国家资金支持296万元；下达2013年市级科技计划项目75项，资金1 477万元，申报市级项目212项（含自筹经费项目），比去年增长15.2%。全年有121项科技项目结题验收。

4月，清远市科技局“清远市科技计划项目管理培训班”。来自清远市各县（市、区）科技主管部门分管领导和业务科室人员、企业科研管理人员、承担国家省市科技计划项目的课题负责人和财务人员等150余人参加培训。

【农业科技】 2014年8月13日，省科技厅批准下达了《清远市特色种养广东省农业科技园区建设总体规划》立项文件，清远市特色种养广东省农业科技园区被列入2013年省重点建设项目计划，以广东省家禽科学研究所、广东科贸职业技术学院为技术依托，建成一个融农业科技创新、科技教育、技术推广、生产示范为一体的科技先导型农业科技林园区，截至2014年年底，已下达立项经费200万元。

2014年，该农业科技园区的现代化生猪养殖功能示范区已经完成投资14 700万元，建设各类猪舍37栋，建筑面积约35 000平方米，存栏3 000头繁殖母猪。园区示范功能区已完成15万对祖代种鸽场及原种鸽场、20万对父母鸽场的建设，种鸽场占地12余公顷，建成各类鸽舍56栋，约46 353平方米，总投资约13 000万元，形成存栏35万对种鸽的生产能力。园区已完成清远鹅养殖功能示范区建设，示范区占地28.67公顷，建有各类鹅舍24栋。园区内已开发茶园面积113.33公顷，其中丰产茶园达70%以上；建成现代化茶叶加工厂一座，建筑面积5 000平方米。园区内企业成立了“清远山羊养殖行业协会”，起草了“清远黑山羊养殖技术规程”等3个广东省清远市农业地方标准，带动及加盟农户共有574户。完善珍贵中药材种植及加工功能示范区建设。园区内已建立农副产品销售部3家，建设1座建筑面积约500平方米的腊味加工厂。

【高新技术产业】 2014年，共组织14家企业申报认定高新技术企业，其中12家企业通过公示；组织7家企业参加复审，全部通过公示。截至2014年年底，全市共有国家高新技术企业共61家。2014年，组织申报省级高新技术产品67个，申报数量比上年增长34%，其中被省认定高新技术产品57个，主要集中在新材料技术、生物与新医药技术、新能源与节能技术等领域。完成清远高新区从广东省清远高新技术产业开发区升级为国家级高新技术产业开发区的申报工作。

1月，华南“863”科技创新园暨汽车涂料专委会·拜耳公共技术创新服务平台启动仪式在清远高新区举行。华南“863”科技创新园是由广东华澜浩宇科技创新有限公司按“三师融合与三资融合”模式建设和运营的主题科技创新园，也是清远市引进的第1家民办官助综合性科技创新园区。该园区一期建设是以汽车零部件新材料为主业，以公共技术创新服务平台建设为核心，集聚200家左右的科技型企业，年技工贸总收入达20亿元以上，利税3.8亿元以上。

【产学研结合】 2014年，清远市产学研全面战略合作取得新进展。与中科院合作，召开中科院清远市战略合作工作领导小组座谈会，研讨落实人才培养和引进以及“高分子材料联合研发中心”等4个公共科研服务平台的建设内容、运作模式、资金投入等重点问题。与华南理工大学建筑学院开展科技交流座谈，初步达成共建清远环保科技产业园的意向。与中南大学技术转移（清远）中心开展联合调研，共同引导企业与中南大学开展产学研对接。

项目进展　截至2014年年底，2012年度产学研重大专项“废杂铜环保利用与再生关键技术及装备研究”已顺利完成第一阶段工作，并获得了省科技厅第二阶段300万元经费支持。第一阶段工作着重对3项关键技术进行了攻关与突破，共完成《废杂铜化学分析方法—取样、制样方法》（初稿）、《废杂铜检验标准（试行）》（初稿）、《再生资源废铜回收分类及拆解规范》（初稿）、《废杂铜分类企业标准》（初稿）等标准，其中企业标准3项、地方标准1项，超过第一阶段指标。

与中科院广州能源所合作的检验检测平台和“城镇矿山”项目——在阳山生活垃圾填埋场建设垃圾减容处理项目进入实施阶段。

2014年清远市材料产业产学研对接会　12月29—30日，清远市在清远国际会展中心成功举办“2014年清远市材料产业产学研对接会”系列活动。此次活动邀请15所高校、科研机构的67名专家来前来指导清远产学研对接，100多家企业参与了会议。对接会上，专家分别对世界材料发展现状及清远材料产业发展定位、3D打印材料发展趋势及清远发展3D打印材料的基础分析进行了主题发言并给予了建议。对接会结束后，清远市组织相关专家分两组赴华南“863”科技创新园、清远合意氟塑、广东豪美铝业、聚石化学等6家企业进行了实地考察。

“博士·市长面对面”暨2014年清远博士沙龙活动　12月，清远市“博士·市长面对面”暨2014年清远博士沙龙活动在市政府举行，来自企事业单位博士、政府顾问、拔尖人才等高端人才32名参加活动。与会人员围绕行业发展、人才培养引进、就业创业环境、政府执行力等方面指出清远市当前的存在问题，并在清远市民生服务、公共交通体系完善、基础设施建设、产学研合作推进等方面积极建言献策。

【科技政策环境】　2014年，清远市强化科技体制改革与创新，激活科技项目管理新模式。突出“实施创新驱动战略”的总要求，为进一步改进科技资金的投入和管理方式，简化科技项目资金申报流程，保障科技资金使用绩效和安全。

科技创新券　2月，清远市政府颁发了《清远市科技创新券实施管理办法（试行）》，成立清远市创新券管理委员会。同时，围绕创新券申请、发放、兑现、监管与绩效考核等环节，出台《清远市科技创新券实施细则（试行）》，进一步细化创新券的操作流程和相关各部门、社会组织和第三方机构的工作，正式开展首批创新券申报工作。

科技行政体制改革　2014年，清远市推行阳光再造行动，推进科技项目管理方式改革。设立监督审计科，在地震科加挂监督审计科的牌子，负责牵头组织开展科技项目经费监管、过程抽查、审计及整改、结题验收、问题项目处置、科研信用管理、绩效考核等业务，有效实施科技项目全流程监督管理，预防科技腐败。

开展2011—2013年科技类财政专项资金第三方绩效评价，对68个科技专项进行了全面的综合评价，涉及财政资金5 906万元。

设立行政审批科，落实行政审批改革。在产学研结合科加挂了行政审批科的牌子（后进驻市行政服务中心综合办事窗口），承担办理办结不需要现场勘察、集体讨论、专业论证、集体研究、社会听证等行政审批事项，并牵头受理、协调、督办其他行政审批事项。

【知识产权管理】　2014年，清远市印发《2014年清远市贯彻实施广东省知识产权战略纲要工作方案》，对全市知识产权工作进行具体部署。市知识产权局与市委政策研究室联合开展了清远市专利建设专题调研工作，撰写《清远市专利产出调研报告》，并共同研究出台《清远市推进专利工作实施办法》。

2014年，清远市组织申报2014年省知识产权保护专项6项。其中，推荐申报2014年度广东省知识产权优势企业2家，申报单位分别为丽珠集团新北江制药股份有限公司、广东聚石化学股份有限公司；2014年度广东省知识产权示范企业1家，申报单位为广东豪美铝业股份有限公司；2014年度广东省专利技术实施计划项目2项，申报单位分别为广东豪美铝业股份有限公司、广东聚石化学股份有限公司，项目名称分别为“一种铝材着金色的方法”“环保无卤膨胀型阻燃聚丙烯”；地市专利申请促进项目1项，申报单位为清远市知识产权局。共获得省知识产权项目：2014年广东省知识产权优势企业1家，单位为广东聚石化学股份有限公司；2014年广东省专利技术实施计划项目1项，承担单位为广东豪美铝业股份有限公司；2014年度广东省知识产权示范企业1家，承担单位为广东豪美铝业股份有限公司。

专利产出　全年全市资助专利申请292件，资助资金合计34.061万元。全年专利申请量为882件，同比增长5.25%，其中发明专利申请量160项，授权量52项；获第16届中国专利奖优秀奖1项、2014年度广东专利奖金奖2项。

“中/长链丙泊酚脂质微乳的产业化关键技术”项目已进一步完善了中/长链丙泊酚脂质微球技术并实现产业化，在此基础上进行新规格及新型包装系统的中试和应用研究，并获得了相应批准文号；完成了新的生产线的安装调试及新车间GMP认证工作，实现累计销售收入3 443.2万元，累计缴税总额700万元。项目获得了一项发明专利《一种丙泊酚中/长链注射液及其制备方法》（专利号ZL201210030079.3），该专利已获得2014年度中国专利奖优秀奖。

知识产权保护　开展知识产权维权“护航”、电子商务领域专利执法维权、“4·26”知识产权宣传日执法等专项行动，以流通环节的大型商场和商品集散地为重点目标场所，开展知识产权执法检查。全年出动执法人员63次，检查涉及专利商品2 936件，立案查处涉嫌假冒专利案件11件，已全部结案。开展“4·26”知识产权宣传周系列活动，举办5期知识产权培训班，邀请北京国之专利预警中心来清远开展专利预警专题座谈会，派发《专利申请指南》《专利电子申请指南》等知识产权宣传资料，营造保护知识产权的社会氛围。

【防震减灾】

地震应急工作　2014年，清远市科技局依据新修订的《广东省地震应急预案》，于8月20日正式公布新修订的《清远市地震应急预案》。《清远市地震应急预案》充分考虑清远市可能发生地震灾害的风险，制定了详细、有效的应对程序和措施。与修订前预案相比，在组织体系、应急响应机制和各类地震事件的分级响应等方面进行了相应调整，层次清晰，责任明确，科学合理，操作性强，符合清远的实际情况。

7月11日，河源市东源县发生4.2级地震，清远市科技局迅速启动四级响应。

防震减灾知识教育宣传　2014年，清远市科技局拨出2万元作为地震宣传资料的印刷费，制作了《地震逃生手册》等资料。在“5·12”防灾减灾日期间，开展悬挂标语、手机短信、校园科普活动、地震宣传栏等形式多样的防震减灾知识教育宣传工作。8个县（市、区）在中小学有序开展示范社区地震应急演练，其中，英德市邀请了广东省化工地质勘查院专家进行第45个世界“地球日”宣传及地质灾害防灾知识讲座，联合宣传消防、地质灾害防治知识。

地震应急避险场所建设　依照《广东省应急避护场所建设规划纲要（2013—2020年）》（粤府办〔2013〕44号）总体要求，应急避险场所各县市区均最少要建成1个有标识室外应急避险场所。清远市现有地震应急避险场所共有5个，其中市区1个、清城区1个、清新区2个、佛冈县1个。

地震安全示范社区创建工作　2014年，根据省地震局要求，清远市分别在清城区（金湖社区）、清新区（太和镇向群社区、建设社区）、英德市（城西社区）、阳山县（阳城镇环城新村）四地5个社区创建地震安全示范社区。9月4日，在清新区召开全市防震减灾工作会议暨地震安全示范社区创建工作现场会，及时总结、交流清远市防震减灾工作经验，推进全市创建地震安全示范社区工作的开展。11月，清远市清城区（金湖社区）、清新区（太和镇向群社区）获省地震局授予“广东省地震安全示范社区”称号。

（清远市科学技术局　李莉莉）

云　浮　市

【农业科技】

农业科技项目　2014年，组织市级以上科技计划项目共13项，其中国家级项目2项。同时，加强项目跟踪管理，结题验收了5个到期项目，这些项目在实施期间共开发了新产品（新品种）6项，推广应用先进适用技术8项，推广应用面积达666.7公顷，带动农户700多户。

省级农业科技园区　继续完善和加强以禽畜养殖为主导产业的云浮市广东省农业科技园区建设。园区内优质肉鸡、肉猪产业科技研发能力、转化能力、应用示范推广能力明显提高，2014年，园区企业温氏集团上市肉猪1 218万头、肉鸡6.97亿只，实现销售收入380亿元，向国家上缴税金2.52亿元；优质肉鸡规模居亚洲之首，肉猪上市量1 218万头已成为国内规模最大全球第2的种猪育种和肉猪生产企业。区域农业科技创新和优势特色农业产业化示范带动作用明显提高，园区主要企业温氏集团通过“公司+基地+家庭农场”的产业化方式在广东省内共带动合作家庭农场约2万户，新兴县内共带动合作家庭农场近6 500户。2014年，集团公司的合作家庭农场全年合计获养殖效益39.92亿元，户均7.53万元，同比分别增长5%和9%，带动了广大农户创业致富。

科技富民强县　在全面实施科技富民推进行动的基础上，重点实施罗定市“罗定肉桂产业化科技示范工程”后续项目，2014年，项目争取国家资金90万元。项目实施完善和创新罗定肉桂科技服务体系，建立和完善“企业+合作社+专家

（特派员）+基地+农户”的合作模式，以“罗定肉桂”为统一品牌，把一家一户分散居住、分散经营的农户组织起来，吸收农户加入协会，加盟公司，采取订单加工，风险共担、利益共享，建立肉桂种植加工生产专业镇、专业村，通过龙头企业的带动，形成以肉桂种植为基础，桂皮、桂油、桂木加工增值为主导的现代农业产业化发展格局，提高罗定肉桂产品附加值和市场竞争力，保障农民的生产效益，促进肉桂产业发展壮大，有力推动肉桂产业现代化程，提升了产业整体竞争力，提高了县域经济发展水平。

农业科技成果转化及推广示范　2014年，罗定市稻香园农业发展有限公司的“香稻强源活库和增香栽培技术集成示范项目”被列入了国家农业成果转化项目，争取国家资金60万元。项目计划建立中试试验区2.67公顷，建立标准示范基地200公顷，举办培训和观摩10次，超过1 000人次，项目实施期内，优质增产增香技术在公司内转化应用面积2 000公顷以上，新增优质香稻产量4 500吨，实现经济效益1 530万元，新增利润800万元以上，实现利税100万元，同时辐射带动超过1.3万公顷以上。

农业科技服务　积极做好送科技下乡服务活动。通过宣传发放动植物医院刊物和编制的花卉栽培技术资料，让群众从中获得了有价值的科技信息，在科技进步活动月期间，共发放宣传资料450多册。进一步完善农业科技服务体系，通过创业链和农业科技园区建设，引导更多的科技人员作为特派员投身到农村科技创业实践中，全市共有农村科技特派员232人，其中，个人特派员180人，团队特派员4个，法人特派员12个，科技服务工作站36个。

农业科技信息化建设　围绕农民专业合作社电子商务应用推广、动植物医院诊所建设、农业科技信息网站建设、信息服务站建设等内容，设立农村信息直通车工程市级科技计划项目并立项2项，支持农林企业、专业合作社（包括农产品生产、加工、流通企业）应用电子商务，推进农产品流通、交易、品牌建设和质量安全追溯等信息化建设，加速农产品流通，实现农产品产销对接，降低农产品营销成本，提升农产品品牌建设，提高农业生产综合效益。

【科技与金融】　为进一步促进云浮市科技和金融结合，引导金融支持科技创新创业发展，2014年，云浮市重点筹划建设“云浮科技金融服务中心”，已完成了中心的选址和中心建设的规划工作。2014年，该项目被省科技厅立项，获得300万建设经费。该市积极引入省粤科金融集团“科技金融专营机构”进驻云浮市科技金融服务中心、高新技术产业开发区，推动市商业银行探索建立专门服务科技型企业的科技支行试点行。

【科普工作】　结合该市农业产业发展的实际确立在全市范围内引导建设1家省级农业产业科普教育基地，联同县、市科技局，组织罗定市水稻、新兴县茶业产业发展基地向省科技厅等部门申报省级科普教育基地；经严格的考察评审，2014年，罗定聚龙农业产业基地被正式批准为省级青少年科技教育基地。

云浮市部分一级学校、社区、科普基地分别开展了有声有息的科技创新大赛活动或社区科普论坛活动。罗定市罗定中学进行本校学生科幻绘画、创意模型小制作、社会综合实践活动、科技创新作品竞赛、优秀科普论文创作等具有示范性、导向性活动。罗定市罗城街道西区居委会在社区内组织投入资金建设了科普展示室、科普长廊，购置了一批科普设施，开展了经常性的科普讲座活动等。

【科技政策环境】　参照省、市科技计划项目管理有关规定，结合该市实际，制定了《云浮市医药卫生科技计划项目管理暂行办法》，适用于市级医药卫生科技计划项目的申报与受理、评审与立项、实施与管理、项目验收等管理工作。该办法于2014年9月通过了市法制局的审核，并于10月11日由该市科技局与卫计局联合公布实施。该办法的实施进一步加强和提高了该市医药卫生科技计划项目管理的规范化和科学合理性，提高了医药卫生科技项目管理水平和效率，确保了项目实施管理的公平公正。

【科技计划项目】　2014年度申报国家级科技计划项目共3项，立项2项；申报省级科技计划项目共38项，立项15项。

2014年，共组织云浮市益康生环保科技有限公司等7家企业申报广东省科技型中小企业技术创新资金项目，其中云浮市益康生环保科技有限公司承担的“禽畜尸体无害化降解处理技术及一体化设备研发”项目，云浮市谢之机械有限公司承担的“基于液压自动补偿压力系统的大理石薄板切割机”项目共获得省创新资金支持60万元；新兴县恒丰肥业有限公司申报的“新型有机肥研发与应用示范”项目同时获得了国家创新基金、省创新资金和市创新基金支持共99万元。

广东温氏食品集团股份有限公司申报科技部科技惠民计划项目——规模化养猪废水处理利用新技术集成应用示范。该项目主要针对养猪业高含有机物、氨氮、总磷废水排放污染难题，引进专利及高新技术，低成本进行废水达标处理及中水回用，从源头解决制约养猪业的废水污染问题，构建有针对性、实用性和可推广性的废水处理运行模式。

广东中兴液力传动有限公司创建“创新型企业研究开发院（试点）”，获省厅审批立项，为该市其他企业起到了示范与带动作用。

2014年，共组织验收重大科技专项、高新区发展引导专项、科技型中小企业技术创新专项资金、数控一代机械产品创新应用示范工程专项资金、工业高新技术领域科技计划项目等各类项目44个，其中省级项目29个，市级项目15个。开展对省级科技类财政专项资金以及战略性新兴产业发展专项资金（LED项目）的绩效评价工作。两类绩效评价所涉及的项目共53个，其中省级科技类财政专项资金项目52个，战略性新兴产业发展专项资金（LED项目）1个。

8月，发布了当年云浮市工业领域科技计划项目申报指南，共组织企业申报项目13个，项目内容涵盖了产业关键技术攻关、新材料、现代生物、新型电池、科技企业孵化器及其他引导项目。广东中兴液力传动有限公司申报的双旋向调速型液力偶合器的研究等9个项目通过了专家评审并立项。

【高新技术及战略新兴产业】

高新技术企业及产品　根据国家、省的有关要求，2014年云浮市有2家企业参加了高新技术企业的初次认定，3家企业参加了高新技术企业的重新认定，2家企业参加高新技术企业的复审认定，企业涵盖了新材料、高新技术改造传统产业、生物与新医药、资源与环境等国家重点支持的高新技术领域。2014年，共有5家企业被公示为高新技术企业，16个产品被新认定为高新技术产品，通过率达100%，产品内容涵盖生物与新医药、现代农业、新材料、精细化学品等国家重点支持的高新技术领域，认定的产品数量与去年同期相比，增长率为128.6%。

高新区及产业基地　制定并完善了《云浮新区（云浮高新技术产业开发区）促进科技创新奖励及资助办法》和《云浮高新区科技企业孵化器孵化企业管理办法》，发挥科技创新激励作用，营造企业发展的良好氛围。充分发挥该市是“三网融合”双向互动数字电视应用试点市和“三网融合”应用示范基地被列为首批“广东省战略新兴产业基地”的优势，大力发展数字物流、电子商务等工业信息化服务，加快工业转型升级，促进信息化与工业化融合。

云浮市按照“一园四区”［一园，即佛山（云浮）产业转移工业园；四区，即北片区、南片区、双东片区、六都片区］的思路，加快园区扩园工作，推进产业集聚发展。截至2014年年底，园区的汽车配件基地、日用化工基地规划已见雏形，机械装备、金属制品、生物医药等产业链条建设已成业态。以佛山（云浮）产业转移工业园为“龙头”，“一园四区”集聚发展、齐头并进的大好局面已基本形成，园区发展已成为全市经济建设及县域经济发展的重要增长极。

重点项目建设　5月，投资额超过50亿元的华润西江电厂2×600MW上大压小项目启动。该项目建成后，不仅能“照亮”云肇地区，同时作为“西电东送”的电源支撑，能有效缓解广东省的节能减排压力，华南分公司也将以此为契机，致力打造“西江畔最美电厂”。

12月底，云浮市与华为公司签约合作建设云计算数据中心，并以此作为规划建设“云谷”的核心启动项目，带动云计算及信息服务产业发展。华为云服务数据中心建成后，将面向互联网增值服务运营商、大中小型企业、政府、科研院所等广大企事业用户提供包括云主机、云托管、云存储等基础云服务以及超算、内容分发与加速、视频托管与发布、企业IT、云电脑、云会议、游戏托管、应用托管等应用服务。作为华为云服务数据中心的重要组成部分，广东省重要信息系统异地灾难备份中心的建成将有效提高省内应急处置和灾难恢复能力。该数据中心投入运营后，将成为华为全球云服务的“核动力舰艇”，是一个全国性大数据服务中心、泛珠三角的电子商务信息服务中心、在线资源聚集中心、港澳台业务承接中心。

生物医药产业 2014年，新签约朗圣医药产业园和衍生健康食品产业项目，其中朗圣医药产业园项目由广州朗圣药业有限公司投资建设，投资额3亿元，占地10公顷，全部投产后预计年产值12亿元以上，年税收6 500万元以上。衍生健康食品产业项目由香港衍生集团（国际）控股有限公司投资建设，计划占地10公顷，投资额3亿元，全部投产后计划年产值6亿元，实现税收6 000万元。

LED照明产品推广应用 该市需要改造的公共照明（路灯、景观灯）共42 402盏，其中市城区范围内共有需要改造的公共照明（路灯）12 000盏，罗定市范围内共有需要改造的公共照明（路灯、景观灯）15 500盏；新兴县范围内共有需要改造的公共照明（路灯、景观灯）8 888盏；郁南县范围内共有需要改造的公共照明（路灯）2 875盏；云安县范围内共有需要改造的公共照明（路灯）3 139盏。截至2014年年底，各县（市、区）均已完成改造任务，全市完成公共照明路灯改造共42 402盏，完成率100%。

【科技成果与奖励】 2014年，云浮市有1项科技成果通过了省级科技成果鉴定，达到国内领先水平。市级成果鉴定14项；市级科技成果登记50项；省级登记1项。项目成果累计新净利润达1.36亿元，实交税金4 232万元，出口创汇1 680万元，节约资金5 612万元。其中，项目经济效益绝大部分来自企业，企业经济效益项目净利润达13 428万元，实交税金4 232万元，出口创汇1 680万元，节约资金2 022万元。

云浮市有4项科技成果分别获2014年度省广东省科学技术一等奖、二等奖和三等奖，其中，由广东大华农动物保健品股份有限公司参与完成的“兽用原料药物和制剂的研制与应用”项目以及由广东温氏食品集团股份有限公司参与完成的“有机废弃物厌氧发酵制备生物燃气技术装备及应用”项目获一等奖。

【专业镇建设】 2014年，云浮市获新认定省级技术创新专业镇2个，分别是郁南县的大方中药材专业镇和罗定市的金鸡非金属矿物制品专业镇。截至2014年年底，全市共有省市级专业镇32个，其中：市级专业镇22个，占全市64个建制镇的34.4%；省级专业镇25个，占全市64个建制镇的39.1%。按领域分：工业类有15个，农业类的有15个，旅游类2个；按区域分：云城区5个，罗定市9个，新兴县9个，郁南县6个，云安县3个。5个县（市、区）从区域产业集聚来看，专业镇发展相对均衡，领域分布切合云浮市实际，有利于推动区域专业镇建设和发挥区域产业优势。

5月，科技局组织了新城、腰古、稔村等专业镇、企业代表近30人到佛山勒流、南庄开展特色专业镇对口扶持交流活动，考察了华夏建筑陶瓷研发中心、佛山东鹏陶瓷公司展厅、广东勒流五金产业创新中心，初步落实了相关专业镇的帮扶项目和方式。加强交流与协作，推广引进佛山金葵子科技有限公司的有机农业生物新肥料和佛山科学技术学院的“仙湖肉鸭配套系”新品种，推动云浮市农业发展、农民增收。

【创新能力建设】 2014年，广东远大药业有限公司被省科技厅认定为广东省呼吸类中药工程技术研究中心。截至2014年年底，全市经认定的省级工程技术研究中心19个，市级工程技术研究中心21个，其中既属省级又属市级的工程技术研究中心7个。

积极完善信息化公共服务平台、现代物流信息专业服务平台、石材机械行业创新资源服务平台、科技信息服务平台，为企业获取信息资源提供了快速便捷通道，提高了信息化水平，并已有多家企业建立了电子商务平台或进行电子商务活动。引入云浮市阿门网络科技有限公司投资建设“石汇网”，云浮市阿拉丁信息科技有限公司投资建设“中国石材第一网”等电子商务平台。同时，为了优化电子商务发展环境，加快云浮电子商务发展，筹备成立云浮电子商务协会。

【产学研结合】 10月，出台了《云浮市产学研结合项目管理暂行办法》，进一步加强该市产学研结合项目管理水平，提升市科技项目的含金量。2014年，省科技厅立项支持该市产学研结合项目1项，立项经费为100万元。截至2014年年底，全市共有企业科技特派员99人次。2014年对38名企业科技特派员给予补助。

2014年，结合该市的传统产业升级改造和新兴战略重点产业发展（如汽车零配件、生物制药等方面）加大与高校、科研院所的产学研合作，先后与上海交通大学、同济大学、暨南大学、肇庆学院等全国重点科研院校达成了合作意向。其中，广东省温氏集团研究院高度重视产学研结合，将重点科研项目成果转化为技术支持，每年公司立项的科研项目多达200余项，其中对外合作研发项目30余项。每年温氏集团投入到研究院的研究经费多达5 000万元以上，且以10%以上的比例逐年有所上升，当年其集团产值达160多亿元。

【防震减灾】 重新修订《云浮市地震应急预案》，报云浮市人民政府审定后于12月26日印发。云浮市地震局参加广东省地震局组织的2014年度全省市县防震减灾工作年度考核，荣获“优秀单位”称号。云城区云城街马岗社区、罗定市附城镇附城社区和郁南县都城镇城东社区等3个社区通过了省地震局的评审，并被授予“广东省地震安全示范社区”称号。

重大建设工程抗震设防要求审核监督，依法进行行政许可审批，对宝能云浮西江新城综合体项目一期工程和云浮恒大城二期工程按照经审定的地震安全性评价报告审核其抗震设防要求，要求云浮发电厂第四期工程和光大特色小镇等工程承建商按规定在设计施工前进行地震安全性评价。针对“佛山（云浮）产业转移工业园（南园）启动区总体规划”和“佛山（云浮）产业转移工业园（南园）思劳片区燃气专项规划”等市重点项目建设规划，提出抗震防灾规划意见。

群测群防体系建设 向市田家炳中学、新兴县第一中学、郁南县西江中学等群测群防点拨付经费各1万元，加强对其进行地震前兆宏观观测指导。配合省地震局完成了全市8个地震重力测量点的选点建设工作。

防震减灾科普宣传 全面贯彻“以预防为主，防御与救助相结合”的防震减灾工作方针，充分利用“5·12防灾减灾日”活动和科技下乡活动，并结合地震安全示范社区创建工作，组织各县（市、区）科技局（地震局）、防震减灾科普教育基地等，通过发放宣传资料、布置统一制作的展板、张贴挂图、在市群众艺术馆外举办现场咨询活动等。

【知识产权工作】 2014年，广东温氏食品集团股份有限公司的专利技术“猪肉品质风味的改善技术及推广应用”获广东省专利技术实施计划项目立项。广东大华农动物保健有限公司被评定为省知识产权优势企业。2014年，全市共计资助专利298件，资助金额29.36万元。8月，广州科粤专利商标代理有限公司正式派驻人员到云浮市设立办事机构并开始日常运作。据统计，2014年，该办事机构已为全市代理申请专利共计113件。

专利产出 2014年，全市专利申请673件，同比增长18.3%，其中发明专利申请71件，实用新型专利申请214件，外观设计288件；专利授权480件，同比增长4.1%，其中发明专利授权26件，实用专利授权160件，外观设计专利授权294件。PCT（国际专利）申请3件。

打击侵权假冒工作 全市“两法衔接”信息平台全部实现网上互联互通，共计接入单位153家，录入案件1 700余件。各行政执法职能单位逐步建立和完善了网上行政处罚案件信息公开栏目，2014年达到公开条件公开的假冒伪劣和侵犯知识产权行政处罚案件信息共计114条。全市各级行政机关开展专项行动23场次，出动执法人员6万余人次，共查处案件598宗，涉案金额627.6万元。公安机关刑事侦查立案制假售假案件96件，抓获犯罪嫌疑人105人。检察机关受理52宗侵权假冒案件批准逮捕44人。人民法院审理侵权假冒案件27件。

专利行政执法 开展“护航”专项执法行动和省局关于查处“带有过滤功能的花洒”假冒专利案件统一行动。共组织开展知识产权保护宣传活动2场，出动执法人员58人次，检查专利商品890余件，未发生侵权投诉案件。

（云浮市科技局　陈松彬）

粤东地区

汕　头　市

【科技政策环境】　2014年，汕头市科技局联合市委组织部制订并出台了《汕头市高层次人才创新创业载体建设管理实施意见（试行）》《汕头市高层次人才创新创业扶持实施意见（试行）》《汕头市引进高层次人才评审管理办法》等配套政策，营造了良好的人才创新创业环境。出台发布了《关于印发市级民营科技园认定管理办法的通知》《关于印发民营科技企业评价管理办法的通知》《关于印发市级科技计划项目管理办法的通知》《关于印发市级科技企业孵化器认定管理办法（试行）的通知》等4个规范性文件，对市级民营科技企业、民营科技园、市级科技计划项目以及科技企业孵化器等的认定、管理等方面进行了规范，做到有标准、有依据，使科技创新的环境更为规范，更为优化。继续开展科技政策宣传年活动，组织了2场科技政策巡回宣讲，编印下发了3本《科技政策法规选编》和《科技优惠政策申报指南》。2014年度，全市大部分高新技术企业享受了所得税减按15%税率征收的优惠政策，一批科技型企业享受了研发费税前加计扣除的优惠政策。

【科技金融】　推动市政府与粤科金融集团签订《关于全面开展科技金融合作的框架协议》（以下简称“《框架协议》”），邀请粤科金融集团到汕头开展科技金融业务，成为粤东西北地区第1个与粤科金融集团建立全面合作关系的城市。根据《框架协议》，粤科金融集团拟与该市合作设立粤科华汕创业投资基金，并于9月19日在汕头高新区举行了路演仪式。通过与粤科金融集团合作发起设立粤科华汕创业投资基金，帮助该市乃至粤东西北地区的科技型企业解决融资难问题。

【人才引进与培育】　2014年有3家企业有申报“珠江计划”，有6家企业申报了“扬帆计划”，共有12人申报“广东特支计划”科技创新创业人才，其中有4人申报科技创新领军人才，5人申报科技创业领军人才，3人申报科技创新青年拔尖人才。同时，在市委组织部的牵头组织下，发布了《关于开展汕头市引进首批“科技创新创业团队”和“领军人才”申报公告》，启动汕头市引进创新科研团队专项计划，自主引进一批海内外高层次创新科研团队和领军人才，支撑汕头科技发展和产业的转型升级。有5家引进科技创新创业团队的企业申报。

【科普活动】

主题科普活动　根据国家和省的统一部署，5月12日—6月12日，在全市广泛开展了以“增创汕头创新驱动发展新优势”为主题的“科技进步活动月”活动，举行民活动月启动仪式，举办了“科普一日游”“人类文明的源与流”科普展览等10多项大型科技活动。

9月20日，由市全民科学素质工作领导小组、市科协、汕头大学联合主办，汕头科技馆、汕头市科普教育联盟承办的“2014年汕头市‘全国科普日’活动启动仪式”在汕头科技馆举行。仪式上，市有关领导为汕头市志愿者总团、志愿者分团和志愿者队伍授旗，为2014年度国家基层科普行动计划获奖授牌。汕头大学科考队指导老师作“2014极地学府——南极科考”科普讲座。

展馆建设　2014年汕头科技馆新增建设“LED体验馆”，提升科技馆科普基础能力建设，丰富科技馆科普内容。全年共接待中共中央政治局委员、中央政法书记孟建柱等领导一行，台湾青年学生文化体验营一行等领导和嘉宾有46批次，共1 200余人参观“城乡规划展示厅”。汕头科技馆坚持对公众免费开放，全年参观受众人数约23万多人次。圆满完成各类大型展会4场（次），开展各类科技竞赛、科普活动13场（次），举办承办各种讲座、报告会、培训会231场（次）。

1月18日—3月8日，汕头科技馆与广东省科学馆联合在汕头科技馆举办“人类文明的源与流科普展览”。3月10日—4月18日，汕头科技馆加强馆校结合，组织开展科普展览走进校园活动，策划组织“人类文明的源与流科普展览”走进市林百欣科技中专、澄海职业技术学校、汕头市金山中学，让师生们在校园内就能参观科普展览。汕头科技馆还向三所学校的师生赠送了《人类文明的源与流》《潮籍院士风采集》科普书籍一批。

青少年科普活动 4月20日，由市教育局、市科协联合主办，汕头科技馆等单位协办的“2014年汕头市中小学智能机器人竞赛”在汕头科技馆举行。来自全市19支代表队68位选手参加了48个项目组竞赛。“汕头科技馆”队获“积木机器人——抢险救灾前锋”项目高级组冠军。

12月21日，由市科协、市教育局主办，市青少年教育协会、汕头科技馆承办的“第30届汕头市青少年科技创新大赛”在汕头科技馆举办。本次大赛有近200个科技创新项目和240多幅科幻画参加比赛。作品内容涉及物理、生物、环境科学、植物学、信息技术等十多个学科。经过作品展评、专家问辩、技能测评、评委会评定，共评出一等奖23项、二等奖50项、三等奖94项。

科普一日游活动 6月14日，由汕头市科协主办，汕头科技馆、汕头市科普教育联盟共同策划组织的“科普一日游”活动在汕头科技馆举行，此次活动组织科技馆的科普志愿者、市科技特色学校的老师及学生共30多人，参观体验科普基地，选择的线路是：汕头科技馆——汕头市气象科普教育基地——广东航宇卫星航天技术展示厅——广东绍河科技园。

9月20—21日，由汕头市科协主办，汕头科技馆、汕头市科普教育联盟共同策划组织的“科普一日游”自由行活动在汕头科技馆、汕头市气象科普教育基地、中国电信汕头分公司“智慧城市”信息化体验中心、汕头供电局节能展示厅、广东绍河珍珠科技园、南澎列岛海洋生态国家级自然保护区、汕头农业科学园、汕头方特欢乐世界·蓝水星公园、汕头市丹樱生态园等11家科普基地举行，全市1 000名学生及家长参政。

学术交流活动 5月11日—6月15日，由汕头市知识界人士联谊会、汕头市科协主办，汕头科技馆、汕头大学医学院第一附属医院联合承办的“科技·知识·社会·大讲堂”系列讲座在科技馆举办。

10月18日，市科协第7届学术年会暨第6届粤东乳腺癌研讨会暨第2届汕头国际乳腺癌论坛在汕头科技馆举行。本届学术年会征集到200多篇论文，出版“汕头市科协第7届学术年会优秀论文集”。学术年会还邀请中国癌症基金会副理事长赵平教授作“远离癌症的宝典”主题演讲。

【科技创新载体】 2014年，汕头市科技局支持广东航宇卫星科技有限公司利用现有资源优势建设汕头航天技术应用科技企业孵化器，完善孵化器的组织架构，明确目标和任务，建设产业技术创新平台，积极探索和完善孵化器的运行机制和利益共享机制。

2014年，汕头软件园不断增强集聚和孵化能力，提升产业创新和竞争能力，形成强有力的带动和辐射作用，有力地促进了汕头市软件产业的发展。根据市政府相关规定，做好汕头软件园第25批入园企业的评审工作，新认定4家软件企业为入园企业，使软件园入园企业总数达到88家，聚集效应进一步凸现。汕头市通达科技有限公司的基于卫星导航的航标专用监控系统项目、广东蓝凌科技有限公司的学生成长管理系统项目和广东利浩信息科技有限公司的图像智能拼接处理系统的研发项目等12项目列入汕头市科技计划项目。全年共组织认定3家高新技术企业；组织认定4家软件企业；组织认定软件产品10项，园区产业竞争力得到进一步提升。

【对外交流与合作】 2014年，汕头市科技局继续加强与国内外科技团体的交流，促进国际科技合作。6月，中国技术交易所受邀来汕考察，调研走访了汕头大学和在建中的广东以色列理工学院，并与汕头大学和市科技局的领导进行深入交流，确定了未来的合作方向。9月，以国际知名的桥梁专家、美国国家科学院邓文中院士和美国国际华人科技工商协会李大西主席为首的代表团来汕头市考察调研。代表团先后考察参观了南澳大桥、航宇科技和益德环保等高科技企业。10月23日，邀请广东以色列理工学院筹建办公室副主任、马龙博士深入汕头市华鹰软包装设备总厂有限公司、广东达诚机械有限公司和西陇化工股份有限公司等高新技术企业走访调研，马龙博士细致了解了各企业的技术领域和研发水平，双方就中以校企人才交流合作等细节互换意见和建议，并达成进一步交流洽谈的意向。

【科技计划项目】　2014年，汕头市按照省科技厅统一安排，精心做好省市联动重大科技专项遴选工作，组织推荐了“核电用锆结构材料的自主化研究及产业化”等12个项目。组织申报并获得省科技计划项目立项12项，广东省中小企业技术创新基金项目立项5项。全市共申报广东省高新技术产品201项，共获得国家创新基金立项2项，国家重点新产品1项，国家火炬计划项目2项。下达2014年汕头市社会发展领域科技计划项目72项。

【科技型企业培育】　2014年，市科技局继续培育高新技术企业，不断强化企业的技术创新主体地位，全市共组织56家企业申报高新技术企业认定和17家有效期期满的高新技术企业进行复审，全市的高新技术企业数量达到132家。有2家企业申报广东创新型试点企业。

【战略性新兴产业】　11月14日，汕头市政府与广东省科技厅签署《广东省重大科技专项联合推进工作协议》，共同推动云计算与大数据管理技术、新能源汽车电池与动力系统重大科技专项实施，推动行业（产业）应用示范，建设产业技术联盟，培育产业基地，不断促进产业升级发展。

2月27日，赴北京中国航天科技集团公司经济合作部，就开展北斗导航和卫星遥感应用产业基地建设合作方面深入交换意见并专文呈请省科技厅。9月22日，市领导会见莅汕调研的中国航天科技集团公司经济合作部一行，双方就加快合作项目建设以及扩大合作领域等进行了深入交流。

为进一步提升粤东地区生物医药产业整体竞争力，促进科技资源高效配置和综合集成，完善区域创新体系建设，整合提升产业链，5月30日，汕头市从事生物医药产品及应用的研究、开发、制造、服务的企业、大学、科研机构成立“汕头市生物医药产业技术创新联合会”。联合会成立后，将围绕产业技术创新的关键问题，搭建公共技术平台，促进成员单位间的知识产权共享；研究制订并实施联合会技术标准，积极参与行业、国家和国际标准化工作，提高标准话语权；实施技术转移，加速科技成果的商业化运用。同时搭建成员单位之间共享信息、培训、交流、合作的平台，促进产业资源有效利用。

依托汕头市生物医药产业技术创新联合会，建设汕头市生物医药产业技术创新公共服务平台，为全市生物医药企业提供信息咨询、专家资源等服务，促进汕头市生物医药产业实现跨越式发展。

【民生科技】　2014年，全市共申报市级农业科技项目45个，省级农业科技项目11个。2014年度推荐申报国家农业科技成果转化资金项目1个，汕头市绿生果园有限公司的“汕优蕉柑及标准化栽培技术集成成果转化推广”项目获得科技部、财政部立项，下达科技经费60万元。

2014年，市医疗卫生科技计划重点项目申报指南中重点围绕进一步开展医疗卫生领域科技创新工作，鼓励在汕头市有较好科研优势的科室和医务工作者在新医疗技术、新医疗方法等方面的创新探索和临床应用研究，不断提高汕头市疾病预防、治疗和控制科研能力和水平。下达2014年度汕头市医疗科技计划项目163项。企业申报2015年国家重点基础研究发展计划和重大科学研究计划项目2项。

【科学成果与技术市场】　获2014年度广东省科学技术奖励项目5项，其中，由广东绍河珍珠有限公司和广东海洋大学共同完成的“河蚌有核珍珠高效培育技术研究与应用”项目获一等奖，另4项获三等奖。

2014年度汕头市科学技术奖获奖项目36项，其中，一等奖13项、二等奖13项、三等奖10项。获奖项目中达到国际领先水平2 项，国际先进水平11项，国内领先水平18项，国内先进水平5项。

2014年，全市共受理、登记技术合同19项，技术交易额5 346.285 8万元。

【知识产权】 2014年，汕头市新增市知识产权优势培育企业10家，省知识产权示范企业1家，省知识产权优势企业4家。汕头市超声仪器研究所有限公司的“基于相控阵的C扫描图像或D扫描图像处理方法”等8个项目被汕头市知识产权局确定为市专利技术实施孵化项目。广东奥飞动漫文化股份有限公司的“一种陀螺积分系统及其数据信息读取方法”被广东省知识产权局确定为省专利技术实施计划重点项目。

政策法规建设 4月3日，汕头市政府印发《关于印发汕头市专利扶持资金管理办法的通知》，对《汕头市专利扶持资金管理办法》进行修订，新办法自2014年5月15日起施行。7月21日，市政府办公室印发《汕头市质量强市2014—2015年行动计划》，将加强知识产权工作作为推进质量建设一项重要措施列入行动计划。12月1日，汕头市知识产权局、财政局联合印发《汕头市知识产权局财政局专利申请（授权）资助专项资金管理办法》，进一步规范专项资金的使用管理，强化资助政策的质量导向等，将市级经费按因素法分配到保税区、高新区和各区县，与当地专利资助资金合并使用，办法自2014年12月15日起施行。

知识产权创造 2014年，汕头市专利申请9 097件，其中发明884件、实用新型1 670件、外观设计6 543件；专利授权6 470件，其中发明230件、实用新型1414件、外观设计4 826件；新增有效注册商标17 755件，“宝克”文具、“锁宝”药品、“潮宏基”珠宝、“handry亨得利”箱包、全宇工艺玩具、“雅格YAGE及图”照明手电筒、“天际”电器等7件商标被认定为中国驰名商标；市版权局办理作品版权登记189件。截至2014年年底，汕头市累计专利申请量89 408件、专利授权量54 179件，有效发明专利997件，有效注册商标119 464件，中国驰名商标26件、广东省著名商标242件。

在第16届中国专利奖评选中，汕头市获中国专利优秀奖5项，中国外观设计优秀奖1项。汕头市政府组织开展第6届汕头市专利奖评选活动，评出市专利金奖4项、优秀奖8项，外观设计金奖2项、优秀奖4项，优秀发明人9名。11月6日，汕头市政府召开全市知识产权工作会议暨市专利奖励大会，表彰汕头获得第15届中国专利奖和2013年度广东专利奖的单位和个人。

知识产权行政保护 2014年，汕头市知识产权局立案处理专利侵权纠纷案件14宗，查结假冒专利案件120宗，处理市投诉中心12345转办举报网店涉嫌侵权投诉案件1宗。汕头市工商行政管理系统开展了打击互联网商标侵权行为、保护第2届夏季青年奥林匹克运动会标志等系列专项行动，共查处侵权假冒案件196宗，罚没金额235.8万元。汕头市文化市场综合执法部门开展了“剑网”等专项整治行动，收缴盗版图书752本、音像制品4 456张、软件548张，取缔非法出版物地摊72个，立案查处出版物及侵权盗版案件5宗，向公安机关移交涉嫌犯罪案件1宗。汕头海关采取知识产权海关保护措施36批次，查获侵权案件10宗，查获货物约38万件，案件值约99.6万元。

知识产权司法保护 2014年，汕头市检察机关批准逮捕各类侵犯知识产权的刑事犯罪案件36件67人，其中，假冒注册商标案件11件16人，销售假冒注册商标的商品案件3件5人，非法制造、销售非法制造的注册商标标识案件19件43人，侵犯著作权案件3件3人；依法向人民法院提请公诉侵犯各类知识产权刑事犯罪案件共48件95人。汕头市中级法院开展了“探索完善司法证据制度破解知识产权侵权损害赔偿难”试点工作，成为全省六个试点中院之一。全年，汕头市两级法院共受理侵权假冒、制假售假刑事案件87件，审结85件、判决151人；知识产权民事一、二审案件185件。5月23日，汕头市中级法院与汕头市知产权局联合在中国（汕头）知识产权维权援助中心潮南工作站内设立首个“潮南片区保护知识产权法律工作室”，日常管理由潮南区工商联负责，汕

头市中级法院知识产权庭与中国（汕头）知识产权维权援助中心共同承担公益性知识产权法律服务工作。

知识产权维权援助服务　4月20—23日，中国（汕头）知识产权维权援助中心首次邀请汕头大学保护知识产权志愿者共同进驻第16届中国澄海国际玩具礼品博览会知识产权咨询投诉服务站开展知识产权维权援助公益服务。10月13日，中心联合汕头市中级法院知识产权庭组织中国（汕头）知识产权维权援助潮南工作站及潮南片区保护知识产权法律工作室在潮南区美莱（国际）内衣城举办“展会知识产权法律咨询服务日”活动，现场派送《广东省展会专利保护办法》《专利法》《专利纠纷案例评选》1 000册。全年，该中心共受理维权援助与举报投诉服务141宗，其中，提供维权援助服务25宗，举报假冒案件116宗，移送116宗，查证属实89宗。

打击侵权假冒工作　2014年，汕头市按照全国和省打击侵权假冒工作领导小组的统一部署，围绕涉及民生安全的农资、食品、药品、家用电器、玩具等重点领域、重点商品，在生产、流通、进出口及网络交易等环节开展专项整治，汕头市知识产权、工商、文广新（版权）、质监、药监、农业局等主要行政执法部门共立案查处侵权假冒案件645件，办结案件586件、涉案金额492.5万元，移送司法机关54件、涉案金额41.8万元。汕头市公安机关发起全国集群战役9起、全省集群战役12起，共破获涉假冒侵权案件439宗，刑事拘留465名，逮捕164名，捣毁窝点214个，团伙35个，缴获制假机械242台套，其中广东汕头黄美如等制售假冒伪劣儿童玩具案、林焕亮等制售假冒伪劣儿童玩具案集群战役分别入选2014年公安部打假办第一批、第二批打假经典集群战，获得省公安厅贺电。

知识产权宣传　4月9日—5月9日，汕头市政府知识产权办公会议在全市组织开展以“保护知识产权，促进创新发展”为主题的知识产权宣传月活动。4月9日，汕头市政府与广东省知识产权局联合在汕头市金平民营科技园举行“4·26”世界知识产权日宣传活动启动仪式暨省市联合执法集中销毁违法物品活动，现场销毁“护康胶囊”等专利侵权假冒产品和“舒肤佳香皂”、化妆品、牛奶饼干食品等商标侵权假冒产品5万多件、非法出版物2万多册以及盗版音像制品9万多片。4月25日，汕头市政府知识产权办公会议办公室在汕头市政府门户网站和市知识产权局网站同时发布2013年汕头市知识产权保护状况和知识产权典型案例。

知识产权培训与教育　2014年，汕头市知识产权局承办广东省知识产权局“粤东西北地区知识产权中高层次专业人才培训班”项目，先后举办“知识产权法律保护论坛”“企业知识产权管理规范培训班”“知识产权保护专题研讨会”和“专利申请实务培训班”，培训知识产权专业人员400人次；针对玩具、针织、电子、印刷、包装机械等行业企业及协会举办知识产权培训班近20场次，培训企业负责人、科研人员及知识管理人员上千人。

4月23日，举办“汕头市企业知识产权管理规范培训班”邀请了《企业知识产权管理规范》（国家标准GB/T 29490-2013）的起草人之一韩奎国主讲，市知识产权优势企业，专利保护协会团体会员企业、知识产权行政管理部门和服务机构业务骨干、行业协会代表200人参加培训。8月28日，举办“涉美知识产权保护实务专题讲座”，邀请到美国3M公司技术产权顾问、专利律师、潮籍博士黄晓主讲，汕头市专利保护协会、进出口商会、塑胶商会的会员企业、知识产权管理和服务机构人员共90多人参加培训。9月25日，举办“汕头市知识产权专家高级培训班”，邀请了国家知识产权局专利复审委外观诉讼处樊晓东副处长就专利侵权判定（外观专利无效审查）等内容进行了专题授课，汕头市知识产权专家库专家、专利保护协会会员、知识产权维权援助服务合作单位、知识产权维权援助工作站等有关专业人员100人参加培训。

经汕头市知识产权局、教育局、团市委、少工委联合推荐申请报，汕头市第3批市级中小学知识产权教育试点学校汕头市长厦小学被省知识产权局、教育厅、团省委、少工委确定为2014年省中小学知识产权教育示范学校。

（汕头市科学技术局　郭耀光）

汕尾市

【科技计划项目】 2014年，汕尾市共组织推荐省级以上科技项目25个，获省立项5个，资金620万元；获2014年度国家农业成果转化资金项目1个，资金60万元。

组织申报市级科技项目41个，其中受理医药卫生项目35个，经评审立项下达25个；受理市级专项资金项目申报6个，经评审下达市级专项资金项目6个。完成省级项目验收22项，完成市级项目验收24个，其中市级医药卫生项目23个。

按省科技厅、财政厅的统一部署，汕尾市开展2011—2013年度省级科技计划项目绩效评价，完成了47个省级项目绩效评价的自评工作。完成2013年度6个省级产业技术研究开发专项资金项目合同签订审核工作。

【高新技术与战略新兴产业】

高新技术产业 2014年，路华电子科技（汕尾）有限公司被认定为国家高新技术企业，截至2014年年底，汕尾市高新技术企业总数达4家，高新技术产品产值157.170 08亿元。2014年，汕尾市高新技术产品出口总额8.87亿美元，占汕头关区5市高新技术产品出口总量的55.4%，成为粤东地区最大的高新技术产品出口基地。

7月，汕尾高新技术产业开发区获省政府批准成立。汕尾高新技术产业开发区审定面积为2.72平方千米，由新湖工业片区（1.31平方千米）、信利工业片区（0.39平方千米）和埔边工业片区（1.01平方千米）构成。红草工业片区将作为汕尾高新技术产业开发区的拓展区。核心区和拓展区总规划建设面积近20平方千米，按空间区域布局，分“一轴四片区”，即沿红海湾大道——海汕路串联信利工业片区、新湖工业片区、埔边工业片区、红草工业片区。园区将重点发展高端新型电子信息、海洋生物、新能源、机械装备制造和现代服务五大产业。预计到2020年，汕尾高新区实现总产值突破900亿元。

LED照明产品推广应用 2014年，该市LED照明改造工作稳步落实，获省专项资金支持1 000万元。截至2014年年底，汕尾市已投入资金近5 000万元，改造新建LED灯56 242盏。其中改造新建LED路灯15 564盏、改造新建室内LED灯38 694盏。

【科技政策环境】 2014年，出台了《中共汕尾市委、汕尾市人民政府关于贯彻落实〈中共广东省委 广东省人民政府加快建设知识产权强省决定〉的意见》，制订了《汕尾市电子商务平台建设促进暂行办法》《汕尾市科学技术局科技计划项目评审管理办法》《汕尾市科学技术局科技计划项目验收结题管理办法（暂行）》等相关配套政策措施，不断深化科技体制改革，强化科技项目管理，优化科技创新环境。

【专业镇及特色产业基地发展】 2014年，经过多年的引导和培育，汕尾市新增省级专业镇2家，分别是市城区红草专业镇和海丰县梅陇专业镇。截至2014年年底，汕尾市已拥有省级专业镇共8家，专业镇的发展实力不断加强，有效促进传统产业转型升级。

【产学研结合】 2014年，汕尾立足本市产业发展需求，加强科技合作，先后引导多家企业与华南理工学院等12所高校及中科院南海海洋研究所等5家科研院所建立“产学研战略合作”联盟，累计引进科技特派员31人。

3月27日，汕尾职业技术学院人才驿站签约暨汕尾市海洋产业研究院成立揭牌仪式在汕尾职业技术学院举行。汕尾市海洋产业研究院是在市委组织部牵头下，由汕尾职业技术学院与中科院南海研究所、市海洋与渔业局、市科技局合作建设，服务汕尾海洋水产行业的新型科研机构，并与哈尔滨工业大学（威海）、中国科学院南海海洋研究所、成都信息工程学院、汕尾市创新工业设计研究院合作共建人才驿站。两机构的成立，为汕尾市提升海洋产业科研能力搭建了崭新平台，也是高层次人才引聘与产学研协同创新的大胆探索和积极尝试。建设人才驿站和海洋产业研究院，体现了汕尾市委、市政府对人才和海洋工作的高度重视。该院将根据汕尾市海洋经济发展实际需求和产业结构特点，发挥国立科研机构的优势，重点围绕生物技术和海洋渔业等产业的发展需求，推进院地、院企合作，致力于共同突破产业发展的技术瓶颈，加快技术和成果的转化，提升当地企业的自主创新能力。同时，积极组织和开展学术交流活动，在项目争取、人才培养等方面开展实质性合作，共建海洋科教基地，努力实现产学研合作共赢。

【创新能力建设】 2014年，汕尾新认定市级企业研究开发中心2家，截至2014年年底，全市认定市级企业研发中心29家，共有技术人才达550多人，企业研发经费投入近2 000万元，申请专利70多件。

围绕产业发展需求，新建人才驿站9家，建立博士服务站1家。依托人才驿站，引进博士、教授20多人，组织申报省级以上科技项目6个，弥补了汕尾科技人才不足的短板。

【农业科技】 汕尾市广东农业科技园区项目。积极推进省级农业科技园区建设，引导园区申请统一品牌及地理标志产品，2014年注册了“绿美汕”统一品牌，生宝公司的“陆河木瓜”申报“地理标志产品保护产品”获国家质检总局批准。

2014年该园区与汕尾市农产品质量监督检验检测中心合作，建设农产品检验检测中心，定期为农业园区提供农产品检验检测服务，同时，建立田间农产品检验检测室，从源头对农产品进行检测，保障农产品安全。依托园区管理机构与核心区入园企业建设研发中心，完成20公顷特色蔬菜科研创新中心、种鸡良种繁育中心建设工作。利群公司的2 500吨农产品冷链物流中心完成建设。陆港公司完成培训中心建设，配备电脑、投影仪等现代化多媒体设备，可容纳100人以上多功能培训中心，用于常年开展农用技术推广培训活动。

【科普工作】 2014年，按照“提升自主创新能力，转变经济发展方式，科技服务民生”的要求，结合全国“科技活动周”和广东省“科技进步活动月”活动开展的工作部署，6月，汕尾市深入开展“科技进步活动月”宣传活动。全市近2 500名科技工作者参加活动，开展科技、文化、卫生下乡23场，举办技术培训班12场，种养技术咨询3 000多人次，发放农作物新品种、新化肥等农资产品等一批，赠送化肥12吨，送科普书籍约50 000册（份），出版科技专栏10期，挂出科普挂图22 450多幅，参与群众达50 000多人。

【知识产权工作】 2014年全市专利申请量为595件，其中发明专利81件，实用新型127件，外观设计387件；专利授权量为458件，其中发明专利16件，实用新型189件，外观设计253件。获专利实施计划项目认定1项，项目资金5万元。获企业知识产权管理规范试点认定1家，项目资金20万元。

2014年，汕尾市积极开展世界“知识产权日”活动，科技部门牵头联合工商、文广新等职能部门在市区主要地段设立知识产权咨询台，派发知识产权宣传小册子、知识产权法规读物、知识产权报等450多份，接受群众咨询180多人次，现场解答群众有关专利、商标、版权和进出口贸易等知识产权相关的问题，群众反应热烈。

开展“4·26”知识产权宣传联合执法活动和“雷雨”“天网”“双打”等专项执法行动，有效打击了侵犯知识产权的违法行为。2014年，共开展联合执法活动9次，抽查有专利标识的食品150件，药品80件。

【防震减灾工作】 汕尾市“十大民生实事工程”之一“珠江三角洲地震预警台网建设项目”快速落实，2014年，该市承担的19个地震预警台全面完成了基建和设备安装。加强地震日常监测活动，积极参与全省和粤东闽南地区年度地震趋势会商活动，强化地震应急救援，及时修订了《汕尾市地震应急预案》，举办了3场防震减灾讲座，举行了1场地震应急避险模拟演练。开展2014年第三届“平安中国”防灾宣导千城大行动暨科普宣传活动6场次，不断提高公众防震减灾意识和复产自救能力。

【科技成果与技术市场】 2014年，汕尾市科技局共组织市级科技成果鉴定、登记3个。

（汕尾市科学技术局　罗伟明）

潮州市

【产学研合作】 2014年，潮州市一方面组织科技企业到汕头大学、广东科学院等高等院（校）、科研机构参观有关科研实验室、交流科研成果；另一方面邀请华南理工大学、省自动化研究所等省内重点高等院（校）、科研机构与企业开展对接，为骨干企业“牵桥搭线”引进高科技人才和技术，通过联合开展特色产业技术创新项目，带动企业才人培养。省自动化所与枫溪、古巷的2个骨干企业达成合作意向，合作研发智能化陶瓷滚压成型装备和智能机器人喷釉。无穷公司与华南理工大学合作建设高水平的广东省盐焗鸡肉食品精深加工（无穷）工程技术研究中心，为潮州市产业的转型升级提供科技支撑。

【技术创新工程】 2014年，潮州市科技局组织相关单位申报组建省级工程中心5家，通过认定2家，组织认定市级工程中心2家。截至2014年年底，全市累计拥有市级以上工程中心76个，其中省级36个。2014年，潮州市通过第七批广东省创新型企业评价的民营企业有2家。

潮州市科技局借助中山—潮州帮扶对接的契机，大力推进“市县镇企”4级科技创新服务平台。市级平台“中山—潮州产业创新中心”完成框架建设，引入机构11家，其中7家已经进驻。庵埠镇创新平台已经融合了科技培训、监测服务、金融服务、电子商务等多形式的科技服务功能，获得了CNAS认证资格，在服务企业科技创新工作中发挥了越来越大的作用。枫溪、钱东、彩塘、凤凰、古巷等专业镇、区的创新服务平台建设也得到了明显的提升发展。“市县镇企”四级平台的建设和有机组合，大大提高潮州市民营企业技术创新服务能力，为产业融合发展提供有力的技术支撑，使潮州市企业科技创新服务平台建设迈向了一个新的阶段。

【科技计划项目】 2014年，潮州市共有33个项目申报省级及以上科技计划，共有国家农业科技成果转化项目1项、省科技型中小企业技术创新专项资金项目2项、公益研究与能力建设专项资金项目1项、协同创新与平台环境建设专项资金4项获得立项。2014年，组织实施市级科技计划项目51项，其中：科技引导计划项目社会发展计划26项；产业发展引导和科技创新专项资金项目5项；工业攻关计划6项；农业攻关计划9项；星火计划2项；市级专业镇创新试点1项；市级工程技术研究开发中心2项。

2014年，潮州市三环（集团）股份有关限公司、广东四通集团股份有限公司分别引进了2个创新团队并申报广东省“扬帆计划”创新创业团队项目。

2014年，省部产学研合作项目“凤凰镇茶叶质量检测中心”按照省级茶叶质量检测室的要求建设实验室，使检测中心的检测服务环境合理、配套，符合省级实验室认可准则的要求，满足高效检测质量的要求，满足茶叶质量检测监督服务的需要；开展人才的招聘和技术人员的培训工作，加强检测中心的检测能力，提高专业技术人员的综合素质和检测技术水平，拓宽为茶叶产业服务和范围；通过对周边产茶区茶叶产品的质检，增强广大茶农、茶商的质量安全的意识，提高茶叶产业的发展水平。

【科技成果与奖励】 1个项目获2014年度广东省科学技术奖三等奖。评选出2014年度潮州市科技进步奖项目31项，其中一等奖5项、二等奖12项、三等奖14项。潮州市科技局组织省级科技成果评价2项，市级科技成果评价17项。

【高新技术及战略性新兴产业】 2014年，潮州市组织申报高新技术企业认定15家，通过认定企业13家；组织申报高新技术企业复审5家，通过复审企业5家。

2014年，潮州市高新技术企业实现工业总产值94.8亿元，同比增长6.51%，高新技术产品销售收入73.2亿元，比增9.25%，出口5.5亿美元，同比增长5.76%，上缴税收（费）8.4亿元，享受高新技术企业所得税减免1.1亿元，享受企业研发费用加计扣除所得税减免7 101万元。

全年，潮州市在市区、潮安区、饶平县和枫溪区各主要干道完成了LED照明产品推广使用示范试点93.28千米工程，合计共安装LED路灯8 323

盏。同时，加快城乡统筹LED照明示范，在饶平县汤溪镇围罗村建设了农村LED照明试点示范。积极开展潮州市推广使用LED照明产品综合应用示范工程补助金申报工作，已完成第一批专项资金项目的申报，其中包括全市17个贫困村开展“万家灯火”LED公共照明和贫困户室内照明。

【农业科技】　2014年，潮州市科技局通过科技引导项目支持，推动农业科技发展，申报国家农业科技成果转化项目1项，申报省级农业领域科技项目2项。组织实施市级农业攻关计划与星火计划项目11项。

潮州市农业攻关项目“狮头鹅反季节繁育技术的研究及应用”通过采用适时留种、控制光温、控料、人工换羽等方法，形成整套狮头鹅反季节繁殖技术，具有自然休产期下蛋、反季节产蛋效率高、隔年轮休等特点。技术水平达到国内先进，获得了潮州市科技进步奖二等奖。项目2013—2014年累计创产值2 000万元，销售额2 000万元，利润702万元。

【专业镇及特色产业基地发展】　2014年，新认定潮安区江东镇为市级专业镇。截至2014年年底，潮州市共有市级以上专业镇28个，其中省级19个。截至2014年年底，潮州市有5个经认定的省级以上火炬计划特色产业基地，其中国家级1个、省级4个。

江东镇人民政府以蔬菜、服装、玩具为特色产业，认定的前一年度全镇实现工农业总产值29.9亿元，其中特色产业产值9.56亿元，占其工农业总产值的31.94%，主导产业突出，经济持续发展；其良好的经济、社会效益为实施“潮州市专业镇技术创新试点”奠定了良好的产业基础。该镇结合产业发展的实际，确定以蔬菜为重点扶持发展的特色产业，制定了切实可行的发展规划和技术创新工作实施方案，规划建立公共服务平台。

截至2014年年底，“潮州国家日用陶瓷高新技术产业化基地”拥有各类科技服务机构25家，其中生产力促进中心5家。

【知识产权工作】　4月，潮州市印发《潮州市国家知识产权试点城市工作方案》。2014年，潮州市被列入省专利技术实施计划项目1个，被评为省知识产权优势企业、省知识产权示范企业、省知识产权教育示范学校各1个。

专利产出及奖励　2014年专利申请量为3 474项，授权量2 872项，均居全省第10位。有2个专利荣获第16届中国专利优秀奖，其中1项是实用新型专利，填补了潮州市实用新型专利获国家专利奖的历史空白。

维权援助　6月30日，“广东省知识产权维权援助中心潮州（陶瓷）分中心”挂牌运作。建立和完善潮州陶瓷知识产权维权服务工作平台，为陶瓷行业的自主创新提供知识产权的查询、分析服务、维权援助，并在陶瓷集群产业中先行试点侵权纠纷快速调解。

行政执法　2014年，潮州市知识产权局积极开展“双打”工作专项行动，依法严厉打击专利侵权和假冒专利行为，全年开展执法80人次，查处假冒专利案件2宗，均已处理结案。2014年专利侵权纠纷案件立案29宗，上年结转2宗，现结案21宗，未结10宗（其中中止2宗，待审结8宗）。

宣传培训　活动月期间，潮州市知识产权局牵头组织8个相关部门的工作人员，在潮州市陶瓷交易中心举办“4·26”知识产权日宣传咨询活动。活动展示知识产权宣传挂图，发放各种知识产权宣传资料，并就知识产权保护的相关问题接受咨询。各县区也举办多种形式的宣传咨询活动。

5月22日和6月11日潮州市知识产权局分别在潮安区和饶平县举办知识产权培训活动，面向乡镇知识产权管理工作人员、知识产权优势企业及培育对象、高新技术企业、民营科技企业，以专业镇为重点，以促进专利申请为目的，提高企业知识产权的管理能力。

【科技进步活动月】　潮州市科技局通过政策引导，典型示范，开展形式多样、内容丰富的科普宣传活动。5月—6月，组织开展了以“增创潮州创新驱动发展新优势”为主题的“科技进步活动月”活动，重点开展提升自主创新能力，转变经济发展方式，加快发展创新型经济，提高全民科学素养以及科技惠及民生等系列活动，发挥“活动月”在全市科技和科普工作中的示范引导作用。

全市科技工作大会　5月26日，全市科技工作大会在潮州市党政机关会堂召开，会议为获得2013年度市科技进步奖的单位和个人颁奖，为市知识产权优势企业授牌。在获奖的34个项目中，由企业主导完成的项目共22项，占获奖项目的64.7%；以可直接计算经济效益的获奖项目统计，累计创产值30亿元，销售收入28.9亿元，新增税利5.4亿元，创汇3.2亿美元，这充分体现了科技与经济的紧密结合。另外，当年度以发明专利授奖的项目比例高，有效地促进了知识产权的保护。2013年度获奖的科技成果中核心技术同时申请专利数达到27件，获得专利授权有21件；企业以发明专利授权直接申报奖励的有11项，比去年递增57%，在企业主导完成的22项获奖成果中所占的比例达到50%。

国际水中机器人大赛　5月24—25日，由教育部教育信息管理中心、国际水中机器人联盟主办、韩山师范学院承办、潮州市创佳集团协办的第9届全国信息技术应用水平大赛暨“2014‘创佳彩电杯’国际水中机器人大赛”于在潮州体育馆成功举行。本届大赛共有来自北京大学、清华大学、复旦大学、西北工业大学、天津大学、中国矿业大学、中国地质大学、山东大学、埃塞克斯大学（英国）、格罗宁根大学（荷兰）、格里菲斯大学（澳大利亚）、仁德大学（韩国）等国内外55所高校近150支队伍参加。本次大赛共决出创新创意组特等奖1名（山东大学），金奖2名（兰州交通大学、太原理工大学），银奖5名，铜奖10名，以及水中机器人全局视觉组、自主视觉组、2D仿真组、特别挑战赛组4个组共14个项目的冠、亚、季军。

由国际机器人联盟（International League of Underwater Robot，ILUR）主办的国际水中机器人大赛是国际著名的机器人大赛，它以智能仿生机器鱼为主体，在水中进行各类竞赛，包括竞速、花样游泳、追逐和激烈对抗的水球赛事。水中机器人竞赛既有很强的技术挑战性，又有很高的艺术观赏性，是科研与科普的完美结合。比赛同时举办高水平的学术研讨会，评选优秀学生论文，并邀请国内外知名专家作主题学术报告。

知识产权相关活动　见第320页宣传培训。

（潮州市科学技术局　谢湘燕）

揭　阳　市

【高新技术产业】　2014年揭阳市通过认定（复审）高新技术企业21家，通过率达91%，其中有7家企业是市级“登高示范企业”。截至2014年年底，全市高新技术企业总数达到48家。当年通过认定的省级高新技术产品63个，同比增23.5%。

揭阳市重点聚焦医药、化工新材料、智能机器人、新能源汽车电池等重点领域关键核心技术，抢占高新技术产业与战略新兴产业技术制高点。采用高新技术、先进适用技术和现代管理技术改造提升服装纺织、金属制造、石化、医药、食品、玉器加工等传统优势产业。

广东巨轮模具股份有限公司现已成功研制开发出20千克～300千克多个规格型号针对不同作业内容的系列化机器人成型产品，型号种类涵盖20千克、50千克、165千克、300千克。10千克轻载机器人也已完成设计。2014年度为中策橡胶集团有限公司定制设计的首条工业机器人自动化线正式投入使用，成为轮胎行业率先应用工业机器人自动化线的典型范例，同时加快利用设备、技术、人才方面所积累的优势转化研发成果，针对相关行业开发多个规格型号的针对不同作业内容的系列化轻载和重载机器人成型产品和成套装备，着力推进产业化。

广东环宇绿奥科技有限公司研发的高性能A1—350AH超能量新型锂电池，攻破锂电池凝胶固态电解质技术等6大核心技术，32项技术指标均大幅度超过了国家标准。广东中科高新科技股份有限公司与中科院过程工程研究所联合研发的“可控氧化生物双降解母粒”制备技术研发成功，未来可实现农用薄膜、塑料袋等可降解，解决“白色污染”问题。

【科技计划】　2014年，揭阳市共组织申报国家、省级各类科技计划项目49项，获省立项13

项。实施市级科技计划项目83项。

市科技局重点支持中德金属生态城科技创新，共整理归纳支持中德金属生态城发展的优惠政策11项，指导金属城向国家申报科技基础条件建设项目和向省申报科技金融等科技项目。

【产学研结合】 2014年，揭阳市组织龙头企业先后赴东华大学、江南大学、武汉大学等一批重点高校开展产学研对接活动，效果良好。继续实施“揭阳市纺织服装产业提升工程”“五金不锈钢产业提升工程”等重大产学研合作专项，聚集高端人才，攻克产业关键技术，提升产业的核心竞争力，推动产业链延伸和产业集聚度提升。

校企合作　7月25日，揭阳市宏光镀膜玻璃有限公司与东华大学材料科学与工程学院共建节能与环保玻璃研究中心签约暨揭牌仪式在揭阳市宏光镀膜玻璃有限公司举行。本次合作内容包括共同推动建立校企“产学研”三结合体系化创新平台，有序推动联合培养人才、高层次人才引进、科研项目申报、实践实习基地建设、联合实验室（研发中心）创建等。

人才引进　2014年，揭阳新增企业科技特派员22名，特派员工作站5个；引进院士2名，组建院士工作站2个，其中广东达华节水科技股份有限公司引入我国著名农田水利学专家茆智院士，推动设立广东省首个现代农业节水院士工作站。截至2014年年底，全市累计设立企业院士工作站4个。

【科技金融】 9月，揭阳市获批为“广东省金融·科技·产业融合创新综合试验区”。通过创建“广东省金融·科技·产业融合创新综合试验区”，不断优化该市科技投融资、科技成果转化和创新创业环境，加速金融、科技资源向产业的集聚，为该市金融改革、自主创新、产业发展提供重要支撑。

【科技成果与技术市场】 2014年，揭阳市推进“南方（揭阳）科技成果交易平台”建设，利用平台发布高校、科研院所成果2 000多项。揭阳市组织科技成果鉴定7项，其中省（部）级鉴定6项，市级鉴定1项，处于国内领先水平6项，达到国内先进水平1项。

广东利泰制药股份有限公司完成的“低抗氧剂氨基酸注射液制备技术研究与应用”和康美药业股份有限公司完成的“中药全产业链信息与服务管理平台”2个项目获得2014年度广东省科学技术进步奖三等奖。

由于揭阳市现行科技进步奖奖励办法有效期已满，暂未进行修订、实施，故2014年无市级奖励情况。

【新型研发平台建设】 2014年，新增光伏、精密塑料模具等2家省级工程技术研究中心2个，汽车散热器、天然药物开发等5家市级工程技术研究中心。截至2014年年底，全市拥有省级工程中心32家，市级工程技术研究中心67家。

2014年，中德金属生态城获批为省级国际科技合作基地。基地的主要任务是：全方位与以德国为主的欧洲展开科技合作，在中德金属生态城内与西班牙ASCAMM、AIMME合作共建金属科研服务平台，委托德国弗劳恩霍夫协会规划平台的科研模式、培训、检测、研发等功能；与德国WISTA管理公司合作共建产业孵化器，孵化培育科技型中小企业与创新创业团队，并在园区内建立知识产权服务机构等，努力打造成为省内有特色的国际科技合作基地。基地的主要目标是：建成中外合作研发机构1个，国际孵化器1个，增强国际合作能力。

2014年，西班牙ASCAMM与AIMME科研机构与中方专家完成了联合调研，编制完成《揭阳金属技术中心提案》，签署了合作协议书。根据协议，德国维斯塔管理有限公司针对中德产业孵化器项目，派出5位专家开展了需求调研，以制订孵化器建设规划与设计。11月，中德金属生态城知识产权保护办公室揭牌，进入筹建阶段。12月16日，德国弗劳恩霍夫协会IPK研究所来揭阳召开中科金属科技研究院规划项目启动会议，完成5份专业报告，以制订中科金属科技研究院规划报告。

中德金属生态城已在德国设立5个办事处，在北京和广州也分别设立办事处，大力推进中德（欧）科技合作。截至2014年年底，中德金属生态城已在德国设立了6个办事处，负责在德国推介生态城，已有3个开始运营，另外3个2014年年底将启动运营。

【技术创新专业镇】 2014年，新增省级专业镇2个，分别是普宁市高埔镇、蓝城区磐东街道。截至2014年年底，全市20个专业镇共建设公共服务平台52个，专业镇现代科技服务产品超市2个，检验检测机构9个，金融担保机构10个。

【科技宣传与培训】 2014年，揭阳市科技局不断建立健全“一周一调研、一月一对接、一季一培训”的工作制度，主动对接和服务产业（企业）科技需求，举办科技创新培训班5期，培训科技管理人才800多人次，精心组织帮助企业破解发展难题，提高自主创新能力。4月23日，联合市直有关部门在市区举办知识产权咨询宣传活动；5—6月，市科技局联合市委宣传部、市科协等单位举办科技进步活动月活动，发放科普资料3万余册，展出挂图800多幅，服务群众1.9万多人次。

积极开展科技扶贫活动，培训农民800人次。举办2014年科技创新人才培训班3期，培训190名市六大产业重点企业的科技管理人才，组织各类知识产权培训800多人次。

2014年，市科技局联合市高新技术企业协会和市金属企业联合会举办3期科技创新人才培训班，培训全市重点企业科技管理人才190名。

【知识产权工作】 2014年，全市专利申请量3 099件，授权2 072件，其中，发明申请123件，PCT专利申请1件。全市新增注册商标9 802件，注册商标总量达66 786件，驰名商标达15件，广东省著名商标93件。受理版权作品登记268件。广东利泰制药股份有限公司“氨基酸注射液及其制备方法”获2014年度广东专利奖优秀奖。广东海兴塑胶有限公司获2014年度“广东省知识产权示范企业”称号。

知识产权政策体系和管理体制建设 2014年，市知识产权维权援助中心获市编委批复成立，普宁市和揭东区科技局先后加挂知识产权局牌子，各建制县（市、区）科技局全部完成加挂知识产权局牌子，知识产权管理体制进一步完善。

广州粤高专利商标代理有限公司与中德金属集团在中德金属生态城合作建立知识产权服务机构，设立“中德金属生态城知识产权保护与管理办公室”，11月21日签署合作协议并举行揭牌仪式。

知识产权保护 2014年，揭阳市科技局（揭阳市知识产局）受理专利侵权纠纷2件，假冒专利1件；接受电话及来访专利纠纷咨询8次。派员参加第115、116届广交会知识产权保护工作共4期。

（揭阳市科学技术局 王壮豪）

粤西地区

阳　江　市

【民营科技】 2014年，省级民营科技园——阳东县民营科技园工业总产值达250.56亿元，同比增长11.5%。

【产学研结合】 企业与高校、研究所的合作继续加强。阳江市建立了省部产学研示范基地4个，特派员工作站2个，产学研创新联盟1个。截至2014年年底，共有25家高校向该市52家企业派驻了79名科技特派员。企业、专业镇与高校开展技术攻关，联合申报省科技计划项共5个项目获得省级科技经费扶持，其中阳春市沣民农业发展有限公司承担的“圭岗柑橘专业镇产业升级示范建设”获得了省专项资金支持。

院地合作　2014年12月，阳江市与中国钢研集团钢铁研究总院签订了合作协议，组建了阳江市五金刀剪产业技术研究院，依托中国钢研集团钢铁研究总院在人才、技术和信息方面的优势，围绕全市五金刀剪产业的发展需求，为企业提供有力的创新技术支撑。

技术创新平台　促成阳东绿康春农业科技有限公司与中山大学等5所高校、科研院所签订了合作框架协议，共同创建“蔬菜生产安全技术研究院”。12月31日，阳江海纳水产有限公司和阳江市明鑫现代农业开发有限公司分别与高校合作建立了“广东省海纳海洋经济动物良种繁育与健康养殖技术体系院士工作站”和“阳江市明鑫现代农业开发有限公司科技特派员工作站”。

【技术创新工程】 2014年，阳江市新增2家省级工程技术研究开发中心，新增5家市级工程技术研究开发中心。截至2014年年底，全市共有16家省级工程技术研究开发中心，有63家市级工程技术研究开发中心。

2013年4月，阳东科技企业孵化中心、阳江高新区科技企业孵化器相继建成投入使用。阳东科技企业孵化中心位于阳东区科技大楼4～5层，面积约2 000平方米，由阳东区生产力促进中心管理，科技大楼内有会议中心、企业服务中心、培训中心等共享设施。中心引进企业11家，利用面积1 600平方，其中科技类企业4家，机械制造企业4家，其他行业3家，入驻企业或项目都经过严格的筛选，发挥孵化中心对全区经济的创新辐射效应。

【科技服务体系】 截至2014年年底，阳江市从事科技服务活动人员共510名，全市共有科技服务业机构39家，其中，市直2家，江城区5家，阳春市16家，阳西县16家，为全市农业、科技等行业提供了科技咨询、技术推广等专业技术服务。2014年，阳江市科技服务业机构承担各级政府项目25项，全年科技服务业收入6 250万元，其中，科技中介服务收入281万元，同比增长23%。

【科技计划项目】 2014年，组织实施省、市级科技计划项目共5项，其中3项获得省科技型中小企业技术创新基金立项。

阳东绿康春农业科技有限公司实施的省技术创新基金项目“水肥一体化植物工厂设施项目”，发明了一种无土栽培基质系统及栽培方法，能够使菜苗健康成长、缩短蔬菜种植周期，实现蔬菜无公害、绿色食品的产业化目标，给人们提供安全、健康的绿色食品。

阳江市五金刀剪产业技术研究院实施的市重大科技专项项目“高端刀具增材制造装备及工艺研究”，有望突破一批关键技术，提高五金刀剪产业的自主创新能力，推动五金刀剪产业应用示范、产业基地，实现产业转型升级，为优化和调整产业结构做出积极贡献。

【科技成果及奖励】 2014年，阳江市优秀科技成果不断涌现，发展态势良好。全年共登记科技成果18项，其中由企业完成2项，医疗及其他机构完成16项。

2014年，阳江市共向省科技厅推荐3项优秀科技成果申报省级科学技术奖，其中阳江喜之郎果冻制造有限公司完成的“优质果冻产品高效加工关键技术及规模化示范”项目获得2014年度广东省科学技术奖三等奖。

2014年，阳江市没有开展市级科技奖励工作。

【高新技术产业】 2014年，阳江市与省科技厅签订了广东省增材制造（3D打印）技术重大科技专项联合推进工作协议，省市合作，共同推进增材制造（3D打印）技术研发工作。全市共有18项产品获省科技厅认定为“广东省高新技术产品”。广东广青金属科技有限公司、广东信海建筑有限公司2家企业被认定为高新技术企业；阳江市纳丽德工贸有限公司1家企业通过高新技术企业复审。2014年，全市19家高新技术企业工业总产值达185.4亿元，同比增加265.8%。

推进先进制造和战略新兴产业发展，省政府将阳江纳入珠江西岸先进装备制造产业带“六市一区”建设范围。阳江核电站1号机组2014年3月投产并首年实现发电67.9亿千瓦时，2—6号机组有序推进；翌川镍合金项目建成投产，镍合金产业规模进一步扩大；广东广青金属科技有限公司、广东世纪青山镍业有限公司等企业纳入国家钢铁行业规范管理。

【农业科技】

农业领域科技计划管理与实施 2014年组织企业申报广东省科技计划项目，全市共申报省农业科技项目6项，其中，广东阳江市农业科技园区等3个项目，获得立项扶持经费140万元。2014年，加快建设实施阳江市广东农业科技园区项目，新增参与园区项目建设企业共有11家，项目建设顺利进行。

农村科技服务 截至2014年年底，阳江市共有省农村科技特派员工作站44个，农村科技特派员团队3个，农村科技特派员法人团队2个，农村科技特派员101名。信息兴农项目建设取得新的成效，分别在阳西县、江城区、海陵区、高新区建设农村信息服务中心6个，农村信息培训中心5个，信息化体验站点240个，有力推进了农村信息化基础设施的建设，农业新品种、新技术的开发、推广、应用也取得较好成效。

【科技人才队伍】 2013—2014年，阳江市强农饲料有限公司的生物饲料工程、阳江职业技术学院的海水鱼类种业与健康养殖、阳西县荔枝龙眼协会的国家荔枝龙眼产业体系技术创新团队先后入选省“扬帆计划”。3个创新团队带头人中有2人是获国务院津贴的专家，有1人是海归博士，其余核心人员都是博士或硕士研究生，素质高，科研能力强，既带来核心技术，未来也可为阳江市培养一批高素质科技人才，极大地提升阳江市综合创新能力。

生物饲料工程创新团队 该团队通过实施项目，进一步解决制约了中国养殖业的饲料发霉、中毒现象和食品药物残留问题，降低了养殖成本30%。粗蛋白、淀粉、纤维等成分转化为有效蛋白指标达到了50%以上，直接提高了经济效益。并且提高饲料消化吸收利用率，提高生产性能，更好将饲料营养成分完全吸收。

国家荔枝龙眼产业体系技术创新科研团队

该团队入选2014年度省“扬帆计划”，获得省300万元资金扶持。团队开展了阳江优势果树优质高效安全栽培关键技术的研发与应用，进行了集成和示范推广，同时在研究荔枝、龙眼和火龙果采后保鲜及多元化产品加工取得了较好成效。团队引进了61个荔枝新品种或新品系，建立了阳江地区首个荔枝优良品种资源圃，促进阳江乃至粤西地区的荔枝品种结构调整和提质增效。团队从海南、云南、广西、贵州、台湾等省区引进39份火龙果种质资源并已种植到阳西华翔果场，长势良好，促进阳江地区乃至整个粤西地区的火龙果产业健康发展。上述项目的实施，使粤西荔枝、龙眼、火龙果等特色水果加工技术水平得到明显提高，起到显著的示范作用，带动周边果农的水果生产加工，延长水果产业链，促进粤西特色水果产业可持续发展。

海水鱼类种业与健康养殖创新科研团队　截至2014年年底，该团队项目协作单位——阳江海纳水产有限公司已培育卵形鲳鲹后备亲鱼500多尾，申请国家发明专利1项，完成新增销售额和新增上缴税额指标任务。2014年度，阳江海纳水产有限公司共享社会培养输送硕士以上人才5人，培养水产养殖、水产食品相关高技能人才100余人，完成水产技术推广员培训130人次，进行相关专业社会培训150余人次。

【技术创新专业镇】　2014年，阳江市新增以建材为特色产业的阳春市潭水镇和以镍合金为特色产业高新区平冈镇为省级专业镇。截至2014年年底，该市共有省级专业镇14个，市级专业镇14个，覆盖了五金刀剪、金属制品、海洋养殖与捕捞、农业种养、旅游等五大领域。围绕专业镇特色产业技术创新的需要，该市建立了东城镇五金刀剪产业技术创新服务平台等3个专业镇中小微企业服务平台。

【知识产权工作】　2014年，阳江市专利申请量为1 373项，专利授权量为1 135项。全年共举办了5期知识产权培训班，共培训400多人次；举办世界知识产权日宣传咨询暨现场资助专利申请活动，现场共受理专利申请529项；在“4·26”活动期间，在《阳江日报》、阳江电视台等传媒平台分别刊登专栏、播放专题宣传节目。

2014年，该市受理专利侵权案件26宗，涉案金额近300万元，并已调解结案14宗。2014年，阳江市万丰实业有限公司获认定为“广东省知识产权优势企业”。

【科普工作】　2014年，阳江市以“科技进步活动月”“科普活动周”为契机，以“科普大篷车”电视栏目、《科普之窗》专刊、科普画廊为载体，组织举办科普影视、科普知识介绍、科普展览等一系列科普活动。

主题科普活动　2014年，阳江市科技、科协系统围绕“节约能源资源、保护生态环境，保障安全健康、促进创新创造”主题，加强与党政部门和社会力量的联合，精心策划组织开展“科技活动月”“科普活动周”、科普影视、科普知识介绍、科普展览等活动。组织专家技术人员在社区、乡镇举办科技咨询服务，组织专家教授送科技下乡，向农民传授先进适用的农科知识。举办系列科普挂图展览以及开展科普大篷车、科普影视进校园活动。科技活动月期间，全市共开展各类科普活动30多项，发放科普挂图、资料、图书等2.1万份（册），气象、地震台（站）、青少年科普教育基地等设施向公众免费开放。全市共有10多万公众参与了科技月活动。

青少年科普工作　2014年，举办了阳江市第六届青少年科技创新大赛。组织参加第29届省青少年科技创新大赛，参赛作品《风光互补发电系统》荣获“科技创新项目”二等奖，并获得青少年科学基金会专项获奖。2014年，全市共开展科普大篷车进校园活动28次，参加活动的学生20 000多人次，发放各种科普宣传资料5 000多份。阳江市已有3间学校被评为“科普特色学校”。

【防震抗灾】　2014年，阳江市地震部门进一步加强地震监测预测日常工作，坚持以创建广东省防震减灾示范城市为契机，围绕保障社会民生，以最大限度减轻地震灾害为根本宗旨，全面开展防震减灾工作。

地震基础设施建设　2014年，建成漠南中学和阳西县二中二氧化碳观测点；完成市区强震台基墩改造；完成台网中心设备升级改造工作；开展阳江市GPS地壳运动观测网市区子台国家基准站基建工作并做好检查监督工作；开展GPS地壳运动流动观测网选址工作；开展卫星对地地震观测站项目建设工作；开展市地震灾害评估和应急辅助决策系统项目开发建设工作；做好阳江市地震烈度速报和地震预警试验项目建设工作；协助省地震局流动重力观测点选址工作。

灾害与应急　2014年，重新修订了《阳江市地震应急预案》。开展2014年国家防灾减灾日宣传活动，包括举办阳江市2014年防灾减灾宣传咨询活动；组织全市21个国家地震安全示范社区开展防震减灾知识宣传活动。联合市教育局抓好防震减灾教育“四个一”进校园年度工作。完善地震信息发布绿色通道，联合市应急办、市气象局制定《气象信息发布平台发布防震减灾信息工作方案》，确保相关信息能够快速、准确、权威发布，满足公众知情权，维护社会稳定。

7月29和30日阳春永宁两次2.4级、9月9日阳西程村新湖2.6级和2.4级、9月16日阳西程村新湖2.3级、10月1日平冈2.5级共6次有感地震，市地震局迅速应对。同时，市地震局还及时处理了系列群众反映的异常事件，及时向群众做好解惑释疑工作，避免演变成地震谣言，稳定社会秩序。

（阳江市科学技术局　黄　君）

湛　江　市

2014年，湛江市科技工作以“实施创新驱动发展战略”为抓手，坚持“改革创新、支撑发展”主线，加强在优化科技创新环境、推动科技经济紧密结合、促进产业创新转型升级等方面力度。截至2014年年底，全市有省级重点实验室7家、工程中心22家，市级重点实验室11家、工程中心29家，全市各类研发机构150家。

【科技项目】 2014年，湛江市全年受理上报各类科技项目617个，新增市级立项418个，扶持经费3 163万元。实施各类高新技术项目45个，重点支持工业领域重大关键技术攻关，推动高新技术向海洋、家电等传统产业延伸渗透，提高传统产业创新水平，培育和发展新的经济增长点。组织实施农业科技项目105个，其中，国家农业科技成果转化资金项目2个，国家星火计划项目30个。开展民生科技类技术攻关，围绕重大疾病预防、诊断、治疗、药物组织技术攻关，组织实施医药应用基础和疾病防治技术研究项目30个。实施国家知识产权试点城市建设专题项目15个。

【新型创新平台建设】 2014年，湛江市科技局引进建立北京科技大学湛江工业技术研究院、中国科学院广州化学研究所湛江化学化工和公共安全检测中心、广州技术转移中心湛江中心、中国电器科学院湛江中心、威凯检测技术有限公司湛江代表处、中国电器科学研究院湛江家电实验室、3D打印技术研究中心、新型环保无氰电镀技术中心等一批高水平创新平台；围绕科技公共服务供给的需要，组建湛江市科技金融服务中心，引进大学生创新成果市场转化服务中心、信息化创新服务中心、商品交易所、中小企业服务中心等科技中介服务机构8家。引导规模以上的企业设立各级研发机构，全市现有省级重点实验室7家、工程中心22家，市级重点实验室11家、工程中心29家，全市各类研发机构达到150家。

【“南方海谷”筹建】 2014年，湛江市科技局根据市政府关于“南方海谷”的整体部署，开展前期调查研究，编制工作方案。联合广东海洋大学启动战略研究，并根据核心区功能布局开展初期选址工作。“南方海谷”启动区首期意向建设项目有广东省海洋创新基地、“南方海谷”创业创新大厦、北京科技大学湛江工业研究院、恒兴现代渔业创新中心和科大讯飞语音创业园、智慧教育云。6月，湛江“南方海谷”正式列入《广东省委、广东省人民政府关于全面深化科技体制改革、加快实施创新驱动发展战略的决定》的重点建设平台之一。

【高新技术产业工程】 2014年，湛江市推进国家级高新区建设，支持湛江开发区整合科技资源申报建立国家级高新区，配合湛江高新区完善科技创新载体建设，推进高新区升级；促进高新技术产业化，全年实施各类高新技术项目45个，重点支持工业领域重大关键技术攻关，推动高新技术向海洋、家电等传统产业延伸渗透，提高传统产业创新水平，培育和发展新的经济增长点；培育高新技术企业和创新型企业，新增省级创新型试点企业1家，全市省级以上创新型企业总数达到11家，新认定和通过复审高新技术企业17家；新增省级高新技术产品52个，总数达111个。全年全市高新技术产业总产值402亿元，比上年增长21.8%。

6月29日，湛江市科技企业孵化器大楼暨大学生创业孵化示范基地正式启用。该楼集科技企业孵化、科技中介服务、大学生创业培育、科技成果展示和交易、家电技术服务等功能为一体。孵化器建成“6+1”平台（科技创新公共服务、家电技术创新、化工技术服务、电子商务聚集、科技成果转化交易、科技资源共享、创新创业孵化基地），在建或拟建的科技企业孵化器5家，计划投资1.3亿元，已投入5 800万元，其中，省科技厅支持600万元，市政府支持1 250万元。是年，湛江市孵化器大楼和湛江高新区孵化器建成并开始运作，孵化场地面积1.2万平方米，入驻团队109个，创业创新人数441人，其中，入孵企业39家，大学生创业团队52个，技术服务平台9个。

【农业科技创新工程】　2014年，湛江市抓好优势特色农业的技术创新，组织实施农业科技项目105个，其中，国家农业科技成果转化资金项目2个，国家星火计划项目30个。完成虎斑乌贼、白沙参、新美系原种猪和红衣花生“湛红2号”、杂交稻秋优3008等新品种的引进选育，攻破野生仙人掌多糖提取、多孔树脂羽绒、甲壳素壳聚糖、小肽高级饲料蛋白源等关键技术，先后建成10个省级健康农业科技示范基地、5条特色农业产业带。建设湛江特色水海产业国家农业科技园区，按照“一园三区”（南亚热带农业功能区、水产品无公害养殖功能区、水产品深加工功能区）、3个层次（核心区、示范区、辐射区）布局逐步落实产业园区规划，建设水海产业新种苗基地，推动海洋生物产业链科技创新。积极开展农村科技特派员工作，获批建成农村科技特派员法人单位31个，特派员团队14个，特派员工作站37个，农村科技特派员429人，农业科技创新取得突破。

【社会民生科技工程】　2014年，湛江市开展民生科技类技术攻关，围绕重大疾病预防、诊断、治疗、药物组织技术攻关，组织实施医药应用基础和疾病防治技术研究项目30个。组织开展水产品下脚料、地沟油的回收利用，实现变废为宝，提高资源利用率。

11月6—7日，全国第九届循环经济与生态工业学术研讨会在湛江召开，专家结合湛江钢铁、石化产业做报告，为湛江市发展循环经济提出宝贵意见。

实施专业镇培育工程。推动“一镇一品”优势特色产业发展，截至2014年年底，全市省级专业镇18个，市级专业镇26个，专业镇总数占乡镇总数35%，社会民生科技稳步推进。

【战略性新兴产业工程】　2014年，湛江市围绕“招大”“选优”“引强”的招商目标，重点把奋勇经济区打造成湛江“新海洋、新能源、新电子、新材料、新医药”等“五新”产业基地。全年洽谈广东杨兴农资贸易、中达投资、汇升纸业、华思射频科技股份和湛江安特药业等项目30个，广州巨虹药业公司药品生产基地迁建等新兴产业项目落地，总投资额363.1亿元。全市新增使用LED路灯34 699盏，总体节能率53%。

【科学普及活动】　2014年，湛江市科技局、市科协积极开展各项主题科普活动。市科协以全国科普日“创新发展，全民行动”活动为主题，调动全社会积极性开展系列活动，如：联合湛江市人民医院、县（市、区）科协，选择25个乡镇实施“送医下乡、科普惠农”项目；联合县（市、区）科协、市级协会、市以上科普基地开展科普惠农技术培训，开展科普惠农回访、成果宣传、交流、推广等专题科普宣传活动，开展湛江市科普智能手机平台试点工作，该平台由湛江市科普信息系统和农村事务信息系统构成。湛江市科学技术局举办“科普一条街”，组织相关企事业单位和大学生团队开展科技成果展示、科普资料发放、科技咨询服务等宣传活动。编写《扬起科技的翅膀（一）——湛江市科技企业家创业故事选编》和《扬起科技的翅膀（二）——湛江市科技创新带头人故事选编》，宣传科技企业家和科技创新人才，激发社会科技创新活力。

首届大中专学生软件设计大赛　活动于3月启动，由湛江市经济和信息化局、市科技局、市教育局、市人社局、市科协主办，湛江市计算机学会承办，历时4个多月，湛江市5所大中专院校的250名学生参加，共提交作品74个，包括APP应用、网站设施、手机游戏、移动互联网应用等。经评审，评出特等奖2个、一等奖5个、二等奖8个、三等奖15个及人气奖5个。6月29日举行颁奖大会。

首届湛江市科普剧大赛　活动于10月12日，

由市科协、市科技局、市教育局、市文化广电新闻出版局联合举办，主题为“弘扬科学精神，共筑美丽中国梦”。各市直单位、县（市、区）选送代表队17支参与表演比赛，比赛分成人组和学校组。成人组获一等奖剧名《科普惠农造福万家》，参赛单位是雷州市科协、雷州市文化馆。学校组获一等奖剧名《“修正液”想说爱你不容易》，参赛单位是湛江市麻章第二小学。11月，在东莞举行的全省科普剧大赛中，雷州市科学技术协会、雷州市文化馆的《科普惠农造福万家》获表演赛成人组二等奖；湛江一中培才学校的《新三毛流浪记》、麻章第二小学的《“修正液”——想说爱你不容易》分别获得表演赛学校组三等奖及剧本赛一等奖、表演赛学校组三等奖、表演赛成人组三等奖、表演赛成人组二等奖；湛江市科学技术协会获优秀组织奖。

基层科普行动计划　2014年，湛江市科协深入实施基层科普行动计划，加强项目实施管理，对近年来“科普惠农兴村计划”“社区科普益民计划”项目的实施进行调研和回访，指导推动项目加快实施。10月，评选出地徐闻县益群菠萝栽培技术协会科普示范基地等6个先进农村科普示范基和徐闻县南山乡田青朗村郑继山、吴川市黄坡镇林屋村林海2个农村科普带头人，发放奖补资金32万元。全市有先进集体4个、先进个人2人获国家和省表彰，共获奖补45万元。

【科技金融】　7月，湛江市科技金融服务中心成立，并入驻科技企业孵化器大楼。该中心是集评估、咨询、法律、财务、融资、培训等多种功能为一体的科技金融中心，主要为湛江市中小科技型企业提供融资咨询服务、企业增值服务、推荐金融机构、金融产品咨询、企业管理咨询、推荐金融机构、金融产品咨询，企业管理咨询，受委托开展知识产权评估服务，有效解决中小企业融资困难。是年，中心先后举办启盟创业沙龙、项目交流会、合作签约活动共6场，进企业辅导和进校园宣讲活动共21次。

【产学研合作】　2014年，湛江市推进产学研合作，吸引更多科研院校与湛江产业对接，组织企业与高校、科研院所合作开展技术研发。市科技局与中国科学院广州化学研究所、中国科学院广州技术转移中心、中国电器科学研究院有限公司达成合作意向，促成市政府与其签订合作协议。是年，中国海洋大学、中山大学、华南理工大学、北京交通大学、广东海洋大学等全国24所高校向湛江市94家企业派驻科技特派员152人次。

加强对技术创新联盟的支持力度，年内市级科技计划项目安排500万元，着重引导技术创新联盟开展联合攻关和技术研发。举办协同创新对接会，组织家电和化工产业的代表企业和专家教授开展科技面对面活动，围绕产业技术创新链开展成果对接，引导技术创新联盟在共性关键技术、技术转移和人才培养等方面开展技术创新。截至2014年年底，湛江市建有国家级产业技术创新战略联盟1家、省级2家、市级5家，涵盖海洋、家电、医药、电子、蔗糖等领域。

【科技交流】

全国第9届循环经济与生态工业学术研讨会

会议于11月6—7日在湛江举行，由中国生态经济学工业生态经济与技术专业委员会、中国生态经济学会循环经济专业委员会主办，华南理工大学化学与化工学院承办，来自全国各地的循环经济与生态工业领域的专家学者130多人参加。会议以“协同创新技术推动蓝色海洋经济，钢铁石化产业循环促进生态文明建设”为主题，在各领域对循环经济颇有研究的知名学者近40人分别就绿色低碳技术、“城镇矿山”、再生资源产业园区发展战略、钢铁石化产业园清洁生产技术、循环经济生态工业的理论基础、石油化工过程、钢铁冶金过程、化学工业绿色发展、循环经济标准化、低碳减排技术、废物回收技术等做报告。

2014年中澳新材料与生物技术学术交流会

交流会于10月14日在湛江召开，由中国热带农业科学院农产品加工研究所主办，会议主题是“新材料与生物技术”，来自澳大利亚迪肯大学专家和中国热带农业科学院的院属单位参加会议。中澳双方代表就合作办学事宜与潜在的项目合作展开探讨交流。

【科技成果及奖励】　2014年度有5项成果获得省级以上科学技术奖，其中，中国热带农业科学院南亚热带作物研究所的"荔枝高效生产关键技术创新与应用"获得国家科技进步奖二等奖，广东海洋大学联合企业攻关的"河蚌有核珍珠高效培育技术研究与应用"获广东省科学技术奖一等奖。

6月25日，湛江市科学技术奖励暨科技创新大会召开，81个项目获2014年度湛江市科学技术奖（湛江市科学技术奖包括科技进步奖和专利奖），其中，"橡胶加工干搅机"等13项获一等奖，"基于数值模拟和三维气动技术的大型火电机组综合升级研究及应用"等19项获二等奖；"国家税务总局海洋石油税务管理局湛江分局微信服务平台的研发"等25项获三等奖；"双色防伪无碳 CB/CFB 纸及其生产工艺"等6件专利获专利金奖；"罗非鱼配合饲料"等18件专利获专利优秀奖。对获一等奖和专利金奖，产业化后经济效益显著的4个项目额外给予奖励60万元。

13个一等奖成果项目中，工业类6个，农业类4个，医药卫生类3个；专利获奖24个项目中，工业类14个，占全部58%。获奖科技成果大部分已在工农业生产和医药卫生各个领域应用和推广，科技成果转化率90%，属企业和科研院校合作完成的12个，累计新增转化收入2.6亿元，实现利润2 271万元，新增税收990万元，取得显著的经济效益和社会效益。获奖科技人员主要集中在36～45岁年龄阶段，中青年科技人才已成为湛江市科技梦的主力军。

科技成果转化　2014年度获奖科技成果绝大部分已在工农业生产和医药卫生各个领域应用和推广，科技成果转化率达90%以上，属企业和科研院校合作完成的达12项，累计新增转化收入2.6亿元，实现利润2 271万元，新增税收990万元，取得了显著的经济效益和社会效益。如湛江市聚鑫新能源有限公司联合广东海洋大学共同完成的"高性能锂离子动力电池碳负极包覆沥青的应用技术研发"项目以中温煤沥青为原料，采用真空多级氧化等技术，研发出用于锂离子电池石墨负极包覆层材料的高软化点沥青。开发出高性能锂离子动力电池碳负极包覆沥青的生产技术，解决高性能包覆沥青生产过程中的关键技术和工程问题。该项目工艺路线先进，获得国家重点新产品1项，成功实现了产业化，年产高软化点沥青800吨以上，产值超过3 000万元。

【知识产权工作】　2014年，出台《湛江市科学技术局（知识产权局）专利资助办法》，细化专利资助类别，增加资助金额。市政府办公室印发《湛江市创建国家知识产权试点城市工作方案的通知》和《成立湛江市创建国家知识产权试点城市领导小组的通知》。市知识产权局印发《湛江市科学技术局（知识产权局）行使行政处罚自由裁量权规则（试行）》的通知。修订《湛江市专利申请资助与奖励暂行办法》。

加大知识产权投入，设立创建国家知识产权计划专项，每年投入经费200万元以上。市级知识产权类项目共扶持15个，促进知识产权的创造和运用。广东双林生物制药有限公司获2014年度广东省专利奖金奖，广东恒兴饲料实业股份有限公司获2014年度广东省专利奖优秀奖，广东恒兴饲料实业股份有限公司获2014年度广东省知识产权优势企业，广东恒兴饲料实业股份有限公司获批2014年度广东省专利技术实施计划项目。

11月11日，召开全市知识产权工作会议，要求围绕科技创新、创新驱动这一核心，全面加快知识产权事业发展，扎实创建国家知识产权试点城市。

专利申请及授权　2014年，湛江市专利申请受理量2 095件，授权量1 294件，分别比上年增长 40.8%和18.9%。增幅居全省首位。是年，湛江市完善激励机制，鼓励专利技术创造和转化，对全市专利申请、实审、登记费实行资助。全年全市资助专利申请735件。实施知识产权专项项目15个，总经费200万元。2014年度全市申报科学技术奖励 70 项成果中，共取得自主知识产权 148 项，其中，发明专利63件，实用新型专利54件，软件著作权7件，均比上年增长。在申报专利奖的55个项目中，获奖的24个项目都是发明专利或实用新型专利。

知识产权宣传培训　2014年，湛江市科技局（知识产权局）利用"3·15"保护消费者权益日、"4·26"世界知识产权日、5月15日全国打击和防范经济犯罪宣传日、"12·4"全国法制宣传日，联合宣传、工商、版权、公安、技监、海关等部门，全年出动宣传人数200多人次，派发宣传单张、宣传册、专题宣传报纸2万多份，悬挂知识产权宣传横幅和标语30多条。在《湛江日报》《湛江晚报》、湛江人民广播电台、湛江电视台及“图读湛江”等新闻媒体，先后刊登、报道知识产权知识、专利资助、知识产权政策、知识产权相关活动等新闻、专题报道共20多篇次。

湛江市科技局（知识产权局）全年组织和指导开展多次知识产权培训，承办广东省企业知识产权管理规范培训班，联办省、市“百所千企”专利对接活动和专利及知识产权专题讲座；指导廉江市知识产权局、廉江市工商行政管理局及湛江海关廉江办事处联合举办企业知识产权培训会；指导霞山区、雷州市、吴川市、遂溪县、广东海洋大学和岭南师范学院等开展培训。各类活动共培训企业负责人、科研人员、管理人员、老师学生等5 000多人。印发知识产权法律法规，翻印《中华人民共和国专利法》《广东省专利条例》各2 000本，在高校和企业发放，宣传和普及知识产权知识。

4月28—30日，广东省知识产权研究与发展中心、湛江市知识产权局、国家知识产权培训（广东）基地在广东海洋大学霞山校区联合举办企业知识产权管理规范培训，培训内容主要涉及企业知识产权管理规范实施工作体系，企业知识产权管理规范条款解读，审核与认证，企业知识产权管理规范文件编写等企业专利保护实务工作的核心问题，来自全省各地机关、企事业单位90多人参加。

知识产权保护　4月25日，市知识产权局协调开展湛江市“4·26”知识产权宣传执法活动。邀请市公安局、市工商局、市中级人民法院、市农业局、市林业局、市文广新局、市质监局、市司法局、湛江海关、湛江出入境检验检疫局等10多个单位共同参与，出动20多人次，巡查海田国际建材交易中心内的瓷砖、地板、灯具等商家，检查商品1万多件。全年受理专利案件4件，结案4件。12月，该局对海博会吉祥物、冠名商标等系列涉及知识产权的权属提出一整套保护方案。海博会组委会设置知识产权投诉站，并在宣传引导册、地图等资料上做出明显标识，对参展商发送专利风险提示。12月3—7日，该局派出工作人员全程驻海博会，在现场摆放宣传板5组，向参展商发放宣传册1 000多册。

知识产权服务　全年不定期开展对各县（市、区）点对面、对企业点对点的培训和对接服务。10月14日，湛江市百所千企知识产权服务对接工程系列活动在湛江市科技孵化器大楼开幕。广东省知识产权局政策法规处、广东省知识产权研究与发展中心、湛江市知识产权局以及省内知识产权代理机构、企业近200人共同参加此次省、市专利对接服务活动。11月6日，湛江市知识产权局协调广东冠豪高新技术股份有限公司（冠豪高新）与广州广信知识产权代理有限公司湛江分公司开展点对点知识产权服务对接。

【人才引进工作】

“海智计划”湛江工作基地创建　“海智计划”是中国科协实施“海外智力为国服务行动计划”的简称，通过促进与境外的民间科技团体交流与合作，从引进海外智力入手，为旅居海外的科技人员回国创业、为国服务搭建平台。5月3日，湛江市向中国科协申报创建“海智计划”湛江工作基地，并将此项工作融入建设“南方海谷”工作中。市科协委托广东海洋大学作《湛江实施“海智计划”，推进“南方海谷”建设的研究》决策咨询，为“海智计划”工作展开打基础。湛江科技企业孵化器、湛江经济技术开发区管委会高新区科技企业孵化器、湛江奋勇高新区科技企业孵化器被列为“海智计划”湛江工作基地的工作站。11月2日，“海智计划”广东（湛江）工作基地创建工作通过中国科协海智办考察。

湛江—香港招才引智洽谈会　洽谈会于11月1日召开，由湛江市人民政府、广东省科协、广东省粤港澳合作促进会共同主办，湛江市科协、香港科技协进会、香港科学工作者协会承办，香港代表团派出科技界专家30多人参会。会上，香港科技协进会、香港科学工作者协会和香港部分专家分别与湛江市科协、广东海洋大学、广东医学院附属医院、湛江中心人民医院等单位签订技术合作协议4项，达成技术合作意向4项。

【学会建设】　2014年，湛江市科协继续推动学会科技服务站建设。资助3万元扶持市水资源协会、市标准化协会和市中医药学会各新建立科技服务站1个。省营养学会在廉江人民医院建立省级学会科技服务站。改革学会学术活动项目管理方式，择优支持重点学术活动项目。是年，各市级学会（协会、研究会）和县（市、区）科协共申报重点学术活动项目20个，其中入选参加省学术活动周的项目14个，市科协获第12届广东省科协学术活动周优秀组织奖。全年资助重点学术活动项目18个，资助经费8.2万元。坚持“择优支持，保证重点，讲求成效，合理配置”资助原则，对新成立的学会给予经费资助3万元，新成立的分会给予经费资0.5万元助。是年，资助新成立的市材料研究学会、市茶叶协会和市教育信息技术协会共9万元；资助新成立的市中医药学会治未病专业委员会、市医院协会科教管理专业委员会、市中西医结合学会老年病专业委员会、市医学会精神医学专业委员会4个分会共2万元。新增广东省科普教育基地——广东海洋大学水生博物馆。

2014年，湛江市科协制定《湛江市科协实施“千会万企金桥工程”工作方案》，计划用3年时间，组织和发动市级学会（协会、研究会）与企业开展合作，实现新增产值百万元以上，通过技术合作、成果转化等方式，提升学会能力和企业创新能力，形成有效化解科技和经济相互脱节问题的“科协模式”。是年，组织协会3个开展会企服务对接：市材料研究学会联合省材料研究学会的专家，为湛江钢铁、中科炼化和晨鸣纸业等企业发展提供智力支撑服务；市茶叶协会组织学会科技人员宣传推广发展原生态茶园理念，建设茶叶生态种植示范基地；市甘蔗学会联合省甘蔗学会专家积极为各制糖企业和蔗农服务，通过健康种苗生产、推广与示范以及推广病虫害科学防控、种管技术和培训等服务“三农”（农业、农村、农民）。

【防震减灾】 2014年，湛江市抗震设防管理等审批事项已纳入市政府网上审批电子监察系统，实行网上审批办理，是年市地震局行政服务中心窗口共受理地震咨询业务110多件，建筑工程项目地震波速测试业务40多项，地震安全性评价业务3件。

地震监测　2014年全市地震监测台网运行率高达98.15%，共记录200多个地震事件，测震资料也获得全省资料评比优秀奖。稳步推进徐闻西连2 800米深井前兆综合观测台建设工作，2014年年底启动深井项目建设工作。在已有3个骨干前兆测观测点的基础上，推进和完成雷州唐家深井阶梯地温和遂溪罗屋水温、水位前兆观测站数字化改造工作。是对台网数据处理中心机房进行改造。

震害预防　在已建成17所防震减灾科普示范学校基础上，2014年又完成了湛江市29小、湛江市4小、湛江市22中3所防震减灾示范学校创建工作。对全市主城区开展建筑物抗震性能普查，建立了湛江市建筑物抗震性能基础资料数据库，为城市改造和建（构）筑物抗震加固改造提供科学依据。完成霞湖公园地震应急避难场所建设，完成霞湖公园地震应急避难场所建设工作，按照应急避难场所建设标准和规范，分别设置应急指挥、供水、供电、医疗救护等8个功能区共21个应急指示牌，预计可容纳安置5 000人。推进防震减灾示范社区建设，2014年完成了金沙湾、海宁和金城社区3个防震减灾示范社区创建工作，被评为广东省防震减灾示范社区。

地震应急　应湛江市二十二中、麻章区太平三中、湛江市二十九小、湛江市初级实验中学等学校邀请，对全市多所中小学校开展防震减灾科普知识讲座，指导学校开展地震应急避险和疏散演练。完成湛江市地震应急预案修订工作。4月23—25日，成功举办湛江市地震系统领导干部能力提升培训班。

防震减灾科普宣传　湛江市地震局与市邮政局联合在全市中小学校开展防震减灾科普知识竞赛活动，参与人数高达2万人，与“平安中国组委会”联合，在廉江、雷州、霞山等县区播放10场防震减灾科普电影。湛江市地震局会同市教育部门，重点抓对中小学生的防震减灾科普宣传，到市区和县城各中小学校举办了共12场防震减灾科普讲座和指导学校师生开展地震应急疏散演练。与教育、应急、消防、团市委、宣传、邮政等部门通力合作，通过防震减灾科普示范学校、示范社区建设等，使防震减灾教育常态化。

（湛江市科学技术局　陈纯晓　莫　怡）

茂名市

【产学研结合】 2014年，茂名市组织申报省各类产学研项目11项，有5个项目获得广东省科技厅立项，共获得650万资金支持。与高校、科研院所进行良好的沟通互动。与四川大学、中国石油大学（北京）、广东工业大学等13家签约高校、科研院所保持沟通联系。

科技特派员　2014年，茂名市科技特派员工作形成常规化，全市共接纳科技特派员16名，分别来自中山大学、广东工业大学、广东海洋大学、广东石油化工学院等高校科研院，分别进驻茂名市伟业罗非鱼良种场等近10家企业。

产学研重大专项　2014年，茂名市重点组织实施“茂名石化产业链提升关键技术研发及产业化”和“茂名罗非鱼产业链提升关键技术研发及产业化”两个产学研重大专项。

“茂名石化产业链提升关键技术研发及产业化”项目由广东众和化塑有限公司牵头，中国石油化工股份有限公司茂名分公司、安徽时联特种溶剂股份有限公司等6家企业与广东工业大学等5家高校合作，项目依托茂名石化，通过5个子项目研究与建设，组建加氢技术、油品深加工技术、聚合技术、烯烃酯化技术4个延伸产业链关键技术研发创新团队和平台，形成平台共享机制，建立油品分离、油品深加工、苯乙烯系多元共聚物、聚异戊二烯、烯烃酯化5个产业示范基地，为进一步延伸石化产业链奠定坚实基础。

罗非鱼产业已形成5家龙头企业为主体，以广东海洋大学、上海海洋大学、中国淡水研究中心、南海海洋研究所等科研机构为技术支撑，打造出罗非鱼优质鱼苗选繁育——安全高效生态养殖——罗非鱼饲料——罗非鱼加工出口及下脚料综合利用产业链。

产学研创新平台和基地建设　2月12日，由茂名高岭科技有限公司、武汉理工大学、中国地质大学（武汉）联合组建的“新型矿物功能材料研究所”正式挂牌成立，三方的产学研合作步入了新阶段。新型矿物功能材料研究所为企业吸纳更多优秀人才提供平台，其研究方向主要包括两个方面，一是采用优质高岭土原料，通过精细加工，制备混凝土添加剂以及橡胶、塑料等高附加值产品；二是利用品位较低的高岭土原料、高岭土尾渣以及其他固体废弃物，通过先进的工艺技术及活化加工工艺，制备适合于普通混凝土的标准化矿物掺合料系列产品。

扬帆计划　1月20日，茂名高岭科技有限公司引进了武汉理工大学水中和创新团队入选省“杨帆计划”，获得省经费支持300万元。该公司建立了茂名市高岭土工程技术研究开发中心、纳米矿物材料及应用教育部工程中心茂名分中心、新型矿物功能材料研究所，“多功能高岭土矿物材料研发”项目取得了重大突破，技术上填补国内空白。

【技术创新工程】 2014年，茂名市出台了《茂名市工程技术研究中心建设管理办法》，加快推进企业研究机构建设，建立健全以企业为主体、市场为导向、产学研相结合的技术创新体系，充分发挥工程技术研究中心在促进技术创新、推动科技成果转化及产业化的示范和带动作用。

2014年，茂名市有5家企业获批创建省级工程技术研究中心，分别是广东省有机硫精细化工产品工程技术研究中心、广东省罗非鱼深加工工程技术研究中心、广东省云机器人（石油化工）工程技术研究中心、广东省橡塑材料制备与加工工程技术研究中心、广东省劣质油加工与油品精细化利用工程技术研究中心。2014年，茂名市新增19家市级工程技术研究中心。

【科技计划项目】 2014年，茂名市申报国家和省级科技项目100多项，获已得省级立项5项，获得省资金支持650万元。茂名市组织申报的“广东北运菜产业国家科技特派员创业链”项目获得科技部立项，申报国家星火计划项目2项全部获得立项，其中重点项目1项。

2014年，茂名市市级科技计划立项项目421项，其中医学类立项项目318项，工农业类立项项目103项。

【科技成果与奖励】 茂名市推荐24个项目申报2014年度广东省科学技术奖，有5个项目获得三等奖。这些项目大部分技术水平较高，有些达到国际先进水平。茂名市茂港电力设备厂有限公司、华中科技大学、北京中矿深远能源环境科学研究院共同完成的“高效折流杆强化传热技术及其工业应用”项目，针对传统管壳式折流板换热器的原理和结构缺陷，把壳侧壁面强化和主流强化相结合起来，同时导入小扰动强化传热等新理论，采用折流杆强化传热新技术，试验研究设计一系列新型的管壳式折流杆换热器。

2014年，茂名市评出市级科学技术奖项目51项，其中一等奖7项、二等奖7项、三等奖37项，一等奖的项目大部分达到了国际先进水平。

【高新技术产业】

高新技术企业及产品　2014年，茂名市有5家企业新认定为国家高新技术企业。截至2014年年底，茂名市有高新技术企业21家，其中年产值在亿元以上的有13家。2014年，茂名市共组织茂名众和国颂精细化工有限公司等11家科技型企业申报广东省高新技术产品20个。

高新区发展　茂名高新区依托茂名雄厚的石化产业基础，重点建设精细化工、化工新材料、石化装备三大产业聚集区，在碳四、碳五、碳九、芳烃、环氧乙烷和橡塑加工等重大产业链上，已经形成了华粤、众和、鲁华、奥克等一批龙头骨干企业；异戊橡胶、碳五石油树脂、丁苯透明抗冲树脂等一大批项目在国内具有领先地位；世界500强巴斯夫公司在高新区合资建设的18万吨/年异壬醇项目，打破了中国异壬醇全依靠进口的局面。随着10万吨/年顺丁橡胶、20万吨/年聚丙烯、20万吨/年环氧乙烷等一批重大项目的建设和投产，高新区正建成国内最大新型化工材料基地、华南地区最大合成橡胶和环氧乙烷生产基地。2014年，高新区实现工业总产值492.5亿元，规模以上工业增加值71.73亿元，拥有规模以上企业41家。截至2014年年底，已累计落地相关项目110个，总投资额达126.81亿元。

【农业科技】　2014年，茂名市组织申报的“广东北运菜产业国家科技特派员创业链”项目获得科技部立项，申报国家星火计划项目2项全部获得立项，其中重点项目1项。化州市富民强县项目“优质罗非鱼产业化技术集成示范与推广”的实施推动罗非产业从种苗、饲料、养殖和加工进行技术全面升级。信宜市富民强县项目“怀乡鸡健康养殖示范与产业化”助推信宜山地养鸡业的蓬勃发展，1个现代化的肉鸡加工厂正在建设中。国家农业科技成果转化项目“南美白对虾高效环保育苗模式创新示范与推广”建立起6 000立方高效环保育苗基地。2014年，茂名市有15个农业科技项目通过验收，有13个项目实施基本完成。

【专业镇及特色产业基地】　2014年，茂名市组织对2003年以来获省立项并已到期的19个专业镇项目进行验收，完成项目结题验收工作。

山阁镇的石化产业实施省产学研结合重大专项“茂名石化产业链延伸关键技术研发及产业化”获得省经费支持900万元。公馆镇的罗非鱼产业实施省产学研结合重大专项“茂名罗非鱼产业链提升关键技术研发及产业化”获得省经费支持300万元。上述两个产业链的很多子项目技术达到国际先进或国内领先水平，对突破罗非鱼产业、石化产业关键技术，打造完整产业链，推动产业转型升级意义重大。

【知识产权工作】　2014年，茂名市被国家知识产权局确定为国家级知识产权试点城市。12月，茂名市知识产权局发布了《茂名市知识产权优势、示范企业认定管理办法（试行）》，广东信翼新材料股份有限公司等10家企业被认定为市知识产权示范企业，广东粮丰园食品有限公司等14家企业被认定为市知识产权优势企业。

2014年，茂名市专利申请2 669件，居粤西四市第1，同比增长5.43%；专利授权量达1 179件，同比增长8.26%，其中发明专利授权量同比增长29.27%，同比增幅列全省第2位。开展市茂名市第五届专利奖评审工作，评出金奖项目1项、优秀奖项目16项、优秀发明者10人 。

2014年，茂名市依法查处各类知识产权案件，加大对知识产权案件打击力度，查处假冒专利案件12件，处理专利纠纷案件3件。2014年，茂名市知识产权局联合市教育局、团市委和少工委开展第2批中小学教育试点培育工作，认定10家学校为2014年茂名市中小学知识产权教育试点学校。

【科普工作】 2014年，茂名市组织申报了省科普项目3项，截至2014年年底，茂名市共有广东省青少年科技教育基地5家。

2014年，全市800多名农村科技特派员主动深入企业和农村调研，有针对性经常组织乡镇科技集市活动和科技培训活动。全市举办各类咨询服务17次，开展技术培训班17期，受训农民达1 000多人次。

2014年，茂名市在“科技进步活动月”期间，先后举办大型科普集市、送科技下乡、开展科普宣传等活动，组织科技专家进社区、进农村、进企业开展科技服务30多次，参加活动的科技人员2 000多人次；发放各种资料100多种2万余份；接受科技咨询5 000多人次；举办各种技术讲座和实用技术培训班12期，培训人数1 000多人；展出挂图300多幅，观看挂图1万多人次。

【防震减灾】 2014年，茂名市地震监测台网全年正常运行，确保了地震观测数据传输记录的连续性、可靠性和准确性。继续开展地震安全农居示范工程建设，在信宜市水口镇岭上村委大草塘村建成地震安全农居示范村 。

5月12日，茂名滨海新区经济发展局（地震工作负责部门）在冼太夫人纪念学校组织开展地震应急疏散演练活动，滨海新区各中小学校负责安全工作老师到现场观摩学习，该校500多师生参加了演练。

（茂名市科学技术局　文　妙）

附录

全省科技统计指标

与2013年相比，2014年，科技活动机构数量、全省各类单位共开展R&D项目数量和经费、广东省科学研究人员、农业技术人员和工程技术人员数量，均有所增长，获国家级科技奖励成果数量大幅增长，全省R&D总经费继续增长但政府科技拨款下降。

科　技　人　力

2014年，广东省国有企业、事业单位专业技术人员达149.31万人，在国有企事业单位专业技术人员中，工程技术人员、农业技术人员、科学研究人员分别有15.60万人、1.28万人、0.59万人，分别占总体的10.45%、0.86%、0.39%（见表9-1-1-1）。

科　技　经　费

2014年，全省R&D总经费1 605.45亿元，比2013年增长11.2%，占GDP的2.37%；政府科技拨款274.33亿元，比2013年下降20.5%，占财政支出3.0%，比2013年下降1.1个百分点（见表9-1-2-1）。

2014年，全省研究机构R&D经费为53.64亿元，高等院校为49.82亿元，企业为1 483.87亿元，分别占总体的3.3%，3.1%，92.4%。按经费来源分，政府资金116.99亿元，占7.3%；企业资金1 445.49亿元，占90.0%；国外资金7.95亿元，占0.5%；其他资金35.01亿元，占2.2%（见表9-1-2-2）。

表9-1-1-1　全省国有企业、事业单位专业技术人员数（2010—2014）

指　标	2010年		2011年		2012年		2013年		2014年	
	绝对人数（人）	比重（%）	绝对人数（人）	比重（%）	绝对人数（人）	比重（%）	绝对人数（人）	比重（%）	绝对人数（人）	比重（%）
工程技术人员	154 297	10.58	151 700	10.48	151 998	10.42	139 807	9.61	155 964	10.45
农业技术人员	14 074	0.97	13 475	0.93	12 256	0.84	12 538	0.86	12 772	0.86
卫生技术人员	257 338	17.65	253 992	17.54	264 976	18.16	269 147	18.49	283 499	18.99
科学研究人员	4 528	0.31	5 260	0.36	5 021	0.34	3 813	0.26	5 850	0.39
教学人员	878 477	60.25	879 621	60.75	861 104	59.02	888 962	61.07	888 862	59.53
其他人员	149 330	10.24	151 700	10.48	163 663	11.22	163 663	9.71	146 148	9.79

注：其他人员含经济人员、财会人员、统计人员、文艺人员、外语翻译人员。

表9–1–2–1　全省科技活动经费增长情况（2010—2014）

指　标		2010年	2011年	2012年	2013年	2014年
R&D经费	（亿元）	808.75	1 045.49	1 236.15	1 443.45	1 605.45
#占GDP比重	（%）	1.76	1.96	2.17	2.32	2.37
政府科技经费拨款	（亿元）	214.44	203.92	246.71	344.94	274.33
占政府财政支出的比重	（%）	3.96	3.04	3.34	4.1	3.00

表9–1–2–2　全省R&D经费明细情况（2014）

单位：亿元

项　目	合计	企业	科研机构	高等院校	其他
R&D经费	160 5.45	148 3.87	53.64	49.82	18.12
#政府资金	116.99	36.20	36.30	31.81	12.68
企业资金	144 5.49	142 6.69	2.42	13.80	2.58
国外资金	7.95	7.62	0.16	0.15	0.03
其他资金	35.01	13.36	14.76	4.06	2.83

科技活动机构

2014年，广东省科技活动机构增至5 294个，其中科研机构有189个，全日制所有制普通高校科技活动机构有704个，企业科技活动机构有4 344个，其他类型科技活动机构有57个，分别占总数的3.6%、13.3%、82.0%和1.1%。（见表9–1–3–1）

【科学研究与技术开发机构】　2014年，全省共有科研机构189个，R&D人员1.59万人，R&D经费为53.64亿元。

【高等院校科技机构】　2014年，广东省有高等院校141所，拥有研究机构704个。高等院校科技机构共有R&D人员0.78万人，R&D经费为8.38亿元。

【企业技术开发机构】　2014年，企业办研究开发机构4 344个，机构R&D人员23.14万人。全年工业企业办研究开发机构经费696.11亿元。

科研课题与科技成果

2014年，全省各类单位共开展R&D项目10.79万项，参加项目人员全时当量45.90万人年，项目经费1 447.23亿元。

2014年，全省科技执行部门共发表科技论文88 417篇，其中科研机构8 094篇，高等院校59 360篇，企业13 349篇。全省科技执行部门共申请专利129 071件，其中科研机构、高等院校、企业分别申请专利2 147件、6 819件和118 648件。全省科技执行部门共出版科技著作2 136种，其中科研机构、高等院校、企业分别出版189种、1 826种和16种（见表9–1–4–1）。全省共获2014年度国家科技进步奖46项，获2014年度省级科技奖励成果249项，省级重大科技成果登记428项（见表9–1–4–2）。

表9-1-3-1　科技活动机构概况（2014）

指　标		合计	企业	科研机构	高等院校	其他
机构数	（个）	5 294	4 344	189	704	57
R&D人员	（万人）	25.60	23.14	1.59	0.78	0.10
R&D经费支出	（亿元）	758.97	696.11	53.64	8.38	0.84

表9-1-4-1　科研课题及科技产出情况（2014）

指　标		合计	企业	科研机构	高等院校	其他
科技项目数	（项）	107 926	46 043	5 412	53 138	3 333
科技项目人员全时当量	（人年）	458 957	416 737.2	10 816.9	20 890.2	10 512.7
#科学家和工程师	（人年）	154 393	128 733.1	6 262.1	16 221.6	3 176.2
科技项目经费内部支出	（万元）	14 472 294	13 753 986.2	252 789.5	349 226.8	116 291.5
专利申请数	（件）	129 071	118 648	2 147	6 819	1 457
发表科技论文	（篇）	88 417	13 349	8 094	59 360	7 614
出版科技著作	（种）	2136	16	189	1 826	105

表9-1-4-2　国家及省级科技成果奖励情况（2010—2014）

单位：项

指　标	2010年	2011年	2012年	2013年	2014年
国家科技奖励成果	36	34	26	28	46
省级科技奖励成果	260	272	280	262	249
省级重大科技成果	431	482	573	486	428

（广东省科技统计分析中心　幸　雯）

科技统计表

表9-2-1　各类科技机构概况（2014）

表9-2-1-1　主要指标

指标	单位	政府部门属科技机构					非政府部门属研究与开发机构和综合技术服务业有R&D活动的事业单位	转制机构
		县以上部门属研究与开发机构合计	自然科学和技术领域	社会与人文科学领域	科技信息和文献机构	县属研究与开发机构		
机构数	个	184	158	10	16	128	231	61
职工总数	人	22 233	20 616	631	986	2 241	40 036	12 468
单位在职从事科技活动人员	人	17 873	16 557	560	756	1 259	23 931	7 106
大学本科及以上学历	人	14 295	13 211	481	603	272	19 218	5 422
R&D人员折合全时工作量	人年	11 511	11 044	390	77	226	17 375	3 009
科技活动收入	千元	8 333 352	7 852 085	225 969	255 298	163 234	7 023 086	1 927 367
政府拨款	千元	5 990 914	5 656 827	207 278	126 809	134 149	2 368 488	226 589
科技经费内部支出	千元	7 907 689	7 499 926	199 334	208 429	131 263	5 815 979	2 298 881
资产购建支出	千元	2 079 033	2 029 875	27 737	21 421	8 857	1 284 478	445 938
R&D经费内部支出	千元	4 990 311	4 837 874	144 852	7 585	15 302	4 255 114	1 627 609
固定资产	千元	11 008 850	10 503 519	150 411	354 920	246 603	10 226 831	3 967 500
课题数	个	6 710	6 317	213	180	152	2 582	861
课题经费支出	千元	2 916 734	2 804 911	78 896	32 927	29 559	3 798 804	879 143
R&D课题经费支出	千元	2 338 925	2 255 463	77 878	5 585	11 968	3 631 897	703 504
课题投入人员	人年	12 594	11 913	408	273	433	17 247	2 996
R&D课题投入人员	人年	9 763	9 305	386	73	209	16 239	2 579
专利申请受理	项	1 920	1 919	0	1	4	2 764	767
专利授权	项	938	938	0	0	0	1 077	469
科技论文	篇	7 738	7 170	400	168	63	3 933	1 441
科技专著	种	184	104	76	4	2	41	17

注：1．各表中数据由于统计小数四舍五入而产生的误差均未作配平处理；

2．以后各表的范围为县以上政府部门属研究与开发机构，即自然、社人、信息文献3个领域中的机构。

表9–2–2　全部县以上部门属科技机构机构、人员和经费概况（2014）

表9–2–2–1　按地域分布

地域	机构数（个）	从业人员总数（人）	单位在职科技活动人员	大学本科及以上学历	经费收入总额（千元）	政府资金	科技活动贷款（千元）	经费支出总额（千元）	科技经费支出（千元）
总　计	**184**	**22 233**	**17 873**	**14 295**	**12 254 288**	**6 530 516**	**6 925**	**11 684 704**	**7 907 689**
广州市	90	16 470	13 226	10 883	10 853 340	5 424 027	3 000	10 316 608	6 876 386
韶关市	8	245	174	92	59 372	29 082	0	54 244	40 804
深圳市	5	1 879	1 746	1 727	501 616	375 117	360	513 696	410 614
珠海市	4	168	106	81	36 910	26 141	0	35 989	18 512
汕头市	9	445	300	132	62 629	43 986	3 565	66 405	41 880
佛山市	3	113	86	58	58 913	58 595	0	58 876	56 738
江门市	3	62	43	32	17 199	12 327	0	15 243	11 245
湛江市	10	787	602	324	214 110	180 079	0	198 256	140 811
茂名市	8	167	138	46	27 304	25 526	0	26 278	21 949
肇庆市	5	116	103	40	17 352	16 874	0	15 908	12 098
惠州市	7	362	213	98	51 671	43 417	0	45 262	37 917
梅州市	5	181	152	78	29 674	27 574	0	26 068	14 760
汕尾市	3	15	15	5	2 065	2 065	0	2 053	1 272
河源市	2	19	17	7	3 372	1 236	0	4 085	3 734
阳江市	1	56	42	17	9 882	8 765	0	6 911	5 652
清远市	1	1	1	0	7	7	0	387	387
东莞市	9	746	607	525	245 102	211 938	0	234 934	174 298
中山市	3	106	77	60	29 751	18 452	0	29 835	12 343
潮州市	2	83	77	18	8 640	8 076	0	8 726	6 345
揭阳市	4	180	126	66	21 449	14 718	0	20 075	17 106
云浮市	2	32	22	6	3 930	2 514	0	4 865	2 838

表9-2-2-2　按隶属关系分布

隶属关系	机构数（个）	从业人员总数（人）	单位在职科技活动人员	大学本科及以上学历	经费收入总额（千元）	政府资金	科技活动贷款（千元）	经费支出总额（千元）	科技经费支出
总　计	**184**	**22 233**	**17 873**	**14 295**	**12 254 288**	**6 530 516**	**6 925**	**11 684 704**	**7 907 689**
地方部门属	162	14 051	10 420	7 988	8 240 723	3 793 616	3 565	7 629 178	4 638 335
省级部门属	53	7 648	5 769	4 730	6 186 984	2 443 538	0	5 636 281	3 254 485
副省级城市属	21	2 365	1 661	1 371	1 117 327	661 840	0	1 046 183	744 905
地市级部门属	88	4 038	2 990	1 887	936 412	688 238	3 565	946 714	638 945
中央部门属	22	8 182	7 453	6 307	4 013 565	2 736 900	3 360	4 055 526	3 269 354
中国科学院	6	3 419	3 393	2 980	1 628 174	1 393 209	360	1 691 703	1 536 740

表9-2-2-3　按服务的国民经济行业分布

行业	机构数（个）	从业人员总数（人）	单位在职科技活动人员	大学本科及以上学历	经费收入总额（千元）	政府资金	科技活动贷款（千元）	经费支出总额（千元）	科技经费支出
总　计	**184**	**22 233**	**17 873**	**14 295**	**12 254 288**	**6 530 516**	**6 925**	**11 684 704**	**7 907 689**
农、林、牧、渔业	74	4 969	3 438	2 270	1 531 453	1 148 074	3 565	1 492 593	1 045 621
农业	33	2 306	1 573	916	598 288	439 503	3 565	598 306	400 144
林业	14	834	564	396	267 760	194 822	0	245 526	175 119
畜牧业	8	564	302	204	120 213	67 058	0	127 528	92 048
渔业	5	589	499	414	305 035	248 589	0	285 487	235 144
农、林、牧、渔服务业	14	676	500	340	240 157	198 102	0	235 746	143 166
采矿业	1	899	773	706	474 202	200 473	3 000	483 170	224 592
煤炭开采和洗选业	0	0	0	0	0	0	0	0	0
石油和天然气开采业	0	0	0	0	0	0	0	0	0
黑色金属矿采选业	0	0	0	0	0	0	0	0	0
有色金属矿采选业	1	899	773	706	474 202	200 473	3 000	483 170	224 592
非金属矿采选业	0	0	0	0	0	0	0	0	0

（续上表）

行业	机构数（个）	从业人员总数（人）	单位在职科技活动人员		经费收入总额（千元）		科技活动贷款（千元）	经费支出总额（千元）	
				大学本科及以上学历		政府资金			科技经费支出
开采辅助活动	0	0	0	0	0	0	0	0	0
其他采矿业	0	0	0	0	0	0	0	0	0
制造业	17	1 637	1 449	1 062	692 912	476 130	0	669 709	466 291
农副食品加工业	2	555	507	318	222 812	126 054	0	207 366	114 944
食品制造业	1	195	167	158	83 075	48 737	0	76 393	59 612
酒、饮料和精制茶制造业	0	0	0	0	0	0	0	0	0
烟草制品业	0	0	0	0	0	0	0	0	0
纺织业	0	0	0	0	0	0	0	0	0
纺织服装、服饰业	0	0	0	0	0	0	0	0	0
皮革、毛皮、羽毛及其制品和制鞋业	0	0	0	0	0	0	0	0	0
木材加工和木、竹、藤、棕、草制品业	0	0	0	0	0	0	0	0	0
家具制造业	0	0	0	0	0	0	0	0	0
造纸和纸制品业	0	0	0	0	0	0	0	0	0
印刷和记录媒介复制业	0	0	0	0	0	0	0	0	0
文教、工美、体育和娱乐用品制造业	0	0	0	0	0	0	0	0	0
石油加工、炼焦和核燃料加工业	1	17	17	3	3 291	2 042	0	3 264	1 252
化学原料和化学制品制造业	0	0	0	0	0	0	0	0	0
医药制造业	5	513	492	407	261 409	233 438	0	256 500	234 028
化学纤维制造业	1	25	17	7	11 365	9 239	0	11 160	9 123
橡胶和塑料制品业	0	0	0	0	0	0	0	0	0
非金属矿物制品业	0	0	0	0	0	0	0	0	0
黑色金属冶炼和压延加工业	1	51	22	9	34 674	11 824	0	35 800	2 400
有色金属冶炼和压延加工业	0	0	0	0	0	0	0	0	0
金属制品业	0	0	0	0	0	0	0	0	0
通用设备制造业	0	0	0	0	0	0	0	0	0
专用设备制造业	4	229	189	157	72 535	44 273	0	75 754	43 012

（续上表）

行业	机构数（个）	从业人员总数（人）	单位在职科技活动人员	大学本科及以上学历	经费收入总额（千元）	政府资金	科技活动贷款（千元）	经费支出总额（千元）	科技经费支出
汽车制造业	0	0	0	0	0	0	0	0	0
铁路、船舶、航空航天和其他运输设备制造业	0	0	0	0	0	0	0	0	0
电气机械和器材制造业	0	0	0	0	0	0	0	0	0
计算机、通信和其他电子设备制造业	1	32	18	3	2 405	0	0	2 356	935
仪器仪表制造业	1	20	20	0	1 346	523	0	1 116	985
其他制造业	0	0	0	0	0	0	0	0	0
废弃资源综合利用业	0	0	0	0	0	0	0	0	0
金属制品、机械和设备修理业	0	0	0	0	0	0	0	0	0
电力、热力、燃气及水生产和供应业	0	0	0	0	0	0	0	0	0
电力、热力生产和供应业	0	0	0	0	0	0	0	0	0
燃气生产和供应业	0	0	0	0	0	0	0	0	0
水的生产和供应业	0	0	0	0	0	0	0	0	0
建筑业	0	0	0	0	0	0	0	0	0
房屋建筑业	0	0	0	0	0	0	0	0	0
土木工程建筑业	0	0	0	0	0	0	0	0	0
建筑安装业	0	0	0	0	0	0	0	0	0
建筑装饰和其他建筑业	0	0	0	0	0	0	0	0	0
批发和零售业	0	0	0	0	0	0	0	0	0
批发业	0	0	0	0	0	0	0	0	0
零售业	0	0	0	0	0	0	0	0	0
交通运输、仓储和邮政业	3	84	78	70	86 224	21 913	0	52 635	48 897
铁路运输业	0	0	0	0	0	0	0	0	0
道路运输业	2	60	56	54	76 314	15 212	0	42 461	42 461
水上运输业	1	24	22	16	9 910	6 701	0	10 174	6 436
航空运输业	0	0	0	0	0	0	0	0	0

（续上表）

行业	机构数（个）	从业人员总数（人）	单位在职科技活动人员	大学本科及以上学历	经费收入总额（千元）	政府资金	科技活动贷款（千元）	经费支出总额（千元）	科技经费支出
管道运输业	0	0	0	0	0	0	0	0	0
装卸搬运和运输代理业	0	0	0	0	0	0	0	0	0
仓储业	0	0	0	0	0	0	0	0	0
邮政业	0	0	0	0	0	0	0	0	0
住宿和餐饮业	0	0	0	0	0	0	0	0	0
住宿业	0	0	0	0	0	0	0	0	0
餐饮业	0	0	0	0	0	0	0	0	0
信息传输、软件和信息技术服务业	4	312	287	220	115 070	45 798	0	117 443	80 481
电信、广播电视和卫星传输服务	1	125	106	82	42 874	23 364	0	40 274	26 693
互联网和相关服务	0	0	0	0	0	0	0	0	0
软件和信息技术服务业	3	187	181	138	72 196	22 434	0	77169	53 788
金融业	0	0	0	0	0	0	0	0	0
货币金融服务	0	0	0	0	0	0	0	0	0
资本市场服务	0	0	0	0	0	0	0	0	0
保险业	0	0	0	0	0	0	0	0	0
其他金融业	0	0	0	0	0	0	0	0	0
房地产业	0	0	0	0	0	0	0	0	0
房地产业	0	0	0	0	0	0	0	0	0
租赁和商务服务业	0	0	0	0	0	0	0	0	0
租赁业	0	0	0	0	0	0	0	0	0
商务服务业	0	0	0	0	0	0	0	0	0
科学研究和技术服务业	54	10 345	8 677	7 527	4 681 816	3 044 997	360	4 719 947	3 652 781
研究和试验发展	22	5 188	4 890	4 295	2 299 108	1 695 584	360	2 170 738	1 878 156
专业技术服务业	27	4 556	3 310	2 773	2 276 990	1 293 982	0	2 440 931	1 704 418
科技推广和应用服务业	5	601	477	459	105 718	55 431	0	108 278	70 207
水利、环境和公共设施管理业	14	1 929	1 480	1 180	821 811	232 703	0	810 472	569 401

（续上表）

行业	机构数（个）	从业人员总数（人）	单位在职科技活动人员	大学本科及以上学历	经费收入总额（千元）	政府资金	科技活动贷款（千元）	经费支出总额（千元）	科技经费支出
水利管理业	5	1 101	852	643	400 587	118 829	0	404 943	327 239
生态保护和环境治理业	9	828	628	537	421 224	113 874	0	405 529	242 162
公共设施管理业	0	0	0	0	0	0	0	0	0
居民服务、修理和其他服务业	0	0	0	0	0	0	0	0	0
居民服务业	0	0	0	0	0	0	0	0	0
机动车、电子产品和日用产品修理业	0	0	0	0	0	0	0	0	0
其他服务业	0	0	0	0	0	0	0	0	0
教育	1	54	44	42	17 620	17 020	0	17 620	15 039
教育	1	54	44	42	17620	17 020	0	17 620	15 039
卫生和社会工作	8	1 642	1 337	949	3 609 659	1 143 007	0	3 091 442	1 611 118
卫生	8	1 642	1 337	949	3 609 659	1 143 007	0	3 091 442	1 611 118
社会工作	0	0	0	0	0	0	0	0	0
文化、体育和娱乐业	5	241	203	167	146 696	123 701	0	152497	118 217
新闻和出版业	0	0	0	0	0	0	0	0	0
广播、电视、电影和影视录音制作业	0	0	0	0	0	0	0	0	0
文化艺术业	3	151	120	94	72 296	50 421	0	83 203	49 508
体育	2	90	83	73	74400	73 280	0	69 294	68 709
娱乐业	0	0	0	0	0	0	0	0	0
公共管理、社会保障和社会组织	3	121	107	102	76 825	76 700	0	77 176	75 251
中国共产党机关	0	0	0	0	0	0	0	0	0
国家机构	3	121	107	102	76 825	76 700	0	77 176	75 251
人民政协、民主党派	0	0	0	0	0	0	0	0	0
社会保障	0	0	0	0	0	0	0	0	0
群众团体、社会团体和其他成员组织	0	0	0	0	0	0	0	0	0
基层群众自治组织	0	0	0	0	0	0	0	0	0
国际组织	0	0	0	0	0	0	0	0	0
国际组织	0	0	0	0	0	0	0	0	0

表9-2-3 全部县以上部门属科技机构人员概况（2014）

表9-2-3-1 按地域分布

单位：人

地域	从业人员总数	单位在职科技活动人员		外来流动科技活动人员		离退休人员
			女性	外聘的流动学者	非本单位在读研究生	
总　计	**22 233**	**17 873**	**6 638**	**496**	**2 289**	**11 577**
广州市	16 470	13 226	4 966	432	2 204	8 438
韶关市	245	174	60	0	0	332
深圳市	1 879	1 746	716	45	42	49
珠海市	168	106	33	0	0	73
汕头市	445	300	121	0	0	443
佛山市	113	86	27	0	0	200
江门市	62	43	13	0	0	39
湛江市	787	602	218	6	26	898
茂名市	167	138	32	0	0	93
肇庆市	116	103	29	0	0	209
惠州市	362	213	53	2	1	121
梅州市	181	152	66	0	0	152
汕尾市	15	15	3	0	0	8
河源市	19	17	7	0	0	0
阳江市	56	42	12	2	0	33
清远市	1	1	0	0	0	4
东莞市	746	607	175	8	16	110
中山市	106	77	32	0	0	170
潮州市	83	77	31	0	0	52
揭阳市	180	126	39	1	0	77
云浮市	32	22	5	0	0	76

表9-2-3-2　按隶属关系分布

单位：人

隶属关系	从业人员总数	单位在职科技活动人员		外来流动科技活动人员		离退休人员
			女性	外聘的流动学者	非本单位在读研究生	
总　计	**22 233**	**17 873**	**6 638**	**496**	**2 289**	**11 577**
地方部门属	14 051	10 420	4 071	111	395	7 534
省级部门属	7 648	5 769	2 319	61	340	3 750
副省级城市属	2 365	1 661	679	2	31	1 097
地市级部门属	4 038	2 990	1 073	48	24	2 687
中央部门属	8 182	7 453	2 567	385	1 894	4 043
中国科学院	3 419	3 393	1 234	314	1 627	1 226

表9-2-4　全部县以上部门属科技机构人员按工作性质分类（2014）

表9-2-4-1　按地域分布

单位：人

地域	单位在职科技活动人员	科技管理	课题活动	科技服务	生产经营活动人员	其他人员
总　计	**17 873**	**2 434**	**11 629**	**3 810**	**1 991**	**2 369**
广州市	13 226	1 584	8 750	2 892	1 421	1 823
韶关市	174	25	100	49	36	35
深圳市	1 746	285	1 348	113	65	68
珠海市	106	8	48	50	23	39
汕头市	300	65	159	76	106	39
佛山市	86	19	62	5	5	22
江门市	43	8	31	4	14	5
湛江市	602	126	277	199	90	95
茂名市	138	25	71	42	9	20
肇庆市	103	21	60	22	0	13

（续上表）

地域	单位在职科技活动人员				生产经营活动人员	其他人员
		科技管理	课题活动	科技服务		
惠州市	213	55	87	71	84	65
梅州市	152	52	85	15	20	9
汕尾市	15	4	0	11	0	0
河源市	17	13	0	4	0	2
阳江市	42	6	28	8	9	5
清远市	1	1	0	0	0	0
东莞市	607	95	392	120	66	73
中山市	77	14	37	26	9	20
潮州市	77	10	52	15	0	6
揭阳市	126	13	36	77	34	20
云浮市	22	5	6	11	0	10

表9-2-4-2　按隶属关系分布

单位：人

隶属关系	单位在职科技活动人员				生产经营活动人员	其他人员
		科技管理	课题活动	科技服务		
总　计	**17 873**	**2 434**	**11 629**	**3 810**	**1 991**	**2 369**
地方部门属	10 420	1 484	6 564	2 372	1 756	1 875
省级部门属	5 769	730	3 858	1 181	875	1 004
副省级城市属	1 661	217	982	462	363	341
地市级部门属	2 990	537	1 724	729	518	530
中央部门属	7 453	950	5 065	1 438	235	494
中国科学院	3 393	429	2 270	694	4	22

表9-2-4-3　按机构所属学科领域分布

单位：人

学科领域	单位在职科技活动人员				生产经营活动人员	其他人员
		科技管理	课题活动	科技服务		
总　计	**17 873**	**2 434**	**11 629**	**3 810**	**1 991**	**2 369**
自然科学领域	2 601	330	1 653	618	107	104
农业科学领域	4 295	743	2 485	1 067	890	754
医学科学领域	1 835	150	1 111	574	16	309
工程科学与技术领域	7 887	942	5 582	1 363	864	1 056
社会、人文科学领域	1 255	269	798	188	114	146

表9-2-5　全部县以上部门属科技机构科技活动人员的资历和文化程度（2014）

表9-2-5-1　按地域分布

单位：人

地域	单位在职科技活动人员	学历					职称		
		博士毕业	硕士毕业	本科毕业	大专毕业	其他	高级	中级	其他
总　计	**17 873**	**2 742**	**5 380**	**6 173**	**2 093**	**1 485**	**4 681**	**5 665**	**7 527**
广州市	13 226	2 213	3 912	4 758	1 469	874	3 830	4 314	5 082
韶关市	174	0	13	79	39	43	22	51	101
深圳市	1 746	376	904	447	12	7	334	470	942
珠海市	106	5	15	61	12	13	39	38	29
汕头市	300	0	12	120	75	93	60	50	190
佛山市	86	0	26	32	19	9	17	31	38
江门市	43	0	7	25	6	5	11	20	12
湛江市	602	48	131	145	146	132	101	220	281
茂名市	138	0	8	38	42	50	21	45	72
肇庆市	103	0	10	30	27	36	9	29	65
惠州市	213	5	26	67	62	53	19	46	148

（续上表）

地域	单位在职科技活动人员	学历					职称		
		博士毕业	硕士毕业	本科毕业	大专毕业	其他	高级	中级	其他
梅州市	152	0	17	61	21	53	39	44	69
汕尾市	15	0	0	5	9	1	0	2	13
河源市	17	0	1	6	7	3	2	3	12
阳江市	42	0	2	15	16	9	6	16	20
清远市	1	0	0	0	0	1	0	0	1
东莞市	607	93	276	156	42	40	119	194	294
中山市	77	2	12	46	10	7	20	28	29
潮州市	77	0	0	18	25	34	11	11	55
揭阳市	126	0	6	60	47	13	19	49	58
云浮市	22	0	2	4	7	9	2	4	16

表9–2–5–2　按隶属关系分布

单位：人

隶属关系	单位在职科技活动人员	学历					职称		
		博士毕业	硕士毕业	本科毕业	大专毕业	其他	高级	中级	其他
总　计	**17 873**	**2 742**	**5 380**	**6 173**	**2 093**	**1 485**	**4 681**	**5 665**	**7 527**
地方部门属	10 420	927	2 904	4 157	1 564	868	2 631	3 215	4 574
省级部门属	5 769	675	1 658	2 397	761	278	1 691	1 848	2 230
副省级城市属	1 661	102	513	756	223	67	434	469	758
地市级部门属	2 990	150	733	1 004	580	523	506	898	1 586
中央部门属	7 453	1 815	2 476	2 016	529	617	2 050	2 450	2 953
中国科学院	3 393	1 258	1 045	677	151	262	993	1 051	1 349

表9-2-6　全部县以上部门属科技机构经费收入（2014）

表9-2-6-1　按地域分布

单位：千元

地域	科技活动收入	政府资金				非政府资金			生产经营活动收入	其他收入
			财政拨款	承担政府科研项目收入	其他		技术性收入	国外资金		
总　计	**8 333 352**	**5 990 914**	**2 882 889**	**1 774 578**	**298 972**	**2 342 438**	**1 541 582**	**17 868**	**2 207 055**	**1 713 881**
广州市	7 179 455	4 936 058	2 250 737	1 494 388	276 395	2 243 397	1 449 197	17 868	2 087 401	1 586 484
韶关市	39 163	24 739	12 454	6 220	4 831	14 424	14 424	0	16 88	18 521
深圳市	431 226	374 971	199 743	156 312	104	56 255	56 255	0	57 411	12 979
珠海市	23 871	23 341	19 149	3 790	402	530	530	0	7 281	5 758
汕头市	39 849	38 974	29 981	4 760	4 233	875	875	0	15 940	6 840
佛山市	49 894	49 576	29 243	9 701	0	318	318	0	0	9 019
江门市	12 384	11 360	7 623	2 865	872	1 024	0	0	2 260	2 555
湛江市	181 200	168 059	87 942	37 596	3 821	13 141	8 966	0	4 734	28 176
茂名市	24 988	24 988	16 510	8 278	170	0	0	0	439	1 877
肇庆市	14 272	14 272	12 091	2 181	0	0	0	0	477	2 603
惠州市	44 348	43 178	33 703	8 568	50	1 170	965	0	2 766	4 557
梅州市	23 895	22 239	19 713	1 680	846	1 656	452	0	414	5 365
汕尾市	2 065	2 065	2 024	0	41	0	0	0	0	0
河源市	1 236	1 236	1 007	0	229	0	0	0	2 136	0
阳江市	9 621	8 765	4 941	3 509	195	856	856	0	178	83
清远市	0	0	0	0	0	0	0	0	0	7
东莞市	212 464	209 993	128 368	29 022	3 051	2 471	2 423	0	23 079	9 559
中山市	12 609	12 609	7 985	4 624	0	0	0	0	0	17 142
潮州市	8 076	8 076	8 076	0	0	0	0	0	0	564
揭阳市	20 626	14 305	10 569	684	3 052	6 321	6 321	0	410	413
云浮市	2 110	2 110	1 030	400	680	0	0	0	441	1 379

表9–2–6–2 按隶属关系分布

单位：千元

隶属关系	科技活动收入	政府资金			非政府资金			生产经营活动收入	其他收入
		政府资金	财政拨款	承担政府科研项目收入	其他	技术性收入	国外资金		
总 计	**8 333 352**	**5 990 914**	**2 882 889**	**1 774 578**	**298 972**	**2 342 438**	**1 541 582**	**17 868**	**2 207 055**	**1 713 881**
地方部门属	4 918 044	3 449 083	1 550 301	946 372	138 209	1 468 961	756 429	2 006	1 865 449	1 457 230
省级部门属	3 394 299	2 218 800	760 276	751 067	99 621	1 175 499	467 082	1 459	1 642 003	1 150 682
副省级城市属	824 682	596 279	385 240	72 514	19 882	228 403	227 855	547	108 027	184 618
地市级部门属	699 063	634 004	404 785	122 791	18 706	65 059	61 492	0	115 419	121 930
中央部门属	3 415 308	2 541 831	1 332 588	828 206	160 763	873 477	785 153	15 862	341 606	256 651
中国科学院	1 529 702	1 314 281	712 180	431 933	128 920	215 421	158 183	5 423	16 233	82 239

表9–2–6–3 按服务的国民经济行业分布

单位：千元

行业	科技活动收入	政府资金				非政府资金			生产经营活动收入	其他收入
		政府资金	财政拨款	承担政府科研项目收入	其他	非政府资金	技术性收入	国外资金		
总 计	**8 333 352**	**5 990 914**	**2 882 889**	**1 774 578**	**298 972**	**2 342 438**	**1 541 582**	**17 868**	**2 207 055**	**1 713 881**
农、林、牧、渔业	1 120 066	996 411	583 138	246 573	46 552	123 655	66 563	466	145 389	265 998
农业	419 266	387 148	232 958	75 140	13 671	32 118	19 817	341	64 095	114 927
林业	206 754	179 288	96 908	37 437	32 091	27 466	12 116	0	18 447	42 559
畜牧业	83 728	65 803	41 540	23 121	328	17 925	4 448	0	24 170	12 315
渔业	252 677	218 070	123 493	56 004	270	34 607	30 075	125	17 019	35 339
农、林、牧、渔服务业	157 641	146 102	88 239	54 871	192	11 539	107	0	21 658	60 858
采矿业	206 470	154 379	57 960	93 005	3 414	52 091	41 777	10 314	216 867	50 865
煤炭开采和洗选业	0	0	0	0	0	0	0	0	0	0
石油和天然气开采业	0	0	0	0	0	0	0	0	0	0

（续上表）

行业	科技活动收入	政府资金				非政府资金			生产经营活动收入	其他收入
		政府资金	财政拨款	承担政府科研项目收入	其他	非政府资金	技术性收入	国外资金		
黑色金属矿采选业	0	0	0	0	0	0	0	0	0	0
有色金属矿采选业	206 470	154 379	57 960	93 005	3 414	52 091	41 777	10 314	216 867	50 865
非金属矿采选业	0	0	0	0	0	0	0	0	0	0
开采辅助活动	0	0	0	0	0	0	0	0	0	0
其他采矿业	0	0	0	0	0	0	0	0	0	0
制造业	499 375	417 063	296 950	93 113	27 000	82 312	79 314	0	105 624	87 913
农副食品加工业	151 477	120 947	88 598	28 703	3 646	30 530	28 041	0	57 248	14 087
食品制造业	62 822	39 196	30 162	9 034	0	23 626	23 626	0	4 735	15 518
酒、饮料和精制茶制造业	0	0	0	0	0	0	0	0	0	0
烟草制品业	0	0	0	0	0	0	0	0	0	0
纺织业	0	0	0	0	0	0	0	0	0	0
纺织服装、服饰业	0	0	0	0	0	0	0	0	0	0
皮革、毛皮、羽毛及其制品和制鞋业	0	0	0	0	0	0	0	0	0	0
木材加工和木、竹、藤、棕、草制品业	0	0	0	0	0	0	0	0	0	0
家具制造业	0	0	0	0	0	0	0	0	0	0
造纸和纸制品业	0	0	0	0	0	0	0	0	0	0
印刷和记录媒介复制业	0	0	0	0	0	0	0	0	0	0
文教、工美、体育和娱乐用品制造业	0	0	0	0	0	0	0	0	0	0
石油加工、炼焦和核燃料加工业	2 042	2 042	2 042	0	0	0	0	0	140	1109
化学原料和化学制品制造业	0	0	0	0	0	0	0	0	0	0
医药制造业	241 487	221 556	158 221	40 116	23 219	19 931	19 422	0	882	19 040
化学纤维制造业	2 234	1 564	1 060	504	0	670	670	0	1 456	7 675
橡胶和塑料制品业	0	0	0	0	0	0	0	0	0	0
非金属矿物制品业	0	0	0	0	0	0	0	0	0	0
黑色金属冶炼和压延加工业	750	750	0	750	0	0	0	0	22 850	11 074

（续上表）

行业	科技活动收入	政府资金			非政府资金			生产经营活动收入	其他收入
		政府资金	财政拨款	承担政府科研项目收入	其他	非政府资金	技术性收入	国外资金		
有色金属冶炼和压延加工业	0	0	0	0	0	0	0	0	0	0
金属制品业	0	0	0	0	0	0	0	0	0	0
通用设备制造业	0	0	0	0	0	0	0	0	0	0
专用设备制造业	37 348	30 616	16 535	13 946	135	6 732	732	0	16 766	18 421
汽车制造业	0	0	0	0	0	0	0	0	0	0
铁路、船舶、航空航天和其他运输设备制造业	0	0	0	0	0	0	0	0	0	0
电气机械和器材制造业	0	0	0	0	0	0	0	0	0	0
计算机、通信和其他电子设备制造业	0	0	0	0	0	0	0	0	1 547	858
仪器仪表制造业	1215	392	332	60	0	823	823	0	0	131
其他制造业	0	0	0	0	0	0	0	0	0	0
废弃资源综合利用业	0	0	0	0	0	0	0	0	0	0
金属制品、机械和设备修理业	0	0	0	0	0	0	0	0	0	0
电力、热力、燃气及水生产和供应业	0	0	0	0	0	0	0	0	0	0
电力、热力生产和供应业	0	0	0	0	0	0	0	0	0	0
燃气生产和供应业	0	0	0	0	0	0	0	0	0	0
水的生产和供应业	0	0	0	0	0	0	0	0	0	0
建筑业	0	0	0	0	0	0	0	0	0	0
房屋建筑业	0	0	0	0	0	0	0	0	0	0
土木工程建筑业	0	0	0	0	0	0	0	0	0	0
建筑安装业	0	0	0	0	0	0	0	0	0	0
建筑装饰和其他建筑业	0	0	0	0	0	0	0	0	0	0
批发和零售业	0	0	0	0	0	0	0	0	0	0
批发业	0	0	0	0	0	0	0	0	0	0
零售业	0	0	0	0	0	0	0	0	0	0
交通运输、仓储和邮政业	80 738	18 175	7 470	10 705	0	62 563	62 015	547	0	5 486

（续上表）

行业	科技活动收入	政府资金				非政府资金			生产经营活动收入	其他收入
		政府资金	财政拨款	承担政府科研项目收入	其他	非政府资金	技术性收入	国外资金		
铁路运输业	0	0	0	0	0	0	0	0	0	0
道路运输业	76 314	15 212	5 406	9 806	0	61 102	60 554	547	0	0
水上运输业	4 424	2 963	2 064	899	0	1461	1461	0	0	5 486
航空运输业	0	0	0	0	0	0	0	0	0	0
管道运输业	0	0	0	0	0	0	0	0	0	0
装卸搬运和运输代理业	0	0	0	0	0	0	0	0	0	0
仓储业	0	0	0	0	0	0	0	0	0	0
邮政业	0	0	0	0	0	0	0	0	0	0
住宿和餐饮业	0	0	0	0	0	0	0	0	0	0
住宿业	0	0	0	0	0	0	0	0	0	0
餐饮业	0	0	0	0	0	0	0	0	0	0
信息传输、软件和信息技术服务业	104 543	43 715	34 728	3 536	5 451	60 828	60 828	0	7 867	2 660
电信、广播电视和卫星传输服务	36 795	23 364	19 993	3 371	0	13 431	13 431	0	5 982	97
互联网和相关服务	0	0	0	0	0	0	0	0	0	0
软件和信息技术服务业	67 748	20 351	14 735	165	5 451	47 397	47 397	0	1 885	2 563
金融业	0	0	0	0	0	0	0	0	0	0
货币金融服务	0	0	0	0	0	0	0	0	0	0
资本市场服务	0	0	0	0	0	0	0	0	0	0
保险业	0	0	0	0	0	0	0	0	0	0
其他金融业	0	0	0	0	0	0	0	0	0	0
房地产业	0	0	0	0	0	0	0	0	0	0
房地产业	0	0	0	0	0	0	0	0	0	0
租赁和商务服务业	0	0	0	0	0	0	0	0	0	0
租赁业	0	0	0	0	0	0	0	0	0	0
商务服务业	0	0	0	0	0	0	0	0	0	0

（续上表）

行业	科技活动收入	政府资金				非政府资金			生产经营活动收入	其他收入
		政府资金	财政拨款	承担政府科研项目收入	其他	非政府资金	技术性收入	国外资金		
科学研究和技术服务业	3 749 180	2 826 016	1 443 458	784 463	198 872	923 164	854 320	5 423	583 921	348 715
研究和试验发展	2 059 274	1 578 588	841 609	498 300	66 262	480 686	414 600	5 350	113 209	126 625
专业技术服务业	1 592 769	1 192 158	565 781	269 339	132 104	400 611	397 853	73	468 927	215 294
科技推广和应用服务业	97 137	55 270	36 068	16 824	506	41 867	41 867	0	1 785	6 796
水利、环境和公共设施管理业	593 199	212 664	139 859	36 252	0	380 535	339 082	1 118	95 505	133 107
水利管理业	385 370	117 894	84 711	9 959	0	267 476	267 476	0	0	15 217
生态保护和环境治理业	207 829	94 770	55 148	26 293	0	113 059	71 606	1 118	95 505	117 890
公共设施管理业	0	0	0	0	0	0	0	0	0	0
居民服务、修理和其他服务业	0	0	0	0	0	0	0	0	0	0
居民服务业	0	0	0	0	0	0	0	0	0	0
机动车、电子产品和日用产品修理业	0	0	0	0	0	0	0	0	0	0
其他服务业	0	0	0	0	0	0	0	0	0	0
教育	170 20	17 020	17 020	0	0	0	0	0	0	600
教育	170 20	17 020	17 020	0	0	0	0	0	0	600
卫生和社会工作	1 753 151	1 111 156	162 214	506 350	3 433	641 995	22 388	0	1 044 348	812 160
卫生	1 753 151	1 111 156	162 214	506 350	3 433	641 995	22 388	0	1 044 348	812 160
社会工作	0	0	0	0	0	0	0	0	0	0
文化、体育和娱乐业	132 910	117615	76 898	581	744	15 295	15 295	0	7 534	6 252
新闻和出版业	0	0	0	0	0	0	0	0	0	0
广播、电视、电影和影视录音制作业	0	0	0	0	0	0	0	0	0	0
文化艺术业	60 215	44 920	44 176	0	744	15 295	15 295	0	6 414	5 667
体育	72 695	72 695	32 722	581	0	0	0	0	1 120	585
娱乐业	0	0	0	0	0	0	0	0	0	0
公共管理、社会保障和社会组织	76 700	76 700	63 194	0	13 506	0	0	0	0	125
中国共产党机关	0	0	0	0	0	0	0	0	0	0

（续上表）

行业	科技活动收入	政府资金				非政府资金			生产经营活动收入	其他收入
			财政拨款	承担政府科研项目收入	其他		技术性收入	国外资金		
国家机构	76 700	76 700	63 194	0	13 506	0	0	0	0	125
人民政协、民主党派	0	0	0	0	0	0	0	0	0	0
社会保障	0	0	0	0	0	0	0	0	0	0
群众团体、社会团体和其他成员组织	0	0	0	0	0	0	0	0	0	0
基层群众自治组织	0	0	0	0	0	0	0	0	0	0
国际组织	0	0	0	0	0	0	0	0	0	0
国际组织	0	0	0	0	0	0	0	0	0	0

表9-2-7　全部县以上部门属科技机构经费支出（2014）

表9-2-7-1　按地域分布

单位：千元

地域	科技经费内部支出	科技经费日常支出				科研基建	生产经营支出	其他支出
			人员劳务费	设备购置费	其他日常支出			
总　计	**7 907 689**	**6 578 353**	**2 382 516**	**749 697**	**3 446 140**	**1 329 336**	**2 328 452**	**1 391 444**
广州市	6 876 386	5 682 427	1 994 444	654 151	3 033 832	1 193 959	2 179 611	1 229 211
韶关市	40 804	35 446	17 224	1 851	16 371	5 358	1 702	11 738
深圳市	410 614	391 765	140 086	65 256	186 423	18 849	84 202	18 880
珠海市	18 512	18 512	13 267	3 493	1 752	0	10 626	6 851
汕头市	41 880	41 880	22 311	1 383	18 186	0	15 601	8 924
佛山市	56 738	46 106	13 475	3 624	29 007	10 632	0	2 138
江门市	11 245	11 245	7 605	937	2 703	0	1 306	2 692
湛江市	140 811	102 111	46 962	4 706	50 443	38 700	9 587	47 858
茂名市	21 949	21 919	10 167	2 974	8 778	30	335	3 989

（续上表）

地域	科技经费内部支出	科技经费日常支出				科研基建	生产经营支出	其他支出
			人员劳务费	设备购置费	其他日常支出			
肇庆市	12 098	12 098	7 144	267	4 687	0	757	3 053
惠州市	37 917	36 199	18 243	1 447	16 509	1 718	2 354	2 465
梅州市	14 760	14 760	10 841	214	3 705	0	640	10 668
汕尾市	1 272	1 272	1 048	0	224	0	325	456
河源市	3 734	3 734	1 476	113	2 145	0	0	351
阳江市	5 652	5 532	4 120	80	1 332	120	780	479
清远市	387	387	387	0	0	0	0	0
东莞市	174 298	114 328	50 947	8 047	55 334	59 970	18 442	19 356
中山市	12 343	12 343	5 658	0	6 685	0	0	17 142
潮州市	6 345	6 345	5 044	10	1 291	0	0	2 381
揭阳市	17 106	17 106	10 173	1 039	5 894	0	1771	1 198
云浮市	2 838	2 838	1 894	105	839	0	413	1 614

表9–2–7–2　按隶属关系分布

单位：千元

隶属关系	科技经费内部支出	科技经费日常支出				科研基建	生产经营支出	其他支出
			人员劳务费	设备购置费	其他日常支出			
总　计	**7 907 689**	**6 578 353**	**2 382 516**	**749 697**	**3 446 140**	**1 329 336**	**2 328 452**	**1 391 444**
地方部门属	4 638 335	3 714 026	1 371 446	304 934	2 037 646	924 309	1 870 378	1 063 346
省级部门属	3 254 485	2 563 944	902 271	200 849	1 460 824	690 541	1 594 202	787 594
副省级城市属	744 905	614 262	222 852	54 184	337 226	130 643	136 249	133 629
地市级部门属	638 945	535 820	246 323	49 901	239 596	103 125	139 927	142 123
中央部门属	3 269 354	2 864 327	1 011 070	444 763	1 408 494	405 027	458 074	328 098
中国科学院	1 536 740	1 469 522	462 038	303 947	703 537	67 218	16 408	138 555

表9–2–7–3　按机构所属学科领域分布

单位：千元

学科领域	科技经费内部支出	科技经费日常支出				科研基建	生产经营支出	其他支出
			人员劳务费	设备购置费	其他日常支出			
总　计	**7 907 689**	**6 578 353**	**2 382 516**	**749 697**	**3 446 140**	**1 3293 36**	**2 328 452**	**1 391 444**
自然科学领域	1 242 287	1 183 938	403 836	238 166	541 936	58 349	,87 724	172 347
农业科学领域	1 313 635	1 149 865	475 704	81 782	592 379	163 770	181 307	363 596
医学科学领域	1 849 629	1 394 234	373 759	69 776	950 699	455 395	1 031 500	474 901
工程科学与技术领域	3 077 754	2 489 481	976 746	327 509	1 185 226	588 273	974 271	273 609
社会、人文科学领域	424 384	360 835	152 471	32 464	175 900	63 549	53 650	106 991

表9–2–7–4　按服务的国民经济行业分布

单位：千元

行业	科技经费内部支出	科技经费日常支出				科研基建	生产经营支出	其他支出
			人员劳务费	设备购置费	其他日常支出			
总　计	**7 907 689**	**6 578 353**	**2 382 516**	**749 697**	**3 446 140**	**1 329 336**	**2 328 452**	**1 391 444**
农、林、牧、渔业	1 045 621	914 885	379 976	60 586	474 323	130 736	147 623	273 589
农业	400 144	329 197	167 006	16 206	145 985	70 947	59 536	115 742
林业	175 119	161 807	55 896	22 951	82 960	13 312	22 959	47 448
畜牧业	92 048	86 709	31 516	7 238	47 955	5 339	23 340	9 614
渔业	235 144	196 806	61 994	5 781	129 031	38 338	17 054	33 289
农、林、牧、渔服务业	143 166	140 366	63 564	8 410	68 392	2 800	24 734	67 496
采矿业	224 592	208 168	74 393	47 114	86 661	16 424	206 023	52 555
煤炭开采和洗选业	0	0	0	0	0	0	0	0
石油和天然气开采业	0	0	0	0	0	0	0	0
黑色金属矿采选业	0	0	0	0	0	0	0	0
有色金属矿采选业	224 592	208 168	74 393	47 114	86 661	16 424	206 023	52 555

（续上表）

行业	科技经费内部支出	科技经费日常支出				科研基建	生产经营支出	其他支出
		科技经费日常支出	人员劳务费	设备购置费	其他日常支出			
非金属矿采选业	0	0	0	0	0	0	0	0
开采辅助活动	0	0	0	0	0	0	0	0
其他采矿业	0	0	0	0	0	0	0	0
制造业	466 291	452 995	194 591	50 721	207 683	13 296	92 073	111 345
农副食品加工业	114 944	114 944	54849	9 847	50 248	0	54 605	37 817
食品制造业	59 612	59 612	34 949	4 944	19 719	0	4 535	12 246
酒、饮料和精制茶制造业	0	0	0	0	0	0	0	0
烟草制品业	0	0	0	0	0	0	0	0
纺织业	0	0	0	0	0	0	0	0
纺织服装、服饰业	0	0	0	0	0	0	0	0
皮革、毛皮、羽毛及其制品和制鞋业	0	0	0	0	0	0	0	0
木材加工和木、竹、藤、棕、草制品业	0	0	0	0	0	0	0	0
家具制造业	0	0	0	0	0	0	0	0
造纸和纸制品业	0	0	0	0	0	0	0	0
印刷和记录媒介复制业	0	0	0	0	0	0	0	0
文教、工美、体育和娱乐用品制造业	0	0	0	0	0	0	0	0
石油加工、炼焦和核燃料加工业	1 252	1 252	1 152	0	100	0	335	1 677
化学原料和化学制品制造业	0	0	0	0	0	0	0	0
医药制造业	234 028	220 782	75 302	27 798	117 682	13 246	904	21 568
化学纤维制造业	9 123	9 123	1447	0	7 676	0	992	1 045
橡胶和塑料制品业	0	0	0	0	0	0	0	0
非金属矿物制品业	0	0	0	0	0	0	0	0
黑色金属冶炼和压延加工业	2 400	2 350	485	0	1 865	50	22 326	11 074
有色金属冶炼和压延加工业	0	0	0	0	0	0	0	0
金属制品业	0	0	0	0	0	0	0	0
通用设备制造业	0	0	0	0	0	0	0	0

（续上表）

行业	科技经费内部支出	科技经费日常支出				科研基建	生产经营支出	其他支出
			人员劳务费	设备购置费	其他日常支出			
专用设备制造业	43 012	43 012	24 935	8 132	9 945	0	7 451	25 291
汽车制造业	0	0	0	0	0	0	0	0
铁路、船舶、航空航天和其他运输设备制造业	0	0	0	0	0	0	0	0
电气机械和器材制造业	0	0	0	0	0	0	0	0
计算机、通信和其他电子设备制造业	935	935	746	0	189	0	925	496
仪器仪表制造业	985	985	726	0	259	0	0	131
其他制造业	0	0	0	0	0	0	0	0
废弃资源综合利用业	0	0	0	0	0	0	0	0
金属制品、机械和设备修理业	0	0	0	0	0	0	0	0
电力、热力、燃气及水生产和供应业	0	0	0	0	0	0	0	0
电力、热力生产和供应业	0	0	0	0	0	0	0	0
燃气生产和供应业	0	0	0	0	0	0	0	0
水的生产和供应业	0	0	0	0	0	0	0	0
建筑业	0	0	0	0	0	0	0	0
房屋建筑业	0	0	0	0	0	0	0	0
土木工程建筑业	0	0	0	0	0	0	0	0
建筑安装业	0	0	0	0	0	0	0	0
建筑装饰和其他建筑业	0	0	0	0	0	0	0	0
批发和零售业	0	0	0	0	0	0	0	0
批发业	0	0	0	0	0	0	0	0
零售业	0	0	0	0	0	0	0	0
交通运输、仓储和邮政业	48 897	48 897	13 853	1 322	33 722	0	0	3 738
铁路运输业	0	0	0	0	0	0	0	0
道路运输业	42 461	42 461	10 066	1 251	31 144	0	0	0
水上运输业	6 436	6 436	3 787	71	2 578	0	0	3 738
航空运输业	0	0	0	0	0	0	0	0

（续上表）

行业	科技经费内部支出	科技经费日常支出	人员劳务费	设备购置费	其他日常支出	科研基建	生产经营支出	其他支出
管道运输业	0	0	0	0	0	0	0	0
装卸搬运和运输代理业	0	0	0	0	0	0	0	0
仓储业	0	0	0	0	0	0	0	0
邮政业	0	0	0	0	0	0	0	0
住宿和餐饮业	0	0	0	0	0	0	0	0
住宿业	0	0	0	0	0	0	0	0
餐饮业	0	0	0	0	0	0	0	0
信息传输、软件和信息技术服务业	80 481	80 481	28 914	3 339	48 228	0	21 132	15 830
电信、广播电视和卫星传输服务	26 693	26 693	12 594	240	13 859	0	5 986	7 595
互联网和相关服务	0	0	0	0	0	0	0	0
软件和信息技术服务业	53 788	53 788	16 320	3 099	34 369	0	15 146	8 235
金融业	0	0	0	0	0	0	0	0
货币金融服务	0	0	0	0	0	0	0	0
资本市场服务	0	0	0	0	0	0	0	0
保险业	0	0	0	0	0	0	0	0
其他金融业	0	0	0	0	0	0	0	0
房地产业	0	0	0	0	0	0	0	0
房地产业	0	0	0	0	0	0	0	0
租赁和商务服务业	0	0	0	0	0	0	0	0
租赁业	0	0	0	0	0	0	0	0
商务服务业	0	0	0	0	0	0	0	0
科学研究和技术服务业	3 652 781	3 051 443	1 116 465	503 080	1 431 898	601 338	683 301	381 511
研究和试验发展	1 878 156	1 642 649	593 031	227 081	822 537	235 507	125 642	166 725
专业技术服务业	1 704 418	1 340 496	495 298	267 231	577 967	363 922	528 970	205 404
科技推广和应用服务业	70 207	68 298	28 136	8 768	31 394	1 909	28 689	9 382
水利、环境和公共设施管理业	569 401	482 030	232 527	25 000	224 503	87 371	141 067	70 999

（续上表）

行业	科技经费内部支出	科技经费日常支出				科研基建	生产经营支出	其他支出
			人员劳务费	设备购置费	其他日常支出			
水利管理业	327 239	260 442	142 781	9 187	108 474	66 797	59 290	18 409
生态保护和环境治理业	242 162	221 588	89 746	15 813	116 029	20 574	81 777	52 590
公共设施管理业	0	0	0	0	0	0	0	0
居民服务、修理和其他服务业	0	0	0	0	0	0	0	0
居民服务业	0	0	0	0	0	0	0	0
机动车、电子产品和日用产品修理业	0	0	0	0	0	0	0	0
其他服务业	0	0	0	0	0	0	0	0
教育	15 039	150 39	5 441	55	9 543	0	1 981	600
教育	15 039	15 039	5 441	55	9 543	0	1 981	600
卫生和社会工作	1 611 118	1 170 339	299 658	40 653	830 028	440 779	1 031 500	448 824
卫生	1 611 118	1 170 339	299 658	40 653	830 028	440 779	1 031 500	448 824
社会工作	0	0	0	0	0	0	0	0
文化、体育和娱乐业	118 217	78 825	24 770	11 734	42 321	39 392	25 52	31 728
新闻和出版业	0	0	0	0	0	0	0	0
广播、电视、电影和影视录音制作业	0	0	0	0	0	0	0	0
文化艺术业	49 508	49 508	16 886	2 967	29 655	0	2 552	31 143
体育	68 709	29 317	7 884	8 767	12 666	39 392	0	585
娱乐业	0	0	0	0	0	0	0	0
公共管理、社会保障和社会组织	75 251	75 251	11 928	6 093	57 230	0	1 200	725
中国共产党机关	0	0	0	0	0	0	0	0
国家机构	75 251	75 251	11 928	6 093	57 230	0	1 200	725
人民政协、民主党派	0	0	0	0	0	0	0	0
社会保障	0	0	0	0	0	0	0	0
群众团体、社会团体和其他成员组织	0	0	0	0	0	0	0	0
基层群众自治组织	0	0	0	0	0	0	0	0
国际组织	0	0	0	0	0	0	0	0
国际组织	0	0	0	0	0	0	0	0

表9-2-8　全部县以上部门属科技机构基本建设与固定资产（2014）

表9-2-8-1　按地域分布

单位：千元

地域	基本建设投资实际完成额	科研仪器设备	科研土建工程	科研基建	政府资金	企业资金	事业单位资金	其他资金	年末固定资产原价	科研房屋建筑物	科研仪器设备	进口
总　计	**1 386 455**	**206 657**	**1 122 679**	**1 329 336**	**1 034 475**	**419**	**237 588**	**56 854**	**11 008 850**	**3 013 630**	**5 054 586**	**1 536 078**
广州市	1 225 359	157 190	1 036 769	1 193 959	914 538	50	222 517	56 854	9 445 356	2 560 699	4 384 202	1 320 950
韶关市	5 358	0	5 358	5 358	1 234	0	4 124	0	52 679	33 265	11 182	23 39
深圳市	18 849	9 841	9 008	18 849	18 812	0	37	0	510 365	4 741	389 619	186 120
珠海市	0	0	0	0	0	0	0	0	71 022	22 989	15 081	0
汕头市	0	0	0	0	0	0	0	0	75 895	47 018	14 407	2
佛山市	10 632	1 825	8 807	10 632	10 632	0	0	0	30 536	20 830	7 317	0
江门市	0	0	0	0	0	0	0	0	21 664	8 749	1 855	0
湛江市	38 700	2 270	36 430	38 700	38 700	0	0	0	309 798	76 185	107 407	8 000
茂名市	35	30	0	30	30	0	0	0	15 601	5 821	2 507	0
肇庆市	0	0	0	0	0	0	0	0	22 709	10 110	2 759	0
惠州市	4 244	245	1 473	1 718	857	365	496	0	45 461	23 397	7 260	210
梅州市	0	0	0	0	0	0	0	0	41 163	33 250	2 670	0
汕尾市	0	0	0	0	0	0	0	0	875	107	0	0
河源市	0	0	0	0	0	0	0	0	959	0	0	0
阳江市	120	0	120	120	120	0	0	0	21 068	5 835	1 100	0
清远市	0	0	0	0	0	0	0	0	84	0	0	0
东莞市	82 808	35 256	24 714	59 970	49 552	4	10 414	0	249 673	126 172	69 504	4 849
中山市	350	0	0	0	0	0	0	0	12 236	0	3 473	468
潮州市	0	0	0	0	0	0	0	0	8 439	3 624	540	0
揭阳市	0	0	0	0	0	0	0	0	69 897	30 650	33 556	13 140
云浮市	0	0	0	0	0	0	0	0	3 370	188	147	0

表9–2–8–2　按隶属关系分布

单位：千元

隶属关系	基本建设投资实际完成额	科研仪器设备	科研土建工程	科研基建	政府资金	企业资金	事业单位资金	其他资金	年末固定资产原价	科研房屋建筑物	科研仪器设备	进口
总　计	**1 386 455**	**206 657**	**1 122 679**	**1 329 336**	**1 034 475**	**419**	**237 588**	**56 854**	**11 008 850**	**3 013 630**	**5 054 586**	**1 536 078**
地方部门属	981 428	145 918	778 391	924 309	814 201	419	66 116	43 573	6 062 148	1 963 547	2 394 985	312 297
省级部门属	690 541	31 231	659 310	690 541	607 836	0	39 132	43 573	3 642 498	1 091 746	1 689 985	142 642
副省级城市属	162 043	63 274	67 369	130 643	118 643	50	11 950	0	1 487 935	465 322	466 025	123 610
地市级部门属	128 844	51 413	51 712	103 125	87 722	369	15 034	0	931 715	406 479	238 975	46 045
中央部门属	405 027	60 739	344 288	405 027	220 274	0	171 472	13 281	4 946 702	1 050 083	2 659 601	1 223 781
中国科学院	67 218	0	67 218	67 218	41 248	0	12 724	13 246	2 490 768	395 418	1 408 375	930 559

表9–2–9　全部县以上部门属科技机构课题概况（2014）

表9–2–9–1　按地域分布

地域	课题数合计（个）	R&D课题	课题经费内部支出（千元）	政府资金	R&D课题经费	课题投入人员（人年）	其中：R&D人员	其中：外聘流动学者	其中：在读研究生
总　计	**6 710**	**5 221**	**2 916 734**	**2 017 067**	**2 338 925**	**12 594**	**9 763**	**332**	**1 228**
广州市	5 670	4 482	2 505 054	1 655 275	2 014 558	9 616	7 807	287	1 175
韶关市	39	1	7 423	6 170	150	104	3	0	0
深圳市	524	480	222 090	207 727	187 226	1 093	819	43	39
珠海市	11	8	4 309	4 309	2 663	41	29	0	0
汕头市	58	7	10 402	6 762	2 062	156	35	0	0
佛山市	8	7	835	835	825	16	14	0	0
江门市	8	6	7 434	3 561	7 310	34	28	0	0
湛江市	124	57	21 505	20 608	8 431	375	160	2	15
茂名市	23	12	5 408	4 854	2 925	62	35	0	0
肇庆市	29	7	4 591	3 091	1 600	75	20	0	0

（续上表）

地域	课题数合计（个）	R&D课题	课题经费内部支出（千元）	政府资金	R&D课题经费	课题投入人员（人年）	其中：R&D人员	其中：外聘流动学者	其中：在读研究生
惠州市	49	23	11 765	11 238	3 832	152	69	0	0
梅州市	33	28	4 201	4 201	3 608	117	103	0	0
汕尾市	0	0	0	0	0	0	0	0	0
河源市	0	0	0	0	0	0	0	0	0
阳江市	15	6	2 409	2 159	870	29	13	0	0
清远市	0	0	0	0	0	0	0	0	0
东莞市	78	69	102 890	81 664	98 548	571	550	0	0
中山市	11	5	1 844	1 844	1 127	64	13	0	0
潮州市	6	2	425	425	40	24	7	0	0
揭阳市	21	21	3 150	1 345	3 150	60	60	0	0
云浮市	3	0	1 000	1 000	0	6	0	0	0

表9–2–9–2　按隶属关系分布

隶属关系	课题数合计（个）	R&D课题	课题经费内部支出（千元）	政府资金	R&D课题经费	课题投入人员（人年）	其中：R&D人员	其中：外聘流动学者	其中：在读研究生
总　计	**6 710**	**5 221**	**2 916 734**	**2 017 067**	**2 338 925**	**12 594**	**9 763**	**332**	**1 228**
地方部门属	2 932	2 022	1 233 409	730 862	944 040	6 610	4 647	40	182
省级部门属	2 032	1 524	883 049	486 998	705 720	3 792	2 919	27	178
副省级城市属	402	249	127 574	72 408	76 115	808	532	1	2
地市级部门属	498	249	222 785	171 456	162 205	2 009	1 196	13	2
中央部门属	3 778	3 199	1 683 326	1 286 206	1 394 885	5 984	5 116	292	1 046
中国科学院	2 329	2 163	937 647	832 949	833 295	3 132	2 886	285	899

表9-2-9-3　按课题活动类型分布

课题活动类型	课题数合计（个）	R&D课题	课题经费内部支出（千元）	政府资金	R&D课题经费	课题投入人员（人年）	其中：R&D人员	其中：外聘流动学者	其中：在读研究生
总　计	**6 710**	**5 221**	**2 916 734**	**2 017 067**	**23 389 25**	**12 594**	**9 763**	**332**	**1 228**
基础研究	1 732	1 732	697 140	597 537	697 140	2 710	2 710	131	614
应用研究	1 651	1 651	567 609	429 312	567 609	2 707	2 707	110	309
试验发展	1 838	1 838	1 074 176	728 796	1 074 176	4 346	4 346	50	241
R&D成果应用	491	0	195 225	119 361	0	1 115	0	15	36
科技服务	998	0	382 584	142 061	0	1 716	0	26	28

表9-2-9-4　按服务的国民经济行业分布

行业	课题数合计（个）	R&D课题	课题经费内部支出（千元）	政府资金	R&D课题经费	课题投入人员（人年）	其中：R&D人员	其中：外聘流动学者	其中：在读研究生
总　计	**6 710**	**5 221**	**2 916 734**	**2 017 067**	**2 338 925**	**12 594**	**9 763**	**332**	**1 228**
农、林、牧、渔业	1 392	963	375 643	343 193	259 533	2 657	1 756	14	164
农业	605	384	158 804	140 792	94 497	1 113	691	0	9
林业	239	165	52 296	47 706	39 612	512	327	14	52
畜牧业	116	79	37 873	33 084	293 09	236	161	0	45
渔业	245	210	89 942	89 942	76 787	458	374	0	51
农、林、牧、渔服务业	187	125	36 728	31669	19 329	337	203	0	8
采矿业	246	237	205 135	91 767	203 104	633	629	0	0
煤炭开采和洗选业	0	0	0	0	0	0	0	0	0
石油和天然气开采业	0	0	0	0	0	0	0	0	0
黑色金属矿采选业	0	0	0	0	0	0	0	0	0
有色金属矿采选业	246	237	205 135	91 767	203 104	633	629	0	0
非金属矿采选业	0	0	0	0	0	0	0	0	0
开采辅助活动	0	0	0	0	0	0	0	0	0
其他采矿业	0	0	0	0	0	0	0	0	0

（续上表）

行业	课题数合计（个）		课题经费 内部支出（千元）			课题投入 人员（人年）			
		R&D课题		政府资金	R&D课题经费		其中：R&D人员	其中：外聘流动学者	其中：在读研究生
制造业	453	414	213 627	176 536	197 702	1 069	930	25	134
农副食品加工业	77	60	35 564	24 659	26 647	321	230	2	5
食品制造业	102	96	16 231	11 553	15 524	114	109	1	17
酒、饮料和精制茶制造业	0	0	0	0	0	0	0	0	0
烟草制品业	0	0	0	0	0	0	0	0	0
纺织业	0	0	0	0	0	0	0	0	0
纺织服装、服饰业	0	0	0	0	0	0	0	0	0
皮革、毛皮、羽毛及其制品和制鞋业	0	0	0	0	0	0	0	0	0
木材加工和木、竹、藤、棕、草制品业	0	0	0	0	0	0	0	0	0
家具制造业	0	0	0	0	0	0	0	0	0
造纸和纸制品业	0	0	0	0	0	0	0	0	0
印刷和记录媒介复制业	0	0	0	0	0	0	0	0	0
文教、工美、体育和娱乐用品制造业	0	0	0	0	0	0	0	0	0
石油加工、炼焦和核燃料加工业	2	2	488	300	488	7	7	0	0
化学原料和化学制品制造业	0	0	0	0	0	0	0	0	0
医药制造业	224	213	141 201	122 125	138 210	490	471	22	103
化学纤维制造业	2	2	1 332	849	1 332	12	12	0	0
橡胶和塑料制品业	0	0	0	0	0	0	0	0	0
非金属矿物制品业	0	0	0	0	0	0	0	0	0
黑色金属冶炼和压延加工业	2	0	2 350	750	0	5	0	0	0
有色金属冶炼和压延加工业	0	0	0	0	0	0	0	0	0
金属制品业	0	0	0	0	0	0	0	0	0
通用设备制造业	0	0	0	0	0	0	0	0	0
专用设备制造业	43	41	16 400	16 240	15 500	115	102	0	9
汽车制造业	0	0	0	0	0	0	0	0	0
铁路、船舶、航空航天和其他运输设备制造业	0	0	0	0	0	0	0	0	0

（续上表）

行业	课题数合计（个）		课题经费			课题投入			
		R&D课题	内部支出（千元）	政府资金	R&D课题经费	人员（人年）	其中：R&D人员	其中：外聘流动学者	其中：在读研究生
电气机械和器材制造业	0	0	0	0	0	0	0	0	0
计算机、通信和其他电子设备制造业	0	0	0	0	0	0	0	0	0
仪器仪表制造业	1	0	60	60	0	5	0	0	0
其他制造业	0	0	0	0	0	0	0	0	0
废弃资源综合利用业	0	0	0	0	0	0	0	0	0
金属制品、机械和设备修理业	0	0	0	0	0	0	0	0	0
电力、热力、燃气及水生产和供应业	0	0	0	0	0	0	0	0	0
电力、热力生产和供应业	0	0	0	0	0	0	0	0	0
燃气生产和供应业	0	0	0	0	0	0	0	0	0
水的生产和供应业	0	0	0	0	0	0	0	0	0
建筑业	0	0	0	0	0	0	0	0	0
房屋建筑业	0	0	0	0	0	0	0	0	0
土木工程建筑业	0	0	0	0	0	0	0	0	0
建筑安装业	0	0	0	0	0	0	0	0	0
建筑装饰和其他建筑业	0	0	0	0	0	0	0	0	0
批发和零售业	0	0	0	0	0	0	0	0	0
批发业	0	0	0	0	0	0	0	0	0
零售业	0	0	0	0	0	0	0	0	0
交通运输、仓储和邮政业	68	18	18 933	10 350	6 186	66	32	1	0
铁路运输业	0	0	0	0	0	0	0	0	0
道路运输业	58	12	12 689	9 451	1 539	43	16	0	0
水上运输业	10	6	6 244	899	4 647	23	16	1	0
航空运输业	0	0	0	0	0	0	0	0	0
管道运输业	0	0	0	0	0	0	0	0	0
装卸搬运和运输代理业	0	0	0	0	0	0	0	0	0

（续上表）

行业	课题数合计（个）	R&D课题	课题经费内部支出（千元）	政府资金	R&D课题经费	课题投入人员（人年）	其中：R&D人员	其中：外聘流动学者	其中：在读研究生
仓储业	0	0	0	0	0	0	0	0	0
邮政业	0	0	0	0	0	0	0	0	0
住宿和餐饮业	0	0	0	0	0	0	0	0	0
住宿业	0	0	0	0	0	0	0	0	0
餐饮业	0	0	0	0	0	0	0	0	0
信息传输、软件和信息技术服务业	89	44	12 289	9 465	3 692	153	65	5	8
电信、广播电视和卫星传输服务	68	37	6 458	3 634	2 180	71	35	5	8
互联网和相关服务	0	0	0	0	0	0	0	0	0
软件和信息技术服务业	21	7	5 831	5 831	1 512	82	30	0	0
金融业	0	0	0	0	0	0	0	0	0
货币金融服务	0	0	0	0	0	0	0	0	0
资本市场服务	0	0	0	0	0	0	0	0	0
保险业	0	0	0	0	0	0	0	0	0
其他金融业	0	0	0	0	0	0	0	0	0
房地产业	0	0	0	0	0	0	0	0	0
房地产业	0	0	0	0	0	0	0	0	0
租赁和商务服务业	0	0	0	0	0	0	0	0	0
租赁业	0	0	0	0	0	0	0	0	0
商务服务业	0	0	0	0	0	0	0	0	0
科学研究和技术服务业	3 349	2 936	1 405 043	1 164 816	1 219 208	5 914	4 947	287	848
研究和试验发展	2 043	1 821	768 560	666 532	682 124	3 546	3 208	208	621
专业技术服务业	1 267	1 091	630 660	492 461	533 261	2 011	1 579	79	222
科技推广和应用服务业	39	24	5 824	5 824	3 823	358	161	0	5
水利、环境和公共设施管理业	729	313	382 768	149 449	179 734	1 221	646	0	42
水利管理业	396	77	255 801	66 017	94 998	667	259	0	0
生态保护和环境治理业	333	236	126 967	83 432	84 736	554	387	0	42

（续上表）

行业	课题数合计（个）		课题经费内部支出（千元）			课题投入人员（人年）			
		R&D课题		政府资金	R&D课题经费		其中：R&D人员	其中：外聘流动学者	其中：在读研究生
公共设施管理业	0	0	0	0	0	0	0	0	0
居民服务、修理和其他服务业	0	0	0	0	0	0	0	0	0
居民服务业	0	0	0	0	0	0	0	0	0
机动车、电子产品和日用产品修理业	0	0	0	0	0	0	0	0	0
其他服务业	0	0	0	0	0	0	0	0	0
教育	14	0	135	135	0	10	0	0	0
教育	14	0	135	135	0	10	0	0	0
卫生和社会工作	320	290	269 447	41 729	240 838	767	697	1	32
卫生	320	290	269 447	41 729	240 838	767	697	1	32
社会工作	0	0	0	0	0	0	0	0	0
文化、体育和娱乐业	41	3	29 686	25 600	25 582	80	40	0	0
新闻和出版业	0	0	0	0	0	0	0	0	0
广播、电视、电影和影视录音制作业	0	0	0	0	0	0	0	0	0
文化艺术业	35	1	27 011	22 925	24 000	51	26	0	0
体育	6	2	2 675	2 675	1 582	29	14	0	0
娱乐业	0	0	0	0	0	0	0	0	0
公共管理、社会保障和社会组织	9	3	4 028	4 028	3 346	25	21	0	0
中国共产党机关	0	0	0	0	0	0	0	0	0
国家机构	9	3	4 028	4 028	3 346	25	21	0	0
人民政协、民主党派	0	0	0	0	0	0	0	0	0
社会保障	0	0	0	0	0	0	0	0	0
群众团体、社会团体和其他成员组织	0	0	0	0	0	0	0	0	0
基层群众自治组织	0	0	0	0	0	0	0	0	0
国际组织	0	0	0	0	0	0	0	0	0
国际组织	0	0	0	0	0	0	0	0	0

表9–2–9–5　按课题所属学科分布

学科	课题数合计（个）	R&D课题	课题经费内部支出（千元）	政府资金	R&D课题经费	课题投入人员（人年）	其中：R&D人员	其中：外聘流动学者	其中：在读研究生
总　计	**6 710**	**5 221**	**2 916 734**	**2 017 067**	**2 338 925**	**12 594**	**9 763**	**332**	**1 228**
自然科学领域	1 730	1 609	688 666	598 186	598 851	2 495	2 223	163	607
数学	13	12	4 196	4 196	4 046	20	17	0	1
信息科学与系统科学	44	38	15 639	12 989	12 636	95	79	2	4
力学	8	7	2 258	2 258	961	11	7	3	1
物理学	29	27	7 568	6 669	7 187	43	41	3	4
化学	70	63	31 644	12 498	21 857	174	122	3	15
地球科学	956	899	400 217	360 096	342 542	1 179	1 058	116	379
生物学	609	562	226 515	198 850	208 993	968	893	37	203
心理学	1	1	630	630	630	5	5	0	0
农业科学领域	1 648	1 131	461 590	420 337	317 053	3 128	2 018	36	254
农学	969	635	264 230	229 263	159 579	1 847	1 134	11	114
林学	284	191	57 059	52 386	41 689	570	353	18	66
畜牧、兽医科学	106	66	27 724	26 141	18 318	182	102	4	13
水产学	289	239	112 577	112 547	97 467	528	429	3	61
医学科学领域	484	449	349 760	109 800	318 771	1 082	998	18	73
基础医学	57	56	31 253	14 152	31 253	140	138	2	14
临床医学	224	201	223 940	38 016	195 695	457	389	7	29
预防医学与公共卫生学	131	124	60 156	29 877	57 810	352	342	4	6
药学	46	46	22 227	19 782	22 227	85	85	3	19
中医学与中药学	26	22	12 184	7 974	11 786	48	43	2	6
工程科学与技术领域	2 597	1 845	1 330 940	810 563	1 025 421	5 421	4 134	115	295
工程与技术科学基础学科	119	92	40 147	25 207	29 133	254	218	0	0
信息与系统科学相关工程与技术	64	29	23 595	16 182	12 892	370	115	6	0
自然科学相关工程与技术	87	82	95 948	90 424	87 555	458	436	7	11
测绘科学技术	20	17	2 097	2 047	2 002	28	23	0	1

（续上表）

学科	课题数合计（个）	R&D课题	课题经费内部支出（千元）	政府资金	R&D课题经费	课题投入人员（人年）	其中：R&D人员	其中：外聘流动学者	其中：在读研究生
材料科学	125	120	139 785	68 258	136 505	576	568	5	5
矿山工程技术	103	94	30 007	4 702	27 929	92	46	0	1
冶金工程技术	31	30	27 835	16 269	27 627	80	79	0	0
机械工程	108	101	91 398	64 102	88 647	316	300	4	3
动力与电气工程	13	12	6 615	3 965	3 192	25	24	6	4
能源科学技术	389	310	177 910	89 749	148 632	478	400	40	130
核科学技术	3	3	1 952	1 952	1 952	9	9	0	0
电子与通信技术	162	135	67 633	59 319	63 731	494	433	6	6
计算机科学技术	136	105	41 831	36 322	34 370	244	192	7	9
化学工程	21	20	7 523	3 433	7 088	41	41	1	2
产品应用相关工程技术	17	16	5 389	2 966	5 386	26	24	2	2
纺织科学技术	14	14	3 248	1 440	3 248	35	35	0	0
食品科学技术	37	35	10 481	7 887	10 206	85	83	1	6
土木建筑工程	2	1	3 500	800	1 200	16	8	0	0
水利工程	372	62	246 345	61 459	90130	613	223	0	0
交通运输工程	69	19	19 284	11 139	6535	68	34	1	0
环境科学技术及资源科学技术	560	469	260 188	221 147	221 891	935	748	29	116
安全科学技术	25	21	9 096	3 734	6 336	51	43	2	1
管理学	120	58	19 134	18 061	9 236	129	55	1	1
社会、人文科学领域	251	187	85 779	78 182	78 828	468	391	0	1
马克思主义	1	1	153	153	153	1	1	0	0
哲学	6	6	1 621	1 621	1 621	9	9	0	0
宗教学	8	8	3 487	3 487	3 487	14	14	0	0
历史学	10	10	1 750	1 750	1 750	13	13	0	0
考古学	1	1	24 000	20 000	24 000	26	26	0	0
经济学	102	93	30 634	27 422	29 752	210	197	0	0

（续上表）

学科	课题数合计（个）	R&D课题	课题经费内部支出（千元）	政府资金	R&D课题经费	课题投入人员（人年）	其中：R&D人员	其中：外聘流动学者	其中：在读研究生
政治学	1	1	104	104	104	0	0	0	0
法学	5	5	825	825	825	6	6	0	0
社会学	41	36	11 002	11 002	10 462	83	73	0	0
民族学与文化学	19	19	4 450	4 450	4 450	31	31	0	0
图书馆、情报与文献学	31	5	4 117	3 731	642	35	7	0	1
教育学	20	0	960	960	0	13	0	0	0
体育科学	6	2	2 675	2 675	1 582	29	14	0	0

表9–2–9–6　按课题技术领域分布

技术领域	课题数合计（个）	R&D课题	课题经费内部支出（千元）	政府资金	R&D课题经费	课题投入人员（人年）	其中：R&D人员	其中：外聘流动学者	其中：在读研究生
总　计	**6 710**	**5 221**	**2 916 734**	**2 017 067**	**2 338 925**	**12 594**	**9 763**	**332**	**1 228**
非技术领域	313	208	159 394	150 186	143 827	542	386	4	25
信息技术	391	311	122 073	102 226	99 251	960	607	19	22
生物和现代农业技术	2 190	1 713	648 211	584 321	512 671	3 777	2 889	73	440
新材料技术	175	168	178 008	90 902	174 383	718	710	6	4
能源技术	431	343	207 402	115 840	166 108	562	474	44	136
激光技术	12	10	13 688	11 093	13 239	24	22	1	1
先进制造与自动化技术	167	142	110 073	70 509	98 488	423	383	16	8
航天技术	1	1	423	423	423	3	3	0	1
资源与环境技术	1 853	1 421	793 697	546 829	579 246	2 524	1 895	142	513
其它技术领域	1 177	904	683 765	344 738	551 289	3 063	2 394	26	79

表9-2-9-7　按课题来源分布

来源	课题数合计（个）	R&D课题	课题经费内部支出（千元）	政府资金	R&D课题经费	课题投入人员（人年）	其中：R&D人员	其中：外聘流动学者	其中：在读研究生
总　计	**6 710**	**5 221**	**2 916 734**	**2 017 067**	**2 338 925**	**12 594**	**9 763**	**332**	**1 228**
中央政府部门下达课题	2 301	2 093	1 178 803	978 639	1 083 413	4 562	4 067	158	713
国家重大科技专项	63	58	86 140	82657	81 251	249	231	0	15
国家自然科学基金课题	976	976	323 723	245 000	323 723	1 386	1 386	87	361
“863计划”课题	53	51	37 636	31 325	35 036	120	108	3	15
国家科技支撑（攻关）计划课题	74	65	60 245	50 706	49 354	223	187	5	26
火炬/星火计划国家级课题	24	4	6 304	5 657	212	34	4	1	1
国家发改委产业化示范工程	4	4	1 499	1 489	1 499	29	29	0	0
国家“973计划”课题	110	110	65 660	64 342	65 660	200	200	14	72
公益性行业科研专项	185	147	89 106	86 025	69 719	483	368	9	53
国家社会科学基金课题	27	27	6 763	5 631	6 763	35	35	2	6
其他课题	785	651	501 729	405 809	450 196	1 802	1 518	37	164
地方政府部门下达课题	2828	2 114	1 035 169	688 262	809 733	5 498	3 910	83	333
地方自然科学基金课题	205	194	52 860	34 444	51 014	279	263	6	39
地方科技攻关计划课题	655	483	280 472	146 876	215 581	1442	976	14	61
地方星火计划课题	8	1	910	813	100	15	1	0	1
地方社会科学基金课题	99	89	26 632	26 452	19 830	169	126	18	2
其他课题	1861	1347	674 294	479 677	523 208	3 592	2 544	45	230
企业委托课题	751	300	352 861	70 603	125 715	857	284	31	31
自选课题	369	353	98 218	88 570	96 894	551	519	31	40
国际合作课题	57	52	14 314	6 541	12 303	103	89	5	6
其他课题	404	309	237 370	184 452	210 867	1 023	895	25	106

表9–2–9–8　按课题合作形式分布

合作形式	课题数合计（个）	R&D课题	课题经费内部支出（千元）	政府资金	R&D课题经费	课题投入人员（人年）	其中：R&D人员	其中：外聘流动学者	其中：在读研究生
总　计	**6 710**	**5 221**	**2 916 734**	**2 017 067**	**2 338 925**	**12 594**	**9 763**	**332**	**1 228**
与境外机构合作	35	80	58 837	42 440	56 723	163	150	8	13
与国内高校合作	271	236	195 456	115 242	181 929	605	528	17	50
与国内独立研究机构合作	631	585	453 280	413 754	407 983	1 428	1229	33	176
与境内注册的外商独资企业合作	12	5	2 421	1 531	625	15	7	1	1
与境内注册的其他企业合作	377	233	115 982	79 078	78 993	737	464	15	51
独立研究	5 152	3 996	1 998 776	1 303 877	1 540 282	9 242	7080	253	925
其他	132	86	91 982	61 145	72 391	404	305	4	12

表9–2–9–9　按课题的社会经济目标分布

社会经济目标	课题数合计（个）	R&D课题	课题经费内部支出（千元）	政府资金	R&D课题经费	课题投入人员（人年）	其中：R&D人员	其中：外聘流动学者	其中：在读研究生
总　计	**6 710**	**5 221**	**2 916 734**	**2 017 067**	**2 338 925**	**12 594**	**9 763**	**332**	**1 228**
环境保护、生态建设及污染防治	773	450	444 429	244 472	249 717	1 360	809	42	112
生态建设	773	450	444 429	244 472	249 717	1 360	809	42	112
能源生产、分配和合理利用	494	390	175 493	111 172	131 119	661	515	46	143
能源转换技术	494	390	175 493	111 172	131 119	661	515	46	143
卫生事业的发展	553	512	388 939	146 328	355 771	1 227	1 133	29	76
诊断与治疗	553	512	388 939	146 328	355 771	1 227	1 133	29	76
教育事业发展	73	50	6 325	6325	4 752	59	43	17	4
教育一般问题	73	50	6 325	6 325	4 752	59	43	17	4
基础设施以及城市和农村规划	171	75	55 218	32 019	26 231	221	133	3	7
交通运输	171	75	55 218	32 019	26 231	221	133	3	7
社会发展和社会服务	420	276	133 172	104 925	99 810	873	648	5	7

（续上表）

社会经济目标	课题数合计（个）		课题经费内部支出（千元）			课题投入人员（人年）			
		R&D课题		政府资金	R&D课题经费		其中：R&D人员	其中：外聘流动学者	其中：在读研究生
科技发展	420	276	133 172	104 925	99 810	873	648	5	7
地球和大气层的探索与利用	847	821	337 087	326 689	321 200	973	933	86	374
海洋	847	821	337 087	326 689	321 200	973	933	86	374
民用空间的探测及开发	2	2	2 423	423	2 423	6	6	0	1
发射与控制系统	2	2	2 423	423	2 423	6	6	0	1
促进农林牧渔业发展	1 787	1 253	507 862	447 871	354 196	3 300	2 152	22	203
农林牧渔业体系支撑	1 787	1 253	507 862	447 871	354 196	3 300	2 152	22	203
工商业发展	889	694	497 265	259 161	433 334	2 349	1 850	27	71
化学工业	889	694	497 265	259 161	433 334	2 349	1 850	27	71
非定向研究	683	683	317 361	305 141	317 361	1 408	1 408	53	230
其他	683	683	317 361	305 141	317 361	1 408	1 408	53	230
其他民用目标	18	15	51 162	32 542	43 012	157	133	1	1

表9–2–10　全部县以上部门属科技机构课题经费内部支出按活动类型分类（2014）

表9–2–10–1　按地域分布

单位：千元

地域	课题经费内部支出	基础研究	应用研究	试验发展	R&D成果应用	科技服务
总　计	**2 916 734**	**697 140**	**567 609**	**107 4176**	**195 225**	**382 584**
广州市	2 505 054	590 571	445 368	978 620	147 728	342 768
韶关市	7 423	0	0	150	2 798	4 475
深圳市	222 090	67 544	117 070	2 612	21 425	13 439
珠海市	4 309	0	294	2 369	146	1 500
汕头市	10 402	0	0	2 062	6 244	2 096
佛山市	835	202	43	580	0	10

（续上表）

地域	课题经费内部支出					
		基础研究	应用研究	试验发展	R&D成果应用	科技服务
江门市	7 434	0	0	7 310	0	124
湛江市	21 505	620	696	7 115	6 282	6 792
茂名市	5 408	0	80	2 845	548	1 935
肇庆市	4 591	0	250	1 350	1 791	1 200
惠州市	11 765	0	689	3 143	5 723	2 210
梅州市	4 201	0	300	3 308	556	37
汕尾市	0	0	0	0	0	0
河源市	0	0	0	0	0	0
阳江市	2 409	0	0	870	250	1 289
清远市	0	0	0	0	0	0
东莞市	102 890	38 204	2 576	57 768	1 132	3 210
中山市	1 844	0	243	884	237	480
潮州市	425	0	0	40	365	20
揭阳市	3 150	0	0	3 150	0	0
云浮市	1 000	0	0	0	0	1 000

表9–2–10–2　按隶属关系分布

单位：千元

隶属关系	课题经费内部支出					
		基础研究	应用研究	试验发展	R&D成果应用	科技服务
总　计	**2 916 734**	**697 140**	**567 609**	**1 074 176**	**195 225**	**382 584**
地方部门属	1 233 409	222 026	218 072	503 942	141 866	147 502
省级部门属	883 049	178 913	197 450	329 357	94 221	83 108
副省级城市属	127 574	794	15 459	59 862	14 002	37 458
地市级部门属	222 785	42 319	5 163	114 724	33 644	26 936
中央部门属	1 683 326	475 115	349 536	570 234	53 359	235 083
中国科学院	937 647	431 414	293 575	108 306	17 759	86 593

表9–2–11　全部县以上部门属科技机构课题投入人员按活动类型分类（2014）

表9–2–11–1　按地域分布

单位：人年

地域	课题投入人员	基础研究	应用研究	试验发展	R&D成果应用	科技服务
总　计	**12 594**	**2 710**	**2 707**	**4 346**	**1 115**	**1 716**
广州市	9 616	2 110	2 200	3 497	542	1266
韶关市	104	0	0	3	60	42
深圳市	1 093	298	421	100	165	109
珠海市	41	0	9	20	4	8
汕头市	156	0	0	35	91	31
佛山市	16	2	2	10	0	2
江门市	34	0	0	28	0	6
湛江市	375	26	18	116	115	101
茂名市	62	0	8	27	14	13
肇庆市	75	0	3	17	36	19
惠州市	152	0	7	62	50	34
梅州市	117	0	10	93	7	7
汕尾市	0	0	0	0	0	0
河源市	0	0	0	0	0	0
阳江市	29	0	0	13	4	12
清远市	0	0	0	0	0	0
东莞市	571	274	22	254	7	14
中山市	64	0	7	6	7	44
潮州市	24	0	0	7	14	3
揭阳市	60	0	0	60	0	0
云浮市	6	0	0	0	0	6

表9–2–11–2　按隶属关系分布

单位：人年

隶属关系	课题投入人员	基础研究	应用研究	试验发展	R&D成果应用	科技服务
总　计	**12 594**	**2 710**	**2 707**	**4 346**	**1115**	**1 716**
地方部门属	6 610	1 013	1 266	2 367	923	1 040
省级部门属	3 792	695	952	1 272	393	480
副省级城市属	808	9	206	317	53	223
地市级部门属	2 009	310	107	779	477	337
中央部门属	5 984	1 696	1 441	1 979	192	676
中国科学院	3 132	1 495	1 082	309	43	203

表9–2–12　全部县以上部门属科技机构专利（2014）

表9–2–12–1　按地域分布

地域	专利申请受理数（件）	发明专利	专利授权数（件）	其中：发明专利	其中：国外授权	有效发明专利数（件）	专利所有权转让及许可数（件）	专利所有权转让与许可收入（千元）
总　计	**1 920**	**1 462**	**938**	**521**	**11**	**2 601**	**49**	**17 113**
广州市	1 036	741	564	321	7	2 025	32	16 963
韶关市	0	0	0	0	0	3	0	0
深圳市	738	649	253	166	4	422	17	150
珠海市	2	2	0	0	0	0	0	0
汕头市	0	0	2	2	0	2	0	0
佛山市	0	0	0	0	0	0	0	0
江门市	0	0	0	0	0	0	0	0
湛江市	81	35	69	18	0	112	0	0
茂名市	0	0	0	0	0	0	0	0
肇庆市	0	0	0	0	0	0	0	0
惠州市	13	1	14	2	0	2	0	0

（续上表）

地域	专利申请受理数（件）		专利授权数（件）			有效发明专利数（件）	专利所有权转让及许可数（件）	专利所有权转让与许可收入（千元）
		发明专利		其中：发明专利	其中：国外授权			
梅州市	0	0	2	2	0	4	0	0
汕尾市	0	0	0	0	0	0	0	0
河源市	0	0	0	0	0	0	0	0
阳江市	0	0	0	0	0	0	0	0
清远市	0	0	0	0	0	0	0	0
东莞市	48	33	34	10	0	31	0	0
中山市	0	0	0	0	0	0	0	0
潮州市	0	0	0	0	0	0	0	0
揭阳市	2	1	0	0	0	0	0	0
云浮市	0	0	0	0	0	0	0	0

表9–2–12–2　按隶属关系分布

隶属关系	专利申请受理数（件）		专利授权数（件）			有效发明专利数（件）	专利所有权转让及许可数（件）	专利所有权转让与许可收入（千元）
		发明专利		其中：发明专利	其中：国外授权			
总　计	**1 920**	**1 462**	**938**	**521**	**11**	**2 601**	**49**	**17 113**
地方部门属	413	273	277	140	0	968	12	1 075
省级部门属	286	203	190	118	0	868	12	1 075
副省级城市属	23	8	19	3	0	27	0	0
地市级部门属	104	62	68	19	0	73	0	0
中央部门属	1 507	1 189	661	381	11	1 633	37	16 038
中国科学院	1 089	955	431	298	11	1 174	36	16 030

表9-2-12-3　按国民经济行业分布

行业	专利申请受理数（件）		专利授权数（件）			有效发明专利数（件）	专利所有权转让及许可数（件）	专利所有权转让与许可收入（千元）
		发明专利		其中：发明专利	其中：国外授权			
总　计	**1 920**	**1 462**	**938**	**521**	**11**	**2 601**	**49**	**17 113**
农、林、牧、渔业	275	183	217	99	0	493	5	124
采矿业	81	73	30	23	0	132	1	8
制造业	170	117	124	64	5	512	12	7 461
交通运输、仓储和邮政业	0	0	0	0	0	0	0	0
信息传输、软件和信息技术服务业	29	13	15	2	0	6	0	0
科学研究和技术服务业	1 300	1 036	512	306	6	1 234	30	9 120
水利、环境和公共设施管理业	62	38	35	22	0	183	1	400
教育	0	0	0	0	0	0	0	0
卫生和社会工作	3	2	5	5	0	41	0	0
文化、体育和娱乐业	0	0	0	0	0	0	0	0
公共管理、社会保障和社会组织	0	0	0	0	0	0	0	0

表9-2-12-4　按机构所属学科领域分布

学科领域	专利申请受理数（件）		专利授权数（件）			有效发明专利数（件）	专利所有权转让及许可数（件）	专利所有权转让与许可收入（千元）
		发明专利		其中：发明专利	其中：国外授权			
总　计	**1 920**	**1 462**	**938**	**521**	**11**	**2 601**	**49**	**17 113**
自然科学领域	201	181	128	111	0	685	11	1 181
农业科学领域	364	229	289	126	0	675	6	524
医学科学领域	55	40	37	24	5	179	7	6 920
工程科学与技术领域	1 299	1 011	484	260	6	1 060	25	8 488
社会、人文科学领域	1	1	0	0	0	2	0	0

表9–2–13　全部县以上部门属科技机构论文、著作及其他科技产出（2014）

表9–2–13–1　按地域分布

地域	科技论文（篇）		科技著作（种）	形成国家或行业标准数（项）	集成电路布图设计登记数（件）	植物新品种权授予数（项）	软件著作权数（件）	新药证书数（件）
		国外发表						
总　计	**7 738**	**2 894**	**184**	**153**	**0**	**45**	**207**	**0**
广州市	5 946	1 947	165	128	0	30	113	0
韶关市	21	0	0	0	0	0	0	0
深圳市	1 156	858	9	14	0	0	82	0
珠海市	16	0	0	0	0	1	0	0
汕头市	22	0	0	0	0	7	0	0
佛山市	13	10	0	0	0	4	0	0
江门市	11	0	0	0	0	1	0	0
湛江市	303	74	8	11	0	2	0	0
茂名市	26	0	0	0	0	0	0	0
肇庆市	19	0	0	0	0	0	0	0
惠州市	34	0	2	0	0	0	0	0
梅州市	30	0	0	0	0	0	0	0
汕尾市	0	0	0	0	0	0	0	0
河源市	0	0	0	0	0	0	0	0
阳江市	2	0	0	0	0	0	0	0
清远市	0	0	0	0	0	0	0	0
东莞市	101	4	0	0	0	0	12	0
中山市	21	1	0	0	0	0	0	0
潮州市	4	0	0	0	0	0	0	0
揭阳市	12	0	0	0	0	0	0	0
云浮市	1	0	0	0	0	0	0	0

表9–2–13–2　按隶属关系分布

隶属关系	科技论文（篇）		科技著作（种）	形成国家或行业标准数（项）	集成电路布图设计登记数（件）	植物新品种权授予数（项）	软件著作权数（件）	新药证书数（件）
		国外发表						
总　计	**7 738**	**2 894**	**184**	**153**	**0**	**45**	**207**	**0**
地方部门属	3 155	487	123	73	0	29	81	0
省级部门属	2 318	445	76	34	0	5	26	0
副省级城市属	357	19	43	30	0	11	22	0
地市级部门属	480	23	4	9	0	13	33	0
中央部门属	4 583	2 407	61	80	0	16	126	0
中国科学院	2 760	2 040	21	0	0	10	69	0

表9–2–13–3　按国民经济行业分布

行业	科技论文（篇）		科技著作（种）	形成国家或行业标准数（项）	集成电路布图设计登记数（件）	植物新品种权授予数（项）	软件著作权数（件）	新药证书数（件）
		国外发表						
总　计	**7 738**	**2 894**	**184**	**153**	**0**	**45**	**207**	**0**
农、林、牧、渔业	1 505	317	38	35	0	29	5	0
采矿业	264	20	4	43	0	0	2	0
制造业	450	197	1	13	0	0	8	0
交通运输、仓储和邮政业	9	4	0	0	0	0	0	0
信息传输、软件和信息技术服务业	42	4	0	0	0	0	20	0
科学研究和技术服务业	4 300	2 144	105	56	0	14	162	0
水利、环境和公共设施管理业	628	111	12	1	0	2	10	0
教育	33	1	10	0	0	0	0	0
卫生和社会工作	459	96	10	5	0	0	0	0
文化、体育和娱乐业	47	0	4	0	0	0	0	0
公共管理、社会保障和社会组织	1	0	0	0	0	0	0	0

表9-2-13-4　按机构所属学科领域分布

学科领域	科技论文（篇）	国外发表	科技著作（种）	形成国家或行业标准数（项）	集成电路布图设计登记数（件）	植物新品种权授予数（项）	软件著作权数（件）	新药证书数（件）
总　计	**7 738**	**2 894**	**184**	**153**	**0**	**45**	**207**	**0**
自然科学领域	1 800	1 127	14	8	0	10	15	0
农业科学领域	1 889	431	40	47	0	35	14	0
医学科学领域	558	164	11	5	0	0	0	0
工程科学与技术领域	2 980	1 160	41	73	0	0	178	0
社会、人文科学领域	511	12	78	20	0	0	0	0

表9-2-14　全部县以上部门属科技机构R&D人员（2014）

表9-2-14-1　按地域分布

单位：人

地域	R&D人员	女性	按工作量分		按学历分			
			R&D全时人员	R&D非全时人员	博士毕业	硕士毕业	本科毕业	其他
总　计	**14 760**	**5 347**	**9 410**	**5 350**	**2 885**	**5 137**	**4 899**	**1 839**
广州市	11 960	4 397	7 041	4 919	2 400	4 012	4 047	1 501
韶关市	3	1	2	1	0	1	1	1
深圳市	1 421	507	1 159	262	351	675	383	12
珠海市	41	12	41	0	3	8	29	1
汕头市	41	12	40	1	0	3	31	7
佛山市	16	0	16	0	0	10	5	1
江门市	37	10	27	10	0	6	24	7
湛江市	228	90	196	32	33	90	65	40
茂名市	38	10	32	6	0	5	23	10
肇庆市	23	8	17	6	0	3	8	12
惠州市	120	35	115	5	3	14	39	64
梅州市	126	53	101	25	0	14	47	65
汕尾市	0	0	0	0	0	0	0	0

（续上表）

地域	R&D人员	女性	按工作量分		按学历分			
			R&D全时人员	R&D非全时人员	博士毕业	硕士毕业	本科毕业	其他
河源市	0	0	0	0	0	0	0	0
阳江市	17	3	0	17	0	2	6	9
清远市	0	0	0	0	0	0	0	0
东莞市	550	161	547	3	93	283	124	50
中山市	18	12	18	0	2	5	9	2
潮州市	12	2	3	9	0	0	2	10
揭阳市	109	34	55	54	0	6	56	47
云浮市	0	0	0	0	0	0	0	0

表9-2-14-2　按隶属关系分布

单位：人

隶属关系	R&D人员	女性	按工作量分		按学历分			
			R&D全时人员	R&D非全时人员	博士毕业	硕士毕业	本科毕业	其他
总　计	**14 760**	**5 347**	**9 410**	**5 350**	**2 885**	**5 137**	**4 899**	**1 839**
地方部门属	6 604	2 463	4 103	2 501	850	2 095	2 469	1 190
省级部门属	4 237	1 612	2 372	1 865	624	1 246	1 563	804
副省级城市属	794	325	359	435	91	300	327	76
地市级部门属	1 573	526	1 372	201	135	549	579	310
中央部门属	8 156	2 884	5 307	2 849	2 035	3 042	2 430	649
中国科学院	4 636	1 719	3 198	1 438	1 494	1 655	1 129	358

表9-2-14-3　按机构所属学科领域分布

单位：人

学科领域	R&D人员	女性	按工作量分		按学历分			
			R&D全时人员	R&D非全时人员	博士毕业	硕士毕业	本科毕业	其他
总　计	**1 4760**	**5 347**	**9 410**	**5 350**	**2 885**	**5 137**	**4 899**	**1 839**
自然科学领域	3 116	1 123	1 942	1 174	988	920	891	317
农业科学领域	2 938	989	2 098	840	488	813	1 016	621
医学科学领域	2 036	920	925	1 111	305	559	723	449
工程科学与技术领域	6 069	2 065	4 059	2 010	989	2 631	2 076	373
社会、人文科学领域	601	250	386	215	115	214	193	79

表9-2-15　全部县以上部门属科技机构R&D人员折合全时工作量（2014）

表9-2-15-1　按地域分布

地域	R&D折合全时工作量（人年）	按活动类型分			按工作岗位性质分		
		基础研究人员	应用研究人员	试验发展人员	研究人员	技术人员	其他辅助人员
总　计	**11 511**	**3 270**	**3 247**	**4 994**	**6 837**	**3 243**	**1 431**
广州市	8 991	2 547	2 517	3 927	5 374	2 648	969
韶关市	3	0	0	3	2	1	0
深圳市	1 251	420	627	204	744	219	288
珠海市	41	0	13	28	15	26	0
汕头市	41	0	0	41	17	16	8
佛山市	16	2	2	12	9	7	0
江门市	31	0	0	31	17	10	4
湛江市	204	27	26	151	124	50	30
茂名市	38	0	8	30	18	15	5
肇庆市	21	0	3	18	8	9	4
惠州市	118	0	9	109	45	51	22
梅州市	103	0	10	93	61	33	9

（续上表）

地域	R&D折合全时工作量（人年）	按活动类型分			按工作岗位性质分		
		基础研究人员	应用研究人员	试验发展人员	研究人员	技术人员	其他辅助人员
汕尾市	0	0	0	0	0	0	0
河源市	0	0	0	0	0	0	0
阳江市	13	0	0	13	2	5	6
清远市	0	0	0	0	0	0	0
东莞市	550	274	22	254	370	114	66
中山市	18	0	10	8	10	6	2
潮州市	7	0	0	7	1	3	3
揭阳市	65	0	0	65	20	30	15
云浮市	0	0	0	0	0	0	0

表9–2–15–2　按隶属关系分布

隶属关系	R&D折合全时工作量（人年）	按活动类型分			按工作岗位性质分		
		基础研究人员	应用研究人员	试验发展人员	研究人员	技术人员	其他辅助人员
总　计	**11 511**	**3 270**	**3 247**	**4 994**	**6 837**	**3 243**	**1 431**
地方部门属	5 208	1 080	1 409	2 719	3 101	1 461	646
省级部门属	3 186	753	1 039	1 394	1 979	783	424
副省级城市属	567	9	207	351	355	176	36
地市级部门属	1 455	318	163	974	767	502	186
中央部门属	6 303	2 190	1 838	2 275	3 736	1 782	785
中国科学院	3 692	1 933	1 389	370	2 545	714	433

表9–2–15–3　按机构所属学科领域分布

学科领域	R&D折合全时工作量（人年）	按活动类型分			按工作岗位性质分		
		基础研究人员	应用研究人员	试验发展人员	研究人员	技术人员	其他辅助人员
总　计	**11 511**	**3 270**	**3 247**	**4 994**	**6 837**	**3 243**	**1 431**
自然科学领域	2 452	1 494	547	411	1 708	557	187
农业科学领域	2 445	379	486	1 580	1 298	677	470
医学科学领域	1 345	553	520	272	940	285	120
工程科学与技术领域	4 786	768	1 384	2 634	2 505	1 658	623
社会、人文科学领域	483	76	310	97	386	66	31

表9–2–15–4　按服务的国民经济行业分布

行业	R&D折合全时工作量（人年）	按活动类型分			按工作岗位性质分		
		基础研究人员	应用研究人员	试验发展人员	研究人员	技术人员	其他辅助人员
总　计	**11 511**	**3 270**	**3 247**	**4 994**	**6 837**	**3 243**	**1 431**
农、林、牧、渔业	2 037	270	423	1 344	1 093	559	385
农业	780	104	72	604	418	227	135
林业	399	75	67	257	221	99	79
畜牧业	175	18	50	107	77	39	59
渔业	454	45	173	236	266	113	75
农、林、牧、渔服务业	229	28	61	140	111	81	37
采矿业	630	8	8	614	262	333	35
有色金属矿采选业	630	8	8	614	262	333	35
制造业	1 085	339	259	487	704	283	98
农副食品加工业	285	12	59	214	83	157	45
食品制造业	122	71	20	31	82	21	19
石油加工、炼焦和核燃料加工业	7	0	0	7	4	2	1
医药制造业	546	242	169	135	460	67	19
化学纤维制造业	12	0	0	12	7	3	2

（续上表）

行业	R&D折合全时工作量（人年）	按活动类型分			按工作岗位性质分		
		基础研究人员	应用研究人员	试验发展人员	研究人员	技术人员	其他辅助人员
黑色金属冶炼和压延加工业	0	0	0	0	0	0	0
专用设备制造业	113	14	11	88	68	33	12
计算机、通信和其他电子设备制造业	0	0	0	0	0	0	0
仪器仪表制造业	0	0	0	0	0	0	0
交通运输、仓储和邮政业	32	0	16	16	17	14	1
道路运输业	16	0	11	5	7	9	0
水上运输业	16	0	5	11	10	5	1
信息传输、软件和信息技术服务业	91	0	51	40	25	49	17
电信、广播电视和卫星传输服务	51	0	17	34	21	23	7
软件和信息技术服务业	40	0	34	6	4	26	10
科学研究和技术服务业	6 086	2 181	1 976	1 929	3 762	1 618	706
研究和试验发展	4 057	1 708	1 516	833	2 755	856	446
专业技术服务业	1 706	453	357	896	885	613	208
科技推广和应用服务业	323	20	103	200	122	149	52
水利、环境和公共设施管理业	700	153	165	382	480	140	80
水利管理业	298	28	69	201	212	56	30
生态保护和环境治理业	402	125	96	181	268	84	50
教育	0	0	0	0	0	0	0
教育	0	0	0	0	0	0	0
卫生和社会工作	787	293	349	145	467	219	101
卫生	787	293	349	145	467	219	101
文化、体育和娱乐业	42	26	0	16	20	14	8
文化艺术业	26	26	0	0	12	8	6
体育	16	0	0	16	8	6	2
公共管理、社会保障和社会组织	21	0	0	21	7	14	0
国家机构	21	0	0	21	7	14	0

表9–2–16　全部县以上部门属科技机构R&D经费支出（2014）

表9–2–16–1　按地域分布

单位：千元

地域	R&D经费内部支出	按活动类型分			按来源分					R&D经费外部支出
		基础研究	应用研究	试验发展	政府资金	企业资金	事业单位资金	国外资金	其他资金	
总　计	**4 990 311**	**1 418 904**	**1 415 815**	**2 155 592**	**3 382 013**	**239 996**	**1 204 920**	**15 739**	**147 643**	**59 502**
广州市	4 513 177	1 257 792	1 227 532	2 027 853	2 941 335	217 403	1 195 394	14 721	144 324	45 368
韶关市	150	0	0	150	150	0	0	0	0	0
深圳市	303 287	121 137	179 852	2 298	296 655	4 620	994	1 018	0	2 729
珠海市	4 309	0	425	3 884	4 309	0	0	0	0	0
汕头市	3 488	0	0	3 488	2 062	1 426	0	0	0	0
佛山市	4 142	1 014	216	2 912	4 142	0	0	0	0	0
江门市	8 138	0	0	8 138	6 457	0	830	0	851	0
湛江市	12 934	757	753	11 424	12 243	0	0	0	691	0
茂名市	4 790	0	300	4 490	4 366	0	0	0	424	0
肇庆市	1 600	0	250	1 350	100	0	1 500	0	0	0
惠州市	15 728	0	2 417	13 311	13 948	0	460	0	1 320	0
梅州市	5 142	0	1 278	3 864	5 130	0	0	0	12	0
汕尾市	0	0	0	0	0	0	0	0	0	0
河源市	0	0	0	0	0	0	0	0	0	0
阳江市	2 760	0	0	2760	2 510	0	250	0	0	450
清远市	0	0	0	0	0	0	0	0	0	0
东莞市	101 756	38 204	2 549	61 003	81 537	16 547	3 672	0	0	10 955
中山市	1 127	0	243	884	1 127	0	0	0	0	0
潮州市	320	0	0	320	320	0	0	0	0	0
揭阳市	7 463	0	0	7 463	5 622	0	1 820	0	21	0
云浮市	0	0	0	0	0	0	0	0	0	0

表9-2-16-2　按隶属关系分布

单位：千元

隶属关系	R&D经费内部支出	按活动类型分			按来源分					R&D经费外部支出
		基础研究	应用研究	试验发展	政府资金	企业资金	事业单位资金	国外资金	其他资金	
总　计	**49 90 311**	**1 418 904**	**1 415 815**	**2 155 592**	**3 382 013**	**239 996**	**1 204 920**	**15 739**	**147 643**	**59 502**
地方部门属	2 414 027	594 487	767 165	1 052 375	1 279 324	72 883	1 000 273	2 865	58 682	22 040
省级部门属	1 938 585	527 335	682 666	728 584	937 371	48 908	895 745	2 865	53 696	9 084
副省级城市属	247 557	4 416	74 221	168 920	161 893	324	84 189	0	1 151	2 150
地市级部门属	227 885	62 736	10 278	154 871	180 060	23 651	20 339	0	3 835	10 806
中央部门属	2 576 284	824 417	648 650	1 103 217	2 102 689	167 113	204 647	12 874	88 961	37 462
中国科学院	1 382 554	728 232	474 408	179 914	1 267 100	65 613	22 466	12 443	14 932	18 831

表9-2-16-3　按机构所属学科领域分布

单位：千元

学科领域	R&D经费内部支出	按活动类型分			按来源分					R&D经费外部支出
		基础研究	应用研究	试验发展	政府资金	企业资金	事业单位资金	国外资金	其他资金	
总　计	**4 990 311**	**1 418 904**	**1 415 815**	**2 155 592**	**3 382 013**	**239 996**	**1 204 920**	**15 739**	**147 643**	**59 502**
自然科学领域	948 965	603 620	156 928	188 417	822 204	44 246	67 459	6 494	8 562	22 484
农业科学领域	748 358	88 026	124 324	536 008	584 766	38 254	89 059	431	35 848	6 521
医学科学领域	1 329 814	497 327	600 961	231 526	536 963	16 600	756 238	6 767	13 246	0
工程科学与技术领域	1 803 124	189 073	435 553	1 178 498	1 288 773	135 696	291 588	2 047	85 020	30 497
社会、人文科学领域	1 600 50	40 858	98 049	21 143	149 307	5 200	576	0	4 967	0

表9–2–17　全部县以上部门属科技机构R&D经费支出（2014）

表9–2–17–1　按地域分布

单位：千元

地域	R&D经费内部支出	经常费支出				基本建设费		
			人员费用	设备购置费	其他		仪器设备费	土建费
总　计	**4 990 311**	**4 230 996**	**1 508 923**	**546 138**	**2 175 935**	**759 315**	**98 677**	**660 638**
广州市	4 513 177	3 771 796	1 312 113	493 379	1 966 304	741 381	87 217	654 164
韶关市	150	150	35	0	115	0	0	0
深圳市	303 287	288 827	105 084	41588	142 155	14 460	9 719	4 741
珠海市	4 309	4 309	3 809	400	100	0	0	0
汕头市	3 488	3 488	2 830	520	138	0	0	0
佛山市	4 142	4 142	4 102	0	40	0	0	0
江门市	8 138	8 138	4 498	937	2 703	0	0	0
湛江市	12 934	12 934	9 643	448	2 843	0	0	0
茂名市	4 790	4 790	2 247	0	2 543	0	0	0
肇庆市	1 600	1 600	1 480	0	120	0	0	0
惠州市	15 728	14 468	7 703	464	6 301	1 260	55	1 205
梅州市	5 142	5 142	3 507	176	1 459	0	0	0
汕尾市	0	0	0	0	0	0	0	0
河源市	0	0	0	0	0	0	0	0
阳江市	2 760	2 670	1 740	80	850	90	0	90
清远市	0	0	0	0	0	0	0	0
东莞市	101 756	99 632	45 100	7 128	47 404	2 124	1 686	438
中山市	1 127	1 127	450	0	677	0	0	0
潮州市	320	320	290	0	30	0	0	0
揭阳市	7 463	7 463	4 292	1 018	2 153	0	0	0
云浮市	0	0	0	0	0	0	0	0

表9-2-17-2 按隶属关系分布

单位：千元

隶属关系	R&D经费内部支出	经常费支出				基本建设费		
			人员费用	设备购置费	其他		仪器设备费	土建费
总　计	**4 990 311**	**4 230 996**	**1 508 923**	**546 138**	**2 175 935**	**759 315**	**98 677**	**660 638**
地方部门属	2 414 027	2 019 048	751 657	144 503	1 122 888	394 979	40 408	354 571
省级部门属	1 938 585	1 595 990	567 649	109 541	918 800	342 595	15 299	327 296
副省级城市属	247 557	218 955	85 336	17 539	116 080	28 602	9 433	19 169
地市级部门属	227 885	204 103	98 672	17 423	88 008	23 782	15 676	8 106
中央部门属	2 576 284	2 211 948	757 266	401 635	1 053 047	364 336	58 269	306 067
中国科学院	1 382 554	1 317 727	412 619	275 939	629 169	64 827	0	64 827

表9-2-17-3 按机构所属学科领域分布

单位：千元

学科领域	R&D经费内部支出	经常费支出				基本建设费		
			人员费用	设备购置费	其他		仪器设备费	土建费
总　计	**4 990 311**	**4 230 996**	**1 508 923**	**546 138**	**2 175 935**	**759 315**	**98 677**	**660 638**
自然科学领域	948 965	908 777	299 252	204 011	405 514	40 188	8 744	31 444
农业科学领域	748 358	660 221	275 006	54 968	330 247	88 137	21 586	66 551
医学科学领域	1 329 814	1 113 926	301 416	58 778	753 732	215 888	8 431	207 457
工程科学与技术领域	1 803 124	1 405 855	568 543	223 644	613 668	397 269	59 916	337 353
社会、人文科学领域	160 050	142 217	64 706	4 737	72 774	17 833	0	17 833

表9-2-17-4　按机构服务的国民经济行业分布

单位：千元

行业	R&D经费内部支出	经常费支出				基本建设费		
			人员费用	设备购置费	其他		仪器设备费	土建费
总　计	**4 990 311**	**4 230 996**	**1 508 923**	**546 138**	**2 175 935**	**759 315**	**98 677**	**660 638**
农、林、牧、渔业	628 557	559 029	239 870	42 772	276 387	69 528	15 432	54 096
农业	175 189	159 691	87 423	10 516	61 752	15 498	5 182	10 316
林业	117 372	104 060	42 759	17 704	43 597	13 312	2 828	10 484
畜牧业	62 590	62 532	21 893	6 163	34 476	58	0	58
渔业	210 369	172 031	57 373	5368	109 290	38 338	5 937	32 401
农、林、牧、渔服务业	63 037	60 715	30 422	3 021	27 272	2 322	1 485	837
采矿业	219 227	202 803	69 028	47 114	86 661	16 424	0	16 424
有色金属矿采选业	219 227	202 803	69 028	47 114	86 661	16 424	0	16 424
制造业	375 905	362 659	145 546	45 102	172 011	13 246	0	13 246
农副食品加工业	76 670	76 670	37 278	6 222	33 170	0	0	0
食品制造业	41 728	41 728	24 464	3 468	13 796	0	0	0
石油加工、炼焦和核燃料加工业	488	488	420	0	68	0	0	0
医药制造业	225 360	212 114	70 847	27 368	113 899	13 246	0	13 246
化学纤维制造业	3 193	3 193	506	0	2 687	0	0	0
黑色金属冶炼和压延加工业	0	0	0	0	0	0	0	0
专用设备制造业	28 466	28 466	12 031	8 044	8391	0	0	0
计算机、通信和其他电子设备制造业	0	0	0	0	0	0	0	0
仪器仪表制造业	0	0	0	0	0	0	0	0
交通运输、仓储和邮政业	6 186	6 186	3 151	478	2 557	0	0	0
道路运输业	1 539	1 539	580	430	529	0	0	0
水上运输业	4 647	4 647	2 571	48	2 028	0	0	0
信息传输、软件和信息技术服务业	10 269	10 269	6 504	407	3 358	0	0	0
电信、广播电视和卫星传输服务	8 756	8 756	55 81	240	2 935	0	0	0
软件和信息技术服务业	1 513	1 513	923	167	423	0	0	0

（续上表）

行业	R&D经费内部支出	经常费支出				基本建设费		
			人员费用	设备购置费	其他		仪器设备费	土建费
科学研究和技术服务业	2 298 153	1 901 812	687 685	354 863	859 264	396 341	62 760	333 581
研究和试验发展	1 350 467	1 180 544	424 666	188 573	567 305	169 923	53 777	116 146
专业技术服务业	941 286	716 777	261 945	166 242	288 590	224 509	7 074	217 435
科技推广和应用服务业	6 400	4 491	1 074	48	3 369	1 909	1 909	0
水利、环境和公共设施管理业	306 731	244 227	120 017	20 467	103 743	62 504	13 424	49 080
水利管理业	143 543	98 639	56 757	8 366	33 516	44 904	7 994	36 910
生态保护和环境治理业	163 188	145 588	63 260	12 101	70 227	17 600	5 430	12 170
教育	0	0	0	0	0	0	0	0
教育	0	0	0	0	0	0	0	0
卫生和社会工作	1 096 997	895 725	229 500	31 458	634 767	201 272	7 061	194 211
卫生	1 096 997	895 725	229 500	31 458	634 767	201 272	7 061	194 211
文化、体育和娱乐业	31 613	31 613	5 306	2 099	24 208	0	0	0
文化艺术业	24 000	24 000	3 716	0	20 284	0	0	0
体育	7 613	7 613	1 590	2 099	3 924	0	0	0
公共管理、社会保障和社会组织	16 673	16 673	2 316	1 378	12 979	0	0	0
国家机构	16 673	16 673	2 316	1 378	12 979	0	0	0

2014年广东科技大事记

1月13日

省科技厅印发《科技创新促进粤东西北地区振兴发展专项实施方案（2014—2020年）》。

1月14日

广东省新型科研机构专题座谈会在省科技厅召开。

1月15日

△2013年度全省科技形势分析会在广州召开。

△经过竞争转移的有关工作程序，省科技厅确定由广东省高新技术企业协会承接“高新技术产品认定”“国家火炬计划重点高新技术企业（集团）认定”等2项职能；广东省科技企业孵化器协会承接“国家级创新型产业集群申报审核”1项职能；广东省未来预测研究会承接“国家级新产品计划审核”1项职能；广东省专业镇发展促进会承接“专业镇认定”1项职能；广东省科学学与科技管理研究会和广东省未来预测研究会承接“省重大科技成果登记核准”1项职能。

1月16日

全省高校及科研院所科技形势分析座谈会在广州召开。

1月20日

省科技厅同意清华大学杨余久等150名专家为2013年第二批广东企业科技特派员，该批特派员将入驻全省的94家企业。

1月21—22日

以“创新技术方法，深化经络研究”为主题的国家中医药发展论坛（“珠江论坛”）第13届学术研讨会在广州召开。

1月23日

省编委批准《广东省科技服务业研究院（广东省科学技术发展战略研究院）机构编制方案》，该院是省科技厅管理的事业单位，公益一类，不定级别。

2月10日

全省科技金融工作会议在广州召开。会上，佛山市南海区获科技、金融、产业融合创新综合试验区授牌；全国中小企业股份转让系统有限责任公司与省金融办签署战略合作备忘录；省科技厅与广东金融学院签署共建科技金融实验室和科技金融融资信息平台协议；会议出台《2014年科技·金融·产业融合创新发展重点行动》和《科技金融支持中小微企业发展专项行动计划》。

2月11日

省纪委作出给予李兴华开除党籍处分的决定，省监察厅作出给予李兴华开除处分的决定。

2月18日

省科技厅与英国兰卡斯特大学“合作谅解备忘录”签约仪式在广州市的东方宾馆举行。

2月24日

中英（广东）CCUS中心管理委员会副主任及英国国家CCS中心主任Jon Gibbins教授，英国苏格兰政府能源与气候变化局副局长、石油与天然气处Malcolm Ricketts处长率中英（广东）CCUS中心代表团一行8人来访省科技厅。双方就今后共同推动中英在碳捕集、利用与封存和近零排放技术上的合作展开探讨。

2月27日

2013年度广东省科学技术奖评审委员会评审工作会议在广州召开。

3月3—7日

由中国科技部及韩国未来创造科学部在广州举办的2014年亚太经合组织研究与技术研讨会在广州召开。

3月10日

省科技厅印发《广东省科技厅关于下放技术合同认定登记后续监督管理的暂行办法》。

3月21日

省政府对省科技教育领导小组组成人员作调整，调整后：朱小丹省长任组长；陈云贤副省长任副组长；委员由省政府副秘书长李捍东、省发展改革委主任李春洪、省经济和信息化委主任赖天生、省教育厅厅长罗伟其、省科技厅厅长黄宁生、省财政厅厅长曾志权、省人力资源和社会保障厅厅长林应武、省农业厅厅长郑伟仪、省地税局局长王南健、省科协主席黄达人、省科学院副院长李定强组成。省科技教育领导小组具体工作由省科技厅承担。

3月25日

广东省高新区与金融服务对接会在东莞召开。

3月31日

白俄罗斯前科委主席沃伊托夫·伊戈里·维塔利耶维奇、白俄国立技术大学有机化学系别兹博罗多夫·弗拉基米尔·斯捷潘诺夫教授一行5人访问省科技厅，就落实“创新高科技合作模式”工作内容进行探讨。

4月1日

省科技厅人员赴香港，与香港特别行政区创新科技署就进一步落实《粤港科技创新走廊2013—2015年行动计划》中2014年工作内容、粤港高新技术合作专责小组第十一次会议时间及专责小组工作进行商讨。

4月3日

中国人民银行广州分行、广东省科技厅、广东银监局、广东证监局、广东保监局、广东省知识产权局在广州联合举办共同推进广东科技金融融合发展对接会，并签署了《共同推进科技金融融合发展合作备忘录》。会上，人民银行珠海、东莞、佛山中支和部分地方法人银行签订《运用支小再贷款支持科技型小微企业创新发展协议》。

4月8日

省科技厅下达2013年度广东省科技型中小企业技术创新专项资金立项计划，该批项目共298项。

4月21日

省人民政府批准：免去王可炜同志的省科技厅副厅长职务。

4月23日

省科技厅印发《省级科技业务管理阳光再造行动及业务调整优化实施方案》。

4月29日

广东省科学技术奖励大会暨全省科技创新大会在广州召开。会议上颁发的2013年度广东省科学技术奖共计261项。

5月7—9日

科技部人才中心与广东省科技厅在华南理工大学联合举办了科技创新创业人才投融资对接集训营珠三角专场活动。

5月8日

广东省科技金融综合服务中心汕头分中心揭牌仪式在汕头市举行。

5月16日

省科技厅黄宁生厅长上线广东省政府门户网站官方微博“微访谈”节目，围绕“扶持企业技术创新的政策措施解读”主题，介绍广东省扶持企业技术创新的政策措施等内容并回答网友问题。

5月17日

“挑战杯·创青春”广东大学生创业大赛终审决赛暨第8届广东大中专学生科技学术节开幕式在广州举行。

5月23—25日

首届全国“科普讲解大赛”决赛在广州举行。

5月27日

国家超级计算广州中心与英国哈瑞超级计算中心战略合作备忘录签署仪式举行，英国代表团参观国家超算广州中心和“天河二号”超级计算机系统。

5月28日

第3届中国创新创业大赛（广东赛区）暨第2届“珠江天使杯”科技创新创业大赛、第3届中国创新创业大赛（港澳台赛区）暨第1届两岸四地大学生创新创业大赛联合新闻发布会和动员推介会在广州举行。

5月29日

经省纪委常委会审议并报省委批准，决定给予省科技厅原副厅长王可炜开除党籍处分；经省监察厅厅长办公会议审议并报省政府批准，决定给予省科技厅原副厅长王可炜行政开除。

6月7—8日

国家自然科学基金项目申请受理工作总结会在广东召开。

6月9—13日

粤蒙科技合作重点平台“内蒙古自治区人民医院钟南山院士专家工作站”揭牌。

6月10日

△科技部、广东省人民政府在北京召开国家食品安全（横琴）创新工程专题会商会议。

△江门市技术交易中心（中国技术交易所江门工作站）成立暨科技对接交流活动在江门市举行。

6月13日

全国政协副主席、科技部部长万钢率领科技部计划司、条财司、科技重大专项办、高新司、火炬中心、科技战略研究院等一行调研深圳国家自主创新示范区建设工作。

6月16—17日

国务院办公厅、科技部、科技部火炬中心等一行8人到广东省就广东科技服务业发展总体情况、政策措施、主要问题以及发展科技服务业的政策需求等内容进行专题调研。

6月20—21日

国家中医药发展论坛（“珠江论坛”）第14届学术研讨会在广州召开。

6月23—29日

科技部农村中心领导到广东省珠海、东莞、河源、广州调研食品安全创新工程和农业科技园区等工作，实地考察了珠海横琴三维码公司，与横琴新区有关负责同志就国家食品安全（横琴）创新工程的实施进行座谈。

6月25—26日

科技部火炬中心、高新区管理处、政策与统计处、高新区管理处一行4人到广东省就国家级高新区经济运行情况进行调研。

6月26日

中国科学院惠州市科技成果与产业对接会在惠州举行。

7月2日

经省纪委常委会议讨论并报省委2014年6月13日批准，决定给予省科技厅党组副书记、巡视员张明开除党籍处分。

7月10日

香港创新科技署一行4人到访省科技厅，就2014年即将召开的粤港高新技术专责小组议题达成共识。

7月23日

省科技厅和佛山市人民政府在佛山签订共建广东省科技金融服务体系试验区框架协议，举行广东省科技金融综合服务中心佛山分中心、佛山科技金融综合服务中心揭牌仪式，举办佛山市政府面向科技型中小企业的全新科技金融服务政策性产品“科技型中小企业信贷风险补偿基金”宣讲会。

7月28日

英国兰卡斯特大学催化剂项目工作团队代表团到访省科技厅。代表团此行为落实2014年2月英国兰卡斯特大学与省科技厅签订的合作谅解备忘录，通报双方在此协议框架下联合启动的针对创新型企业提升技术水平和国际竞争力的粤英联合资助的“催化剂”计划进展情况，讨论下一步工作计划。

8月1日

省部院产学研结合工作座谈会在广州召开。

8月7日

2014年度国家自然科学基金（NSFC）——广东联合基金联席工作会议在北京召开。

8月14日

△粤港高新技术合作专责小组第十一次会议在香港特别行政区召开。

△省科技厅印发《广东省科技厅关于省科技计划信用的管理办法（试行）》。

△省科技厅印发《广东省科技厅关于省科技计划项目监督检查的管理办法（试行）》。

△省科技厅印发《广东省科技厅关于省财政科技支出绩效评价的实施细则（试行）》。

△省科技厅修订《广东省科技厅关于省科技计划项目结题管理的实施细则（试行）》。

△省科技厅印发《广东省科技厅内部审计制度》。

△省科技厅印发《广东省科学技本厅关于购买科技管理服务暂行办法》。

8月15日

△全省科技形势分析会在广州召开。会上，省科技厅厅长作全省科技形势分析，与会代表围绕深化科技体制改革、创新驱动发展作专题发言。

△科技部张来武副部长一行赴粤考察广东省社会发展与农村科技工作。

△俄罗斯和独联体国家照明市场分析与渠道战略大会在深圳召开。

8月18日

省科技厅举办“第二机器时代的欧洲、瑞士工业结构调整”专题讲座，邀请瑞士产业及科技发展专家伯乐教授讲述欧洲第二机器时代及未来工厂的发展蓝图、瑞士工业结构调整和产业升级重点，针对3D打印、未来工厂、物联网等热点领域作讲解，并对广东产业和园区发展提出建议。

8月18—20日

第2届内蒙古“草原英才”高层次人才合作交流会举行，省科技厅厅长率广东省科技代表团出席交流会，并就进一步推动粤蒙科技合作事宜与内蒙古自治区科技厅等部门进行对接和调研。

8月20日

陈云贤副省长率省科技厅厅长等分别拜会科技部和国家自然科学基金委，向科技部王志刚书记汇报广东科技管理改革发展有关情况和河源高新区申请升级为国家级高新区的情况，在国家自然科学基金委，商议国家自然科学基金委与广东省人民政府共建大数据科学研究中心的相关事宜。

8月25日

新一届省科技教育领导小组在广州召开第一次全体会议。专题审议《广东省重大科技专项总体实施方案（2014—2018）》，研究启动实施计算与通信集成芯片、移动互联关键技术与器件、云计算与大数据管理技术等重大科技专项。

8月28日

中国可见光通信产业技术创新战略联盟成立大会暨可见光通信技术及产业发展论坛在广州白云国际会议中心举行。

9月5日

省人民政府批准：任命卢金贵同志为广东科学中心主任。

9月10日

兰卡斯特中国企业催化项目专题研讨暨技术对接会在广州举行。对接会上，来自英国15家企业代表与中方50多家企业以及科研机构代表进行了“一对一”技术洽谈。

9月17日

△朱小丹省长与国家自然科学基金委员会杨卫主任签署设立“超级计算科学应用研究专项”协议仪式。

△至19日，2014年度国家自然科学基金委员会（NSFC）——广东联合基金评审会暨管委会议在广州召开，会议就2014年度项目评审和2015年度工作任务进行研究部署。

9月20日

省科技厅荣获第2届中国农业科技创新创业大赛优秀组织奖。

9月22日

云南省第2届“科技入滇”（广东省）宣传推介会在广州举行。云南省科技厅介绍云南省开展科技交流的地缘特点、资源优势及入滇投资创业合作的众多优惠政策。粤滇双方高校、科研院所、企业代表围绕双方合作的领域、项目及机制等问题展开积极互动。

9月23日

以打造“粤港创新走廊”为主题的“香港科技经济论坛” 在香港举行。

9月23—24日

△中—法高性能表面工程研讨会在广州召开。

△国家中医药发展论坛（“珠江论坛”）第15届学术研讨会在广州召开。

9月28日

2014年广东省新型研发机构建设现场会在东莞召开。

10月9日

省重大科技专项对接暨省科技金融综合服务中心成立仪式在广州举行。仪式上，与会领导为广东省科技金融综合服务中心揭牌，并为首批科技金融特派员颁发聘书；广东拓思软件科学园与粤科风险投资管理公司签订共同发起智能装备创业投资基金合作协议；省科技厅相关处室就省重大科技专项推进计划和指南作专题介绍；汕头、佛山等5个科技金融综合服务分中心介绍建设情况；科技金融综合服务分中心负责人和省科技金融特派员进行座谈。

10月21日

广东省实验动物标准化技术委员会成立大会在广州举行。

10月22日

由法国驻广州总领事馆、省科技厅和中山大学联合主办的科学伦理研讨会在广州举行。

10月24日

△2014首届中国（中山）光华国际科技节开幕式在中山火炬高技术产业开发区举行，省科技厅副厅长出席会议，并为广东省科技金融综合服务中心中山火炬高新区分中心揭牌。

△广东省半导体光源产业协会换届大会暨二届一次会员大会在广州召开。

11月1日

由省科技厅、省经济和信息化委、惠州市人民政府联合主办的第3届中国惠州物联网·云计算技术应用博览会在惠州开幕。

11月4日

省科技厅与中国银行广东省分行在广州联合召开全省科技信贷服务模式总结推广会议。

11月5日

“2014中国（东莞）国际科技合作周暨招才引智活动”新闻发布会在广东大厦举行。

11月6日

△法国科学与技术高等学院（IHEST）院长Chevallier-Le Guyader女士、学院行政顾问Le Bars先生、项目负责人Clara Belloc女士一行到访省科技厅，就IHEST计划2015年在华南地区开展学习活动进行初步讨论。

△由松山湖高新区管委会举办的松山湖国际机器人产业基地揭牌仪式在松山湖举行。

11月7日

△第11届中国国际半导体照明论坛开幕式在广州举行。

△第6届广东省宋庆龄奖学金颁奖大会在广州举行。

11月10日

省科技厅印发《广东省重大科技专项总体实施方案（2014—2018年）》。

11月11日

省科技厅与省援疆前方指挥部在广州签订《广东科技援疆工作框架协议（2014—2016）》。

11月14日

△广东省重大科技专项推进会在广州召开。

△广东省专业镇发展促进会和山东省经济学会在广州联合主办粤鲁特色产业强镇创新发展论坛。

11月17—21日

科技部社会发展科技司组织国家可持续发展实验区专家组对广东省丰顺县创建国家可持续发展实验区进行现场考察验收及东莞市可持续发展实验区新区申报现场考察。

11月18日

深化科技体制改革促进创新驱动发展专题研修班在广州举行。

11月21日

省科技厅印发《广东省科技厅关于省科技计划项目终止结题工作规程（试行）》。

11月25日

广东省3D打印产业创新联盟成立仪式暨广东省3D打印产业发展战略对话在广州举行。

11月26日

第十二次“泛珠三角”区域科技合作联席会议在澳门召开。

12月1日

阿里巴巴集团与广东半导体照明产业联合创新中心（GSC）在杭州举行首届阿里巴巴·光明顶峰会，就进一步加强阿里巴巴集团与广东省科技厅的合作交流、尽快启动广东LED品牌馆等事宜进行座谈。

12月2日

△由科技部、广东省人民政府主办，科技部合作司、广东省科技厅、东莞市人民政府承办的2014中国（东莞）国际科技合作周在东莞举行。

△中国—乌克兰巴顿焊接研究院第一届理事会第四次会议在东莞召开。

△国家“数控一代”机械产品创新应用示范工程工作交流会议在东莞召开。

12月3日

2014年度广东省科学技术奖评审委员会评审会议在广州召开。会议共评审出本年度拟奖项目266项，其中特等奖2项、一等奖30项、二等奖76项、三等奖158项。

12月4日

以色列科技和空间部伊多·沙利尔总司长、以色列驻广州总领事馆安亚杰总领事一行4人到访省科技厅，双方就推进以色列科技和空间部和省科技厅建立实质合作关系进行探讨，就下一步工作目标达成共识。

12月9—10日

第3届中国创新创业大赛（广东赛区）暨第2届“珠江天使杯”科技创新创业大赛总决赛和“第3届中国创新创业大赛（港澳台赛区）暨首届两岸四地大学生创新创业大赛总决赛”分别在惠州和广州举行。

12月10日

广东省专业镇发展促进会第四次会员代表大会在广州召开。

12月11日

△广东省粤科金融集团有限公司与兴业银行广州分行签订金融业务战略合作协议签约仪式举行。

△广东省大型科学仪器设施开放共享工作座谈会在广州举行。

△英国兰卡斯特大学史蒂夫·布兰德利副校长、兰卡斯特中国催化项目倪克·伯德项目总监等一行4人到访省科技厅，双方分别就2014年开展产业项目联合研发、联合项目推广活动以及协助企业进行合作伙伴匹配等工作作通报，并就进一步推进中英企业间技术交流、促进双方企业建立合作伙伴关系进行探讨，对围绕既定工作目标如何推动下一阶段工作达成共识。

12月16日

省科技厅、省经济和信息化委、省教育厅在佛山联合举办2014年广东省科技成果与产业对接会。300多项具有产业化前景的技术成果、170多家企业200多项技术需求、省内13所高校500多名制造专业毕业生参与此次对接。

19日

国家中医药发展会议（“珠江会议”）第16届学术研讨会在广州召开。

12月19日

全省科技统计工作会议在广州召开。

12月24—26日

广东省科技金融业务高级研修班开班仪式在广州举办。

12月30日

省科技厅的官方网站荣获2014年度广东省政府网站公共服务程度测评“服务创新奖”。

12月31日

省科技厅认定“华南理工大学生物科学与工程学院”等11家单位为前孵化器建设试点单位，认定“广东德运创业投资有限公司”等10家单位为国家级科技企业孵化器培育单位，认定“深圳市南山云谷创新产业园管理有限公司”等5家单位为科技企业加速器试点单位，认定“中科院科技开发院有限公司”等9家单位为科技创业孵化链条建设试点单位。

表格索引

主题索引

说　明

1. 本索引采用主题分析法，按主题词汉语拼音字母顺序排列。

2. 索引的主题词后面的数字表示内容所在页码，数字后面的英文字母（a、b）表示该页自左至右的栏别。

3. 本索引对彩色插页、“领导讲话”、“政策措施及规范性文件”、“科技记事”等不作内容主题分析。

R

S

X

Y

Z

香雪制药　数字化中药的引领者

数字化中药为中药现代化领域范畴，是本省中药产业发展方向之一。香雪制药的数字化中药作为一个系统化建设，由中药质量标准数字化、中药生产数字化、中药材来源数字化、药品流通数字化、药品疗效数字化等方面构成。

经多年发展，在中药现代化的关键技术——中成质量控制技术、现代制剂技术、中药给药途径创新等研究取得丰硕成果及突破，建立了以“现代中药指纹图谱质量控制技术”为核心的现代中药集成创新系统，通过计算机相似度分析系统使成分复杂的中药质量得到有效控制；率先应用中药临床循证医学评价方法，通过大样品、多中心大规模的临床数据评价体系确保中药临床疗效可靠和确切。引进全球先进的信息管理系统，使中药企业管理与大数据时代顺利接轨。

目前，香雪制药在广东、云南、宁夏、安徽等地，拥有多个GAP药材种植基地，种植面积超过20万亩，中药饮片超过1 200多种，中成药产品超过100个，并培育了数个过亿元的中药大品种，如香雪抗病毒口服液、香雪橘红痰咳液等。为此，香雪制药已经形成中药资源开发、中药先进制造、现代物流配送、新药创制研发等完整的中药数字化全产业链。

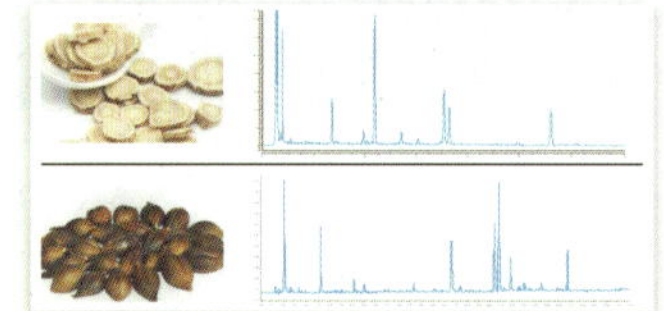

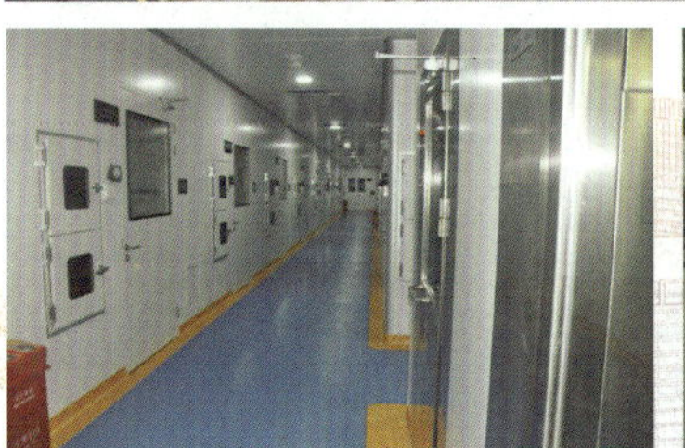

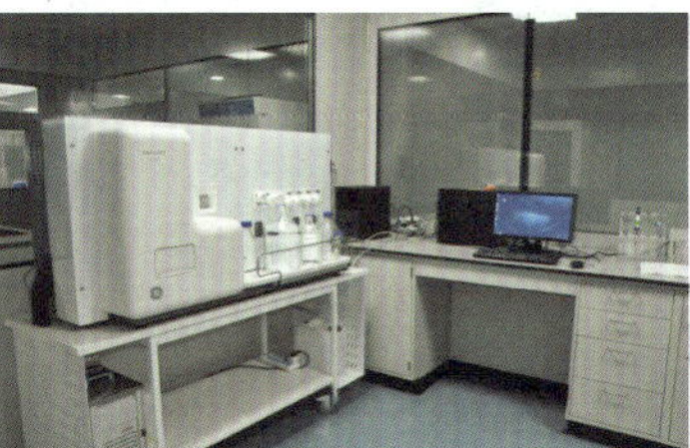

更多健康信息
关注微信公众号

广发银行|CGB 智慧金融 广发中国

启于智慧 科技兴行

广发银行于1988年诞生于美丽的珠江河畔，是国内首批组建的全国性股份制商业银行之一。二十多年来，广发银行秉承“只争朝夕，臻于至善”的企业精神，不断发展壮大，目前总资产规模超过1.8万亿，在全球1 000家银行排名中名列第92位，并且在小微金融、零售金融、金融市场、网络金融等领域形成了鲜明的战略特色和明显的比较优势。

智慧金融，广发中国。今天的广发银行，依托日益强大的科技建设水平和运营支撑能力，开启了新一轮发展引擎。

新“核心”，新蓝图，新希望。2016年1月，广发银行新一代银行核心系统成功投产。“新一代银行核心系统建设工程项目”建设历时两年，新建新柜面终端系统与产品平台，改造数百个关联系统，实现国内业务的一次性整体切换，刷新了国内商业银行核心系统建设周期最短的纪录。新一代银行核心系统按照以客户为中心，产品模型化、业务流程化、架构组件化、管理信息化、风控体系化及海内外一体化的系统架构目标设计，其投产将极大地提升广发银行的新产品支持能力和市场竞争力。

互联网+，前瞻探索，勇为人先。广发银行与时俱进，将网络金融业务列入战略重点，致力于成为“中国互联网金融服务首选提供商”。业内首推轻型智能银行VTM、万能支付、自动结售汇等新服务，电子渠道交易替代率提升至业内领先的96%以上，带来更高效便捷的用户体验；完成了Apple Pay（苹果支付）、HCE（银联云支付）、Samsung Pay（三星支付）等一系列移动支付产品的研制和投放，成为首批能够在移动终端发行支付卡的银行。

锐意创新，备受瞩目，屡获殊荣。广发银行近年来在科技创新方面先后荣获中国金融认证中心、新华社、《亚洲银行家》等权威机构及媒体颁发的“2014年中国网上银行最具竞争力银行奖”、“最佳手机银行”、“最佳智能网点项目”、“2015年度最佳数据与分析项目”等二十余项行业奖项，科技创新能力受到业内多方肯定。

从网络金融业务的蓬勃发展到新一代核心系统的智慧产出，科技为广发银行绘就了未来发展的宏伟蓝图，广发银行将继续科技引领，“智”于前行，为打造“一流商业银行”再添动力。

广发银行与网易公司签署战略合作协议

顺德高新技术产业开发区

顺德区历来是中国改革发展的探路先锋，曾多次担当改革探索重任，2010年9月，广东省人大常委会通过决议，依法支持和保障顺德区综合改革试验工作，从法律层面明确除党委、纪检、监察、法院、检察院系统及需要全市统一协调管理的事务外，其他所有经济、社会、文化等方面的事务，赋予顺德区行使地级市管理权限。近年来，顺德区综合实力连续4年位居全国市辖区百强首位，培育了智能家电产业、机械装备等超千亿元产业集群，自主创新能力明显提升，生态文明建设卓有成效，为顺德创建国家高新区奠定良好的经济与社会基础。

广东佛山顺德高新技术产业开发区（以下简称“顺德高新区”），是2013年经广东省人民政府批准成立的省级高新技术产业开发区，规划建设面积3.93平方公里，全部坐落于2006年国家发展改革委、国土资源部、住房和城乡建设部等三部委联合审核公告范围内。近年来，顺德高新区积极构建“一核一轴三组团”功能布局，加快发展高新技术产业，完善创新创业体系，积极创新管理体制机制，实现了经济社会又好又快发展，为升级创建国家高新区打下了良好基础。

（一）高新技术产业发展迅速，民营经济实力强劲，成为顺德经济发展的主战场

2015年，高新区实现规上工业总产值1 029.05亿元，占顺德区的16.34%；实现规上工业增加值268.22亿元，占顺德区19.43%；实现高新技术产品产值728.47亿元，占顺德区27%；拥有高新技术企业56家，占顺德区24.1%，已成为全区经济发展的主战场。园区的227家规模以上工业企业中，有80%以上是民营企业，高新区超过60%的GDP、超过50%的税收来自于民营经济。美的、康宝等代表性企业走出了民营企业国际化发展的道路。

（二）传统产业升级与新兴产业培育并举，打造出具有国际竞争力的创新型产业集群

顺德高新区按照“高端引领、错位竞争、集群发展”的原则，在“一核三组团”范围内形成了四大主导产业体系，逐步打造出具有国际竞争力的创新型产业集群。以现代生活电器为特色的智能家电产业2015年实现规上工业总产值732亿元，培育了美的、康宝等一批龙头骨干企业，成为全国最大的家电生产基地。以机器人为特色的智能制造装备产业2015年实现规模以上工业总产值176亿元，成功创建了广东省智能制造产业基地。以医疗器械、健康服务为特色的生命健康产业加速发展，建设了国际创新转化生物产业孵化中心等孵化载体。以工业设计、电子商务为特色的现代服务业蓬勃发展，建设了广东工业设计城等重大载体，得到了习近平总书记的充分肯定，改变了地区和行业的创新理念。

（三）企业创新主体地位不断增强，成为全区创新创业的主力军

目前，高新技术企业已经成为顺德高新区产业发展的主力军，共有高新技术企业56家；企业研发载体普遍建立，累计建成国家重点实验室1个、省级重点实验室2个，省级工程中心29个，省级技术中心38个。名牌名标、知识产权等技术产出能力不断提升，现有中国驰名商标7件、省著名商标16件、省名牌产品24个，参与制定国家标准、行业标准和地方标准6项。

（四）科技服务体系日益健全，创新创业环境持续优化

顺德高新区以完善科技服务体系为突破口，持续优化创新创业环境。园区孵化载体建设成效明显，现有4家科技企业孵化器，其中，国家级科技企业孵化器2家、省级众创空间试点单位3家，累积孵化企业超300家，逐步形成了“众创空间—孵化器—加速器—科技园区”的完整孵化链条。依托南方医科大学顺德校区、顺德职业技术学院等，建设产学研结合的公共技术创新平台，引进创新团队11个，产学研合作的深度、广度不断拓展。

（五）城镇化与产业化协同发展，科技新区建设日新月异

顺德区以土地利用总体规划和城市总体规划为导向，总体规划高水平一步到位，分区规划、专项规划、产业规划和详细规划及建设逐步推进、调整和实施；积极推进“美城行动”和环境整治，园区污染集中治理设施与规划、建设同步。同时大力加快修建道路、桥涵、水利、市政管网、供电、土地平整等基础设施，不断完善园区科技孵化、人才培育、金融服务等配套建设，园区建设水平得到极大提升。特别是随着广佛肇城轨、佛山地铁3号线、广州地铁7号线即将建成，高新区即将迈进高速、城轨、地铁新时代。

顺德高新区加快创新驱动发展，创建国家高新区，有利于以高新区升级和建设为抓手，深入推进创新驱动发展战略，深化体制机制改革，打造县域自主创新排头兵；有利于充分发挥顺德先进装备制造产业的良好基础，推动企业在高新区集聚并做大做强，将高新区打造成为具有国际竞争力的先进制造业产业集群，为构筑珠江西岸先进装备制造产业带提供强有力支撑。

顺德区委、区政府将从全局角度和战略高度出发，以创建国家高新区为总抓手和核心载体，主动适应和引领经济发展新常态，充分发挥改革开放先行地的先发优势，努力将顺德高新区建成中国制造2025与德国工业4.0战略合作平台、粤港澳创业者乐园、泛珠三角高端产业集聚区、广东深化科技体制改革先行区，为我国实施创新驱动发展战略作出有效探索。

台山市台城街

台城街道位于台山市的北部，是台山市委、市政府所在地，台山市政治、经济、文化的中心和交通枢纽，行政区域面积156.7平方公里，其中城区面积39平方公里，下辖37个城乡社区，包括11个城市社区，26个农村社区。常住人口17.5万，流动人口8万多人。

近年来，台城街道办抢抓机遇，不断促进经济发展方式的转变，努力构建现代化产业体系。2015年，固定资产投资完成11.19亿元，上缴两税13.8亿元，公共财政预算收入5.29亿元。台城目前拥有3个基础设施配套较为完善的工业园区，形成以汽车零部件、铝型材、烧烤炉具、生物制药为主导的产业格局，辖区内有初具规模的工业企业150家，规模以上工业企业60家，其中国家级高新技术企业3家，省级民营科技企业13家。街道已形成以北坑汽车零部件制造基地为主体的产业集聚区，现有汽车零部件企业23家，规模以上的13家，累计投资总额达4.2亿美元，集聚水平不断提升。台城已被报批为“江门市专业镇技术创新试点”“广东省技术创新专业镇（汽车零配件）”。

随着城市建设步伐加快，台城的第三产业呈现良好发展势头，酒店、房地产、物流、商贸业蓬勃发展，已聚集了台山商业城、中环广场、天岭商场等规模较大的综合性购物商场，英皇广场、时代广场、东方名城、骏景湾豪庭、耀东明珠等城市综合体建设全面推进。街道先后荣获全国卫生城市、广东省模范乡镇党委、广东省先进基层党组织、广东省教育强街、广东省体育先进街、江门十大最具竞争力镇（街）等荣誉称号。

台城北坑汽车产业园

台城步行街

石花广场（台城）

石花文化广场

广州军区广州总医院

广州军区广州总医院组建于1933年，其前身是国民党陆军总医院，1949年被我军接管。医院占地面积21万平方米，是一所集医疗、教学、科研、预防、保健、康复为一体的现代化大型综合性三级甲等医院，是国家的绿色社区，在广州市属面积最大，在整个华南地区属规模最大，级别最高的军队医院。一直以来，医院秉承“厚德、精医、忠诚、奉献”的院训，团结拼搏，锐意进取，朝着“国际上有影响、国内知名、军内一流”的目标努力。目前，医院设有一个骨科医院、一个神经医学专科医院、60余个专科，展开床位1 836张，拥有各类卫生技术人员2 000余人，300多名高级专业技术人员，300多名硕士以上高学历人员，100多名硕士、博士生导师，现有1个全军医学研究所，1个国家重点专病中心和8个全军医学专科中心，12个军区医学研究所、专科中心，5个广东省医学特色专科，2个广东省医学重点专科。广东省的骨科重点实验室设在我院，是广东省唯一取得3个器官（心、肝、肾）移植同时准入的医院，也是14所院校的教学医院，拥有2个博士后科研工作站。医院现有螺旋断层放疗（TOMO刀）、PET/CT、C型伽玛刀等先进医疗设备，总值约7.3亿多元。

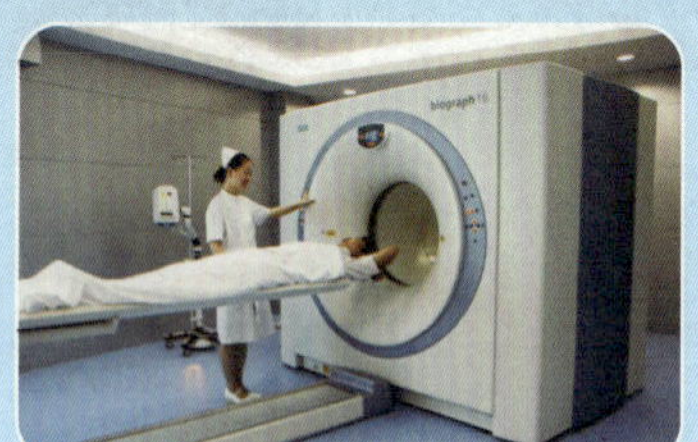

PET-CT

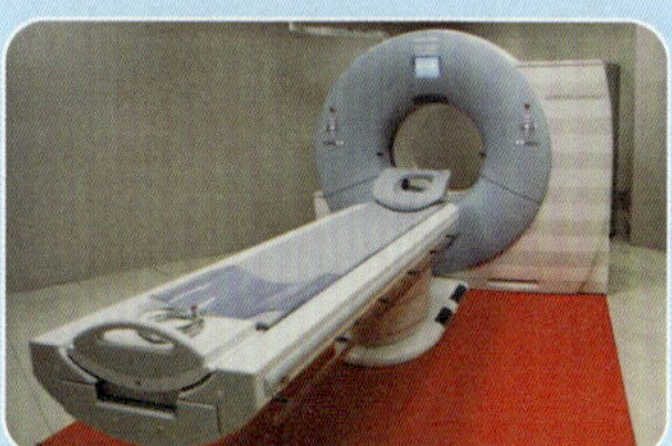

双源CT

医院新远景

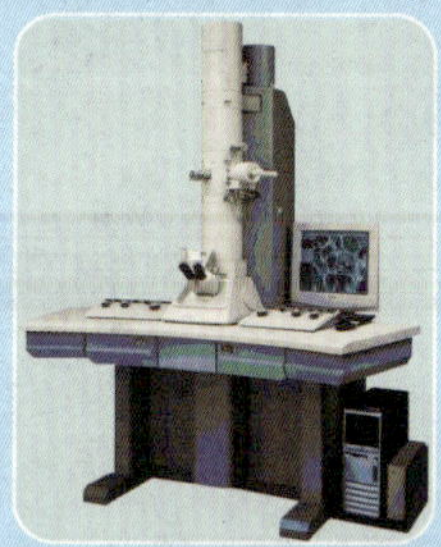

电镜

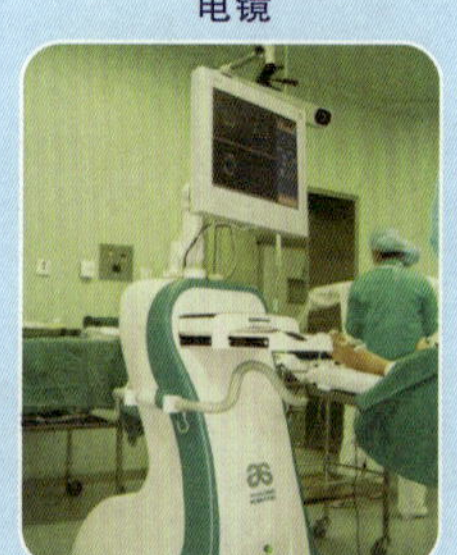

神经导航系统

广州市城市规划勘测设计研究院

广州市城市规划勘测设计研究院（GZPI）创于1953年，是华南地区历史最悠久、规模最大、专业最齐全、综合实力全国领先的规划勘测设计高新技术单位，致力于向政府、社会和公众提供工程建设全过程的技术服务。

GZPI业务涵盖了城市规划、测量与地理信息工程、建筑设计、市政规划与设计、岩土工程、工程咨询、工程监理、工程总承包等领域，始终以“服务政府、服务社会”为宗旨，兼顾质量标准、法律法规、业主期望和公众利益的统一，重视城市空间和地域文化对具体项目的要求。

GZPI的作品与项目遍及全国各地，拥有多名院士级顾问，并与国际顶尖同行间保持持续、开放、深入的合作。

GZPI在科技创新、人才培养、质量控制等方面进行了深刻的变革，通过了ISO9001质量管理体系、环境与职业健康安全管理体系，实现了高效的流程化运作，以此确保对客户的优质交付。

该院力争在此良好基础上发展成为国内乃至国际最具行业影响力的工程咨询技术服务联合体，卓越的工作团队，将持续提升围绕客户需求的创新能力，通过领先的技术、完善的管理和优良的服务实现我们的这一目标。

无人机新技术应用于测量项目中

科学城威创创新园--获得
2015年度全国优秀工程勘察设计行业三等奖

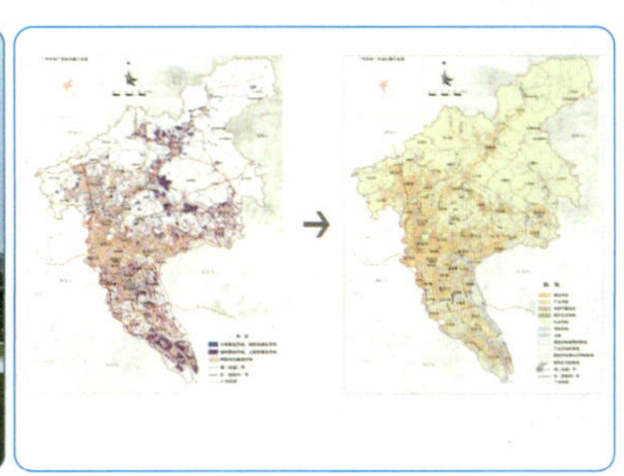

广州市三规合一项目--获得
“2015年度广东省优秀城乡规划设计一等奖”

广州市城市规划勘测
设计研究院办公大楼--珠江规划大厦

广东省水文局佛山水文分局

水下、岸边数据无缝融合

全覆盖监测分析活化河道信息

实时监测与传输系统

广东省水文局佛山水文分局成立于1956年7月，位于佛山市禅城区影荫路一街九号，是广东省水文局下属的副处级事业单位，2012年10月加挂佛山市水文局和中山市水文局牌子。

水文局的主要职责是负责佛山、中山、珠海三个市的水文水资源监测、预报、分析计算与调查评价工作，主要为防汛与水资源管理提供技术支撑。现有干部职工78人、其中教授级高工1人，高级工程师11人、中级职称25人、初级职称16人。

多年来，该局非常重视科技创新工作，确定了科技创新是提升水文服务能力与提高技术支撑水平的关键，是服务端供给侧结构性改革的切入点。在广东省水文局的大力支持下，以应用型科技创新为突破口，先后获得了佛山市、中山市、省水利厅、省科技厅等多项科技进步奖。获得已授权发明专利4个：无线传输地形地貌流场流态实现远程监测的方法及系统；一种基于潮汐和径流的河口咸潮预报方法；多功能水下测量仪器高效安装系统；多功能便携式机动水下监测艇。已授权实用新型专利4个：通过无线传输水下地形地貌流场流态实现远程监测的系统；多功能水下测量仪器高效安装系统；多功能便携式机动水下监测艇；城市内涝监测站点。已受理发明专利2个：河道数字水下地形智能管理系统；城市内涝监测站点。

珠江三角洲河道受自然演变与人类社会活动等因素的多重影响，主干河道普遍下切，导致堤防的治理难度增加，安全度汛成为水安全与社会稳定的重要因素。该局为更好地提供水安全技术支撑，结合自身的专业优势，开展科研项目“河道数字化关键技术研究及应用”。

该项目成果使河道经“CT”扫描并数字化后，对河道的日常管理起到“保健医生”作用，对突发事件的处置起到“急诊医生”作用，不仅对佛山市的水安全提供技术支撑与决策支持，对珠三角乃至广东省内其他有河道管理任务的地区均有借鉴与指导意义；该成果利用最先进的监测设备和自主开发的无线传输平台，使用性价比最优质的公网传输，攻克了信息同步获取的关键难题，形成一套成熟且机动灵活的监测、传输与分析系统，着重从非工程措施上为防灾减灾提供优质服务，创新推动发展，研究成果将河道数字化、信息化变为现实，大大提高了非工程措施在水安全和智慧城市等方面的贡献率，项目获得了2014年度广东省水利学会水利科学技术奖一等奖。

项目创新点：

1. 一体化综合监测集成技术。将多波束“快、准、精、密”动态扫描水下地形、侧扫声呐“快拍”河床地貌、3D激光扫描仪即时三维成像岸边地形和ADCP流场流态等先进设备，整合为统一的监测体系，实现复杂的陆地与水下地形、地貌、流场流态等“水、陆”多种要素统一采集。

2. 实时传输技术。利用公网无线网络，将监测到的综合信息，用数据、图像与动态影像等同步传输到指挥决策终端，实现河道各种信息实时传输、存储于一体，解决了传统的测量方式对数据量、数据精度不足、参数单一和信息不能同步共享的短板；研发数据库并实现河道信息空间三维分析与堤防险段预警预报于一体，活化了河道信息，解决了数据库储存信息与管理应用脱节的矛盾，为处置应急事件，科学快速制定抢险决策提供科学依据。

整合多种先进监测设备

3. 全覆盖监测技术。解决了不受水域限制可实现监测作业、不受船体限制可安装仪器的难题，再利用多波束偏角侧扫补偿技术，实现河道边坡及浅水区的全覆盖监测，填补了多波速侧向扫测的应用空白。

4. 水下、水上数据无缝融合技术。河道岸边地形3D扫描数据与多波束水下地形测量数据融合，河道地貌图与地形图数据叠加，解决了河道水下与陆地岸线地形无缝连接、地形地貌结合的三维可视化、直观化。

广州供电局有限公司电力试验研究院

广州供电局有限公司电力试验研究院（简称“试研院”）始建于1952年，是广州供电局直属的技术监督主体实施单位，主要承担入网设备质量监督、运行设备预防性试验及状态评价、电测及热工仪表标准传递、配网带电作业管理、科技研发等职责，是广州电网“状态评估与检修策略中心”“设备检测与检验中心”“科技研发创新与应用中心”“高端人才培养中心”。

近年来，试研院实现了跨越式发展，先后建成先进的一、二次设备入网检测与检验实验室，绝缘油、气及金属材料分析实验室，电能质量监测、评估与检测实验室，与南方电网电力科学研究院合建智能配电网南网重点实验室。作为广州供电局科研主体，承担了众多科技项目，其中包括国家“863计划”项目《基于大数据分析的城市电网设备状态评估系统开发与应用》、南网重大科技专项《大容量短路电流开断装置研制开发及工程应用》等，状态检测技术的应用研究已进入国际先进供电企业行列。

同时，试研院也全力打造质量管理品牌，2011年通过了国家实验室认可评审，获批认可项目规模居全国地市级供电局第2位，标志着该单位的硬件设施、管理水平和检测能力均达到国际认可水平。

通过挖掘历史文化底蕴，试研院凝练出了“文化引领、知行合一”的企业文化精神，荣获“广东省企业文化示范基地”称号，为企业持续发展提供了强大精神力量。目前，试研院在新一届领导班子带领下，本着“爱岗、奉献、务实、创新”的文化理念，正着力提升技术监督和科技创新能力，系统推进各项工作跃上新台阶，力争尽早建设成为广州电网全面接轨国际先进的技术支持单位和一流的城市电网试验研究单位。

配网实验室

建设银行致力打造高科技企业金融服务专业银行

在“大众创业、万众创新”的时代号角下，创新驱动发展战略纵深推进，创新发展引擎全速发动，建设银行广东省分行主动整合金融资源向科技领域倾斜，针对科技企业经营特点，结合省内一系列推动科技创新的政策与措施，推出为高新技术企业量身打造的“Fit粤”科技综合金融服务计划，满足科技企业从孵化、育成到实现高新技术企业蜕变全过程中资金融通与人才培养的全方位金融需求，以金融创新带动科技创新，促进金融和科技的深层次融合。

高新科技企业在初创期，往往会因为轻资产的特点而造成融资难；在成长期，一般的融资渠道又很难满足企业的多种需求，而“Fit粤”计划则从服务链条上完整地解决了这些问题，从融信、融创、融资、融智、融惠、融通六个维度，打造政府+、创业+、企业+、资本+、私享+、金管+六大系列产品与服务。

“融信”即依托政府增信，运用科技创投基金、“助保贷”等产品，采用金融工具放大政府财政的杠杆效应，将传统的财政补贴变为市场化运作投资，最大限度扩大政府扶持科技企业的受惠范围。

“融创”即利用互联网手段打造众筹众创平台，运用“科技众筹易”“科技众创易”等产品，将服务延伸至科技小微企业及高校大学生。

“融资”针对高新企业轻资产的特点，创新应用“科技智慧贷”产品，为拥有知识产权的企业融资提供便捷渠道；根据企业纳税额、代发工资额、专项扶持资金等提供“科技信用贷”；根据进出口企业的应收账款提供“科技外贸贷”。

7月23日建行广东省分行与省科技厅联合举办“Fit粤”科技金融推广大会

“融智”即通过投行创新模式，联合证券、信托等同业机构，为高新技术企业新三板挂牌及融资提供全过程服务，运用“科技鑫三板”“科技投贷通”等产品，满足不同成长阶段企业所需多级、多元投融资需求。

“融惠”即以各类优惠便利政策为高新技术企业员工提供各项定制化金融服务，运用科技持股通、安居贷和养颐乐等产品，为企业吸引和留住人才提供全面保障。

“融通”即联合政府部门为高新技术企业搭建交流服务平台，建立“Fit粤”科技金融联盟，为高新技术企业开辟绿色服务通道，实现信息互通、资源共享。

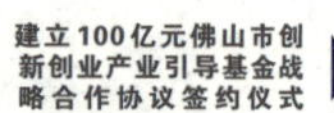

建立100亿元佛山市创新创业产业引导基金战略合作协议签约仪式

2015年建行与广东省各地市、区、科技局就科技金融共签署合作协议40份。目前建行广东省分行已与全省4 880家高新技术企业均建立了业务合作关系，实现了“服务全覆盖”；给予843家高新企业授信额超700亿元，2015年全年为高新企业办理信贷业务、综合融资业务超500亿元，助力广东省高科技企业“建现在、见未来”。

未来建行将继续用金融创新服务科技创新，为企业提供发展平台，目标是在三年内服务6 000家高新技术企业，提供超过1 000亿元的综合融资服务，培育1 000家企业上市，助力高新企业发展与腾飞，把建设银行打造成为服务高科技企业的专业银行。

与白云电器、海大集团等“Fit粤”科技金融联盟理事单位开展座谈

中科智桥国际投资有限公司

中科智桥国际投资有限公司（以下简称中科智桥）是经国家工商行政管理总局批准，在广东横琴自贸区登记设立的混合所有制企业。注册资本1.3亿元人民币。

按照国家知识产权局关于建设全国知识产权运营服务体系的总体规划，遵循高起点、高标准、国际化、市场化的建设原则，充分发挥广东横琴自贸区的区位优势，整合国内外市场、政府和企业资源，广泛建立合作伙伴关系和客户群体，为国内外客户提供规范、高效的知识产权运营服务，力争成为“国内领先、国际一流的知识产权投融资运营平台”，有力推动广东省乃至我国知识产权战略及高新技术企业的发展。

公司主营业务及发展前景

一是以国家战略性新兴产业为基础的知识产权高端服务，包括知识产权检索、分析、战略规划、交易和运营等服务。

二是以知识产权+股权质押为核心、投贷联动的知识产权金融服务，包括知识产权质押、专利保险、知识产权证券化等金融服务。

三是上市融资和投资并购为主要内容的投资银行服务，包括天使投资、股权投资、产业投资等服务内容。

公司成立以来，按照国家知识产权局关于建设全国知识产权运营服务体系的总体规划，依托中国专利保护协会发起成立了中国知识产权运营联盟，具体承担联盟的日常运营工作。

同时，根据知识产权运营的市场化需求，与京东方、TCL集团、丰田等企业签订合作协议；在中科院半导体照明研发中心核心专利及专利组合的基础上，联合相关律师事务所，开展专利维权行动，发挥知识产权的价值和作用。

下一步，中科智桥将“以产业定位+服务增值+资本增值”为模式，发挥知识产权运营的服务价值和资本价值，通过建设知识产权运营孵化器和设立知识产权运营引导基金，开启知识产权运营服务的2.0模式。

广东德诚网络科技有限公司

网址：http://www.gddc.net.cn

广东省教育大数据工程技术研究中心

广东省科技厅

二〇一五年十月

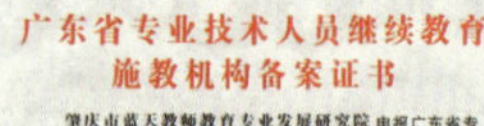

广东省专业技术人员继续教育施教机构备案证书

肇庆市蓝天教师教育专业发展研究院申报广东省专业技术人员继续教育施教机构备案，根据《广东省专业技术人员继续教育条例》及《广东省人力资源和社会保障厅关于专业技术人员继续教育施教机构备案的管理办法》，经审核，予以备案。（备案期2014年2月1日至2017年2月28日。）

特发此证。

发证单位：（盖章）

发证时间：二〇一四年一月

企业旗下的互联网教育平台：

1.蓝天远程教育网（www.lt-edu.net）
2.全国教师网络研修联盟（www.xbyx.cn）
3.广东教师研修网（www.teachercamp.net）
4.微课网(www.wkw.net.cn)
5.TTE365学堂（www.tte365.com）
6.德诚微课云平台（www.loocs.cn）
7.智慧幼儿园联盟（www.e0-6.com）

录播室

未来教室

公司机房

考试数据处理中心

广东德诚网络科技有限公司（以下简称“德诚公司）是一家专注于专业技术人员在职教育和基于教育大数据的智慧教育研究与应用的线上线下O2O的互联网+教育高新科技企业。

公司现有在职员工230多名，其中博士2名、硕士16名、本科学历150多名，引进珠江学者1名、教授2名，拥有外聘专家223人、辅导教师998人。公司与北京师范大学、华南师范大学、华南理工大学等高校建立了紧密的产学研合作关系，为推动企业技术创新提供了智力支持；在知识产权方面，拥有发明专利13项，如：基于Flash P2P的流媒体多级缓存网络加速方法和基于语音相似性识别的S-T教学过程的分析方法等，软件著作权126项，出版教育相关书籍6个系列共39册。

公司始终坚持“扎根肇庆、服务广东、面向全国、走向世界”的发展战略。2015年已在广东省21个地级市开展业务工作、在11个地级市设立了分公司，并在海南、江西、北京等6个省市设立了办事处（分公司）。近6年累计培训专业技术人员80万余人次。目前，公司已全面启动IPO上市筹备工作，将于2017年3月启动IPO上市计划，到2020年把公司打造成市值500亿的“互联网+教育”国内龙头企业，培育教育行业的优质品牌。

智慧教室

建业科技电子（惠州）有限公司

建业科技电子（惠州）有限公司成立于1999年11月5日，注册资本33 600万港币，注册地址位于惠州市大亚湾经济技术开发区响水河工业区，是一家台港澳法人独资的有限责任公司。建业科技电子（惠州）有限公司主营线路板及线路板模具制造，是具有国际先进技术水平的高精密线路板专业研发及生产企业。公司主要针对通信、网络、家电、计算机、工业等应用领域线路板产品的开发与生产，客户遍及菲律宾、韩国、日本以及中国台湾、大陆、香港。公司拥有韩国三星、菲律宾 Smart公司、捷普电子（广州）有限公司、墨西哥Jabil公司、德国Diehl 公司、代傲电子控制(南京)有限公司、台湾Liteon、日本Stanley公司、印度Visteon公司、延锋伟世通汽车电子有限公司、港加贺（深圳）公司、KAGA香港公司、中国香港SMT等国内外电子行业500强客户。公司于 2009年通过ISO 9001：2008 质量管理体系认证，并于2011年通过ISO 14001：2004 环境管理体系认证，同时获得OHS 573929证书、SEPHIL证书、安全生产标准化二级企业等证书。并逐步建立完善的生产管理体制，严把产品在采购、生产、检验等各个环节的质量关。

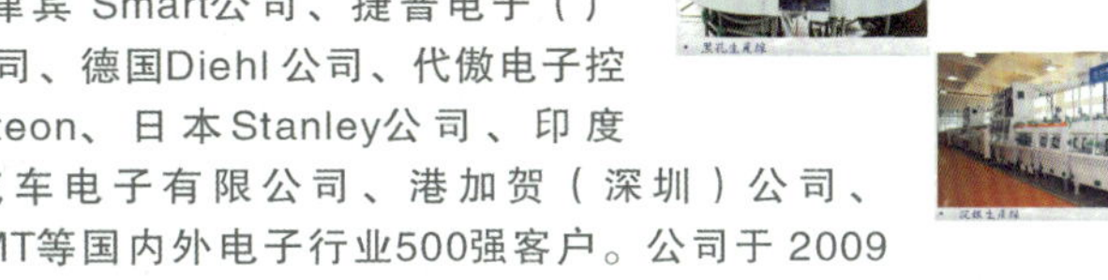
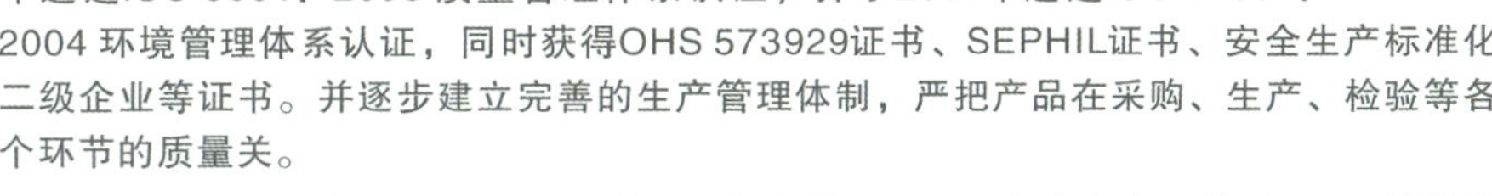
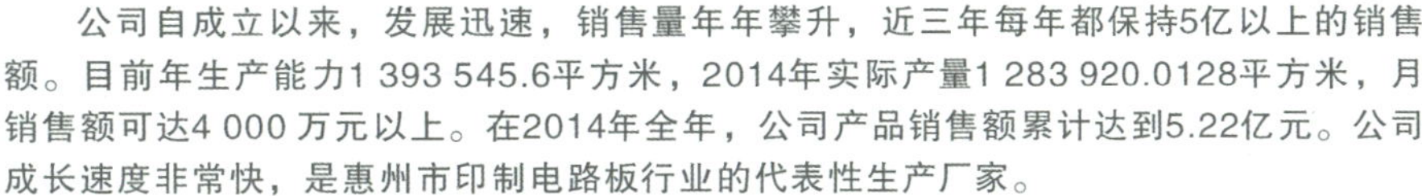

公司自成立以来，发展迅速，销售量年年攀升，近三年每年都保持5亿以上的销售额。目前年生产能力1 393 545.6平方米，2014年实际产量1 283 920.0128平方米，月销售额可达4 000 万元以上。在2014年全年，公司产品销售额累计达到5.22亿元。公司成长速度非常快，是惠州市印制电路板行业的代表性生产厂家。

公司时刻保持对全球线路板行业先进工艺技术的敏锐洞察力，采用现代先进的生产、测试设备和技术，励精图治打造现代、科技、实力型企业。公司现有厂房使用面积达40 000余平方米，主要生产设备300多台，2014年底固定资产总额达3.1亿元。研发设备40部以上，固定资产净值1 000万元以上。本公司拥有世界先进水平的线路板生产设备及检测仪器，以极其高的加工精度，能满足不同客户对高精尖线路板产品的精准制造。公司重视知识产权保护工作，近三年申请自主知识产权11项，其中已授权实用新型专利9项，同时获得软件著作权登记证书2项。

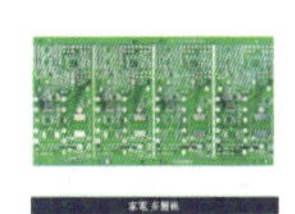

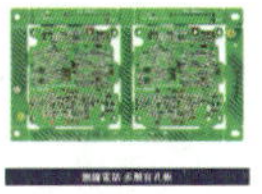

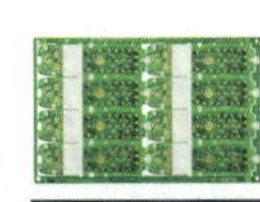

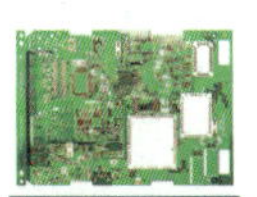

深圳市景旺电子股份有限公司

2014年，景旺电子科技（龙川）有限公司是深圳市景旺电子股份有限公司的子公司（以下简称“景旺电子公司”），景旺电子公司围绕“以技术创新为平台，通过精益管理，不断强化企业核心竞争力”的企业中长期发展战略，科技创新能力进一步增强，已成为中国印制电路板行业百强企业、河源市电子信息标杆企业。

【科研项目和经费】

2014年，景旺电子公司新增科研项目23项，研发经费总支出8 256万元。获得广东省高新技术产品认定4项，2014年高新技术产品销售收入达到193 934.8万元，研发成果的转化率达到95%以上，有效实现了研发成果的产业化。

在产品应用研究方面，高端印制电路板项目10项、高端金属基电路板项目5项、高密度柔性电路板项目7项、高性能刚挠结合板项目1项，承担深圳市科技计划1项、河源市科技计划重大专项1项、河源市专利计划实施项目1项、深圳宝安区科技计划1项。

自主开发了一种高导热无卤金属基覆铜板材料并实现产业化，在LED、安防监控、电源等领域替代了进口金属基板材料。

【产学研工作】

截至2014年年底，景旺电子公司与国内6所高校开展合作，其中包括广东工业大学、西北工业大学、江西理工大学等高校开展人才培养、研发平台建设、科技项目等产学研合作。

在企业内部设立教学班，重点在应用电子技术、工商企业管理等学科方面开展在职人员继续教育合作，近三年通过在职人员学历进修的，已毕业人员共有200余人，培养出适合企业的技术人才和管理人才。

【科研平台建设】

截至2014年年底，景旺电子公司组建了3个研发机构，包括2011年获批组建河源市高端印制电路板工程技术研究开发中心，2012年获批组建广东省金属基印制电路板工程技术研究开发中心，2014年获批组建深圳市企业技术中心。

【科研成果】

2014年度，景旺电子公司获河源市科学技术进步奖一等奖1项；经科技部门组织和行业专家组鉴定，《直接散热的大功率铜基印制板技术》和《高性能无卤金属基覆铜板》2项科技成果的技术性能均达到国内领先水平。

【知识产权工作】

2014年景旺电子公司申请专利39件，其中发明专利16件；授权专利总量49件，其中发明专利授权12件。

【行业技术交流】

2014年，景旺电子公司在行业期刊发表论文24篇，其中7篇论文在2014春季和秋季国际PCB技术/信息论坛会上作专题演讲。

深圳市景旺电子股份有限公司

景旺电子（龙川）有限公司厂区图

东莞市金富实业有限公司

公司愿景：“成为瓶盖行业最受信赖的企业”

质量方针：“以质为本，顾客至上，符合要求，持续创新”

企业核心价值观：“诚信、品质、服务、协同、责任”

主营产品（部分）

自主研发机械图片

东莞市金富实业有限公司发源于1991年，始建于具有丰厚历史底蕴的虎门，2001年正式成立，至2013年，新工厂与办公大楼于东莞市沙田镇隆重落成。目前金富已发展成为投资规模超过4.5亿元人民币的实业公司，瓶装水盖年产能超过100亿个，是享誉业界的国内最大瓶装水盖供应商之一。

刻苦钻研：

金富的研发团队，承担着全公司瓶盖产品的研发重任，所有的技术人员都是经过严格的筛选和培训，精通压盖机和注塑机的构造和装配，配备上精密的加工设备，力求不断创新，不断进步，塑料成型盖的快速冷却模具、瓶盖印刷机、瓶盖立式切环折边成型机的转盘结构，和瓶盖立式切环印刷一体机，都是金富研发团队的科研技术成果，金富目前已授权的制盖技术相关专利超过40多项。从成立至今，刻苦钻研的精神，让金富始终紧跟瓶盖生产技术的发展步伐。

优质体验：

金富一贯把产品质量作为公司发展的根本，提供完善的售前售后服务，以求满足客户的最大需求。金富采用瓶盖专用影像测量仪、意大利SACMI CVS、CUBEEYE X光透视仪等一整套符合国际标准的先进检测设施，来实现高效、全面的品控体系运作，全方位保证待销产品以100%无味无毒无杂质的优良品质流向客户的手中。

金富针对每位客户对产品的具体要求和标准，严格执行气味检测、尺寸测量、气密性试验、封盖断桥和高歪盖检测等关键试验，且实时监测和分析产品的所有品质数据，做到对产品负责，对部门负责，更对客户的品质负责。

网址：www.jinfu-group.com　　邮箱：black-114@163.com

地址：广东省东莞市沙田镇稔洲村永茂村民小组　　电话：0769-3901 4520　　传真：0769-3901 4535

广东万事泰集团有限公司

万事泰集团先进的标准质检流水线。

万事泰集团拥有先进的科研团队。

广东万事泰集团有限公司，总部位于中国广东新兴县，是中国乃至全球最大的高端不锈钢餐厨炊具生产企业之一。万事泰成立于1988年，从1992年开始专业从事不锈钢厨具产品制造。目前工厂占地23万平方米，标准厂房面积15万平方米，总投资8 000多万美元，拥有先进机械设备达2 000多台，拥有一支高素质的技术研发团队，专业生产中高端不锈钢餐厨炊具系列产品与厨房小家电产品，其高端餐厨炊具产品供应销往世界各地，覆盖欧洲、北美、澳洲、亚洲、南美和非洲等全球市场。

多年来，万事泰集团把“科技创新”作为企业的发展灵魂，成立了省级技术中心，建立了产品技术研究所，并与国内外多家院校及科研机构建立了“产学研”基地、博士后工作站等技术研发机构，组建了一支由上海交通大学、西安交通大学和上海应用技术管理学院等院校的知名专家学者组成的顾问团队，技术力量雄厚。目前，公司拥有自主专利100多项，获ISO9001：2008、TUV、SG、ELT、CB、BSCI等认证。

万事泰集团行政办公大楼

万事泰集团基础雄厚的质检中心

万事泰集团自动化产品生产线

万事泰集团总部厂区鸟瞰图

中国科学院深圳先进技术研究院

Shenzhen Institutes of Advanced Technology, Chinese Academy of Sciences

中国科学院深圳先进技术研究院（以下简称“先进院”）由中国科学院、深圳市政府、香港中文大学于2006年在深圳共同组建，是新时期中科院面向国家及区域产业和社会需求进行的重大科技布局，是深圳市建设国家首个创新型试点城市的重要科技支撑平台，同时面向中科院“创新2020”和“率先行动计划”，为新型国立科研机构建设进行科技体制创新有效探索。先进院目前已形成科研、教育、产业、资本构成的“四位一体”发展模式：拥有6个研究所（含南沙所），42个国家/省部及市级重点实验室和工程技术平台，重点布局机器人、健康与医疗、新能源与新材料、大数据与云计算四大领域，搭建学科交叉平台，形成集成创新优势；先进院与境内外多所大学合作办学，挂牌中国科学院大学专业学院，建设深圳特色学院及中科创客学院；建设育成中心及四个产业园区，与行业或政府共建五个外溢研究院；内外资本结合，建立天使、风投和国投基金。

2015年是“十二五”规划的收官之年，是实施“四个率先”计划和全面深化改革的攻坚之年，是先进院第二届班子任命宣布之年，也是先进院提出“质量先进院”发展目标的第一年。2015年，先进院在科研上锐意进取，在体制机制上探索求新，在人才队伍建设及产业推进方面阔步前行，均取得突出进展。低成本“海云工程”配套设备全国中标量约占全部份额的20%，服务全国农村人口超过5 000万人以上。获批国家重大科研仪器设备研制专项项目“基于超声辐射力的深部脑刺激与神经调控仪器研制”，该项目是广东省和深圳市首次牵头承担“国家重大科研仪器设备研制专项”（8 077万元，部委推荐类）重大项目；作为主要完成单位参与的“基于影像导航和机器人技术的智能骨科手术体系建立及临床应用”和“角膜病诊治的关键技术及临床应用”项目均荣获国家科学技术进步奖二等奖；作为第一完成单位的“基于剪切波的定量超声弹性成像技术与应用”项目荣获广东省科学技术奖技术发明类一等奖。

各类经费到账额7.81亿元，合同额8.43亿元（含南沙所），创历史新高；新增发表文章931篇，含*Nature*子刊发表论文2篇，*PNAS*发表1篇，其中SCI论文472篇（同比增长10.5%），JCR一区论文271篇（同比增长22.7%）；专利申请量达651件，其中PCT专利68件，国外专利7件，申请数量继续名列中科院前三位；育成企业总计逾300家，持股逾140家（产值过亿企业6家），其中5家拟在新三板或创业板上市；年度培养学生1 252名，获批全国博士后科研工作站、科技部创新人才培养示范基地（“万人计划”基地）及广东省科技创新创业人才服务基地；在天津建设天津中科先进技术研究院有限公司，“中科创客学院”等各类外溢机构蓬勃成长，服务地区经济转型效果显著。

先进院人员规模渐趋稳定，共1 986人（含学生），其中员工1 142（含南沙所），中高级职称722人，海外经历人才432名。立足现有优势学科，2015年度新引进“千人计划”专家3人（目前在院工作达18人），中国科学院“百人计划”3人，广东省领军人才3人（全省20人），深圳市“鹏城学者”特聘教授1人。中青年人才影响力持续增长，年度新入选中国科学院特聘研究员13人，享受国务院特殊津贴专家1人，国家基金委“优青”2人，中科院技术支撑人才1人，广东省特支计划“南粤百杰”3人（占全省的20%）、领军人才2人、青年拔尖人才9人，省优青4人。新增“孔雀计划”技术创新项目13项。新获批深圳市孔雀人才58人次，深圳市高层次人才12人次，累计270人次，位居全市第1。

依托广东省“珠江人才计划”和深圳市“孔雀计划”，在无线充电、合成生物、机器人等领域瞄准国际科学前沿，引进5支创新团队（其中脑科学团队和串并联机器人团队同时入选广东省创新团队和深圳市孔雀团队）。全院各类创新团队累计达到19支（含省市双入选团队3支），省团队数量居广东省第1，市团队数量占深圳市总数的1/5。全年共获批人才类项目经费合同额达1.41亿元。

2015年，先进院与院企合作再创新高，横向到款金额达到10 218万元，同比增长53%，成功实施了第一个横向收入超亿元工程；资产增值6 278万元，实现了翻番。其中新增立项工业委托合同88个，合同额7 900万元（其中招标合同超千万），新建10个联合实验室，到款超4 560万元（比去年增长38%）；新增以企业为主体申报产学研合作项目219项，获批75项，留院合同额4 582万元，到账金额4 500万元，同比增长37%。横向项目交付能力和技术产品质量得到了可喜提升。

先进院与IEEE签订合作备忘录

主办的学术期刊《集成技术》发行6期，累计22期；年度合计出版7 600余册，稿源数量和质量均有较大提升，刊物下载数、被引用次数、国际关注度和机构用户稳步提升。2015年先进院与IEEE国际组织的合作翻开新篇章。先进院欧勇盛研究员和夏泽洋副研究员担任IEEE国际机器人与自动化协会广东分会首届分会联合主席，须成忠教授当选IEEE Fellow。先进院获批成立大陆首个IEEE UFFC（超声波、铁电与频率控制学会）学生分会并与IEEE总部签订关于学术交流、产业合作的合作备忘录。举办了“第15届IEEE/ACM集群、云计算与网格计算国际会议”“国际磁共振快速成像、射频与应用研讨会”“情感神经环路国际学术研讨会”“智能汽车与信息技术国际研讨会”等9场国际会议，海外交流继续扩大和加深，国际学术影响力进一步提升。

中央政治局委员、广东省委书记胡春华调研中科创客学院

地址：深圳市南山区西丽大学城学苑大道1068号
电话：0755-86392288
传真：0755-86392299
网址：www.siat.ac.cn

胜宏科技（惠州）股份有限公司

胜宏科技（惠州）股份有限公司（以下简称“公司”）于2006年7月落户惠州市惠阳区淡水镇新桥村行诚科技园，于2015年6月11日在深圳证券交易所创业板成功上市，是惠州市超10亿元的培育企业，也是惠州市科技上市成长型企业。公司主要从事高精密度线路板的研究开发生产和销售，是一个集研发、生产、销售为一体的高附加值、高科技含量的现代化企业，产品广泛应用在计算机数据通讯、工业仪器、汽车、消费类电子等领域，远销欧美日等国内外市场。公司注册资本为14 956万元人民币，厂区占地面积23万多平方米，2008年投产以来，总产值连年上涨，2015年度总产值超12亿元。

行业地位

胜宏科技（惠州）股份有限公司是中国印制电路行业协会（CPCA）的副理事长单位，是行业标准的制定单位之一，连续多年入围CPCA公布的“中国电子电路百强企业排行榜”，先后被认定为国家火炬计划重点高新技术企业、广东省创新型企业，拥有省、市、区三级工程技术研发中心，省、市级企业技术中心。公司积极开展产学研合作与科技创新，建立了联合培养硕士研究生示范基地，取得主要生产技术领域的专利120项，其中发明专利20项、实用新型专利99项、外观专利1项，评为省、市知识产权优势企业，是中国印制电路行业和惠州市首家通过GB/T 29490–2013知识产权管理规范的企业。公司重视转型升级，利用全球先进的设备和技术，集自动化、信息化、智能化于一体，致力打造高效节能的、绿色环保的、环境舒适的人性化工厂，具有极强的行业竞争优势。

客户群体

公司凭借“技术新、品质优、交期快、服务好”的特点，在业内树立了良好的声誉，已与富士康、共进电子、记忆科技、仁宝、纬创、金像电子、歌尔声学、戴尔、长虹、德赛西威、影驰科技、美国Watchfire等170余家客户建立了合作关系。公司产品最终应用在CISCO、日立、惠普、联想、苹果、缤特力、SONY和英国星空卫视等国内外众多知名企业产品上。

节能环保

胜宏科技（惠州）股份有限公司积极响应国家政策，贯彻清洁生产和循环经济理念，先后被认定为“粤港清洁生产伙伴”和“广东省清洁生产企业”。公司2010年、2011年连续两年获得惠阳区政府节能专项资金奖励，并被评为2011年度惠阳区节能先进单位，先后通过了ISO14001:2004环境管理体系认证及ICP环境物质测试认证、中国ROHS（中国电子信息产品污染控制自愿性产品认证）。公司始终坚持以“根植绿色理念，打造绿色品牌”为己任，把“节能减排、降污增效”作为企业发展的社会责任和永保基业长青的战略目标。

未来目标

胜宏科技（惠州）股份有限公司将以市场为导向，全面提升生产规模、技术与产品创新能力、市场开拓力度，进一步强化公司核心竞争能力，使公司成为推动行业技术进步与产品结构升级的领导者。公司制定了两个五年的“十年规划”，在未来的五年里，胜宏科技（惠州）股份有限公司制定年产值增长40%以上的目标，五年后的年总产值将超过50亿元人民币，筹建成立国家级研发中心，在第二个五年实现超百亿园区。

广州大峰精密工业有限公司

广州大峰精密工业有限公司，位于广州市南沙区大岗镇，公司于2006年正式投产，以汽车零件配套/汽车部件工装夹检具及非标设备的设计与制造为主，于2010年通过TS16949的认证。公司目前建筑面积约15 000平方米，主要服务于为日资汽车行业及欧美汽车行业，工厂主要设备与仪器:冲床生产线/油压生产线/数控机加工生产线/机械手臂自动焊接机/造管生产线/消音管生产线/三维座标精测设备及精密测量仪器/溶接锐敏化试验设备等。公司为了开拓更宽广之市场，公司将配合客户的要求，不断更新生产技术及生产设备以持续提供满意的优质产品。

主要客户

三五集团　高丘集团

长城汽车　广岛技术

丰富汽配　佛吉亚集团

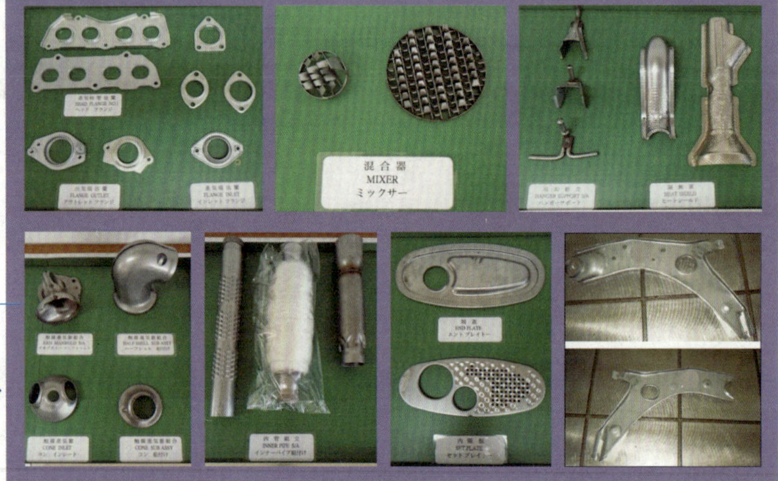

汽车零部件

模具、夹具、检具

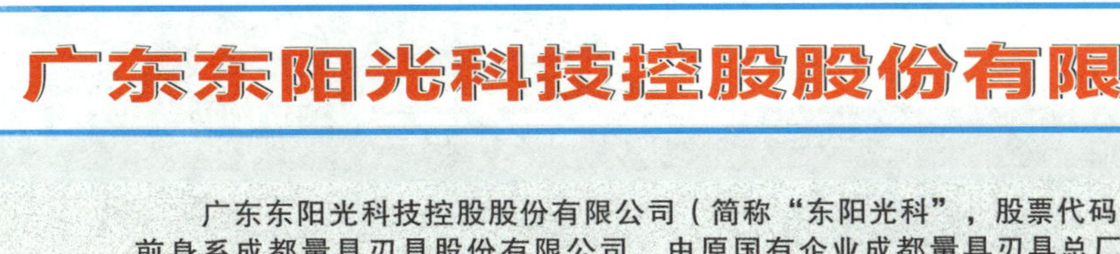

广东东阳光科技控股股份有限公司

广东东阳光科技控股股份有限公司（简称“东阳光科”，股票代码：600673）前身系成都量具刃具股份有限公司，由原国有企业成都量具刃具总厂部分改组设立。1993年3月，公司经国家体改委生（1993）50号文批准为继续进行股份制试点企业。1993年9月，公司经中国证监会证监发审字（1993）46号文批准为上市公司。

2003年6月，公司将合法拥有的与量具刃具业务相关的权益性资产与乳源阳之光铝业发展有限公司合法拥有的与亲水箔业务相关的权益性资产进行置换，资产置换完成后，公司经营范围变更为亲水箔、涂料、电子材料类产品的生产和销售以及其他无需许可或审批的合法项目。

2007年12月，公司完成定向增发，其中，深圳市东阳光实业发展有限公司以资产认购公司定向发行股份25900万股，成为公司控股股东，公司经营范围变更为高纯铝、电极箔、亲水箔及亲水箔用涂料、铝电解电容器、软磁性材料、电化工等产品的研发和销售；货物进出口、技术进出口（国家限定公司经营或禁止进出口的商品和技术除外）。

2008年4月，经广东省韶关市工商行政管理局核准，公司名称由原成都阳之光实业股份有限公司变更为广东东阳光铝业股份有限公司，注册地址由原四川省成都市二环路东一段14号变更为广东省韶关市乳源县乳城镇侯公渡。

多年来，在政府和社会各界的鼎力支持下，公司本着科技领先、信誉至上，创一流品牌、创一流企业的经营宗旨，追求最佳企业效益和良好的社会效益，突出铝加工，发展电化工和电子原材料及原器件，成为国内最完善的铝加工产业链，是目前国内规模最大的化成箔、电子光箔、亲水箔、Φ16以上大电容器生产基地。

立足现有产业，公司领导层积极进取，坚持科技兴企，在平稳发展基础上积极培育公司新的利润增长点。横向上，公司努力延伸产业链，提高公司抗风险能力，并于2008年4月参股了桐梓县狮溪煤业有限公司，为公司产业链向上延伸跨出了重要一步；纵向上，公司加强管理，节能减耗，完善铝加工产业链配套产品建设，加强与国际知名企业合作，提高产品的质量和科技含量，提升产品附加值，打开国际市场。2009年，公司成功引进日本三井物产株式会社（世界最大贸易企业之一）、日本古河斯凯株式会社（日本最大的铝加工企业，具有世界最先进的铝加工技术），从精箔产品为支点，逐步进军新能源新材料领域，以至扩大到整个铝产业链，共同致力于铝深加工产品的研发、生产和销售，积极致力于打造煤——电——铝一体化产业链。

2010年参股东阳光药，并且进军新能源、新材料产业。“东阳光药”目前是世界上生产大环内酯规模最大并通过美国FDA认证的企业，是国内最大的达菲生产基地，是生产胰岛素类生物药水平最高的企业之一，是最有实力的研发、海外注册、生产欧美等发达国家仿制药的企业，是自主研发、自主注册、同时通过美国FDA和欧盟认证的国内第一家制药企业，是国内企业中海外专家较多、装备精良、和美国FDA接轨、实力最强的新药研发企业。不久的将来，必将会对人类战胜心血管、肿瘤、乙肝等重大疾病做出积极的贡献，也必将是一个集原料药、仿制药、新药、生物药、医疗器械、医用包材、医用辅料研发、生产和销售的具有完整制药工业体系的世界一流、中国最大的制药企业。

截至2012年12月，东阳光科公司总资产76.9亿元，净资产25.9亿元，员工5 697人，大专以上学历占23%。目前是国内最大的化成箔、亲水箔、广东省最大的电化产品生产的上市公司。目前是国内研发制冷剂、氟树脂、氟精细化工等科技人员较多、实验装备较精良的主要单位之一，是国内研发硅化工科技人员较多实验装备较精良的主要单位之一。

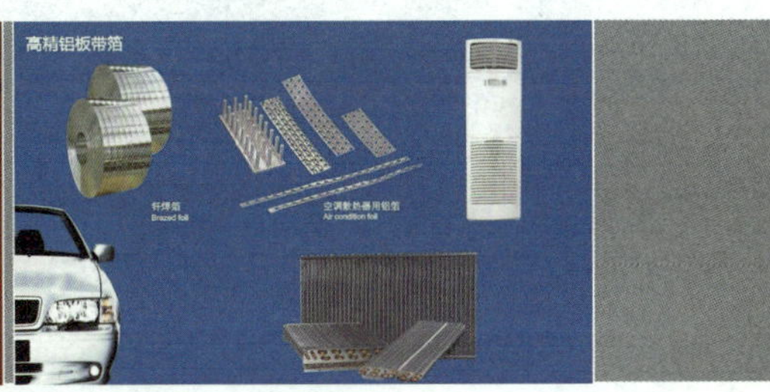

广东南海启明光大科技有限公司
Guangdong Nanhai ETEB Technology Co.,LTD

纳米印刷电子·材料及方案供应商

公司简介
INTRODUCTION

广东南海启明光大科技有限公司（ETEB）是一家聚焦纳米印刷电子产业链，面向触控显示、物联网传感器、光伏新能源行业，集研发、生产和销售于一体，提供关键材料及解决方案的高科技创新公司。公司拥有“佛山市科技创新团队”，核心成员为美国、韩国及中科院的技术专家。公司掌握纳米粒子、纳米线、量子点、精密印刷涂布等世界前沿量产技术，开发出纳米银及墨水、柔性透明导电膜、抗紫外防蓝光、3D曲面保护等高科技产品，为触控显示的大尺寸、柔性化、窄边框、舒适性带来全新体验，随着产品渗透率的提升，也降低了客户成本。同时纳米印刷电子技术将解决RFID、OLED、太阳能薄膜等成本瓶颈，使其广阔应用市场的普及早日到来。

核心竞争力

团队
创新
美国、韩国、中科院博士及技术专家团队
跨国公司市场和管理团队
纳米和印刷电子技术创新

客户服务理念

客户
技术
ETEB
研发
R&D
value
product
exalt
benefit
研发高价值产品提升客户利益

创新产品线

OLED
RFID
PV
多用途
纳米印刷电子
纳米银系列
垂直产业链
纳米银导电膜
纳米银墨水
纳米银线

无限极（中国）有限公司是一家从事中草药健康产品开发、生产及销售的大型港资企业。公司以“无限极”为核心品牌，目前已成功研发生产出5大系列，6大品牌，118款产品，并已在中国内地设立36家分公司，28家服务中心，拥有超过5000家专卖店，建有新会及营口两个生产基地。无限极多年来专注中草药健康产品研发，拥有无限极中草药免疫研究中心、香港传统中药研究中心、中国科学院上海药物研究所无限极中草药多糖联合实验室、萃雅国际护肤研究中心、无限极活性肽研究中心等五大技术平台及中草药多糖核心技术、五味子乙素、复合萃白因子、活性肽、植物甙、EGF、无患子皂苷、享优乐7芯净水器等多项自主技术。2014年，无限极再次获得国家高新技术企业认定；同年无限极品牌价值达368.89亿元，位列中国品牌500强的第46位。2015年无限极荣获“2015年全国工业企业质量标杆”称号。

博罗县园洲镇实业发展公司

园洲镇分别于2005年被正式批准为“广东省制衣技术创新专业镇”，2009年被中国纺织工业协会、中国服装协会评为“中国休闲服装名镇”，是全国纺织服装产业集群试点地区，2012年被广东省服装服饰行业协会评定为“广东省服装产业转型升级重点培育集群”。先后荣获“广东省专业镇建设先进单位”“专业镇建设优秀示范单位”“服装产业推动大奖”“区域品牌推动大奖”等荣誉。发展至今，园洲镇共有制衣及面辅料、印染、绣花等服装生产及配套企业1 000多家，年产各类休闲服装1亿件（套），产品销往全国各地以及美国、韩国、日本、东南亚、非洲等90多个国家和地区。园洲服装产业为推动镇域经济繁荣、解决劳动就业、提高农民收入等作出了突出贡献。2013年，园洲服装产业从业人员有6万多人，年销售额约为35亿元人民币。服装产业作为园洲镇支柱产业，经济发展正稳步提升。

园洲时尚产业发展联盟签约仪式

主要做法

随着服装产业的快速发展，园洲镇党委政府抢抓机遇，加快传统服装产业的转型升级步伐，通过以传统产业优化提升为目标，以新兴环节为突破口，以产业布局一体化为关键点，走休闲服装“高附加值”“高端化”的路线，积极推动园洲服装的产业链向高端、终端环节迈进，全面提升园洲服装行业的产品附加值和市场竞争力。

（一）结合实际情况，制定政策扶持服装产业发展。

（二）成立行业协会，实现行业自治。

（三）通过专业园区建设，实施资源整合。

（四）实施品牌战略，推进产业升级。

（五）实施走出去战略，提高市场覆盖率。

（六）加强人才培训，提升专业人才资源素质。

（七）加大宣传力度，全力推广服装产业。

2015.8.21广东时装周

2015.7.17惠货全国行（杭州）展销会

发展规划

进一步贯彻落实科学发展观，依靠科技进步和自主创新，完善高端产业链，打造区域品牌和企业自主品牌，加强行业管理和企业信息化建设，拓展新兴市场，推动服装产业转型升级。

（一）着力提升技术创新水平。

（二）着力打造优质产品。

（三）着力实行“产学研”联动。

（四）着力进行“抱团”开拓国内市场。

（五）着力培育发展电子商务。

（六）着力提升产业配套水平。

（七）着力打造服装时尚文化。

2015.3.27深圳时装周

东莞百宏实业有限公司成立于开曼群岛之投资控股公司，主要从事生产及销售粘扣带、射出勾、松紧带、织带、鞋带、一片式缇花布片、反光材料、竹炭纤维、环保纱等。公司于2006年东莞环保城投资扩建新厂房，占地面积170 793.48平方米。由于公司卓越的研发和生产能力，产品运用层面广泛，举凡服饰、鞋类、袋类、医疗、运动器材等都可以看到其运用。

公司重视产品研发和技术创新，致力于新技术、新产品、新工艺的研究，大力开展产学研项目合作并设有专门的技术研发中心。研发中心秉承“研发是企业永保竞争力的源泉”的理念，在行业领先的基础上，以市场需求为导向，再进一步进行新的技术研发，以增强成果转化的能力，近年来获5项广东省高新技术产品，共申请专利15项，其中发明专利10项。

公司拥有一流的生产设备以及健全的管理体系，秉承高质量传统，更结合市场特性要求，持续多元化发展同时，更触及深入产品的开发、设计，以满足市场全方位的需求。经营近20年，持续稳定发展外，更是取得了傲人成绩，在这20年耕耘融入市场、发展领先、锐意进取、积极创新。我们对自己的未来和前途充满了信心！

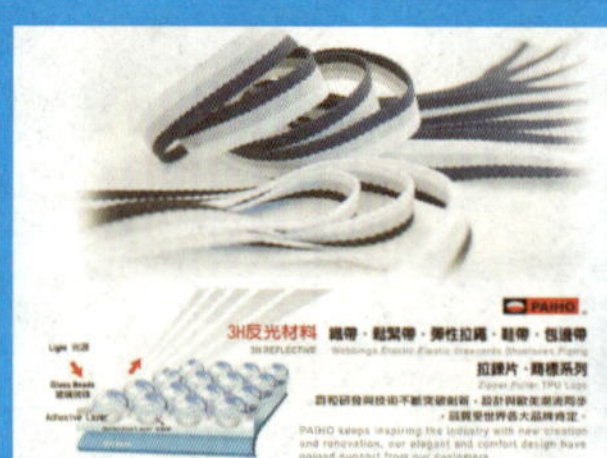

全球最佳 輔料供應商

百和集團
® PAIHO GROUP

拉绳 · 粘扣带 · 射出勾 · 织带 · 环保纱 · 竹炭纱 · 松紧带 · 反光材料 · 鞋带

Drawcords · Touch Fasteners · Molded Hook · Webbings · PET Yarn · Charcoal Yarn · Elastic · Reflective Material · Shoelaces

东莞市大忠电子有限公司

2002年，东莞市大忠电子有限公司在东莞创立，公司集电子变压器、电感器、高压变压器、开关电源、大功率电力电子变压器、电抗器、光通讯器件的研发、生产、销售于一体。东莞市大忠电子有限公司现有员工5 000多人，现代化标准厂区面积65 000多平方米，配备先进的生产设备和检测仪器，是年产值10多亿元，年销售8个多亿的大型环保电子企业，也是全国电子变压器行业的领军企业。2013、2014和2015年均被工业和信息化部评为“电子元件百强企业”。东莞市大忠电子有限公司2014年上缴税收2 028万元，2015年上缴税收2 013万元，被评为东莞市东城区纳税大户。2015年被评为广东省民营科技企业、东莞市专利培育企业和高新技术企业。

公司拥92项专利技术，其中7项发明专利、2项外观专利。在2014年获得东莞科学技术进步奖二等奖。

公司已获得ISO9001：2008国际质量管理体系、ISO14001：2004国际环境管理体系和IECQ QC080000：2005有害物质过程管理体系；公司于2014年推行汽车行业质量管理体系认证TS16949认证并通过工厂审核，待认证证书签发。公司产品已经通过CCC、CQC、TUV、UL、CE、GS、KTL、VDE和ROHS BSMI等安规认证。

主要客户：EMERSON，ELECTROLUX，COMPUTIME，FOXLINK，DEAWOOD、UENO、华为、格力，美的、格兰仕、步步高、同洲、百一（翰硕）、TCL、拓邦、麦博、西安特变、许继集团（国家电网）、珠海泰坦科技等。

中车广东轨道交通车辆有限公司

2015年12月17 日广东南车CRH6A型城际动车组出厂赴莞惠城际运营

安全/成熟/舒适/可靠

载客量大/快起快停/快速乘降

中车广东轨道交通车辆有限公司由中国中车股份有限公司下属的中车南京浦镇车辆有限公司与广东省铁路建设投资集团有限公司合资组建，注册资本为人民币10亿元。公司于2010年6月1日挂牌成立，主要经营轨道交通车辆新造、维修及相关产业服务，轨道交通车辆进出口业务。

公司主要代表产品为CRH6A型城际动车组，该产品为满足中国区域经济快速发展和城市群崛起对城际轨道交通的需要，是由中国中车研制的一种新型运输工具，它继承了“和谐号”系列动车组安全、成熟、舒适和可靠等优点，具备载客量大、快起快停、快速乘降的特点。

公司完全自主生产的首列CRH6A型动车组于2014年5月下线，2015年7月完成整车型式试验。2015年9月29日，公司取得国家铁路局颁发的CRH6A型动车组制造许可证，成为目前国内三家之一、广东省内唯一一家具备CRH6A型动车组生产资质的企业。

FSL佛山照明　用心照亮世界

公司概况

佛山照明成立于1958年，专注照明照明行业58年，公司规模庞大，在佛山、南海、高明拥有三大生产基地，现有员工9 000人，其中研发技术人员200余人。

公司以研发制造各种高效能电光源、LED半导体照明产品为核心，产品畅销国内、欧美、东南亚等20多个国家和地区，在国内、国际市场均享有“中国灯王”的美誉。

多年来，公司工业总产值、利润、出口创汇率均居国内同行前列；拥有全球最新产品技术及高素质的销售队伍，具备完善、高效的运作系统和生产管理体系，致力全球电光源市场开发及服务，为客户提供世界一流的产品及服务。

工厂布局

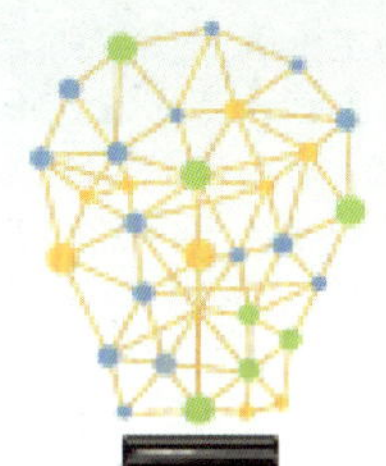

佛山照明生产基地（佛山、南海、高明）

佛山照明总部

佛山照明罗村分厂

佛山照明高明产业工业园

技术力量

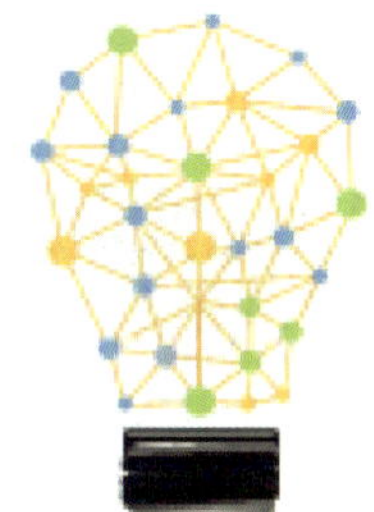

·佛山照明拥有自己的电光源研究所，并与多所高校进行学、研、产合作,并吸引海外高级专业人才，形成强大研发力量，始终保持竞争力。

·公司已经拥有国家级照明产品检测中心，得到“中国合格评定国家认可委”认可，可出具国家承认的第三方检测报告。

国家级电光源检测中心

高温试验箱

可程式恒温恒湿试验箱

LED灯具配光性能 测试系统

冷热冲击试验箱

高低温交变湿热箱

生产设备

自动编带机

LED老练设备

回流焊机

全自动高速贴片机

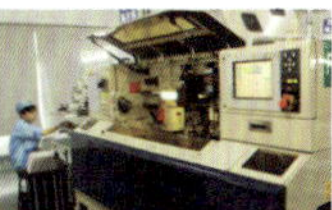

回流焊机

贴片机

广州市紫曦企业管理有限公司

公司简介Company Introduction

卡宾服饰（中国）有限公司（以下简称卡宾公司）由中国时装设计界最高奖“金顶奖”得主卡宾先生创立于1997年，为广州市紫曦企业管理有限公司（以下简称紫曦公司）指定的卡宾服饰系列产品供应商，广州市紫曦企业管理有限公司面向服饰行业企业提供服饰面料制作技术与服装设计服务及提供专业信息化平台开发、维护、运行服务。卡宾公司“颠覆流行”的品牌理念，始终领先一步的个性时尚定位以及对原创设计的坚持与付出，使今日之Cabbeen成为中国规模最大的时尚服装设计师品牌。

2007年2月，Cabbeen成为首个登上纽约时装周的中国设计师品牌。2013年10月，卡宾服饰成功在香港上市，成为首家在香港上市的中国时尚服装设计师品牌（股票代码：2030）。

公司创建至今，卡宾服饰一直秉持“经营以提升品牌价值为纲，管理以建设人力资源为本”的经营理念，不断构建与完善国际化经营模式。旗下已形成Cabbeen Lifestyle、Cabbeen Urban、Cabbeen Chic、2AM、Cabbeen Sports、Cabbeen Home、Cabbeen Love等以时装业务为核心，延伸至时尚家居、时尚生活服务领域的品牌矩阵。

定位中高档的Cabbeen男装以张扬个性的原创设计为核心优势；以独具匠心的别致剪裁、对丰富面料的开发与创造性运用，使服装呈现先锋与传统并重的美学结构；以对细节的完美追求与多元化的创意精神，为时尚男装注入艺术性的审美特质，使得Cabbeen屡获业界殊荣，并备受时代男士广泛认可。

品牌荣誉 Brand Honor

2015　荣获2015年度万达商业年会“最佳合作伙伴奖”
2014　荣获“中国国际时装周时尚品牌奖”
2012　荣获“中国国际时装周时尚品牌奖”
　　　荣获2012年度中国纺织工业联合会产品开发贡献奖
2011　Cabbeen Chic 荣获“中国国际时装周2010年度男装设计”
2010　荣获“中国驰名商标”称号
2009　荣获中国（广州）国际时尚周“中国最具市场价值设计师品牌”
　　　荣获中国休闲服“最具影响力品牌”
　　　荣获2007-2008中国服装品牌年度大奖“创新大奖”
2008　荣获中国国际时装周“2008年度最佳男装设计”
　　　荣获2007年中国服装业十大新闻之一
2007　荣获“全球通杯”2007年中国青年最喜欢的服装品牌
　　　荣获中国国际时装周“2007年度最佳男装设计”
2006　荣获南国时尚年度大奖“南国最具时尚男装品牌”
2006　荣获“福建省名牌产品”的称号
2005　荣获“福建省著名商标”的称号
2004　中法文化年“时尚中国皮尔卡丹风华盛典”，荣获“中国最佳男装设计品牌”

卡宾休闲·换个角度看世界

东莞市鑫诠光电技术有限公司

公司大厅

东莞市鑫诠光电技术有限公司位于广东省东莞市桥头镇石水口银湖工业区亿方科技园，公司成立于2002年7月，注册资金3 000万元人民币，生产厂房6万平方米，是一家专业LED灯具散热器、成套配件及方案的提供商。公司集产品的研发、生产和销售于一体，并代客组装成品灯具。公司于2003年通过ISO9000认证。

公司下设CNC数控加工车间、数控车床加工车间、五金冲压车间、喷砂车间、螺丝车间以及无尘成品组装车间。为客户提供良好的品质与服务，及更有竞争力的价格是公司的经营之道。

作为专业的路灯生产企业，鑫诠光电的路灯及应用解决方案得到了包括鸿利光电、佛山照明、雷士照明、宏泰照明、富士康、雷曼照明、联创光电等知名企业的认可和选择。公司标杆工程项目：南京青奥会路灯照明工程、博鳌亚洲论坛、广州市主城区路灯节能改造项目、常虎高速路灯改造. 东莞市厚街镇区、麻涌镇区路灯改造、寮步镇区节能改造等成功案例。还有山西晋城路灯6 000盏，青海西宁市路灯18 000盏，泰国10万盏节能改造项目，改造完成了韶关南雄市路灯8 000盏，珠海市一期路灯13 000盏，花都区23 000盏等路灯改造项目。

公司拥有完整的产业链，先进的生产设备，强大的路灯制造能力，为客户创造价值，为世界节能环保做出卓越贡献！

公司倡导以人为本的思想，重视人才的发掘与培训，在管理理念上重视人力资源的开发与运用，为适用市场竞争与国内国际形势，公司正在进行全方位的调整以把握机遇迎接新的挑战。

公司注重产学研合作，目前已经与国内重点研究单位中国建筑科学院进行了紧密的技术合作，并获得了同行的认可。

战略合作伙伴：

鸿利光电、雷士照明、佛山照明、宏泰照明、德豪润达、联创光电、台达电子、佰鸿、中节能晶和光电、雷曼光电、富士康、中航等

主要产品：

LED路灯、LED隧道灯、LED工矿灯、LED投光灯等

★ 企业简介 | COMPANY PROFILE |

2015

- 收购内衣品牌欧迪芬，正式宣布进军中国高端内衣市场
- 与国际时尚集团Disney（迪士尼）达成产品授权合作
- 携手“粉红丝带”开发“智润促排”和“零压舒挺”两大产品理念

2014

- 2014年6月26日在香港联合交易所主板挂牌上市
- 著名男演员黄晓明先生成为公司男性贴身衣物的形象代言人
- 推出中高端塑身衣品牌“都市丽人的秘密”
- 引进韩国轻时尚内衣品牌“자유시간（自在时光）
- 跨界牵手三丽欧集团，推出Hello Kitty、酷企鹅等卡通人物产品；

2013

- 东莞都市丽人被授予“2011-2012年度东莞市50强民营企业”
- 推出男士时尚内衣品牌“都市锋尚”

2012

著名模特林志玲小姐成为公司女性贴身衣物的形象代言人

2011

东莞都市丽人被授予“2009-2010年度东莞市50强民营工业企业”

2010

今日资本入股东莞都市丽人
东莞都市丽人获得2010年中国营销盛会颁发的“中国企业营销创新单项奖——年度最佳渠道模式创新奖”

2009

东莞都市丽人成立

2002

郑先生为公司引入“贴身衣物一站式购物”营销模式

1998

公司创始人郑先生创立“都市丽人”品牌

都市丽人 COSMO LADY

经过18年的发展，都市丽人已经成为中国最大的品牌贴身衣物企业。
从事自有品牌贴身衣物的设计、品牌推广及销售业务，
截至2015 年 12月 31 日，集团的零售网络8609间零售店
（其中都市丽人8058间，欧迪芬551间），
遍布中国大陆31个省、市、自治区的 330个市县。

★ 企业新文化 | COMPANY PROFILE |

- **关键价值主张**：遇见更好的自己
- **企业使命**：贴心关怀，为您创造健康快乐的生活方式
- **企业愿景**：成为世界级贴身衣物的领导品牌
- **核心价值观**：当责 创新 共赢 快乐

★ 品牌集群 | BRAND CLUSTER |

全球范围，全线整合内衣时尚产业链

打造多品牌事业集群

多品牌事业集群战略

目前，都市丽人旗下拥有高端内衣品牌欧迪芬、中高端塑身内衣品牌都市丽人的秘密、大众快时尚内衣领导品牌都市丽人、男士内衣领导品牌都市锋尚、韩国轻时尚内衣品牌自在时光等多个内衣品牌，面向全球，开始全面启动内衣时尚产业链扩张战略，打造多品牌事业集群。

肇庆市飞南金属有限公司

肇庆市飞南金属有限公司创建于2008年，公司坐落于广东省肇庆四会市罗源镇罗源工业园。公司注册资本3 000万元，占地26.67公顷，现有员工600多人，其中中高级管理技术人员60余人，是肇庆地区最大的一家有色金属提炼和危险废物处置、资源再生利用的环保科技企业。

公司通过ISO9001-2008质量管理体系、ISO14001-2004环境管理体系认证。再生阴极铜和硫酸镍作为高新技术产品并被推荐申报广东省名牌产品；公司注册商标“飞南”是广东省著名商标。公司先后获得“国家级高新技术企业”“广东省省民营科技企业”“四会市十大创新型企业”“广东省环境安全公益奖”“市级技术中心”“资信AAA级企业”“肇庆市纳税大户”等荣誉称号。

公司致力于从事资源再生、循环利用和环境保护的阳光产业，在有色金属提炼及危险废物处理领域深耕细作，以再使用、再利用、减量化的经营理念，将公司建设成为华南地区规模最大的有色金属提炼和危险废物处理、资源再生利用的环保高科技企业。

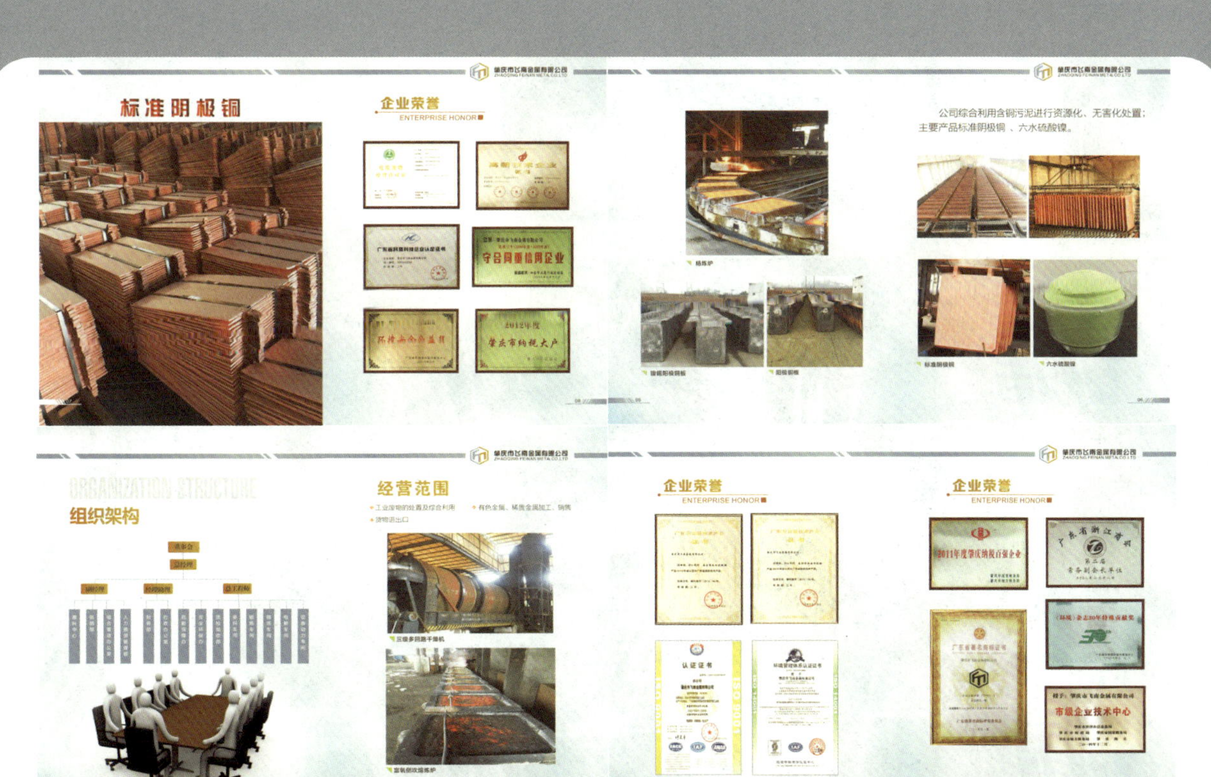

广东富源科技股份有限公司

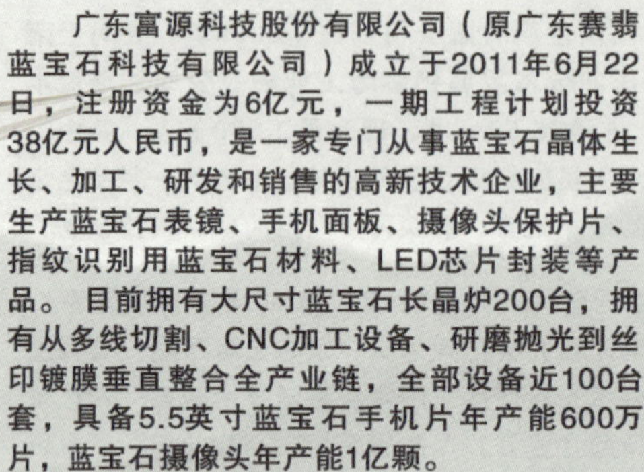

广东富源科技股份有限公司（原广东赛翡蓝宝石科技有限公司）成立于2011年6月22日，注册资金为6亿元，一期工程计划投资38亿元人民币，是一家专门从事蓝宝石晶体生长、加工、研发和销售的高新技术企业，主要生产蓝宝石表镜、手机面板、摄像头保护片、指纹识别用蓝宝石材料、LED芯片封装等产品。目前拥有大尺寸蓝宝石长晶炉200台，拥有从多线切割、CNC加工设备、研磨抛光到丝印镀膜垂直整合全产业链，全部设备近100台套，具备5.5英寸蓝宝石手机片年产能600万片，蓝宝石摄像头年产能1亿颗。

公司坐落于广东省梅州市广州（梅州）产业转移工业园内，占地面积19.73公顷，规划建筑面积30万平方米。公司采用改进热交换法生长大尺寸高质量蓝宝石晶体。公司经济、科技实力雄厚，由原中国科学院的资深晶体学专家研究员周国清带领的技术团队，扎根粤东梅州地区，负责整体技术开发，目前已经承担国家、广东省多项新材料关键技术科研攻关项目。

公司于2015年7月挂牌上市，公司以自主掌握的核心技术和人才团队为基础，不断进行技术创新和新产品开发，以资本市场为公司技术创新的载体，牢牢把握蓝宝石新材料产业的发展机遇，力争发展成为国内外技术领先的大型蓝宝石新材料高新技术企业。

蓝宝石手机屏及精密光学窗口片系列

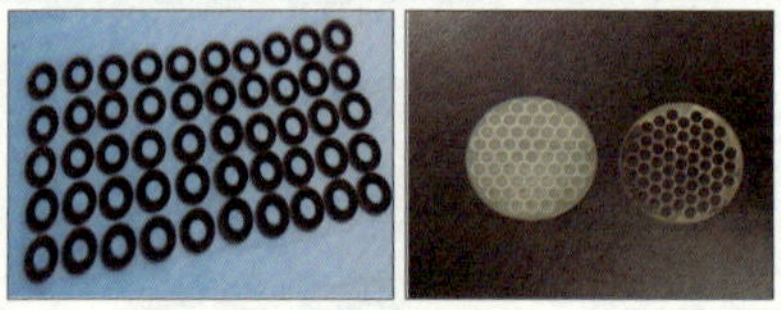

蓝宝石摄像头镜片系列

广东通宇通讯股份有限公司

广东通宇通讯股份有限公司是一家专注于移动通信系统中的基站天线、微波天线以及射频器件等设备的研发、生产和销售的公司，为移动通信运营商、设备集成商提供通信天线、射频器件产品及综合解决方案。一直以来，通宇通讯坚持走自主知识产权的研发与创新为主、以合作开发为辅的创新之路，以创新发展技术，以技术带动发展。

通宇通讯是国内较早涉足移动通信基站天线研发与生产的企业，自成立伊始，通宇通讯一直致力于自身研发体系建设。目前，通宇通讯有350多名研发技术人员及一大批天线/微波领域的专家，建设了微波暗室及采用世界先进的电磁仿真软件，拥有完备的测试设备及测试环境，同时拥有全封闭远场测试系统、半开放远场测试系统与Satimo64探头近场测试系统3种天线方向图测试系统。

通宇通讯在通信天线及射频器件设备领域的长期技术积累，形成了微波与电磁场、电子技术与应用、微波与射频测量技术、计算机软件与仿真技术、材料学、高精度机械设计与制造、热设计技术、电磁兼容与可靠性设计、通信天线标准等多学科领域的研发优势。公司为国家火炬计划重点高新技术企业，并于2010年通过广东省企业技术中心的认证，被人力资源和社会保障部批准通宇通讯成立了博士后科研工作站，同年通宇通讯还获得了国家发改委颁发的“国家高新技术产业化示范工程”荣誉称号。2012年，公司获得了广东省知识产权优势企业称号，还被授予广东省移动通信基站天线与射频器件工程技术研究开发中心称号，并加入广东省北斗卫星导航产业联盟。

广东彩艳股份有限公司

母粒

广东彩艳股份有限公司创办于1958年，前身是“广东省新会县磷肥厂”。1985年转产，成立“新会纤维母粒厂”。1992年为适应市场经济的发展，成立“广东新会彩艳纤维母粒股份有限公司”。随着企业的不断发展壮大，于1999年公司名称变更为“广东彩艳股份有限公司”。商号“彩艳”原是彩艳股份的发祥产品色母粒的商标，“彩艳”出自唐韩愈《春雪间早梅》诗中名句“梅将雪共春，彩艳不相因”。“彩艳”为绚丽艳彩之意。

彩艳坚持以高新科技为先导，以科学管理为基础，以超前和创新为经营理念，不断研制开发新原料、新工艺和新产品。经过50多年的不懈努力，目前已发展成为一家集科研、开发、生产和营销于一体的高新技术企业集团。多年来彩艳先后被认定为国家级企业技术中心、国家火炬计划重点高新技术企业、广东省优秀民营企业、广东省纤维母粒工程技术研究开发中心、广东省差别化纤维工业性试验基地以及全国最大的纤维母粒生产企业。

彩艳不断发展，在上海、南昌设立基地。目前，彩艳拥有高端工业制造、工业地产和工业服务业等十多项产业项目，生产经营十多项高新技术系列产品，先后研究开发出十多项填补国内空白的新产品，并承担着国家重点战略材料的研发任务。

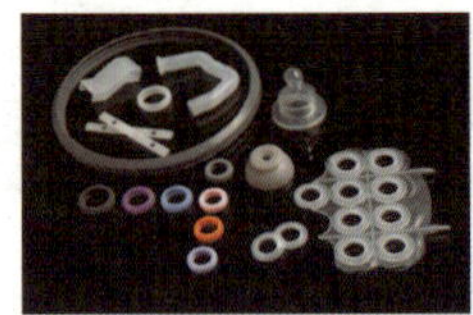
有机硅橡胶

芳纶纱线–芳纶III

彩艳拥有国内外先进的生产设备和先进精密的检测仪器，聚集一大批出类拔萃的科技人才，并设立了企业博士后科研工作站。主要生产经营母粒、芳纶、涤纶、弹性织物、仿真皮革、有机硅材料、粉体涂料和油漆涂料等多项高新科技系列产品，产品通过ISO9001产品质量管理体系认证。2013年彩艳芳纶获国家科学技术进步奖二等奖和被评为中国名牌产品，“母粒”和“弹力花边带”被评为广东省名牌产品。“彩艳”“大有”商标被评定为广东省著名商标。

广东彩艳股份有限公司始终站在高新科技的前沿，以精益求精的工作态度，不断科技创新，管理创新和经营创新，不断地为用户提供优质产品，不断地为人类的文明进步做出贡献。

新兴县新城镇

- 全县的政治、经济、文化中心
- “中国不锈钢餐厨具之乡”
- 以特色工业行业为支柱产业推动镇域经济发展

新城镇是新兴县委、县政府驻地，是全县的政治、经济、文化中心，面积117平方公里，地理优势明显，交通方便，三茂铁路、高等级公路干线（省道276、113线）纵横全境。随着江罗高速已开通、汕湛高速规划建设以及西二环路的顺利建设，新城镇实现融入珠三角2小时经济圈、生活圈。新城镇于1998年跨入广东省“乡镇企业百强镇”行列，是我国目前最大的不锈钢餐厨具生产和出口基地，是“中国不锈钢餐厨具之乡”。

近年来，镇党委、政府坚持走新型工业化道路，大力培育不锈钢制品特色产业，走出了一条以特色工业行业为支柱产业推动镇域经济发展的路子。2015年，全镇工农业生产总产值实现279.35亿元，同比增长12.01%；完成各项税收3.34亿元，完成计划的103.79%；地方财政一般预算收入1.19亿元，完成收入任务的100.92%；全社会固定资产投资67亿元，同比增长7.55%。

镇政府利用省继续加大对产业园区扶持力度的机遇，全面加快新成工业园建设步伐，主动承接珠三角产业转移，重点抓好园区的基础设施建设。新成工业园首期“五通一平”已经完成，目前，该镇共有大中小不锈钢制品企业40家，配套厂家30多家，年产值超5亿元的企业有3家，超亿元的有9家。

万事泰不锈钢厂全景

新兴不锈钢餐厨具

新城镇风貌

欧亚不锈钢厂

凌丰总部办公大楼

云浮市云城区 河口街

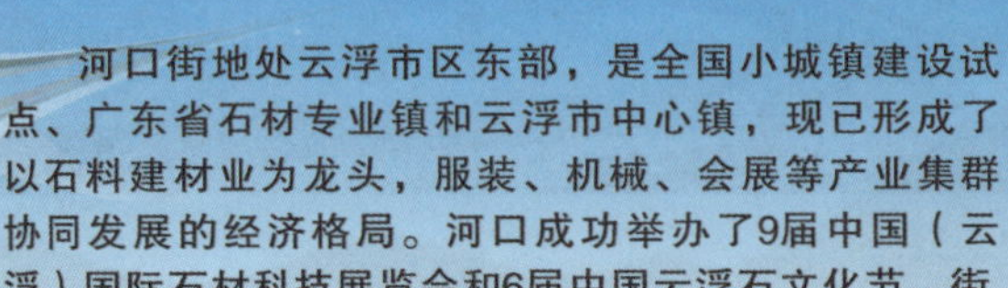

河口街地处云浮市区东部，是全国小城镇建设试点、广东省石材专业镇和云浮市中心镇，现已形成了以石料建材业为龙头，服装、机械、会展等产业集群协同发展的经济格局。河口成功举办了9届中国（云浮）国际石材科技展览会和6届中国云浮石文化节。街内324国道形成了长达8公里的“石料建材走廊”，现有石料建材企业2 500多家（其中规模以上工业企业85家，100万元以上的企业1 000多家），年产石板材750多万平方米，各式石工艺品300万件（套），成为全市石料建材生产基地和重要的专业市场。近年来，河口专业镇已成为云浮市经济发展的“增长极”和科技创新中心。2015年实现特色产业产值52.83亿元，特色产业产值平均增长率为12.4%。

位于河口街324国道与河杨快速干线交汇处的云浮国际石材博览中心是集展示、贸易、物流、信息、金融、商务酒店公寓等功能于一体的一站式石材展贸平台，是全国规模最大、功能最齐全的石材交易博览中心。中心占地总面积为8.5万平方米，总建筑面积为21万平方米，总投资约6亿元，主要由A、B、C座组成，其中：A座为国际石艺城，B座为美居购物广场，C座为板材城。石材博览中心的建成，将承载国内外所有品种的大理石、花岗岩石等产品、工艺品及异型建材产品进行综合展示和现场交易，展现世界石文化历史、增进石文化知识，以促进石材产业的发展，打造石材产业集群，将起到平台推动作用。

云浮石材博览中心举办国际石材科技展览会

永光兄弟石材公司外景图

富丽制衣厂

河口街云龙水库风光

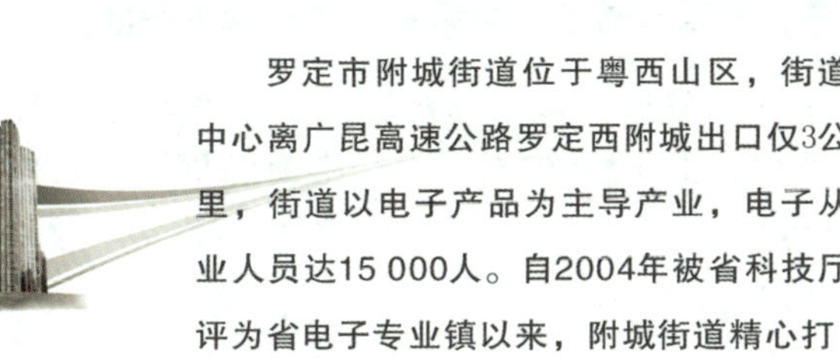

罗定市附城街道位于粤西山区，街道中心离广昆高速公路罗定西附城出口仅3公里，街道以电子产品为主导产业，电子从业人员达15 000人。自2004年被省科技厅评为省电子专业镇以来，附城街道精心打造电子产业发展创新服务平台，加强技能培训，增强信息流通，优化配套服务，不断完善招商引资的软硬环境，不断延长电子产业链。以美国雅特生公司控股的雅达电子（罗定）有限公司为龙头，周边聚集了依利安达、阜盛电子、欣煌电子、思浩电子、高晶电子等60多家外资、民营、私营企业落户，形成了电子产业汇总元件生产、注塑、组装、电子成品、手机充电器等行业的规模产业框架，电子产业链形成规模并不断向前后延伸，是粤西地区重要的电子生产基地。2014年，附城电子产业集群实现产值26.5亿元。

翁源县江尾镇地处粤北山区，青山绿水，空气清新，典型的山地气候特征显著，非常适合兰花的生长，是全省唯一的兰花专业镇。

经过十多年的发展，江尾镇已建成以境内省道S245线两旁为主体，长约13公里、面积约667公顷的“花卉长廊”。全镇目前有兰花企业、种植户190多家，培植的兰花品种1 000多个，是目前全国最大的国兰生产基地。

2013年，江尾镇在兰花长廊建立了10家“前店后场”模式的兰花展示厅和3家农家乐旅游接待点，作为翁源县兰花观光旅游定点接待点，连接成旅游线路，打造一个以兰花、果花、盆栽观赏于一体的旅游风景区。江尾镇的兰花产业从传统种植开始向利用生物技术发展现代科技农业转型升级，产业链条开始从兰花生产转向兰花交易、休闲旅游及物流领域延伸。

广东省兰花专业镇

——翁源县江尾镇

地址：广东省翁源县江尾镇人民政府

邮编：512638

联系电话：0751-2569174

传真电话：0751-2569377

刘柏奎作品《潼湖生态智慧区起步区》仲恺高新区新闻中心提供

惠州仲恺高新技术产业开发区科技创新局

胡春华书记调研仲恺

仲恺高新区是1992年经国务院批准成立的首批国家级高新区之一，规划面积500平方公里，人口40多万，下辖东江、惠南两个产业园以及五个镇（街道）。近年来，尤其是2010年体制机制改革以来，依托建区20年来积累的电子信息产业基础，大力实施“以战略性新兴产业引领经济社会跨越发展”的战略，各项事业取得长足发展，全面完成“二次创业”。形成了以平板显示、移动互联网、LED、新能源和云计算应用、智慧装备制造为主导的“4+2”特色产业体系。近5年，先后获得国家电子信息产业基地、国家首批十家创新型产业集群试点、国家知识产权示范园区、国家科技创新服务体系建设试点园区、珠三角国家自主创新示范区、中韩（惠州）产业园等多个国字号招牌，高新区在全国百强产业园区排名中挺进前30位。2015年，全区实现地区生产总值566亿元，完成规上工业总产值2 689亿元；全区R&D经费支出占GDP比重达4.8%；区级财政科技支出占财政总支出16%；先进制造业增加值占规上工业增加值71.8%，高新技术产品增加值约占地区生产总值63%。当前，该区紧抓仲恺高新区、国家自主创新示范区、中韩（惠州）产业园、潼湖生态智慧区“四区联动”“四区合一”带来的历史性机遇，不断增强发展活力和创新动力，全力引领高新区“三次创业”。

仲恺高新区标志图

仲恺高新区城市化建设初见成效

大学生创业孵化基地

刘柏奎作品《美丽仲恺我的家》由仲恺高新区新闻中心提供

韶钢中棒轧机

韶钢特钢外景

韶钢特棒轧机

韶钢生产厂区外景

宝钢集团广东韶关钢铁有限公司（简称韶钢）前身是广东省韶关钢铁集团有限公司，始建于1966年。2012年4月18日并入宝钢集团。

韶钢年产钢能力650万吨，立足钢铁业，工、科、贸并举，多元化经营，是广东省重要的钢铁生产基地、国家高新技术企业和中国重要的船板钢、工程机械和水电站用高强钢板、建筑结构用钢板、桥梁板、锅炉和压力容器用钢板生产基地。韶钢特钢已形成稳定生产优质碳素结构钢、合金结构钢、齿轮钢、轴承钢、模具钢、弹簧钢、非调质钢等11个系列近300个牌号，6个牌号的焊接用钢盘条已通过中国船级社工厂认可，31个牌号的特种设备用钢板及16个牌号的建筑用欧标钢板已通过欧盟CE认证。

作为宝钢集团"两角一边"的战略发展规划，宝钢集团将致力于将韶钢打造为华南地区最具竞争力的钢铁企业和高端棒线生产基地。

韶钢大力实施新型工业化战略，坚持把科技创新、构建创新型企业作为"一把手工程"来抓，以"科技兴企"、"创新强企"意识，推进全方位科技创新活动。

2015年，韶钢申报的"低压饱和蒸汽余热利用技术"和"八号高炉鼓风除湿节能技术的研究与应用"2项科技成果分别获得韶关市科技进步奖一、二等奖。另有18项科技成果获2015年度广东省冶金科技奖，其中特等奖1项、一等奖3项。

2015年，韶钢组织申报的"高品质轴承钢的关键技术研究及产业化"、"煤/石油化工废水深度处理回用集成的技术与工程装备"2个项目被列入2015年广东省应用型科技研发专项资金项目。

2015年，韶钢批准立项的新产品、新技术研究开发项目共39项。获专利受理申请号69件，其中发明专利受理申请号30件；取得专利授权证书36件，其中发明专利授权证书4件。

汕头高新区松田实业有限公司

SHANTOU HIGH-NEWZONE SONGTIAN ENTERPRISE CO.,LTD

实验室

生产车间

项目研发

汕头高新区松田实业有限公司（STE）位于广东省汕头市高新区。公司成立于2001 年，注册资金1 800 万元。公司是中国专业制造陶瓷电容器、薄膜电容器、热敏电阻器和压敏电阻器的最大型民营科技企业之一，国家级高新技术企业、广东省民营科技企业、中国电子元件行业协会理事单位、中电元协电容器分会副主任委员单位、中电元协有机薄膜分会副会长单位、企业信用等级AAA 企业、汕头市专利保护协会副会长单位。公司自2011–015 年，连续5 年被评为中国电子元件行业百强企业。公司现有员工154 人，32%具有大专以上学历，专业工程技术人员54 人，工业厂房30 000平方米，先进制造设备2 000 多台套。

公司主要致力于陶瓷电容器、薄膜电容器、压敏电阻器和热敏电阻器的研发、生产、制造、销售和服务，年生产能力80 亿只。生产安规产品已通过中国CQC、美国/加拿大CUL、德国VDE、韩国KTL、欧盟ENEC、国际电工委员会CB 等产品安全认证。公司通过了ISO9001：2008 质量管理体系认证、ISO14001：2004 环境管理体系认证。

公司注重技术创新、科技进步的发展，与华南理工大学、江苏大学建立了产学研合作关系和战略合作关系，是华南理工大学学生创新实践与实习就业基地。公司于2009 年被评为汕头市民营科技企业，2010 年被评为高新技术企业、广东省民营科技企业，2014 年获得“广东省阻容元件工程技术研究中心”“市级企业技术中心”“汕头市战略性新兴产业骨干企业”等称号，2015 年公司商标被评为“广东省著名商标”。公司研制的“新型安规陶瓷电容器”“氧化锌基高电位梯度压敏电阻器”“新型安规薄膜电容器”等9 个新产品被评为广东省高新技术产品。获汕头市科学技术奖二等奖5 次、三等奖2 次，获广东省科学技术奖三等奖1次。

公司设立有自己的工程技术研发中心，配备有高端先进的电子陶瓷、薄膜材料、环保测试理化分析实验设备和高素质的研发队伍。每年自主研发新产品和技术不少于5 项，已获得发明专利5 项，实用新型专利40 项，其中1 项发明专利获2014 年汕头市第六届专利奖金奖；1 项获2014 年广东省专利奖优秀奖；1 项获2015 年第十七届中国专利奖优秀奖。

松田 STE

玛西尔电动车企业成立于2002年，下属三个公司：广东玛西尔电动科技有限公司、上海东裕电动车有限公司、深圳玛西尔电动车有限公司。玛西尔电动车是国内目前唯一一家电动车主要组件（含电池、电机、充电器、控制器）全部自己研发及生产的高科技企业。经过几年发展，分别在广东肇庆及上海设立生产基地。厂房面积近30万平方米，员工1 100多名。

玛西尔公司现有Marshell牌观光车、高尔夫球车、警用巡逻车、环卫车、箱式小货车、带斗球车、平板运输车、打猎车、代步车、电动叉车、堆高搬运车、洗地扫地设备等系列100多款纯电动非公路用车。产品畅销世界各地，广泛应用于环卫行业、旅游景点、高尔夫球场、园林小区、警备系统等领域。玛西尔坚持走自主研发，掌握核心技术的道路，在美国D&P公司以及国内外专家的指导下，成立了模具设计及制造部、电子研发部、电动车研发部，公司专业从事技术研发的人员达100余人，玛西尔率先采用励磁电机驱动和电脑智能数字控制技术，实现了电动车电控部分的完美匹配，使电动车的电机、电池的性能发挥到最佳配合状态。玛西尔在科技研发上的不懈努力，使得玛西尔的电动车的技术一直保持着国际领先的优势。

电动驳运车

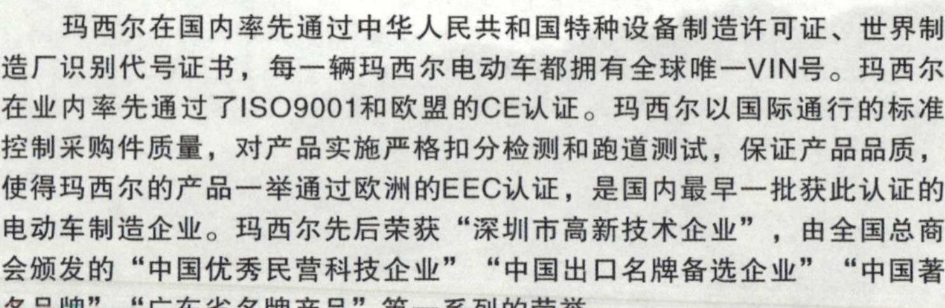
玛西尔在国内率先通过中华人民共和国特种设备制造许可证、世界制造厂识别代号证书，每一辆玛西尔电动车都拥有全球唯一VIN号。玛西尔在业内率先通过了ISO9001和欧盟的CE认证。玛西尔以国际通行的标准控制采购件质量，对产品实施严格扣分检测和跑道测试，保证产品品质，使得玛西尔的产品一举通过欧洲的EEC认证，是国内最早一批获此认证的电动车制造企业。玛西尔先后荣获“深圳市高新技术企业”，由全国总商会颁发的“中国优秀民营科技企业”“中国出口名牌备选企业”“中国著名品牌”“广东省名牌产品”等一系列的荣誉。

电动高压清洗车

玛西尔公司本着“科技为先、树行业精品、创国际品牌”的质量方针，致力于在中国电动车行业上打造一个“规模化、现代化、国际化”的企业，力创中国特种电动车知名品牌，愿玛西尔优秀的产品和真诚的服务能为中国的电动车事业增光添彩。

国宾11座老爷车

6座高尔夫球车

14座位观光车

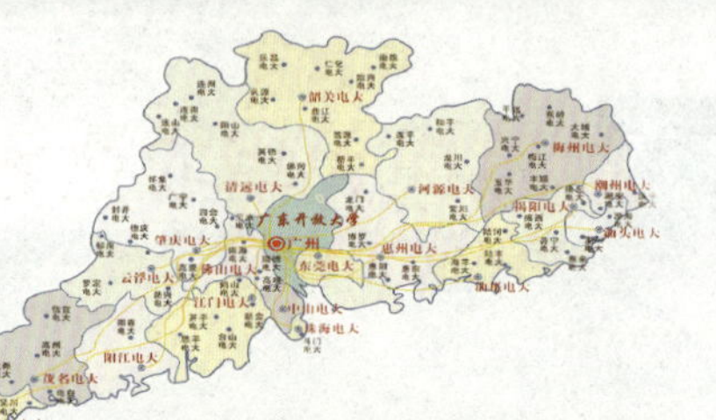
覆盖全省的开放大学体系

教学楼

图书阅览室

广东理工职业学院

广东开放大学是广东省人民政府举办、省教育厅直属，以现代信息技术为支撑，主要面向成人开展远程开放教育的新型高等学校，可授予学士学位。学校前身是创办于1978年11月的广东广播电视大学，与广东理工职业学院（一套班子，两块牌子）实行资源共享，优势互补。2012年12月，教育部批准广东广播电视大学更名为广东开放大学，是全国六所开放大学之一。学校拥有全国最完整的办学体系，包括19所市级电大、70所县级电大，12所与行业企业及学校合作办学的二级学院和分校，办学网络遍布广东城乡，是一所老百姓身边的大学。在全国44所省级电大系统中，广东开放大学综合实力位居全国前3位，办学规模全国第1，师资队伍全国第2位，资产设备全国第3位。现有在校生约24.6万人，其中，开放教育和成人教育22.2万人，高职教育1万人，中职教育1.4万人。学校同时是国家开放大学分部，目前开设开放教育本科专业20个、专科专业41个。38年来，学校累计培养各类毕业生约105万人，为普及广东高等教育、提升全民素质做出了重要贡献。

广东开放大学坚持“以人为本、灵活多样、合作共建、质量卓越”的开放办学理念，走“科学发展、协同发展、特色发展”之路，改革创新、先行先试，建立中高职融通、专本衔接的示范性人才培养基地，致力于成为“开放、卓越”的高等远程教育机构、全民终身学习的服务平台，建设远程开放教育新型大学，打造终身教育领域的“南方教育高地”，促进教育公平，实现人人皆学、时时能学、处处可学的美好愿景，努力把学校建设成为“特色鲜明、国内一流、国际接轨”的开放大学。

广东理工职业学院成立于2005年，是一所以工科为主的高等职业院校。学校属第三批A线录取院校，招生对象为参加普通高考学生，面向全省和其他部分省份招生。学校在广州市越秀区、中山市五桂山、佛山市南海区设有三个校区。主校区位于中山市五桂山职业教育园区，占地66.36公顷。学校设有9个系（工程技术系、计算机系、财经系、文法系、机械与自动化工程系、数码设计与制作系、管理工程系、外语系、汽车工程系）和2个部（思想政治理论课教学部、基础教学部）。全日制在校生10 227人。学校招生录取态势良好，录取投档分数线稳居全省同类院校前列；生源质量高，第一志愿上线率100%；毕业生总体就业率平均达到99%以上，就业呈现“五高一强一低”的态势（就业率高、就业质量高、就业满意度高、专业对口率高、职业期待吻合度高、可持续发展能力强、离职率低）。学校被评为广东省普通高校毕业生就业工作督查优秀等次院校。

广东理工职业学院

广东理工职业学院大力实施质量立校、特色兴校、人才强校发展战略；坚持责任意识强、技术技能强、拓展能力强的人才培养方向；推动职业教育与终身教育对接，实现多方参与、协同创新、合作育人，建立中高职融通、专本衔接的示范性人才培养基地，努力将学校建设成为教育教学质量优良、办学特色鲜明的优质高等职业院校。

广东风华高新科技股份有限公司

广东风华高新科技股份有限公司于1994年成立，1996年在深圳证券交易所挂牌上市（证券简称风华高科，证券代码000636），是一家专业从事新型电子元器件、电子专用材料、光机电一体化电子专用设备等电子信息基础产品科研、生产和销售的国有控股高科技上市公司。目前，已形成电子浆料、新型电子元器件及电子专用设备三大系列电子信息基础产品。其中，新型元器件系列产能达到2 500亿只/年，电子材料系列产能达8 700吨/年，电子专用设备产能达650台（套）/年，具备为电脑及其外部设备、移动电话、家用电器、汽车电子等电子整机整合配套供货的大规模生产能力。其中，片式多层陶瓷电容器、铝电解电容器、片式电阻、片式敏感元件、片式电感器、电子元件专用设备、电子浆料、片式多层陶瓷电容器用电子陶瓷材料、超细贵金属粉、厚膜混合集成电路等是风华高科的主导产品，其收入占销售总收入比例达76.41%。

公司研发实力雄厚，拥有国家级企业新型电子元器件关键材料与工艺国家重点实验室、企业技术中心及国家新型电子元器件工程技术研究中心，是国家高技术研究发展计划（“863”计划）成果产业化基地、国家移动通讯产品国产化配套元器件定点企业、国家重点高新技术企业、国家首批创新型企业以及全国36家扩大开展博士后流动站的企业，中国电子百强企业。近5年，公司共完成国家和省部级科研项目37余项，获得专利授权56件，发表论文42余篇，制修订国家、行业、企业标准36余项。

公司自1984年进入电子元器件行业以来，实现了跨越式的发展，现已成为国内最大的新型元器件及电子信息基础产品科研、生产和出口基地，拥有自主知识产权及核心产品关键技术的国际知名新型电子元器件行业大公司。风华愿与客户、供应商、业界同仁及广大股东共同缔造电子信息产业的广阔未来！

风华设备：日本产高精度叠层机

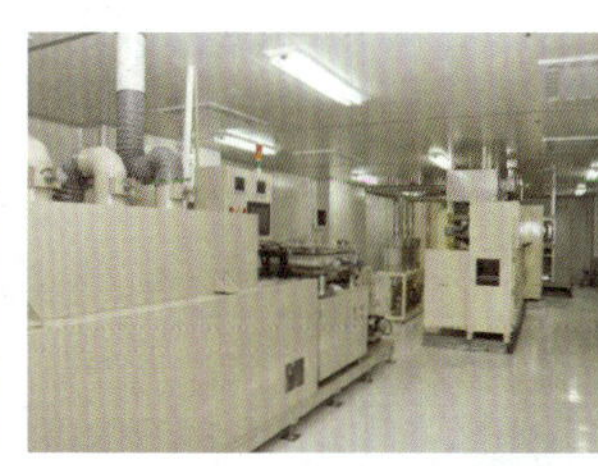
风华新型电子元器件关键材料与工艺国家重点实验室建设现场

风华技术委员会首席专家李龙土院士在风华重点实验室进行现场指导、考察

广东华标检测中心有限公司

广东华标检测中心（BTC）有限公司，是经广东省工商行政管理局核准同意成立，并通过广东省质量技术监督局计量认证，具有独立法人资格的第三方公正性地位的检测机构。公司技术力量雄厚，检测参数150多项，各类自有检测设备及工具100多台/套，办公及检测场地1 050多平方米。公司设建材检测室、涂料检测室，化学分析检测室，消防设施检测室，各个检测室均配备专业的检测人才队伍及先进的仪器设备。公司自成立以来，按照CNAS/AC01《检测和校准实验室能力认可准则》（ISO/IEC17025）的要求，建立了严谨的质量管理体系，并严格按照本公司“公正、可靠、高效、服务”的工作方针，凭借先进的设备和丰富的测试经验为社会各界提供高质量的检测服务。

公司先后接受广州市工商局、白云国际机场铂尔曼大酒店、白云国际机场公安应急指挥中心、花都骏威房地产、番禺万达广场、南海万达广场、保利天悦、广州购书中心、萝岗区档案图书馆、广州中医药大学、从化人民法院、天河林和村改造项目等单位的委托检测，对各类高分子材料及制品（包括：阻燃板燃烧性能测试，铺地材料燃烧性能测试，电子电工产品产烟毒性等级判定，汽车材料等建筑装饰装修材料防火等级判定）和消防设施进行检测，为委托单位、使用单位和执法单位提供了正确的技术数据，保障了公共场所的消防安全，赢得了客户和社会各界的好评。

图片说明

铺地材料燃烧试验机 ①

氧指数测试仪 ②

B级难燃性试验 ③

②

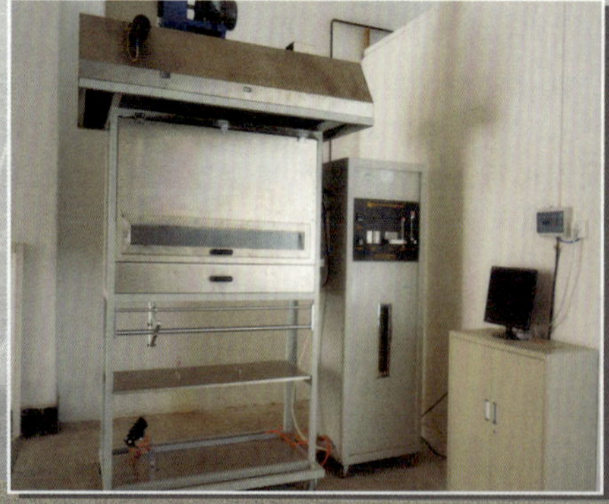

①

③

茂名重力石化机械制造有限公司

公司厂房远景

一只朝气蓬勃的研发团队

茂名重力石化机械制造有限公司

高频电阻焊螺旋翅片管

茂名重力石化机械制造有限公司（以下简称茂名重力）前身是茂名石化公司属下的茂名石化机械厂，成立于1958年10月，2005年12月实施改制分流。

茂名重力位于广东省茂名市环市西路91号，占地28万平方米，总资产5.25亿元，是一家金属冷热加工和检验手段配套齐全、技术力量雄厚的以石油化工设备为主的机械设计和制造企业，在制造高温环境、低温环境及腐蚀环境的石油化工机械设备方面具有丰富的经验，现有相关产品产量和质量在国内同行业中处于领先水平。

茂名重力属国家级火炬计划重点高新技术企业、广东省民营科技企业、广东省创新型企业、广东省知识产权优势企业、广东省建设现代产业500强项目企业、广东省战略性新兴产业培育企业等。茂名重力2010年获得广东省十大创新企业提名奖；2011年3月，获得广东省民营企业创新产业化示范基地称号；同年被中国工商银行广东省分行评为钻石AAA级优质客户。

茂名重力拥有的资质主要包括：中国Ⅰ、Ⅱ、Ⅲ类压力容器(含高压)设计和制造许可证书，中国A级锅炉制造许可证书，中国压力管道元件制造许可证书，美国ASME S钢印授权证书，美国ASME U&U2钢印授权证书，ISO90012008质量体系认证证书，GB/T 28001-2011职业健康安全管理体系认证证书，GB/T 24001-2004/ISO 14001:2004环境管理体系认证证书，Q/SHS 0001.1-2001安全、环境与健康管理体系认证证书，壳牌加热炉亚洲唯一战略供应商，广东省石化装备工程技术研究中心，广东省企业技术中心，国家实验室认可的检测中心，广东省二级计量保证体系企业，广东省对外贸易自营进出口证书，广东省认定的国家焊工培训中心及焊工资格考评委员会资格。

改制十年来，为实现“百年重力，装备中国”的远大理想，茂名重力坚持科技兴企，以科技进步和技术创新为驱动力，以产品结构的调整和升级为突破口，通过逐步实现由单一的卖产品升级到卖产品、技术和服务的增长模式，破解企业发展瓶颈，实现跨越式发展，形成了石化工业炉、聚烯烃反应器、中厚壁临氢反应器、大型高等级换热器和节能环保产品五大类拳头产品，其中环管反应器国内市场占有率90%以上，裂解炉对流段国内市场占有率80%以上。

国内首创大型炼油加热炉模块化制造技术

天津45万吨年聚丙烯多区循环反应器

铸铁板翅式空气预热器

30万吨年聚烯烃环管反应器

广州白云山和记黄埔中药有限公司系由广药集团广州白云山制药股份有限公司与李嘉诚旗下和记黄埔（中国）公司于2005年5月共同投资成立的中外合资企业、国家高新技术企业、国家第三批创新型试点企业、广东省首批创新型企业、广东省自主创新100强企业、广东省战略性新兴产业骨干企业。

公司现有员工1 232人，其中工程技术人员448人（占全厂员工总数的36%）。研发人员216人，其中，高级（博士和高工）研究人员20人（博士5人），占研发人员总数9%；中级研究人员59人，占研发人员总数27 %。

公司现拥有片剂、颗粒剂、丸剂等9大剂型，共计160个产品批文。其中具有自主知识产权的品种6个，国家中药保护品种11个，广东省名牌产品5个，广州名牌产品2个。复方丹参片和板蓝根颗粒为年销售超5亿元的中药大品种，也是广东省、广州市重点培育发展的名优中成药产品。

公司十分注重品牌的培育，2006年“白云山”商标被国家商标局认定为“中国驰名商标”；2012年北京名牌资产评估有限公司评估显示，白云山品牌价值已达283亿元，列全国医药行业前列。企业产品行销全国三十个省、市、自治区，远销欧美、东南亚及港澳等二十多个国家和地区。

公司坚持“科技兴企”及“大医药”战略，有力地推动了企业的大发展，尤其是1999年以来公司步入高速成长期，实现了跨越式发展。至2015年企业规模扩大10倍以上，销售收入以年均20%以上的速度快速增长。2015年公司工商销售实现26亿元，利税2.7亿元，销售、回款、产值、利润四项指标保持20%以上增长。

超5亿元名优大品种：复方丹参片和板蓝根颗粒

超1亿元独家品种口炎清颗粒　超5千万元独家品种脑心清片

2014年获得国家科技进步二等奖“调肝启枢化浊法防止糖脂代谢紊乱性疾病基础与应用研究”

白云山和黄健康产业科技园之科技与总部经济大楼“神农大厦”

深圳市森日有机硅材料有限公司

深圳市森日有机硅材料有限公司成立于2002年，注册资本3 000万元人民币，是一家集研发、生产、销售为一体的国家级高新技术企业、广东省知名品牌、国家火炬计划产业化示范项目承担单位。

公司的产品被广泛应用于婴儿用品、日用品、医疗、体育保健用品、机械工程、电力工程、电子产品、汽车、纺织品、航空航天等行业和领域。已建立比较完善的研发体系，拥有一支以博士、硕士为主要带头人的年轻研发团队，研发设备原值超过1 000万元，拥有20多项国家发明专利。公司凭借在硅橡胶行业里丰富的经验，源源不断地推出满足用户动态需求的新产品，始终走在行业发展的前列。

公司2004年被认定为深圳市高新技术企业，2006年被授予自主创新型中小企业称号，2007年被深圳市科技局评为科技创新型企业，2010年进入深圳中小企业500强，2011年通过国家高新技术企业认定，2013年获得深圳市知名品牌、广东省诚信示范企业。2014年公司液体硅橡胶产品荣获广东省名牌产品。同年，公司激光打印机用液体硅橡胶产业化入选2014国家火炬计划产业化示范项目。公司研发中心是“深圳市有机硅及复合材料工程技术研究开发中心”依托单位。

公司先后承担科技部技术创新基金“耐高温低永变激光打印机胶辊注射成型硅橡胶”研发项目，国家火炬中心产业化示范项目，广东省科技厅“500吨液体硅凝胶产业化”项目，深圳市科技局“冷缩电缆附件产业化”项目，深圳市科技创新委“液体硅橡胶关键技术研究”研发项目，深圳市发改委“激光打印机用硅橡胶产业化”及“汽车点火系统用硅橡胶产业化”等项目十余项。

2012年与西安交通大学合作共建了有机硅及复合材料工程实验室，2013年公司研发中心正式成为深圳市有机硅及其复合材料工程技术研究开发中心的市级工程中心。2015年公司与TCL集团新材料事业部达成战略协议共同开发电子新材料。同年公司工程中心正式通过广东省科技厅的认定成为广东省省级液体硅橡胶工程技术中心。

经过多年开拓，公司产品远销美国、德国、匈牙利、俄罗斯、巴西、韩国、马来西亚、伊朗、巴基斯坦、印度等60多个国家和地区。2009—2014年连续三年，公司自主创新产品的销售额和技术水平均处于同行业中全国领先水平。

研发中心简介

森日有机硅材料有限公司研发中心成立于2002年9月，是“深圳市有机硅及其复合材料材料工程技术研究开发中心”“广东省液体硅橡胶工程技术中心”的依托单位。中心现有专业研发及技术人员30人，其中博士2人，在读博士1人。

中心拥有包括基础研究、应用研究和国际合作3个分部，下辖测试中心、电气绝缘实验室、合成实验室、新能源实验室、小试及中试车间等，总面积3 500平方米，其中实验室面积1 500平方米。相关研发设备原值超过1 000多万元。

中心成果：

（一）在相关技术领域已有的专利技术成果：

1. 激光打印机液体硅橡胶产业化项目　2. 耐高温低永变激光打印机液体硅橡胶　3. 高折光率LED封装胶　4. 低折光率LED封装胶　5. 高透明液体硅橡胶　6. LCD保护膜用有机硅压敏胶的产业化关键技术　7. 汽车火花塞套管用硅橡胶　8. 双组份加成型医疗挤出胶　9. 有机硅改性塑料材料　10. 血液分离胶　11. 高压冷缩电缆附件产业化研究

（二）非专利技术

1）一类符合国际标准，具有FDA认证，EN认证的高透高抗撕的奶嘴胶的制备技术；

2）一类高耐磨、可连续打击1 500万次键盘胶制备技术；

3）一类有压缩永久变形小于10%、可连续打印30万张打印机胶辊用硅橡胶制备技术；

4）一类具有低定伸变形，耐漏电起痕在1A4.5级别的高压电力冷缩液体硅橡胶制备技术；

5）一类具有阻燃级别在V0级，压缩永久变形<10%火花塞套管用硅橡胶制备技术；

6）一类具有高强度、易脱模可翻模50次以上的模具胶技术；

7）一类具有FDA认证的，密度精确控制的血液分离胶制备技术；

8）一类高反应活性的铂金催化剂制备技术；

9）一种可稳定制备不同粘度硅油的工艺技术；

10）一类高强度、双硫化体系的纺织物涂层用有机硅橡胶的制备技术；

11）一类对玻璃，金属具有自粘性的液体硅橡胶制备技术。

（三）与其他科研院所、大专院校的合作情况

2012年6月与西安交通大学达成合作协议，共同组建立了“有机硅及改性复合材料联合实验室”，发挥各自优势，走产学研合作发展的路子，促进科研和产业共同发展。与华南理工大学教授长期进行客座交流，保证研发技术的先进性。2015年与TCL集团新材料研究院达成战略合作协议，共同开发电子新材料。

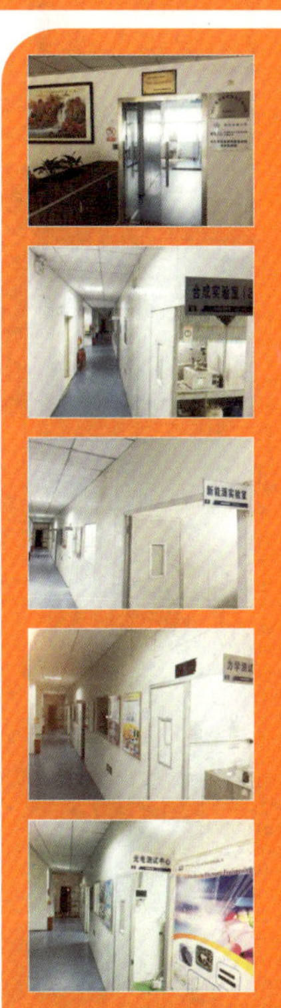

飞亚达——技术创新与转化

伴随着新技术革命，传统手表工业转型将依托精密机械、微电子、冶金、材料科学以及信息技术的发展，通过跨界整合，实现突破创新。飞亚达公司针对制约我国手表行业发展的核心技术和瓶颈问题，在计时技术、材料研究、工业设计、信息技术、微技术精密制造等领域，开展多学科基础研究和跨界整合型应用研究。先后与多所高校和科研院所开展产学研合作；与内地及香港钟表行业企业、科研机构、大学共建行业首家标准化技术联盟，开创性建立起开放型跨行业技术整合科研伙伴簇。通过跨界技术整合，提升了公司的综合创新能力，取得了丰硕的研究成果，技术创新能力居国内领先地位。

飞亚达公司在钟表行业首创全价值链技术成果转换机制：从顾客需求出发，确定研发方向，通过技术联盟和技术合作实施技术研发，应用先进技术改造传统制造体系，在全价值链上推广应用研发成果。实现顾客价值创新、技术价值转化、品牌价值传承。飞亚达技术成果转化率超过80%，创造了良好的经济效益，使创新成果价值得以实现；同时，拉动了产业链上下游及利益相关体的技术提升，带动了合作企业共同发展，在全产业链范围内实现了创新价值增值。

飞亚达公司秉承研发与标准化同步原则，将技术成果适时转化为技术标准，在行业内推广，推进企业质量技术进步。近年来累计主持及参与58项国家和行业标准制修订，其中28项为第一起草单位；参与5项国际标准工作组工作，在ISO/TC114/WG5和ISO/TC114/SC 13/WG 1两个工作组中起主导作用，得到国际同行赞赏，赢得标准话语权。

①

神舟十一航天服手表

图片1飞亚达航天表技术获中国发明专利奖

图片2局域无线时间同步系统应用

图片3陀飞轮精密加工技术应用

图片5神舟十一航天员舱内工作手表

图片5特殊工艺应用

中国建筑第四工程局有限公司

"中国建筑第四工程局有限公司"成立于1962年，是世界500强企业第37强"中国建筑"旗下大型直属主力公司，中央驻粤大型建筑企业。

丰硕成果:

荣获国家级奖项、专利、建筑工法200多项。其中，"超高层智能化整体顶升工作平台及模架体系"荣获国家技术发明奖二等奖。"百层高楼结构关键建造技术创新与应用"荣获国家科学技术进步奖二等奖。

推广与创新绿色施工技术:

公司建立了铝、塑料模板厂，积极创新和推广绿色施工技术，实现建造垃圾减量化、资源化。

推进建筑工业化:

在东莞成立PC构件厂，在增城别墅项目和东莞万科植物园/宿舍项目推广应用PC构件。

BIM研究:

参与《建筑工程施工BIM应用标准》《广州市建筑施工BIM技术应用规范》编制，在东莞万科植物园/宿舍项目开展BIM全生命周期研究。

茂名实华东油化工有限公司

MTBE装置

茂名实华东油化工有限公司成立于2011年，主要经营范围为生产销售化工产品（不含危险化学品和易燃易爆物品）、石油制品（不含成品油）、货物进出口及技术进出口。公司自成立以来，严格按照公司发展战略，致力于石化后加工和精细化工产业，并通过了GB/TI9001-2008/ISO 9001：2008标准，现拥有10万吨/年醋酸仲丁酯、8万吨/年MTBE和8万吨/年MTBE原料预处理装置等多套石油化工装置，目前醋酸仲丁酯产品国内市场占有率达50%以上。

罐区

办公大楼

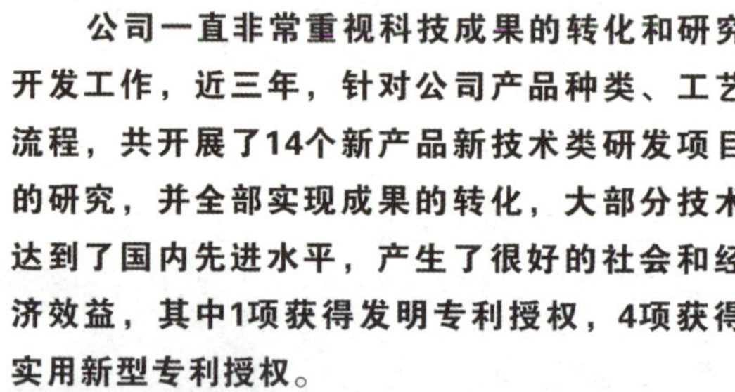

公司一直非常重视科技成果的转化和研究开发工作，近三年，针对公司产品种类、工艺流程，共开展了14个新产品新技术类研发项目的研究，并全部实现成果的转化，大部分技术达到了国内先进水平，产生了很好的社会和经济效益，其中1项获得发明专利授权，4项获得实用新型专利授权。

醋酸仲丁酯装置

醋酸仲丁酯产品

MTBE产品

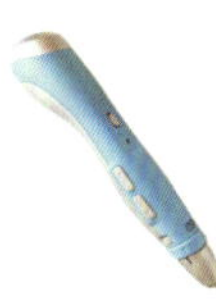

3D 打印耗材

3D 笔

广州优塑塑料科技有限公司

广州优塑塑料科技有限公司专注于3D打印机和3D打印耗材的研发、生产和销售。公司成立之初就确立了以研发为导向的战略，目前拥有发明专利和实用新型专利多个。目前公司开发的“智绘”牌3D打印笔深受教育行业的喜爱；公司开发的大尺寸3D打印机最大成型尺寸可达1.2米，广泛应用于教育、艺术及工厂产品开发领域；同时公司也积极开发3D打印耗材系列，通过自主研发及与国际知名技术团队合作，开发的FDM系列\蜡模铸造耗材和光固化树脂系列也深受国内外用户的好评。目前，广州优塑正致力于3D打印技术应用层面的推广，重点推进教育、医疗和机械铸造行业的应用，也欢迎大家来电咨询合作事宜。

地址：广东省广州市天河区

电话：020-29015987

网址：www.ysfilament.com

广州BRT试验线调度中心

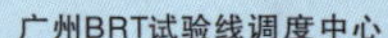

我院设计的洲头咀隧道俯瞰

广州BRT试验线体育中心站

广州市市政工程设计研究总院创建于1949年，是国内最早成立的市政设计院之一，具有雄厚的市政工程勘察、设计综合实力，是拥有60余年历史的科技型企业，是国家高新技术企业及广州市创新型企业。

主营业务：市政工程研究、市政公用勘察设计、建筑工程勘察设计、公路勘察设计、水利（河道整治，城市防洪）勘察设计、环境工程勘察设计、工程总承包、建设工程咨询、工程检测与监测等。

科研成果：近三年来（2013年以来）获市级及以上科技奖15项，其中两项广东省科学技术奖、一项广州市科学技术奖一等奖。另外，“低C/N比城市污水连续流脱氮除磷工艺与过程控制技术及应用”获得2012年国家科技奖二等奖；近三年，先后获得发明专利16项、实用新型专利30余项。

科研平台：获国家人社部批准成立“博士后科研工作站”；获广东省科技厅批准建设“广东省城市环境建设工程技术研究中心”；获广东省省部产学研结合协调领导小组批准建设“广东省广州市市政工程设计研究院城市环境治理院士工作站”，“广州市市政路桥供排水工程技术研究开发中心”已通过广州市科技与信息化局验收成立。该院实验研究中心有上千万的研究设备和数十名专职研究人员。

科研项目：近三年来完成和在研3项国家自然科学基金项目、2项国家水专项子课题、1项住建部项目和十余项省、市科技项目；参编了十余部行业、省市、规范标准。

我院设计的四川绵阳三江大桥
（一号会客厅大桥）

我院设计的昆明二环金星立交

猎德污水处理厂三期工程
周进周出矩形二沉池

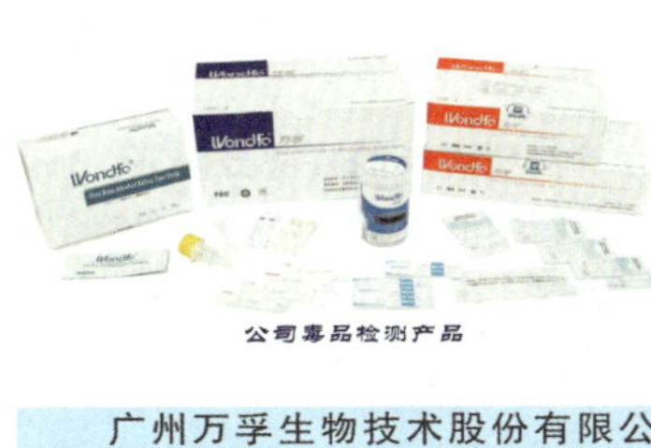
公司毒品检测产品

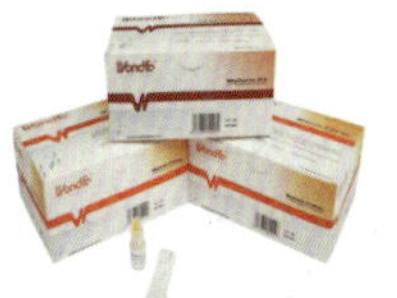
疟疾检测试剂

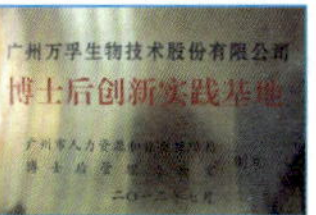

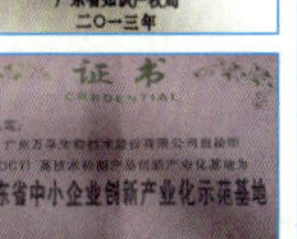

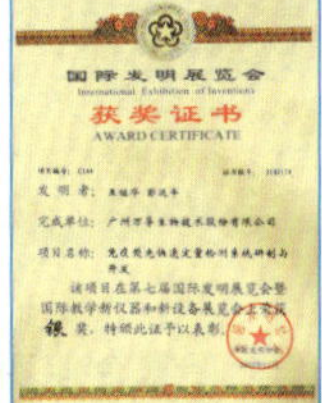

广州万孚生物技术股份有限公司成立于1992年，注册资金8 800万元，公司致力于生物医药体外诊断(IVD)行业中快速检测(point-of-care testing, POCT)产品（包括试剂和仪器）的研发、生产和销售。公司拥有5 000平方米研发实验室，11 000平方米的金标车间，年生产能力达1.6亿人份。研发产品涵盖传染病、妊娠、心血管疾病、毒品检测、肿瘤、自身免疫疾病、食品安全检测和仪器试剂一体化等8大系列70多种。

自主知识产权 公司目前专利申请总数达203项，授权125项（其中美国授权发明专利1项），国内授权商标82项，国外授权商标3个，软件著作权授权4项。2013年被认定为广东省知识产权示范企业，获第一届和第二届广州市专利优秀奖。

研发中心

自主创新 ①成功开发出血糖仪、CRP荧光定量检测仪、心梗/心衰荧光干式定量检测系统等POCT定量仪器。②坚持自主创新，产品质量不断提升。2010年，公司艾滋检测产品在全国CDC使用的同类产品中质量排名第一。③建立超敏荧光微球定量免疫层析技术，检测灵敏度比纳米金提高10—100倍。④推出了毒品多联（四联、五联、十二联等）检测、乙肝-梅毒联检等产品，降低生产资金成本和能耗，优化和改进技术细节、生产工艺细节等百余处。

产学研合作 ①建立产学研联盟：参与组建中国传染病诊断试剂产学研创新战略联盟，突破产业发展的关键技术，加速技术推广应用和产业化。②搭建基础性研究平台：联合暨南大学共同建设广州市疾病与食品安全免疫学快速检测企业重点实验室，促进基础成果的转化。③产学研合作项目开发：国家“863”科技计划“新型临床即时检验分析（POCT）仪器试剂一体化检测系统的研制”——与行业第一家上市公司上海科华生物工程股份有限公司、重庆大学、南京神州英诺华医疗科技有限公司、北京热景生物技术有限公司等联合开发。④产学研培养人才：公司应用产学研联盟合作机制，与华南理工大学、中山大学、暨南大学、南方医科大学等高等院校进行产学研合作，建立研究生实践基地，吸引有能力毕业生直接转正，缩短与公司的磨合期，同时提供继续深造机会，采取联合培养方式，培养在职硕士和博士研究生。

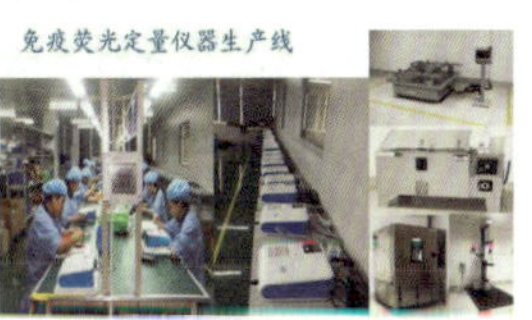

现代化血糖系统生产线

免疫荧光定量仪器生产线

试剂和仪器生产车间

公司全貌

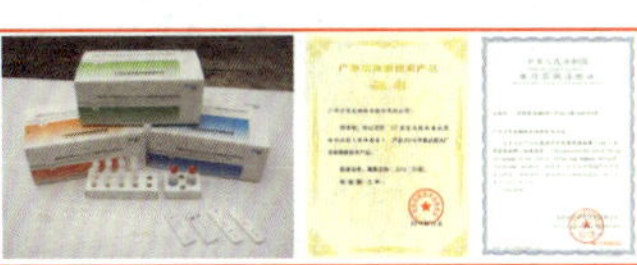
流感A型、B型以及H7亚型系列检测产品

单通道和多通道荧光定量检测仪

全自动荧光定量分析仪

东莞市横沥模具产业协同创新中心

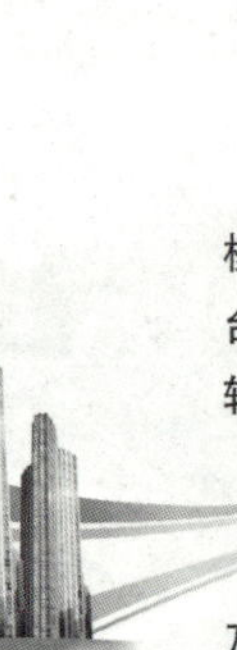

2012年以来，与上海交通大学等高校院所的紧密合作下，东莞市横沥模具产业协同创新中心（简称协同创新中心）积极发挥专业镇创新服务平台的职能，大力推动产业与科技、金融、人才“四要素三融合”，为产业转型升级提供新动力，主要情况包括：

一、在科技融合方面

（一）构建了“965”创新体系，包括9个创新子平台、6个配套工程以及5个产业平台。建成了模具检测技术中心、3D打印技术中心、装备节能中心等一批创新平台，累计为300多家企业提供技术服务。（二）先后组织上百家企业到上海、武汉等地院校考察交流，共促成校企产学研合作项目近40项。其中：中泰模具公司与上海交大合作，开展工业转型升级强基工程项目，获得了国家工信部约4 000万元资金支持。（三）引进东莞3D打印技术产业联盟，成立了东莞市机械模具产业协会，成立了广东省汽车零部件技术创新联盟等，共有会员企业接近500家，有效促进了企业交流、协同创新和产业协作。

二、在金融融合方面

协同创新中心与东莞银行、招商银行等多家金融机构合作，共建“金融综合服务一体化平台”，创新推出了多种“模具专业贷”，累计协助300多家企业融资超过10亿元。同时，牵头推动专业镇金融信用体系建设试点工作，由“政府、银行、协会、企业”四方联动共建小微融资平台，建立首期规模各1 000万元的两个“风险资金池”，共协助30多家企业获得4 200多万元贷款。配套企业信用信息管理系统、企业信用评级系统，构建多维度的融资增信体系，着力解决中小企业融资难问题。

三、在人才融合方面

目前，经协同创新中心引进的科研团队达到28个，共引进科研人员250多人。其中包括上海交大的塑性成形与模具技术科研团队，华中科技大学的热压成型装备科研团队，重庆汽车研究院的汽车轻量化装备科研团队等。建成了横沥模具技术培训学院，每年可培训学员2 000人次。积极举办模具师傅培训工程和“企业冠名培训班”，累计培养本土技术人才500多人，有效解决各行业应用性人才短缺问题。

树业环保科技股份有限公司

树业环保科技股份有限公司是一家致力于环保技术研发与运用和包装产业领域国际化运营的民营高新科技企业，2014年广东省废旧塑料循环利用工程技术研究中心落户公司。

依托国内遥遥领先的环保节能技术及巨资投入奠定的雄厚研发力量，树业环保科技股份有限公司整合国内外专家技术力量，对废旧塑料的循环利用进行历时十余年的持续深入研究，成功研发出聚酯废料“膜到膜”循环利用工艺技术，不仅填补该技术的国内空白，而且实现实际工艺国际领先，脚踏实地地实现变废为宝的环保梦想。该技术已完成小试、中试阶段，企业正在筹备建设年处理7.2万吨聚酯废料，年产5万吨环保PET薄膜和聚酯片材的生产体系。树业环保这项位于世界前沿的循环技术无疑将加速全球范围整个行业的环保进程，并在薄膜产业及其关联产业的应用中，为世界环保事业做出卓越贡献！

树业环保创建于1995年，占地面积约12公顷，厂房6万多平方米，注册资金8 268万元，主要经营：新能源节能环保、纳米级光学新材料、再生资源技术开发及应用，废旧塑料回收再生，生产及销售塑料制品、环保包装材料、聚酯薄膜、片材、化纤、纸制品、购物袋、编织袋、无纺布等。公司现有员工约500人，其中各类专业技术人员200多人。

公司先后通过了ISO9001、ISO14001、OHSAS18001等多项认证，先后荣获国家级高新技术企业、广东省资源综合利用龙头企业、广东省企业技术中心、广东省著名商标等荣誉称号。

公司一直专注于功能性薄膜和环保包装材料的研发与应用，自主研发的产品有：热封覆铁膜系列、抗红外线、紫外线膜系列、白膜亚光膜系列等薄膜产品，以及各类环保工业包装品和环保购物袋系列，产品和技术多次获得国家发明专利和实用新型、外观设计专利。

公司凭借超前的科技水平和产品优势，逐渐着眼于全球经营和发展，加快海外市场开发，并在美国、加拿大、中国香港注册商标，服务覆盖全国各地，客户遍布全球各个国家和地区。功能性薄膜服务于全球各大中型包装企业。经过多年的合作，树业环保以优质的产品和服务获得了客户的认可与信赖，和广大客户建立了稳固的合作关系，成为长久的战略合作伙伴。

2014年1月，树业环保在新三板成功挂牌，宣告了树业环保科技股份有限公司全新征程的起点。

二十载印迹，二十年辉煌！

今天的树业环保已经完成产业升级转型，成长为一家大型的国家级高新技术企业。

树业环保公司始终秉承“发展循环经济 争当环保先锋”的核心使命，积极践行环保理念，不断强化环保文化，始终探求环保管理，全方位培养出一支环保理念深耕、市场意识绿色的基于超越创新基因的绿色经营管理团队，为企业的可持续发展奠定了坚守的根基。

展望未来，树业人将继续深耕环保理念，深化转型升级，以国家战略与产业发展为导向，以科技创新为核心，朝着“打造环保理念深耕的世界级成长型企业”的目标，一步一个脚印，扎实坚定的坚持走环保科技探索之路，以全球化的智慧，用绿色环保科技关怀自然，为地球生态尽职贡献！

广东出入境检验检疫局检验检疫技术中心

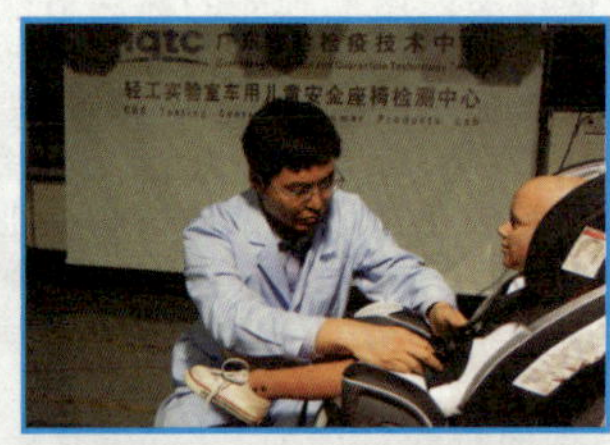

广东出入境检验检疫局检验检疫技术中心（简称IQTC）是中国质检系统重要的专业技术保障机构。秉承独立、公正、专业的精神，IQTC致力于为客户提供全面的产品认证测试、检验、验货及鉴定、工厂检查、检疫、能力验证、咨询培训等技术服务。IQTC现已发展成为中国大陆最具实力的质量安全服务机构之一，成为保护消费者安全，维护产品信誉和企业品牌不可或缺的可靠力量。

IQTC严格按照国际标准实验室质量体系ISO/IEC 17025、17020和17043管理与运作，拥有国家质检总局批准的18个国家重点检测实验室，另有人力资源和社会保障部批准的博士后科研工作站和广东省政府批准的省动植物与食品进出口应对技术措施重点实验室。设备总数达4 800多台套。现有员工近500人，技术人员占80%，包括博士25人，正高级研究员47名，拥有多名国际、国内权威技术机构的专家成员，技术团队涵盖化学、生物、医学、电子、机械等50多个专业。

IQTC作为中国合格评定国家认可委员会（CNAS）和美国国家标准协会——美国质量学会认证机构认可委员会（ANAB）认可的能力验证提供者，多次组织国内实验室间的能力验证活动，并积极参加英国弗帕斯分析实验室能力验证测试中心FAPAS (CSL)、香港实验室认可计划（HOKLAS）、国际电工委员会电工产品合格与认证组织（IECEE-CTL）、澳大利亚国家测试认可委员会（NATA）等知名认可机构组织的国际能力验证活动，确保IQTC以与国际同步的技术水平为客户提供高水准的专业服务。

IQTC，愿与您共创更安全的世界。

广东合即得能源科技有限公司

广东合即得能源科技有限公司是由中国水化集团投资创立的从事新能源高科技的公司。公司秉承水基科学向华理论的科研思路，专注水氢能源及其终端产品的研发。公司非常重视资源整合和技术创新，建立了一支汇集化工化学、自动化控制、电子电器、计算机、机电一体化等领域的研发团队，成功攻克了利用甲醇和水移动制氢的难题，填补了国内空白，技术国际领先。公司与加拿大顶尖燃料电池公司合作，研发出水氢燃料电池自供电系统，实现了制氢发电一体化，有效解决氢燃料电池的氢源安全问题，并大大地降低了产电成本，系统每发kwh电的成本是汽油发电的三分之一。公司目前研发出的产品有移动充电车、离网充电桩、基站水氢UPS电、便携式水氢发电机等。目前公司拥有多项国家及国际专利。

公司地址：广东省东莞市樟木头镇柏地柏兴二路18号
联系电话：0769-82113929

佛山市三水盈捷精密机械有限公司

佛山市三水盈捷精密机械有限公司（新景泰）成立于1993年，是一间集机械产品研发销售、精密加工、工程承揽为一体的专业机械企业。公司主要向客户提供陶瓷各种施釉线设备、印花机、承接施釉线整线工程、陶瓷三次烧整厂工程、瓷砖自动包装线等。公司占地5.33公顷，员工200多人。“新景泰”是国内主流陶瓷喷墨机品牌之一。2011年，新景泰推出第一代喷墨机；2012年，推出第二代喷墨机（kingjet）；2013年，推出专门为中小规格产品开发的迷你系列喷墨机（minijet）。新景泰喷墨机质量稳定、操作简便，质量达到了同行的优秀水平，产品在全国各地热销并出口到国外的印度、越南等市场。

本公司以“品质、服务，永不停步”为经营理念。近年通过引入ISO、CE、ERP等先进管理制度和技术标准，使公司的产品质量处于国内同行的优秀水平。目前，本公司主要经营项目有仿古砖设备，喷墨印花机，卫浴喷釉线，机器代人工程等四大系列。其中仿古砖设备，在国内的占有率达70%以上，被行内誉为“仿古砖设备专家”。喷墨机形成了大型机（kingjet）、小型机（minijet）、扫描机、测试机和功能墨水机。卫浴喷釉有立体喷釉线和机械手式喷釉线。

近年来，公司共获授权专利十多项，其中主要包括：一种带升降装置的喷头升降平台、一种喷头清洗装置、一种带定位装置的抽屉式喷墨架、一种喷墨打印机的供墨系统、一种喷墨打印机的供墨系统及其控制方法、一种喷墨打印机的墨盒、一种瓷砖自动分级机、一种喷釉机用隔膜泵和一种直线淋釉机构等等。

至2015年，公司成功通过了高新技术企业认定，佛山市市级企业技术中心、佛山市智能陶瓷饰面机械装备工程技术研究中心、佛山市三水区知识产权示范企业的认定，为企业技术发展奠定了更坚实的基础。

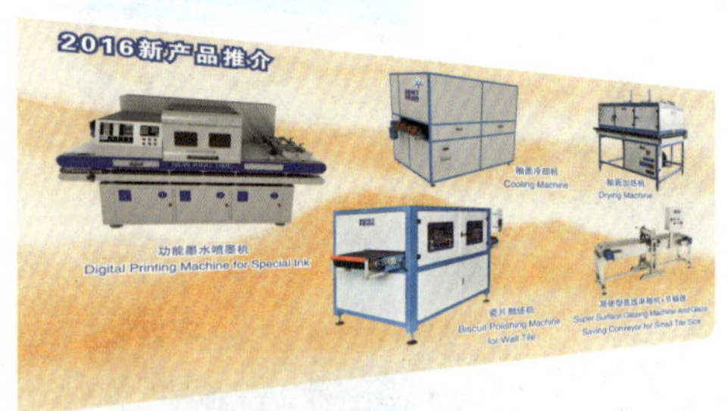

新产品推介

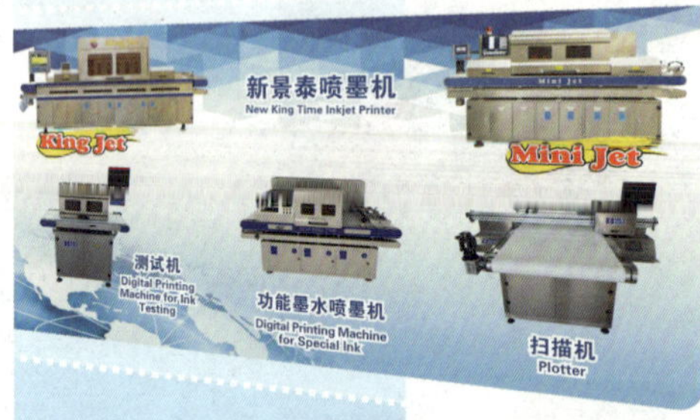

新景泰喷墨机

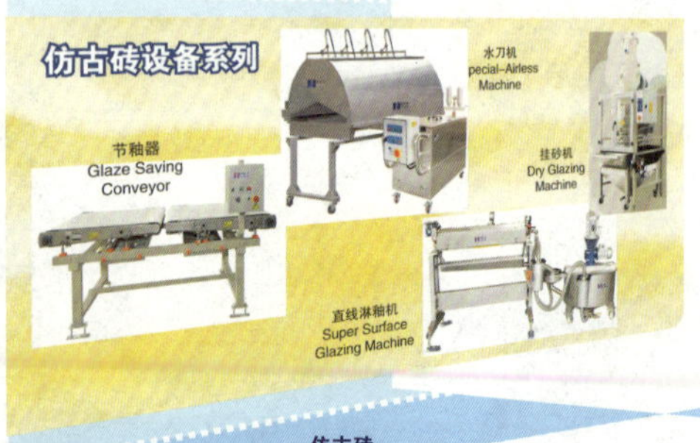

仿古砖

喷墨机车间

欣强电子（清远）有限公司是一家专业从事高精密印刷线路板设计、生产、销售于一体的高科技台资企业。公司成立于2005年，注册资金人民币45 600万元，位于广东省清远市银盏工业园嘉福工业区D区，工厂面积10万多平方米，职工约2 000人，其中经验丰富的研发人员约260人，可为客户提供先进的技术资源。本公司采用目前国际上最先进的电路板生产设备，聘用经验丰富的专业人才进行管理，生产各种精密双层、多层电路板，普遍应用于DRAM、通讯、消费、汽车类产品中。全面的质量管理贯穿于合同评审、设计开发、物料采购、生产制造、检验实验、产品交付等的全过程，完善的ISO-9001、ISO-14001、OHSAS-18001、ISO/TS-16949、QC080000质量控制体系、UL认证，全面的品质保证对快捷的交货是一个绝对的保证。精益求精、品质第一、服务第一、信誉第一是公司的经营宗旨，公司以良好的信誉及灵活的营销作为市场竞争的基础。

公司秉持“客户满意、品质优先、人才培育、专业生产”的经营理念，向国内外顾客提供最优质的服务。在扩大产能、推进企业快速成长的同时，时刻不忘提高员工素质，致力于营造优质企业文化。在未来的发展中，本着“立足大陆、全球发展”的策略思考，以期达成“全世界最大印刷线路板专业制造公司”之经营目标。

广东星辉合成材料有限公司

广东星辉合成材料有限公司是由广东星辉投资有限公司和星辉合成材料（香港）有限公司在汕头市投资设立的有限责任公司。目前注册资本1 413.75万美元，拥有年生产聚苯乙烯树脂能力15万吨的三条生产线，年营业额在18亿元以上。公司科技力量雄厚，现有职员225人，具有各类专业人员90多人，占职员总数的三分之一。

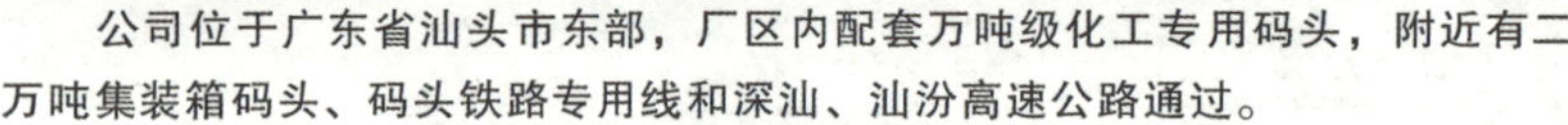

公司位于广东省汕头市东部，厂区内配套万吨级化工专用码头，附近有二万吨集装箱码头、码头铁路专用线和深汕、汕汾高速公路通过。

公司是广东省高新技术企业及汕头市工业龙头企业。公司以科技创新和新产品开发为先导，产品质量不断改进、提高。产品主要包括通用型和高抗冲型聚苯乙烯两大类产品，可广泛用于注塑日用制品、工艺品、灯饰、音像制品、玩具和家用电器、电子办公设备外壳以及挤出板材、发泡、吸塑片材等。其中高透明耐热板材专用聚苯乙烯、冰箱抽屉专用聚苯乙烯、高光泽高抗冲聚苯乙烯质量达到国际同类产品的先进水平，深受国内客户欢迎。

公司在产品质量管理方面已经达到较高水平，通过ISO9001：2008认证；产品获美国食品管理局之FDA认证和美国通用电器之UL认证，通过SGS的ROHS检测等。

公司遵循“诚信为本，创新取胜”的经营理念，诚信守法，依法经营，依法纳税，以顾客为中心，确保和提供多样化的产品与争创国际品牌，在激烈的市场竞争中不断开拓创新！